李锦全文集

·第四卷·

李锦全 著

·广州·

版权所有　翻印必究

图书在版编目（CIP）数据

李锦全文集. 第四卷/李锦全著. —广州：中山大学出版社，2018.10
ISBN 978 – 7 – 306 – 06331 – 1

Ⅰ. ①李… Ⅱ. ①李… Ⅲ. ①哲学—中国—文集 Ⅳ. ①B2 – 53

中国版本图书馆 CIP 数据核字（2018）第 083732 号

出 版 人：	王天琪
责任编辑：	章　伟
封面设计：	刘　犇
责任校对：	王延红
责任技编：	何雅涛
出版发行：	中山大学出版社
电　　话：	编辑部 020 – 84111946，84113349，84111997，84110779
	发行部 020 – 84111998，84111981，84111160
地　　址：	广州市新港西路 135 号
邮　　编：	510275　　　传　真：020 – 84036565
网　　址：	http://www.zsup.com.cn
	E-mail：zdcbs@mail.sysu.edu.cn
印 刷 者：	佛山市浩文彩色印刷有限公司
规　　格：	787mm×1092mm　1/16　29.375 印张　592 千字
版次印次：	2018 年 10 月第 1 版　2018 年 10 月第 1 次印刷
定　　价：	88.00 元

如发现本书因印装质量影响阅读，请与出版社发行部联系调换

李锦全简介

1926年生,中山大学哲学系教授、博士生导师。曾任中山大学哲学系系主任,兼任国际儒学联合会理事、广东儒学研究会会长、广东岭南理学研究会会长、广东朱熹学术思想研究会会长等职。多年来,从事中国哲学思想史教学和研究工作。出版个人专著、合著20余部,发表学术论文200多篇。与萧萐父主编的全国高校统编教材《中国哲学史》获国家教育委员会高等学校优秀教材一等奖、广东省哲学社会科学优秀成果奖特别学术成就奖、中山大学第二届卓越服务奖,发行10多万册。与方克立主持国家哲学社会科学研究基金"七五""八五"重点规划课题"现代新儒学思潮研究"。在中国传统思想文化研究领域中做出了重要贡献。

道法自然　止于至善

——李锦全教授的学思和情怀（代序）

李宗桂

《李锦全文集》即将出版，我作为30多年来跟随李锦全先生学习，接触先生甚多而且自认了解先生甚深的学生之一，乐意借此机会谈谈先生的为学和为人，以帮助读者加深对这套文集里的论说的理解。同时，也希望能为当代中国学术史提供一点可资借鉴的资料和想法。

一

李锦全，1926年2月9日出生于广东省东莞县（现东莞市）莞城镇一个医生家庭。1932年春天，他入县城新民小学读书。1937年9月，考入东莞县立中学，其时他只有11岁多。1938年秋，日寇的铁蹄践踏华南，东莞县城沦陷，他被迫停学，困居家中。他父亲喜欢作旧体诗，家中藏有不少文史书籍，古典小说名著相当齐全。受这种家庭环境的熏陶，他在停学的4年中，广泛涉猎了古典文史著作。先是读《唐诗三百首》《词选》《花间集》等诗词选本，接着读《昭明文选》中的汉魏六朝诗赋，《诗经·国风》和《楚辞》，以及传奇剧本《桃花扇》等。同时，他还阅读了大量古典小说。《三国演义》《西游记》《水浒传》《红楼梦》等名著自不必说，就连晚清时期的一些文学作品和各个时期的历史演义，也涉猎甚多。历史书籍如《史记》《资治通鉴》等，虽有一些接触，但不如看文学书的兴趣大。可以说，他年少时期的阅读兴趣，表明他是一个具有文学爱好和文学气质的人。

1942年，他复学入读初中二年级。在1938年到1942年这4年的停学自修期间，他学会了作旧体诗和填词。他少年时记忆力很强。据他自己说，他现在能背诵的大量诗词，都是那时候熟记下来的。他复学之时，东莞县城仍在敌伪的统治下，入读复办的东莞一中的学生，都是留在沦陷区的孩子。沦陷区后来虽然挂起汪记国民政府的招牌，可是"亡国"的滋味仍然深深地刺痛了他的心。他后来写过一组《莞城杂忆》诗，其中有两首云："心惊胆战入城中，老幼无言尽鞠躬。少小应知亡国恨，神州依旧血流红。""少小无知作顺民，胸中郁结向谁申？挑灯作伴唯书卷，闭户关门隔路尘。"这些咏叹表明，他从青少年时代开始，就是一个坚定的爱国主义者、一个具有文化自觉意识的民族主义者。这种以家国情怀为表征的爱国主义精神，可谓深入骨髓，长期坚持。因此，在前些年某些人为汉奸行为和汉奸理论辩护、为帝国主义侵华行径涂脂抹粉的时候，他旗帜鲜明地撰文批驳，展现了一个正直的知识分子的堂堂正气和激浊扬清的大丈夫精神。

1947年7月，他从东莞中学毕业。当时从高中二年级开始文理分科，他入的是理科班，学了两年数理化。但在报考大学时，他没有听从父亲要他报考医科的意见，而从兴趣出发，自行决定报考广东省立文理学院中国文学系和中山大学历史系，结果被两校同时录取。由于中山大学是国立大学，故他最后进了历史系。这个人生花絮，表明他虽是一个性格温和但具有很强自主性和独立性的人。

1949年10月，广州解放。李锦全先生班上不少同学参加了工作，他是继续留校学习的三人之一。在校期间，他修读过刘节、阎宗临、丘陶常、陈锡祺等先生开设的课程。他的毕业论文《唐碑校释》由岑仲勉先生指导，至今完好地保存在中山大学图书馆里。他在历史系文物室兼任梁钊韬先生的助手，经过老师的教导和个人的努力，他掌握了历史文献学、考据学以至文字训诂学等方面的基本功，为后来从事历史研究、思想文化史研究和哲学史研究打下了宽广坚实的基础。

1951年7月，李锦全先生从中山大学历史系毕业，被分配到中南文化部文物处工作。1952年被选派到北京，参加由中央文化部、中国社会科学院考古研究所和北京大学联合举办的第一届考古工作人员训练班。除在北京上课外，还到大同、云冈、洛阳、郑州等地实习。通过众多名师的指点、现场直观教学与实践锻炼，他学到了不少具体知识。1953年，他在长沙住了8个多月，做了大量古墓葬的发掘工作。他参加了出土有战国竹简的仰天湖35号墓的清理工作，并为此赋诗云："仰天湖上出奇珍，竹简千秋尚未闻。谁识此中文字意，墓中宝物日常新。"他后来虽然没有继续做考古工作，但经过这段时间的专业学习和实际操作，加深了对我国古代社会历史文化的认识，这对他日后的研究工作有相当大的帮助。

1954年，国家调整行政体制，撤销了各大行政区，李锦全先生于当年10月回到母校中山大学历史系工作。他先是从事中国古代史领域的研究工作，当了一年多的助教，1956年升任讲师。其时，历史系成立中国思想史教研组，他开始以古代思想史为研究方向。1960年，中山大学复办哲学系，他和中国思想史教研组随同杨荣国先生转到哲学系，直到2000年退休。

"文化大革命"前，李锦全先生在中山大学历史系、哲学系工作了11年多。在此期间，他讲授过中国古代史、中国哲学史专业基础课和中国古代思想史专门化课程。在杨荣国先生指导下，他和陈玉森、吴熙钊合写出《简明中国思想史》。1962年该书由中国青年出版社出版，在当时产生了良好的社会影响。那段时间，由于经常要下乡参加各种政治活动，耗费了不少时间，但他仍从事科研工作，并关注学术问题的讨论。如针对古史辨派的疑古论、曹操的历史评价、地主阶级的"让步政策"、中国思想史上的"天人关系"、董仲舒的自然观、陈白沙哲学的性质等问题，他都发表过文章，阐发自己的见解。至于"文化大革命"期间"四人帮"搞的所谓"批林批孔""评法批儒"之类的把戏，虽然迫于当时的局势，他也和当时绝大多数的知识分子一样被卷进漩涡，但他诚恳地说，那谈不上是学术研究。打倒"四人帮"后，他的学术活动才真正得以开展，学术生命才真正得以焕发。

1978 年是李锦全先生在教学和科研工作上重新起步的一年。他在恢复职称评审制度时晋升为副教授，并开始担任中国哲学史专业硕士研究生的教学工作，先后开出中国古代哲学史专题研究、先秦哲学原著研究、汉唐哲学原著研究、宋明清哲学原著研究、中国古代史专题研究等课程。他受教育部委托，参加主编高校《中国哲学史》教材（上、下册，人民出版社出版，已经重印 10 多次，发行 10 余万册）。1983 年，他晋升为教授。1986 年，被国务院学位委员会批准为中国哲学专业博士生导师。1984 年至 1989 年，他担任中山大学哲学系主任。

李锦全先生兼任过不少社会职务。他先后担任过中国哲学史学会常务理事、国际儒学联合会理事、中国孔子基金会理事兼学术委员会委员、广东省社会科学界联合会主席团委员、广东哲学学会副会长、广东历史学会副会长、广东省文化学会副会长、广东无神论研究会会长、广东儒学研究会会长、广东朱熹学术思想研究会会长、广东岭南理学研究会会长、广东康（有为）梁（启超）研究会副会长、中山大学学术委员会委员、中山大学学位委员会委员，等等。

二

自 1978 年以来，李锦全先生除了参加主编大学教材《中国哲学史》外，还出版了专著《海瑞评传》和《陶潜评传》。海瑞和陶潜都是匡亚明主编的"中国思想家评传丛书"中的"传主"，而一般中国哲学思想史都未承认他们是思想家，李先生确是用了很大的功力，将他俩写成"另类"思想家。这两部著作都是有独创性见解的学术研究专著，现收入这套文集中，值得关注。他还与人合作出版著作多部，主编《中国哲学初步》，在海内外发表了 300 余篇学术论文，参加国际国内学术会议近百次。他积极参加中国哲学、中国思想文化方面的重大学术讨论，为中国哲学和中国文化的发展、为中华民族的振兴而竭心尽力。

李锦全先生知识广博，文史哲兼通，并擅长旧体诗词的写作，在内地（大陆）和香港、台湾地区的学术界口碑甚佳。他发表的论文，就时间跨度而言，从先秦贯通当代，各个历史时期的都有；就学术流派而言，儒家、道家、墨家、法家、佛家、名家等，无不论及；先秦子学、两汉经学、魏晋玄学、隋唐佛学、宋明理学、近代新学，以至现代新儒学，都在他的学术视野之中，而且都有相应的论文发表。至于近年来影响广泛而深远的中国文化讨论，特别是关于中国传统文化与现代化的关系问题，他更是见解独到，论著甚多，颇为学术界同人重视，产生了比较广泛的影响。他是国内最早招收"中国传统文化与现代化"研究方向博士生、系统培养文化研究人才的学者之一。

  对于中国传统哲学发展的特点，李锦全先生用"矛盾融合，承传创新"8个字加以概括。他认为，中国传统哲学从先秦各家学派开始，便具有矛盾的两重性。儒家学说的重要特点之一，是着意研究和解决人际关系问题，孔子的"仁"可以说就是一种人际关系学。儒学一方面在道德修养上平等要求不同地位的人们，提倡独立人格精神；另一方面又在社会政治上竭力维护等级制度，从而形成了儒家在人际关系上的两重性思想矛盾。道家学者一方面抨击时政，一方面要为统治者的长远利益出谋划策，也表现出思想上的两重性矛盾。墨家既力主"非命""尚力"，又宣扬"天志"，倡导"明鬼"，同样表现出思想上的两重性矛盾。法家既竭力尊君，但也主张君臣合作共事，显然也具有两重性的思想矛盾。

  李锦全先生明确指出，先秦诸子百家争鸣，尽管彼此互相批判，但仍然有相通之处，"即表现为矛盾融合论"。他认为，墨家的兼爱和儒家的泛爱、博爱，前者是视人犹己，后者是推己及人，在思想实质上并无差别，只是操作程序上的差别而已，因而是可以融合的。道家猛烈批评儒、墨、法三家的学说，彼此间固然有相当的思想距离，但其实儒、墨、法各家与道家思想之间也并非完全没有相通之处。道家倡导无为，儒家也讲无为而治——尧、舜垂拱而治是儒家最高的政治理想；法家思想集大成者韩非也以尧、舜为君臣关系的样板，其实也是对垂拱而治的肯定。至于反对"损不足以奉有余"，则更是为道、儒、墨、法各家所阐释、认同。礼与法是儒法两家思想的连接点，汉代之所以出现儒表法里（汉宣帝所谓"霸王道杂之"）的国策，并在其后两千年封建社会中流传不绝，本身就证明了儒法两家之间没有不可逾越的思想屏障。道家与法家之间也是如此。道法思想的结合，早在战国时期便已出现。以道为体，以法为用，是先秦道法两家思想的结合点。总之，"从汉初黄老之治的道法结合，到董仲舒儒表法里的儒法互补，中国学术思想正是沿着矛盾融合的路子向前发展"。后来虽然出现道教、佛教，但既矛盾又融合，最终归于融合的趋势没有改变。

  李锦全先生认为，各家各派思想的交互融合有一个由浅入深的过程。从礼到法，道生法，儒表法里，道本儒末，所讲多是派生或补充的关系，且多就政治层面而论，未到哲学思想深处。即使是佛教儒学化，将佛教的"五戒"与儒学的"五常"比附，仍然未能进入中国传统文化的哲理化的途径，直到理学产生，才真正将三教思想加以融合，在承传传统思想文化的基础上，做出了某种程度的创新，把中国哲学提高到一个新水平。

对于中国传统文化的现代转型问题，李锦全先生认为，要结合当代中国的实际，实行批判继承方针，正确分析传统思想文化的矛盾两重性所带来的社会效应。比如，儒家的亲亲尊尊，用于处理人际关系时，如能做到尊老爱幼、和睦亲朋邻里、守望相助、疾病相扶，应当予以继承；但儒家为亲者讳、为尊者讳的思想，会助长官僚主义和人情网的滋生，以及特权思想、家长作风的泛滥，因而应该进行批判。儒家对道德人格高标准的要求，诸如讲究正己正人、以身作则、见利思义、先忧后乐、不欺暗室等，属于带有人民性、进步性的传统，应该加以发扬；但对儒学中的伪君子、假道学，则要加以揭露和批判。

显然，李锦全先生用"矛盾融合，承传创新"8个字概括中国传统哲学的发展历程及其特点，是见解独到的持平之论。可以说，他自改革开放以来的论著，其写作思路、史料阐释、理论提炼，都是"矛盾融合，承传创新"这一基本理论构架的展现。

需要指出的是，自改革开放以来，学术界诸多重大理论问题的探讨，李锦全先生都积极参与、发表论文，阐发自己的观点，主要有如下9个方面。

关于历史发展动力问题。20世纪70年代末期以来，史学界曾对此展开热烈讨论。有人认为，生产力的发展是推动整个人类社会发展的根本动力。李锦全先生提出，在阶级社会中，生产斗争与阶级斗争是两个不同的范畴。不同社会形态的更替，生产力的发展是决定性因素，但"决定因素"和"动力"不能等同。从唯物史观来看，阶级斗争则是推动阶级社会发展的伟大动力。据此，他撰写了《关于阶级社会中历史发展的动力问题》一文，全面阐述了自己的观点（1979年《中国历史学年鉴》有介绍）。

关于封建社会中农民政权的性质和劳动人民思想的评价问题。李锦全先生在1987年广东史学会年会上，提交了题为《从中国历史上农民起义的纲领口号看劳动人民思想的两重性》的论文。1981年在广州召开太平天国史学术讨论会，他提交的论文是《试论洪秀全的思想及太平天国政权的两重性》。文章认为，在封建社会，农民和地主是对立的统一体，反映在思想和主张上，就是革命性与封建性、平均平等与封建特权诸因素错综复杂地结合在一起，太平天国就是带有矛盾两重性的政权。他的观点在1982年《中国历史学年鉴》中被列为五种意见之一。

关于无神论与有神论的思想关系问题。1980年，李锦全先生在武汉参加中国无神论学术讨论会，提交了《陶渊明无神论思想试探》一文。该文认为，在历史唯物主义理论创立之前，无神论思想只能表现在自然观方面。如果超出了这个界限，涉及社会人事问题时，就会陷入唯心主义的宿命论，从而通向有神论。1982年《中国哲学年鉴》介绍了这个观点。他后来在讨论柳宗元世界观的性质和老、庄论"道"的性质时，便用这种观点撰文加以阐述，力图在理论上对这类思想的矛盾及其通向问题给出合理的诠释。

关于中国哲学史和思想史的关系问题。《哲学研究》1983年第10期曾开辟专栏进行讨论。李锦全先生应约在该刊1984年第4期发表《试论思想史与哲学史的联系和区别》一文，认为前者研究的对象和着重点是思想流变发展规律的历史进程，后者则是理论思维发展的内在逻辑。他这种观点曾被《新华文摘》摘要介绍。其实，这篇文章的雏形是他在1983年10月于西安召开的首届中国思想史学术研讨会闭幕式上的主题发言。这篇文章所论的问题，就方法论意义而言，至今在中国哲学史和思想史研究方面都有重要的参考价值。

关于儒法思想及其关系的研究。对中国传统的各种哲学流派，李锦全先生做了相当广泛的研究，发表了大量文章。早在1979年和1980年，他就发表了《邓析、惠施、公孙龙思想初探》和《宋钘、尹文思想初探》两篇文章，批驳了所谓战国末期名归于法和名家是法家的同盟军的论点。由于"文革"宣扬儒家反动、法家进步的观点，"文革"后有人反其道而行之，提出儒家讲民主、法家倡专制的论断。李锦全先生写了《实事求是评价先秦儒法两家的思想》和《也谈如何认识儒法两家的思想》，主张要做出全面公正的评价。后来又写了一篇《论我国传统思想文化中的儒法互补问题》，从宏观上论证了两家思想的关联及其历史作用。

关于道家思想的研究。李锦全先生撰写了《关于庄子的哲学性质及其评价》《老庄哲学的神学特色》等文，日本东京大学池田知久教授将其作为中国庄子研究的一种代表性观点在日本《东方学》杂志上予以介绍。李锦全先生后来陆续撰写了《老子政治哲学的矛盾两重性与道家思想的历史作用》《道家思想在传统文化中的历史地位》两篇文章，对道家思想做了系统的阐释和全面的评价。

关于儒家思想的研究。这是李锦全先生研究的重点领域。1985年，他到香港中文大学进行短期访问，将在哲学系做学术讲演和讨论会上的发言整理成《儒家思想的演变及其历史评价》《儒家思想与现代化关系的探讨》二文。此前，他于1983年发表了《是吸取宗教的哲理，还是儒学的宗教化?》。这些文章构成了一个相对完整的系列，从纵向探讨了儒家思想各个阶段的发展以及演变规律。后来，他又在连续发表的《论儒学思想的包容性及其发展路向》《儒家思想哲理化的历史进程》《从社会向近现代转型中看儒家思想的适应性》《儒学传统能否适应现代化》等多篇论文中做了进一步的阐述。对于儒学在海外的传播，他也比较注意研究。如对朝鲜李退溪的思想，他就联系儒学发展的历史写过多篇论文，并参加了几次有关的国际会议。其中，具有代表性的是《中国儒学与退溪学论人际关系的思想特点》《论退溪人生哲学在儒学中的历史地位》。对现代的新儒学思潮，他也十分关注，并参与主持了作为国家重点课题的"历代新儒学思潮研究"项目，发表了《现代新儒学思潮的历史评价》等文。

关于儒学是不是宗教问题。20世纪80年代初期，任继愈先生在《中国社会科学》杂志发表了《论儒教的形成》一文，提出了儒学是宗教的观点，引起了海内外的广泛关注。《中国社会科学》杂志社特约李锦全先生撰文，就儒学是不是宗教的问题发表见解。李先生于是撰写了《是吸取宗教的哲理，还是儒学的宗教化？》一文，发表在该刊1983年第3期上。文章认为，儒学并非现代意义的宗教，但具有宗教的特点和功能。这篇文章的观点至今具有深远的影响。

关于爱国主义问题。针对近些年社会上有人贬斥、否定近代中国的爱国主义的现象，李锦全先生撰写了《对近代中国爱国主义思想的一点认识》《关于"爱国主义"问题的思考》《关于"爱国主义"问题的再思考》《爱国主义的时代性与民族性》《对近代中国"爱国主义"问题的剖析》等一系列论文。他认为，反帝反封建是中国近代的主旋律，同时也表现出爱国主义思想的特点，这是由当时半殖民地半封建社会这一特殊国情所决定的。在改革开放中，固然要学习国外的先进文化，但也要有民族自尊心、自信心和民族自豪感，而媚俗、媚权、媚洋则是树立现代爱国主义精神的障碍。近代中国的爱国主义，只能是反帝反封建的民主革命，推翻清王朝，而不是寄希望于清廷自行改革宗法专制制度。有人认为，近代史上的三元里抗英、鸦片战争后广州人民的反入城斗争等是落后、愚昧、封闭的，英国是先进的资本主义国家，清朝是落后的封建王朝，先进帮助落后，因此英国侵略不应当抵抗，否则就是妨碍中国走向现代化，给广东乃至全国带来灾难性的后果。李锦全先生认为这是不符合历史实际的奇谈怪论。他在系列论文中从历史和逻辑两个方面驳斥了这种言论。

三

李锦全先生为人沉稳厚道，淡泊名利。他做事讲究实际，不图虚名。他研究学术，始终坚持学术真理，在高扬中华民族精神和时代精神的同时，不趋时、不守旧，论从己出。对于学术界的前沿问题，他既积极参与，又保持价值理性。他说话写书，平实自然，绝不故弄玄虚，更不为了炒作而制造耸人听闻的歪论怪论。中国传统哲学和思想文化发展的规律和特点是"矛盾融合，承传创新"；儒家的仁学本质上是一种人际关系学；在中国传统哲学发展进程中，不仅有儒道互补，还有儒法互补；在中国传统哲学发展史上，魏晋玄学的出现和宋明理学的出现，推动了中国哲学特别是儒家哲学的哲理化进程；儒学是一种吸取了宗教哲理的思想，具有宗教的特点和功能，但儒学本身并不是现代意义的宗教；中国传统文化与现代化既相适应又不相适应，关键在于要用现代化的理念去扬弃、转化传统文化的合理因素。诸如此类的见解反映出李锦全先生尊重历史、崇尚学术真理的品质。这与这些年来某些为了出名牟利而不惜炮制各种歪论怪论、以走极端而博关注的人相比，其境界和品格不啻天壤之别！历代正直的知识分子所追求的"正其义不谋其利，明其道不计其功"的这种人格境界和精神风范，在李锦全先生身上得到了传承。

李锦全先生为人谦和，心胸开阔，善于与人合作共事。他与陈玉森教授、吴熙钊教授自20世纪60年代初开始学术合作。从那时至今，我们国家经历了种种磨难，特别是改革开放后人们的利益关系有了重大的调整，但他们真诚合作的精神和友好相处的态度始终如一，体现了团结向上的精神面貌。他们彼此尊重，和衷共济，其乐融融。他们从来没有因为现今不少人为之头痛的稿费分配、署名前后、职称晋升之类的问题而发生不愉快，也没有因为谁的成就、名气比自己大而不服气。应该说，我所在的中国哲学专业博士点能够取得可喜的成就，能够获得国内外同行的尊重，是与他们长期的团结奋斗分不开的，也是与李锦全教授的人格力量分不开的。20世纪70年代末80年代初，他与武汉大学萧萐父教授受教育部委托，共同主编大学教材《中国哲学史》。3年间，两人配合默契，酬唱神州，佳话连篇。20世纪80年代中期到90年代中期，整整10年，他与方克立教授共同主持国家"七五""八五"重点课题"现代新儒学思潮研究"，团结了全国近20所重点大学和研究院的数十名中青年研究人员一道奋斗，成果丰硕，在海内外引起广泛关注，受到好评。在工作中，他充分尊重方克立教授对诸多具体事务的领导，大事共同商量决策，相互合作无间。可以说，队伍庞大的"现代新儒学思潮研究"课题组之所以能够取得丰硕的成果，影响遍及国内外，是与两位主持人为人和为学严谨的大家风范分不开的。

李锦全先生十分注意教书育人，悉心培养年青一代，甘为人梯。他充分肯定青年思想开阔、勇于创新的精神，但同时也严肃指出其知识面窄、史料功底和理论功底都有所欠缺的弱点。但他坚信长江后浪推前浪、世上新人换旧人是人类社会发展的必然规律。他衷心祝愿并真诚鼓励下一代能够青出于蓝而胜于蓝，为繁荣祖国的文化教育事业做出更大的贡献。他培养的研究生基本上都出版了自己的专著，并成长为所在单位的骨干。其中，有的学有所成，比较年轻就成为教授、博士生导师，有的担任了省部级学术机构的领导，有的在国外深造。看到后辈的成长，他感到由衷的欣慰。

李锦全先生欣赏这样一副对联："宠辱不惊，任庭前花开花落；去留无意，似天上云卷云舒。"他在萧萐父教授《佛教哲学简介》的题词中云："欲除烦恼需无我，各有因缘莫羡人。佛性是空还是有，灵山非幻亦非真。"并在其《思空斋诗草》中自注道："世事当如是观耳。"他经常说自己的人生哲学是"道法自然"。我想，这种"法自然""无我"的哲学，并不是世俗所谓的"消极"。恰恰相反，透过这种现象上的反映，我们看到了一个哲人的超越。这种超越不仅是对个人荣辱、毁誉、穷通的超越，更是对自我存在的超越。由这种超越精神的引导和提升，李锦全先生真正达到了自我身心的和谐、自我与社会的和谐、自我与他人的和谐。中国传统文化的精神生命在李锦全先生身上得到了具体而生动的体现。"矛盾融合，承传创新"，他所概括的中国传统哲学的发展历程和特点，在他的学术生命中得到了生动的诠释。在这里，我们感受到中国传统人文精神所追求的知行合一的精神力量，领悟到"君子儒"的真谛。

李锦全先生是我的业师，我是在他教泽的滋润下成长起来的。他对我和其他弟子寄托着殷切的希望。他引用韩愈的话——"弟子不必不如师，师不必贤于弟子"来鼓励我们奋力前行。我们愿意努力，争取不辜负他的厚望。

中国传统哲学、传统思想文化里有很多优秀的思想精粹，最质朴而深刻的一句是"平常心是道"，而道法自然、止于至善则是很高的境界追求和人格风范。我想，已经92岁高龄却依然精神健旺、思维敏锐的李锦全先生，就是以"平常心是道"对待人生的，就是中国优秀传统文化道法自然、止于至善的生动体现。

2017 年 12 月 28 日

内容介绍

《李锦全文集》（简称《文集》）第四卷主要收入的是对儒、道、释三家思想的研究论文。学术界大都认为儒家是中国传统思想文化的主体，道家老、庄在先秦时与儒家孔、孟并列，后经过矛盾融合，到魏晋时玄学的主流派调和名教与自然而走向儒道合流。佛教原是外来宗教，汉晋时传入，起初主张"沙门不拜王者"，到唐代经过融合，忠君孝亲之道成为"儒释皆宗之"。到宋明时期，儒家思想再吸收道、佛的思辨完成哲理化的过程，由于儒、道、佛思想的矛盾融合，使中国传统思想文化，出现承传创新的局面。

《文集》中讨论儒家思想部分：《论儒家人文思想的历史地位》《儒家论人际关系的矛盾两重性思想》，这是讨论儒家思想的定位和定性问题。《儒家思想的演变及其历史评价》《论儒家思想的包容性及其发展路向》，这是探讨儒家思想在演变过程中的发展路向问题。《儒家思想哲理化的历史进程》一文，就是对儒学从先秦到宋明时期发展过程的阶段性总结。

中国历史的发展向近现代转型非常艰难曲折，与此相对应，儒家思想的发展与现代化的关系，怎样走向现代化，能不能与社会现代化相适应？这些问题就成为学术界讨论的热点。这里收入近十篇文章，都是向有关研讨会提交的论文，对这个热点问题有各种不同意见，可以继续进行讨论。

《论退溪人生哲学在儒学中的历史地位》，朝鲜李朝李退溪受中国儒家思想的影响，他的人生哲学在儒学中占有什么地位，这是在"第十届退溪学学术会议"中研讨的问题，这篇是参会论文，是讨论儒学向外传播的回应。

由于受到五四时期新文化运动的冲击，"打倒孔家店"使传统儒学几乎没有传人。只有梁漱溟还说要"走孔家的路"，熊十力也"由佛归儒"，因而被称为"新儒学派"，也称之为第一代现代新儒家。中华人民共和国成立后进入20世纪50年代，现代新儒学思潮在国内已处于沉寂状态，而熊的弟子徐复观、牟宗三、唐君毅等人转移到港、台定居，却被称为第二代现代新儒家，往后还有蔡仁厚、杜维明、刘述先等被称为第三代新儒家。20世纪80年代改革开放以后，国内和港、台逐渐开展学术交流，1986年成立"现代新儒学思潮研究"课题组，出了不少研究成果。这里收入《现代新儒学思潮的历史评价》一文，对"第一代""第二代"新儒家的观点做出全面评述。

传统儒学怎样走向现代，关键是如何转型。港台现代新儒家唐君毅等人，认为儒家主张道德上之天下为公、人格平等的思想，必然发展至民主制度之肯定，并从而确认"从中国历史文化之重道德主体之树立,即必当发展为政治上之民主制度",这称之为"返本开新"之论。

港台现代新儒家力图以传统儒家心性之学为根本的"老内圣"开出民主、科学的"新外王",这是以道德文化决定论作为理论依据,在实践上似乎没有成功的先例,不过在学术界仍有争论。这里收入《从批判与承传中走向民主政治——评徐复观的儒学发展观》是我参加研讨的论文,可供参考。

由于孔子和传统儒学都有民本思想和带有公平正义的治国理念,这能否完成从"民惟邦本"向民主理念的现代转化,似也是一个可以探索的问题,儒学在当代能否推陈出新,继后几篇文章可以进行讨论。

最后链接有任剑涛《廓清儒学研究的知识边界》,这是对我研究儒学多年的时代价值与知识意义作出评论,可供参照。

儒家之后是谈道、佛两家以及"三家"关联的思想问题。《道家思想在传统文化中的历史地位》《老子政治哲学的矛盾两重性与道家思想的历史作用》,这是对道家思想的定性、定位及其发展过程的总论。接着是讨论先秦原始道家老、庄哲学性质及其评价问题。20世纪五六十年代,对老子其人其书、自然观是唯物论还是唯心论争议不断。

关于老庄的哲学性质,有认为用天道自然来代替神创世界,是属于无神论思想体系;我则认为这虽否认有形象的上帝,但老子要把万物归根于受命,任天安命,自然的天道终于变成司命之神,这就是老庄哲学的神学特色,这里有一个无神论与有神论的通向和互相转化的问题值得研究。

汉晋时佛教的传入,引起一场形神关系的争论,佛教徒认为人死后精神还会存在,主张神不灭论。桓谭反对这种宗教神学,他用烛火关系作比喻,烛是形体,火是精神,烛烬火灭,也就是主张形尽神灭的无神论观点。由于佛徒用"薪尽火传"来反驳"烛火之喻",而范缜又以"刀刃之喻"来反难佛徒,形神关系的争论成为一场学术公案。

陶渊明在文学史上是著名的诗人,但他写的形、影、神诗三首,认为形体与精神的关系是互相依附而不可分离的,从而驳斥了形尽神不灭的观点。这对当时佛徒慧远讲三世业报,道徒葛洪之流讲神仙不死的谬说给以批判。

正因为陶渊明是主张形尽神灭的,所以他不相信鬼神和因果报应等一套,在自然观上是具有唯物主义无神论思想,但并不能以此来说明社会人事变化的科学原因,这就很容易陷入自然命定论,也就是唯心主义宿命论,这也是无神论向有神论的思想通向。

道家和道教两个学术上的名词,既有联系又有区别,道家是先秦诸子中的一个学术流派,《老子》《庄子》属于哲学著作,但要从道家演变成道教,就要把道家的哲学著作改造成为道教的神学经典,《老子想尔注》一书就是解决这个问题的思想结合点。这里收入《读〈老子想尔注〉断想》一文，是我提出的探索意见。

魏晋时期，道家思想除演变为道教外，另一途径是向思辨化发展，主要表现为玄学，这是中古时期道家文化的分流。玄学的主流派有王弼、何晏、郭象等人，何、王论证"名教"出于自然，这是利用道家自然无为思想为儒家的名教作辩护，在政治上调和儒道两家的思想。至于郭象倡独化论"自足逍遥"，我认为他是个持双重标准的巧伪人，不能与庄子相提并论。

不过玄学中也有分化，非主流的嵇康提出"越名教而任自然"的命题，反对说"名教"出于"自然"，被认为不满意当朝司马氏的统治，被加以"非毁典谟"的罪名杀害。

晋朝的道教徒葛洪也是个"儒道兼综"人物，他的政治态度和玄学的何、王相近，也是要维护儒家思想的统治，不过道教中也有类似嵇康那样的反对派，那就是好老、庄之书的鲍敬言，他主张无君论，葛洪写了《诘鲍》篇进行辩论。这也是一个值得研究的学术公案。

这里链接两篇文章，孙以楷、陆建华的《李锦全先生之老学思想》。曹智频的《李锦全先生与道家文化研究》，可以参考。

唐朝是个泱泱大国，文化包容使得儒、道、佛三家思想都得到发展并相互交流。如佛教是外来宗教，出世思想与儒家世俗思想不相适应，所以曾发生"沙门不拜王者"的争论。到唐初由于受到王权的干涉，要求"奖以名教，被兹真俗"，即要求宗教徒和世俗人都要遵守儒家的名教，为与此相适应，慧能的南宗教义讲顿悟成佛，强调自识本性，自成佛道。这是认同儒家孔子说的"我欲仁，斯仁至矣"的作圣之功，也是认同儒家名教的仁学。还有宗密将佛教的"五戒"与"五常"相比附，表示佛教徒拥护儒家"五常"等世俗观念，称"孝道"是"儒释皆宗之"。从而出现儒佛相融合的趋势。

慧能、宗密等出世的佛教徒为适应世俗社会的生存发展，认同儒家的"五常"以至忠君孝亲的道德教化作用，但另一面儒家的士人在官场失意时心灰意冷，也会产生避世的仰望仙山佛国的沉思，如唐代名臣张九龄晚年就流露出这点意绪。

唐代柳宗元被人称为"好佛"，但并非消极"避世"，反而认为佛教思想有"佐世"的一面。他说慧能始终以性善教人，这符合儒家的人生本旨。他提出"统合儒释"就是企图在儒家文化圈中，对外来宗教教义找到一条求同存异的路子，对教化人生起到重新调合的作用。

儒家主张入世，佛、道是出世的宗教，在人生价值取向上是矛盾的，柳宗元用性善论教化人生作为共同取向来"统合儒释"，而与柳宗元同属唐宋八大家的苏轼，却在自己人生遭遇上出现矛盾时，在内在消解上取得平衡。《兼综儒道

佛 契合理情神》，是我读东坡诗词时对苏轼入世与出世思想的矛盾统一做出的论证。

上面谈到儒、道、佛三家，宋以后又称为"三教"。道、佛两家是出世的宗教，当然没有问题，但儒家孔子是先师而非教主，只是社会上一个思想流派，而非宗教神学。但由于前些年来，任继愈先生认为先秦时虽有儒家，但孔子思想经历了汉代和宋代两次大的改造，儒家逐渐成为具有中国特点的宗教——儒教，到南宋的朱熹，正式完成这一使命，朱熹的为学，不是纯思辨之学，而是指导行为的学问，它是宗教而不是哲学。我不同意任先生的观点，发表《是吸取宗教的哲理，还是儒学的宗教化》一文做出回应，现收入《文集》中以供讨论。

朱熹以后，虽然任先生主张儒学已成为宗教，但儒学与佛道两家思想仍有入世与出世的不同，明朝的李贽是个亦儒亦佛的人物，入世时不满现实，出家当了和尚，但又不愿远离尘世，还表现出愤世嫉俗的言行。在处理入世与出世的思想矛盾时，他不像苏轼能在内部消解而取得平衡，他在外面的显露却为当政者所不容而遭受迫害。

宗教本应该是出世的，但未必都能了结尘缘。如道、佛两家的正统派大多是维护当时的统治，但也有"异端"与民间秘密结社甚至参加农民起义。佛教传入之后，明末开始有西方上帝教传入活动，到清代洪秀全吸取原始基督教的朴素平等思想发动太平军起义，不过被当时西方正统基督教会视为"异端"。我认为与德国农民战争的闵采尔相比，反而比较接近，从太平天国宗教思想的剖析来看中西文化的关系，这里收入的两篇文章，就是讨论这个问题。

依此看来，宗教神学各流派的初衷是出世的，但其实摆脱不了与人间的现实关系。中国近些年来倡导人间佛教并参加各种和平法会活动，并用慈悲平等教义来启发群众心灵，对促进和平发展新世纪起到促进作用。道教也在发扬"行道立德、济世利人"的道文化内涵，并展示出爱国主义精神。在"广东高校统一战线研讨会"中，这里收入两篇文章，就是研讨宗教如何适应社会主义社会并发挥其积极性，这也是一个新课题。

宗教的正面功能大多可以造福人类，但是世界各地也会出现一些遗祸民生的"邪教"，前段时间法轮功邪教在国内流传就害人不浅，除对少数犯罪的祸首须要处罚外，对大多受骗痴迷者就要教育疏导，这也是研究宗教问题的一个重要方面，是符合历史的辩证法的。

目 录

论儒家人文思想的历史地位 …………………………………………… (1)
儒家论人际关系的矛盾两重性思想 …………………………………… (9)
儒家思想的演变及其历史评价 ………………………………………… (21)
儒家思想发展过程及其历史评价 ……………………………………… (36)
论儒学思想的包容性及其发展路向 …………………………………… (40)
从历史进程看儒学发展前景 …………………………………………… (53)
历史的轨迹　时代的展望
　　——从儒学发展进程看儒学的前景 ……………………………… (55)
儒家思想哲理化的历史进程 …………………………………………… (67)
儒家思想与现代化关系的探讨 ………………………………………… (76)
儒家文化与现代化关系问题的探索与思考 …………………………… (81)
从儒家思想的发展看儒学在现代化进程中的历史作用 ……………… (90)
儒学传统能否适应现代化
　　——兼对现代新儒家及反传统派思想观点的述评 ……………… (94)
从社会向近现代转型中看儒家思想的适应性 ………………………… (104)
儒学对文明社会的适应性 ……………………………………………… (114)
儒家文化与商业文明关系的探索 ……………………………………… (120)
论退溪人生哲学在儒学中的历史地位 ………………………………… (128)
现代新儒学思潮的历史反思 …………………………………………… (138)
当代海外新儒学思潮的历史评价 ……………………………………… (146)
现代新儒学思潮的历史评价 …………………………………………… (154)
从批判与承传中走向民主政治
　　——评徐复观的儒学发展观 ……………………………………… (170)
孔子的发展理念与现代化的路径选择
　　——从民本思想向民主理念的现代转化 ………………………… (179)
传统儒学对公平正义治国理念的双重效应 …………………………… (185)
对儒学当代发展问题的思考 …………………………………………… (192)
儒学在当代的推陈出新 ………………………………………………… (199)

廓清儒学研究的知识边界
　　——李锦全先生儒学研究的时代价值 …………………… 任剑涛（206）
道家思想在传统文化中的历史地位 ……………………………………（217）
关于庄子的哲学性质及其评价 …………………………………………（227）
老子政治哲学的矛盾两重性与道家思想的历史作用 …………………（237）
老庄哲学的神学特色 ……………………………………………………（252）
从老、庄论"道"的性质谈到无神论与有神论的思想通向问题 ………（261）
陶渊明无神论思想试探
　　——兼论中国古代无神论与有神论的思想界限及其通向 ………（272）
读《老子想尔注》断想
　　——从道家到道教思想结合点的探索 ……………………………（279）
中古时期道家文化的演变与分流 ………………………………………（285）
对郭象哲学"自足逍遥"的历史评价 …………………………………（291）
葛洪《诘鲍》篇的争论说明什么？
　　——兼论中古时期道家、道教思想的演变和分化 ………………（295）
徜徉在入世与出世之间
　　——葛洪儒道兼综思想剖析 ………………………………………（302）
李锦全先生之老学思想 ………………………… 孙以楷　陆建华（310）
李锦全先生与道家文化研究
　　——对道家思想传播的文化考察 ………………………曹智频（315）
对慧能改革南宗教义的一点探索 ………………………………………（324）
慧能禅宗教义对中国思想文化史的贡献 ………………………………（331）
宗密《原人论》解述 ……………………………………………………（336）
论柳宗元思想的内在矛盾
　　——兼论中国古代无神论与有神论的通向问题 …………………（346）
柳宗元与"统合儒释"思潮 ……………………………………………（353）
论儒佛人生观的矛盾与交融
　　——兼评柳宗元"统合儒释"论 …………………………………（362）
佛学、老庄与儒学 ………………………………………………………（370）
兼综儒道佛　契合理情神
　　——读东坡诗词论苏轼入世与出世思想的矛盾统一 ……………（372）
是吸取宗教的哲理，还是儒学的宗教化？ ……………………………（385）
论李贽入世与出世思想的矛盾统一 ……………………………………（399）

洪秀全思想略论……………………………………………………（409）
太平天国宗教思想与中西文化的关系…………………………………（417）
宗教与社会主义社会相适应问题思考…………………………………（425）
从宗教社会功能的演变看社会主义社会如何发挥宗教的积极性…………（428）
对邪教痴迷者教育疏导问题的探索……………………………………（438）
也谈敬畏与否之争………………………………………………………（442）
无"4"要"8"是传统心理吗？
　　——关于数字迷信问题的思考……………………………………（445）
高考期间"大仙""圣人"备受青睐………………………………………（448）

论儒家人文思想的历史地位

中国传统文化有个特点，就是重视对"人"学问题的研究，特别是儒家更是具有比较浓厚的人文思想。学术界有些人对此做出很高评价，认为是提供了天下为公、道德理性的思想基础；但也有持相反意见的，认为中国传统的人文思想，从其主流看，导向的是王权主义和使人不成其为人。对儒家人文思想及其历史地位应如何评价，很值得我们认真研究和探索。

一

要了解儒家的人文思想，需要从孔子的仁说谈起。"仁"是孔子思想的核心，"仁"在《论语》中出现次数最多，但内涵总离不开"人"学的探讨，如人性、人道、人生价值、人际关系等问题，即教导人们应该怎样去做人。在《论语》中两段话："夫仁者，己欲立而立人，己欲达而达人。"① "己所不欲，勿施于人。"② 有人认为这两个命题，典型地表现出人与人平等的思想。另《论语》中记载有孔子对马厩失火时的态度，他只问"伤人乎？"而"不问马"。③ 有人认为这是从人道主义角度提出问题，并据此说孔子是我国古代史上主张把劳动者作为人看待的第一个思想家。也有学者说孔子讲"仁"，是对人的反思，是表示人类精神的自觉，因而对孔子以"仁"为核心的人文思想给予高度评价。

另一种意见认为：中国古代的人文思想虽然很丰富，但君主专制主义也很发达，而专制主义却恰恰以具有浓厚的人文色彩的儒家思想为统治思想。另外儒家人文思想的主题是伦理道德，而不是政治上的平等。如孔子讲"克己复礼为仁"④，要求个人一切言行都要以礼为准，并处处克制自己，使人彻底变为道德工具。这种教人安于封建秩序的道德，不管其中人文思想多么丰富，它在本质上只能是人的桎梏，有利于封建统治，而不能导致个人思想的解放。

上述两种观点我认为都有点片面，要对儒家的人文思想做出正确的历史评价，应该从"两点论"加以分析。

首先我们应该看到，儒家的人文思想是重视人的价值和尊严的，所以讲"天

---

① 《论语·雍也》。
② 《论语·卫灵公》。
③ 《论语·乡党》。
④ 《论语·颜渊》。

地之性人为贵"。为什么人的地位最为尊贵？荀子对此解释说："水火有气而无生，草木有生而无知，禽兽有知而无义；人有气，有生，有知，亦且有义，故最为天下贵也。"① 人是自然界的一分子，但人之所以尊贵而不同于水火、草木和禽兽，因为人是有思想意识和能遵守社会道德规范的高等动物，同时只有人过着有社会组织的群居生活，所以才显出有高尚的智慧和力量。荀子又说："（人）力不若牛，走不若马，而牛马为用，何也？曰：人能群，彼不能群也。"② 人之所以能役使体力超过自己的牛马，靠的是有社会组织的群体力量。荀子指出："人何以能群？曰：分。分何以能行？曰：义。故义以分则和，和则一，一则多力，多力则强，强则胜物，故宫室可得而居也。"③ 荀子认为人的群体力量是靠"分"（等级秩序）来维持，而社会等级秩序是靠"义"（道德规范）来实现。据此他从反面论证："人生不能无群，群而无分则争，争则乱，乱则离，离则弱，弱者不能胜物，故宫室不可得而居也，不可少顷舍礼义之谓也。"④ 这是荀子对人为贵所做出的论证和解释。

但是上面所讲的只是问题的一面，因为儒家重视人的价值，认为只有组成社会群体时才能显示出人的力量。可是在封建社会中，组成社会群体的人彼此间的地位并不平等，亲疏贵贱，上下尊卑，在伦理和政治方面都形成森严等级，而专制君主却高踞权力的顶峰。在绝对王权支配下，个人的独立和尊严当然很难保障。正如马克思所说："专制制度唯一的原则就是轻视人类，使人不成其为人。"⑤ 人文思想是要重视人的价值，但封建专制制度却使人不成其为人，这两者之间必然会出现矛盾。

自是贬低儒家人文思想的一方，就提出这样的解释：既然儒家的人文思想重视的是人的群体价值而忽视个体价值，而封建君主既以社会群体的代表自居，所以天下臣民只能作为他的附属物，在封建等级网络中，各守其分，各安其位。即是说人文思想只能为专制王权服务。所以中国古代的专制主义，恰恰以具有浓厚的人文色彩的儒家思想为统治思想，那就并不奇怪了。

上面对儒家人文思想的历史作用，之所以会有不同估计，我认为有以下几点情况值得注意。

第一，儒家讲尊君，但并非无条件服从君主，如孔、孟、荀就有不少君臣对等的言论。孔子提出要"君使臣以礼"，才"臣事君以忠"⑥。孟子说得更清楚：

---

① 《荀子·王制》。
② 《荀子·王制》。
③ 《荀子·王制》。
④ 《荀子·王制》。
⑤ 《马克思恩格斯全集》第一卷，第411页。
⑥ 《论语·八佾》。

"君之视臣如手足，则臣视君如腹心"；"君之视臣如土芥，则臣视君如寇仇"①。他不承认桀、纣是君主，说"闻诛一夫纣矣，未闻弑君也。"② 荀子也说："桀、纣者，民之怨贼也。""诛暴国之君若诛独夫。"③ 据此他还发挥说："夺然后义，杀然后仁，上下易位然后贞，……汤武是也。"④ 孟、荀将暴君比之独夫民贼，称赞汤武革命的上下易位。他们还看到人民的力量，如孟子就有"民贵君轻"的议论⑤，荀子将君、民比喻为舟与水的关系，水能"载舟"，也能"覆舟"⑥，承认人民有推翻统治者的力量。

第二，儒家既有君臣对等的思想，故以臣事君也有所选择。如孔子就讲"以道事君，不可则止。"⑦ 又说："隐居以求其志，行义以达其道。"⑧ "天下有道则见，无道则隐。"⑨ 即对君主可以采取不合作态度。看来儒家对以臣事君，主张有相对的自由。所谓良禽择木而栖，良臣择主而事；君不正则臣投外国，父不正则子走他邦，就反映出这方面的思想。荀子更明确提出"从道不从君"的命题⑩。后来贾谊就曾批评屈原，说他依恋怀王是咎由自取，"历九州而览其君兮，何必怀此都也！"⑪ 屈原本来可以到列国去选择君主，何必死抱着楚都不放呢！贾谊对屈原的议论，就是从道不从君思想的体现。

第三，儒家既把"道"摆在"君"之上，就有"死守善道"和不怕牺牲的精神。如孔子就说过："三军可夺帅也，匹夫不可夺志也。"⑫ 又说："志士仁人，无求生以害仁，有杀身以成仁。"⑬ 孟子更加以发挥说："居天下之广居，立天下之正位，行天下之大道。得志与民由之，不得志独行其道。富贵不能淫，贫贱不能移，威武不能屈，此之谓大丈夫。"⑭ 又说："生，亦我所欲也；义，亦我所欲也，二者不可得兼，舍生而取义者也。"⑮ 孔、孟提出不惜牺牲性命以成仁取义，这种高尚情操与正直精神在封建社会中应该是可取的。

第四，儒家讲行天下之大道，也可以说是"王道"，这与有道之君的仁政相

---

① 《孟子·离娄下》。
② 《孟子·梁惠王下》。
③ 《荀子·正论》。
④ 《荀子·臣道》。
⑤ 《孟子·尽心下》。
⑥ 《荀子·王制》。
⑦ 《论语·先进》。
⑧ 《论语·季氏》。
⑨ 《论语·泰伯》。
⑩ 《荀子·臣道》。
⑪ 《吊屈原赋》。
⑫ 《论语·子罕》。
⑬ 《论语·卫灵公》。
⑭ 《孟子·滕文公下》。
⑮ 《孟子·告子上》。

联系，这里当然要维护君主的利益，但同时也包含对人民的关注。"民惟邦本，本固邦宁"，儒家是比较懂得君民利益相互之间的辩证关系的。如黄宗羲对大臣出仕，是"为天下"还是"为君"做了严格区别，他说："故我之出而仕也，为天下，非为君也；为万民，非为一姓也。"他认为"天下之治乱，不在一姓之兴亡，而在万民之忧乐"。所以为"臣"者，对人民处在水深火热之中视而不见，即使能"辅君而兴，从君而亡"，还是违背"臣道"的。他把君臣共治天下，看成是共同拉木头的人，是合作共事的关系，而不是做君主的"仆妾"。所以他说："吾无天下之责，则吾在君为路人"；"以天下为事，则君之师友也。"① 这里黄宗羲发挥了先秦儒家君臣对等和从道不从君的思想。

二

从上面材料看来，儒家的人文思想并非完全抹杀人的个体价值，应该说在道德的完善和人格的修养方面，提出了平等的要求。如孟子回答曹交时，就肯定"人皆可以为尧舜"②。荀子也说"涂之人可以为禹"③。王守仁与学生答问时也承认"满街都是圣人"④。李贽更明确提出"天生一人自有一人之用"⑤。他还主张"尧舜与途人一，圣人与凡人一"⑥。这里说明儒家并非不重视个人作用，即使是凡夫俗子，也可以堂堂正正做个人。至于出仕做官，则要为天下万民，而不能只为一君一姓。宋代讲"先天下之忧而忧，后天下之乐而乐"这句名言的范仲淹，他强调的是发挥个体作用，但为的是群体利益。他对人生的价值取向是先人后己，先为群体，后顾个体，自己吃苦在前享乐在后，这种博大襟怀，对如何处理群体与个体价值取向的关系，即使到今天也会给人以启迪。

不过我们这样分析问题，并非否认儒家有维护封建君权和等级制度的思想。如果没有君主专制和人身依附关系，就不成其为封建社会了，马克思所以说"使人不成其为人"，就是从这个意义上说的。但处在封建等级关系网中的每一个人，除要各安其分，作为社会群体中的一员外，每个个体也应该有自己的人生价值取向。儒家思想的特点，是对人们在人格道德修养上提出平等的要求，而在社会政治地位上又主张对等级的维护，因此形成在人文思想上的两重性矛盾。

对儒家的人文思想，本文前一部分列举过两种意见：一种认为可以与平等、

---

① 见《明夷待访录·原臣》。
② 《孟子·告子下》。
③ 《荀子·性恶》。
④ 《传习录》。
⑤ 《焚书·答耿中丞》。
⑥ 《道古录》卷上。

自由相联系；另一种则认为它的主题是伦理道德，而不是政治的平等、自由和人权。从总体看应该说后一种意见是对的，因为主张政治上的平等、自由和人权，这种比较完整的思想，只能产生在近代资本主义社会，如果说中国古代儒家能有这种思想高度，那是超出时代的要求，当然是不现实的。但走向另一极端，认为在封建社会中，根本不可能有人的自身意志和理想人格的追求，也未必符合事实。虽然在古代儒家知识分子中间，具有这种思想的人是少数，并且不可避免地带有两重性思想矛盾。但这种人毕竟是有的，他们对社会的发展，包括在政治、经济以至思想文化各方面，都可以做出不同程度的贡献。当然这些人不可能完全摆脱王权思想的制约，但他们所要求的是能"使天下受其利"的君主，而不是那种"以天下之利尽归于己"的独夫。① 如果说黄宗羲也有王权思想，那么他对君主是有所选择的，即仍然保留孔、孟那种君臣对等的思想，他要发挥的却是为君"师友"的作用。

据此我们对封建社会中的王权主义思想也要做具体分析，同时王权与王道也有区别。前者一般是指维护一家一姓的专制君主的权力；后者则是儒家理想的王道政治，仰望的是尧舜或三代的开国之君。儒家认为当臣子的就要做这方面的促进工作，就像杜甫说的"致君尧舜上，再使风俗淳"。朱熹也提出要"正君心"。当然，儒家想要造就行仁政的君主，实际效果不会很大。但他要求后世儒者：上可以致君为尧舜，下可以配德于孔颜，并以此作为人生价值标准的参照系，这对于促进儒者个人为实现人生价值而努力奋斗，当会有一定作用。我国历史上有不少志士仁人，正是在儒家思想的熏陶下，干出一番为国为民的事业。但是要实现为群体的人生价值，首先要从个人做起，从修身、齐家到治国、平天下，就是实现群体价值的必由之路。今天的社会和过去不同，过去是封建统治者的天下，现在是人民的天下，但儒家先哲对处世的某些格言，还是应当可供借鉴的。刘少奇同志在《论共产党员的修养》一书中，就讲到一个共产党员，如果真正是大公无私，他就可能有很好的共产主义道德。他会"先天下之忧而忧，后天下之乐而乐"。在党内，在人民中，他吃苦在前，享受在后。他能够在患难时挺身而出，在困难时尽自己最大的责任。他有"富贵不能淫，贫贱不能移，威武不能屈"的革命坚定性和革命气节。刘少奇同志这段话，作为对共产党员的要求，我认为在今天仍有其现实意义。

三

为了能正确评价孔子、儒家人文思想的历史地位和作用，我认为还有几个问

---

① 《明夷待访录·原君》。

题，需要进一步加以探讨。

第一，关于中西人文思想的比较问题。中国儒家人文思想是封建时代的产物，而欧洲文艺复兴时期的人文主义是一种资产阶级的思想意识，这种区别为大家所公认。既然如此，我们对两种人文思想的评价，就应该按照不同时代的要求作为评判标准。比如批评儒家人文思想的主题不是政治上的平等、自由和人权。这个批评也许是对的，因为儒家的人文思想确是没有包含这些东西。其实没有才是正常的，如果说有近代的民主、民权观念，那反而是超前的思想意识了。

因此，我们不能将儒家的人文思想与近代西方的人文主义作比较，这是非历史主义的评判标准。要比较就得和欧洲中世纪相比。儒家的人文思想很早就有非神权的色彩。如孔子所仰慕的子产，就发出过"天道远，人道迩"的名言，主张不要去追溯渺茫难知的"天道"。孔子是"不语怪、力、乱、神"①。子贡也说："夫子之言性与天道，不可得而闻也。"② 儒家虽主张虔诚地祭祀祖先，但其用意正如曾子所说："慎终追远，民德归厚矣。"③ 这只不过是提倡孝道的一种形式。儒家后来虽被称为儒教，在两汉的谶纬神学中亦有过将孔子神化的现象，但没有多大影响。宋明理学虽受过佛、道思想的影响，但总的趋向是将儒学引向哲理化而不是宗教化。在中国历史上始终没有出现像欧洲中世纪那样的神权统治人间的宗教化时期，有人认为这正是中国文化特色之所在。如果这种讲法能够成立，我认为主要是由于儒家人文思想所能起到的历史作用。虽然也有人说儒家思想不是人文主义而是伦文主义，即使这样也应该比欧洲中世纪的神文主义进步。

第二，如何正确运用历史唯物主义原理问题。社会存在决定社会意识，这一条历史唯物主义原理我是同意的，但不能机械地硬套。如有的文章根据马克思说的专制制度使人不成其为人的论断，就说建立在专制制度上的儒学，不能不带有轻视人、压抑人的根本特征。并说在儒学的基本框架中，理想人格是残缺不全的，实现"仁"的所谓圣人之境，是对人的潜能和创造力的贬斥和压抑。在这种境界下，人被嵌套在"礼"的规范中，变成"礼"的结构得以巩固的牺牲品，从而导致人的主体性的丧失。

针对上述类似观点，张岱年先生在《再谈中国传统哲学与自我实现》④ 一文中说：近年以来，国内出现一种思潮，要求全面否定民族的传统，甚至断言"在整体设计上取消主体价值，抹杀独立人格的传统文化，真正的人不可能萌芽成长"⑤。这无异于说几千年的中国文化还没有真正"人"的概念，几千年的中华

---

① 《论语·述而》。
② 《论语·公冶长》。
③ 《论语·学而》。
④ 参见《光明日报》1988年7月11日。
⑤ 《中国传统文化的再估计》，第351页。

民族还没有一个真正的"人"！这实际是重复西方殖民主义者诬蔑落后国家的语言：认为有色人种只配接受白种人的奴役。现在西方这种论调已经减少了，而有色人种中间却发出了本民族没有真正的人，本民族的分子都不具备人格的论调，这就未免令人骇怪了！这里张老先生未免有点情绪激动，持这类观点的人未必都是重复西方殖民主义者的老调，他们不过是将马克思的论断绝对化，认为在专制制度下的人不成其为人，并以此做必然性的逻辑推理，才得出"真正的人不可能萌芽成年"的结论。

其实，作为社会上的人，所谓主体价值和独立人格只能是相对的。在封建专制时代，理想人格固然是残缺不全的，但即使在西方所谓民主社会，也同样要受到资本主义生产关系的制约，也不会实现无限膨胀的主体价值与绝对自由的独立人格。至于在中国传统文化中，也应该承认有一种刚健有力、自强不息的基本精神，有一种以立德、立功、立言为不朽的人生观，这对人的主体价值和道德人格不能说是取消和抹杀，而正是表现出儒家人文思想在历史上的积极作用。

第三，怎样理解儒家的人文思想与现代化的关系。这是近几年学术界讨论的热门话题。对此也形成两种对立的观点。一种是以港台被称为现代新儒家的人为代表。如唐君毅、张君劢、牟宗三、徐复观四人，1958年元旦在《民主评论》和《再生》杂志上联名发表一篇《为中国文化敬告世界人士宣言》（以下简称《宣言》），其中就提出要发扬传统儒学的人文精神，内容包括重人德、立人极、人格平等以至仁民爱物、博施济众等方面。按照唐君毅等人的立论，谓中国人文精神发展至今日，理当求与世界之科学思想、民主政治之思想以及宗教思想有一融通。同时也就说明中国人文精神之发展，系于确认中国人德性生活之发展，科学之发达，民主建国事业之成功以及宗教信仰之树立，乃并行不悖，相依为用。由是《宣言》得出结论："中国历史文化之重道德主体之树立，即必当发展为政治上之民主制度。"

与此持相反观点的多为国内学者，如有的断言传统文化的价值系统和现代化不相容，认为不打破传统文化价值系统，中国现代化就无法实现。因为科学和民主代表的是近代社会思想和方法原则，它与儒家是两种对立的世界观，所以想把容纳"科学"和"民主"作为儒家向现代转化的"时代课题"，实际上是行不通的。由于儒家把人从日常生活到社会生活的一切活动都伦理化，人的独立人格完全消融在尊卑、长幼、贵贱的名分中，这种伦理本位主义的价值系统与现代化是逆向的精神力量，所以说儒家传统不适应现代化。

以上两种观点，对儒家传统文化，前者称之为重道德主体，后者说是伦理本位主义。这里内涵基本相同，而得出的结论却相反。关键是对儒家人文思想的历史价值做了相反的估计。前者肯定儒家具有道德上之天下为公、人格平等之思想；后者则认为人的独立人格完全消融在伦理纲常之中。不过两方的价值判断虽相反，但道德决定论这一点却又相同，如前者说"道德上之天下为公、人格平等之思想，必然发展至民主制度之肯定"。后者则说："中国古代人文思想的主题是伦理道德"，"只能导致专制主义"。这里"必然"与"只能"都是来自道德决定论的逻辑推理，而不是具体分析其历史价值。

因此，我认为对儒家人文思想的价值判断，要着眼于矛盾两重性的分析。比如与现代化的关系，它既有正面价值，也有负面影响。如当前讲为政清廉，要消除腐败和各种以权谋私现象，建立各行业的职业道德与精神文明，就要继续发扬儒家以身作则、正己正人的精神和不欺暗室的慎独功夫，即充分发挥道德人格修养的自律作用。至于它的负面影响，如重人治传统、亲亲尊尊的等级观念、官本位思想等等，这些都妨碍社会主义现代化的民主、法制建设，就应该随着经济、政治体制的改革，实行变革性的观念转化。因此，儒家人文思想与现代化的关系，是连续性与间断性的辩证统一。

本文上面所列举的一些问题，这里只是初步探讨，随着研究的深入，对儒家人文思想的历史地位和作用，终会得到符合实际的评价，这也是我国学术界应负的任务。

（原载《哲学研究》1989年第11期）

儒家论人际关系的矛盾两重性思想

中国儒家从孔子开始思想上有个特点，就是着意研究和解决人际关系问题。把人看成是群体分子，以伦理、政治为轴心，处理和调整人与人之间的关系，这可以说是以儒家为主体的中国传统文化的特色。学术界对这种思想如何评价，意见颇有分歧，我认为关键问题是如何理解这种思想的两重性矛盾。下面谈点个人看法，以供讨论。

一

"仁"学是孔子伦理学说的核心，也是他思想体系中的重要组成部分。"仁"字在《论语》中出现最多，虽然含义不尽相同，但总离不开有关"人"的界说。《中庸》说："仁者，人也。"孔丘往往把"仁"作为人的完全人格的代名词。有完全人格的人，他称为"仁人"。由于"仁"的字形结构，许慎的《说文》解释为"从人，从二"。《礼记》郑玄注认为"仁"是"相人偶"之意，即用以协调人与人之间的相互关系。所以孔子的"仁"，从这个角度来看，也可以说是一种人际关系学。

对由孔子所开创的儒家，在处理人际关系问题上应该如何评价呢？学术界对此看法上很有分歧。由于孔子对"仁"所悬标准很高，对道德人格的修养要求很严，对处理人际关系要做到正己正人，这些都是很不容易的。《论语》中有两段话："夫仁者，己欲立而立人，己欲达而达人。"①　"己所不欲，勿施于人。"② 有人认为这两个命题，典型地表现出人与人平等的因素，反映孔子的人与人平等的思想。另《论语》中记载有孔子对马厩失火时的态度。他只问"伤人乎？"而"不问马"。③ 有人认为当时马的价格高于奴隶的价格。孔子这样问法，从人道角度提出问题，这是一个具有划时代意义的新观念，并据此论定孔子是我国古代史上主张把劳动者作为人看待的第一个思想家。也有学者说孔子讲"仁"是对于人的反思，这种反思是人类精神的自觉，即无论从政治和哲学上，对孔子的人际关系思想都给予很高评价。

但是在阶级社会中，作为统治阶级的思想家，能不能真正有人民平等的思想

---

① 《论语·雍也》。
② 《论语·卫灵公》。
③ 《论语·乡党》。

呢？有的学者提出：《论语》中的"人"与"民"是两个不同的阶级概念，孔子讲"节用而爱人，使民以时"①，对"人"讲"爱"，对"民"讲"使"，就表现出阶级差别。当然，"人"与"民"是否都具有这种区别，可以研究。但有一点可以肯定，孔子的时代无论是奴隶社会还是封建社会，等级差别总是存在的。如果说当时的阶级不是那么容易划分的话，而等级总是分明的。司马谈在评述儒家思想要旨时说："若夫列君臣父子之礼，序夫妇长幼之别，百家弗能易也。"② 在《论语》中孔子主张维护社会等级秩序的言行也是非常清楚的，很难说真正有人民平等的思想。

因此，这里就产生一个问题：孔子对人格的完善、道德的修养，在要求上是人人平等的，如正己正人、立己立人、达己达人，他要求所有的人都这样做，并无等级之分，虽然不是所有的人都能做到。但是由于在现实的社会政治生活中，人们的地位却是不平等的。如以正己正人而论，即使国君或居上位的能"正其身"，带头走正路，下面的臣民"孰敢不正"？就要做到各守其分、各安其位，更不能犯上作乱。这里双方并无什么平等的意味，而在实践效果上却有利于维护家庭和社会的等级秩序。孔子对人们在人格道德上的平等要求，和在社会政治上对等级的维护，形成了儒家在人际关系上的两重性思想矛盾。

由于孔子既要维护君臣父子在社会政治伦理上的等级秩序，又强调要有独立完善的人格和高尚的道德情操，在君臣关系上也形成两重性的思想矛盾。孔子和儒家是尊君的，对君不君、臣不臣的现象深表不满；但他并不主张臣子无条件服从君主。他认为做"大臣"的要"以道事君"，反对做唯唯诺诺的"具臣"。③ 要"君使臣以礼"，才"臣事君以忠"；④ 否则"天下有道则见，无道则隐"。⑤ 对"隐居以求其志，行义以达其道"⑥，官府可以不予合作。所谓"以道事君，不可则止"⑦，看来对臣子的进退出处，还是主张要有相对自由的。

对人际关系问题，孟子和荀子继承和发挥了孔子的矛盾两重性思想。孟、荀一方面也是尊君的，虽然不像孔子见"君在，踧踖如也"，"入公门，鞠躬如也"⑧，这样一套诚惶诚恐的样子，但儒家讲究君臣、父子那一套亲亲、尊尊的等级观念，却是牢不可破的。如孟子说："人莫大焉亡亲戚君臣上下"⑨，认为人

---

① 《论语·学而》。
② 《论六家要旨》。
③ 《论语·先进》。
④ 《论语·八佾》。
⑤ 《论语·泰伯》。
⑥ 《论语·季氏》。
⑦ 《论语·先进》。
⑧ 《论语·乡党》。
⑨ 《孟子·尽心上》。

的过错没有比不要父子兄弟、君臣上下的关系更大的了。所以他又说："未有仁而遗其亲者也，未有义而后其君者也"①。只有做到"人人亲其亲，长其长，而天下平"。② 荀子也说："若夫君臣之义，父子之亲，夫妇之别，则日切瑳而不舍也。"③ 这里讲的是"三纲"思想的雏形，要处理好君臣父子关系，荀子认为是人们每日都不能回避的。这种等级观念应用到社会上，就像孟子说的，"有大人之事，有小人之事。""劳心者治人，劳力者治于人；治于人者食人，治人者食于人，天下之通义也"。④ 对孟子这种观点，虽然有人认为讲的是社会分工，但也不能否认，从人际关系来说，是肯定了统治与被统治、剥削与被剥削的社会等级关系。

不过，孟、荀在社会政治生活中，虽强调人际间的等级关系，但在道德的完善和人格的尊严方面，却提出平等和独立的要求。如孟子回答曹交时，肯定"人皆可以为尧舜"。⑤ 荀子则承认"涂之人"，"皆有可以知仁义法正之质，皆有可以能仁义法正之具"，故结论是"涂之人可以为禹"。⑥ 尧、舜、禹是儒家最尊崇的古圣先王，而孟、荀却认为一般人都应该能够做到，这表现出对人们在道德人格上的平等要求。从这个意义上说，也得承认人们的独立意志和人格。如孔子就说过："三军可夺帅也，匹夫不可夺志也。"⑦ 又说："志士仁人，无求生以害仁，有杀身以成仁。"⑧ 孟子对此更加以发挥说："居天下之广居，立天下之正位，行天下之大道；得志，与民由之；不得志，独行其道。富贵不能淫，贫贱不能移，威武不能屈，此之谓大丈夫。"⑨ 又说："生，亦我所欲也，义，亦我所欲也；二者不可得兼，舍生而取义者也。"⑩ 孔、孟鼓吹"匹夫不可夺志"，要做"独行其道"的大丈夫，甚至不惜牺牲性命以成仁取义。这种强调独立人格的精神，可以说是相当强烈的。

先秦儒家既要尊君，又要"独行其道"，如荀子就提出"从道不从君"⑪的命题。他们既要维护社会等级制度，又要强调个人的独立人格，就不可避免地会产生矛盾，从而出现了君臣对等和民贵君轻的思想。如孟子就说："君之视臣如手足，则臣视君如腹心；君之视臣如犬马，则臣视君如国人；君之视臣如土芥，

---

① 《孟子·梁惠王上》。
② 《孟子·离娄上》。
③ 《荀子·天论》。
④ 《孟子·滕文公上》。
⑤ 《孟子·告子下》。
⑥ 《荀子·性恶》。
⑦ 《论语·子罕》。
⑧ 《孟子·卫灵公》。
⑨ 《孟子·滕文公下》。
⑩ 《孟子·告子上》。
⑪ 《荀子·臣道》。

则臣视君如寇仇。"① 当齐宣王提出"汤放桀，武王伐纣"故事，问到"臣弑其君可乎？"孟子回答说："贼仁者谓之贼，贼义者谓之残，残贼之人谓之一夫。闻诛一夫纣矣，未闻弑君也。"② 荀子也说："桀纣者，民之怨贼也"，"诛暴国之君若诛独夫"！③ 据此他还发挥说："夺然后义，杀然后仁，上下易位然后贞，功参天地，泽被生民，夫是之谓权险之平，汤、武是也。"④ 孟、荀将暴君比之独夫民贼，称赞汤、武革命的上下易位。他们还看到人民的力量，如孟子就发出民贵君轻的议论。⑤ 荀子将君、民比喻为舟与水的关系，水能"载舟"，也能"覆舟"⑥，承认人民有推翻统治者的力量。既要维护君权，又要强调臣民的对等地位，这表现出先秦儒家在人际关系上的矛盾两重性思想。

二

秦灭六国，建立了集权统一的封建王朝，君主取得了独尊地位。秦始皇后期与秦二世的专制独裁统治，当然不容许有君臣对等的观念。汉承秦制，虽一度采用与民休息的政策，但讲究君臣上下的名分，却绝不含糊。如汉景帝时黄老派的黄生与儒生辕固生有过一场辩论。黄生反对汤武革命，认为"汤武非受命，乃弑也。"辕固生根据孟、荀的观点反驳说："不然。夫桀纣虐乱，天下之心皆归汤武，汤武与天下之心而诛桀纣。桀纣之民不为之使而归汤武，汤武不得已而立，非受命为何？"黄生却说："冠虽敝，必加于首；履虽新，必关于足。何者，上下之分也。今桀纣虽失道，然君上也；汤武虽圣，臣下也。"这里说得很清楚，君臣上下是不能易位的。辕固生对此还是不服，他反问说："必若所云，是高帝代秦即天子之位，非耶？"争论到这里时汉景帝表态了，他虽然不好说"高帝代秦"不对，但还是偏袒黄生，说什么"食肉不食马肝，不为不知味；言学者无言汤武受命，不为愚"。争论就这样结束，"是后学者莫敢明受命放杀者"。⑦ 辕固生搬出"高帝代秦"来肯定汤武受命，理由不为不充分，但景帝当时已成为现实的统治者，最关心的还是要稳定君臣上下的秩序，因此他巧妙地警告儒生，汤武革命不要再谈了。自是，从秦王朝统一后，就受到专制君权抑压的先秦儒家君臣对等的观念，逐渐消沉下去。

不过在西汉初年，由于受到秦亡的深刻教训，所以君民关系问题还是很受重

---

① 《孟子·离娄下》。
② 《孟子·梁惠王下》。
③ 《荀子·正论》。
④ 《荀子·臣道》。
⑤ 《孟子·尽心下》。
⑥ 《荀子·王制》。
⑦ 《史记·儒林列传》。

视。如贾谊提出"国以民为存亡","君以民为强弱","故自古至于今，与民为仇者"，"与民为敌者，民必胜之"。① 这是对专制君权提出警告。后来被称为汉代儒宗的董仲舒，他一方面沿袭贾谊的观点，提醒统治者如"仇雠其民"，会造成"鱼烂而亡，国中尽空"② 的局面。他主张轻徭薄赋，"以宽民力"；并提出"塞兼并之路"，"除专杀之威"③ 的"调均"政策，为的是要缓和君民之间的矛盾。但另一方面如众所周知，董仲舒是鼓吹"君权神授"的，他既提出"王道之三纲，可求于天"④，又说："天立王，以为民也。故其德足以安乐民者，天予之；其恶足以残害民者，天夺之。"⑤ 他既用"天"来维护君权，又想用"天"来限制君权，这仍然会造成思想上的两重性矛盾。从历史作用来看，维护君权的一面，后来的封建帝王，都摆出了"奉天承运"这个灵光圈，在社会上长期产生深远的影响；而限制君权这一面，却连董仲舒自己也无法行通。他是想用上天出现的"灾害"和"怪异"来谴告"失道"的君主，却在"推说阴阳灾异"时，几乎遭到杀头的危险，于是他"竟不敢复言灾异"⑥。他的"谴告"论只能以失败而告终。

从汉唐到宋明，中国封建专制君权愈来愈膨胀。君、臣、民的关系，就像韩愈说的："君者，出令者也；臣者，行君之令而致之民者也；民者，出粟米麻丝，作器皿，通货财，以事其上者也"。"民不出粟米麻丝，作器皿，通货财以事其上，则诛。"⑦ "臣罪当诛兮天王圣明"。⑧ 臣子成为君主的奴才，自无所谓君臣对等，更谈不上民重君轻了。

儒学发展到宋明时期，理学家为要调和君、臣、民的矛盾，如程颢提出"天人一本"的命题。他用"仁"来加以论证："若夫至仁，则天地为一身，而天地之间，品物万形为四肢百体。夫人岂有视四肢百体而不爱哉？"⑨ 这里把仁者爱人扩大到天地万物，从而说明天人一体的道理。所以他说："仁者以天地万物为一体"。"学者须先识仁。仁者，浑然与物同体。义、礼、知、信皆仁也，识得此理，以诚敬存之而已，不须防检，不须穷索。"⑩ 程颢就是企图用"仁"来消解人际矛盾。

---

① 《新书·大政》。
② 《春秋繁露·王道》。
③ 《汉书·食货志》。
④ 《春秋繁露·基义》。
⑤ 《春秋繁露·尧舜不擅移、汤武不专杀》。
⑥ 《史记·儒林列传》。
⑦ 《原道》。
⑧ 《拘幽操》。
⑨ 《河南程氏遗书》卷四。
⑩ 《河南程氏遗书》卷二上。

程颢在谈到"仁者,浑然与物同体"时,称赞了张载的《西铭》。张载提出"乾称父,坤称母",人们都是大地乾坤父母的子女,所谓"民吾同胞,物吾与也"。这就是有名的"民胞物与"思想。但张载并非认为同胞兄弟都是平等的,因为大君是"宗子",大臣是"宗子之家相",等级地位和做老百姓的小兄弟不一样。所以当程颐的弟子杨时对《西铭》的观点提出怀疑,认为是近于墨子的兼爱时,程颐就为之辩解,说这是"明理一而分殊",即讲明君臣父子之理是各安其分,所要维护的仍然是封建等级制度。

"理一分殊"是宋明理学家的基本观点。人人都要服从天理,这是"理一";但人人又要遵守各自不同的本分,就是"分殊"。程颢说:"夫天之生物也,有长有短,有大有小。君子得其大矣,安可使小者亦大乎?天理如此,岂可逆哉?"① 又说:"父子君臣,天下之定理,无所逃于天地之间。"② 朱熹说:"君臣父子,定位不易,事之常也。"③ 又说:"有高必有下,有大必有小,皆是理必当如此。"④ 这里说来说去,无非认为尊卑大小、君臣父子,作为封建等级的名分地位是不能改变的,这是人人必须遵守的定理或天理。在天理面前似乎人们都是平等的,但各人的等级地位又是不平等的,宋明理学家就是企图用"理一分殊"来解决人际关系中的两重性矛盾。

先秦儒家,既尊君,又尊民,对君臣之间,还主张要有相对的对等地位,从而在人际关系上出现两重性的思想矛盾。从秦汉到宋明,君权不断膨胀,理学家们只好从道德心性方面提出平等要求。这是宋明儒学用以调节人际关系的理论核心和精神武器。朱熹说:"今日之事,第一且劝人主收拾身心,保惜精神,常以天下事为念,然后可以讲磨治道。"⑤ 但他这样做的效果,却是"正心诚意之论,上所厌闻"。⑥ 当时皇帝对此不感兴趣。这里说明,理学家用"正君心"的办法对皇帝提出平等要求,约束力是很有限的,比先秦儒家提出君臣对等的观念还要倒退。但理学家强调道德心性的修养,也并非完全没有效果。历史上所谓仁德之君,多少看到民心向背与王朝盛衰的关系,因而比较注意处理好君主与臣民之间的矛盾,这可以说是儒家人际关系学中具有积极思想影响的一面。

三

明朝中叶以后,随着资本主义的萌芽,封建社会日趋没落,从而反君主专制

---

① 《河南程氏遗书》卷十一。
② 《河南程氏遗书》卷五。
③ 《朱文公文集·奏札一》。
④ 《朱子语类》卷九十五。
⑤ 《朱文公文集·与赵尚书》。
⑥ 《宋元学案》卷四十八。

思想又见抬头，如明清之际以黄宗羲等人为代表，就闪耀着早期民主启蒙思想的火花。虽然从形式上看，他们要复的是"三代"之古，但实质上却为近代思潮的孕育开其端绪。黄宗羲在《明夷待访录》中提出"为天下"是作为君主的"职分"，即作为职务上的本分工作，所以对君臣关系他只看成是一个合作共事的班子。他说："缘夫天下之大，非一人之所能治，而分治之以群工"。"治天下犹曳大木"，"君与臣，共曳木之人也"。所以"臣之与君"，是"名异而实同"。既然君主的职分是为天下，如果"不以天下万民为事"，"而曳木之职荒矣"，那就是作君主的失职。至于大臣出仕，自是"为天下，非为君也；为万民，非为一姓也"。从黄氏看来，臣与君是共负"为天下"之责，所以说："吾无天下之责，则吾在君为路人"；"以天下为事，则君之师友"。① 这就打破了"君为臣纲"的封建教条。他指斥"小儒规规焉以君臣之义无所逃于天地之间"，甚至因为孟子有君臣对等的言论，"至废孟子而不立"②，对此他提出强烈的谴责。

　　黄宗羲发挥了先秦孟子等人君臣对等和合作共事关系的思想。他否认"臣为君而设"，是君主的"私物"，这当然也用不着对君主感恩图报，从而清除了"臣要报君恩"之类的陈腐观念。黄氏为要抑制绝对君权，主张提高宰相的地位，建立"每日便殿议政"制度，大政要经过君臣"同议可否"。他还主张宰相设"政事堂"，可以接纳"四方上书言利弊者及待诏之人"，使"凡事无不得达"。③ 他反对维护君主私利的"一家之法"，主张立公法而废私法，并提出"有治法而后有治人"④的观点，把法治摆在人治之上。黄氏总的精神是反对君主个人的专行独断，在政治体制上提出一些改革措施。他还主张把原来属于清议场所的学校，变成有点类似近世代议机关。他认为"学校不仅为养士而设"，更重要的是对君主能起舆论监督作用，做到"天子之所是未必是，天子之所非未必非，天子亦遂不敢自为非是，而公其非是于学校"。他设想的京师大学和郡县学校变成教育兼检察机关，对各级政府的政事缺失，可以"直言""纠绳"甚至"号于众"⑤，即向群众公开宣布。黄宗羲从职、权、责的角度来批判封建君权，并提出一些有关政治体制改革的意见。尽管它不能导致推翻帝制的民主革命，但对近代君主立宪运动和代议制度的形成，会起到有益的启示作用。

　　与黄宗羲大约同时代的有顾炎武、王夫之、傅山、唐甄等人，他们在不同程度上都批判过封建专制君权。顾炎武提出"天下兴亡，匹夫有责"的思想，主

---

① 引文见《明夷待访录·原臣》。
② 《明夷待访录·原君》。
③ 《明夷待访录·置相》。
④ 《明夷待访录·原法》。
⑤ 《明夷待访录·学校》。

张"政教风俗,苟非尽善,即许庶人之议"。① 这是对孔子讲"天下有道,则庶人不议"的反命题。顾氏还主张把"生财治人之权"给予郡县,② 是带有地方分权自治的思想。

王夫之也反对君主专制,提出"不以天下私一人"。③ 傅山则说:"对皇帝只如对常人","不事之,正平等耳"。④ 唐甄痛骂"自秦以来,凡为帝王者皆贼也"⑤。他反对忠君死节之士,认为"君子之道,先爱其身,不立乱朝,不事暗君"⑥,"死而无益于天下,是以君子不死也"。⑦ 他还说:"君臣之伦不达于我也",吾"不敢言君臣之义也"⑧。君臣是五伦之首,而唐甄却对此予以否定。稍后吕留良却提出"夷夏之辨"高于"君臣之论"的论调,深刻揭露"尊君卑臣""直弄成一个私心自利世界"的危害。⑨ 他主张臣对君"志不同,道不行便可去"。⑩ 吕氏鄙弃封建君臣伦常,后因曾静谋反案发被剖棺戮尸,雍正帝骂吕留良等"不知君臣之大义","徒自取诛戮,为万古之罪人"。吕氏本因民族矛盾而反清,统治者却以其违反封建伦常定罪。

平心而论,从明末到清代前期,即使有一些早期启蒙思想的人,从人际关系的角度来看,他们都算不上是民主主义者,只是对君权的过分专制、封建等级的过分不合理,提出激情的批判。如戴震指出当时的社会情况:"尊者以理责卑,长者以理责幼,贵者以理责贱,虽失,谓之顺;卑者、幼者、贱者以理争之,虽得,谓之逆。……上以理责其下,而在下之罪,人人不胜指数。……死于理,其谁怜之!"⑪ 由此戴氏得出"后儒以理杀人"的结论。⑫ 儒家是讲仁民爱物的,并提倡群体道德与独立人格的修养;但在封建社会中,尊者长者贵者与卑者幼者贱者在"理"的面前又不是平等的。宋明理学虽企图用"理一分殊"来加以辩解,可是在现实生活中,做君主的并未做到"为君之职分","不以天下万民为事"⑬,而是"以天下之利尽归于己,以天下之害尽归于人"⑭。做大臣的则成为"君之

---

① 《日知录·直言》。
② 《亭林文集·郡县论》。
③ 《黄书·宰制》。
④ 《霜红龛集》卷三十六、三十一。
⑤ 《室语》。
⑥ 《潜书·有为》。
⑦ 《潜书·利才》。
⑧ 《潜书·守贱》。
⑨ 《四书讲义》卷六。
⑩ 《四书讲义》卷三十七。
⑪ 《孟子字义疏证·理》。
⑫ 《戴东原集·与某书》。
⑬ 《明夷待访录·原臣》。
⑭ 《明夷待访录·原君》。

仆妾"。这样一来，君民之间的人际关系就不能不紧张，阶级斗争成为不可避免。这反映出封建末世的社会危机。

从黄宗羲到戴震，他们的思想中虽有点像儒学异端的味道，但托三代之古来推行政治体制的改革，借疏证孟子来批判理学的以理杀人，从思想渊源来看，这仍然没有摆脱儒家的传统。因此也可以说，这是儒家思想经过自我调节而出现的一种突破，反映出儒家思想演变的一个侧面。

四

鸦片战争以后，中国逐步走向半殖民地半封建社会。外来资本主义的入侵，一方面对封建儒学传统是个冲击；但另一方面，外国侵略者并不希望中国走独立发展资本主义的道路，反而与腐朽的封建统治者相勾结，对劳动人民进行掠夺和压迫。正是在这种情况下，近代中国的思想界和儒学自身的演变和发展，都呈现出异常复杂的矛盾状态。一方面，比较进步的思想家和政治活动家，从不同角度和途径都有向西方求真理的思想，如在传统的人际关系中，力图输入天赋人权以及博爱、平等、自由之类的新内容；另一方面，他们也不能完全摆脱封建儒学的旧传统，因而往往表现出两重性矛盾。

龚自珍、魏源是我国近代开风气之先的人物。龚氏敏锐地看到当时社会主要矛盾是贫富日益不均，他预感到"山中之民，有大声音起，天地为之钟鼓，神人为之波涛矣"①。这里指的是会有群众起来造成社会的大震荡。他还提出天地是由"众人自造，非圣人所造"。"众人之宰"，"自名曰我"②。这里肯定众人的自我主宰作用，对圣人创造历史的儒学传统有所突破。不过他并不主张用暴力推翻封建统治，而企图以农业宗法制度来调和封建社会的阶级矛盾，这使他的思想在人际关系上带有两重性色彩。

魏源和龚自珍相类似，也是强调众人的历史作用。他说："天子者，众人所积而成"。"故天子自视为众人中之一人，斯视天下为天下之天下"。③ 这里要把天子放在众人之中，就有要求彼此平等的意味，但还没有西方式的民主观念。稍后郑观应才明确认为："泰西各国咸设议院，每有举措，询谋佥同。自有议院，而昏暴之君无所施其虐，跋扈之臣无所擅其权，大小官司无所卸其责，草野小民无所积其怨。"④ 何启与胡礼垣合写的《新政真诠》，更进一步指出："人之根本在元气，国之根本在民情"。"天下之权，唯民是主。"这里讲的是资产阶级民

---

① 《尊隐》。
② 《壬癸之际胎观第一》。
③ 《治篇三》。
④ 《盛世危言·议院上》。

主,从人际关系来说,对封建体制下的君臣父子关系,无疑是一种冲击。

19世纪末期,随着中国民族资产阶级的形成,1898年爆发了康有为领导的戊戌维新变法运动。康氏思想的特点是用"托古改制"的手段,把孔子改铸为鼓吹近代资产阶级博爱、自由、平等思想的化身。他说:"'推己及人',乃孔子立教之本;'与民同之',自主平等,乃孔子立治之本"。① 他所写的《新学伪经考》《孔子改制考》和《大同书》,所描绘的大同社会仍然归结到儒家的政治理想。他虽然改铸了儒学,但并不能完全摆脱,如把社会的革新归之于"圣人"的"不忍之心"的作用,要求"圣人"为全民"去苦求乐"。他还自封为能"行大同太平之道"的救世主。② 康氏的主张,当然不可能真正实现人际关系上的"自主平等",这还是反映出他思想上的两重性矛盾。

为要改变封建体制下的人际关系,谭嗣同、严复等人,对封建名教伦常给以猛烈的抨击。谭氏指出当时"俗学陋行,动言名教,敬若天命而不敢渝,畏若国宪而不敢议";而"名者,由人创造,上以制其下,而不能不奉之,则数千年来,三纲五伦惨祸烈毒,由是酷焉矣。"③ 在五伦中他特别指责"二千年来君臣一伦,尤为黑暗否塞,无复人理,沿及今兹,方愈剧矣!"据此他揭露封建专制的弊病,是"上权太重,民权尽失",从而发出"废君统,倡民主,变不平等为平等"的呼声。④ 严复也是首先抓住五伦中的君权进行批判。他认为"自秦以降,为治虽有宽苛之异,而大抵皆以奴虏待吾民",君民成为主奴关系。与西方比较,他认为"西之教平等,故以公治众而贵自由";而"东之教立纲,故以孝治天下而首尊亲"。从严氏看来,"斯民也,固天下之真主",故西方之所以富强,是由于能以"自由为体,民主为用"。⑤

从康有为到谭嗣同、严复,他们都有反对君主专制和向往资产阶级民主的思想。但在人际关系上,怎样才能促成这种时代性的变革,他们所采取的途径和方法都是难以奏效的。如康氏提出"以仁济天下"。⑥ 谭氏要用"仁"之"通"来打破封建制度的束缚,做到中外通,上下通,男女内外通和人我通。严氏则提出要从"鼓民力""开民智""新民德"着手,即把要实现资产阶级民主归结为一般教育问题。这种把要实现不同社会的人际关系的变革,企图寄托于道德教育的提高,而否定政治上的暴力革命,当然是难以办到的。如严复一方面提出"今日之治,莫贵乎崇高自由";⑦ 另一方面又认为:"以今日民智未开之中国,而欲效

---

① 《中庸注》。
② 《大同书》。
③ 《谭嗣同全集增订本·仁学一》,中华书局1998年版,第299页。
④ 《谭嗣同全集增订本·仁学二》,中华书局1998年版,第337页。
⑤ 《原强》(修订稿),见王栻主编《严复集》第一册,中华书局1986年版,第5—31页。
⑥ 《礼运注叙》。
⑦ 《老子评语》,《严复集》第四册,第1082页。

泰西君民并主之美治，实大乱之道也。"① 他甚至攻击孙中山革命派所创建的"兴中会"，是一个"谋判之罪"的组织（《论中国分党》），这种思想上的两重性矛盾，更加暴露无遗了。

五

从戊戌变法、辛亥革命到五四运动，我国的社会革命逐步向纵深方面发展。特别是五四运动，使封建传统旧文化更面临着严峻的挑战。当时进步青年高呼"打倒孔家店"的口号，并高举"民主"与"科学"两面旗帜，反封建的思想浪潮大有席卷神州之势。但由于半封建半殖民地社会性质没有改变，新民主主义革命尚未成功，旧思想旧文化仍然有着相当广泛的社会影响，这不是几句简单的"打倒"口号所能解决的问题。中间虽有人提出要搞"全盘西化"，但由于不合中国国情而无法实现。相反也有人打着"保存国粹"的旗号来维护旧传统，这是逆潮流而动，当然也不得人心。正确的方向就像毛泽东同志在《新民主主义论》中所提出：对中国长期封建社会中创造的古代文化，要清理其发展过程，"剔除其封建性的糟粕，吸收其民主性的精华"。这种以马克思主义为指导的，对待传统文化主要是传统儒学的批判继承方针，是符合中国国情的。

五四运动以后，在新民主主义革命的过程中，直到中华人民共和国的成立，并开始进行社会主义建设和改造，在这段历史时期，我认为传统儒学中关于人际关系的矛盾二重性思想，在人们的社会现实生活中，仍然有着不同程度的影响。

我在文章的开头部分已经说过，孔子对人们在人格道德上的平等要求和在社会政治上对等级的维护，形成了儒家在人际关系上的两重性思想矛盾。这种矛盾随着时间的推移，会表现出不同的形式；同时由于各人的身份地位以至精神状态的不同，也会表现不同的特点。比如新民主主义革命时期的旧中国，对革命者在人格道德的修养方面，也提出平等的要求。刘少奇同志1939年在延安马列学院讲演论共产党员的修养时，就曾引用孟子的话："人皆可以为尧舜"，并要求每个共产党员，都学习马克思列宁主义创始人的品质，不要认为高不可攀，就自暴自弃，畏缩不前。他还引用曾子的话："吾日三省吾身"，要求共产党员在革命斗争中认真地去进行自我修养。对同志、革命者、劳动人民要平等地看待，能够"将心比心"，设身处地为人家着想；对自己则要"先天下之忧而忧，后天下之乐而乐"，做到吃苦在前，享受在后；在困难时，则要有"富贵不能淫，贫贱不能移，威武不能屈"的革命坚定性和革命气节。以上是刘少奇对共产党员修养所提出的平等要求，其中引用了儒学先哲不少格言，除在阶级内容方面有所扬弃

---

① 《中俄交谊论》。

外,在"正己正人,成己成物"这一儒家处理人际关系准则上,是有所继承和发展的。

但是儒家处理人际关系的另一思想准则,就是要维护社会的等级差别。这一点在革命队伍中不能说没有影响。如有的领导干部搞"家长式""一言堂"等,这种思想作风不能说没有受封建儒学的影响。

中华人民共和国成立以来,在思想文化建设上,对旧传统虽也贯彻批判继承方针,但在执行中往往左右摇摆不定。在"文化大革命"中,就出现过这样极为奇特的矛盾现象:一方面发动极"左"的群众运动,掀起一股无政府主义思潮,好像什么都是群众说了算;另一方面却掀起个人崇拜的狂热,对无产阶级领袖大搞造神运动,什么"三忠于""四无限",给人塑造出一副封建帝王的形象。对待传统文化,大搞破"四旧"和发动所谓评法批儒运动,表面看来是最革命的,但这种乱批乱斗,任意侵犯人权,破坏民主与法制,实质上是帮派头子对广大人民实行封建法西斯专政。党的十一届三中全会以后,经过拨乱反正,逐步健全了社会主义民主与法制,在人际关系上出现了安定团结的大好局势。如何对待传统思想文化的问题,又受到人们的关注。我认为传统儒学中关于人际关系的矛盾二重性思想,在当前的社会现实生活中的作用和影响,是值得认真研究的。因为儒学讲究亲亲和尊尊,在处理人际关系时,能做到尊老爱幼,和睦亲朋邻里,服从上级领导,有助于稳定家庭和社会秩序,维护安定团结的局面。但另外我们还要看到,儒家是讲为亲者讳、为尊者讳的,这有助于滋长官僚主义和亲情关系网,而这种现象最为群众所非议。儒家是讲正己正人,居上位的更要以身作则,对道德人格的修养,更是提出高标准的平等要求,这是儒学中的民主性精华和优良传统。但是后来也有一些伪君子假道学,言行不一,就像李贽所批评的,是"阳为道学,阴为富贵,被服儒雅,行若狗彘"。在现实生活中,也有对人讲的是一套,实际上做的是另一套的现象,在某些人身上构成两面派的矛盾性格。

在社会主义社会中,为要处理好人际关系,首先要发扬社会主义民主,当然也要反对无政府主义,正确处理好领导与被领导、上级与下级的关系。但作为个人,则不管地位如何,都应该以普通党员和普通公民的身份来平等对待群众,遵守党纪国法,破除等级特权思想。对于道德人格的修养,更应该严格要求,要正确继承儒学中正己正人、成己成物这一优良传统,要以身作则,言行一致,才能带领群众,处理好各方面的人际关系,维护安定团结的局面,把社会主义建设事业推向前进。

(原载《中州学刊》1987年第5期)

儒家思想的演变及其历史评价

以复礼为主要宗旨的儒家思想产生于封建制代替奴隶制的大变革时代。从社会效果看，它的降生有点不合时宜，但因为它植根很深，故有顽强的生命力，虽历经历史风雨，终于生存下来，至今仍影响我国的民族心理、思想方式、道德伦理规范乃至风俗人情。从先秦直到明清，儒学经历了董仲舒的神学化、魏晋隋唐的援佛、道入儒，宋元明的儒学哲理化等变化，但这些都是儒学内部的自我调整，没有也不可能达到形态上的更新。至于早期启蒙思想虽然涵着"新的突破旧的"时代精神，却仍然束缚于"死的拖住活的"的桎梏。今天，不能无视儒学存在，更不能简单地抛弃，只能因势利导，去其糟粕，存其精华，同时博取和融汇外来文化之精华，创建新的文化体系。

儒家思想两千多年来在我国传统文化中占据主导地位，对我们民族的融合和国家的统一，长期以来起到促进和巩固的作用，但到了封建社会中后期，儒学起着加强和维护封建统治，阻碍社会变革和发展的作用，其消极的一面日渐明显。儒学对今天社会的各个方面，包括民族的心理、思维方式，特别是道德伦理观念以至风俗、生活习惯，仍然有着相当广泛的影响。因此，我们研究这个课题，不仅为了弄清历史，说明过去，对建设现代的精神文明，也有重要的借鉴作用。本文主要想通过研究儒家思想的演变过程，了解其在各个时期表现出的理论价值和社会效果，从而做出历史主义的评价，这样将有助于我们认识研究儒家哲学的现实意义。

一、儒家思想产生的社会历史条件

由于世界各地区的自然和历史条件不同，各国奴隶制的产生和形成，走着不同的途径并具有自身的特点。我国是在氏族血缘关系还未瓦解的情况下进入文明时代的，这和欧洲古希腊、罗马的发展途径不同。我国还是一个幅员辽阔、部族林立的多民族国家，地处东亚大陆，是以农立国的文明古国。由于人工灌溉的需要，所以进入奴隶社会后，公社组织被保留下来。在这个共同体的外壳里，政治组织、经济结构与宗法血缘关系紧密结合在一起，从传说中的夏禹开始，就建立了以"家天下"为特征的宗族统治。夏代以后，经过殷商和西周，宗法制更日趋完备，正是在这个基础上，建立了具有东方型比较"早熟"和中国特点的宗族奴隶制社会。

宗族奴隶制是在父权家长制的基础上发展起来的。如周朝的天子既是全国的最高统治者，又是全族的最大宗族长。周代宗法制度的核心，就是按父权家长制的班辈，建立起一种金字塔式的统治结构。天子、诸侯、卿、大夫、士，既是政治上的君臣隶属关系，又是血缘上大宗和小宗的关系。而被统治的"隶子弟""庶人工商"，也"各有分亲""皆有等衰"，①都被紧锁在血缘的纽带上。就这样，宗统维护君统，族权强化王权，家法补充国法，温情脉脉的血缘纱幕，既被用来调整统治者内部的君臣上下关系，又被借以掩盖统治者与被统治者、征服者与被征服者之间的对立与矛盾，从而保持周天子的天下"共主"和"大宗"的最高统治地位。

在宗族奴隶制度的统治下，反映宗法制度和宗法思想的"礼"，有着特殊的重要地位。礼原是用来祭祀上帝和祖宗神的仪式。祭祀是"国之大事"，天子所用的祭器，成为国君权力的象征，相传的周公"制礼作乐"，已不单是祭祀仪式，实质成了一整套维护奴隶制统治秩序的规范。关于西周"礼"，《左传》追述："礼所以守其国，行其政令，无失其民者也。"②"礼，经国家，定社稷，序民人，利后嗣者也。"③守礼就是要服从上下尊卑的等级制度，所谓"国家之立也，本大而末小，是以能固"，目的是要做到"民服事其上，而下无觊觎"。④这就是周礼的本质。

西周末年，宗族奴隶制开始出现严重危机。随着铁器和牛耕的逐步推广使用，由地主土地私有制代替奴隶主土地国有制的经济条件也渐趋成熟，随之而来的是战国时由封建制代替奴隶制的社会变革。儒家思想正是在这样的历史条件下产生的。

春秋末年的孔子（公元前551—前479年），一般被认为是儒家创始人，他的祖先是殷人后代的宋国贵族，所定居的鲁国又是周礼的发源地。由于家庭和社会的影响，据说他从少年时即热衷于学礼，后来还做过帮奴隶主办丧事葬礼的"儒"的职业，因而他所建立的学派就被称为儒家。虽然上面这些材料有的是出于传说，但"复礼"是儒家孔子思想的一项重要内容，也是为人们所公认的。因此儒家思想的产生，也可以说是当时"礼崩乐坏"这一历史发展潮流的反动，孔子终生其道不行，四处碰壁，也正说明这一点。

不过值得注意的是，从儒家思想产生时的社会效果来看，虽有点不合时宜，但作为一种传统文化，却植根很深。近来有人提出，中国古代的文化土壤是由大陆民族的文化、农业社会的文化、宗法制度的文化三个层次构成，这使中国人形

---

① 《左传·桓公二年》。
② 《左传·昭公五年》。
③ 《左传·隐公十一年》。
④ 《左传·桓公二年》。

成一种相对封闭的世界观念、文化心理和思维方式,"重实际而黜玄想"的民族性格,以及对祖先对传统顶礼膜拜的尚古意识。① 儒家思想确是植根在这种文化土壤中,并比其他诸子百家扎得更深。因此在社会变革的急风暴雨年头,儒家生长在地面上的花朵,可能会遭受到袭击。但由于它根扎得深,却有着顽强的生命力,能经得起几番风雨,并逐渐适应地生存下来。下面我们从儒家思想的演变过程中,论证这个特点。

二、从孔、孟、荀思想的演变看儒家思想的适应性

上面我们说过,孔子在创始儒家学派时,他的"复礼"思想是保守的,但他也并非一个顽固不化的人,孟子说他是"圣之时者也",大概这句话也不无根据。

从孔子的整个政治思想倾向来看,基本立场是保守的;但他多少看到时代在变革,要原封不动地复周礼是不可能了。他还考察了夏、商、周三代的"礼"制,历代有所"损益",推知后世,"礼"制也会有所因革,这种态度还是比较灵活。孔子自己也说:"君子之于天下也,无适也,无莫也,义之与比。"② 这也是主张处事不要拘泥固执,所以,荀子称其"不蔽于成积"③。

孔子思想有个特点,就是着意研究和解决人际关系问题。以伦理、政治为轴心,处理和调整人与人之间的关系,这可以说是以儒家为主体的中国传统文化的特色。这种思想观念的形成,从社会根源来说,仍然是以血缘关系为纽带的宗法社会的产物。所以从这个角度来看,作为孔子思想核心的"仁"学也可以说是一种人际关系学。许慎《说文》解释"仁"是"从人,从二"。郑玄注《礼记》认为"仁"是"相人偶"之意,从人际关系来解释,我认为是符合孔子的思想实际的。

孔子对"仁"所下的界说,最简单明确的回答是"爱人"。但由于孔子还说过:"节用而爱人,使民以时。"④ 有人便认为孔子使用"人"与"民"的阶级含义不同,前者是统治阶级中人,后者是劳动群众。但即使做这样的理解,孔子对"民"也并非只是役使,如他要求从政者"因民之所利而利之"⑤。他赞扬子产"其养民也惠"⑥。他还提出"富之""教之"⑦的富民、教民主张,对能做到

---

① 参见冯天瑜《中国古文化的土壤分析》,载《光明日报》1986 年 2 月 17 日。
② 《论语·里仁》。
③ 《荀子·解蔽》。
④ 《论语·学而》。
⑤ 《论语·尧曰》。
⑥ 《论语·公冶长》。
⑦ 《论语·子路》。

"博施于民而能济众"的人，孔子称之为"圣"。① 这些说明，孔子对被统治者的"民"，也要使他们能过温饱生活。

对统治阶级内部，孔子也注意到君臣关系问题。他虽然也讲忠君，但不是无条件盲从。所以当鲁定公问到"君使臣，臣事君，如之何"时，他回答说："君使臣以礼，臣事君以忠。"② 君主要依礼对待人臣，臣下才尽忠君主，两者的关系是对等的。人臣事奉君主，他主张要"勿欺也，而犯之"。③ 即不要弄虚作假，而敢于犯颜直谏。否则，"如不善而莫之违也"，就会招致"丧邦"，即亡国之祸。④

综上所述，为了处理好各种人际关系，孔子对统治者内部主张要彼此真诚相待，对群众要富而后教，主要"为政以德"，即用教化的办法对待人民，这与他既是政治家又是教育家的身份相一致。

孔子之后，孟子是儒家的一个重要流派领袖。他生活在战国中期（约公元前390年—前305年），当时封建制度在各大诸侯国已相继确立，并开始进行兼并的统一战争，故各国竞相推行富国强兵的耕战政策。而孟子却反对暴力，耻言功利，主张以仁义平治天下，故被视为"迂阔"而不见用于当世，晚年遭遇与孔子类似。

孟子思想虽有其保守的一面，但对解决人际关系问题却比孔子思想有所发展。如对民本思想，孔子较多从博施济众的角度来考虑，而孟子则着眼于更深的层次来进行揭露和分析。他总结历史和现实的经验教训，认识到民心向背关系到统治者的存亡继绝问题。他说："桀纣之失天下也，失其民也；失其民者，失其心也。得天下有道：得其民，斯得天下矣；得其民有道：得其心，斯得民矣；得其心有道：所欲与之聚之，所恶勿施尔也。"⑤ 孟子是讲重义轻利、少私寡欲的，但要得民心，却不能不适当满足人民的物质欲望。所以他要求"明君制民之产，必使仰足以事父母，俯足以畜妻子，乐岁终身饱，凶年免于死亡。然后驱而之善，故民之从之也轻。"⑥ 孟子的最终目的，是要人民向"善"并服从统治；但他认识到不能只靠暴力，而要通过行仁政来处理好这方面的人际关系。据此，孟子还进一步提出"民贵君轻"的观点。我认为并非孟子真的有什么民主思想，这只不过是古代"民惟邦本"的理论发挥。"本固"才能"邦宁"，这是"民"之所以贵重所在。

---

① 《论语·雍也》。
② 《论语·八佾》。
③ 《论语·宪问》。
④ 《论语·子路》。
⑤ 《孟子·离娄上》。
⑥ 《孟子·梁惠王上》。

孟子还发挥了君臣对等地位的议论。他对齐宣王说："君之视臣如手足，则臣视君如腹心；君之视臣如犬马，则臣视君如国人；君之视臣如土芥，则臣视君如寇仇。"① 对于暴君，他说"闻诛一夫纣矣，未闻弑君也"②，并不承认纣是君主。对现实的国君，他主张"有过则谏，反复之而不听，则去"③，道不同不相为谋，对君臣关系也是一样。

孟子在国君面前，为什么说话敢于那么放肆，这是有其特殊的时代背景的。当时列国纷争，诸侯异政，百家异说，人才随意流动，可以朝秦暮楚，所以合则留，不合则去，用不着有什么顾忌。这种思想遗风，甚至到汉初还有影响，如贾谊对屈原的遭遇是同情的，但也提出一些指责："般纷纷其离此尤兮，亦夫子之故也；历九州而相其君兮，何必怀此都也！"④ 屈原的时代，确是可以像贾谊说的那样，良禽择木而栖，良臣择主而事，何必一定怀恋楚都呢？依此看来，儒家思想的适应性，在孟子身上也有表现其时代特色的一面。

不过孔、孟思想在处理人际关系方面虽然有其优点，但思想保守的一面，如害怕社会的急剧变革，留恋世卿世禄制度等，都与时代潮流不相适应，改进的任务则落在荀子身上。

荀子的活动年代约在公元前298年至前238年之间，即处在我国封建大一统的前夜。当时法家的统治政策在秦国已取得显著社会效果，所以荀子入秦考察时，看到其朝野上下奉公守法，办事效率很高，不由得称赞说："治之至也，秦类之矣。"但他对秦国也非完全满意，认为用"王者之功名"来衡量，则差距很大，并说"无儒"是"秦之所短"。⑤ 这里儒与法不同，是在统治政策上行"王道"与行"霸道"的区别。

荀子在战国末年是一个综合百家的人，对诸子思想做了批判性的总结。但他的基本立场仍属于儒家，主张用礼义和教化来处理好人际关系。他和孔、孟不同之处，就是承认用新的阶级关系来补充礼义的内容。因为封建社会也是讲等级的，所以他主张用"礼义"来区分"贫、富、贵、贱之等"。⑥ 但是他认为等级是不能世袭的，"虽王公士大夫之子孙也，不能属于礼义，则归之庶人。虽庶人之子孙也，积文学，正身行，能属于礼义，则归之卿相士大夫。"⑦ 这就完全打破孟子向往的世卿世禄制度，表现出儒家思想对时代的适应性。

对君民关系，荀子是继承孔、孟的传统，旨在安定人民的生活。他说"庶人

---

① 《孟子·离娄下》。
② 《孟子·梁惠王下》。
③ 《孟子·万章下》。
④ 《吊屈原赋》。
⑤ 《荀子·强国》。
⑥ 《荀子·王制》。
⑦ 《荀子·王制》。

骇政，则莫若惠之。"当人民对统治者不满时，荀子的办法是"选贤良，举笃敬，兴孝弟，收孤寡，补贫穷"。说"如是，则庶人安政矣。庶人安政，然后君子安位。"两者的关系是："君者，舟也；庶人者，水也。水则载舟，水则覆舟。"① 这里荀子所引古代传说的比喻非常形象而深刻，孟子认识到人心向背关系到国家兴亡，荀子却意识到人民的力量可以推翻统治者，这是对儒家民本思想所做出的重大理论发展。

春秋战国时期由于社会的急剧变革，一些比较有作为的时君世主，往往急功近利，所以儒家对处理好人际关系的思想观点，其理论价值不易为人所接受；况且这些主张和做法的社会效果，也非短期能有明显的表现。因此秦的统一仍然是以法家思想为指导，这说明当时新兴的地主阶级，尚未充分认识到如何处理好各方面的人际关系，对巩固封建政权有头等的重要意义。秦始皇和秦二世，片面推行法家严刑峻法的统治政策（韩非还提出刑、德"二柄"，而秦王对此并未全面认识），很快就应验了荀子的预言，水能覆舟，人民的力量终于推翻了暴虐的秦王朝，自是儒家思想又得到重新估计。

三、董仲舒儒学的神学化及其历史作用

秦亡汉兴，总结亡秦的教训，成为汉初统治者及其思想家的一个重要课题。陆贾、贾谊等人，都认为秦所以速亡，是由于"弃仁义"②"仁义不施"③，因而都强调"德治"和"教化"的重要性，但也不完全排斥"法治"的作用，可以说是德刑并用，后来为汉宣帝概括为"以霸王道杂之"，以此作为汉家的基本国策。其实，汉以后的历代封建统治者，有不少人也是沿袭这一政策的。不过表现形式不同，"尊儒"是公开标榜的，刑名法术之学只是实际上被容纳。董仲舒可以算是这方面的代表。也可以说，这是秦汉以后，儒家思想演变的一个特点。

董仲舒（约公元前179年至前104年），他主要生活在汉武帝统治时期。当时封建中央集权的政治大一统局面已经形成，特别需要在意识形态领域内，形成统一的维护封建专制主义的理论思想体系。而汉初标榜"无为而治"的黄老之学显然已不适应形势发展的需要。董仲舒主张"罢黜百家，独尊儒术"，突出地强调思想统一的重要性，迎合了当时的政治要求。他以儒家思想为中心，提出了德刑并用而以德教为主的统治方针，主张既要充分发挥"礼乐教化"的作用，又要建立和统一"法度"，以便维护"三纲五常"等封建宗法道德规范，作为化民成俗的根本。

---

① 《荀子·王制》。
② 《新语》。
③ 《过秦论》上。

儒学发展到战国晚年，荀子提出"天人相分""天命可制"的唯物主义思想，已为封建制代替奴隶制的社会变革提供了理论根据。但是随着封建政权的逐渐巩固和大一统局面的形成，地主阶级思想渐趋保守，宗教唯心主义又变得有用了。汉武帝时塑造出"太一"至上神，这是地下王权在天的投影，董仲舒为要贯彻武帝的造神运动及其政治意图，他的主要任务就是为最高封建统治者的"王权神授"说提供哲学—神学的理论根据。

董仲舒的"天人感应"论虽看来有点神秘，但政治目的很清楚，最终是要维护地主阶级的整体利益和长远利益。这就离不开要处理好统治者与被统治者的关系和统治阶级内部的关系。董仲舒是要维护绝对王权的，但鉴于亡秦的教训，故力主实行儒家的仁政德治。他认为王者的任务是"明教化民"①，是"教然后能善"。② 这些论调，当然有美化统治者和欺骗人民的一面，但他对人民的力量还是有所认识的。所以另一方面他又对统治者提出警告："仇雠其民，鱼烂而亡，国中尽空。"③ 为要缓和君民之间的矛盾，他主张轻徭薄赋，"以宽民力"；并提出"塞兼并之路"，"除专杀之威"④ 的"均调"政策。他指出"富者愈贪利而不肯为义"，必然激起"贫者日犯禁而不可得止"⑤。在封建剥削制度下，阶级斗争是不可避免的，董仲舒的办法当然不能治本，但在当时的历史条件下，他提出的经济、政治措施还是应该肯定的。

对君臣关系问题，董仲舒与孟子的时代不同，不可能像孟子对梁惠王、齐宣王那样当面揭露和斥责人君的罪恶，或是采取合则留、不合则去的态度。当时已是封建大一统的国家，为要劝谏君主，董仲舒只好从"天人感应"上做文章，认为"国家将有失道之败，而天乃先出灾害以谴告之；不知自省，又出怪异以警惧之；尚不知变，而伤败乃至。"⑥ 这种"谴告"论企图用神权来限制君权，其用心可谓良苦。但是必须指出：在封建专制帝王的统治下，"屈君而伸天"的作用是十分有限的，董仲舒本人由于"推说阴阳灾异"，就几乎遭到杀头的危险。据此可见，董仲舒将儒家思想神学化，固然有适应封建国家集权统一的政治需要的一面；但从其理论价值和长远社会效果来看，对历史影响的基本方面还是消极的。

---

① 《举贤良对策三》。
② 《春秋繁露·深察名号第三十五》。
③ 《春秋繁露·王道》。
④ 《汉书·食货志》。
⑤ 《春秋繁露·度制》。
⑥ 《举贤良对策一》。

四、玄学、佛教与儒家思想的矛盾融合

董仲舒宣扬的"天人感应"神学目的论,由于带有宗教神秘主义的色彩,故很快就与社会上流行的谶纬迷信相结合,形成一股反理性的思想逆流,把儒学引向歧途,到东汉时谶纬神学就受到桓谭、王充的猛烈抨击。东汉末年的军阀混战,使统一的封建国家暂时出现分裂,有的割据势力急于用人,自然就要突破儒家的道德标准。如曹操就曾下过《举贤勿拘品行令》,宣称可以任用那些"不仁不孝而有治国用兵之术"的人才。有人据此说曹操是反儒的法家,其实曹操说得很清楚:"承平尚德治,乱世赏功能。"乱世需要竞争,如没有一些奇功异能之士,割据政权是难以取胜的。但从长远的眼光来看,为要长治久安,儒家的教化作用却不能抛弃,所以曹操谈到如何培养下一代的问题时,却说"后生者不见仁义礼让之风,吾甚伤之"。据此他下了《修学令》,要求做到"先王之道不废,而有以益于天下"。曹魏以后,继起的晋代司马氏,更是标榜以孝道治国。以上说明,儒家思想的谶纬神学化虽后来受到批评,但儒家所要维护的道德伦理、名教纲常,是任何封建统治者无法与之绝缘的,曹操也不能例外。

不过,从魏晋南北朝到隋唐时期,玄学与佛教思想盛行,这是否意味着儒学受到冲击呢?对这个问题我认为要做具体分析:要说玄学、佛教冲击过儒学,这种现象是有的;但它们彼此之间并未达到不可两存,毋宁说,矛盾的双方,基本上是渐趋融合,从而为宋代新儒学的兴起提供了思想养料。

魏晋时期儒学受到的冲击主要来自两个方面。一个是阮籍、嵇康对"名教"的批判。阮籍认为"君立而虐兴,臣设而贼生。坐制礼法,束缚下民"①。为要求得解脱,嵇康提出要"越名教而任自然"②。他还"轻贱唐虞而笑大禹"③,"非汤、武而薄周、孔"④。阮、嵇的思想后来就发展为鲍敬言的无君论,对儒家的名教纲常展开猛烈的抨击。

儒学受到冲击的另一方面是来自腐化享乐的纵欲主义思想,可以《列子·杨朱》篇为代表。它以反对禁欲主义和反对"名教"的面貌出现,这是由于封建礼法对那种纵欲放荡的行为多少有点限制,因而招致反对。

魏晋时期的儒学,虽然在形式上受到来自左、右两方面的冲击,但并未元气大伤。如作为魏晋玄学代表人物的何晏、王弼,虽然宣扬道家的自然无为思想,

---

① 《大人先生传》。
② 《释私论》。
③ 《卜疑》。
④ 《与山巨源绝交书》。

可是对儒学还是采取调和态度。何晏提出"老子与圣人同"①，王弼则说"圣人体无"②，这是把孔子也装扮成为贵无论者。他们都宣称"名教"出于"自然"，说明玄学并不违反儒家的教义。如何晏肯定"立名分以定尊卑"，王弼认为天地间最贵的是君主。可见玄学对儒家的"名教"只是调和而非否定。

何、王之后，向秀、郭象是玄学的中坚。他们提出"尊卑贵贱"，"理自然也"。"夫仁义者，人之性也。"③ 他们还鼓吹要人"安分"和"顺命"，将封建的纲常伦理作为合乎人性自然而加以肯定。向、郭这种"名教"即是"自然"的观点，无非是用道家的理论为儒家思想作论证而已。

所以，从人际关系来看，上面这些作为玄学主流的代表人物，不是从根本上否定儒学。只有嵇、阮鄙弃礼法和鲍敬言的无君论，才击中儒学的要害而为统治者所不容。所以真正反名教的人是不多的。

佛教和儒学，两者之间也有矛盾。因佛教是外来宗教，生活习俗与中土不同，加上佛教徒的出家与宣扬出世的教义，至少在表现形式上也是与封建伦理纲常相违背的，因而这个问题就成为崇佛与反佛双方争论的焦点。如唐初萧瑀信佛，说佛是圣人，骂傅奕反佛是"非圣无法"。傅奕马上回敬一句，说萧瑀信佛是"非孝无亲"。傅奕认为："礼本于事亲，终于奉上，此则忠孝之理著，臣子之行成。而佛踰城出家，逃背其父，以匹夫而抗天子，以继体而悖所亲"，所以斥之为"无父之教"④。这场争论反映出儒佛的矛盾。

由于佛教所讲"因果轮回""出世解脱"等一套，可以起到欺骗和麻醉劳动人民的作用，对封建统治有利，故不能不加以重视和利用；但又对佛教徒鼓吹"沙门不拜王者"等论调，则表示不满，关键问题在于如何调和这些矛盾。唐初的宗教政策仍然尊重和利用佛教，但同时抬高道教，并用儒学的君父之义来加以约束，使之纳入"周、孔之教"的范围。当时的佛教徒可能也意识到这一点，如华严宗的宗密，就说"佛且类世五常之教，令持五戒"⑤。将佛教"五戒"比附"五常"，表示佛教徒也拥护儒家"五常"等道德观念。他们又宣扬《孝子报恩经》和《父母恩重经》，声称"孝道"是"儒释皆宗之"⑥。以上说明，佛教徒为要避免"非孝无亲"的指责，逐渐向周、孔之教靠拢，借以适应中土人的生活习俗，而佛教的世俗化也就是趋向儒学化。

通过对上述材料的分析，魏晋南北朝到隋唐时期，儒家思想的社会根基并未

---

① 《世说新语·文学》注。
② 《三国志·魏书·钟会传》注引《王弼传》。
③ 郭象注：《庄子·天运》。
④ 《旧唐书·傅奕传》。
⑤ 《原人论》。
⑥ 《盂兰盆经疏序》。

动摇，如忠君和孝亲是封建宗法制度的根本要求，是统治者不能不加以维护的。这正如唐太宗李世民所说："朕今所好者惟在尧舜之道、周孔之教，以为如鸟有翼，如鱼依水，失之必死，不可暂无耳。"① 儒学对维护封建伦常的作用，远非其他思想流派所能代替。因此，玄学与佛教的思想尽管盛行于一时，但与儒学的矛盾还是以妥协、融合的方式而告终。

五、儒家思想的哲理化——宋明理学的流播及其影响

儒家思想由于得到世俗封建统治者的支持，经受住玄学与佛道的思想冲击，但儒学之所以还能站住脚跟，靠的是政治上压倒对方；而当时站在正宗儒学立场的人，如傅奕、韩愈，他们排斥释老的言行在理论上却很贫乏。为要提出足以与佛道相抗衡的理论观点，就需要将原来的儒学加以充实、改造和提高，这个任务却落在宋代理学家的身上，所走的途径是将儒家思想哲理化。

韩愈在反对佛教的斗争中，曾仿照佛教传法世系的祖统说，建立起从尧舜开始到孔孟世代相传的儒家道统，以此来论证儒家的正统地位。他还提出"道"作为哲学的最高范畴，其内涵就是抽象化了的封建伦理道德仁与义，以此来与佛、老的出世原则相抗衡。韩愈的学生李翱则提出灭情复性说，自称是为了"开诚明之源"。据此，清人全祖望评论说："退之作《原道》，实阐正心、诚意之旨，以推本之于《大学》；而习论'复性'，则专以羽翼《中庸》。"② 韩、李对学、庸思想的发挥，在儒学哲理化方面，成为宋明理学的先导。

周敦颐被认为是宋明理学的开创者，由于他在当时儒、佛、道思想矛盾融合的形势下，对于《老子》的"无极"、《易传》的"太极"、《中庸》的"诚"，以及五行阴阳学说等思想资料进行熔铸改造，提出"无极而太极"的本体论，"物则不通，神妙万物"的动静观，以及"主静立人极"的伦理观等观点，对宇宙生成、万物变化，到建立符合封建统治的人伦道德标准的问题，都做出词约义丰的概括。

但周敦颐的《太极图》是对道教《无极图》的改头换面，这种袭用的痕迹却引起人们的怀疑。如陆九渊就断言周说以无极加于太极之上不合儒家宗旨。朱熹则极力为之辩解。他虽然不得不承认周说与陈抟有关，但认为发明太极图是周敦颐的创造。对最受陆九渊攻击的无极与太极的关系，朱熹却做了新的解释："周子所谓无极而太极，非谓太极之上别有无极也，太极只是一个实理。""无极而太极，正所谓无此形状，而有此道理耳。"③ 经过这样的解释，周敦颐的《太

---

① 《贞观政要》卷六。
② 《鲒埼亭集·外编》卷三十七《论二·李习之论》。
③ 《周子全书·太极图说·集说》。

极图说》，既克服玄学、佛教空无本体的理论局限，又改造董仲舒以"天"为主宰的粗糙神学，建立了以"理"为本的天人合一宇宙观。这就为传统儒学的哲理化，迈出了非常重要的一步。

朱熹继周敦颐和二程之后，在完善理本论的基础上，建立和发挥了"理一分殊"学说。认为"万个"事物之理，全具于"一个"本体之理。他用"月印万川"做比喻："本只是一太极（理），而万物各有禀受，又自各全具一太极尔。如月在天，只一而已，及散在江湖，则随处可见，不可谓月已分也。"① 这种理论来源于佛教华严宗的"一多相摄"。华严宗通过"一即多，多即一"的论证，否认事物的差别和矛盾，从而说明理事无碍法界，朱熹则通过"理一分殊"论证"理只是这一个。道理则同，其分不同。君臣有君臣之理，父子有父子之理"②。从而把三纲五常、忠孝节义等封建政治伦理道德，说成是至高无上的天理，君、臣、父、子，都要按照自己的本分，依从天理行事。在宋代以前，儒家的天命思想比较流行，往往把个人的穷通贵贱，说成是"命"该如此。宋代理学家并不强调命，而说成是"理"该如此，或是"分"该如此。理学家并不过多宣扬宗教迷信，但只要人们接受"理一分殊"的理论说教，就会自觉自愿地去遵守封建纲常。这就使得传统儒学的理论价值和社会效果，得到很大的提高。

由董仲舒神学发展到朱熹理学。儒家思想的理论思维水平确是经历了一次飞跃。有人认为理学是儒、释、道三教合流的产物，这话有道理，但儒家与佛、道合流并不是趋于宗教化，而是相反，它是吸引其哲学思辨性的一面，而排斥其宗教神秘性的一面，从而提到哲理化的高度。

六、启蒙思想出现后对儒家哲学的历史评价

儒家哲学发展到宋明时期，程朱理学基本上居于统治地位，但陆王心学的崛起又掀起了思想波澜。从维护封建统治的根本立场来看，王守仁与朱熹并无二致。他对朱熹不满的地方是认为朱学"析心与理为二"，只能约束人的行为外表，而不能钳制思想动机。故他提出致"良知"说，主张"心外无理"，以此对人民进行"格心"，从而收到"破心中贼"的效果。但是由于王学将天理化为自然人性的良知、良能，人们可以凭自己的主观任意行事。这就使得"心学"体系的内部矛盾隐伏着自我否定的契机。如从王学分化出来的泰州学派颜山农提出"制欲非体仁"，反对朱、王的存理去欲说教；他平时只是"率性而行，纯任自然"，鼓吹随着人性自然来行事。李贽谈到有人攻击何心隐："人伦有五，公舍

---

① 《朱子语类》卷九十四。
② 《朱子语类》卷六。

其四"①,说他舍弃了君臣、父子、兄弟、夫妇四伦,"而独置身于师友圣贤之间"。这些人的奇言诡行,当然使统治者震惊。黄宗羲谓"其人多能赤手以搏龙蛇","非名教之所能羁络"②,如实地描述出这些儒学异端的思想品格。

颜山农、何心隐之后,李贽更是被封建"正统"派攻击为"异端之尤",谓其"好为惊世骇俗之论,务反宋儒道学之说"③,这个评语也许是对的。但值得注意的是,李贽的思想渊源却出自王学,如他的"童心"说就来自王守仁的"良知"说。但王学讲良知即是义理,而李贽却说义理蒙蔽童心。他说"多读书识义理"反而"童心失",只有没有受到义理熏染的"最初一念之本心"才是"真心"。④ 李贽还认为,人的本心离不开私欲。所以他说:"夫私者,人之心也。人必有私,而后其心乃见"⑤,要"各得其千万人之心",就要"各遂其千万人之欲"。他主张"人本自治,人能自治","则条教禁约,皆不必用"。⑥ 他要求满足人们的物质生活欲望,打破"条教禁约",寻求人性的解放。他还提出"是非""无定质、无定论"的观点,反对"以孔子之是非为是非",而声称"以吾心之是非为是非",反对对孔子的盲从。

黄宗羲从学派渊源来说也是出自王门。但与颜山农、何心隐、李贽等人着重寻求心性解放的思想不同,他抓住现实政治中的君权与王法,进行深刻地揭露和批判,从而体现出他的民主启蒙思想。

封建君主给人民带来了无穷苦难,早在鲍敬言的无君论中已做了大量揭露。黄宗羲不同于鲍敬言,他虽然也历数专制君主的罪恶,甚至说"为天下之大害者,君而已矣",但他并不主张无君,而是按照儒家的传统观点,肯定唐虞三代的有道明君。对君臣关系则继承和发挥孟子的思想,反对后世"小儒规规焉以君臣之义无所逃于天地之间",而要对君主绝对服从的谬论。他还提出"为君之职分"⑦ 问题,认为做君主的也有其本职任务。他自称出仕是"为天下,非为君也;为万民,非为一姓也。"君臣的关系只是合作共事,"治天下犹曳大木然,前者唱邪,后者唱许,君与臣,共曳木之人也。"⑧ 这样形象地来比喻君臣对等关系,确是前无古人的。

黄宗羲的时代,当然不可能提出君主立宪或代议制之类的民主政体,但他总是力图限制君权。他针对君主制的特点——个人专权独断,提出要做到"天子之

---

① 《焚书·何心隐论》。
② 《明儒学案·泰州学案序》。
③ 沈瓒:《近事丛残》。
④ 《童心说》。
⑤ 《藏书·德业儒臣后论》。
⑥ 《明灯道古录》。
⑦ 以上引文见《明夷待访录·原君》。
⑧ 《明夷待访录·原臣》。

所是未必是，天子之所非未必非，天子亦遂不敢自为非是，而公其非是于学校。"① 我国太学生从东汉到宋明，本来是有议政的传统的，黄宗羲想形成制度，从地方学官到太学祭酒作为舆论上的代言人，从而纠正郡县官以至天子的"政事缺失"。他还提出"有治法而后有治人"②。这种想用法制和舆论来抑制君权，具有民主启蒙思想的意味。梁启超谈到光绪年间，他和一班朋友，曾私印许多《明夷待访录》送人，"作为宣传民主主义的工具"③，这就不是偶然的了。

从颜山农、何心隐、李贽到黄宗羲，他们的思想脱胎于王学而终于走向其反面，能否说已经摆脱儒家的思想传统呢？可以说是有所摆脱而又没有完全摆脱。讲得形象一点就是死的仍然拖住活的。明代后期到明清之际，既然在江南地区的某些经济领域内，已经出现资本主义生产关系的幼芽，相应在意识形态的某些方面，出现了早期的启蒙思想，这也是可以理解的。至于说整体框架没有超越，并不排除在个别思想观点上有所突破。当然，要依靠儒家思想的自我调整，进步是缓慢的甚至会有所反复，调整的程度和途径也不尽相同，需要做具体分析。

李贽和黄宗羲，都可说属于儒家思想的自我调整。李贽虽被称为"异端之尤"，但他主要是反对"宋儒道学之说"。他不否认孔子为"大圣"，但认为时代不同，是非观念也会不同，他认为作为圣之时者的孔子，对此也应有所改变。李贽并非真要反孔，他是不满当时文化专制主义所带来思想界的蒙昧状况，才发出被视为"惊世骇俗"之论。作为他的思想武器的"童心"说，也是来自孟子的良知、良能，所以他反宋儒道学的"启蒙"，应是属于儒家思想的自我调整。黄宗羲的民主启蒙思想也渊源于孟子。他提出恢复相权以抑制君权，出仕大臣要居于"君之师友"地位，这也是先秦儒家的传统看法。所以他对宋明"小儒"的批判，虽赋有新思想的内容，但还是旧传统的形式，仍然没有摆脱儒家思想自我调整的框架。

与黄宗羲同时的顾炎武、王夫之等人，也从不同途径对儒家思想进行自我调整。顾炎武着重清算"王学末流"的空疏误国，而提倡经世致用之学。王夫之全面清算了宋明道学的唯心主义，反对君主专制，提出"以天下之禄位，公天下之贤者"的政治改良要求，后来被戊戌维新运动中的谭嗣同称赞为"纯是兴民权之微旨"④。

清代前期由于有过一段封建统治的相对稳定，出现了所谓"康、乾盛世"的回光返照。在文字狱等思想专制下，启蒙思想出现了曲折涧流，但并未销声匿迹。如颜元、戴震就打着孔孟的招牌，对宋明道学展开猛烈抨击。颜元颠倒了董

---

① 《明夷待访录·学校》。
② 《明夷待访录·原法》。
③ 《中国近三百年学术史》。
④ 《上欧阳瓣姜师书》。

仲舒以来正谊不谋利、明道不计功的说教,正面提出要"正其谊以谋其利,明其道而计其功"[①]。他重"习行",倡"实学",虽然披着三代六艺传统儒学的古装,实际上对"兵、农、钱、谷、水、火、工、虞、天文、地理无不学"[②],反映了新的时代要求。戴震揭露"后儒以理杀人"[③]的罪恶,实质上是抨击尊卑、贵贱的封建等级制度。他通过理欲论表述了下层群众要求平等的呼声,反映了新时代曙光的思想。

从以上的评述可以看出,儒家思想演变到宋明以后,已日益成为阻碍历史前进的桎梏。但儒家从孔、孟开始,就有着重研究和解决人际关系问题的思想特点。宋明道学将封建纲常哲理化,借以稳定社会秩序和人伦关系,这是适应当时加强专制主义中央集权封建政治的需要。但由此一方面带来侈谈心性义理,而忽视国计民生的空疏学风,另一方面则造成社会上人际关系的紧张,出现"以理杀人"的历史悲剧。因此,随着封建社会危机的加重,儒家中的有识之士不得不对其僵化的正统思想再次进行自我调整,从而继续保持其适应性。但是由于儒家思想植根于以小农经济为基础的宗法社会的文化土壤上,因而形成一种带有封闭性的自足文化系统,思想眼界不够开阔,虽有较强的生命力,但确是不可能只靠它的自我调整来达到形态上的更新。正是在这种情况下,我国的早期启蒙思想家不可避免地具有矛盾的二重性品格,既涵蕴着"新的突破旧的"时代锋芒,却仍束缚于"死的拖住活的"的传统桎梏。这就是我国的社会启蒙思潮,从古代向近代更替时,会出现既早熟又难产的一个重要原因。儒家思想既有保持传统的顽强生命力,又有能适应时势做出自我调节的机能,人们正是可以从矛盾二重性的特点中,对它的理论价值和社会效果,做出符合实际的历史主义评价。

当前我们正在建设具有中国特色的社会主义精神文明,如何正确对待至今仍影响我们民族心理、思想方式、道德伦理观念和生活习惯的儒家思想,是精神文明建设中必须解决的一个课题。

社会主义高度重视人际关系的协调与平衡,而孔子的"仁学"则是一种以强调和谐、协调、平衡等为价值取向的政治伦理学说。所以从这一点来看,我国民族在儒学熏陶下形成的克制、礼让、平和、内向等传统的心理性格,对建设社会主义精神文明有它积极作用的一面。同时,以儒学为主体的传统文化,虽然像不少人说的那样是一个封闭性的自足系统,但根据本文对儒家思想演变的历史考察,它又是一个具有自我调节机能和适应性较强的文化系统。对外来文化的传入和别家思想,儒家思想往往能够经过逐步融合而加以消化。它的民本主义思想,特别在社会变革的转折关头,对专制君权多少会起到一些抑制和抵销作用。考察

---

① 《四书正误》卷一。
② 《四书正误》卷二。
③ 《与某书》。

儒家思想演变的特点,看来它并非注定不可救药而等待淘汰。当然,如果只靠儒家思想的自我调整,是不可能完全突破封建意识的藩篱,从而进入社会主义的精神文明领域的。所以中国走向现代化不能采取民族文化复兴,或儒学复兴的形式。正确的做法是,在对传统的儒家思想文化的历史作用做出符合实际的评价,对它的现状影响又有比较深切了解的基础上,对它进行批判地总结,既要发扬民族传统文化的优势,又要改造其不适应现代生活的部分,并博取外来文化之精华,使我们的社会主义文化成为各项有价值的文化成果的新的综合。这样我们就能处理好思想文化的继承、吸收与创新的关系,为建设社会主义精神文明贡献力量。这也是我们今天所以要花大气力来研究儒家思想的现实意义。

(原载《孔子研究》1986年第4期)

儒家思想发展过程及其历史评价

儒家是春秋后期由孔子创立的一个思想流派。春秋战国是诸子百家争鸣的时代，儒家只是其中的一家。孔子之后，先秦儒家主要起作用的有孟、荀两大派。孟子活动在战国中期，"诸侯异政，百家异说"，政治上、思想上各家都在进行激烈的较量。孟子是个好辩的人，又以孔子的继承人和儒家正统派自居，故对杨、墨和推行耕战的法家，进行猛烈的抨击，坚决作为法先王、行仁政的儒家卫道者。荀子生于战国末年，当时政治形势已渐趋统一，思想界随着政治形势的发展，也出现这种趋势。荀子为人博学精思，颇有点吐纳百家的气概。他写有《非十二子》和《解蔽》等篇，既指出各家思想的缺失及存在的片面性，但自己却不墨守儒家孔、孟的一套。他讲的是法后王，并改造孔子的礼学以符合法治的需要。他还写有《正名》篇，提出"制名以指实"，对当时的名辩思潮，做了批判性的总结。从孔子到孟、荀，都能按照时代的要求，对儒家的创立和发展，各自完成应负的历史使命。

汉代儒学的发展，董仲舒是个关键人物。他被称为"群儒首"，又是"始推阴阳，为儒者宗"。① 他以儒家思想为中心，提出德、刑并用，而以德教为主的统治方针，主张既要充分发挥"礼乐教化"的作用，又要建立和统一"法度"，以便维护"三纲五常"等封建等级秩序和宗法道德规范，作为化民成俗的根本。董学既公开主张尊儒，却又容纳刑名法术，并将阴阳、五行观念引入其哲学框架，建构出一套天人感应神学目的论。这种拓宽了的儒学，就为皇权神授并实现统一的封建统治奠定了思想基础。而董仲舒本人对儒家思想的阐发，自是起到了重大的历史作用。

从南北朝到隋唐时期，由于玄学与佛教思想的传播，儒学受到一些冲击。正统儒家是排斥佛、老的，如唐代韩愈是个典型。他除在政治上攻击对方外，理论上仍感到贫乏，提高儒学地位的任务就落在宋代理学家身上。

儒家的传统哲学，从孔、孟到董仲舒，天命思想比较流行，而思辨性却显得缺乏。宋代周敦颐写《太极图说》，对《老子》《易传》《中庸》以及阴阳五行学说等思想资料进行熔铸改造，对宇宙生成、万物变化，到建立人伦道德标准等问题，都做出了回答。朱熹继周敦颐和二程之后，建立了以"理"为本的天人合一宇宙观，并在完善理本论的基础上，发挥了"理一分殊"学说，这就为传

---

① 《汉书·五行志》。

统儒学的哲理化迈出非常重要的一步。朱熹等人之所以被称为新儒家，正因为他们完成了划时代的历史使命。

宋明理学从传统儒学的天命观发展为天理观，儒家思想的理论思维水平经历了一次飞跃。但是当中国社会走向近代时，以维护封建道德伦理纲常为核心的儒学思想，与时代的走向逐渐感到不相适应了。

鸦片战争的失败，西方资本主义的传入打开了中国的大门，但当时人并不承认自身思想文化的落后，认为所缺乏的只是坚船利炮。当时林则徐、魏源开始放眼世界。魏源提出"师夷长技以制夷"①，主要是学习西方的军事技术以抵抗外来侵略。1861年冯桂芬撰写《校邠庐抗议》，提出采西学、制洋器时，明确主张"以中国之伦常名教为原本，辅以诸国富强之术"。薛福成则进一步提出："取西人之器数，以卫吾尧舜禹汤文武周孔之道，俾西人不敢蔑视中华"。"而其道亦必渐被乎八荒，是乃所谓用夏变夷者也"。后来张之洞提出中体西用论，辜鸿铭指出其"效西法"，并非"慕欧化"和"图富强"，其用意"盖欲借富强以保中国。保中国即可以保名教"。②

以上这些人的设想，主观上当然想一举两得，既达到西方的富强，又保住中国的名教，甚至"用夏变夷"，用中国的文化来同化世界，但是传统儒学能完成这个使命吗？看来难以办到。因为封建的纲常伦理与资产阶级民主、民权等一套，彼此是难以协调的，而卫道者也绝对不能接受。如说什么"权既下移，国谁与治；民可自主，君亦何为？是率天下而乱也。平等之说，蔑视人伦，真悖谬之尤也。"③ 这可见中西文化的激烈冲突。

不过当时一些有识之士，还是想将儒学与西学加以沟通。如康有为就说："推己及人，乃孔子立教之本；与民同之，自主平等，乃孔子立治之本。"④ 他还提出"以仁济天下"⑤，这是将孔子的思想与西方的平等博爱挂钩。谭嗣同在《仁学》总纲中，认为中国的儒、道、墨以及佛教和西方基督教，均提倡包容。他还讲"仁以通为第一义"，这是要将儒家的仁学，作为通向西方自由、平等、博爱之路。

康、梁发动的维新变法，想在中国实现西方式的君主立宪制度，结果失败了。孙中山领导的辛亥革命，虽然建立了号称的民国，但民主革命并未成功。中国社会走向近代为何历尽坎坷，是否由于思想文化方面的落后？这引起了人们的思考。不久就爆发了五四运动，提出"打倒孔家店"的口号，传统儒学又面临

---

① 《海国图志叙》。
② 《张文襄公幕府纪闻》。
③ 《翼教丛编》卷五。
④ 《中庸注》。
⑤ 《礼运注叙》。

一场严峻的挑战。

五四运动带来思想文化界新的分化组合，有抱残守缺的国粹主义者，也有崇洋向外的全盘西化派，但同时却出现了现代新儒学思潮，我认为这是传统儒学为应付挑战的自救运动。

现代新儒学是现代史上中西文化冲突的反映，它面对传统、西学和现实，是想向前走，跨入现代化的行列。但它既要保留中国传统，又不得不学西方的科学和民主，以及其他先进的东西，这就构成现代新儒学的思想基调，同时也是它面临的思想矛盾和需要解决的难点。现代新儒家就是要完成这个历史任务。

现代新儒家力求解决这个难点。1958年元旦《民主评论》和《再生》杂志登载唐君毅、张君劢、牟宗三、徐复观四人联名发表的《为中国文化敬告世界人士宣言》。他们认为中国文化中儒家的道德精神，如天下为公、人格平等之思想，必当发展为政治上之民主制度。现代新儒学提出的口号是"返本开新"。返本是要发扬传统儒学的人文精神，与今日世界之科学思想、民主政治思想相通，并据此以求现代化中国文化之重建，这就是"返本开新"的主旨所在。

中国儒学发展到现代新儒学，力图将儒学的包容性，在更高的层次上会通西学群流，这种努力是可取的，但论证的方式，却给人以依靠逻辑推理和宣扬道德决定论的感觉，因而近年来对此亦颇有争议。如1988年8月在新加坡举行的"儒学发展的问题及前景"讨论会中，林毓生提出《新儒家在中国推展民主与科学的理论面临的困境》一文，对新儒家的"内在要求"说提出质疑，认为"希望儒家道德性的思想，必当发展为政治上的民主制度，很难不是一厢情愿的愿望"。同年12月在香港召开的"唐君毅思想国际会议"上，李明辉在《儒学如何开出民主与科学》一文中，对内在要求认为此非逻辑的必然性，亦非因果的必然性，而是精神生命发展中的必然性。并以此回答林文的质询。

现代新儒家倡导的儒家道德理想主义，要想从内圣开出外王，由于具有"灵根自植"觉悟的人并不多，所以效果并不显著。但这些年来随着亚洲某些国家和地区的经济起飞，从而进入现代化的行列，由是产生一种观点，认为儒家思想会促进经济现代化的发展。如泰国企业家郑午楼在《儒家思想导论》的序言中说：现在世界上有不少学者已经注意到亚洲一些国家和地区经济现代化的新经验。这主要是指日本、韩国、新加坡和中国的台湾和香港。他们的经验表明：保持儒家传统作为一种安定社会的力量，这对维持整个社会的敬业乐群精神，对于创造一个稳定的投资环境以促进社会经济的发展，有着极大的重要性。

郑午楼这里指的是儒家道德的社会功能，其实日本、新加坡等进入现代化并非只靠儒家思想。日本虽有"儒家资本主义"的提法，这只是用"和为贵"的思想来协调劳资关系。新加坡则是由于西化后道德伦理的失落，近几年才推行儒家思想教育。这是儒家道德实用主义，并非返本开新，而是对西化后出现的精神危机进行的补偏救弊。当然如能做到人际关系的和谐，则有助于社会环境的安定。

总之，现代新儒家的历史任务就是怎样使传统儒学适应现代化社会的需要。这要根据不同的国情和施教对象来做出决策。如我们要建设的是社会主义现代化国家，精神文明与物质文明需要同步发展。如果说要靠复兴儒学来建设社会主义精神文明，那是不对的，但认为中国只有彻底扫清原有的文化传统，归属于所谓蓝色的海洋文化，才能进入现代社会，那更是错误的。我认为封建传统儒学中，凡是有利于稳定家庭和社会秩序，有利于创造和谐的生活环境的，所有这些思想因素，在剔除其中的封建糟粕后，应该可以发扬。我们建设社会主义精神文明，也需要有更多的和睦家庭，如尊敬父母、教育子女、和睦邻里、守望相助、疾病相扶之类的传统美德，还是应该提倡，这会有利于形成安定团结的社会局面。我们作为传统文化的研究工作者，如何对待和弘扬祖国的历史遗产，使能适应现代社会并以新的面貌自立于世界民族之林，这是我们应负的任务。

（原载《金景芳九五诞辰纪念文集》）

论儒学思想的包容性及其发展路向

春秋战国是诸子百家争鸣的时代。既然是争鸣，所以一般多看到彼此间思想上的分歧，其实相互间也有不少相通之处。如儒家的创始人孔子，我认为他的思想就有较大的包容性。后来中国儒家的发展，在长期封建社会中虽貌似取得独尊地位，但思想内涵却在不断吸取容纳各家之长。传统儒学影响到今天，能否适应开放的形势和现代化社会的需要，是一个有争议的问题。我以为研究孔子思想的包容性及后来各个时期儒学的发展过程，对当前应如何对待儒学传统，有着重要的历史借鉴意义。

一

在先秦诸子中，儒、墨两家被称为显学。一般以为双方的观点是对立的。《淮南子·要略》说："墨子学儒者之业，受孔子之术，以为其礼烦扰而不说，厚葬靡财而贫民，服食伤生而害事，故背周道而用夏政。"这是说，墨子也曾受业于儒家，后来不满周礼那一套改而师法夏禹，变成另立门户而与儒家分庭抗礼了。

墨家的中心思想，是主张兼爱、非攻、节用、节葬，这与儒家讲爱有差等是不同的，因而提出"兼以易别"。不过我觉得孔子的思想虽不全同于墨家，但也有它可以包容的一面。比如墨子最核心的兼爱思想，孔子的仁学中似也有涉及这方面的内容。如"樊迟问仁，子曰：'爱人'"①这里所爱的人是全称，看不出有等差的区别。这种思想应用到教育方面就是'有教无类'②，对所有人都一视同仁，孔子对子贡提出"如有博施于民，而能济众"，能否称为"仁"时，他答复说："何事于仁，必也圣乎，尧舜其犹病诸！"③这里的"民"和"众"也是全称，并无等差区别。而孔子以为博施济众的行为，已进入超凡入圣的境地，连尧舜都难做到，可见孔子对无差等的爱，是虽不能至而心向往之，并无反对之意。他主张"仁"，正面要做到"己欲立而立人，己欲达而达人"④，负面也要做到

---

① 《论语·颜渊》。
② 《论语·卫灵公》。
③ 《论语·雍也》。
④ 《论语·雍也》。

"己所不欲，勿施于人"①。孔子这种推己及人思想可以称之为"推爱"；但墨子讲的"兼爱"也只是视人如己，这两者在处理人际关系的程序上虽有不同，但爱人的实质并无等差的区别。

对于非攻，孔子并无明显的主张，但他对季氏将伐颛臾一事，提出"有国有家者，不患寡而患不均，不患贫而患不安，盖均无贫，和无寡，安无倾"，故主张"远人不服，则修文德以来之"，否则"谋动干戈"，"吾恐季氏之忧，不在颛臾，而在萧墙之内"②，以这个事例，孔子的思想与墨家似也有同调之处。

对节用和节葬问题，孔子也有明确的表达，如提出"节用而爱人，使民以时"③，对林放问礼之本，则回答说："礼，与其奢也，宁俭；丧，与其易也，宁戚。"④他还说："麻冕，礼也；今也纯，俭。吾从众。"⑤孔子主张节俭，反对繁文缛礼和奢侈浪费，这样的话虽然不多，与墨家的俭约精神应是不矛盾的。

对于义利问题，一般认为也是儒墨之间的一大分歧。由于墨家明确提出"义，利也"⑥的界说，用"利"来解释"义"，而儒家却提倡"义"，反对言"利"，所以说两家观点是对立的。其实孔子也并非不言利，他回答子张怎样才可以"从政"时，就提出要"因民之所利而利之。"⑦他还主张"足食足兵"⑧和"富而后教"⑨，以为"君子之道"，"其养民也惠，其使民也义"⑩。可见以"义"使民与惠利于民也是不可分割的。虽然孔子是"罕言利"，但并非不言。他反对见利忘义，而是主张"见利思义"⑪，这对墨家的义利观应该说有包容性的一面。

关于儒墨行周道与用夏政的分歧。其实孔子对夏禹也是极为敬佩的。他说："禹，吾无间然矣，菲饮食"，"乱邦不居。天下有道则见，无道则隐。邦有道，贫且贱焉，耻也；邦无道，富且贵焉，耻也。"⑫又说："隐居以求其志，行义以达其道。吾闻其语矣，未见其人也。"⑬孔子以邦有道无道，作为是否出仕的标准，并仰慕隐居以求志，行义以达道的人。可见孔子对道家的避世思想，也有其

---

① 《论语·颜渊》。
② 《论语·季氏》。
③ 《论语·学而》。
④ 《论语·八佾》。
⑤ 《论语·子罕》。
⑥ 《墨子·经上》。
⑦ 《论语·尧曰》。
⑧ 《论语·颜渊》。
⑨ 《论语·子路》。
⑩ 《论语·公冶长》。
⑪ 《论语·宪问》。
⑫ 《论语·泰伯》。
⑬ 《论语·季氏》。

包容性的一面。

　　法家形成一个学派，比儒、道、墨各家都晚。在韩非之前，李悝、申不害、慎到、商鞅等人虽被称为前期法家，但这些人多数从事实际政治活动，到韩非才构成有体系的法家理论。一般认为法家和儒家是对立的。"至如商韩，六虱五蠹，弃孝废仁"①，所谓六虱，商鞅指的就是儒家宣扬的"仁义""孝悌""诗书""礼乐"等一套②，并斥之为"淫佚之征"和"过之母"③。韩非则抨击儒以文乱法④，主张国君"不务德而务法"⑤，要"学实事，去无用，不道仁义者故，不听学者之言。"⑥ 这无疑都是反儒的言论。

　　不过法家尽管反儒，但两家亦有其相通之处。司马谈在《论六家要旨》中曾指出：儒者"其序君臣父子之礼，列夫妇长幼之别，不可易也"，法家"然其正在臣上下之分，不可改矣"。说明两家都要维护封建等级制度，但手段方法不同。儒家重教化，而法家重刑罚。不过这个区别也不是绝对的。如韩非认为君主要控制臣下，要掌握"刑、德"二柄，即罚和赏这两种权柄。儒学虽然重视德，亦并非不用刑，孔子早就说过："道之以政，齐之以刑，民免而无耻；道之以德，齐之以礼，有耻且格。"⑦ 他还赞成子产讲为政要宽猛相济的观点，说"宽以济猛，猛以济宽，政是以和。"⑧ 孔子虽然不能预见韩非的观点，但德刑并用、宽猛相济的思想，与后来法家有相通之处。

　　儒、法两家由于都要维护等级制度，所以都主张尊主和忠君。不过君主事业能取得成功，也要靠人臣的拥戴。所以韩非说："人主者，天下一力以共载之，故安；众同心以共立之，故尊；人臣守所长，尽所能，故忠。以尊主主御忠臣，则长乐生而功名成。"又说："至治之国，君若桴，臣若鼓。""故古之能致功名者，众人助之以力，近者结之以成，……此尧之所以南面而守名，舜之所以北面而效功也。"⑨ 这里韩非以为：君臣关系要做到"上下相得"，就像"形影相随""桴鼓相应"那样，成为一种合作共事的关系。孔子对君臣关系，则提出"君使臣以礼，臣事君以忠。"⑩ 这是君臣对等的观念，只有这样，才具备合作共事的思想基础。以上说明，孔子对后来的法家思想，也有其包容性的一面。

---

① 《文心雕龙·诸子》。
② 《商君书·靳令》。
③ 《商君书·说民》。
④ 《韩非子·五蠹》。
⑤ 《韩非子·显学》。
⑥ 《韩非子·显学》。
⑦ 《论语·为政》。
⑧ 《左传·昭公二十年》。
⑨ 《韩非子·功名》。
⑩ 《论语·八佾》。

儒、墨、道、法是先秦的四大学派，看来孔子思想，与其他三家相比，固然有分歧、对立的一面，但亦确有能够包容各家的地方，孔子思想的包容性，对后来儒学的发展有着深远的影响。

二

孔子之后，先秦儒家主要起作用的有孟、荀两大派。孟子活动在战国中期，是各家激烈争鸣的时代，而孟子又是个好辩的人，他以孔子的继承人和儒家正统派自居，而肆意攻击各家。如说："杨朱、墨翟之言盈天下。天下之言，不归杨，则归墨。杨氏为我，是无君也；墨氏兼爱，是无父也；无父无君，是禽兽也。"① 杨朱为我，是发挥道家养生之说，孟子这里是连带痛骂道、墨两家。他又说："争地以战，杀人盈野；争城以战，杀人盈城。此所谓率土地而食人肉，罪不容于死。故善战者服上刑，连诸侯者次之，辟草莱、任土地者次之。"② 这是明显攻击法家的耕战政策。

孟子既然这样激烈抨击各家，是否完全抛弃孔子思想的包容性呢？看来也非如此。他和别家争辩，可以说是攻其一点，不及其余。如他反对法家的耕战，其反战言论，超过墨家的非攻；至于说辟草莱、任土地有罪，他不是也主张"深耕易耨"，"不违农时"③，要"易（治）其田畴"，"民可使富"④ 吗？可见这里言论也是自相矛盾的。

其实孟子提出"民贵君轻"的观点，宣称"君之视臣如手足，则臣视君如腹心"，"君之视臣如土芥，则臣视君如寇仇。"⑤ 这种君臣对等的论调，比孔子似还要激进。他还肯定"汤放桀，武王伐纣"，说"闻诛一夫纣矣，未闻弑君也。"⑥ 这比较韩非所批判的："桀纣为高台深池以尽民力，为炮烙以伤民性。桀纣得成肆行者，南面之威为之翼也。……势者，养虎狼之心而成暴乱之事者也。"⑦ 孟子的反暴君自不会比韩非逊色。还有孟子主张的"老吾老，以及人之老；幼吾幼，以及人之幼。天下可运于掌。"⑧ 虽然讲的是推己及人，但这里并无爱有差等的意味。孟子会痛骂墨家的兼爱，我觉得除派性作怪之外，实际上的分歧，也并不是那么厉害的。

---

① 《孟子·滕文公下》。
② 《孟子·离娄上》。
③ 《孟子·梁惠王上》。
④ 《孟子·尽心上》。
⑤ 《孟子·离娄下》。
⑥ 《孟子·梁惠王下》。
⑦ 《韩非子·难势》。
⑧ 《孟子·梁惠王上》。

荀子生在战国末年，当时政治形势已渐趋统一。荀子为人博学精思，颇有点吐纳百家的气势。他写有《非十二子》篇，对墨翟、宋钘、慎到、田骈、惠施、邓析等人，均称之为欺惑愚众，并声讨"子思、孟轲之罪"，斥子夏、子游为"贱儒"。他还在《天论》和《解蔽》篇中，用最简约的字句来评论各家的思想特点，而指出其有所"蔽"，即存在的片面性。

不过荀子既不满于各家的片面，恰好说明他自身思想的包容。战国末年的思想界随着政治形势的发展，也是日趋统一，问题是统一在谁家？墨家的兼爱非攻，不适合维护等级制度和进行兼并战争的封建统治者的需要，因而日渐式微。有些人变成打抱不平的侠士，可能被以为会扰乱治安，就像韩非说的"侠以武犯禁"①，变成为统治者所不容了。

至于道家到战国后期，却出现新的变化。即"道"与"法"相联系。稷下学者曾提出"法出乎权，权出乎道"②的观点，韩非也讲到"以道为常，以法为本"③，1973年长沙马王堆汉墓出土的帛书《经法》等四篇，则表达为"道生法。法者，引得失以绳而明曲直者也。故执道者，生法而弗敢犯也，法立而弗敢废也"④。法为道所派生，而执道者对法又不敢发。这是以道为体，以法为用。并从老子上溯到黄帝，故称之为黄老道家，或道法家。司马迁说韩非"喜刑名法术之学，而其归本于黄老。"⑤ 正说明当时道法合流的趋势。

先秦儒家传到荀子，同样适应政治形势的发展，他不像孟子那样法先王、道仁义，而是改造孔子的礼学以符合法治的需要。如说："礼者，法之大分，类之纲纪也。"⑥ 又说："故圣人化性而起伪，伪起而生礼义，礼义生而制法度。"⑦ 这样就把原来礼与法的对立加以调和，他甚至说："是百王之所同也，礼法之大经也。"⑧ "礼法"也就成为连用的同义语了。当然，由于荀子毕竟是儒家，所以虽然说："法者治之端也"，却又以为"得其人则存，失其人则亡"，"君子者法之原也"⑨。即法治还是离不开人治，但他看到由礼到法发展的必然趋势，并对此做出相应的论述，这也可以看到他思想中具有包容性的一面。

讲"礼义生而制法度"与"道生法"，表明到战国末年，儒、道两家与法家思想的交融。而韩非思想也就成为三家的聚合点。

---

① 《韩非子·五蠹》。
② 《管子·心术上》。
③ 《韩非子·饰邪》。
④ 《经法·道法》。
⑤ 《史记·老子韩非列传》。
⑥ 《荀子·劝学》。
⑦ 《韩非子·性恶》。
⑧ 《荀子·王霸》。
⑨ 《荀子·君道》。

这里要谈一下先秦儒家与名、阴阳两家思想的关系。名家本来不算一个学派，因为各家都讲到"名"。如孔子讲"正名"，老子重"无名"，墨子要求"取实予名"，《管子·九守》篇提出"名生于实"。到战国末年是个"处士横议""辩士云涌"的时代，这些人都着意于名实问题的辩论，被汉人称为名家。如荀子批评惠施，说"惠子蔽于辞而不知实"①。公孙龙则据说由于"疾名实之散乱"②，提出要"审其名实，慎其所谓"③。后期墨家主张"以名举实"④。当时由于新旧事物不断更迭，名实关系变得混淆不清。正如荀子所说："今圣王没，名守慢，奇辞起，名实乱，是非之形不明，则虽守法之吏、诵数之儒，亦皆乱也。"⑤ 据此他吸取墨家和《管子》的观点，明确提出"制名以指实"⑥，这是对当时名辩思潮所做的批判性的总结，同时也体现儒家思想具有包容性的一面。

阴阳五行在中国思想史上起源比较早，但司马谈所称阴阳家大概是以战国末年的邹衍为代表。司马迁说他"深观阴阳消息，而作怪迂之变，……然要其归，必止乎仁义节俭，君臣上下六亲之施。"⑦ 可见他的思想与儒家有相通之处。与此同时或稍后，出自儒家后学之手的《易传》，则提出"一阴一阳之谓道"⑧。在宇宙生成图式中，则以"太极"产生天地、阴阳，这又是受老子思想的影响。《易》后来被认为儒家经典，但对阴阳和道家思想都有所包容。

战国末年随着秦国势力的扩张，法家政治也取得成效。如荀子入秦，说"治之至也，秦类之矣"⑨。对此加以赞许，但对秦国"无儒"感到遗憾，以为不符合王道标准。由于秦始皇统一后，发展法家严刑峻法的一面，"焚书坑儒"，大搞文化专制主义，终于二世而亡。西汉初年，各家思想又进入重新组合的时代。

汉兴以后，为总结秦亡的教训，如何确立新的统治思想，曾经过较长时期的争论和反复试验。最初刘邦并不喜欢儒家，而以马上得天下自居。陆贾即争辩说："居马上得之，宁可以马上治之乎？且汤、武逆取而以顺守之，文武并用，长久之术也。"如果秦并天下后"行仁义，法先圣，陛下安得而有之？"⑩ 这里所谓"文武并用"，也就是王霸并用，即儒法并用。后来汉宣帝透露说："以霸王道杂之"，乃是汉家制度，即是汉王朝的基本国策，从而实践了陆贾的文武并用

---

① 《荀子·解蔽》。
② 《公孙龙子·迹府》。
③ 《公孙龙子·名实论》。
④ 《墨子·小取》。
⑤ 《荀子·正名》。
⑥ 《荀子·正名》。
⑦ 《史记·孟子荀卿列传》。
⑧ 《周易·系辞上传》。
⑨ 《荀子·强国》。
⑩ 《史记·郦生陆贾列传》。

思想。陆贾还认为，如秦得天下后，"行仁义，法先圣"，就不会速亡，贾谊亦持相同的观点，他分析秦亡原因，归结到"仁义不施，而攻守之势异也"①。

陆贾、贾谊并不纯是儒家，但从秦亡的教训中取得共识，认为秦统治者处在攻守异势的地位时，没有做"取与守不同术"的战略转变。秦可以使用"诈力"取天下，但要巩固政权，却不能单靠严刑峻法而不施仁义。这就需要刑、德并用，也就是孔子早已主张的宽猛相济的两手策略。所以陆贾、贾谊的共识，还是离不开儒家思想包容性的发挥。

汉代儒学的发展，董仲舒是个关键人物。这个被称为"群儒首"，又主张"罢黜百家，独尊儒术"的人，自当算是儒家的正统派了。不过他更多的还是对孔子思想包容性的发挥。他以儒家思想为中心，提出了德、刑并用，而以德教为主的统治方针，主张既要充分发挥"礼乐教化"的作用，又要建立和统一"法度"，以便维护"三纲五常"等封建等级秩序和宗法道德规范，作为化民成俗的根本。由于董仲舒"尊儒"是公开提倡的，而刑名法术之学却实际上被容纳，所以有谓董学是儒表法里或阳儒阴法的，这种说法，也不无根据。对阴阳五行和五德终始学说，董学也做了多方面的发挥。史称"董仲舒治公羊春秋，始推阴阳，为儒者宗。"② 说明董学既容纳刑名法术，又与阴阳家言相结合，在儒家的发展中充分体现包容性的一面。

儒学的包容性不但为多数儒家所遵行，同时也为一些反儒的人所接受。如曹操由于在《举贤勿拘品行令》中，提出可以任用"不仁不孝而有治国用兵之术"的人，"文革"时期曾被封为反儒的法家。其实曹操并非有意反儒，他是懂得"取"与"守"是不同术。在攻取战争中当然首先考虑要找有治国用兵能力的人，而道德上的仁和孝就不作为必备条件。但以长远培养人才来说，曹操却另有一番见解。他说汉末"丧乱以来，十有五年，后生者不见仁义礼让之风，吾甚伤之。"据此他颁发《修学令》，要求做到"先王之道不废，而有以益于天下。"曹操这两处的不同做法并不是自相矛盾，而是取与守不同术的具体措施。他提出"治平尚德行，有事赏功能"③，又说："夫治定之化，以礼为首；拨乱之政，以刑为先。"④ 德行与功能，礼与刑，是按照不同情况来考虑其优先地位。这种思想与其说是反儒，毋宁说是对儒学包容性的具体运用。

从魏晋南北朝到隋唐，玄学与佛教相继盛行，对儒学曾一度有过冲击，但彼此间的矛盾还是以妥协、融合的方式而告终。这里的原因，也可以从儒学的包容性寻求解释。玄学家们虽以祖述老庄立论，但对注释《论语》《周易》等儒家经

---

① 《过秦论》上。
② 《汉书·五行志》。
③ 《论吏士行能令》。
④ 《以高柔为理曹椽令》。

典却颇感兴趣。他们把《老子》《庄子》《周易》并称"三玄",从魏晋玄学发展的主流来看,都在力图调和名教与自然的矛盾。由"贵无"论的"名教本于自然"到"崇有"论的"自然不离名教",再到"独化"论的"名教即是自然",都无非在论证儒家纲常名教的自然合理性。这样就解决了儒道的矛盾,将道家的自然之论容纳到儒学的包容性中去。

魏晋玄学家为论证纲常名教的自然合理性,多以道释儒,而神仙道教著名人物葛洪,却以儒证道。他说:"欲求仙者,更当以忠孝和顺仁信为本。若德行不修,而但务方术,皆不得长生也。"① 又说:"览诸道戒,无不云欲求长生者,必欲积善立功,慈心于物,……如此乃为有德,受福于天,所作必成,求仙可冀也。"② 要做到忠孝仁信,积善立功,才能入道成仙,这可能是葛洪的发明。道术儒修无二致,神仙忠孝有完人,这样来评量葛洪的思想,看来也不无道理。而儒学的包容性,却扩大到神仙方外去了。

佛教是外来宗教,佛教徒不拜君亲,对儒家所维护的伦理纲常本来是相违背的,从东晋到唐初,发生过"沙门不敬王者""沙门不应拜俗"的争辩,就表明这种矛盾。唐初的宗教政策虽仍然尊重和利用佛、道二教,而更重要的是以儒家的君父之义来加以约束。如唐高宗李治对僧道是否拜君亲问题明确表示:"朕禀天经以扬孝,赞地义以宣礼,奖以名教,被兹真俗。"③ 在封建帝王的倡导和干预下,佛教也就向儒学靠拢。如华严宗的宗密,就说"佛且类世五常之教,令持五戒。"④ 将佛教的"五戒",比附"五常",表示佛徒拥护儒家的封建道德。他们有的称皇帝为活佛以表忠,也有宣扬《孝子报恩经》《父母恩重经》,鼓吹"孝道"是"儒释皆宗之"⑤。这样一来,佛教与封建世俗的矛盾,在儒学的包容性中得解决。

唐代柳宗元的思想,近年来颇有争议,其实他是一个兼通儒释的人物。他声称"自幼好佛,求其道。积三十年。"但他所好的不是"言至虚之极"⑥ 的佛家出世法,而认为"浮图诚有不可斥者,往往与《易》《论语》合","不与孔子异道"。所以他说:"吾之所取者与《易》《论语》合,虽圣人复生不可得而斥也。"⑦ 他送文畅上人,谓其"将统合儒释",对元皓师则说:"吾见其不违且与儒合也。"⑧ 可见当时儒释相互包容的情况是相当普遍的。

---

① 《抱朴子·内篇·对俗》。
② 《抱朴子·内篇·微旨》。
③ 《大正藏》卷五十二。
④ 《原人论》。
⑤ 《盂兰盆经疏序》。
⑥ 《送巽上人赴中丞叔父召序》。
⑦ 《送僧浩初序》。
⑧ 《送元皓师序》。

儒学发展到宋明时期，理学占据统治地位。理学家们表面排斥佛道，而实际上是相互包容。如周敦颐提出"无极而太极"的宇宙生成图式就来自道教，朱熹"理一分殊"的理论却来自佛教华严宗。至于陆王心学固然有渊源于孟子的一面，但亦深受禅宗的影响。有人认为理学是儒、释、道三教合流的产物，而以儒学为主，我看这话也不无道理。这种合流，正是儒学包容性在封建社会后期发展过程中的表现。

三

对孔子思想的包容性，如果说在整个封建社会中，能促进儒学向更宽广的道路发展，那么到了近代，西方资本主义传入，对这超前一个阶段的思想，儒学的发展能否适应？特别是当前现代化社会的建设，儒学的包容性能否继续发生作用，这就成为众所关心的现实问题，本文这部分拟再加探讨。

中国近代文化，一般以为是在西方文化和中国传统文化互相冲突又会通融合的过程中形成的。本文上面讲过，孔子思想有相当大的包容性，后来儒学的发展，对诸子百家及佛、道二教，在不同程度上确是起到矛盾融合的作用。但西方文化却与此不同，它是在资本主义发生和发展的基础上兴起的，而中国并没有那样的社会以及思想文化条件。鸦片战争打开了中国的大门，但当时人并不承认自身思想文化的落后，认为所缺乏的只是同英国对抗的坚船利炮。当时林则徐、魏源等开始放眼世界。魏源提出"师夷长技以制夷"①，主要是学习西方的军事技术以抵抗外来侵略。1861年冯桂芬撰写《校邠庐抗议》，提出"采西学""制洋器"时，明确主张"以中国之伦常名教为原本，辅以诸国富强之术"②，薛福成则进一步提出："取西人之器数，以卫吾尧舜禹汤文武周孔之道，俾西人不敢蔑视中华。"他还说："吾知尧舜禹汤文武周孔复生，未始不有事乎此；而其道亦必渐被乎八荒，是乃所谓用夏变夷者也。"③

按照上述魏源、冯桂芬、薛福成的观点，开始是想学习西方的军事技术以抵抗外来侵略，进而想用西方的科学技术，来维护中国的伦理纲常。这可称之为"变器卫道"。再进则想用周孔之道来同化外邦，即所谓"用夏变夷"。后来张之洞在1898年的奏折中提出："以中学为体，以西学为用，即无迂陋无用之义，亦杜离经叛道之弊。"这就是有名的"中体西用"论，其用意正如辜鸿铭所指出："文襄之效西法，非慕欧化也；文襄之图富强，志不在富强也。盖欲借富强以保

---

① 《海国图志叙》。
② 《校邠庐抗议·采西学议》。
③ 《筹洋刍议·变法》。

中国，保中国即可以保名教。"① 这就是中体西用论的本旨所在。

从以上这些人的设想可见，其主观上当然想一举两得：既达到西方那样富强，又保住中国的名教，甚至"用夏变夷"，用中国的文化来同化世界。但是传统儒学的包容性能否实现这个目标呢？看来只能是一厢情愿。因为时代不同了，要想用封建儒学的纲常伦理去包容资产阶级文化的民主与科学，这根本是不可能的，而且相互之间都很难接受。如太平天国起义初期，按照基督教，宣传在上帝面前人人平等。曾国藩就感到不能容忍，说这是举中国数千年礼义人伦诗书典则，一旦扫地荡尽"，"乃开辟以来名教之奇变，我孔子、孟子之所痛哭于九泉。"② 持这类观点的人，对西方资产阶级民主、民权等一套，更是同声责难，说什么"试问权既下移，国谁与治？民可自主，君亦何为？是率天下而乱也。平等之说蔑弃人伦，真悖谬之尤者。"③ 这里可见中西文化的激烈冲突。

不过当时一些有识之士，或能做冷静分析的人，也能看到中国的不足之处，就如冯桂芬虽说伦常名教为本，但他看到中国"人无弃材不如夷，地无遗利不如夷，君民不隔不如夷，名实必符不如夷。"④ 这四不如就涉及政治文化方面，不仅是技艺、器物不如西方了。据此，如郑观应就指出西方的"治乱之源，富强之本，不尽在船坚炮利，而在议院上下一心，教养有法。"⑤ 他特别重视西方的代议制度。认为"泰西各国，咸设议院，每有举措，询谋佥同。"故他主张"必先立议院，达民情，而后能张国威，御外侮。"⑥ 何启、胡礼垣写的《新政真诠》更进而提出"人之根本在原气，国之根本在民情"，"天下之权，唯民是主"。这就接触到西方资产阶级政治文化核心问题了。

这里就产生一个问题：要想用中国的伦理纲常以同化异邦，看来难以奏效；但要接受西方的民主与科学，行之也属不易。所以一些改革家和革命先行者，提出要双方会通融合的主张。如康有为在戊戌变法时，就说到要"泯中西之界限，化新旧之门户。"⑦ 严复既反对"教育中西主辅之说"，又不同意"尽去吾国之旧，以谋西人之新"。他提出"必将阔视远想，统新故而视其通，苞中外而计其全，而后得之。"（《与外交报主人书》）孙中山也主张"发扬吾固有之文化，且吸收世界之文化而光大之，以期与诸民族并驱于世界"。他又说："余之谋中国革命，其所持主义，有因袭吾国固有之思想者，有规抚欧洲之学说事迹者，有吾

---

① 《张文襄公幕府纪闻》。
② 《讨粤匪檄》。
③ 《翼教丛编》卷五《宾凤阳等上王益吾院长书》。
④ 《校邠庐抗议·制洋器议》。
⑤ 《盛世危言·自序》。
⑥ 《盛世危言·议院上》。
⑦ 《康有为政论集》上册，第295页。

所独见而创获者。"① 还有李大钊对中西文明比较研究,认为二者"互有长短,不宜妄为轩轾于其间","必须时时调和,时时融会,以创造新生命而演进于无疆"②。这是主张对中西文化取长补短,通过调和融会以创造新文化。

我们看上面这些观点和主张,能否说儒学的包容性可以从中得到体现呢?因为这里一般讲的是中西文化的会通融合,而没有具体谈儒学的包容性问题。不过直接谈及这方面的言论也不是没有,如康有为就说:"推己及人,乃孔子立教之本;与民同之,自主平等,乃孔子立治之本。"(《中庸注》),他还提出"以仁济天下"(《礼运注叙》)。这是将孔子的思想和仁学与西方的平等博爱挂钩。而当时谭嗣同在《仁学》总纲中,也下了这样的界说:"凡为仁学者,于佛书当通《华严》及心宗、相宗之书;于西书当通《新约》及算学、格致、社会学之书;于中国书当通《易》《春秋公羊传》《论语》《礼记》《孟子》《庄子》《墨子》《史记》及陶渊明、周茂叔、张横渠、陆子静、王阳明、王船山、黄梨洲之书。"这样说来,仁学变成无所不包,中国的儒、道、墨以及佛教及西方基督教,均所在包容。谭氏又讲"仁以通为第一义",他要变四不通为四通:即中外通,上下通,男女内外通和人我通,这是要将儒家的仁学,通向西方自由、平等、博爱之路。

康、梁发动的维新变法,想在中国实现西方式的君主立宪制度,结果是失败了。孙中山领导的辛亥革命,虽然建立了号称的民国,但民主革命并未成功。至于在思想文化方面,传统儒学能否适应现代社会,五四以来就发生激烈的争辩。值得注意的是:1958年元旦,《民主评论》和《再生》杂志登载唐君毅、张君劢、牟宗三、徐复观四人联名发表的《为中国文化敬告世界人士宣言》(以下简称《宣言》)。《宣言》中一方面承认"中国文化历史中,缺乏西方之近代民主制度的建立,与西方近代的科学,及近代各种实用技术,致使中国未能真正的现代工业化。"但另一方面又认为:"不能承认中国之文化思想,没有民主思想之种子,其政治发展之内在要求,不倾向于民主制度之建立;亦不能承认中国文化是反科学的,自来即轻视科学实用技术。"

在中国传统文化中,为什么会有民主思想的种子?《宣言》认为:"中国过去政治,虽是君主制度,但此与一般君主制度,自来即不完全相同。此种不同,处中国最早的政治思想上说,即以民意代表天命。故奉天承命的人君,必表现为对民意之尊重,且须受民意之考验。"特别是从儒家之肯定:"天下非一人之天下,并一贯相信在道德上,人皆可以为尧舜为圣贤,及民之所好好之,民之所恶恶之等来看,此中之天下为公、人格平等之思想,即为民主政治根源之所在。至

---

① 《中国革命史》,《孙中山全集》第七卷,第60页。
② 《东西文明根本之异点》。

少亦为民主政治思想之种子所在。"

至于过去儒家天下为公、人格平等之思想，何以会发展为今日民主建国之思想与事业？《宣言》认为是由于与君主制度相矛盾，如要使平等成为可能，则君主制就要化为民主制，"故道德上之天下为公、人格平等之思想，必然发展至民主制度之肯定。"

依据上述观点，《宣言》推论出："中国历史文化之重道德主体之树立，即必当发展政治上之民主制度。"理由是"中国文化之道德精神，与君主制度有根本矛盾。而此矛盾，只有由肯定人人皆平等与政治上之主体之民主宪政，加以解决；而民主宪政，亦即民成为中国文化中之道德精神自身发展之所要求。"这里实际上认为：中国文化中儒家的道德精神，按其自身发展的要求，必然会走上民主政治之路。

唐君毅、牟宗三等人有称之为现代新儒家，这篇《宣言》算是他们的代表作，可以说是对孔子思想和传统儒学的包容性做了新的发挥。现代新儒家提出的口号是"返本开新"。返本并不是复古，而是要发扬传统儒学的人文精神。如包括重人德、立人极、人格平等、人格独立以至仁民爱物、博施济众等方面的内容。按照唐君毅的立论，谓中国人文精神之发展至今日，理当求与世界之科学思想。民主政治之思想，及宗教思想有一融通。同时也就说明中国人文精神之发展，系于确认中国人德性生活之发展，科学之发达，民主建国事业的成功，及宗教信仰之树立，乃并行不悖，相依为用。据此他主张要发挥道中庸而致平实之论，谓今日所遭遇文化思想之冲突，如群流之相激，非会通之无以成浩瀚之江流。故在文化讨论中所遇各种矛盾之见，要在更高的胜义上立根，加以疏解，并据此以求现代化中国文化之重建，这就是所谓"返本开新"的主旨所在。

中国儒学发展到现代新儒家，已经跨越了封建时代并进入了国际领域，这在儒学发展史上是一次飞跃。他们力图将儒学的包容性，在更高的层次上变成会通群流浩瀚海洋，这种努力是可取的，但论证问题的方式，却给人以倚靠逻辑推理和宣扬道德决定论的感觉。儒家本来是讲内圣外王之学，但两者也不是那么容易相通。如对道德人格的修养，儒家讲自天子以至庶人，都应以修身为本，这种要求是平等的，但并不因此而改变天子以至庶人的等级差别。又如独立人格问题，对个人来说是自由的，"为仁由己"但在人际关系上，如君臣之间最多只有对等观念，并不能由此而造成双方的平等地位。所以从道德人格修养来看，是"人皆可以为尧舜"，这是"内圣"，但要开出"外王"，即由此而建立平等、自由的民主制度，就不那么容易了。因此，我认为传统的人文精神不能完全自发地开出民主制度，要"开新"就需要有变革性的观念转化，这有待于经济体制与政治体制的改革，单纯倚靠道德精神是难以开创出新的社会制度的。

不过，我们对孔子以来儒学思想的包容性应该给以肯定。中国传统文化所以长期不断丰富和发展，儒学的包容性功不可没。当然它今天不能自发包容西方文化，因为时代不同了，我们对传统儒学只能因势利导，对其人文主义精神中具有适应性的一面要加以发扬，可能产生障碍性的一面则应以抛弃。对西方文化做到互相兼容，这样才能开创出各具特色的民主政治制度，从而适应现代化社会发展的需要。

（原载《中国文化月刊》第114期，台湾东海大学1997年版）

从历史进程看儒学发展前景

儒家原来是先秦诸子中的一个重要流派,当时虽号称"显学",却是其道不行。儒学秦时曾遭劫难,在董仲舒重建后才得到当朝的重视,其后虽然有过一些波折,如受到道、佛思想的冲击,由于它倡导的道德纲常伦理观念适合封建统治的需要,两千多年来,仍占有官方思想的主导地位。

宋明是封建社会的后期,由于政治上中央集权专制主义的加强,因而宋明理学强化维护封建纲常会带来双重社会效应:一方面人们忠君爱国思想和民族气节得到发扬;另一方面由于维护绝对君权和封建等级制度,亦给社会带来负面影响。明代后期到明清之际,随着商品经济的发展,江南若干地区某些行业开始出现资本主义生产关系的萌芽,相应在意识形态领域内也会出现有早期启蒙思想。如黄宗羲强烈批判封建专制君权,戴震还揭露"后儒以理杀人"的罪恶,实质上是对宋明理学的批判。

有一点需要指出:黄、戴也是儒学中人,并且以孔、孟思想为依托来批判程、朱,在某种意义上是儒家内部的自我批评,这是由于时势的变化,体现出儒家内部也有自我调节的机能,以适应社会的变化和发展。

中国近代与西方不同,是落后的半封建半殖民地社会。鸦片战争的失败,魏源提出"师夷长技以制夷"的斗争策略,其后,张之洞又提出"中体西用"论。这是想在保持封建的纲常名教的前提下,学习西方的科技和物质文化。这是儒学一次应变策略,可谓之"变器卫道"。单为了追上时代的步伐,只是变器是不够的,康有为想推行维新变法,就提出"道可变",这是儒家自身应变的一大进步。但康有为以孔子"托古改制"作为变法依据,梁启超提出清代学术"以复古为解放",后来现代新儒家唐君毅、牟宗三等人提出"返本开新",这都想从儒家内部找寻适应现代社会的根据。这一方面表明儒家有顽强的生命力,但儒家的长处在"内圣",要开出"外王",发展为政治上之民主制度,未免引起质疑。

因此,我展望儒学的将来,要能够适应和平和发展新世纪的需要,应发挥自身的长处。由于儒学是一门研究人的学问,它的特点是重视从道德修养方面来提高人的精神素质,并且要求从个人做起,如正己正人、慎独等道德规范,对提高人的思想品质,具有普遍的现实意义。儒家思想主张对人重信义,诚实不欺,据亚洲一些国家和地区经济现代化的新经验，保持儒家传统，对于创造一个稳定的投资环境以促进社会经济的发展，会有极大的重要性。发扬优势，有利于儒学前景的发展。

（原载《黄山高等专科学校学报》1999年第5期）

历史的轨迹　时代的展望

——从儒学发展进程看儒学的前景

儒学原是春秋战国时期的一个学派，从汉代以来，由于当政者的需要和重视，儒学逐渐成为官方的统治思想。两千多年来，虽然中间有过一些曲折和起落，儒学基本上在中国传统文化中居于主导地位，到今天在社会上还有相当影响。但是儒家思想是有变化的，发展的过程也非一帆风顺，特别是封建社会走向没落，近百年来儒学受到冲击，"文革"时期更是遭遇一场劫难，现在虽然得到拨乱反正，但如何适应现代化的需要，及在世纪之交儒学发展的前景如何，还是一个值得探索的问题，这就是写作本文的意旨所在。

一、儒学思想的形成及其在先秦社会的作用

（一）孔子创立儒家及其自身的思想矛盾

要探索儒学的发展前景，还要先对历史做点回顾，所谓"鉴古知今"，总结前人走过的道路及其成败得失，对后来者应当有所启示。缅怀过去，探讨儒学的发展规律以展望将来，我认为还是需要的。

春秋末年的孔子（公元前551—前479年），被认为是儒家的创始人，他的祖先是殷人的后代宋国贵族，所定居的鲁国又是周礼的保存地，据说他从少年时即热衷于学礼，可能是受到家族和社会的影响。春秋末年社会上已出现"礼崩乐坏"的现象，而孔子却主张"复礼"①，他自己还说要"从周"②，这就表现出他一生中的保守思想和立场。

从孔子整个政治思想倾向来看，虽然基本态度是保守的，但也并非拒绝任何改革。如他考察了夏、商、周三代的"礼"制，得知历代有所"损益"，因而推知后世，"礼"制也会有所因革，③这里他多少承认时代的变化，所以孟子说他是"圣之时者也"。

孔子虽然看到时代的变化，有时也不能不承认，但他在思想上还是不愿意接受，特别是违反旧礼制的情况，觉得不能容忍。如他骂季氏"八佾舞于庭，是可

---

① 《论语·颜渊》。
② 《论语·八佾》。
③ 《论语·为政》。

忍也,孰不可忍也?"① 对管仲是否知礼问题,称"邦君树塞门,管氏亦树塞门。邦君为两君之好,有反坫,管氏亦有反坫。管氏而知礼,孰不知礼?"② 这里指管仲僭用邦君的设备,用反问语气批评他不知礼。对晋国铸刑鼎一事,则指称"贵贱无序,何以为国",即认为违反唐叔的旧制。③

孔子对当时社会是有道还是无道的标准,他认为"天下有道,则礼乐征伐自天子出;天下无道,则礼乐征伐自诸侯出。""天下有道,则不在大夫。天下有道,则庶人不议。"④ 他要维护西周的政治等级制度,认为当时是无道之世。由于他向往的"有道"时代无法再现,作为他的理想,当然是其道不行了。

孔子对自身的处世,本来说是"有道则见,无道则隐"⑤,但他却周游列国,忙于用世,由于政治理念不同,道不同不相为谋,在他与邦君的双向选择中,还是无法施展他的政治抱负。时代不同了,当时不会有相信仁德治国的邦君,孔子到处碰壁后,只好回来办他的私学。但为了实行他的政治理念,却知其不可而为之,这种精神还是可取的。不过这里可以看出,社会变革给孔子带来复杂的思想矛盾。

(二)倡王道,斥霸权,孟子思想与时代的差距

孟子是孔子思想的主要继承人,后世合称"孔孟之道",表明其思想中的共性。他承传了孔子仁德治国思想,倡导以行"仁政"为核心的王道政治,而反对春秋时的霸主专权。他提出"以德行仁者王","以力假仁者霸",把春秋时"五霸"视为"三王"的"罪人"⑥,并明确表示说:"仲尼无道桓、文之事者。"⑦ 表明孔、孟及儒家徒众的共同立场。不过孔子对齐桓公和管仲还有肯定的一面,而孟子这方面走得更远了。不过他认为今之诸侯、大夫比"五霸"还不如,可以说是每况愈下。

孟子主张行仁政的王道政治,其出发点还是比较好的,他反对暴君污吏的横征暴敛,要求满足人民日常的物质生活需要,做到"黎民不饥不寒","养生丧死无憾"。⑧ 他同意"汤放桀,武王伐纣"的书传记载,谓"闻诛一夫纣矣,未闻弑其君也。"⑨ 他还总结历史,谓桀纣失天下,是由于失去民心,并从而得出

---

① 《论语·八佾》。
② 《论语·八佾》。
③ 《左传·昭公二十九年》。
④ 《论语·季氏》。
⑤ 《论语·泰伯》。
⑥ 《孟子·告子下》。
⑦ 《孟子·梁惠王上》。
⑧ 《孟子·梁惠王上》。
⑨ 《孟子·梁惠王下》。

民贵君轻的结论。① 对当时各诸侯国的兼并战争，他发出强烈的谴责，说"争地以战，杀人盈野；争城以战，杀人盈城，此所谓率土地而食人肉，罪不容于死。故善战者上刑，连诸侯者次之，辟草莱、任土地者次之。"② 这里认为兼并战争，只有统治者得利，而人民受害，立场、观点是很清楚的。

孟子行王道的主张动机是好的，但实际上行不通，因为历史的发展往往不符合人们的善良愿望，特别在阶级社会中，有时要从血与火的残酷斗争中推动历史前进。战国时的兼并战争，其实是推动中国实现统一的手段，在当时的情势下，靠讲仁义是难以做到的，只有强大的诸侯国才能取胜。司马迁指出："当是之时，秦用商君，富国强兵；楚魏用吴起，战胜弱敌；齐威王、宣王用孙子、田忌之徒，而诸侯东面朝齐。天下方务于合纵连衡，以攻伐为贤。而孟轲乃述唐虞三代之德，是以所如者不合。"③ 因此孟子的思想观点，被认为是"迂远而阔于事情"。总的说，孟子的思想是不合时宜，亦表明他的思想与时代的差距。

（三）从礼到法，荀子对时代变化的适应性

孟子之后，荀子成为先秦儒家又一位大师。由于当时已到战国末期，经过商鞅变法之后的秦国，在兼并战争中已明显处于优势。韩非虽称儒家为显学，但实际上是其道不行，而法家思想却成为时尚。可能是形势比人强，荀子的思想不能不跟随时势而有所变化，虽然他主张行仁政的王道政治的基本立场未变，但对王、霸已有对等的评价。如说"人君者，隆礼尊贤而王，重法爱民而霸"④，比孟子的尊王贱霸思想有所进步。

对礼、法关系，礼治还是法治，似乎是儒法两家施政的分水岭。荀子说："礼者，法之大分，类之纲纪也。"⑤ 又说："法者，治之端也；君子者，法之原也。"⑥ 这里有点礼与法相通的意味，也有认为是向往法家思想的过渡。不过通过两者的比较，他认为"有良法而乱者，有之矣；有君子而乱者，自古及今，未尝闻也。"⑦ 他还是主张人治高于法治，这正是儒家思想的本色。他曾谈到入秦所见，称赞秦国是"治之至也"，但仍以秦"无儒"为憾事，说明他的思想在进步中仍然存在着局限。

从先秦儒家思想对社会变化的适应性来看，由孔、孟到荀子，应该说是有所进步，但由于新旧思想的矛盾，适应性的变化总是比较迟缓，不过也有稳妥一面

---

① 《孟子·尽心下》。
② 《孟子·离娄上》。
③ 《史记·孟子荀卿列传》。
④ 《荀子·强国》。
⑤ 《荀子·劝学》。
⑥ 《荀子·君道》。
⑦ 《荀子·王制》。

的长处，在其后两千年的封建社会中，仍然保有这种特点。

二、儒学在两千年封建社会中的变化发展

（一）秦亡汉兴与儒学重建

先秦诸家由于主张以仁德治国，孔、孟还以此游说诸侯，虽然是其道不行，但从以刑法治国的法家看来，儒家思想仍然是一种干扰，所谓"儒以文乱法"，就是加给儒学的罪名。韩非曾反复说："故有道之主，远仁义，去智能，服之以法。"①"为治者用众而舍寡，故不务德而务法。"②"而游学者日众，是世之所以乱也。"③ 这些话就带有针对儒家的意思。韩非由是得出结论："故明主之国，无书简之文，以法为教；无先王之语，以吏为师。"并使得"境内之民，其言谈者必轨于法"。即人们除服从执法官吏和向其学习外，再不能有别的文化知识了。

秦始皇用武力统一中国，为维护严刑峻法的专制统治，对思想意识严加控制，由是规定"有敢偶语《诗》、《书》者弃市；以古非今者族"④，这里矛头直指儒学，由是焚书坑儒的悲剧就难以避免了。

儒学遭此劫难，何以入汉之后得到重建？这当然有个过程。秦国行暴政而速亡，继起的汉高祖刘邦，以儒冠为溺器，本不知儒学为何物。汉初由于战乱之后，"民亡盖藏"，只能"约法省禁"⑤，与民休息。到孝惠、高后时，用"萧、曹为相，镇以无为，从民之欲而不扰乱"⑥，历史上称为黄老之治。

由于儒学的治国作用未被认识，所以到"孝文帝本好刑名之言，及至孝景，不任儒者，而窦太后又好黄老之术，故诸博士具官待问，未有进者。"⑦ 即经过汉初几代皇帝，儒家人物并未得到朝廷重用。

汉代儒学的重建当归董仲舒，他看出汉武帝维护统一帝国的需要，在对策中发挥《春秋公羊传》的理论，提出"春秋大一统者，天地之常经，古今之通谊也。今师异道，人异论，百家殊方，指意不同，是以上亡以持一统，法制数变，下不知所守。臣愚以为诸不在六艺之科、孔子之术者，皆绝其道，勿使并进；邪辟之说灭息，然后统纪可一而法度可明，民知所从矣。"⑧

---

① 《韩非子·说疑》。
② 《韩非子·显学》。
③ 《韩非子·五蠹》。
④ 《史记·秦始皇本纪》。
⑤ 《汉书·食货志》。
⑥ 《汉书·刑法志》。
⑦ 《史记·儒林列传》。
⑧ 《举贤良对策三》。

董仲舒的对策与李斯的建议意图是一致的,即认为在大一统的国家内,思想意识方面也要做到舆论一律,如李斯提出要"别黑白而定一尊",不容许人们"入则心非,出则巷议"。① 董仲舒也指出在"师异道,人异论,百家殊方"的情况下,是无法做到思想统一的。不同之处在于秦始皇时的统一是天下初定,他推行法家的一套用暴力镇压;而汉武时定天下已历数世,社会比较稳定,可以用儒家的教化作堤防。同时法家因秦行暴政而声名败坏,而儒家主张仁德更有利于争取民心。董仲舒正是看准这个时机,才能使儒学得以重建。

不过也要指出,董仲舒的儒学不等同于孔孟之道。他主张德主刑辅,实质上是儒表法里或阳儒阴法思想。他提倡"三纲五纪",作为封建统治者立国的根本,也是儒法两家的共识。汉宣帝讲"汉家自有制度,以霸王道杂之"。这种儒法并用的两手政策,董仲舒的儒学对此不违背。他能把握时机重建儒学,表明儒家思想也有与时代性相适应的一面。

(二)与道、佛竞争中的儒学的定位

传统文化在历史上各个时期的学术特色,一般提法是两汉经学、魏晋玄学、隋唐佛学、宋明理学。这里给人一个印象,儒家思想的发展似是马鞍形,中间魏晋隋唐是道、佛思想占优势。对这个问题我认为要做具体的分析,要说玄学、佛教冲击过儒学,这种现象是有的,但并非达到不可两存,而是从矛盾中渐趋融合。

魏晋时期儒学受到冲击主要来自阮籍、嵇康对"名教"的批判。阮籍认为"君立而虐兴,臣设而贼生。坐制礼法,束缚下民。"② 为要求得到解脱,嵇康提出要"越名教而任自然"③。他还"轻贱唐虞而笑大禹"④、"非汤、武而薄周、孔"⑤。阮、嵇的思想后来发展为鲍敬言的《无君论》,对儒家的名教纲常展开猛烈抨击。

嵇、阮鄙弃礼法和反对名教,为当时统治者所不容,嵇康还为司马氏所杀,罪名为"害时乱教""非毁典谟"⑥。因为儒学已成为维护封建统治的工具,所以用行政权力加以保护。

正是在这种情况下,作为魏晋玄学代表人物的何晏、王弼,虽然宣扬道家自然无为的思想,却宣称"名教"出于"自然"。继起的向秀、郭象则论证"自

---

① 《史记·秦始皇本纪》。
② 《大人先生传》。
③ 《释私论》。
④ 《卜疑》。
⑤ 《与山巨源绝交书》。
⑥ 《晋书·嵇康传》。

然"和"名教"的"合一",即将封建纲常伦理作为合乎人性的自然加以肯定,这无非是用道家思想来论证儒家纲常的合理性。稍后的道教徒葛洪还成为儒道兼综的代表人物。这就标志着儒道思想的合流,而儒学还是占据官方的统治思想的地位。

佛教思想与传统儒学是有矛盾的。由于佛教讲出世解脱等一套,与儒家讲君臣父子的封建纲常是相违背的。唐高祖李渊曾质问僧徒:"弃父母之须发,去君臣之章服,利在何门之中,益在何情之外。"① 反对佛教的傅奕也说:"礼本于事亲,终于奉上,此则忠孝之礼著,臣子之行成,而佛踰城出家,逃背其父,以匹夫而抗天子,以继体而悖所亲。"因而斥之为"无父之教"②。正是由于当朝统治者的干预,佛教明显对儒家思想靠拢,如华严宗的宗密,宣称"佛且类世五常之教,令持五戒"③。将佛教的"五戒"与"五常"相比附,表示佛教徒是拥护儒家"五常"等道德观念。他们又宣扬《孝子报恩经》《父母恩重经》,鼓吹"孝道"是"儒释皆宗之"④。

从上面资料分析,魏晋南北朝到隋唐时期,儒家思想的社会根基并没有动摇,如名教纲常中的忠君孝亲是封建宗法制度的根本要求,统治者不能不加以维护,这正如唐太宗李世民所说:"朕所好者惟在尧舜之道,周孔之教,以为如鸟有翼,如鱼依水,失之必死,不可暂无耳。"⑤ 儒学对维护封建伦常的作用,远非其他思想流派所能代替,因此玄学与佛教思想尽管盛行于一时,但与儒学的矛盾还是以妥协、融合的形式告终,而儒学仍然维持封建时代的适应性。

(三)封建社会后期儒家思想的分化

宋明是封建社会的后期,由于政治上中央集权专制主义的加强,相关在思想意识上也要强化这方面的控制。纲常伦理既然是维护封建统治的思想工具,而儒家在这方面会起到有效作用,因此宋明理学特别是程朱学派受到当政者的重视从而充当了封建护法的角色。儒家哲学发展到宋明时期,程朱理学基本上是居于统治地位。由董仲舒神学发展到朱熹理学,儒家思想的理论思维水平确是经历了一次飞跃,对佛、道吸收其哲学思辨性的一面,从而提到哲理化的高度,这是宋明理学的一大贡献。

但是宋明理学强化维护封建纲常却会带来双重社会效应。一方面人们的忠君爱国思想和民族气节,宋明时期确是得到发扬,亦出现像包拯、海瑞那样的爱民

---

① 《大藏经》卷五十二。
② 《旧唐书·傅奕传》。
③ 《原人论》。
④ 《盂兰盆经疏述》。
⑤ 《贞观政要》卷六。

清官，这是儒学带来积极的社会影响。但另一方面，由于理学家强调君臣父子封建政治伦理的等级制度，如程颐说："父子君臣天下之定理，无所逃于天地间。"① 朱熹也主张："凡有狱讼，必先论尊卑、上下、长幼、亲疏之分，而后听其曲直之辞。凡以下犯上，以卑凌尊者，虽直不右，其不直者，罪加凡人之坐。"② 这种强调君臣上下、长幼尊卑，不同等级待遇的所谓"理该如此"，当然会给社会带来负面影响。戴震揭露"后儒以理杀人"③ 的罪恶，实质上就是对宋明理学的批判。

明代后期到明清之际，既然在江南地区某些经济领域内，已经出现资本主义生产关系的幼芽，相应在意识形态领域内，在某些方面也会出现有早期的启蒙思想。如黄宗羲反对后世"小儒规规焉以君臣之义无所逃于天地之间"，这明显是针对程、朱的绝对君权论来说的。他还提出"为君之职分"④ 问题，认为做君主的也有其基本职责，君臣关系只是合作共事，"治天下犹曳大木然"，"君与臣，共曳木之人也。"⑤ 这样形象地来比喻君臣等关系，确是前无古人的。稍后颜元、戴震也都针对程、朱理学，主要批评它的社会负面影响。

不过有一点需要指出：黄宗羲、颜元、戴震等人批评宋明理学，主要以孔、孟（特别是孟子）思想为依托来批评程、朱。这种情况在某种意义上可以说是儒家的自我批评，表明儒家思想既有保持传统的顽强生命力，又有能适应时势做出自我调节的机能，人们可以从矛盾两重性的特点中，对它的理论价值和社会效果，做出符合实际的历史主义评价。

三、近百年来对儒学历史命运的重估

（一）在中西文化冲击中儒家思想的应变

中国近代社会与西方不同，没有完成向资本主义社会的转变，反而陷入半封建半殖民地的境地。当时中国碰到西方的外来文化与过去佛教的传入不同，儒、佛同是古代社会的产物，彼此还比较容易互相适应。而近代西方则是资本主义社会文化，比封建文化超前一个时代，因此儒学如何对付西学东渐问题，受到一场严峻的挑战。

---

① 《河南程氏遗书》卷五。
② 《朱文公文集·戊申延和奏札一》。
③ 《与某书》。
④ 《明夷待访录·原君》。
⑤ 《明夷待访录·原臣》。

鸦片战争的失败，林则徐、魏源放眼世界。魏源提出："师夷长技以制夷"①，主要是学习西方的军事技术以抵抗外来侵略。到 1861 年冯桂芬撰写的《校邠庐抗议》，提出"采西学洋器"时，更明确主张"以中国之伦常名教为原本，辅以诸国富强之术"。薛福成则进一步提出：要"取西方之器数，以卫我尧舜禹汤文武周孔之道，俾西人不敢蔑视中华。"② 上述观点，开始是想学西方的军事技术以抵抗外来侵略，进而想用西方的科学技术，来维护中国的伦理纲常，这可称之为"变器卫道"。后来，张之洞在 1898 年的奏折中提出："以中学为体，以西学为用，既无迂陋无用之讥，亦杜离经叛道之弊。"这里所谓"体"是指封建纲常名教，所谓"用"是指西方的长技，如洋务派走的就是这条路子。按照中体西用论者的设想，主观上当然想一举两得，既达到西方那样富强，又保住中国的名教。但保全传统儒学的纲常伦理，等于仍然维持封建专制政体，要想达到西方先进资本主义国家那样富强，事实上是办不到的，洋务派的"西用"并未收到预期效果。

中体西用论在实践上虽收效不大，但比死守祖宗成法的顽固派还稍胜一筹，即随着时势的变化对西方长技以引进，也多少体现儒学适应性的一面，当然这样还不够，同时还带来康有为的托古改制论。

董仲舒给朝廷对策中，提出"道之大原出于天，天不变，道亦不变。"③ 在封建社会中是千古名言，表明封建专制政体的永恒不变。康有为想推行维新变法，与此针锋相对说："盖变者，天道也。"④ 又说："观万国之势，能变则全，不变则亡；全变则强，小变则亡。"⑤"日本改定变法，国宪之全体。"⑥ 表明维新派不同于洋务派的"变器，不变道"，而是要变"国宪之全体"。

不过鉴于中国当时的国情，要改变国体，可以引日、俄的例子，但理论根据还得从儒学自身找出路，于是他写了《孔子改制考》，认为《春秋》是孔子为改制而作，实则阐发了由封建制（据乱世）进化到君主立宪（升平世），再进化到太平世（人类大同社会）的历史必然性，从而为维新变法从儒家宗主孔子那里找到根据，这可以说康有为为儒学对时代变化的适应性，提出的突破性的思路。

为儒学可以向近代转型找根据，梁启超对清代学术还总结出"以复古为解放"的论点。他总结中国近三百年学术思想的变迁，认为思想解放的思潮愈演愈烈，但形式上却是愈来愈复古。他将"清代思潮"比喻欧洲的"文艺复兴"，欧

---

① 《海国图志序》。
② 《筹洋刍议·变法》。
③ 《举贤良对策三》。
④ 《进呈〈俄罗斯大彼得变政记〉序》。
⑤ 《上皇帝第六书》。
⑥ 《日本变政考》卷七。

洲是复古希腊、罗马之古，中国是复先秦之古，这是为康有为的托古改制寻找历史根据。康、梁的思路后来并得到港、台现代新儒家的回应。

（二）儒学现代化问题的困扰与论争

近百年来，随着国际社会的变化，世界上一些较先进的国家都进入现代化的行列；而中国由于维新变法失败，辛亥革命虽然推翻清王朝，但正如孙中山所说：革命尚未成功，仍然没有摆脱落后地位。由此中国社会如何走向现代化是面临的一个时代课题。

国家需要走向现代化，儒学对此能否适应呢？五四新文化运动的启蒙理论，如进化论、天赋人权论和民主共和思想，都是从西方传入的，批判的对象是封建政治和文化，封建儒学则首当其冲，打倒孔家店和指斥吃人的礼教，就是运动锋芒所向。在此情况下，梁漱溟于1922年出版《东西文化及其哲学》，梁本人承认"这书的思想差不多归宗儒家"。梁漱溟鼓吹"走孔家的路"，说除了"替孔子去发挥外，更不作旁的事"。但他却批判孔子耽误了中国的科学和民主，还说宋明理学和传统文化压抑了人的个性和情感；而科学的方法，人的个性伸展和社会性发达是西方的"特长"，因此可以作为新鲜血液引进以弥补中国儒家文化的缺陷。但是他又认为西洋文化开创了满足人类物质需求的时代，但现代欧洲社会却出现严重危机，这正好标志着人类社会已进入一个要求满足人的精神需要的新时期，而中国儒学的人生态度，恰好适应这种文化变动的需要。这里梁漱溟无异是在宣布：西方物质文明趋于破产，东方精神文明将重起而代之。

梁漱溟面对现实是想向前走，跨入现代化的行列，既不得不学西方的科学和民主，但又想保留儒学的传统，故最终还是强调精神文明的作用，这成为现代新儒学的思想基调。

进入50年代，现代新儒学思潮在中国大陆基本上处于沉寂状态，却转而向外传播。在此期间，最为集中反映港台现代新儒学思潮观点的，可推《民主评论》和《再生》二杂志在1958年的元旦号中，同时发表的《为中国文化敬告世界人士宣言》（以下简称《宣言》）这一长篇论文。该文试图解决传统儒学与现代化关系这个难题。《宣言》中一方面承认"中国文化历史中，缺乏西方之近代民主制度的建立，与西方近代的科学及各种实用技术，致使中国未能真正地现代化工业化"。但另一方面说："不能承认中国之文化思想，没有民主思想之种子；其政治发展之内在要求不倾向于民主制度之建立"，那么民主思想之种子从何而来？《宣言》认为儒家肯定："天下非一人之天下，并一贯相信在道德上，人皆可以为尧舜，为圣贤，及民之所好好之，民之所恶恶之等看来，此中之天下为公，人格平等之思想，即为民主之政治思想之根源所在，至小亦为民主之政治思想之种子所在。""如君主与人民在道德人格上真正平等"，"则君主制度必然化为民主制度。"并从而得出结论说:"民主宪政,亦即为中国文化中道德精神自身发展之所需求",而"从中国历史文化之重道德主体之树立,即必当发展为政治上之民主制度。"① 这称为"返本开新"之论。

唐、牟等人的宣言,在思想上与康、梁有点接近,即儒学如何适应社会的变化,总想在儒学内通过"寻根"来解决,这是释旧图新。但是重道德之树立,能否必然发展为民主制度之建立,学术界是有争议的。如1988年8月在新加坡举行的"儒家发展的问题及前景"讨论会中,林毓生提出《新儒家在中国推展民主与科学的理论面临的困境》一文,对新儒家"内在要求"说提出质疑,文中认为"宣言"中的意见,"最多只能说中国传统文化中蕴涵了一些思想资源,他们与民主思想与价值并不冲突,但他们本身并不必然从内在要求民主的发展。"因此说"希望儒家道德性的思想'必当发展为政治上的民主制度',很难不是一厢情愿的愿望"。

我也认为儒家的长处在"内圣",要开出"外王",建立新制度,只能停留在学者的理念上;展望将来,只有提高人们的道德内涵和思想素质,才能适应和平和发展的新世纪的需要,也会给儒学发展带来希望。

(三)发扬优点,对儒学发展前景的展望

以上总结历史,说明儒学在适应社会的变化时,总有点内部调节的功能,或是对传统儒学做出新的诠释,使能适应新的社会需要。21世纪,我们希望成为一个和平与发展的时代,最重要的一条就是各国家、民族之间,能做到和谐相处和共同发展。具体点说,从国际大环境到国家、民族再落实到个人,如何解决各种矛盾到正确、公平处理好各种关系,这才是营造21世纪和平与发展时代的必要条件。

儒学是一门研究人的学问,也可以说是人际关系学,它的特点是重视从道德修养方面来提高人的精神素质,并且要求从个人做起,正心、诚意、修身、齐家到治国、平天下。这样逐步推广,而个人修身则是基础,所以说"自天子以至于庶民,壹是皆以修身为本。"② 无论权力大小和地位高低,自身道德修养的要求是平等的,从个人、家庭到国家社会,这也体现了中国古代家国同构的特点。

儒学对个人的道德修养体现了以"仁"为核心的人生价值,就是教导人们怎样去做人。孔子说:"夫仁者,已欲立而立人,已欲达而达人。"③ "己所不欲,勿施于人。"④ 这就是讲人我之间的关系准则。孔子还提出正己正人的关系问题,

---

① 唐君毅等:《中华人文与当今世界》,第903–904页。
② 《礼记·大学》。
③ 《论语·雍也》。
④ 《论语·卫灵公》。

他回答季康子问政时说:"政者,正也。子帅以正,孰敢不正。"① 又说:"其身正,不令而行;其身不正,虽令不从。""苟正其身矣,于从政乎何有?不能正其身,如正人何。"② 这就是说要求别人时先要自己做到,即要以身作则,这是处理人际关系的又一条重要规范。

儒学的道德修养还有一项重要内容,称之为"慎独"。《中庸》里说:"是故君子戒慎乎其所不睹,恐惧乎其所不闻。莫见乎隐,莫显乎微,故君子慎其独也。"这是说君子在别人看不见、听不见的情况下,独自一个人时,也要谨慎地进行内心反省,在无人监察下也不做坏事,这确是为人处事的一条重要道德原则。

总之,儒学对处理人际关系主要是诚信两字,人人能做到这一点,就是一个"人和"的社会。孔子的儒学对中国古代农业社会的家庭和谐和社会稳定产生了重要作用;在近代工商业兴起后,儒学对现代文明社会也有适应的一面。

儒学对工商业发展的作用,得到一些现代企业家的肯定。1984年,泰国华人郑彝元出版了一部《儒家思想导论》,企业家郑午楼在序言中说:"现在,世界上有不少学者已经注意到亚洲一些国家和地区经济现代化的新经验。这主要是指日本、韩国、新加坡和台湾、香港。他们的经验表明:保持儒家传统作为一种安定社会的力量,这对维系整个社会的敬业乐群精神,对于创造一个稳定的投资环境以促进社会经济的发展会有着极大的重要性。"③

儒家思想主张对人和,重信义,诚实不欺,对从事经济活动也有促进作用,并且对日本也有影响。如早在明治维新时,曾任天皇教席的三岛中州,就主张要"据《论语》把算盘",提出"道德经济合一说"。后来的涩泽荣一于1983年则提倡"义利合一论",确立见利思义、义利合一作为办企业的方针。著名企业家横山次亮、立石一真,都主张以"和为贵"来处理劳资关系。据报道,儒家思想主要是其伦理道德观念,作为文化的一部分能有机地存在于日本的上层建筑和生产关系中,并且对经济基础和生产力起到巩固和推动作用。④ 这里说明儒学与"工业东亚"文明仍有密切的关系。

用儒学的诚信思想办企业,实行文明经商,香港有的企业家也深有体会,并且也有成功的范例。

在现代新加坡,则是从培养人、教育人的角度,对儒学的作用做出评价。1982年,新加坡教育部宣布增设"儒家思想"课程,供中三中四学生选读。《星洲日报》在报道中引述第一副总理兼教育部长吴庆瑞说:"孔子学说中的君子风

---

① 《论语·颜渊》。
② 《论语·子路》。
③ 《儒家思想导论》,泰国曼谷时中出版社1984年版。
④ 见《参考消息》1988年10月21日报道。

范和崇高正直品格的道德价值和20世纪的新加坡密切相连"。"孔子的道德体系是培养具备良好行为的君子。"他又说:"新加坡是个迅速朝向工业化的小国家,和香港、台湾、韩国等地区一样,被世界银行列为发展的行列。这些地区的成功都有一个共同点:同样深受儒家思想的影响。他们的人民可能不是在学校接受儒家思想教育,但却在家中接受儒家道德价值观的熏陶,最终培养出具备一些儒家良好行为准则的人。他们之所以取得出色的经济成果,可直接归因于儒家教诲人们要为国献身的道德规范。"[1]

以上说明,儒家的道德规范及其思想影响是潜移默化的,并且可以跨越时空的限制,我认为如正己正人、慎独等做人的思想品质,传播到21世纪也是适用的,关键要有教师、家长共同引导、教育下一代,使能薪火相传,同时要国人营造一个良好的社会风气,从而能够接受儒学的正面影响。

世纪之交对儒学前景的探索,亦不能只从好的方面着想,因为儒学本身确是亦有它的负面作用。如新加坡在讨论儒学思想本身之价值时,曾广泛征求意见,肯定的一方提出儒学的积极面有23项之多,但另一方也提出6大项质疑意见。人生处在十字路口,所谓择善而从,亦是各取所需,如何能使群众取精华而弃糟粕,教育者要先受教育,而且还要正己正人,看来还是一场艰巨的任务。

(原载《中国哲学史》1999年第4期)

---

[1] 苏新鋈:《儒家思想近十五年来在新加坡的流传》。

儒家思想哲理化的历史进程

中国儒家思想有个特点，从孔、孟开始，就以道德伦理作为儒家的核心，虽然也讲到天人关系，但目的在解决人生问题，对世界本原、发展观、认识论等方面并无系统论述。儒家思想的哲理化，要有一个提高的过程。本文拟探索其发展轨迹，重点是研究宋儒朱熹在这方面所起到的历史作用。

一

孔子是中国古代的文化名人，至今在世界上享有崇高声誉。他所开创的儒家学说，对人类文化产生过深远影响。如果用近代西方哲学的标准来衡量，也许认为他的思想中没有多少哲学性。黑格尔在他的《哲学史讲演录》中曾谈到孔子。他一面说："关于中国哲学首先要注意的是在基督降生五百年前的孔子的教训。孔子的教训在莱布尼兹的时代曾轰动一时。它是一种道德哲学。"另一方面又说："我们看到孔子和他的弟子们的谈话（按即《论语》——译者），里面所讲的是一种常识道德，这种常识道德我们在哪里都找得到，在哪一个民族里都找得到，可能还要好些，这是毫无出色之点的东西。孔子只是一个实际的世间智者，在他那里思辨的哲学是一点也没有的——只有一些善良的、老练的、道德的教训，从里面我们不能获得什么特殊的东西。"[①] 对孟子也说："他的著作的内容也是道德性的。"由此联系到中国哲学，黑格尔认为："在理论方面乃是感性对象的外在联结；那是没有〔逻辑的、必然的〕秩序的，也没有根本的直观在内的。再进一步的具体者就是道德。""但这类的具体者本身并不是哲学性的。"[②]

上引黑格尔对儒家孔、孟思想的评价，我认为是带有一些偏见的，也许他还不大了解东方哲学文化的特点。不过儒家传统哲学思辨性不显著，这也是事实。孔、孟之后的荀子，虽然提出"制天命而用之"的光辉命题，使人们摆脱天命论的羁络，但对儒家思辨哲学的提高并无多少帮助。荀子的天道观比较简单，只是想还自然界以本来面目，他还没有建构出一套符合哲学思维的理论体系。

到了汉代，被称为"群儒首"的董仲舒，将儒学的发展推进到一个新阶段。董仲舒思想的特点，史称他是"治公羊春秋，始推阴阳，为儒者宗"[③]。他与先

---

① 黑格尔：《哲学史讲演录》第一卷，生活·读书·新知三联书店1956年版，第119页。
② 黑格尔：《哲学史讲演录》第一卷，生活·读书·新知三联书店1956年版，第132页。
③ 《汉书·五行志》。

秦儒学不同的地方,是建构了一套以天人感应为轴心,以阴阳五行为框架的神学化理论体系。他应用"人副天数""同类相动"等一系列比附方法使天人彼此相通,再经过阴阳消长、五行生胜以至四时、五方的交错搭配,形成一个动态的平衡系统,从而使宇宙生成、万物发生这一自然现象拟人化,看作是"天"有意识、有目的的安排;并把自然灾异用作谴告手段来沟通天人,即用天意来支配人事。自是宗法封建制的各种等级名分和纲常伦理秩序,都被说成是"名号"中表达了"天意"。这样,"人间的力量采取了超人间的力量的形式"①,天上的神权和地下的皇权紧密相通。正如董仲舒所说:"事应顺于名,名应顺于天,天人之际,合而为一。"②

上述董仲舒这种以天人感应为核心的天人合一思想,是通过阴阳五行、四时四政的扭合而构成体系的,是以类的相似和数的相同作为类比推理的根据,从而使自然法则与人伦规范都纳入其建构体系的理论框架之中。这里虽然做出了逻辑必然性的论证,使天人合一的哲学功能得以实现,但也不能不带上一些神秘的色彩。董仲舒的理论构架很快就为谶纬神学所利用,并形成一股反理性的思想逆流。如东汉章帝时通过白虎观会议所编纂成的《白虎通义》一书,其中既大量引证"谶""纬",又系统发挥董仲舒思想,形成一套法典化的神学体系,并由皇帝钦定而颁行全国,这虽然使儒家思想哲理化得到提高,却带来了消极影响。

董仲舒建构的儒学理论,因与谶纬迷信合流,既受到王充"疾虚妄"的批判,到魏晋之际,又掀起一股"辨名析理"的清谈之风,终于出现代替两汉经学而形成所谓魏晋玄学思潮,在我国学术史上刻下了新的时代标志。

魏晋玄学在形式上复活了老、庄思想,用以取代两汉以来的烦琐经学和谶纬神学。所以表面看来,儒学是处在低潮。但作为开创"正始玄风"的何晏、王弼及稍后的郭象等人,这些玄学的主流派并非完全否定儒学,他们只是以老、庄思想来注释《论语》《周易》等儒家经典,即综合儒道两家的思想资料,用以建构自己的理论体系。主要是把汉代"天人感应"的神学宇宙观,改变为"有无本末之辨"的玄学本体论。玄学的中心议题是通过"有无""本末""体用""动静""一多"等关系的思辨推理,用以论证自然和名教的统一。这是调和儒道两家的思想,"儒道兼综"才是玄学的基本特征。

由于玄学对天人关系问题赋予新的含义,展开了关于本体和现象、运动和静止、认识和对象、天道和人事等方面的新论证,使哲学的思辨性大为提高。但玄学毕竟不同于儒学,只是以道家思想为儒学名教纲常的合理性做论证,所以并不等于儒学本身走向哲理化。

---

① 《马克思恩格斯选集》第三卷,第354页。
② 《春秋繁露·深察名号》。

伴随着玄学的兴起，佛教思想的传播也为思辨哲学增加了光彩。佛教是外来宗教，汉魏时期传入的，主要是早期佛教关于因果轮回、天堂地狱一类的宗教思想。西晋以后，由于大乘般若空宗的经论被翻译过来，对本体论的思辨有其相似与相通之处。为使中土人士易于理解，往往使用玄学的概念来译解般若宗的理论，称为"格义"，自是出现玄佛合流。由于大乘空宗的般若学，其思辨的程度比玄学为高，如僧肇的《肇论》其中思辨的味道更浓，他对本无、心无、即色等宗的批评，就摆脱了玄学格义的训释。佛教到隋、唐时更发展成众多宗派，与儒、道形成三教鼎立的局面。

不过佛教的般若理论，虽是有较强的思辨性，但作为佛徒出家的这一根本教义，与儒家入世所要遵循的名教纲常，本来是对立的。后来有的佛徒做了调和、修补，如承认并鼓吹忠君孝亲之道。但在儒家正统派看来，佛、道始终是思想异端，不能给予认同；对其哲学理论中的思辨性，则有意无意地加以吸收和融汇，从而帮助儒学走向哲理化。

在佛、道思想流行的情况下，坚持儒家正统派立场的人就要进行反击，如中唐时的韩愈就表现得比较典型。韩愈是坚决反对佛、老的，主要理由是他们破坏了封建等级秩序，抛弃君臣父子之间的伦理纲常关系。他写的《原道》篇，曾仿照佛教传法世系的祖统说，建立起从尧舜开始到孔孟世代相传的儒家道统，以此来论证儒家的正统地位。值得注意的是，他还提出"道"作为哲学的最高范畴，其内涵就是抽象化了的封建伦理道德仁与义，这是不同于佛、老的清净寂灭之道。他引用《大学》从正心诚意到治国平天下的学说，来与佛、老的出世原则相抗衡。韩愈的学生李翱则提出灭情复性说，自称是为了"开诚明之源"，引导人们复"归性命之道"。① 据此，清人全祖望评论说："退之之作《原道》，实阐正心、诚意之旨，以推本之于《大学》，而习之论'复性'，则专以羽翼《中庸》。"② 韩、李对《大学》《中庸》思想的发挥，初步摆脱宗教异化的天命神权观念，发挥以道德性命为核心的心性之学，在儒学哲理化方面，成为宋明理学的先导。

二

宋明理学是儒学发展史上的一个新阶段，特别在儒学哲理化方面做出了贡献。宋代的理学正宗，一般列举有濂、洛、关、闽四大学派，宗主是周敦颐、二程（程颢、程颐）、张载和朱熹，他们被称为理学的开山祖、奠基人、集大成者。

---

① 《复性书》上。
② 《鲒埼亭集·外论》。

关于儒学的哲理化问题，由于其自身思想的特点和国情的需要，儒家的政治伦理哲学不大着意于思辨性的提高。但经过魏晋南北朝到隋唐时期玄学和佛教的冲击，一些正统派的儒家，感到对佛、道的驳难时，虽然政治上可以压倒对方，而理论上却显得贫乏，如上面讲到的韩愈就是个例子。不过韩愈虽然反佛，但他的道统论还是受佛教思想的影响。特别是李翱的灭情复性说，虽说是羽翼《中庸》，其实所要恢复的却是清净寂灭的佛、老本性，但这样经过他一番论证，思辨性却大有提高。所以从反对声中来融合佛老思想，从而为儒学的哲理化，又开出一条可供应用的途径。

一般多认为周敦颐（1017—1073年）是宋明理学的开创者。但他留下的哲学著作不多，主要有一篇200多字的《太极图说》和不满3000字的《通书》，却奠下了他在理学家中的崇高地位。他所以取得这种成就，由于他在当时儒、佛、道思想矛盾融合的形势下，对于《老子》和道家的"无极"、《易传》的"太极"、《中庸》的"诚"，以及五行阴阳等思想资料进行熔铸改造，提出"无极而太极"的本体论，"物则不通，神妙万物"的动静观，以及"主静立人极"的伦理观等问题，从而对宇宙生成、万物变化，和建立符合封建统治的人伦道德标准等方面，都把问题上升到哲学的高度，做出了词约义丰的概括。

但是由于周敦颐的著作，其中多是概括性的哲学语言，而提出的又多是论点和论纲，并未做系统的、具体的阐发和论证。这一方面固然给人以启迪，留有参详余地；但另一方面却又容易使人产生歧解。从而出现"惟周子著书最少，而诸儒辩论，则惟周子之书最多"① 的情况。周敦颐的学说，后来经过朱熹的辩论和解释，对儒学的哲理化起到重要作用，下一部分再为详说。

张载（1020—1077年）生活年代与周敦颐同时。他虽然也被称为理学创始人之一，但思想理路与周子不大相同，在哲学世界观上他坚持气化论，而有别于程、朱的理本论。张载提出了"天地之性"与"气质之性"的两重人性起源论。他认为天地之性是善的，就是仁义礼智，是人的形体未形成之前已经存在；气质之性则有善有恶，是人的形体形成之后才有的。两者关系是："形而后有气质之性，善反之则天地之性存焉。"② 在张载之前，对人性善恶往往只从道德上立论，他却把仁义礼智说成是天赋的善性来源，从而将儒家的道德伦理上升到本体论的高度，这就为后来理学家普遍推出"存天理、去人欲"的命题，提供人性上的理论根据。

在认识论上，张载又提出"闻见之知"与"德性之知"两个认识来源，本来这是从感性到理性认识的循序渐进，但张载却把两者对立起来，认为"耳目内

---

① 《宋四子抄释·提要》。
② 《张子正蒙·诚明》。

外之合"的感性认识是浅薄的,是"闻见小知",而"德性所知,不萌于见闻"①。他要达到"穷神知化,与天为一"的境界②,主张"大其心"去"合天心",直接去把握无限的宇宙总体,所谓"天地之道,可一言而尽"③,这就为理学家们的天人合一宇宙论提供认识上的根据。

张载虽然在世界上坚持气化论,但由于他在人性论和认识论上的两重性观点,承认"上智下愚"有"不可变者也"④,应用到社会人事方面就形成"理一分殊"理论。他写的《西铭》因此受到程颐的重视,后来又为朱熹所充实和发挥,对儒家的哲理化,继续起着先导的作用。

程颢(1032—1085年)、程颐(1033—1107年)兄弟(以下简称"二程"),是宋代理学的奠基人,他俩虽曾受业于周敦颐,辈分也比张载为晚,但在正统理学中的地位却超过周、张,在儒学哲理化的过程中起到划时代的作用。

二程是首先明白无误地将"理"或"天理"作为哲学的最高范畴。程颢曾经自负地说:"吾学虽有所授受,天理二字却是自家体贴出来。"⑤可见这是前无古人的独家创造。当然,"理"或"天理"这个词早已使用,但作为世界的本体,成为造化之本,万物之源,则确是二程的创举。他们承认张载的气化论,但反对作为本体。理由是"凡物之散,其气遂尽,无复归本原之理"。所以"天地之化,自然生生不穷",而"往来屈伸,只是理也"⑥。他们认为气是有聚散、生灭的,并不是永恒的绝对体,所以从本体论来讲,"天下只有一个理"⑦。"理者,实也,本也。"⑧"所谓万物一体者,皆有此理,只为从那里来。"⑨即只有理才是真实存在的唯一本体。

二程既强调"天下无实于理者"⑩,但又不能和具体实物混同,因此又说"理,无形也"⑪。即是说"理"不是实有其形,而是实有其体,这是永恒绝对不变的。所以说"天理云者,这一个道理,更有甚穷已?不为尧存,不为桀亡"。"这上头更怎生说得存亡加减。是佗元无少欠,百理具备。"⑫二程这个"理"本体,既不同于有聚散生灭的气化物,又可以避免佛、道的虚无本体有归于空虚寂

---

① 《张子正蒙·大心》。
② 《张子正蒙·神化》。
③ 《张子正蒙·天道》。
④ 《张子正蒙·诚明》。
⑤ 《二程外书》十二。
⑥ 《二程遗书》十五。
⑦ 《二程遗书》十八。
⑧ 《二程遗书》十一。
⑨ 《二程遗书》二上。
⑩ 《二程遗书》三。
⑪ 《二程粹言》一。
⑫ 《二程遗书》二上。

灭的危险。二程"唯理唯实"的观点,把本体界定为体有而非无、形化而不空的绝对体,这显示出理学比佛、老有更高的思维水平。

三

在周、程之后对儒学哲理化做出重要贡献的是南宋时的朱熹(1130—1200年),他是宋代正宗理学的集大成者。

朱熹继承二程以"理"作为哲学的最高范畴,但"理"怎样会成为宇宙的本体,他将之与周敦颐所讲的"太极"联系起来,并且用很大气力为之辩解,并做出详细的阐释和论证。

本文上面讲过,周敦颐写的《太极图说》,由于是词约义丰的概括,容易使人产生歧解。同时他制作的"太极图"虽说是对《易传》的阐发,但正如朱彝尊在《太极图授受考》中所说:"自汉以来,诸儒言易,莫有及太极图者。惟道家者流,有上方大洞真元妙经,著太极三五之说",其后"衍有无极、太极诸图"。黄宗炎在《太极图说辨》中,则指出周敦颐的太极图是来自陈抟的《无极图》,这些说法似都有所根据。我国早期的道教著作,如东汉魏伯阳的《周易参同契》就是把周易、黄老学说和炼丹术结合在一起,以阴阳交合和八卦相配的学说来阐明炼丹成仙的理论。后来的道教徒并推衍出许多图式,既讲炼丹术,又讲宇宙论。周敦颐的太极图说扬弃了其中炼丹术的内容,使之成为宇宙发生论的图式。但是他虽将道教的无极图改头换面,却由于保留了"无极"这一术语,故为陆九渊兄弟所诟病,并断言周说以无极加于太极之上不合儒家宗旨。

对周敦颐这些来自道教的思想,二程则采取回避态度。他们既不提及太极图,也没有讲过无极。到了朱熹时由于陆氏兄弟的驳难,他不能不出来为周说辩解。他一方面不得不承认周图与陈抟有关;但另一方面又尽力为之洗擦,认为周敦颐发明太极图,是"不由师传,默契道体",是"得之于心,而天地万物之理,巨细幽明,高下精粗,无所不贯,于是始为此图以发其秘"。[①]

不过朱子只是用"默契道体""得之于心"一类的话,为周说辩解是不够的,他必须把无极与太极的关系问题做出新的解释。办法是对《太极图说》的首句作原则性的修订,这是问题的关键所在。他看到《宋史》实录中原来所载的图说,首句是"自无极而为太极",九江本则作"无极而生太极"。这明白说出无极是在太极之先,痕迹过于明显。他提出这些本子是增字失误,却断定首句应为"无极而太极",并对此做了新解:"周子所谓无极而太极,非谓太极之上,别有无极也,但言太极非有物耳。""极,是道理之极致,总天地万物之理,便

[①] 《再定太极通书后序》。

是太极，太极只是一个实理。""无极而太极，正所谓无此形状，而有此道理耳。"①

朱熹不像二程那样对太极加以回避，他把太极解释为总天地万物之理，又只是一个实理，这就将周、程的思想联系起来，并加以概括提高。对无极与太极的关系，他巧妙地排除无极在太极之先或是产生太极的印象，使太极图说中的道教思想，得以消弭于无形；而儒学传统中的封建纲常伦理，却以"理"这一最高范畴的普遍形式上升为宇宙本体，从而取代董仲舒儒学中"天"的地位。自是儒家的天命论演化为天理观，天人感应的神学发展为天人一本的理学。儒家思想缺乏思辨性的弱点，随着朱熹等人的努力而得到改善和加强，特别在哲学世界观方面，朱熹对儒学哲理化的提高做出了重要贡献。

朱熹既将太极解释为总天地万物之理，这总的理只有一个，就是"理一"。但这个"理"又是无所不在的，是规定着万事万物所以然的道理。这个总的理是有不同的分布点，就是"分殊"。朱熹对此加以阐释说："本只是一太极（理），而万物各有禀受，又自各全具一太极尔。如月在天，只一而已，及散在江湖，则随处可见，不可谓月已分也。"② "理只是一个，道理则同，其分不同，君臣有君臣之理，父子有父子之理。"③ 这里所讲的就是"理一分殊"，是朱熹在促使儒学哲理化的过程中，所完成的一项重要理论建构。

上面朱熹讲的"理一分殊"，这种理论是来源于佛教华严宗的"一多相摄"。朱熹对此并不明言，只是认为佛教也有这种思想。他说："释氏云：'一月普现一切水（月），一切水月一月摄'。这是释氏也窥见得这些道理。"④ 他这里说的就是"月印万川"的比喻，佛教和朱学都以此形象地说明一多相摄、理一分殊和万殊一本的理论，自是君臣父子、上下尊卑的封建等级秩序，三纲五常、忠孝节义等封建政治伦理道德，都被说成是至高无上的天理，就像天空皓月一样普照大地。在天理的笼罩下，人们只能按照自己的本分，依从天理行事。这即是说，只要人们接受"理一分殊"的理论说教，就会自觉自愿地去遵守封建道德伦理纲常。自是儒家世界观经过哲理化的改造，从取得的社会功效来说也是大有提高。

朱熹既然界定"理"或"天理"作为宇宙的本体，是哲学的最高范畴，那么人们又怎样去认识这个理呢？他一方面利用《礼记·大学》篇中讲"格物致知"的古老命题，做出更为详尽的发挥："所谓致知在格物者，言欲致吾之知，在即物而穷其理也。盖人心之灵，莫不有知；而天下之物莫不有理，惟于理有未

---

① 《周子全书·太极图说·集说》。
② 《朱子语类》卷九十四。
③ 《朱子语类》卷六。
④ 《朱子语类》卷十八。

穷，故其知有不尽也。是以大学始教，必使学者即凡天下之物，莫不因其已知之理而益穷之，以求至乎其极，至于用力之久，而一旦豁然贯通焉，则众物之表里精粗无不到，而吾心之全体大用无不明矣。此谓物格，此谓知之至也。"①

朱熹这段发挥是符合认识论原理的。因为认识就有一个由此及彼、由表及里、由粗到精、由"零细"上升到"全体"、由"现象"深入到"本质"的过程。朱熹所理解的格物致知就表明有循序渐进的意思。至于他讲的"一旦豁然贯通"，这并不等于佛家的"顿悟"，因为它是在"用力之久"的格物基础上达到的，是由"积累"到"贯通"的认识过程，因而这是含有认识飞跃的合理因素。不过另一方面朱熹确也碰到一个难点。因为他的"理一分殊"理论，认为万事万物之理只是太极这一总体之理的分殊。而这个"无人身的理性"，它流行于物中就成为"在物之理"，流行于心中则成为"在己之理"。因此他所谓"格物致知"，表面上是人的主体作用于客体，但"物之理"与"己之理"都无非是太极之理的"流行"，所以两者之间的"对置"是虚假的，最后还得承认是"心包万理，万理具于一心"②，那么所谓"一旦豁然贯通"，与陆九渊讲的"心学"就难有所区别了。

本文上面讲到，张载曾提出"闻见之知"与"德性之知"两个认识来源，并将两者割裂开来。朱熹是想弥补这个缺陷，所以提出"欲致吾之知，在即物以穷其理也"。但他又要讲"万理具于一心"，这就使得"即物穷理"与"内心求理"两者之间难以协调，终于无法达到从感性到理性这一科学认识论的发展途径，这是朱熹思想中所难以解脱的矛盾和局限。

本文上面谈到，张载曾提出天地之性与气质之性的两重人性论，二程和朱熹对这种区分都甚为赞赏。朱熹认为：孟子讲性善，说人性中潜藏着仁、义、礼、智"四端"，这只是说到天命之性，但对恶从何来，由于"不曾说得气质之性，所以亦费分疏"③。至于荀子主张性恶，"只见得不好底性"④，却未能回答善从何来。即是说孟、荀的人性论都各有偏颇，唯有张载、二程阐发的两重人性论，使原来在道德上的善恶归属，上升到从本体论上来解决人性来源问题。因此朱熹称赞张载对两种人性来源的阐发是"历有功于圣门，有补于后学"。"故张、程之说立，则诸子之说泯矣。"⑤而天地之性既是天理的流行，因此又被称为义理之性。性即理也，道德论与宇宙论合而为一，儒学哲理化的程度，又得到了提高。

总的来说，以政治道德伦理为核心的儒家思想，从先秦孔、孟的人学，汉代

---

① 《大学章句·补格物章》。
② 《朱子语类》卷九。
③ 《朱子语类》卷四。
④ 《朱子语类》卷五十九。
⑤ 《朱子语类》卷四。

董仲舒的神学,到宋明时期占据统治地位的程、朱理学,在思辨性和哲理化的提高方面,确是经历过一个相当长期的历史进程。朱熹是理学的集大成者,朱子学后来传播到日本、朝鲜一带,至今仍有相当影响,在儒家思想哲理化的进程中,他付出了不懈的努力,使儒学的理论思维水平得到提高,对此我们要给以应有的历史评价。这也是我写作本文的一点旨意。

(原载《学术研究》1990年第6期)

儒家思想与现代化关系的探讨

儒家哲学两千多年来在我国传统思想文化中占据主导地位,对我们民族的融合和国家的统一,长期以来起到促进和巩固的作用。但到了封建社会中后期,对加强维护封建统治,阻碍社会的变革和发展,也有它消极的一面。到了今天,我们这个具有悠久历史的思想文化传统,对社会各方面仍然有着相当广泛的影响。这种影响,不单是在国内;同时在日本、朝鲜、新加坡、泰国以至东南亚一带,儒家思想在社会上仍占有相当势力,有的地方还受到统治阶层有意识的提倡。另外,海外有个别华裔学者,还提出要在国内复兴儒学的问题,因此在当代社会中(包括海内外),如何正确评价儒学的历史地位及其在现实生活中所起的作用,是一个相当复杂的问题。我们现在提出要建设社会主义精神文明,那么对儒学的思想影响进行分析和研究,自是有它的现实意义。

一

在现代国家中,由执政当局用官方力量提倡研究儒学的有新加坡、韩国等国家。新加坡于1983年6月成立一个东亚哲学研究所,该所由理事局主管,当时的政府第一副总理兼教育部长吴庆瑞任理事局主席,可见受到官方的重视。该所主要任务是研究东亚哲学,特别着重儒家哲学思想的研究,以及训练教导本科目的在籍教师。其研究范围包括对儒家哲学名著的翻译工作、世界各国儒学研究之概况与发展;并研究儒家哲学思想的现代化及它对现代社会所起的作用。这里特别是最后一条,说明新加坡当局对儒家思想并非只作纯学术研究,更重要的着眼点是怎样使它现代化和研究它在现代社会中能起到什么作用。

1984年在曼谷出版了一部《儒家思想导论》,是泰国华人郑彝元所著。书中对儒家的教育思想极为推重,并特别称赞新加坡的经验,认为这个国家随着高速度的现代化进程,正面临西方生活哲学渗透的种种危险,而李光耀却敏锐地觉察到只有儒家思想,特别是只有儒家的道德伦理观念,才能消除物质文明所带来的精神危机,因而做出推行儒家思想的决策。新加坡当局希望通过推行儒家思想,来保留东方的文化传统,消除国家现代化带来的种种流弊。正如《星洲日报》社论说的:"我们相信儒家思想将帮助新加坡保留文化的根,并给社会带来一种安定力量。"郑彝元认为这是切中肯綮之论。

上面郑氏极力赞扬新加坡推行儒家思想的经验,无非是要用儒家的道德伦理观念来对抗国家在现代化进程中所受到西方思想的侵蚀。因为现代西方文明，是个人主义与利己主义的产物，人与人之间只有赤裸裸的金钱，父子兄弟之间，甚至可以六亲不认，这样就会影响到家庭和社会的安定力量。对于这个问题，前两年我接待过两位新加坡的来宾，其中一位就是东亚哲学研究所图书馆的负责人。他们说新加坡的中小学，其中有一门课程是教导学生怎样成为一个好公民，内容就是灌输儒家的道德伦理观念。他们还说现在新加坡提倡三代同堂，鼓励祖父母退休后在家带好孙子，为的是培养祖孙父子之间的感情，借以安定家庭和社会秩序。这就是新加坡当局所以做出推行儒家思想决策的政治目的。

企图用儒家思想来挽救资本主义现代社会所带来的不良风气，国外有些学者也持这种观点。如日本有一位老教授来华讲学，认为中国近年来对宋明理学有些人持批判态度，觉得不大好理解。比如"存天理、去人欲"这个问题，他认为在日本就非常适用，因为现代资本主义国家的社会风气就是人欲横流，所以提倡要用天理来克制人欲就显得非常重要。在这位老教授看来，儒家思想是对资本主义社会中日益堕落的世道人心的救世良方。

还有一种观点，即认为儒家思想会促进经济现代化的发展。如郑午楼在《儒家思想导论》的序言中说：现在世界上有不少学者已经注意到亚洲一些国家和地区经济现代化的新经验。这主要的是指日本、韩国、新加坡和中国台湾、香港。他们的经验表明：保持儒家传统作为一种安定社会的力量，这对于维系整个社会的敬业乐群精神，对于创造一个稳定的投资环境以促进社会经济的发展，会有极大的重要性。

从20世纪60年代以来，亚洲有些国家和地区，如日本、新加坡、香港等，社会经济是有过相当迅速的发展，但究其终极原因，是否由于保持了儒家传统作为一种安定社会力量所造成，此中因果关系，似乎尚待研究。按照我的看法，这些国家和地区所以出现过所谓经济起飞，主要是由于当时的国内外历史条件所造成的。它们有的原来就是帝国主义国家，有些是老牌殖民地，生产力发展水平本来就比较高，工商业也比较发达，加上重视智力的投资和开发，注意培养科技和现代管理方面的人才。另外还有方便作转口、加工生意的有利地理交通条件，有比欧美较为廉价的劳动力，所有这些主客观因素，都构成了促进这些国家和地区社会经济发展的杠杆。但是资本主义社会的经济繁荣，是在你死我活的激烈竞争中发展起来的，利己主义思想支配着一切，人们片面追求金钱和物质生活的享受，人欲横流与精神空虚，从而出现了物质生活取代精神生活的空前危机，传统人伦道德这一精神价值濒于崩溃，造成家庭破裂与人际关系的紧张，这就产生社会上的不安定因素。正是在这种情况下，儒家思想才被重新提出，并作为挽救资本主义社会道德危机的治世良方。所以从因果关系来看，这些正走向现代化之途的东方某些国家和地区，是在西方利己主义价值观出现严重危机的情况下，才乞灵于儒家思想的，新加坡和日本都近似这种类型。如果说它们国家之所以能够走向现代化之途，主要是由于保持了儒家传统，这似乎是一种倒果为因的说法。

至于儒家思想是否真能挽救国家现代化过程中出现的社会道德危机，我认为要根据国情做具体分析。如新加坡在六七十年代时，正像郑彝元所指出：教育偏重英文与科技知识教学，结果使学生的品德教育受到损害，特别是受高深教育者，则崇拜西方文化，主张新加坡应加以仿效。如果全盘西化，就会使华人中传统的家庭、社会秩序出现危机。所以后来当局从国家层面推行儒家思想教育，调整人际关系，从人伦道德方面来稳定家庭和社会秩序，应该说是收到一定成效的。所以从这个角度来看，郑彝元说李光耀觉察到儒家的道德伦理观念，可以清除物质文明所带来的精神危机，从新加坡的国情来说，可能有一定的道理。

至于日本有位老教授提出要用儒家宋明理学的存天理思想，来克制日本现代社会中由于西方文明所带来的人欲横流问题。他提出问题出发点的用意是好的，也可能切中资本主义现代化的时弊，但实践上可能行不通，或是收不到多少效果。因为天理这个概念比较抽象，处在不同的时代和国情可能有不同的内容。中国宋儒的所谓天理，指的是君臣父子这一套封建纲常，在现代化的日本社会中当然不可能再讲这一套，所谓存天理，大概是要依照儒家的道德理性行事，即要对物质至上与金钱第一这种现代社会的生活信条加以克制。这也可能像郑彝元说的，要求保持道德理性与科学知性的平衡，实行物质生活与精神生活的平衡。但这些话说起来容易，要人们做到并不容易。在现代资本主义社会中，要人们用天理来克制人欲，可能只是某些学者的一厢情愿。社会存在决定社会意识，要使得社会上人人能本着道德伦理的准则以立身行事，是难以做到的。

二

在我国现实社会中，儒家思想会起到什么作用，我们应该怎样给予正确的历史评价，近几年来又重新成为一个有争议的问题，上面我提到那位海外学人郑彝元，他所写的《儒家思想导论》，郑午楼认为将有助于探讨儒家思想与现代化关系这个时代课题。按照郑氏书中的观点，对以"打倒孔家店"为口号发难的新文化运动，把国家的一切落后现象统统归罪于古老的文化传统，儒家思想被视为封建思想的同义语，表示不同意见。对有人说，现在中国封建意识太浓，所以不宜提倡传统文化，认为这种说法，只能是一种遁词。所以郑氏叹息说，传统文化何辜，竟要来代封建受过。他并强烈地认为：把儒家思想与封建意识并论，只能说是无知和偏见。

把儒家孔学与封建思想做出区别的，国内还有严北溟、冯友兰等人。严先生写过文章，提出孔家店要打倒，但孔子要平反，这是明确要把两者区别开来。冯先生也说中国历史上有两个孔子，一个是孔丘那个人，一个是中国历史上所塑造的孔子的形象。他认为这个分别，是必要的。对后者，他说孔子的形象是后来的人塑造出来的，但又不完全是主观臆造，它是中国历史塑出来的。中国历史塑造了这个形象，这个形象反过来又影响了中国历史。研究这个形象，可以帮助人们了解中国的古代。对中国古代的了解，可以帮助了解中国的现代，对于中国古代或现代的了解，可以指导中国走向未来。所以，研究孔子那个具体的个人是必要的，但研究中国历史所塑造出来的孔子的形象则更有历史的和现实的意义。

从上面郑、严、冯几位的议论，牵涉到儒家孔学与后世封建儒学的关系问题。说春秋时那个孔子个人与后世各封建王朝所塑造的孔子形象是有分别，孔家店并不等于孔子，做出这种区分我认为也是可以的，这关系到对孔子个人思想如何做出历史主义的评价问题。但不能据此反过来说，孔子的儒家思想与封建意识毫无关系，新文化运动提出"打倒孔家店"口号，是拿传统文化代封建受过，这种观点也未必符合事实。固然董仲舒的神学曾塑造出汉代孔子，而程朱等人的理学又推衍出宋代的至圣和亚圣，但不能说这些后儒所宣扬的封建意识与儒家祖师爷孔子的思想无关。至于戴震、谭嗣同等人大骂后儒"以理杀人"及揭露"三纲五伦之惨祸烈毒"，但矛头并不指向孔孟；相反却拿出孔子孟子来为自己作掩护，那是由当时历史条件决定的，不能因为五四新文化运动把儒家思想与封建意识相提并论，就说成只是无知和偏见。

因此，我们如何正确处理儒家孔学与封建意识的关系，要承认两者有时代的区别，但不能忽视两者之间的血肉联系。因为后儒所宣扬的天理和所要维护的三纲五伦，这种思想核心和基础都是由孔、孟所奠定的，如宋儒将学、庸、论、孟所谓"四书"放置在"五经"之前，我们怎么能说"四书"中孔、孟的言论与宋儒所宣扬的封建意识无关呢？截其流而忘其源，将批判儒家思想看成是拿传统文化代封建受过，那是不够妥当的。

当然，对于我们的传统文化包括儒家思想，我们确是需要批判地总结，并继承这一份珍贵遗产，"文革"期间那种别有用心的全盘否定，显然是错误的。但儒家思想在我国建设四化的过程中会起到什么作用，会起到多大的作用，确是需要慎重研究，并且还可以通过社会实践加以检验。如前面提到新加坡、日本等国家，想通过提倡儒学来挽救资本主义的社会危机，出发点是可取的，在不同程度上也可能收到一点效果；但对我们来说，还有个国情问题。他们那些国家受西方资产阶级个人利己主义思想的侵蚀相当严重，所以提倡用儒家的道德伦理观念，来安定家庭和社会的秩序，还不失为一种可行的办法。对我们来说受西方思想的影响也是有的，所以对儒家思想中那种尊老爱幼、赡养父母、和睦家庭邻里、守望相助、疾病相扶之类的美德，还是应该提倡的。儒家讲究正己正人、成己成物,这种立身处世之道,也应该是可取的。但是儒家的亲亲思想,对我们的家庭和社会,确也有产生消极作用的一面。子女成年以后,与父母双方视同陌路,西方这种社会风气是不好的;但在中国却是反其道而行之,父母却过于庇护子女,比如近年来由于以权谋私犯错误的人,相当部分不是为自己,而是为他们的子孙后代和亲戚朋友谋私利。所谓三同、五同关系变成搞不正之风的重要市场,这些不能不说与儒家的亲亲思想有密切关系。

综上所述,我们对待儒学这一思想文化传统,当然不能完全认为是封建糟粕而一脚踢开,但也不能作为建设社会主义精神文明的唯一灵丹妙药。我们还是要去其糟粕,取其精华,并且还要通过社会实践来加以检验和鉴别。至于对儒家思想的历史评价,应该容许按照双百方针来进行讨论,不要感情用事;对儒家思想与现代化的关系,可以让海内外学者根据各自不同的国情和社会实践的效果进行探讨,既不人云亦云,也不要固执己见,大家都要本着怎样建设好现代化精神文明这个课题,把学术研究推向前进。

(原载《现代哲学》1986 年第 1 期)

儒家文化与现代化关系问题的探索与思考

儒家文化是中国封建时代的产物，在中国传统文化中居于主干地位。随着封建时代的没落和社会发展趋势必然转向近现代方向之时，儒家文化能否适应和如何适应社会潮流的走向，是我国近现代思想史上值得深思的问题。另外，儒家文化虽起源于中国，但对当今的日本、朝鲜、东南亚一些国家和地区却有着相当广泛的影响，这一点亦为当前学术界所关注。那么，儒家文化在它们走向现代化的过程中会起到什么作用呢？本文就此谈点个人看法。

一

中国社会何时进入近现代？这是一个比较复杂的问题。虽然我们习惯上把鸦片战争作为中国近代史的开端，但并不等于从鸦片战争起中国就已进入了近代资本主义社会。鸦片战争后，西方资本主义列强入侵，不容许中国成为独立的资本主义国家，而是使之沦为半殖民地的地位。在这种情况下，一些先进的中国人，他们不满于当时的封建专制统治，开始寻求变革社会的途径，并且把反封建的启蒙思想看成是变革社会的先导。

对此，梁启超是有一番见解的。他对中国近三百年学术思想发展的性质和趋势有一个总的估计，他说："'清代思潮'果何物耶？简单言之：则对于宋明理学之一大反动，而以'复古'为其职志者也。其动机及其内容，皆与欧洲之'文艺复兴'绝相类。而欧洲当'文艺复兴期'经过以后所发生之新影响，则我国今日正见端焉。"① 这里梁氏所谓"清代思潮"，上溯到明清之际顾、黄、王三大家，他肯定这些残明遗老的思想是具有反封建启蒙性质的。对颜元、李塨，梁氏则说"其所树的旗号曰'复古'，而其精神纯为'现代的'"②。对戴震《孟子字义疏证》一书，梁氏更谓"综其内容，不外欲以'情感哲学代'理性哲学'，就此点论之，乃与欧洲文艺复兴时代之思潮之本质绝相类"③。

梁启超以"清代思潮"与欧洲"文艺复兴"运动相比，时人多有不同意见。如蒋方震认为双方民族性质不同，所以中西虽同属复古但性质和结果却不一样。亦有说梁氏讲的"以复古求解放"，用以说明西方文艺复兴或许可以，因为"文

---

① 《清代学术概论》，第3页。
② 《中国近三百年学术史》，第105页。
③ 《清代学术概论》，第30页。

艺复兴"固然是西方文化,但它在科学上的成就、文化上的建树、社会生产力上的发展,已经超越了创造它的民族和地域的范围,因此缘故,它才可能成为从中世纪文化过渡到近代文化的历史标志。而中国"以儒家为主体的传统文化,是个封闭性的自足系统。它有广阔深厚的土壤,连绵悠久的历史,与宗法封建社会有着互相适应的紧密联系。正如中国封建社会商品经济无论怎样发展也摆脱不了自然经济的脐带一样,传统文化也不可能靠它的自我批判来进行形态上的更新"①。

以儒家为主体的传统文化能否向近代转型?这是一个值得研究的问题。梁启超所以提出这种观点,不单是限于理论上的探索,同时也曾付诸政治上的实践。如众所周知,康有为领导的戊戌变法维新,其理论依据就是托古改制,这一点梁启超看得很清楚。梁氏认为近代思想解放思潮即源于"以复古为解放",如黄宗羲借复三代之古来抨击后世的专制君主,颜元、戴震则要复孔、孟之古来批判程、朱、陆、王。这种批判就是"破"。据此,他很重视今文春秋公羊学在近代的复兴,认为这一复兴是通过庄存与、刘逢禄和龚自珍来进行的。他称赞自珍"颇似法之卢骚",并"往往引公羊议讥切时政,诋排专制",故"晚清思想之解放,自珍确与有功焉"。②

但梁氏认为解放思潮只讲"破"还是不够的,要想政治上实现变法维新还得破中有"立"。梁氏曾明确指出:"(康)有为之治公羊也","专求其微言大义","定春秋为孔子改制创作之书"。谓"孔子改制,恒托于古"。"又不惟孔子而已,周秦诸子罔不改制,罔不托古。"梁氏又说:"有为所谓改制者,则一种政治革命、社会改造的意味也。故喜言'通三统'。'三统'者,谓夏商周三代不同,当随时因革也。喜言'张三世'。'三世'者,谓据乱世、升平世、太平世,愈改而愈进也。有为政治上'变法维新'之主张,实本于此。"③

从现在看来,戊戌变法虽是打着复古、托古招牌,其实是一场君主立宪运动,应该属于近代资产阶级革命范畴。康、梁当时之所以要打出托古改制的招牌,可能是由于斗争策略的需要,即为了塞顽固派之口。同时也说明一点,即以儒家为主体的传统文化,当社会出现转型需要时,是可以经过自我调节、自我批判进行形态上某种程度的更新的。

二

康、梁变法毕竟失败了。失败的原因当然主要决定于双方力量的对比,但托古改制这种思想理论能否促使封建社会向近现代转型?看来在经历了一场实际考

---

① 方遵信:《关于明清之际文化性质问题》。
② 《清代学术概论》,第54页。
③ 《清代学术概论》,第56-57页。

验后大概不能继续使用了。

从中世纪成功地转型为近代资本主义国家，英、法等欧洲国家是先走了一步；而中国在鸦片战争后却着着失败，这就引起人们对向西方学习的关注。当时林则徐、魏源等开始放眼世界，但由于中国一向以天朝上国自居，多数人并不承认自身思想文化的落后，认为所缺乏的只是同西方对抗的坚船利炮。如魏源提出"师夷长技以制夷"①，主要是主张学习西方的军事技术以抵抗外来侵略。1861 年冯桂芬撰写《校邠庐抗议》，提出"采西学""制洋器"时，明确主张"以中国之伦常名教为本，辅以诸国富强之术"。薛福成则进一步提出：要"取西人之器数，以卫我尧舜禹汤文武周孔之道，俾西人不敢蔑视中华。"他还说："吾知尧舜禹汤文武周孔复生，未始不有事乎此；而其道亦必渐被乎八荒，是乃所谓用夏变夷者也。"②

按照魏源、冯桂芬、薛福成上述的主张，开始是想学习西方的军事技术以抵抗外来侵略；进而想用西方的科学技术来维护中国的伦理纲常，这可称之为"变器卫道"；再进则想用周孔之道来同化外邦，即所谓"用夏变夷"。后来张之洞在 1898 年的奏折中提出："以中学为体，以西学为用，既无迂陋无用之讥，亦无离经叛道之弊。"这就是有名的"中体西用"论，其用意正如辜鸿铭所指出："文襄之效西法，非慕欧化也；文襄之图富强，志不在富强也。盖欲借富强以保中国，保中国即可以保名教。"③ 这是中体西用论的本旨所在。

以上这些人的主观愿望当然是想一举两得，即既达到西方那样的富强，又保住中国的名教。但由于时代不同，要想用封建儒学的伦理纲常去包容资产阶级文化的民主与科学，是难以办到的。所以要学习西方，不能只讲究坚船利炮的富强之术，还要从政治体制、思想文化等方面进行比较，这在当时一些有识之士还是有所觉察的。如魏源虽讲"师夷长技"，但对西方君主立宪和总统选举这两种类型国家的议会制度都做了肯定，认为能做到公正与周全。虽然这只是看到西方议会制的表象，但总比中国君主世袭的封建专制制度对社会进步有益。又如冯桂芬虽说以伦常名教为本，但他也看到中国"人无弃材不如夷，地无遗利不如夷，君民不隔不如夷，名实必符不如夷"④。这四不如就涉及政治文化方面。进而，郑观应就指出西方的"治乱之源，富强之本，不尽在船坚炮利，而在议院上下同心，教养得法"⑤。故他主张"必先立议院，达民情，而后能张国威御外侮"⑥。

---

① 《海国图志叙》。
② 《筹洋刍议·变法》。
③ 《张文襄公幕府纪闻》。
④ 《校邠庐抗议·制洋器议》。
⑤ 《盛世危言·自序》。
⑥ 《盛世危言·议院上》。

何启、胡礼垣写的《新政真诠》，更进而提出"人之根本在原气，国之根本在民情"；"天下之权，唯民是主"，这就接触到西方资产阶级政治文化的核心问题了。

为要使以儒家为主体的传统文化适应西方的近代意识，一些改革家和革命者就力图将中西文化加以会通融合。如康有为在讲托古改制的同时，还将孔子的思想近代化。他说："推己及人，乃孔子立教之本，与民同之，自主平等，乃孔子立治之本。"① 他还提出"以仁济天下。"② 这是将孔子的思想和仁学与西方的平等博爱挂钩。而谭嗣同在《仁学》总纲中把中国的儒、道、墨以及佛教和基督教均所包容。谭氏又讲"仁以通为第一义"，他要变四不通为四通：即中外通、上下通、男女内外通和人我通，这是要将儒家的仁学通向西方自由、民主、平等、博爱之路。稍后孙中山也提出要"发扬吾固有之文化，且吸收世界之文化而光大之，以期与诸民族并驱于世界"。他又说："余之谋中国革命，其所持主义，有因袭吾国固有之思想者，有规抚欧洲之学说事迹者，有吾所独见而创获者。"③ 李大钊对中西文明的比较研究，则认为二者"互有短长，不宜妄为轩轾于其间"，"必须时时调和，时时融会，以创造新生命而演进于无疆"。④ 这是主张对中西文化取长补短，通过调和融会以创造新文化。

以封建儒学为主体的中国传统文化，与西方近代资产阶级文化，由于双方存在着时代的差距，彼此是有冲突的，但中国近代史上提出向西方学习的人，对此总想加以调和。沿着这条思路，到五四新文化运动后，就出现了所谓新儒家。梁漱溟可算是早期新儒家的代表，他一方面批评孔子和宋儒"耽误"了中国的科学和民主，而认为这恰好是西方文化的"特长"，所以主张引进以弥补中国传统儒家文化的缺陷；另一方面他也看到西方物质文明的病态，就是将人变成"物欲"的奴隶，从而走向人类文化的"歧途"。因此他主张既接受西方文化，又要否定其意欲向外的人生态度，而统之以折衷调和为特征的中国人生态度，由此形成既不是西方文化，也不是保守衰落的中国文化，而是两者不断冲突、不断调整，经过再三整合而后产生的新的世界文化。他说："质而言之，世界未来文化就是中国文化的复兴，有似希腊文化在近世的复兴那样。"⑤

与梁漱溟同辈的熊十力，他主要是承接发扬宋明理学的"内圣"心性理论，但他主张从内圣开出"外王"的科学、民主和社会主义。稍后的贺麟在1941年发表《儒家思想的新开展》一文，明确提出"以儒家思想为本体，以西洋文化

---

① 《中庸注》。
② 《礼运注叙》。
③ 《中国革命史》，《孙中山全集》第七卷，第60页。
④ 《东西文明根本之异点》。
⑤ 《中华民族自救运动之最后觉悟》，第238页。

为用具"的主张。他认为中国文化能否复兴，就要看"以民族精神为体，以西洋文化为用"是否可能的问题。这里虽和张之洞要保封建名教有所不同，但仍然摆脱不了中体西用论。与此同时还有冯友兰，也是讲内圣外王之道。他提出"若把中国近五十年底活动，作一整个看，则在道德方面是继往；在知识、技术、工业方面是开来。"前者是中国所本有，后者须添加的是西洋东西。① 这里也是体用关系，但"继往开来"的提出成为后来港台新儒家提出"返本开新"的先导。

进入 50 年代，现代新儒家的思想阵地主要转移到港台地区。牟宗三、唐君毅、徐复观都曾是熊十力的弟子，他们仍沿着内圣开出外王的思路，力图使儒家传统文化能适应现代化社会的需要。他们一方面承认在"中国文化历史中，缺乏西方之近代民主制度的建立，与西方的科学及各种实用技术，致使中国未能真正的现代化工业化"。但另一方面又说："不能承认中国之文化思想，没有民主思想的种子"，"亦不能承认中国文化是反科学的"。理由是儒家所肯定的"天下为公，人格平等之思想，即为民主之政治思想之根源所在"。并由是得出结论："民主宪政，亦即为中国文化中之道德精神自身发展之所需求"，而"从中国历史文化之重道德主体之树立，即必当发展为政治上之民主制度。"② 这称为"返本开新"之论。

树立道德主体是"本"，开创民主制度是"新"，这是从内圣开出外王的传统道德决定论观点。这种观点在现代化社会中的应用效果如何，看来还要由实践作检定。

三

儒家文化在当今的日本等国有着较大影响。从 60 年代后期到七八十年代，由于日本和所谓亚洲四小龙经济上的起飞，因而产生了一种观点，即认为儒家思想会促进经济现代化的发展。1984 年泰国华人郑彝元出版了《儒家思想导论》，企业家郑午楼在其序言中说：现在世界上有不少学者已经注意到亚洲一些国家和地区经济现代化的新经验。这主要是指日本、韩国、新加坡和中国台湾、香港。他们的经验表明：保持儒家传统作为一种安定社会的力量，这对维系整个社会的敬业乐群精神，对于创造一个稳定的投资环境以促进社会经济的发展，会有极大的重要性。

对日本的情况，近年来有"儒家资本主义"的提法。如米切欧·莫里西认为：日本资本主义发展到后期，已完全背离西方的模式，是一种"国家的、家长

---

① 《新事论》，第 228－229 页。

② 《中国文化与世界》。

制的、反个性的"资本主义形式。他认为,正是"集体主义"才抑制了"个性主义",并为日本资本主义上述三个要素提供了社会与文化基础。他还说:"从长远的历史角度看,儒家价值观念决定了日本资本主义制度中集体主义伦理道德体系的确立。儒教重视社会和谐与社会道德,强调社会成员之间秩序关系的形成。在《论语》中孔子描述了一种理想的社会机构,并规定每个阶层的作用与道德规范。""西方社会中,道德上的个人主义与经济个人主义无意识地结合在一起,而日本传统文化的集体主义则会导致'儒家资本主义社会'。"①

这里所谓儒家资本主义社会,其实指的是儒家思想在日本企业的经营方式中所起的作用,即主要是要协调好企业内部的劳资关系。用著名企业经营者横山亮次的说法:终身就业制和年功序列化是"礼"的思想的体现;企业内工会是"和为贵"思想体现。他自己同职工的关系,就贯彻了"爱人者人恒爱之,敬人者人恒敬之"的儒家思想。立石电机公司的创业者立石一真主张"和为贵",要建立"相爱和相互信赖"的夫妻式劳资关系。他们还认为在现实生活中,儒家思想主要是其伦理道德观念,作为文化的一部分仍有机地存在于日本的上层建筑和生产关系之中,并且对经济基础和生产力起到了巩固和推动的作用。但是我们不能因此就说,儒家思想文化可以产生出资本主义社会,正如一位企业家所说:日本走上资本主义道路,从政治制度到生活方式,全面地向欧美国家学习,是"脱亚入欧"的结果。②

据此,我认为日本对儒家文化的吸收是一种实用型的各取所需。如早在明治维新时,虽然主要是学习西方,但也没有放弃对儒家文化的研索。如曾任天皇教席的三岛中洲就主张要"据《论语》把算盘",提出"道德经济合一说"。稍后的涩泽荣一于1883年则提倡"义利合一论"。他以孔子《论语》的"君子喻于义,小人喻于利"为信条,确立见利思义、义利合一作为办企业的方针。这种影响一直到最近的80年代,日本还出现过读《论语》热。如著名评论家山本七平写的《论语读法》就成为畅销书之一,涩泽荣一所著的《论语讲义》《论语与算盘》等书被列为企业界的常读书。日本的企业管理以和谐著称,以追求整体利益为依归,通过各种方式、途径调节人的关系,从而达到企业内部系统、企业系统、企业与社会的整体和谐,以取得最佳经济效益。这就是日本企业以孔子的和谐哲学作为文化基因从而取得的实用成果。③

新加坡的情况和日本有些不同。该国第二副总理王鼎昌在一次会议中说:"建国以来,在经济、科技建设等方面,我们都取得可喜的成就,这是向西方学

---

① 王剑波、张芹编译自[澳]《新社会学杂志》1988年4月第24卷第1期,《社会科学报》1989年12月7日摘引。
② 见《参考消息》1988年10月21日报道。
③ 参见台湾《日本企管的儒家精神》。

习的结果。"同时他又指出：西方文明中存在的问题，是"道德伦理的破坏，人际关系的实用主义化，这都是西方世界存在着可怕的现象"。副总理吴国栋在谈到西化后的忧虑及其补救办法时说："新加坡人越来越西化，人民的价值观也从儒家理论的克勤克俭和为群体牺牲的精神转为自我中心的个人主义。这种价值观的改变，将会削弱我们的国际竞争能力，从而影响国家的繁荣与生存。"他又说："我们的忧虑是在不知不觉中，受到西方的同化。"还说"新加坡学校已有多年没有教导儒家伦理，直到最近才恢复"①。

由此可见，新加坡政府近几年所以推行儒家思想教育，是在西方利己主义价值观严重泛滥的情况下，作为消除资本主义道德危机的治世良方。根据他们的国情，着重对青少年进行儒家道德伦理方面的教育。这里说明，亚洲一些已走向现代化的资本主义国家和地区，正是由于西化后物质文明的进步带来了精神危机，所以才乞灵于儒家思想，目的是希望起到一些补偏救弊的作用。韩国成均馆金敬洙博士说："最近连西洋都说儒教精神和儒教伦理是能克服西洋文化局限的整个世界性精神财富，在我们传统的儒教文化中，将能找到创造我们文化所必要的价值观。"② 儒家思想文化所以会起到这些作用，正如我们有些学者所分析：由于这些国家、地区，"在经济高度发展的基础上，逐渐呈现了道德危机的集体意识，部分社会成员感到旧有的文化传统和社会组织在现代化浪潮的冲击下受到威胁，因而便设法维护旧有传统，以抗拒外来因素的影响"。③ 对此我也可以说，在各个国家或地区走向现代化的过程中，由于实现现代化的程度和各自的条件不同，在接受儒家文化的影响时，就变成各取所需；由此，儒家文化所起的具体作用也因时因地而异。

四

实现现代化是当前世界各国的共同目标，但发达国家和发展中国家在现代化的程度上仍有较大差距；同时还有实现资本主义还是社会主义现代化的性质分歧。就我国来说，要建设的是具有中国特色的社会主义现代化，这和已经实现或正在走向资本主义现代化的国家根本不同。

我们不仅要实现工业、农业、国防、科学技术这些物质方面的现代化，同时我们在改革和完善社会主义经济制度的同时，还要改革和完善社会主义政治制度，发展高度的社会主义民主和完备的社会主义法制，即在建设高度物质文明的同时还要建设高度的社会主义精神文明，这些都是我们社会主义现代化的重要目

---

① 见《儒家基本价值观应升华为国家意识》，载新加坡《联合早报》1988年10月29日。
② 见《儒教是克服西洋文化的精神财富》，载韩国《东亚日报》1987年9月16日。
③ 见《文汇报》1987年10月6日。

标，也是实现四个现代化的必要条件。

为了完成社会主义精神文明建设这一根本任务，就必须在马克思主义的指导下继承和发扬我国的优秀历史文化传统。这里所说的历史传统，应该主要是以儒家为主体的传统文化。近几年来，儒家传统文化能否适应我国现代化的发展？对促进社会主义精神文明建设是动力还是阻力？在学术界有很大分歧。我觉得以儒家为主体的传统文化所体现的社会功能往往带有矛盾的两重性。再说，对同一种儒家思想，后人也是仁智互见，甚至得出相反的理解和体会。如天下为公和大同世界，这确是中国古代儒家的一项重要政治思想。但这种理想是否有助于通向民主政治之路，前面讲到港台新儒家唐君毅、牟宗三等人对此做了肯定。而国内则有人认为这是把远古的农村公社作为理想国，这种政治思想所体现的不是个人价值、个人尊严，而是高于个人的家庭、社会和国家生活，并形成父权、君权、神权的观念，这种政治取向只能导致专制集权的文化基础。又如对人格平等问题，亦认为儒家的人文主义是以道德为标准，其归宿都是为实现社会群体对于个人的约束，所强调的是个人义务而不是个人价值，个人价值只能体现在群体关系中，故人格的平等、尊严就无法得到实现，等等。

我认为把人看成群体分子，以伦理、政治为轴心，处理和调整人与人之间的关系，这可以说是以儒家为主体的中国传统文化的特色。从孔子开始，对人格的完善、道德的修养，在要求上是人人平等的，如正己正人、立己立人、达己达人，他要所有的人都这样做，并无等级之分。孟子则肯定"人皆可以为尧舜"①，荀子亦承认"涂之人可以为禹"②，这就表明人们在道德人格上的平等地位。孔、孟还鼓吹"匹夫不可夺志"，要作"独行其道"的大丈夫，甚至不惜牺牲性命以成仁取义，这里对个人价值的独立和尊严，也应该是有所体现。但是另一方面也得承认，当时在现实的社会政治生活中人们的地位却是不平等的，孔、孟既要维护君臣父子在社会政治伦理上的等级秩序，要肯定统治与被统治、剥削与被剥削的社会等级关系，这就与人们在道德人格上的平等要求相抵牾，由此形成了儒家在人际关系上的两重性思想矛盾。

传统儒学中对待人际关系的矛盾二重性思想，在当前的社会现实生活中仍然有它的作用和影响。一方面儒学是讲究亲亲和尊尊的，在处理人际关系时要求做到尊老爱幼、和睦亲朋邻里、守望相助、疾病相扶等；对领导与被领导、上级与下级的关系，则要求在民主集中制的基础上处理好，这些就有助于稳定社会秩序，维护安定团结的局面。另一方面，儒家那种为亲者讳、为尊者讳的思想作风，有助于滋长官僚主义和亲情关系网，如滋生特权思想、家长作风等带有封建

---

① 《孟子·告子下》。
② 《荀子·性恶》。

性的纲常名教思想的残余，对此就应该进行批判。因此，儒家对道德人格高标准的要求，如讲究正己正人、以身作则、见利思义、先忧后乐等思想行为和立身处世之道，以至不欺暗室的慎独工夫，这是儒学中的民主性精华和优良传统，应该加以发扬；但对一些过去称之为伪君子、假道学而今天亦有这些言行不一的两面派作风，就要加以揭露和批判。

总之，儒家文化如何适应我国社会主义现代化的发展还是一个有待探索的大问题，需要我们深入探讨。

（原载《人文杂志》1992年第5期）

从儒家思想的发展看儒学在现代化进程中的历史作用

儒家是春秋后期由孔子创立的一个思想流派。春秋战国是诸子百家争鸣的时代,儒家只是其中的一家。孔子之后,先秦儒家主要起作用的有孟、荀两大派。孟子活动在战国中期,"诸侯异政,百家异说",政治上、思想上各家都在进行激烈的较量。孟子是个好辩的人,又以孔子的继承人和儒家正统派自居,故对杨、墨和推行耕战的法家,进行猛烈的抨击,坚决作为法先王、行仁政的儒家卫道者。荀子生当战国末年,当时政治形势已渐趋统一,思想界随着政治形势的发展,也出现这种趋势。荀子为人博学精思,颇有点吐纳百家的气概。他写有《非十二子》和《解蔽》等篇。既指出各家思想的缺失及存在的片面性,但自己却不墨守儒家孔、孟的一套。他讲的是法后王,并改造孔子的礼学以符合法治的需要。他还写有《正名》篇,提出"制名以指实"。对当时的名辩思潮,做了批判性的总结。从孔子到孟、荀,都能按照时代的要求,对儒家的创立和发展,各自完成应负的历史使命。

汉代儒学的发展,董仲舒是个关键人物。他被称为"群儒首",又"始推阴阳,为儒者宗"。[①] 他以儒家思想为中心;提出德、刑并用,而以德教为主的统治方针,主张既要充分发挥"礼乐教化"的作用,又要建立和统一"法度",以便维护"三纲五常"等封建等级秩序和宗法道德规范,作为化民成俗的根本。董学既公开"主张尊儒,却又容纳刑名法术,并将阴阳、五行观念引入其哲学框架,建构出一套天人感应神学目的论。这种拓宽了的儒学,就为皇权神授并实现统一的封建统治奠定了思想基础。而董仲舒本人对儒家思想的开发,自是起到了重大的历史作用。

在南北朝到隋唐时期,由于玄学与佛教思想的传播,使儒学受到一些冲击。正统儒家是排斥佛、老的;如唐代韩愈是个典型。但他除在政治上攻击对方外,理论上仍感到贫乏,提高的任务就落在宋代理学家身上。

儒家的传统哲学,从孔、孟到董仲舒,天命思想比较流行,而思辨性却显得缺乏。宋代周敦颐写《太极图说》,对《老子》《易传》《中庸》以及阴阳五行学说等思想资料进行镕铸改造,对宇宙生成、万物变化,到建立人伦道德标准等问题,都做出了回答。朱熹继周敦颐和二程之后,建立了以"理"为本的天人

---

① 《汉书·五行志》。

合一宇宙观。并在完善理本论的基础上，发挥了"理一分殊"学说，这就为传统儒学的哲理化迈出非常重要的一步。朱熹等人所以被称为新儒家，正因为他们完成了划时代的历史使命。

宋明理学从传统儒学的天命观发展为天理观，儒家思想的理论思维水平经历了一次飞跃。但是当中国社会走向近代时，以维护封建道德伦理纲常为核心的儒家思想，与时代的走向逐渐感到不相适应了。

鸦片战争的失败，西方资本主义的传入打开了中国的大门，但当时人并不承认自身思想文化的落后，认为所缺乏的只是坚船利炮。当时林则徐、魏源开始放眼世界。魏源提出"师夷长技以制夷"①，主要是学习西方的军事技术以抵抗外来侵略。1861年冯桂芬撰写《校邠庐抗议》，提出"采西学""制洋器"时，明确主张"以中国之伦常名教为原本，辅以诸国富强之术"。薛福成则进一步提出："取西人之器数，以卫我尧舜禹汤文武周孔之道，俾西人不敢蔑视中华"。"而其道亦必渐被乎八荒，是乃所谓用夏变夷者也。"后来张之洞提出中体西用论，辜鸿铭指出其"效西法"，并非"慕欧化"和"国富强"，其用意"盖欲借富强以保中国，保中国即可以保名教"。②

以上这些人的设想，主观上当然想一举两得，既达到西方那样富强，又保住中国的名教，甚至"用夏变夷"，用中国的文化来同化世界。但是传统儒学能完成这个使命吗？看来难以办到。因为封建的纲常伦理与资产阶级民主、民权等一套，彼此是难以协调的，而卫道者也绝对不能接受。如说什么"权既下移，国谁与治；民可自主，君亦何为，是率天下而乱也。平等之说，蔑视人伦，真悖谬之尤也"。③这可见中西文化的激烈冲突。

不过当时一些有识之士，还是设法将儒学与西学加以沟通。如康有为就说："推己及人，乃孔子立教之本，与民同之，自主平等，乃孔子治立之本。"④他还提出"以仁济天下"⑤，这是将孔子的思想与西方的平等博爱挂钩。谭嗣同在《仁学》总纲中，认为中国的儒、道、墨以及佛教和西方基督教，均所在包容。他还讲"仁以通为第一义"，这是要将儒家的仁学，通向西方自由、平等、博爱之路。

康、梁发动的维新变法，想在中国实现西方式的君主立宪制度，结果是失败了。孙中山领导的辛亥革命，虽然建立了号称的民国，但民主革命并未成功。中国社会走向近代为何历尽坎坷，是否由于文化方面的落后？引起了人们的思考，

---

① 《海国图志叙》。
② 《张文襄公幕府纪闻》。
③ 《翼教丛编》卷五。
④ 《中庸注》。
⑤ 《礼运注叙》。

不久就爆发了五四新文化运动。提出打倒孔家店的口号，传统儒学又面临一场严峻的挑战。

五四运动带来思想文化界新的分化组合，有抱残守缺的国粹主义者，也有崇洋媚外的全盘西化派，但同时却出现现代新儒学思潮，我认为这是传统儒学为应付挑战的自救运动。

现代新儒学是现代史上中西文化冲突的反映，它面对传统、西学和现实，是想向前走，跨入现代化的行列。但它既要保留中国传统，又不得不学西方的科学和民主，以及其他先进的东西。这就构成现代新儒学的思想基调，同时也是它面临的思想矛盾和需要解决的难点。现代新儒家就是要完成这个历史任务。

在现代新儒家中，力求解决这个难点的，是1958年元旦《民主评论》和《再生》杂志登载的唐君毅、张君劢、牟宗三、徐复观四人联名发表的《为中国文化敬告世界人士宣言》。他们认为中国文化中儒家的道德精神，如天下为公、人格平等之思想，必当发展为政治上之民主制度。现代新儒家提出的口号是"返本开新"。返本是要发扬传统儒学的人文精神，与今日世界之科学思想、民主政治思想相通，并据此以求现代化中国文化之重建，这就是"返本开新"的主旨所在。

中国儒学发展到现代新儒家，他们力图将儒学的包容性，在更高的层次上会通西学群流，这种努力是可取的。但论证的方式，却给人以依靠逻辑推理和宣扬道德决定论的感觉，因而近年来对此亦颇有争议。如1988年8月在新加坡举行的"儒学发展的问题及前景"讨论会中，林毓生提出《新儒家在中国推展民主与科学的理论面临的困境》一文，对新儒家的"内在要求"说提出质疑，认为"希望儒家道德性的思想，必当发展为政治上的民主制度，很难不是一厢情愿的愿望"。同年12月在香港召开的"唐君毅思想国际会议"上，李明辉在《儒学如何开出民主与科学》一文中，对内在要求认为此非逻辑的必然性，亦非因果的必然性，而是精神生命的发展中的必然性。并以此回答林文的质询。

现代新儒家倡导的儒家道德理想主义，要想从内圣开出外王，由于具有"灵根自植"觉悟的人并不多，所以效果并不显著。但近些年来随着亚洲某些国家和地区的经济起飞，从而进入现代化的行列，由是产生一种观点，认为儒家思想会促进经济现代化的发展。如泰国企业家郑午楼在《儒家思想导论》的序言中说：现在世界上有不少学者已经注意到亚洲一些国家和地区经济现代化的新经验。这主要的是指日本、韩国、新加坡和台湾、香港。他们的经验表明，保持儒家传统作为一种安定社会的力量，这对维系整个社会的敬业乐群精神，对于创造一个稳定的投资环境以促进社会经济的发展，有着极大的重要性。郑午楼这里所讲的是指儒家道德的社会功能，其实日本、新加坡等进入现代化并非只靠儒家思想。日本虽有"儒家资本主义"的提法，这只是用"和为贵"的思想来协调劳资关系。

新加坡则是由于西化后道德伦理的失落，近几年才推行儒家思想教育。这是儒家道德实用主义，并非返本开新，而是对西化后出现的精神危机，起到补偏救弊的作用。当然如能做到人际关系的和谐，则有助于社会环境的安定。

总之，现代新儒家的历史任务，就是怎样使传统儒学能适应现代化社会的需要。这要根据不同的国情和施教对象来做出决策。如我们国内要建设的是社会主义现代化国家，精神文明与物质文明需要同步发展。如果说要靠复兴儒学来建设社会主义精神文明，那是不对的；但认为中国只有彻底扫清原有的文化传统，归属于所谓蓝色的海洋文化，才能进入现代社会，那更是错误的，我认为对传统儒学中，凡是有利于稳定家庭和社会秩序，有利于创造和谐的生活环境，所有这些思想因素，在剔除其中的封建糟粕后，应该可以发扬。我们建设社会主义精神文明，也需要有更多的和睦家庭，如尊敬父母、教育子女、和睦邻里、守望相助、疾病相扶之类的传统美德，这会有利于形成安定团结的社会局面。我们作为传统文化的研究者，如何对待和弘扬祖国的历史遗产，使之能适应现代社会并以新的面貌自立于世界民族之林，这是我们应负的任务。

（原载《哲学杂志》1993 年第 1 期）

儒学传统能否适应现代化

——兼对现代新儒家及反传统派思想观点的述评

中国是个文明古国，中华民族是一个具有开发智慧和勇敢、勤劳美德的民族，曾经创造出辉煌灿烂的古代文化，为世界文明历史做出了重要贡献。但是近一百多年来，中国社会走向近代却出现坎坷。人们在追寻其政治、经济的原因的同时，也关注到文化方面，即要研究中国走向近代的艰难过程中，传统文化扮演了什么角色？自是出现了中西文化与新旧文化的比较和论争。1919年的五四运动，提出"打倒孔家店"的口号，以近代的民主与科学思想相标榜，这对以儒家学说为主体的传统文化，是一场猛烈的冲击。在这种思潮激荡之下，对中国文化发展的前景，有的人主张要全盘西化，也有人坚持要保存国粹。到二三十年代时，国内有些知识分子，他们基本上服膺儒家，但在中西文化与新旧文化的冲突中，既要保持中国传统文化的主导地位又要以此为基础来融合、会通西学，从而谋求实现现代化，这就形成所谓新儒学思潮，这股思潮，50年代以后在港台地区逐步得到发展。如唐君毅、牟宗三等人就是这方面的重要代表，他们对中国传统思想文化发展的前途，提出系统的看法，很值得我们认真研究。同时当前国内反传统派的观点，也值得认真思考，总之，儒学传统能否适应现代化发展的需要，这个课题还应该做进一步的探论。

一

1958年《民主评论》与《再生》二杂志的元旦号中，同时发表了《为中国文化敬告世界人士宣言》（以下简称《宣言》）这一长篇论文。该文副标题为"我们对中国学术研究及中国文化与世界文化前途之共同认识"。据文章按语的介绍，该文由唐君毅与张君劢商议后草拟初稿，再与徐复观、牟宗三"往复函商"后厘定的，因此可以被认为是50年代港台新儒家所发表的文化宣言。据称文中所要说的，"是我们对中国文化之过去与现在之基本认识及对其前途之展望，与今日中国及世界人士研究中国学术文化及中国问题应取的方向，并附及我们对世界文化的期望。"这是说，发表这篇宣言的目的，主要展望中国文化的将来，以求得国人的共同认识。即通过反求诸己，对前途先有自信心。

对中国传统思想文化发展的前途，唐先生等人为什么有如此自信，关键在于如何认识传统文化与现代化的关系。从五四新文化运动以来，以儒学为主体的传统文化之所以为人所诟病，多认为由于缺乏近代的民主与科学意识，因而妨碍向现代社会的发展。对这个问题，《宣言》中亦承认"中国文化历史中，缺乏西方之近代民主制度的建立，与西方近代的科学，及各种实用技术，致中国未能真正的现代化工业化"。但是《宣言》又认为："不能承认中国之文化思想、没有民主思想之种子，其政治发展之内在要求，不倾向于民主制度之建立。亦不能承认中国文化是反科学的，自来即轻视科学实用技术的。"①

这里需要讨论的问题，中国传统文化能不能真正开出近代民主制度？这是一个国家走向现代化的主要标志。唐先生等人，一方面承认在中国文化历史中，"自秦以后即为君主制度。在此君主制度下，政治上最高之权力，是在君而不在民"。而另一方面却说："中国过去政治，虽是君主制度，但此与一般君主制度，自来即不完全相同。此种不同，自中国最早的政治思想上说，即以民意代表天命。故奉天承命的人君，必表现为对民意之尊重，且须受民意之考验。"②

对中国传统文化，宣言提出"以儒道二家之政治思想，皆认为君主不当滥用权力，而望君主之无为而治，为政以德"。特别是"从儒家之肯定：天下非一人之天下，并一贯相信在道德上，人皆可以为尧舜为圣贤，及民之所好好之，民之所恶恶之等来看，此中之天下为公，人格平等之思想，即为民主政治根源之所在，至少亦为民主政治思想之种子所在"③。

为什么说"中国过去儒家之天下为公、人格平等之思想，必须发展为今日之民主建国之思想与事业？"宣言的解释认为："以此思想之发展，必与君主制度相矛盾"。因为君主是家天下，毕竟天下为私，人民在政治上之地位，以至在道德人格上，不能与君主平等。反之，如要使平等成为可能，"则君主制度化为民主制度。故道德上之天下为公、人格平等之思想，必然发展至民主制度之肯定"④。

依据上述宣言的观点，认为"从中国历史文化之重道德主体之树立，即必当发展为政治上之民主制度"。理由是"中国文化中之道德精神，与君主制度有根本矛盾。而此矛盾，只有由肯定人人皆平等为政治的主体之民主宪政加以解决；而民主宪政，亦即成为中国文化中之道德精神自身发展之所要求。"⑤ 这里实际上认为：中国文化中儒家的道德精神，是与君主制度相矛盾的，所以按其自身发展的要求，必然会走上民主政治之路。这等于说，中国儒家的传统文化并不妨碍现代化的发展，并且毋宁说，儒家的道德精神，必然会促进民主政治的现代化。

对中国传统文化如何有助于现代化的发展，唐先生特别注重研究中国人文精

---

① 《中国文化与世界》一文已收入唐君毅著《中华人文与当今世界》，引文见该书第897页。
② 《中华人文与当今世界》，第900—901页。
③ 《中华人文与当今世界》，第902—903页。
④ 《中华人文与当今世界》，第903页。
⑤ 《中华人文与当今世界》，第904页。

神。如他编写的《人文精神之重建》《中国人文精神之发展》《中华人文与当今世界》等结集，就对此曾再三致意。唐先生提出：一切学术思想，都是人的思想；一切文化，都是人创造的。因而一切文化之精神，都是人文精神。中国文化乃是一在本源上即人文中心的文化。如《易传》说的"观乎人文，以化成天下"，当是指周代礼乐之盛所表现之人文中心的精神。对于孔子则称其一生之使命，不外要重建中国传统之人文中心的文化。故孔子之教，重"人"过于重"文"。先要人自觉人之所以成为人之内心之德，使人自身先堪为礼乐之仪文所依之地，这才是孔子一生讲学之精神所在，亦是孔子之人文思想之核心所在。

按照唐先生的观点，中国数千年人文精神的发展，每一时代皆表现一新阶段，但并未与过去之历史截断。如周代的"礼乐精神"，孔子之重"人德"，孟子之重"人性"，荀子之重"以人文世界主宰自然世界"，汉人之"历史精神"，魏晋人之"重情感表现之具艺术的风度"，唐人之"富才情"，宋明人之重"立人极，于人心见天心，于性理见天理"，清人之重"顾念人之日常的实际生活"。这些精神，皆可互相和融，互为根据。这就说明中国人文精神之发展至今日，理当求与世界之科学思想民主政治之思想，及宗教思想有一融通。同时也就说明中国人文精神之发展，系于确认中国人德性生活之发展，科学之发达，民主建国之事之成功，及宗教性信仰之树立，乃并行不悖，相依为用。唐先生以其博大襟怀，对中国人文精神，旨在发挥道中庸而致平实之论。他常谓吾人今日所遭遇之文化思想之冲突，如群流之相激，非会通之无以成浩瀚之江流。他在文化讨论中所遇各种偏执矛盾之见，皆在更高之胜义上立根，加以疏解，并据此以求现代化中国文化之重建。① 所谓"返本开新"，可以说是现代新儒家对中国传统文化发展前途的共同认识。

二

对于中国传统思想文化发展的前途，能不能像唐先生等人所说的，儒家的道德精神按其自身发展的要求，必然走上现代化的路向？这在国内是一个很有争论的问题。据我了解，有不少人特别是中青年，对此抱着怀疑和否定的态度。比如说，中国过去之天下为公、人格平等之思想。对此应如何估计，在看法上就有很大分歧。

有人撰文对此加以否定。文中提出：由于中国特定的适于农耕生产的自然条件，使得中国农耕文明带有早熟性，农村公社在母系氏族公社后期就出现了。农耕文明的早熟和农村公社的长期存在，制约着先民们的社会意识。所以儒家提出

---

① 上引唐先生对人文精神的论述，均见《中国人文精神之发展》。

的天下为公、大同世界和仁政等，都是把远古的农村公社作为自己的理想国。但这种政治思想所体现的不是个人价值、个人尊严，而是高于个人的家庭生活、社会生活和国家生活，并形成父权、君权、神权的观念。这样一种政治取向导致了专制集权的文化基础。同时，由于长期靠伦理道德调节社会关系，自然崇拜和祖宗崇拜的统一，逐渐形成了一种以伦理道德为核心的文化价值系统，这种从根本上反对平等观念的文化价值系统，又不断地强化和深化滋生专制集权的社会文化土壤。

按照上述观点，儒家提出的天下为公与大同理想，只是对原始社会农村公社的向往，这是开历史的倒车，不能引申出近代民主的观念，相反却成为导致专制集权的文化温床。特别是儒家形成以伦理道德为核心的文化价值系统，被认为是从根本上反对平等观念的，这就当然与现代化不相适应了。

与上述观点相类似，有的文章认为：儒家把人从日常生活到社会政治的一切活动都伦理化，伦理纲常的实践成了人生的价值意义和最终目的，这种伦理本位主义就是儒家传统的基本特征。儒家从孔、孟到陆、王，理论形态曾几经变化，但以纲常名教为中心的伦理本位主义则始终没有变。所以说儒家传统不适应现代化，指的就是儒家伦理本位主义的价值系统与现代化是一逆向的精神力量。文中还指出："贵义贱利"和"重道轻器"是儒家传统价值系统的核心观念，所以说儒学传统与现代化不相适应，指的就是这一价值系统的核心，不能为现代化科学技术和经济发展提供正面的价值导向。简括而言，即认为以维护纲常名教为中心，以"贵义轻利"和"重道轻器"为核心的儒家传统价值系统，与现代化的民主与科学导向是背道而驰的，当然也就不相适应。

近几年间，也有人专门撰文，指出中国传统哲学对自然科学的扼杀和对道德的扼杀。该文作者认为：中国传统最基本的、最主要的特点是它以讨论人伦问题为中心，使得中国传统哲学滋生了很多消极因素，如对自然科学的扼杀就值得反省。文中举出当西方殖民主义者四处冒险搜集珍贵的航海资料的时候，中国却把郑和用了28年时间，七次航海所得资料加以焚毁。以此为例，可见在中国历史上被熄灭的科学思想火花和失传的科学成果无数。由于不注重自然科学的研究，因此中国古代哲学，也就不能综合出一个建立在科学基础上的宇宙观。而一些本来用以解释自然的概念，如"阴阳""五行""理"等，却被用来附会人伦关系和"仁、义、礼、智"等道德观念。自然科学为传统哲学扼杀，中国社会就很难走向现代化。

至于说中国传统哲学对道德的扼杀，这里提出道德与伦理分途。认为道德是发自内心的情感和信仰，而伦理只是道德的外在规范。如孔子讲"克己复礼为仁"，"礼"的主旨是等级制，即"君君臣臣父父子子"。这样对"仁"的解释，使其中包含的道德内容反被扼杀了，人成了遵守外在规范的工具。在中国社会，人们重视的是宗法家庭伦理和亲友关系，而缺乏公民道德。如随地吐痰，坐车逃票，损坏公用电话，践踏公共草坪，甚至对昏倒在路上的陌生人视而不见，说明我们的道德水平还很不适应现代化的需要。

　　对人文主义思想，国内有的学者也承认是中国传统文化的特点，但否认说以儒家为代表的传统人文思想，是提供天下为公、人格平等、人格尊严、个性独立、道德理性、民主政治的基础。相反，却说中国传统的人文思想，从其主流看，导向的恰恰是王权主义和使人不成其为人。

　　持这种观点的人，认为从历史上看，中国古代的人文思想很发展，君主专制主义也很发展，而专制主义却恰恰以具有浓厚的人文色彩的儒家思想为统治思想。另外从内容看，中国古代人文思想的主题是伦理道德，而不是政治的平等、自由和人权。这种认识结构也决定了人文思想只能导致专制主义，即王权主义。在儒家思想中，虽然有不少重民、爱民、民惟邦本等主张和理论，但民只是被恩赐和怜悯的对象，而操握民的命运的主人却是君主、帝王。至于儒家所倡导的伦理道德，"三纲五常"却构成一个完整的关系网，其中没有个人的独立价值和地位，即每个人只是作为一个从属事物而存在。这样将人变成道德的工具，使人不成其为人。

　　与此类似看法，认为儒家的人文主义是以体认人的本性为出发点，以道德为标准，无论形成人性善或人性恶的观点，其归宿都是如何实现社会群体对于个人的约束。故所强调的往往是个人的义务，而不是个人的价值。个人的价值只能在群体关系中才能得到体现。据此有人认为从人格角度看，中国人的普遍人格是"自我萎缩型人格"，个人的价值和人格的平等、尊严无法得到实现。

　　本文这部分所引述的观点，大体上可称之为反传统派。认为中国文化要适应现代化，必须引进西方现代文化，而中国传统文化只能拖现代化的后腿，基本上应予否定。

三

　　上面两个部分所列举的观点，对中国传统思想文化发展的前途，可以说是做出了两种不同的估计。但是双方大体上都承认：人文主义思想、人文精神、道德伦理本位，是以儒学为主体的中国传统文化的思想特点，因此对此如何评价，就成为问题争论的关键。

　　要了解儒家的人文精神，需要从孔子的"仁"学谈起。"仁"学是孔子伦理学说的核心，也是他的人文精神的概括。"仁"字在《论语》中出现最多，虽然含义不尽相同，但总离不开有关"人"的界说。《中庸》说："仁者，人也。"孔子往往把"仁"作为完全人格的代名词，称有完全人格的人为"仁人"。对

"仁"的字形结构,许慎的《说文》解释为"从人,从二"。《礼记》郑玄注解"仁"是"相人偶"之意,表示用以协调人与人之间的相互关系。由此可见,孔子"仁"学的内涵相当丰富,如对人性、人道、人格修养、人生价值、人际关系等问题,都有所探讨。总的来说,即教导人们应该怎样做人,这是孔子"仁"学的主旨。

一个人在社会上生活,离不开待己待人。《论语》中有段话:"夫仁者,己欲立而立人,己欲达而达人,能近取譬,可谓仁之方也已。"① 这是说,作为人,要想自己做到的,就要帮助人家也能做到。凡事都要推己及人,可以说是实行仁的方法。孔子还讲"己所不欲,勿施于人"②,凡是自己不想要的,不要强加给别人。上面两段话,表明孔子是有平等待人的思想的。

至于对待自己和对待别人相比较,孔子还主张律己严而责人宽,要"躬自厚而薄责于人"③。他提出要"修己""正身"。所谓"修己以安人","修己以安百姓"④。又说:"其身正,不令而行;其身不正,虽令不从。"⑤ 这里是说,在道德修养上自己要做出榜样,在实际行动上又要做出表率,做到以身作则,正己才能正人。这样来处理人我关系,应该说是孔子"仁"学的精华所在。

但是孔子的"仁"学还有另外的一面。如讲"克己复礼为仁"⑥,把是否按"礼"行事作为"仁"的标准,而周礼不单是礼节仪式,实质上以此来维护等级制度。如说:"礼,经国家,定社稷,序民人,利后嗣者也。"⑦ "君臣、上下、父子、兄弟,非礼不定。"⑧ 又说:"在礼,家施不及国,民不迁,农不移,工贾不变。"⑨ "君子尚能而让其下,小人农力而事其上,是以上下有礼。"⑩ 这都说明"礼"是用以维护社会等级秩序的规范。君臣父子,上下尊卑,都要按照自己的等级名分行事,这就是孔子所称赞的"安上治民,莫善于礼"⑪,否则"无礼必亡"⑫。"礼"既是那么重要,而孔子又强调"克己复礼",才能"天下归仁"⑬,那么在"复礼"之下,人与人之间的关系,就谈不上有什么平等了。

---

① 《论语·雍也》。
② 《论语·颜渊》。
③ 《论语·卫灵公》。
④ 《论语·宪问》。
⑤ 《论语·子路》。
⑥ 《论语·颜渊》。
⑦ 《左传·隐公十一年》。
⑧ 《礼记·曲礼》。
⑨ 《左传·昭公二十六年》。
⑩ 《左传·襄公十三年》。
⑪ 《孝经·广要道章第十二》。
⑫ 《左传·昭公二十五年》。
⑬ 《论语·颜渊》。

因此在这里就产生一个问题：孔子对人格的完善，道德的修养，在要求上是人人平等的。如正己正人、立己立人、达己达人、推己及人，等等，他要求所有的人都这样做，并无等级贵贱之分。但是在现实的社会政治生活中，人们的地位却是不平等的。如以"正己正人"而论，即使国君或居上位的能"正其身"，按君主的本分行事，下面的臣民"孰敢不正"？就要做到各守其分，各安其位，不要犯上作乱。这样做的结果并无助于建立平等的民主政体，反而有利于维护家庭和社会的等级秩序。汉代司马谈在评述儒家思想要旨时说："若夫列君臣父子之礼，序夫妇长幼之别，百家弗能易也。"① 这正是指出了先秦儒家道德伦理规范的实质。正是由于孔子对人们在人格道德上的平等要求，而这些礼制规范在社会政治上却形成对等级秩序的维护，这就表现出儒家人文精神的两重性思想矛盾。

至于说传统儒学能不能培养出有独立人格精神的知识分子，这是牵涉到中国人文精神能不能开出现代化的民主政治问题，因而成为争论的又一焦点。儒家从孔子开始，对人确是比较重视的，如《论语》中记载有孔子对马厩失火时的态度。他只问"伤人乎？"而"不问马"②。有人认为这是从人道主义角度提出问题，并据此论定，孔子是我国古代史上主张把劳动者作为人看待的第一个思想家。当然，孔子的思想有没有这样的高度，尚可研究，但讲"天地之性人为贵"，确是儒家重视的一个命题。

在天地间为什么人的地位最为尊贵？荀子对此解释说："水火有气而无生，草木有生而无知，禽兽有知而无义；人有气，有生，有知，亦且有义，故最为天下贵也。"③ 人是自然界的一分子，但人之所以尊贵不同于水火、草木和禽兽，因为人是有思想意识和能够遵守社会道德规范的高等动物，同时只有人过着有社会组织的群居生活，所以才显出有高尚的智慧和力量。荀子说："（人）力不若牛，走不若马，而牛马为用，何也？曰：人能群，彼不能群也。"④ 人之所以能役使体力超过自己的牛马，靠的是有社会组织的群体力量。荀子又说："人何以能群？曰：分。分何以能行？曰：义。故义以分则和。和则一，一则多力，多力则强，强则胜物。"⑤ 荀子认为人的群体力量是靠"分"（等级秩序）来维持，而社会等级秩序又靠"义"（道德规范）来实现。据此他从反面论证："人生不能无群，群而无分则争，争则乱，乱则离，离则弱，弱者不能胜物。故宫室不得而居也，不可少顷舍礼义之谓也。"⑥

---

① 《论六家要旨》。
② 《论语·乡党》。
③ 《荀子·王制》。
④ 《荀子·王制》。
⑤ 《荀子·王制》。
⑥ 《荀子·王制》。

由此可见，儒家的人文主义思想是重视人的价值的，但更肯定的却是人的社会属性，认为只有组成社会群体才能显示出人的力量。但在君主专制政体中，组成社会群体的人彼此间的地位并不是平等的，亲疏贵贱，上下尊卑，无论在伦理和政治方面都形成了森严的等级。在王权的支配下，个人的独立和尊严当然很难保障。所以有人认为儒家的人文精神重视的是人的群体价值而忽视个人价值。君主既以社会群体的领导自居，天下臣民只能作为从属物，在社会等级网络中，各守其分，各安其位，不可能有独立的人格，个人的尊严和自由，即是说儒家的人文精神只能为专制王权服务。

　　在儒家人文精神中对个人的人格独立和尊严问题，我认为过分夸大或完全抹杀都是不对的，这里要分析其对等的相对性。如以君臣关系为例，儒家是讲尊君的，君臣地位当然谈不上平等，但在孔、孟的言行中，却明白表示有君臣对等的观念。孔子提出要"君使臣以礼"，才"臣事君以忠"①。孟子则说得更清楚："君之视臣如手足，则臣视君如腹心"；"君之视臣如土芥，则臣视君如寇仇。"② 他不承认桀纣是君主，说"闻诛一夫纣矣，未闻弑君也。"③ 荀子也说："桀纣者，民之怨贼也"，"诛暴国之君若诛独夫！"④ 据此他还发挥说："夺然后义，杀然后仁，上下易位然后贞，……汤武是也。"⑤ 孟、荀将暴君比之独夫民贼，称赞汤武革命的上下易位。他们还看到人民的力量，如孟子就有"民贵君轻"的议论⑥，荀子将君、民比喻为舟与水的关系，水能"载舟"，也能"覆舟"⑦，承认人民有推翻统治者的力量。

　　由于儒家有君臣对等的思想，因之以臣事君也有所选择。如孔子就讲"以道事君，不可则止"⑧。又说"天下有道则见，无道则隐"⑨，即对君主可以采取不合作态度。孟子对梁、齐的国君，也是合则留，不合则去。看来儒家对以臣事君，从言论到行动上都有相对的自由。其后荀子提出"从道不从君"⑩，对无道之君不予事奉。据此贾谊曾批评屈原，说他依恋楚怀王是咎由自取。"历九州而相其君兮，何必怀此都也！"⑪ 贾谊对屈原的议论，就是"从道不从君"的思想体现。

---

① 《论语·八佾》。
② 《孟子·离娄下》。
③ 《孟子·梁惠王下》。
④ 《荀子·正论》。
⑤ 《荀子·臣道》。
⑥ 《孟子·尽心下》。
⑦ 《荀子·王制》。
⑧ 《论语·先进》。
⑨ 《论语·泰伯》。
⑩ 《荀子·臣道》。
⑪ 《吊屈原赋》。

儒家既把"道"摆在"君"之上，就有"死守善道"和不怕牺牲的精神一面。如孔子就说过："三军可夺帅也，匹夫不可夺志也。"① 又说："志士仁人，无求生以害仁，有杀身以成仁。"② 孟子则更加以发挥说："居天下之广居，立天下之正位，行天下之大道。得志与民由之，不得志，独行其道。富贵不能淫，贫贱不能移，威武不能屈。此之谓大丈夫。"③ 说"生亦我所欲也；义亦我所欲也，二者不可得兼，舍生而取义者也。"④ 孔孟鼓吹"匹夫不可夺志"，要做"独行其道"的大丈夫，甚至不惜牺牲性命以成仁取义，这种强调独立人格的精神，可以说是相当强烈的。

当然，在君主专制制度下，儒家所提倡的独立人格精神，真正能贯彻实施的人也是很有限的，如后来文天祥所讲的成仁取义，固然表现出他的独立人格的崇高的民族气节，但其中也确有很大的忠君思想成分。至于说选择君主有相对的自由，在孔、孟的时代是列国纷争，贤臣择主而事，还可以朝秦暮楚，周游当时所谓天下，或是传食于诸侯。但在秦汉大一统之后，随着中央集权的加强，这种选择余地也就越来越少了。像贾谊批评过屈原，但他自己又何尝能历九州而选择君主，而且只能受贬逐而待罪于长沙，所谓独立人格精神就难以体现了。

因此，要说儒家的人文精神包含有人格平等、人格独立等方面的内容，也只能从"内圣"方面有所作为。如孟子回答曹交时，就肯定"人皆可以为尧舜"⑤。荀子也说："涂之人可以禹。"⑥ 王守仁与学生答问时也承认"满街都是圣人"⑦。李贽更明确提出："天生一人自有一人之用。"⑧ 并主张"尧舜与途人一，圣人与凡人一。"⑨ 这里似乎承认每个人的个体价值都处在平等、独立的地位。即使是个凡夫俗子，也可以堂堂正正地做个人，甚至可以成为尧、舜那样的圣人，这就要看你在道德人格上的修养功夫。但是"内圣"要开出"外王"，即由此而建立平等、自由的民主制度，这就难以办到。正如我上面所分析，这是由于传统的人文精神本身受其矛盾两重性所制约，即使是对等或相对的自由，也不是任何时候都能得到的。

据此，对中国传统思想文化与现代化的关系问题，不能简单说是适应还是不适应，是发展的动力还是阻力，而应该从其自身的矛盾两重性中去分析把握。如

---

① 《论语·子罕》。
② 《论语·卫灵公》。
③ 《孟子·滕文公下》。
④ 《孟子·告子上》。
⑤ 《孟子·告子下》。
⑥ 《荀子·性恶》。
⑦ 《传习录》。
⑧ 《焚书·答耿中丞》。
⑨ 《明灯道古录》卷上。

对道德人格的修养，儒家讲自天子以至庶人，都一以修身为本，这种要求是平等的，但并不因此而改变天子以至庶人的等级差别。又如独立人格问题，对个人来说可以是自由的，"为仁由己"；但在人际关系上就只能是相对的自由。如对君臣关系，最多有对等的观念，可以投桃报李，或是以牙还牙，合则留，不合则去，但并不因此而造成双方平等的地位。因此我认为传统的人文精神，是不能自发产出民主制度的，要"开新"就需要有变革性的观念转化；当然亦不能因此将传统文化说得一无是处，认为只能为专制王权服务，从而走向了另一片面性。

（原载《中国哲学史研究》1989年第2期）

从社会向近现代转型中看儒家思想的适应性

儒家文化是中国封建时代的产物，在传统文化中居于主干地位。随着封建社会的没落，社会发展的趋势必然会朝近现代方向转型。对此儒家文化能否适应和如何适应这一形势的发展，在我国是一个值得研究的问题。另外儒家文化虽发源于中国，但对日本、朝鲜以及东南亚一些国家和地区，却有着相当广泛的影响。对此儒家文化在它们走向现代化的过程中会起到什么作用，亦为当前学术界所关注。由于实现现代化虽是各国的普遍要求，但国情不同，要实现的是资本主义还是社会主义现代化，此中亦有差别。本文想就上述问题，谈点个人看法，以供讨论。

一

中国社会何时进入近现代？这是一个比较复杂的问题。虽然我们习惯上把鸦片战争作为近代史的开端，但并不等于已进入近代资本主义社会。鸦片战争后，西方资本主义列强入侵，它们不容许中国成为独立的资本主义国家，而是使之沦为半殖民地。在这种情况下，有些先进的中国人不满于当时的封建专制统治，寻求变革社会的途径，并且把反封建的启蒙思想，看成是变革社会的先导。

对于这个问题，梁启超有一番见解。他对中国近三百年学术思想发展的性质和趋势有一个总的估计。他说："'清代思潮'果何物耶？简单言之：则对于宋明理学之一大反动，而以'复古'为其职志者也。其动机及其内容，皆与欧洲之'文艺复兴'绝相类。而欧洲当'文艺复兴期'经过以后所发生之新影响，则我国今日正见端焉。"[①] 这里梁氏所谓"清代思潮"，上溯到明清之际顾、黄、王三大家，他肯定这些残明遗老的思想具有反封建启蒙性质。对颜元、李塨则说"其所树的旗号曰'复古'，而其精神纯为'现代的'"，[②] 对戴震《孟子字义疏证》一书，更谓"综其内容，不外欲以'情感哲学'代'理性哲学'，就此点论之，乃与欧洲文艺复兴时代之思潮之本质绝相类。"[③] 他认为欧洲"当时人心，为基督教绝对禁欲主义所束缚痛苦无艺"，"文艺复兴之运动，乃采久闷室之'希腊的情感主义'以药之。一旦解放，文化转一新方向进行，则蓬勃而莫能

---

① 《清代学术概论》，第 3 页。
② 《中国近三百年学术史》，第 105 页。
③ 《清代学术概论》，第 30 页。

御。戴震盖确有见于此，其志愿确欲为中国文化转一新方向。其哲学之立脚点，真可称二千年一大翻案。其论尊卑顺逆一段，实以平等精神，作伦理学上一大革命。"①

梁启超以"清代思潮"与欧洲"文艺复兴"运动相比，时人多有不同意见。如包遵信认为双方民族性不同，所以中西虽同属复古，而性质和结果却不一样。亦有说梁氏讲的"以复古求解放"，用以说明西方文艺复兴或许可以，因为"文艺复兴"固然是西方文化，但它在科学上的成就、文化上的建树、社会生产力上的发展，已经超越了创造它的民族和地域的范围。正是这个缘故，它才可能成为从中世纪文化过渡到近代文化的历史标志。而中国"以儒家为主体的传统文化，是个封闭性的自足系统。它有广阔深厚的土壤，连绵悠久的历史，与宗法封建社会有着互相适应的紧密联系。正如中国封建社会商品经济无论怎样发展也摆脱不了自然经济的脐带一样，传统文化也不能靠他的自我批判来进行形态上的更新。"②

以儒家为主体的传统文化能否向近代转型？这是一个值得研究的问题。梁启超所提出的观点，却不单是限于理论上的探索，同时也曾付诸政治上的实践。如众所周知，康有为领导的戊戌变法维新，其理论依据就是托古改制，这一点梁启超看得很清楚。他所以说清代思潮是"以复古为解放"，如黄宗羲借复三代之古来抨击后世的专制君主，颜元、戴震则要复孔、孟之古来批判程、朱、陆、王。这种批判就是"破"，梁氏认为近代解放思潮即由此而来。据此他很重视今文春秋公羊学在近代的复兴，即通过庄存与、刘逢禄和龚自珍。他称赞自珍进行复兴"颇似法之卢骚"，并"往往引公羊议讥切时政，诋排专制"，故"晚清思想之解放，自珍确与有功焉"。③

但是梁氏这里所说的解放思潮，只讲"破"还是不够的，要想政治上实现变法维新，还得破中有"立"，"托古改制"可以说是"以复古为解放"思想的发展归结。梁氏曾明确指出："（康）有为之治公羊也"，"专求其微言大义"，"定春秋为孔子改制创作之书"。谓"孔子改制，恒托于古。""又不惟孔子而已，周秦诸子罔不改制，罔不托古。"梁氏又说："有为所谓改制者，则一种政治革命、社会改造的意味也，故喜言'通三统'。'三统'者，谓夏、商、周三代不同，当随时因革也。喜言'张三世'。'三世'者，谓据乱世、升平世、太平世，愈改而愈进也。有为政治上'变法维新'之主张，实本于此。"④

对上面梁启超的议论，现在看来，戊戌变法虽是打着复古、托古的招牌，其

---

① 《清代学术概论》，第30－31页。
② 《关于明清之际文化性质问题》，《光明日报》1986年6月23日。
③ 《清代学术概论》，第54页。
④ 《清代学术概论》，第56－57页。

实是一场君主立宪运动,应该属于近代资产阶级革命范畴。康、梁当时之所以这样做,可能亦是由于斗争策略的需要。因为他们搞变法为封建顽固派所反对,打着孔子托古改制的旗帜,就可以塞顽固派之口。同时也说明一点,即以儒家为主体的传统文化,当社会转型需要时,可以经过自我调节、自我批判进行某种程度上的更新。

二

当康有为企图通过托古改制的途径进行变法维新时,梁启超曾给予高度赞扬,对康氏有关这方面的著作如《新学伪经考》,称之为"思想界之一大飓风",对《孔子改制考》和《大同书》,则谓"此二书者,其火山大喷火也,其大地震也。"① 梁氏这些形象化的比喻,对康有为托古改制思想的作用和影响,可谓极尽夸张之能事,但这场变法毕竟失败了,失败的原因当然主要决定于双方力量的对比,但托古改制这种理论能否促使封建社会向近现代转型?经历过这场考验,大概不能继续使用了。从中世纪成功地转型为近代资本主义国家,英、法等欧洲国家先走了一步;而中国在鸦片战争后却着着失败,这就使人们引起向西方学习的关注。当时林则徐、魏源等开始放眼世界,但由于中国一向以天朝上国自居,多数人并不承认自身思想文化的落后,认为所缺乏的只是同西方对抗的坚船利炮。如魏源提出"师夷长技以制夷"②,主要是学习西方的军事技术以抵抗外来侵略。1861年冯桂芬撰写《校邠庐抗议》,提出"采西学""制洋器"时,明确主张"以中国之伦常名教为本,辅以诸国富强之术"。薛福成则进一步提出:要"取西人之器数,以卫我尧舜禹汤文武周孔之道,俾西人不敢蔑视中华"。他还说:"吾知尧舜禹汤文武周孔复生,未始不有事乎此;而其道亦必渐被乎八荒,是乃所谓用夏变夷者也。"③

按照魏源、冯桂芬、薛福成上述的主张,开始是想学习西方的军事技术以抵抗外来侵略,进而想用西方的科学技术来维护中国的伦理纲常,这可称之为"变器卫道"。而用周孔之道来同化外邦,即所谓"用夏变夷"。后来张之洞在1898年的奏折中指出:"以中学为体,以西学为用,既无迂陋无用之讥,亦无离经叛道之弊。"这就是有名的"中体西用"论。其用意正如辜鸿铭所提出:"文襄之效西法,非慕欧化也;文襄之图富强,志不在富强也。盖欲借富强以保中国,保中国即可以保名教。"④ 这是中体西用论的本旨所在。

---

① 《清代学术概论》,第56、57页。
② 《海国图志叙》。
③ 《筹洋刍议·变法》。
④ 《张文襄公幕府纪闻》。

以上这些人的主观愿望，当然想一举两得，既达到西方那样的富强，又保住中国的名教。但由于时代不同，要想用封建儒学的伦理纲常，去包容资产阶级文化的民主与科学，是难以办到的。所以要学习西方，不能只讲究坚船利炮的富强之术，还要从政治体制、思想文化等方面进行比较，当时一些有识之士对此还是有所觉察的。如魏源虽讲"师夷长技"，但对西方君主立宪和总统选举这两种类型国家的议会制度，他都做了肯定，认为能做到公正与周全。虽然这是看表象，并未深入洞悉资产阶级民主制的内幕，但比中国君主世袭的封建专制制度，当然是胜出一筹。又如冯桂芬虽说以伦常名教为本，但他也看到中国"人无弃材不如夷，地无遗利不如夷，君民不隔不如夷，名实必符不如夷"。① 这四不如就涉及政治文化方面，不仅是技艺、器物不如西方了。据此，一些进步人士如郑观应就指出西方的"治乱之源，富强之本，不尽在船坚炮利，而在议院上下同心，教养得法"。② 故他主张"必先立议院，达民情，而后能张国威，御外侮。"③ 何启、胡礼垣写的《新政真诠》，更进而提出"人之根本在原气，国之根本在民情"；"天下之权，唯民是主"，这就接触到西方资产阶级政治文化的核心问题了。

为要使以儒家为主体的传统文化适应西方的近代意识，一些改革家和革命者力图将中西文化加以会通融合。如康有为在讲托古改制的同时，还将孔子的思想近代化。他说："推己及人，乃孔子立教之本，与民同之，自主平等，乃孔子立治之本。"④ 他还提出"以仁济天下。"⑤ 这是将孔子的思想和仁学与西方的平等博爱挂钩。而当时谭嗣同在《仁学》总纲中，把中国的儒、道、墨以及佛教和基督教包容在一起。谭氏又讲"仁以通为第一义"，他要变四不通为四通：即中外通，上下通，男女内外通和人我通，这是要将儒家的仁学，通向西方自由、民主、平等、博爱之路。稍后孙中山也提出要"发扬吾固有文化，且吸收世界文化而光大之，以期与诸民族并驱于世界"。他又说："余之谋中国革命，其所持主义，有因袭吾国固有之思想者，有规抚欧洲之学说事迹者，有吾所独见而创获者。"⑥ 李大钊对中西文明进行比较研究，认为二者"互有短长，不宜妄为轩轾于其间"，"必须时时调和，时时融会，以创造新生命而演进于无疆。"⑦ 这是主张对中西文化取长补短，通过调和融会以创造新文化。

以封建儒学为主体的中国传统文化，与西方近代资产阶级文化，由于双方存

---

① 《校邠庐抗议·制洋器议》。
② 《盛世危言·自序》。
③ 《盛世危言·议院上》。
④ 《中庸注》。
⑤ 《礼运注叙》。
⑥ 《中国革命史》，《孙中山全集》第七卷，第60页。
⑦ 《东西文明根本之异点》。

在着时代的差距，彼此是有冲突的，但中国近代史上提出向西方学习的人，对此总想加以调和，沿着这条思路到五四新文化运动后，就出现有所谓新儒家，梁漱溟可以算是早期的代表。他一方面批评孔子和宋儒，"耽误"了中国的科学和民主，而这恰好是西方文化的"特长"，所以主张引进以弥补中国传统儒家文化的缺陷。另一方面他也看到西方物质文明的病态，就是将人变成"物欲"的奴隶，从而走向人类文化的"歧途"。因此他主张既接受西方文化，又要否定其意欲向外的人生态度，而统之以折中调和为特征的中国人生态度，由此形成既不是西方文化，也不是保守衰落的中国文化，而是两者不断冲突、不断调整，经过再三整合而后产生的新的世界文化。他说："质而言之，世界未来文化就是中国文化的复兴，有似希腊文化在近世的复兴那样。"①

与梁漱溟同辈的熊十力，主要是承接发扬宋明理学的"内圣"心性理论，但他主张从内圣开出"外王"的科学、民主和社会主义。稍后的贺麟在1941年发表《儒家思想的新开展》一文，明确提出要"以儒家思想为本体，以西洋文化为用具"的主张。他认为中国文化能否复兴，就要看"以民族精神为体，以西洋文化为用"是否可能的问题。这里虽和张之洞要保封建名教有所不同，但仍然摆脱不了中体西用论。与此同时还有冯友兰，也是讲内圣外王之道。他提出"若把中国近五十年底活动，作一整个看，则在道德方面是继往；在知识、技术、工业方面是开来。"前者是中国所本有，后者须添加的是西洋东西，② 这里也是体用关系，"继往开来"的提出，成为后来港台新儒家提出"返本开新"的先导。

进入20世纪50年代，现代新儒家的思想阵地主要转移到港台地区，牟宗三、唐君毅、徐复观都曾当过熊十力的弟子。他们仍沿着内圣开出外王的思路，力图使儒家传统文化能适应现代化社会的需要。他们一方面承认在"中国文化历史中，缺乏西方之近代民主制度的建立，与西方的科学及各种实用技术，致使中国未能真正的现代化、工业化"。但另一方面又说："不能承认中国之文化思想，没有民主思想的种子"，"亦不能承认中国文化是反科学的"。理由是儒家所肯定的"天下为公，人格平等之思想，即为民主之政治思想之根源所在"。并由是得出结论："民主宪政，亦即为中国文化中之道德精神自身发展之所需求"，而"从中国历史文化之重道德主体之树立，即必当发展为政治上之民主制度"。③ 这称为"返本开新"之论。

树立道德主体是"本"，开创民主制度是"新"，这是从内圣开出外王的传统道德决定论观点。这种观点在现代化社会中的应用效果如何，看来还要由实践

---

① 《中华民族自救运动之最后觉悟》，第238页。
② 《新事论》，第228－229页。
③ 《中国文化与世界》。

来检验。

三

儒家文化能否适应现代社会？60年代后期以来，由于日本和所谓亚洲四小龙经济上的起飞，因而产生一种观点，即认为儒家思想会促进经济现代化的发展。1984年泰国华人郑彝元出版了一部《儒家思想导论》，企业家郑午楼在序言中说：现在世界上有不少学者已经注意到亚洲一些国家和地区经济现代化的新经验。这主要是指日本、韩国、新加坡和中国台湾、香港。他们的经验表明：保持儒家传统作为一种安定社会的力量，这对维系整个社会的敬业乐群精神，对于创造一个稳定的投资环境以促进社会经济的发展，有着极大的重要性。

对日本的情况，近年来出现有"儒家资本主义"的提法。如米切欧·莫里西认为：日本资本主义发展到后期，已完全背离西方的模式，是一种"国家的、家长制的、反个性的"资本主义形式。更进一步讲，正是"集体主义"才抑制了"个性主义"，并为日本资本主义上述三个要素提供了社会与文化基础。他还说："从长远的历史角度看，儒家价值观念决定了日本资本主义制度中集体主义伦理道德体系的确立。儒教重视社会和谐与社会道德，强调社会成员之间秩序关系的形成。在《论语》中孔子描述了一种理想的社会机构，并规定每个阶层的作用与道德规范。""西方社会中，道德上的个人主义与经济个人主义无意识地结合在一起，而日本传统文化的集体主义则会导致'儒家资本主义社会'。"①

这里所谓儒家资本主义社会，其实指的是儒家思想在日本企业的经营方式中所起的作用，主要是要协调好内部的劳资关系。用著名企业经营者横山亮次的说法：终身就业制和年功序列化是"礼"的思想的体现；企业内工会是"和为贵"的思想体现。他自己同职工的关系，就贯彻了"爱人者人恒爱之，敬人者人恒敬之"的儒家思想。立石电机公司的创业者立石一真主张"和为贵"，要建立"相爱和相互信赖"的夫妻式劳资关系。他们还认为在现实生活中，儒家思想主要是其伦理道德观念，作为文化的一部分仍有机地存在于日本的上层建筑和生产关系之中，并且对经济基础和生产力起到了巩固和推动的作用。但是我们不能因此就说，儒家思想文化可以产生出资本主义社会，正如一位企业家所说：日本走上资本主义道路，从政治制度到生活方式，全面地向欧美国家学习，是"脱亚入欧"的结果。②

据此我认为日本对儒家文化的吸收，是一种实用型的为我所需。如早在明治

---

① 王剑波、张芹编译自［澳］《新社会学杂志》1988年4月第24卷第1期，《社会科学报》1989年12月7日摘引。

② 见《参考消息》1988年10月21日报道。

维新时,虽然主要是学习西方,但也没有放弃对儒家文化的研索。如曾任天皇教席的三岛中洲,就主张要"据《论语》把算盘",提出"道德经济合一说"。稍后的涩泽于1883年则提倡"义利合一论"。他以孔子《论语》的"君子喻于义,小人喻于利"为信条,确立见利思义、义利合一作为办企业方针。这种影响一直到最近的80年代,日本还出现过读《论语》热。如著名评论家山本七平写的《论语读法》,就成为畅销书之一,涩泽荣一所著的《论语讲义》《论语与算盘》等书,都被列为企业界的常读书。日本的企业管理以和谐著称,以追求整体利益为依归,通过各种方式、途径调节人的关系,从而达到企业内部系统、关系企业系统、企业与社会的整体和谐,以取得最佳经济效益。这就是日本企业以孔子的和谐哲学作为文化基因,从而取得的实用成果。①

　　新加坡的情况和日本有些不同,它在现代化的过程中也是学习西方,生产发展经济建设是起飞了,但社会道德、家庭伦理方面却出现危机。该国第二副总理王鼎昌在一次会议中说:"建国以来,在经济、科技建设等方面,我们都取得可喜的成就,这就是向西方学习的结果。"同时他又指出:西方文明中存在的问题,是"道德伦理的破坏,人际关系的实用主义化,就都是西方世界存在着可怕的现象"。副总理吴作栋在谈到西化后的忧虑及其补救办法时说:"新加坡人越来越西化,人民的价值观也从儒家理论的克勤克俭和为群体牺牲的精神转为自我中心的个人主义。这种价值观的改变,将会削弱我们的国际竞争能力,从而影响国家的繁荣与生存。"他又说:"我们的忧虑是,在不知不觉中,受到西方的同化。"还说"新加坡学校已有多年没有教导儒家伦理,直到最近才恢复。"②

　　由此可见,新加坡当局近几年推行儒家思想教育,是在西方利己主义价值观严重泛滥的情况下,将其作为挽救资本主义道德危机的治世良方。根据他们的国情,着重对青少年进行儒家道德伦理方面的教育,这样做是可以理解的。这里说明,亚洲一些已走向现代化的资本主义国家和地区,正由于西化后物质文明带来了精神危机,所以才乞灵于儒家思想,目的是希望起到一些补偏救弊的作用,看来也会收到一定成效,因而也引起西方人士的关注。韩国成均馆金敬洙博士说:"最近连西洋都说儒教精神和儒教伦理是能克服西洋文化局限的整个世界性精神财富,在我们传统的儒教文化中,将能找到创造我们文化所必要的价值观。"③儒家思想文化之所以会起到这些作用,正如我们有些学者所分析:由于这些国家、地区,"在经济高度发展的基础上,逐渐呈现了道德危机的集体意识,部分社会成员感到旧有的文化传统和社会组织的现代化浪潮的冲击下受到威胁,因而

---

① 参见台湾《日本企业管理的儒学精神》。
② 《儒家基本价值观应升华为国家意识》,载新加坡《联合早报》1988年10月29日。
③ 《儒教是克服西洋文化的精神财富》,载韩国《东亚时报》1987年9月16日。

便设法维护旧有传统，以抗拒外来因素的影响。"① 对此我也可以说，在各地走向现代化的过程中，由于实现的程度各自的条件不同，在接受儒家文化的影响时，就变成各取所需，对如何适应现代化的发展问题上，就会各自起到不同的作用。

四

实现现代化是当前世界各国的共同目标，但发达国家和发展中国家仍有较大差距，同时还有实现资本主义还是社会主义现代化的分歧。我们要建设的是具有中国特色的社会主义现代化国家，这和已经实现或正在走向资本主义现代化的国家亦有区别。

我国的现代化事业，既包括农业、工业、国防和科学技术的四个现代化，也包括改革和完善社会主义的经济制度、政治制度，发展高度的社会主义民主和完备的社会主义法制。即在建设高度物质文明的同时，还要建设高度的社会主义精神文明。关于后者，1986年9月，中共中央做出了《关于社会主义精神文明建设指导方针的决议》。其中提到社会主义精神文明建设的根本任务，是适应社会主义现代化建设的需要，培育有理想、有道德、有文化、有纪律的社会主义公民，提高整个中华民族的思想道德素质和科学文化素质。

要完成这个根本任务，其中也就牵涉到如何对待历史文化遗产的问题。所谓历史文化遗产，应该主要是以儒家为主体的传统文化。中共中央定下的是批判继承的方针，这个方针中华人民共和国成立以来早就明确了，但关键是怎样理解和如何贯彻的问题。比如说：批判什么？继承什么？有种简单回答：批判的是封建性糟粕，继承的是民主性精华。但糟粕与精华如何划分？有两分法，亦有提出三分法，还有认为是不可分割地存在于统一体中，要像食物那样经过肠胃消化，吸收的养料是精华，排泄的粪便是糟粕。不过这种比喻虽然形象生动，但对儒家传统文化如何消化吸收，多年来却难以说清楚，可以说是一个仍未解决的问题。

近几年来，儒家传统文化能否适应我国现代化的发展，对促进社会主义精神文明建设是动力还是阻力，在学术界有很大分歧。我认为不一定是非此即彼，不是动力就是阻力。我觉得儒家为主体的传统文化所体现的社会功能往往是带有矛盾的两重性。有的同是一种观点，而后人对此见仁见智，可以得出相反的理解和体会。如天下为公和大同世界，这确是中国古代儒家的一项重要政治思想。但这种理想是否有助于通向民主政治之路，前面讲到港台新儒家唐君毅、牟宗三等人对此作了肯定。而国内则有人认为这是把远古的农村公社作为理想国。这种政治

---

① 见《文汇报》1987年10月6日。

思想所体现的不是个人价值、个人尊严，而是高出于个人、家庭、社会和国家生活，并形成父权、君权、神权的观念，这种政治取向只能是导致专制集权的文化基础。对人格平等问题，亦认为儒家的人文主义是以道德为标准，其归宿都是为实现社会群体对于个人的约束，所强调的是个人义务而不是个人价值，个人价值只能体现在群体关系中，故人格的平等、尊严就无法得到实现。

  我认为把人看成是群体分子，以伦理、政治为轴心，处理和调整人与人之间的关系，这可以说是以儒家为主体的中国传统文化的特色。从孔子开始，对人格的完善、道德的修养，在要求上是人人平等的，如正己正人、立己立人、达己达人，他要所有的人都这样做，并无等级之分。孟子则肯定"人皆可以为尧舜"①，荀子亦承认"涂之人可以为禹"②，这就表明人们在道德人格上的平等地位。孔、孟还鼓吹"匹夫不可夺志"，要作"独行其道"的大丈夫，甚至不惜牺牲性命以成仁取义，这里对个人价值的独立和尊严，也应该是有所体现。但是另一方面也得承认，当时在现实的社会政治生活中，人们的地位却是不平等的，孔、孟既要维护君臣父子在社会政治伦理上的等级秩序，并且还肯定统治与被统治、剥削与被剥削的社会等级关系，与对人们在道德人格上的平等要求，就形成了儒家在人际关系上的两重性思想矛盾。

  传统儒学中对待人际关系的矛盾二重性思想，在当前的社会现实生活中仍然有它的作用和影响。由于儒家是讲究亲亲和尊尊，在处理人际关系时，如能做到尊老爱幼、和睦亲朋邻里、守望相助、疾病相扶这类传统美德，就应该加以继承。对领导与被领导、上级与下级的关系，则要在民主集中制的基础上处理好，这就有助于稳定社会秩序，维护安定团结的局面。但是儒家那种为亲者讳、为尊者讳的思想，也会有助于滋长官僚主义和亲情关系网，如特权思想、家长作风等带有封建性的纲常名教思想，这种现象最为群众所非议，应该进行批判。儒家对道德人格高标准的要求，如讲究正己正人、以身作则，见利思义，先忧后乐等思想行为和立身处世之道，以至不欺暗室的慎独工夫，这是儒学中的民主性精华和优良传统，应该加以发扬；但对一些过去称之为伪君子、假道学，今天亦有这些言行不一的两面派，就要加以揭露和批判。

  总之，儒家文化如何适应我国社会主义现代化的发展，还是一个有待探索的问题。日本和新加坡的经验可供借鉴，但也不能完全照搬。我们自己对社会主义精神文明建设的指导方针还是明确的，比如说，社会主义道德作为人类文明中道德发展的新境界，它必然要批判地继承人类历史上一切优良道德传统，并要同各种腐朽思想道德做斗争。又如说，进行社会主义思想道德建设，还要注意处理好

---

① 《孟子·告子下》。
② 《荀子·性恶》。

树立时代精神与弘扬传统美德的关系,把时代精神同弘扬民族传统美德结合起来。这些原则性的指导思想应该说是对的,但如何具体贯彻就不那么容易了。对这类问题我认为应当容许百家争鸣,在各人的研究和讨论中,逐步求得解决。

(原载《河北学刊》1991年第2期)

儒学对文明社会的适应性

中国是个文明古国，儒学是中国传统文化的重要组成部分，对中国古代社会文明曾产生重大影响，并且传播到东亚一些国家。当社会发展到工业文明时代，儒学能否适应这个时代的发展，是可以研究的问题。本文回顾历史，面对现实，儒学能对现代文明起到什么作用，对此略陈己见，以供讨论。

一、儒学产生的社会历史条件

由于世界各地区的自然和历史条件不同，各国文明社会的产生和形成，走着不同的途径并具有自身的特点。中国是在氏族血缘关系还未瓦解的情况下进入文明时代的，这和欧洲古希腊、罗马的发展途径不同。中国还是一个幅员辽阔、部族林立的多民族国家，地处东亚大陆，是以农立国的文明古国，由于人工灌溉的需要，所以进入文明社会后，公社组织被保留下来。在这个共同体的外壳里，政治组织、经济结构与宗法血缘关系紧密结合在一起，从传说中的夏禹开始，就建立了以"家天下"为特征的宗族统治。夏代以后，经过殷商和西周，宗法制度更日趋完备，正是在这个基础上，建立具有东方型比较"早熟"的中国特点的宗族宗法制社会。

宗族宗法制是在父权家长制的基础上发展起来的，如周朝的天子既是全国最高统治者，又是全族的最大宗族长。周代宗法制度的核心，就是按父权家长制的班辈，建立起一种金字塔式的统治机构。天子、诸侯、卿、大夫、士，既是政治上的君臣隶属关系，又是血缘上大宗和小宗的关系，而被统治的"隶子弟""庶人工商"也"各有分亲""皆有等衰"，① 都紧密联系在血缘的纽带上。就这样，宗统维护君统，族权强化王权，家法补充国法，温情脉脉的血缘纱幕，被用来调整统治者内部的君臣上下关系，从而保持周天子的天下"共主"和"大宗"的最高统治地位，"家国同构"成为中国古代文明社会的特点。

在周代社会中，反映宗法制度和宗法思想的"礼"，有着特殊的重要地位。礼原是用来祭祀上帝和祖宗的神的仪式。是"国之大事"，天子所用祭器，成为国君权力的象征。相传周公"制礼作乐"，已不单是祭祀仪式，实质上成了一套维护社会秩序的规范。关于礼的作用，在《左传》中界定说："礼，所以守其

---

① 《左传·桓公二年》。

国，行其政令，无失其民者也。"① "礼，经国家，定社稷，序民人，利后嗣者也。"② 以此稳定国家与人民之间的社会秩序。

西周末年天子权威失堕，一些强大的封国诸侯互相争霸，社会秩序混乱，出现所谓"礼崩乐坏"的局面。历史上称为春秋战国时代。儒家创始人孔子（公元前551—前479年），力图挽救这种局面。他提出"正名""复礼"，提倡仁政和德治，为的是想恢复和安定社会秩序，使人际关系得以和谐。

二、儒学对中国古代文明社会所起的作用

春秋战国是个"诸侯异政，百家异说"的时代，"五霸""七雄"互争雄长。这些诸侯国君，大都急功近利，面对孔孟提倡的儒学，要求他们做仁义之君，认为是"迂远而阔于事情"，所以孔子是"其道不行"，到孟子的时代，正如司马迁所指出："当是之时，秦用商君，富国强兵；楚、魏用吴起，战胜弱敌；齐威王、宣王用孙子、田忌之徒，而诸侯东面朝齐。天下方务于合从连衡，以攻伐为贤，而孟轲乃述唐、虞、三代之德，是以所如者不合。"③ 可以说是不合时宜。不过，孔、孟儒学在战乱时期虽不受时君世主所重视，但在社会上还是有影响的。所以在当时的"百家争鸣"中，儒家被称为"显学"，并且在治国之道中，经得起时间的考验。如统一六国的强秦，对中国历史的开拓固然做出了贡献，但由于用严刑峻法统治，推行暴政，结果是二世而亡，汉初贾谊总结历史经验教训时，认为秦速亡的主要原因是"仁义不施"。④ 即是不用儒家思想治国的缘故。

汉初，经过刘邦和文景之治的实践，道法刑名之学，治国虽亦取得一定的成效，但到雄才大略的汉武帝，还是取纳董仲舒的建议"独尊儒术"。秦皇、汉武时期都是中国历史上大一统的鼎盛时期，但两人统治的后果不一样，这里就说明反儒与尊儒的不同作用。唐朝的贞观之治，在中国历史上也算得上是升平时代。太宗李世民说："朕今所好者，惟在尧舜之道，周孔之教，以为如鸟有翼，如鱼依水，失之必死，不可暂无耳。"⑤ 由于儒学在社会上职司教化，所以后世也称儒教。正如刘谧所说："儒教在中国，使纲常以正，人伦以明，礼乐刑政，四达不悖，天地万物，以位以育，其功于天下大矣，故秦皇欲去儒，而儒终不可去。"⑥ 这正说明儒学对中国古代社会的适应性。

---

① 《左传·昭公五年》。
② 《左传·隐公十一年》。
③ 《史记·孟子荀卿列传》。
④ 《过秦论》。
⑤ 《贞观政要》卷六。
⑥ 《三教平心论》。

用儒家思想治国，为什么能长治久安？一个国家的繁荣富强，按照中国的古话说，要有天时、地利、人和各种因素，而儒学的功用，就是能做到"人和"。社会是由人群构成的，能否和睦相处，就成为社会安定还是动乱的关键。

孔子思想有个特点，就是着意解决人际关系问题，以伦理、政治为轴心，处理和调整人与人之间的关系，这可以说是以儒家为主体的中国传统文化的特色。所以从这个角度看，作为孔子核心思想的"仁"也可以就是一种人际关系学。孔子对"仁"所下的界说，最简单明确的回答是"爱人"①。由于孔子还说过："节用而爱人，使民以时。"② 有人认为孔子使用"人"与"民"的含义不同，前者是统治层中人，后者是劳动群众。但即使作这样理解，孔子对"民"还是重视的。如他要求从政者"因民之所利而利之"（《论语·尧曰》）。他赞扬子产"其养民也惠"③。他还提出"富之""教之"④ 的富民、教民的主张，对能做到"博施于民而能济众"的人，孔子称之为"圣"。⑤ 这些说明，孔子对下层的"民"，也要使他们能过温饱生活。

对统治层内部的君臣关系，孔子虽然也讲忠君，但不是无条件盲从。所以当鲁定公问到"君使臣，臣事君，如之何"时，他回答说："君使臣以礼，臣事君以忠。"⑥ 君主要依礼对待人臣，臣下才尽忠君主，两者是对等的关系。人臣奉事君主，他主张要"勿欺也，而犯之"⑦。即不要弄虚作假，敢于犯颜直谏。否则"如不善而莫之违也"，明知君主不对而顺从他，就会导致"丧邦"亡国之祸。⑧ 孔子认为要处理好各种人际关系，对统治层内部要彼此真诚相待，对群众要富而后教，主张"为政以德"⑨，即用教化的办法对待人民，这与他既是政治家又是教育家的身份是一致的。

孟子对解决人际关系问题却比孔子思想有所发展，他在更深的层次来分析这个问题。他总结历史和现实的经验教训，认识到人心向背关系到统治者的存亡继绝问题。他说："桀纣之失天下也，失其民也；失其民者，失其心也。得天下有道：得其民，斯得天下矣；得其民有道：得其心，斯得民矣；得其心有道：所欲与之聚之，所恶勿施尔也。"⑩ 这里无非说，当政者要治理好国家，想得到人民

---

① 《论语·颜渊》。
② 《论语·学而》。
③ 《论语·公冶长》。
④ 《论语·子路》。
⑤ 《论语·雍也》。
⑥ 《论语·八佾》。
⑦ 《论语·宪问》。
⑧ 《论语·子路》。
⑨ 《论语·子路》。
⑩ 《孟子·离娄上》。

的拥护，就要满足民生的需要，这样社会秩序才能稳定，物质文明的充实，精神文明也随之得到提高。正如孟子所说："民之为道也，有恒产者有恒心，无恒产者无恒心。苟无恒心，放辟邪侈，无不为已。"① 这样人民就会做坏事，社会就不安定了。

儒学还有一个特点，很重视从道德修养方面来提高人的精神素质，并且要求从个人做起，正心、诚意、修身、齐家到治国、平天下。这样逐步推广，而个人修身则是基础，所以说"自天子以至于庶人，壹是皆以修身为本"。② 无论权力大小和地位高低，自身道德修养的要求应是平等的。从个人、家庭到国家社会，这也体现了中国古代文明家国同构的特点。

儒学对个人的道德修养，体现到以"仁"为核心的人生价值，就是教导人们怎样去做人。孔子讲的两段话："夫仁者，己欲立而立人，己欲达而达人。"③ "己所不欲，勿施于人。"④ 这就是讲人我之间的关系准则。孔子还提出正己与正人的关系问题，他回答季康子问政时说："政者，正也。子帅以正，孰敢不正？"⑤ 又说："其身正，不令而行；其身不正，虽令不从。""苟正其身矣，于从政乎何有？不能正其身，如正人何？"⑥ 这就是说，要求别人时先要自己做到，即要以身作则，这是处理人际关系的又一条重要规范。儒学的道德修养还有一项重要内容，称之为"慎独"。《中庸》里说："是故君子戒慎乎其所不睹，恐惧乎其所不闻，莫见乎隐，莫显乎微，故君子慎其独也。"这是说君子在别人看不见、听不到的情况下，独自一个人时，也要谨慎地进行内心反省，即在无人监察下也不作坏事，这确是为人处世的一条重要道德原则。

总之儒学认为处理人际关系主要是诚信两字。能做到这一点就是一个"人和"的文明社会。

三、儒学对近代工商社会的文明还有促进作用吗？

儒学是人际关系学。儒学从个人修养着手，推己及人。它主张仁民爱物，己立立人，己达达人，"老吾老以及人之老，幼吾幼以及人之幼。"从而，对中国古代农业社会的家庭和谐和社会稳定产生了重要作用。那么，近代工商业兴起后，儒学能否适应现代文明社会？应该可以研究。

---

① 《孟子·滕文公上》。
② 《礼记·大学》。
③ 《论语·雍也》。
④ 《论语·卫灵公》。
⑤ 《论语·颜渊》。
⑥ 《论语·子路》。

民主与科学是构成现代文明社会的标志。中国近代没有进入资本主义社会，但民主启蒙思想还是有初步体现的。如谭嗣同的"仁学"，具有通向民主的因素；孙中山主张的博爱、天下为公，其思想渊源来自儒家。五四运动，儒家孔学在中国国内受到冲击，但儒学并非没有传人。大陆有梁漱溟、熊十力，传到港台的有唐君毅、牟宗三等人，被称之为现代新儒家。

在 50 年代，最为集中反映港台现代新儒学思潮观点的，可推《民主评论》与《再生》二杂志在 1958 年的元旦号中，同时发表的一篇长文《为中国文化敬告世界人士宣言》。该文是由唐君毅与张君劢商议后起草初稿，再与徐复观、牟宗三"往复函商"后认定的。他们一方面承认在"中国文化历史中，缺乏西方之近代民主制度的建立，与西方的科学及各种实用技术，致使中国未能真正的现代化工业化。"但另一方面又说："不能承认中国之文化思想，没有民主思想的种子。""亦不能承认中国文化是反科学的。"理由是儒家所肯定的"天下为公，人格平等之思想，即为民主的政治思想之根源所在"。并由是得出结论："民主宪政，亦即为中国文化中之道德精神自身发展之所需要"，而"从中国历史文化之重道德主体之树立，即必当发展为政治上之民主制度"。这被称为"返本开新"之论。①

树立道德本体是"本"，开创民主制度是"新"，这是内圣开外王的思路，力图使儒家传统文化能适应现代化社会的需要。但这种观点的应用效果如何，看来还要由实践来检验。

如果说唐君毅等人所发表的儒学宣言仅是一种理念，那么，儒学对工商业经济发展的作用，却得到一些现代企业家的肯定。1984 年泰国华人郑彝元出版了一部《儒家思想导论》，企业家郑午楼在序言中说："现在世界上有不少学者已经注意到亚洲一些国家和地区经济现代化的新经验。这主要是指日本、韩国、新加坡和台湾、香港。他们的经验表明：保持儒家传统作为一种安定社会的力量，这对维系社会的敬业乐群精神，对于创造一个稳定的投资环境以促进社会经济的发展，会有着极大的重要性。"

儒家思想主张待人和，重信义，诚实不欺，对从事经济活动亦有促进作用，并且对日本也有影响。如早在明治维新时，曾任天皇教席的三岛中洲，就主张要"据《论语》把算盘"，提出"道德经济合一说"。稍后的涩泽荣一于 1983 年则提倡"义利合一论。"他以孔子《论语》的"君子喻于义，小人喻于利"为信条，确立见利思义、利义合一作为办企业的方针。这种影响一直到最近的 80 年代，日本还出现过读《论语》热。著名的企业家横山亮次则认为：企业内工会是"和为贵"的思想体现。他自己和职工的关系，就贯彻了"爱人者人恒爱之，

---

① 唐君毅等：《中华人文与当今世界》，台湾学生书局 1975 年版。

敬人者人恒敬之"的儒家思想。他们还认为在现实生活中，儒家思想主要是其伦理道德观念，作为文化的一部分仍有机地存在于日本的上层建筑和生产关系中，并且对经济基础和生产力起到巩固和推动的作用。① 这里说明儒家与"工业东亚"文明仍有密切的关系。

儒学是中国古代的传统文化，当然有它时代的局限性。学术界对此有多种不同看法，可以在研讨会中开展对话交流。21世纪是和平与发展的世纪，经过改造创新，我认为儒学还是可以适应世界文明社会发展的需要的。

（原载《乐山师范学院学报》1999年第4期）

---

① 参见《参考消息》1981年10月21日。

儒家文化与商业文明关系的探索

儒家思想与商业文明，粗看这个论题好像两者的关系并不大。因为儒家从孔、孟开始，都没有多少直接涉及商业问题。所谈及的义利关系，虽似与商业有关，但儒家是重义轻利，与营利为目的的商业行为不大合拍。我国古代是个农业社会，职业分途有仕、农、工、商，儒家提倡学而优则仕，当官是四民之首，而商人则居四民之末。但随着社会的发展，特别到近现代，工商业在经济中的比重也愈来愈大，当前在市场经济领域中，商业资本、金融资本更起到举足轻重的作用。我们怎样看儒家思想与商业文明的关系，应该是值得探索的问题。

一

先秦儒家孔、孟、荀生活在春秋末年到战国时代，当时随着生产力的提高，农业、手工业和商业都得到发展。特别是商人的地位逐步上升。如郑国的商人和政府订了盟约：商人不背叛国家，政府也不干涉商人的经营。郑商的足迹，南到楚，北到晋，东到齐，可说是遍于黄河长江。像郑商弦高矫命犒秦师的故事，更显出商人在社会交往中的作用。

春秋晚年还出现一些大商人。如范蠡既雪会稽之耻，"乃乘扁舟，浮于江湖，……之陶为朱公。朱公以为陶天下之中，诸侯四通，货物所交易也，乃治产积居，与时逐，而不责于人。十九年之中，三致千金，……子孙修业而息之，遂至巨万。"①

还有孔子的学生子贡，"既学于仲尼，退而仕于卫，废著鬻财于曹、鲁之间。七十子之徒，赐最为饶益。原宪不厌糟糠，匿于穷巷。子贡结驷连骑，束帛之币以聘享诸侯，所至，国君无不分庭与之抗礼。"②

郭沫若主编的《中国史稿》中说，孔子周游列国，在很大程度上就靠着子贡在经济上帮忙。我没有在文献中看到具体记载，但《论语》中有孔子对子贡从商的评论。这是和颜回连带说的："回也其庶乎，屡空。赐不受命，而货殖焉，亿则屡中。"③ 对这段话的解释，朱熹在《四书章句集注》中说：颜回不以贫窭动心而求富，故屡至于空匮也。言其近道，又能安贫也。"言子贡则不如颜子之

---

① 《史记·货殖列传》。
② 《史记·货殖列传》。
③ 《论语·先进》。

安贫乐道，然其才识之明，亦能料事而多中也。"程子的解释说："子贡之货殖，非若后人之丰财，但此心未忘耳。然此亦子贡少时事，至闻性与天道，则不为此矣。"还有范氏曰："贫富在天，而子贡以货殖为心，则是不能安受天命矣。其言而多中者亿而矣，非穷理乐天者也。夫子尝曰：'赐不幸言而中，是使赐多言也'，圣人之不言也如是。"

从程、朱等宋儒的注释看来，我认为朱熹的理解比较符合孔子原意。按照孔子的人生观，对颜回的安贫乐道是比较赞赏的，但又不能不承认子贡不相信命运，由于才识过人，做生意屡次得到成功，即对他既有批评也有钦佩的一面。其实子贡和各国之间的交际，能和诸侯们"分庭抗礼"；而孔子在周游列国时却到处碰壁，当时孔子确是带有复杂的心情，他不大主张从商，但又不能不承认大商人的地位和作用。至于宋儒，则多从重义轻利对从商加以贬斥。

孟子没有直接评论从商的个人，但从他与陈相对话批评许行时，却承认社会分工和市场交易的作用。他说："以粟易械器者，不为厉陶冶；陶冶亦以其械器易粟者，岂为厉农夫哉？且许子何不为陶冶，舍皆取诸其宫中而用之？何为纷纷然与百工交易？何许子之不惮烦？"

孟子这段话虽是批评许行，但论据是认为社会上的人，与百工交易是不可避免的，当然各行各业直接生产者不可能都到市场进行物物交换，因而市场中介即商人从事商业行为就不可避免了，应该说孟子对此是加以认可的。①

荀子虽没有具体评论到哪个商人，但说到当时货物流通的情况，可以见到商业的繁荣和商人的作用，如说："北海则有吠犬焉，然而中国得而畜使之。南海则有羽翮、齿革、曾青、丹干焉，然而中国得而财之。东海则有紫紶鱼盐焉，然而中国得而衣食之。西海则有皮革、文旄焉，然而中国得而用之。故泽人足乎木，山人足乎鱼，农夫不削、不陶冶而足械用，工贾不耕田而足菽粟。"根据这种情况，因而主张"通流财物粟米，无有滞留"，做到"四海之内若一家"，② 说明他对商业的作用是十分重视的。

中国古代虽是以农立国，但对农、工、商在社会经济中起到的作用还是明确的。如说"凡民自七尺以上属诸三官，农攻粟，工攻器，贾攻货。时事不共，是谓大凶。"③ 也有说："工匠役工，以攻其材，商贾趣市，以合其用。……关夷市平，财无郁废，商不乏资，百工不失其时，无愚不教，则无穷乏，此谓和德。"④ 这都是把农、工、商摆在平等的地位，对从事各种职业的人都认可其所起到的作用。

---

① 参见《孟子·滕文公上》。
② 《荀子·王制》。
③ 《吕氏春秋·上农》。
④ 《逸周书·大聚解》。

二

史称"汉兴,接秦之敝,诸侯并起,民失作业,而大饥馑。凡米石五千,人相食,死者过半。"① 在这种情况下,刘邦需要与民休息,首先恢复农业生产。而商人则被视为"逐利之民",由于有余钱屯积市场,使物价腾贵,因此"高祖乃令贾人不得衣丝乘车,重租税以困辱之","孝惠、高后时,为天下初定,复弛商贾之律。然市井之子孙亦不得仕宦为吏。"②

汉初虽然推行重农抑商政策,但现实情况是"用贫求富,农不如工,工不如商",有的"逐渔盐商贾之利",致"起富数千万"的大商人。③ 这些富商大贾,"因其富厚,交通王侯",因而形成"今法律贱商人,商人已富贵矣;尊农夫,农夫已贫贱矣"的景象。④

汉武帝时由于国家府库空虚,"而富商贾或墆财役贫","冶铸鬻盐,财或累万金,而不佐公家之急,黎民重困。"于是由皇帝下"缗钱令","中家以上大氐(抵)皆遇告",由是"得民财以亿计,奴婢以千万数,田大县数百顷,小县百余顷,宅亦如之。于是商贾中家以上大铺(抵)破"⑤ 这是汉廷对商人又一次大的打击。

在这种情况下,既认为商贾暴富有损国家利益,作为儒家代表人物的董仲舒,就从义利关系的角度,提出"正其道不谋其利,修其理不急其功"⑥ 的名言。后来在《汉书》本传中又被修正为"正其谊(义)不谋其利,明其道不计其功",对后世产生了极其深远的影响。宋代作为正统儒家的程朱理学,程颐说:"不独财利之利,凡有利心便不可。"⑦ 他们还通过存天理、灭人欲的途径来禁绝功利,要求"学者须是革尽人欲,复尽天理"。⑧ 还说"对义而言,则利为不善。"⑨ 这样将义利绝对对立起来,作为"逐利之民"的商人,当然要受到排斥了。

其实从董仲舒到程、朱,他们的义利观是不完全符合孔子的原意的。孔子虽是重义,但不完全排斥利。他是主张"见利思义","义然后取"。所以说:"富

---

① 《汉书·食货志》。
② 《史记·平准书》。
③ 《史记·货殖列传》。
④ 《汉书·食货志》。
⑤ 《汉书·食货志》。
⑥ 《春秋繁露·对胶西王越大夫不得为仁》。
⑦ 《遗书》卷十六。
⑧ 《朱子语类》卷十三。
⑨ 《论语或问》卷四。

与贵，是人之所欲也，不以其道得之，不处也。"① 又说："富而可求也，虽执鞭之士，吾亦为之，如不可求，从吾所好。"② 孔子并非不要富贵，但要符合道义，要"见利思义"，不能"见利忘义"，这种义利观应该是正确的。

因此在宋儒中也有义理和功利的分派，如叶适就认为道义不能离开功利，说："正谊不谋利，明道不计功。此语初看极好，细看全疏阔。古人以利与人，而不自居其功，故道义光明。后来儒者，行仲舒之论，既无功利，则道义者乃无用之虚语尔。"③ 陈亮也认为功利是道义的内容，并说孔子说仁义也"计人之功"④，孟子言王道也"切于事情"⑤。他反对超越功利，空谈义理，并提出"王霸可以杂用，则天理人欲可以并行"。⑥ 即所谓"义利双行，王霸并用"论。后来颜元更对董仲舒的名言做了翻案文章，声称"正其谊（义）以谋其利，明其道而计其功。"⑦ 他认为不讲谋利计功是"过矣"，是错误的，而"宋儒喜道之"，是为了"以文其空疏无用之学"。⑧ "全不谋利计功，是空寂，是腐儒。"⑨ 明清时期，儒学中曾兴起一股实学即主张经世致用的思潮，赞成义利统一、义利兼重的价值观，这就为儒家思想与商业文明打开了一条通道。

三

我们现在看到一些商店，打出"文明经商"的招牌，所谓"文明"大概是表示不欺不骗、诚实经商的意思。过去也看到一些店铺，自我标榜是"货真价实，童叟无欺"，也是诚信待人的承诺。当然能否做到，也要听其言而观其行，但从字面中也可以看出儒家思想与商业文明的关系。

本文上面谈过，孔子是主张"见利思义"而反对"见利忘义"的，这所谓"义"，在经商时就是要遵纪守法、诚信待人，这就是文明经商。这种成功的例子是中外都有的。

我国明清时期由徽州商人组成的商帮在商界是很有势力的群体，但又以"贾而好儒"知名。徽商如何应用儒家的义利观而取得成功之道，对当前仍有它的现实意义。

---

① 《论语·里仁》。
② 《论语·述而》。
③ 《习学记言》卷二十三。
④ 《又乙巳春书之二》。
⑤ 《勉强行道大有功》。
⑥ 《又丙午秋书》。
⑦ 《四书正误》。
⑧ 《四书正误》。
⑨ 《习斋言行录》。

叶显恩写过一篇《儒家传统文化与徽商》，文中列举很多徽商所以取得成功的例子。他指出徽商不是不言利，而是遵照儒家传统，"利以义制"，它是同诚、信、仁等一起构成一个完整的道德体系，起到合力作用。事实说明，大凡非义之财不取的人，都往往取得商业的成功。如清代歙人凌晋从商以仁义为本，交易中有黠贩蒙混而多取之，不作屑屑计较；有误于少与他人的，一经发觉则如数以偿，结果他的生计却蒸蒸"益增"①。此中原因，黟商舒应刚做出解释：钱，泉也，泉有源方有流。"狡作生财者，自塞其源也"；"以义有利，不以利为利"，自当广开财源，以义为利实生财之大道。②

从有关资料证明，大凡取得事业成功的徽商几乎都以"诚"与"不欺"为本。歙商许宪说："惟诚待人，人自怀服；任术御物，物终不亲。"他因诚而建立名德，"出入江淮间，而资益积"。③又歙商江长遂，"业鹾宛陵，待人接物，诚实不欺，以此致资累万。"④还有黟商胡荣命经商于江西吴城五十年，以信誉自重，童叟不欺。晚年告老还乡，有人"以重金赁其肆名"，被他拒绝。他说："彼果诚实，何藉吾名？欲藉吾名，彼先不实，终必累吾名也。"⑤胡荣命经商期间，享有很高信誉，到年老停业回乡，仍有人想出重金租赁他的商号，但他认为如果是诚实之人，可以自创门户，现在想借用商号名称，就是不够诚实的表现，最终会败坏自己多年创立的信誉，因此拒绝租赁。他虽然年老歇业，仍然珍惜原来的信誉，可见徽商的贾道重名德的一斑。这也可以说是儒家思想影响商业文明的例证。

儒家思想对外国办企业的影响，如日本早在明治维新时，曾任天皇教席的三岛中洲，就主张要"据《论语》把算盘"，提出"道德经济合一说"。稍后的涩泽荣一于1883年则提倡"义利合一论"，他以孔子《论语》的"君子喻于义，小人喻于利"为信条，确立见利思义、义利合一作为办企业方针。这种影响一直到80年代，日本还出现过读《论语》热。如著名评论家山本七平写的《〈论语〉读法》就成为畅销书之一。涩泽荣一所著的《论语讲义》《论语与算盘》等书被列为企业界的常读书。日本的企业管理以追求整体利益为依归，通过各种方式、途径调节人的关系，从而达到企业内部系统、企业之间以至企业与社会的整体和谐，以取得最佳经济效益，这就是日本企业以孔子的和谐哲学为文化基因而取得的实际成果。⑥

---

① 凌应秋：《沙溪集略》卷四。
② 《黟县三志》卷十五。
③ 《新安歙北许氏东支世谱》卷三。
④ 《济阳江氏族谱》卷九《长遂公、长遇公合传》。
⑤ 《黟县三志》卷六下《人物》。
⑥ 参见台湾《日本企管的儒家精神》。

针对日本的情况，近年来有"儒家资本主义"的提法。如米切欧·莫里西认为：日本资本主义发展到后期，已完全背离西方的模式，是一种"国家的、家长制的、反个性的"资本主义形式。他认为，正是"集体主义"才抑制了"个性主义"，并为日本资本主义提供了社会与文化基础。他还说："从长远的历史角度看，儒家价值观念决定了日本资本主义制度中集体主义伦理道德体系的确立。儒教重视社会和谐与社会道德，强化社会成员之间秩序关系的形成。在《论语》中孔子描述了一种理想的社会机构，并规定每个阶层的作用与道德规范。"西方社会中，道德上的个人主义与经济个人主义无意识地结合在一起，而日本传统文化的集体主义则会导致'儒家资本主义社会'。"①

这里所谓儒家资本主义社会，其实指的是儒家思想在日本企业的经营方式中所起的作用，即主要是要协调好企业内部的劳资关系。用著名企业经营者横山亮次的说法：终身就业制和年功序列化是"礼"的思想体现；企业内工会是"和为贵"的思想体现。他自己同职工的关系，就贯彻了"爱人者人恒爱之，敬人者人恒敬之"的儒家思想。立石电机的创业者立石一真主张"和为贵"，要建立"相爱和互相信赖"的夫妻式劳资关系。他们还认为在现实生活中，儒家思想主要是其伦理道德观念，作为文化的一部分仍有机地存在于日本的上层建筑和生产关系之中，并且对经济基础和生产力起到巩固和推动的作用。但是我们不能因此就说，儒家思想文化可以产生出资本主义社会，正如另一位企业家所说：日本走上资本主义道路，从政治制度到生活方式，全面地向欧美国家学习，是"脱亚入欧"的结果。②

在20世纪七八十年代，由于日本和所谓亚洲四小龙经济上的起飞，因而产生了一种观点，即认为儒家思想会促进经济现代化的发展。1984年泰国华人郑彝元出版了《儒家思想导论》，企业家郑午楼在其序言中说：现在世界上有不少学者已注意到亚洲一些国家和地区经济现代化的新经验。这主要是指日本、韩国、新加坡和台湾、香港。他们的经验表明：保持儒家传统作为一种安定社会的力量，这对维系整个社会的敬业乐群精神，对于创造一个稳定的投资环境以促进社会经济的发展，会有极大的重要性。这是从儒家的和谐思想有助于营造投资环境和商业文明的气氛，即从另一个角度阐述儒家思想和商业文明的关系。

四

当前我国已由计划经济转向市场经济的轨道，这是世界潮流的大势所趋。市

---

① 王剑波、张芹编译自［澳］《新社会学杂志》1988年4月第24卷第1期，《社会科学报》1989年12月7日摘引。

② 见《参考消息》1988年10月21日报道。

场经济要不要讲道德，从一些报道所反映，看来多是做了肯定。据香港《明报》1992年7月8日载，西方大企业注重商业道德已蔚为时尚。韩国高丽大学校长洪一植撰文，称"立足于道德性树立企业文化，是成为世界一流企业的首要条件"。另《光明日报》1994年8月19日报道在北京召开的"商业企业经营管理体制改革与职业道德重整研讨会"中的发言，大都主张市场经济要讲诚信，从经营管理入手，把职业道德纳入法制化、制度化的轨道，这应该说是学术界和企业界的主流思想。

但是在现实生活中人可否分为经济人和道德人的问题？我认为这种区分是没有必要的，同时在现实生活中也难以分开。比如对经济人的界定，有说人的行为动机是追求个人利益，这样概括是不全面的。我国是社会主义国家，全民和集体经济占主导地位，企业负责人的经济行为不能只是追求个人利益，现在我们国有企业中出现一些穷庙富方丈的现象，这种情况应该谴责。即使是私营的个体经济，正当的经营者也不是只讲个人利益，如上缴国家利税，同时也为国家利益做贡献。至于道德人也许认为是那些专做社会救济的善长仁翁，其动机行为应该是利他。但是这种利他行为有个前提，即先拥有个人的物质财富，才谈得上去爱利他人，所以经济人和道德人也应该是统一的。

因此，我认为人的经济行为和道德行为不是对立的两极，遵守职业道德和社会公德，本是从事各种经济行为的人，在本身行业活动中就是题中应有之义。比如经商开业，做到货真价实，童叟无欺，这是经营商业本身的内在要求，而不是外面所强加的。有人认为用道德制约经济生活是道德评价的越位干扰，将经济与道德割裂并对立起来。这种观点我不同意，实践证明也是有害的。现在市场上假冒伪劣商品充斥，欺蒙拐骗手段层出不穷，甚至制造假酒假药致人死命，这种连起码职业道德也不讲的经济行为，就应该给予严厉的道德谴责，难道是越位干扰吗？这也说明经济与道德是不能分割的。

社会主义市场经济固然要讲究经济效益，但赚钱也要合理合法。市场经济固然要讲竞争，但要在公平的条件下进行。国家也要做宏观调控，不能因为由计划向市场经济转型，就可以失衡和无序，当事者可以任意胡来。道德和法制是市场经济的两个轮子，既推动同时也会起制约作用。前段时间，广东有部分研究经济理论和从事实际工作的人，提出要为投机倒把、买空卖空以至皮包公司正名，因为这些经济行为能促进商品流通，提高经济导向，是社会进步的表现。这里说穿了只要经营者能赚到钱，可以不择手段来损害消费者和国家的利益，而只谋一己或小集团以至局部地区的私利，这也许是地方保护主义者所持的理论根据和得以形成的原因。

针对上述情况，我认为要健全我国社会主义市场经济体制，道德与法制缺一不可。而法制只能治标，威慑一时，更根本的是要提高所谓经济人的思想文化素质，树立正确的人生观和价值观，从事经济活动要做到见利思义，不能见利忘义。这虽是两千多年前儒家孔子所提倡的价值观，到今天对从事经济活动的人，应该还没有过时，这也说明古老的儒家思想，有些能适应时代变化的内容，对现代都市的商业文明，仍然可以起到一定的导向作用。

（原载《东方论坛》2000年第4期）

论退溪人生哲学在儒学中的历史地位

中国传统哲学有一个重要特点,就是注重研究人生问题。特别是传统儒学所讲的人生哲学,更是十分丰富和突出。中华民族所以有较强的凝聚力,几千年来能独立于世界各民族之林,并创造出光辉灿烂的古代文化,儒家的人生哲学,对此产生了一定作用。李退溪毕生服膺儒学,并且言传身教,对朝鲜民族也有相当影响。他曾被人称为东方李子,在东亚的儒家文化圈中享有较高的声誉。这主要是由于他的人生哲学所起到的作用。因此,研究退溪的人生哲学在儒学中的历史地位,将有助于了解儒学如何对外传播和交流;并在取得共识的基础上,对继续加强中、朝之间的文化友好往来,具有积极的现实意义。

一

中国传统儒学的特点是重视人,并重视人在宇宙中的地位。儒家讲"天人合一""万物一体",但其中很重视人的作用。天、地与人,谓之三才,人与乾坤本是三,就是把人与天、地(或乾、坤),摆在鼎足而立的地位。与天地间的万物相比,儒家是讲"天地之性人为贵"。人为什么最为尊贵,荀子对此加以解释说:"水火有气而无生,草木有生而无知,禽兽有知而无义;人有气有生有知亦且有义,故最为天下贵也。"① 人和万物都是自然界的一分子,但人之所以尊贵而不同于水火、草木和禽兽,因为人是有思想意识和能遵守社会道德规范的高等动物,同时只有人过着有组织的群居生活。荀子说:"(人)力不若牛,走不若马,而牛马为用,何也?曰:人能群,彼不能群也。"② 人之所以能役使体力超过自己的牛马,靠的是有社会组织的群体力量。荀子又说:"人何以能群?曰:分。分何以能行?曰:义。故义以分则和,和则一,一则多力,多力则强,强则胜物"。③ 荀子认为人的群体力量是靠"分"(等级秩序)来维持,而社会等级秩序又是靠"义"(道德规范)来实现。据此他从反面论证:"人生不能无群,群而无分则争,争则乱,乱则离,离则弱,弱则不能胜物。故宫室不得而居也,不可少顷舍礼义之谓也。"④ 上面就是荀子对人为贵所做出的论证和解释。

---

① 《荀子·王制》。
② 《荀子·王制》。
③ 《荀子·王制》。
④ 《荀子·王制》。

由此可见，儒家是重视人的，但重视的是人的社会属性和群体价值。因而要重视处理好人际关系。孔子的核心思想是"仁"。《中庸》说："仁者，人也。"从"仁"的字形结构看，许慎的《说文》解释为"从人，从二"。《礼记》郑玄注认为"仁"是"相人偶"之意，即用以协调人与人之间的相互关系。要做到"仁"，一方面要受道德规范的制约，所谓"克己复礼为仁"。① 另一方面则要以身作则，正己正人。要求做到"己欲立而立人，己欲达而达人"②，"己所不欲，勿施于人"③ 这是儒家处理人际关系的一条准则。孟子说："老吾老，以及人之老；幼吾幼，以及人之幼。天下可运于掌。"④ 讲的就是儒家的推爱。作为"仁"者，总的态度应该是"爱人"⑤。因此，"仁民爱物"就成为儒家人生哲学中的一项重要内容。

儒家人生哲学是主张入世的，认为人生的意义和价值，是从自身修养做起的，进而齐家、治国、平天下。所谓上可以致君为尧、舜，下可以配德于孔、颜。通过"立德""立功""立言"这"三不朽"的途径，仁民爱物，以参赞天地之化育，就成为儒者入世的最高理想，这也就是儒家所谓"内圣外王"之道。

儒家很重视道德修养、道德教化和道德实践，主张自天子以至庶人都要以修身为本，这方面并无等级的差别。所以孟子在回答曹交时，就说："人皆可以为尧舜"⑥，荀子则承认涂之人"皆可以知仁义法正之质，皆有可以能仁义之具"，因而说："涂之人可以为禹。"⑦ 尧、舜、禹是儒家最尊崇的古圣先王，而孟、荀却认为一般人都能做到，这说明在道德人格的修养上，只要经过主观努力，对任何人都没有不可逾越的高峰。所以人生走什么道路，主要应由自己决定。

据此儒家对入世人生在道德人格上的要求是高标准的，待人处世，要做到公平正直，刚正不阿，要保持自己独立意志和人格的尊严。正如孔子说过："三军可夺帅也，匹夫不可夺志也。"⑧ 又说："志士仁人，无求生以害仁，有杀身以成仁。"⑨ 孟子更加以发挥说："居天下之广居，立天下之正位，行天下之大道。得志，与民由之，不得志独行其道。富贵不能淫，贫贱不能移，威武不能屈。此之谓大丈夫。"⑩ 又说："生，亦我所欲也，义，亦我所欲也，二者不可得兼，舍生

---

① 《论语·颜渊》。
② 《论语·雍也》。
③ 《论语·卫灵公》。
④ 《孟子·梁惠王上》。
⑤ 《论语·颜渊》。
⑥ 《孟子·告子下》。
⑦ 《荀子·性恶》。
⑧ 《论语·子罕》。
⑨ 《论语·卫灵公》。
⑩ 《孟子·滕文公下》。

而取义者也。"① 孔、孟鼓吹"匹夫不可夺志",要做"独行其道"的大丈夫,甚至不惜牺牲性命以成仁取义,这种强调独立人格的尊严,可以说是相当强烈的。

当然作为传统儒学,不可避免地会宣扬要遵守封建道德伦理纲常。所谓君正臣贤、父慈子孝、兄友弟恭、夫义妇顺等一套,既是儒家伦理的理想要求,又是世俗人生所要遵守的各种名分和准则。忠君孝亲自是封建伦理的核心,不忠不孝不但为封建王法所不容,同时也为士人君子所不齿。所谓成仁取义也往往为保持忠孝大节而行。像文天祥那样具有天地正气的人,也是说"三纲实系命,道义为之根",他是忠于宋室才成仁取义的。

不过也要指出一点,儒家伦理对当事者的双方,也带有一些对等观念。如父慈才子孝,夫义才妇顺,双方似负有对等的要求和义务。对君臣关系,孔子就说要"君使臣以礼",才"臣事君以忠。"② 孟子更干脆提出:"君之视臣如手足,则臣视君如腹心";"君之视臣如土芥,则臣视君如寇仇"③。荀子更是提出"从道不从君"④ 的命题,由此可见先秦儒家是有强烈的君臣对等观念。后来随着封建专制君权的加强,所谓"君臣之义无所逃于天地之间"的论调才大行其道,而黄宗羲则斥之为"小儒"⑤。他自称:"吾无天下之责,则吾在君为路人","以天下为事,则君之师友也"⑥ 认为这样才是符合儒家"以道事君"的本旨。

儒家虽讲读书是为出仕,要能建功立业,但是在出处、辞受之间,也是作为人生大节来处理的,这就是重操守的问题。孔子说:"天下有道则见,无道则隐。"⑦ "隐居以求其志,行义以达其道。"⑧ 遇见无道之君,就宁可隐居不仕,以保存自己的志向。但是无论是在朝在野,都不忘忧国忧民。正如范仲淹所说:"居庙堂之高,则忧其民;处江湖之远,则忧其君",并进而做到"先天下之忧而忧,后天下之乐而乐"⑨,这就是儒家在关心群体方面表现出的博大襟怀,也是所倡导的人生理想价值所在。

最后说明一点,作为儒家的人生哲学,是产生在以人身依附关系为基本特征的封建时代,因而必然带有这方面的糟粕;亦不可能自发产生近代的民主与人权思想,也难以出现个性自由与解放。我们要求有这种超前意识是不现实的,因而对儒家的人生哲学,应该做出符合实际的历史评价。

---

① 《孟子·告子上》。
② 《论语·八佾》。
③ 《孟子·离娄下》。
④ 《荀子·臣道》。
⑤ 《明夷待访录·原君》。
⑥ 《明夷待访录·原臣》。
⑦ 《论语·泰伯》。
⑧ 《论语·季氏》。
⑨ 《岳阳楼记》。

二

上面概述了儒家的人生哲学，如以退溪这方面的思想与之相比，可以看出他是儒家的忠实信徒，虽然在人生价值的取舍方面，也有他自身的侧重和特点。

退溪哲学，从整体看是继承和发挥儒家的"天人合一"思想。从他所进的"圣学十图"中，先标出"太极图"，首言阴阳变化之原，认为人是得太极之全体，与天地混合无间，所以说人是得其秀而最灵，人性至善与宇宙生成都渊源于太极，这就提高了人在宇宙中的地位。接着是"西铭图"，这是阐明张载"天地之塞，吾其体；天地之帅，吾其性。民吾同胞，物吾与也"的思想。退溪提出："圣学在于求仁，须深体此意，方见得与天地万物为一体，真实如此处。……故程子曰：西铭意极完备，乃仁之体也。"①《西铭》是张、程思想的接合点，退溪对此加以发挥，正是他仁民爱物的人生哲学，所谓"明人伦、懋德业"是为"本于天道"②的"天人合一"思想做出论证。

与"圣学十图"思想相近的是"天命图说"。他对"天命图"反复申明，谓"学者于此，诚能知天命之备于己，尊德性而致信顺，则良贵不丧，人极在是，而参天地、赞化育之功，皆可以致之矣。"③这是把"人"放在参赞天地化育之功的地位。

退溪既认为人伦本于天道，且人负有参赞天地化育的任务。因此认为人生的价值，在立德、立功、立言"三不朽"中，他把"懋德业"放在首位。他非常重视自身道德的修持和对群生的教化。所以他对天子以至庶人都要以修身为本这句儒家古训永志不忘。他事奉君主，并非为爵禄而做宠臣。他曾明白说："若不顾出处之义，而徒以君宠为重，则是君使臣，臣事君，不以礼义而以爵禄也，其可乎？"④因此他认为出仕做官是"任大，岂宜轻进"⑤。纵观退溪入世的一生，时人谓其"忧君忧国之心，不以进退而有间，闻一政令之善，喜不能寐；或举措失宜，忧形于色。常以辅养君德，扶护士林为先务。"⑥可见退溪事君，无论在朝在野，都把"辅养君德"作为首要任务。

退溪对君主的要求，首先与爱民、亲民相对应。他说："古之人君，视民如伤，若保赤子、父母爱子之心，无所不至，如遇其疾病饥寒，则哀伤恻怛，不啻

---

① 《增补退溪全书》一，成均馆大学大东文化研究院出版，第201页。
② 《增补退溪全书》一，第204页。
③ 《增补退溪全书》二，第324页。
④ 《增补退溪全书》四，第206页。
⑤ 《增补退溪全书》四，第206页。
⑥ 《增补退溪全书》四，第208页。

在己。""安有为民父母,而行政于其疾病之极,饥寒之迫,则若不闻知,既绝其口食,又废其药物,……驱催蹙迫,以纳于水火之中。"① 退溪认为君主待臣民应像父母对子女一样,爱之无所不至。如果将人民的疾病饥寒置若罔闻,反而驱迫于水火之中,就势必引起人民的反抗。他指出:"国家乱亡之祸,率由民岩;云合土崩之势,恒起于民流。"② 这种教训应该记取。退溪不但对那些残民的暴君提出警告,同时对所谓治世的明主也表示忧虑。他说:"治世之患,每生于逸欲。"所以"古人云:忧治世而危明主。益明主有绝人之资,治世无可忧之防。"在这种情况下,"人主必生骄侈之心,此诚可虑也。"③ 他举唐玄宗为例,认为:"明达之主,非不知以官爵赏功之非。"但由于"以升平奢侈,不节用,府库虚竭,计无所出,不得已为之。"唐玄宗虽曾被称为明主,但由于"升平奢侈",终于使治世变成乱世。因而他提出"方今府库虚竭,请节约用度"的建议,就是以唐玄宗等为鉴戒。④

　　退溪认为君主所以会出毛病,主要是由于谋一己私利而不能处以公心。他尖锐地指出:"私者一心之蟊贼,而万恶之根本也。自古国家治日常少,乱日常多,驯致于灭身亡国者,尽是人君不能去一私字故也。"⑤ 补救的办法就是"辅养君德",提高做君主的道德修养水平。退溪在《戊辰六条疏》中就强调要"敦圣学以立治本"。他指出:"帝王之学,心法之要",渊源于"人心惟危,道心惟微"的古圣心传,所以必须"明道术以正人心"。"人心得正,而治化易治";"人心不正,治之而不治,化之而难化也"。但是正人心要先正君心,"本乎人君躬行心得之余,而行乎民生日用彝伦之教者本也"。当时有人提出:"帝王之学不与经生学子同",退溪即加驳斥说:"如敬以为本,而穷理以致知,反躬以践实,此乃妙心法而传道学之要,帝王之与恒人岂有异哉"! 退溪认为在加强道德修养方面,帝王与平民应无不同,而对帝王应该要求更高,对"心术隐微之间,疵病山积,不可以不净尽"⑥。否则君主就无法做臣民的表率。

　　由于退溪强调要正君心,养君德,对君主敢于批评劝戒,反对为保持爵禄而做官。他说:"富贵易得,名节难保。末俗易高,险道难尽。难易之间,正当明着眼,审著脚,庶不负平生所学也。"又说:"一投足一开口之间,不得誉则必得毁,得毁固可畏,得誉更可忧。"因此,他回答李叔献请益时说:"持心贵在不欺,立朝当戒喜事。"⑦ 退溪认为做官求富贵是容易的,但要保持名节则困难,

---

① 《增补退溪全书》五,第 382－383 页。
② 《增补退溪全书》五,第 383 页。
③ 《增补退溪全书》五,第 376 页。
④ 《增补退溪全书》五,第 383 页。
⑤ 《增补退溪全书》五,第 375 页。
⑥ 《增补退溪全书》一,第 181－193 页。
⑦ 《增补退溪全书》五,434－437 页。

必须慎重对待。在荣誉和喜庆面前更要存有戒心,这才是人生在立朝处世中所应有的态度。

退溪为人耿直方正,不肯随俗浮沉,这样在处世中就会遇到不少困难和阻力。正如他自己说的,"守正则多碍,随众则失身,此为第一难事耳"①。不过他并不因为遇到困难而改变操守。他说:"观古之士,其穷愈甚,其志益励,其节益奇。若因一困拂而遽丧其所守,则不可谓之士矣。"② 又说:"志道为学,必须奋发刚勇,硬着脊梁克自担当,尽死力而痛理会,如血战然,乃可以得之。不然悠悠泛泛,终无可得之理。"③ 退溪之所以得到士林推重,并成为一代名臣,与他为人公平耿直,守正不阿,坚持重操守、励名节的人生价值取向是分不开的。

但是退溪并不是一个高自崖岸和愤世嫉俗的人。他主张儒家的德治和教化,却并不因此对别人训斥和苛责。他"与人言思而后发,虽在仓猝急遽之际,未尝有疾言遽色"。他"平居日必早起","行步安徐,发言精审","语默动静,端详闲泰,忿厉未见于辞气,骂詈不形于婢仆。"④ 这种对退溪素养的描述,可以说是相当形象的。

退溪无论在家庭中还是在社会上,无论对亲朋还是弟子,都是通过言传身教,以诚相待,以德感化。如对"兄弟有过",认为是"最难处事"。他主张"当致吾诚意,使之感悟",若用"言语"责骂,反而弄到感情疏远。⑤ 对夫妻"琴瑟不调",其原因有由于"其妇性恶难化",亦有因"其夫狂纵无行",但他认为做丈夫的,总要"反躬自厚,亶勉善处。"⑥ 他在家中训诲子孙,也是"有过不为峻责",而是"警诲谆复,俾自感悟"。他的家庭,平日气氛是"怡愉肃穆,无所作为而万事自理。"⑦ 这充分体现出退溪对家庭的教化作用。

对于门弟子和后学,退溪也是采取相同的态度。他"待门弟子如待朋友"。"训诲后学,不厌不倦,待之如朋友,终不以师道自处。士子远来质疑请益,则随其浅深而告诏之,必以立志为先,主敬穷理为用。……谆谆诱掖,启发乃已。"⑧

退溪平日为人,律己严而待人宽。他事君以忠,但不作唯唯诺诺的"具臣";待人以恕,是个教化人生的长者。他认为不一定要"择善人为友",也可

---

① 《增补退溪全书》五,第436页。
② 《增补退溪全书》五,第428页。
③ 《增补退溪全书》五,第313页。
④ 《增补退溪全书》五,第318–319页。
⑤ 《增补退溪全书》五,第329页。
⑥ 《增补退溪全书》五,第333页。
⑦ 《增补退溪全书》四,第49页。
⑧ 《增补退溪全书》四,第199页、178页。

以"与恶人处"。理由是"善则从之,恶则改之,善恶皆吾师也。"① 由于他能择善而从,见恶而改,无论正面或负面,都能给自己启发和帮助,这是在道德修养上,承认人们的主观能动作用。根据这种体验,他"待人甚恕,苟无大故者则未尝绝之,皆容而教之,冀其迁改而自新焉"。② 这就是强调人生处世的自觉性。

总的来说,退溪的人生价值取向,仍是沿着立德、立功、立言这条路子走下去,虽然他没有明说。但是在他身上,这三者不可分割地联系在一起。退溪当时声誉卓著,首先是以德感人。"由是乡党服其化,远人慕其德,贤者乐其道,不贤者畏其义"。而退溪的德业,则是在他自身的言行和教化群生中得以形成的。当时由于"请学之士,日以益众",退溪则"从容启迪,谆挚告谕","一以开明心术,变化气质为先。其言则圣贤之训,而其理则得之于心,其用则散于万事,而其体则具于一身。……扩而充之,则虽举而措之,国与天下可也"。这里退溪对后学的教化,就是从正心、修身到治国、平天下之道。"由是远方之士,闻风兴起,百舍重趼而至。至于达官贵人,亦皆倾心向慕,多以讲学饬己为事"。③ 由于退溪其行"可以质诸古人","故东人之望之也,如祥麟之在乎郊薮,仪凤之翔于千仞,日星乎中天,砥柱乎奔流,泰山乔岳之巍然也"。④ 退溪之所以享有这样高的声誉,其言行、功业与德教当是结成一体,所谓立德、立功、立言"三不朽",虽然不是退溪的自觉追求,但他毕生以德教化民,深得"东人"爱戴,"凡有所为,必曰先生以为何如,莫不咨禀而后行之。识与不识,咸曰退溪,而不以官称之,盖不敢以爵位为先生荣也。"⑤ 由此可见,退溪并非以居官显荣,且"自谓以虚名取高爵","最为平生之患。"⑥ 他是"体道成德",教化群生,而在化民成俗中,起到最为深远的潜移默化作用。

三

综上所述,退溪的人生哲学,思想渊源当来自儒家,特别是发端于孔、孟。退溪毕生虽服膺于周、程、朱子,但他为人处世,却颇有突破宋学藩篱之处,对此我们应细加比较和研讨,从而正确评价其在儒学中的历史地位。

儒家的人生哲学,是以实现内圣外王之道为标鹄,以维护道德伦理纲常为己任的。但由于封建社会的等级依附关系,君臣父子,上下尊卑,形成社会上的不

---

① 《增补退溪全书》四,第200页。
② 《增补退溪全书》四,第199页。
③ 《增补退溪全书》四,第10页。
④ 《增补退溪全书》四,第12页。
⑤ 《增补退溪全书》四,第10页。
⑥ 《增补退溪全书》四,第10页。

平等，从而出现尊者、长者、贵者"上以理责其下"，而卑者、幼者、贱者却不能以理相争，造成"以理杀人"的悲剧，或称之为"吃人"的礼教，以至为世人所诟病。而程、朱理学，则为维护森严等级的纲常名分，起到推波助澜的作用。

宋明理学讲究"理一分殊"，认为等级名分是不能改变的，必须人人遵守。并作为处理人际关系的一条准则。如程颐说："父子君臣，天下之定理，无所逃于天地之间。"① 他还批评寡妇再嫁，说"饿死事极小，失节事极大"②。朱熹也说："君臣父子，定位不易。"③ 他还上书皇帝，主张"凡有狱讼，必先论其尊卑、上下、长幼、亲疏之分，而后听其曲直之辞。凡以下犯上，以卑凌尊者，虽直不右。其不直者，罪加凡人之坐。"④

退溪与程、朱相比较，当然不可能违背君臣父子、上下尊卑这一套封建名分纲常，如果说他具有近代的民主与人权思想，即超前的社会意识，那反而是奇怪的了。不过退溪虽然不能超出封建时代的人生理想和价值，但对先秦儒家重视人格独立和尊严的精神，乃是相当向往。马克思曾经说过："专制制度唯一的原则就是轻视人类，使人不成其为人。"⑤ 中国自秦汉以后，专制制度不断加强，唐宋到明清，绝对君权更加膨胀。先秦儒家的君臣对等思想，亦为专制君主所不容，如朱元璋对《孟子》一书也要加以删节，就是不满孟子的这类言论。退溪也是在专制王朝统治下，且在乙巳之乱中曾被诬入罪籍，几乎遭受迫害。后由于他平日"修行端洁，无有疵类，小人虽欲捃摭而不可得"⑥，终于得到缓解。但退溪并不因此而卑躬屈节，仍以"辅养君德，清源正本为当今急务"。当时"上自廷绅，下至韦布，无不疑其大执，而先生确然不易，惟义之从"⑦。由此可见，退溪刚毅耿直，为维护独立人格的尊严，"惟义之从"，不受世俗人言所左右。

退溪对"理"的体认与程、朱不尽相同。他说："君当仁，臣当敬；父当慈，子当孝，此理也。君而不仁，臣而不敬；父而不慈，子而不孝，则非其理也。"⑧ 退溪这段话，表面看来赞成君仁臣敬，父慈子孝，认为这是在"理"。对君不仁、臣不敬，父不慈、子不孝则表示反对，认为是非理。但是深看下去，也反映出君臣对等思想。只有君父仁慈，臣子才孝敬，否则就会相互逆道而行，起不到维护封建纲常的作用。

---

① 《河南程氏遗书》卷五。
② 《河南程氏遗书》卷二十二下。
③ 《朱文公文集·甲寅行宫便殿奏札一》。
④ 《朱文公文集·戊申延和奏札一》。
⑤ 《马克思恩格斯全集》第一卷，第411页。
⑥ 《增补退溪全书》四，第61页。
⑦ 《增补退溪全书》四，第12页。
⑧ 《增补退溪全书》五，第188页。

退溪为人淡于名利，加上宦途险恶，所以并不愿到朝廷做官。每次"召命之下"，即上书言"其进受之难"。但由于他为人又是"惟义之从"，所以"亦以君臣义重，谕旨恳切"而来。不过他到京师后，"亦未尝久留。盖其一进一退，一去一就，如权之称轻重，如度之度长短，锱铢必察，不失尺寸，非俗人浅见所能尽知，而亦非可以易而论也。"① 可见退溪在进退辞受之间自有权衡，亦是符合孔子说的"以道事君，不可则止"的原意。据此应该指出，退溪有时之所以出仕，完全是出自"爱君忧国之心"，绝非为个人功名利禄。所以他对君主绝不阿谀奉承，而对格正居心，使其迁善改过，做到不遗余力。"其于帝王格致诚正之学，圣贤惩窒迁改之方，则或因面对，或因启劄，或为图，或著说，毫分缕析于几微之际，极本穷源于静密之中，横论竖说，丁宁恳到，无复余蕴。"② 这里退溪对待君主的态度，正如前面所引黄宗羲所说："以天下为事，则君之师友也"。"先天下之忧而忧，后天下之乐而乐"，表现出对人生的博大襟怀，在儒家的同辈中亦并不多见，而退溪"其爱君忧国之心，虽闲居未尝一日而忘于怀。每闻朝廷一政事之失，则忧形于色；一举措之得，则喜见于言"③。这种人生抱负，比诸范仲淹等人，应无愧色。

退溪一生为人耿直，但并不媚上凌下。他要维护自身独立人格的尊严，同时也尊重别人。他对长辈十分尊敬，如见母时"怡声下气，婉容愉色，无或小失。"④"见兄嫂"，则"必拜致敬"⑤。他主张"居家父子兄弟间，逐日行礼"。"聘夫人许氏，相敬如宾。"⑥ 他平时接待"虽贵客至，亦不盛馔，卑幼亦不忽焉"。即使婢仆有失误，只是教导"此事当如是，未尝变其辞气"⑦。这可见他平等待人的态度。时人称其"接物处事，则教子弟慈而义，御家众严而惠"。"处宗族必敦睦姻，待宾友一以和敬。亲疏贵贱，咸得其宜，……事物应接之际，无不各得其理。"⑧ 这里退溪处理各种人事关系，能做到"无不各得其理"，与戴震批评的"后儒以理杀人"，虽都称之为"理"，但其社会效用和价值，在世人的心目中当然是不一样的。

在封建社会的家庭中，妾婢的地位最为低下。退溪却提出："古人嫡庶之分虽严，而骨肉之恩无异，非如今人，待之如奴隶。"⑨ 他对"乳婢"弃下自己的

---

① 《增补退溪全书》四，第12页。
② 《增补退溪全书》四，第12页。
③ 《增补退溪全书》四，第12页。
④ 《增补退溪全书》五，第326页。
⑤ 《增补退溪全书》五，第331页。
⑥ 《增补退溪全书》五，第335页。
⑦ 《增补退溪全书》五，第338页。
⑧ 《增补退溪全书》四，第10页。
⑨ 《增补退溪全书》五，第337页。

儿子随主人上京，也极力反对，认为是"杀人子以活己子，甚不可"，是为"仁人所不忍"。他主张乳婢带儿同行"兼饲两儿"，即提出两全之策。① 这里表明退溪对婢仆也是坚持人道主义精神。正己正人，仁民爱物，本是儒家教导为人的传统，后儒似也无人反对。但由于严加尊卑贵贱之分而不做是非曲直之辨，因而虽有所谓仁爱之心却往往是口惠而实不至。如朱子虽被称为大儒，由于对唐仲友挟嫌报复，却对无辜的官妓严蕊严刑拷打迫供，后来鲁迅对此专门加以讥评。这虽然是个别事例，其品德人格应该是比退溪逊色。

总之，退溪的治学与为人，虽说是"以朱子为宗，不为功利所夺，不为异端所惑"，但由于他"论学本于圣贤而参之以自得之实，教人必主于彝伦而先之以明理之功"。这比之程朱空谈义理更收实效。时人对他的总评，称其"持己则以正，而不苟为崖岸之行，议礼则授古，而不遗乎时王之制。急于修己而不言人过，勇于从人而不掩己短。接人以和而人自敬，待下以宽而下自肃。不以一节一善成名，而所学所守之正，求之东方未有其比"②。这说明退溪的人生哲学，渊自孔孟而超出程朱，在儒学中占有崇高的历史地位。

〔注〕李退溪，即李滉（1501—1570年），是16世纪朝鲜理学大师。他为学服膺朱子。安鼎福在《李子粹语》后记中说："朱子殁三百有二载，而退溪李子生于东方，以斯道为己任。""平日著述之富，门弟子记录之多，自有东方以来所未有也。"1990年"第十一届退溪学国际学术会议"在北京召开。本文是参加会议的论文。

（原载《天津社会科学》1990年第1期）

---

① 《增补退溪全书》四，第194页。
② 《增补退溪全书》四，第178页。

现代新儒学思潮的历史反思

现代新儒学思潮是历史和时代的产物。它在中国近代西风东渐和五四新文化运动的背景下产生，并随着社会形势的变化而发展，现已成为一种带国际性的思潮。因此对它应该做历史主义的分析，并结合我国国情进行反思。

一

作为现代新儒学思潮的开端，梁漱溟在1922年出版的《东西文化及其哲学》是其代表作。梁在书中倡导儒学，鼓吹"走孔家的路"，但也批评孔子和宋儒。如说"孔子不但耽误了中国的科学，并且耽误了中国的德谟克拉西"。又说"自宋以来，种种偏激之思想，固执之教条，辗转相传而益厉，所加于社会人生的无理压迫，盖已多矣。"① 他还指出："中国文化最大之偏失，就在于个人永不被发现这一点上，一个人简直没有站在自己立场上讲话的机会，多少情感要求被压抑被抹杀。"② 相反他肯定："西方文化有两样特长……一个便是科学的方法，一个便是人的个性申展，社会性发达。"③ 这两大特长是中国无法相比的。据此他主张"对于西方文化要'全盘继承'"，对于民主和科学则强调"这两种精神完全是对的，只能为无批评无条件的承认"。④

不过梁漱溟虽主张接受西方文化，却认为欧洲近代民主政治的路和俄国共产党的路都走不通。他说："近代西洋人走的这条路，内而形成阶级斗争社会惨剧，外而酿成国家大战世界灾祸，实为一种病态文明。"⑤ 如果在中国走全盘西化的道路，就会把人变成机器的奴隶，在物欲面前使人的尊严丧失殆尽。

那么人类文化的发展路向如何？梁漱溟认为西洋文化开创了满足人类物质需求的时代，则正好标志着人类文化已经进入一个要求满足人的精神需要的新时期，而中国文化的人生态度，恰好适应了这种文化变动的需要。于是他要"重新把中国人态度拿出来。"⑥ 并认为中国文化成为主导世界的文化，看来是时势所

---

① 《东西文化及其哲学》，第150页。
② 《中国文化要义》，第260页。
③ 《东西文化及其哲学》，第21页。
④ 《东西文化及其哲学》，第206页。
⑤ 《中华民族自救运动之最后觉悟》，第238页。
⑥ 《东西文化及其哲学》，第200页。

趋、不可抵挡的社会大潮流。这里他无异是在宣布：西方物质文明已趋于破产，东方精神文明将取而代之。

对这个时期梁漱溟的思想观点，应该做出什么样的历史评价？他是在中西文化冲突的情况下，既批评孔子耽误了中国的科学和民主，宋明理学和传统文化又压抑了人的个性和感情，而这些却正是西方的"特长"，所以应该无条件承认。他当时所抱的态度，比那些因循守旧的国粹派，应该说是进步的，是符合时代潮流的观点。

对西方文化，梁氏既承认其"特长"，也看到其"病态"。他所以反对全盘西化，就因为看到这方面带来的不良影响。如他指出：现在社会上贪风的炽盛，是西洋着重物质生活的幸福，和倡言利的新观念启发出来的。贪婪在个人是他的错误和痛苦，在社会则是种种腐败种种罪恶的病原菌"。"如果今日贪婪的风气不改，中国民族的前途就无复希望，……而这种人生态度如果没有根本掉换过，这贪风是不会改的。"① 他把中国社会的贪风归结到受资产阶级幸福观和"言利"的思想影响，这种见解有其合理因素；但受西方影响之前官场上的贪风也是普遍的，所以也不能只得出这种归结。

对中国要想发展资本主义问题，梁氏则指出此路不通："这世界上俱是工商业的先进国，拼命竞争，有你无我。我们工商业兴发之机早已被堵塞严严的不得透一口气。这不是愿步他们后尘或不愿的问题，而是欲步不能了"② 他这里讲的是实际情况，观察也是敏锐的，现在有些青年还在埋怨中国当时为什么不走资本主义道路，这就太缺乏历史感了。

但是当时梁氏的思想也有不少失误。他在看到中国社会受到西方思想的侵蚀，而资本主义道路又无法走通的两难情况下，却想用复兴中国文化的路向来解决问题，这只能说是一厢情愿。他想用所谓东方精神文明来代替西方物质文明，并把两者对立起来也是不妥的，因为两个文明建设不可分割，特别中国当时还很贫穷落后，怎能舍弃物质需求而向往精神上的自我满足呢？

至于对科学与民主，梁氏虽强调"引进这两种精神实在是当今所急"③，但在北洋军阀的统治下，又面临各帝国主义经济、政治和军事上的侵略和压迫，民主与科学这两种精神何能引进？而救亡图存才是当时急务，却并非提倡东方精神文明所能奏效。本来在中国文化中，也有威武不屈，坚持民族气节和自强不息的优良传统；但梁氏所追求的却是意欲自为调和、持中的路向。他害怕民主主义革命运动的兴起，"要想使社会没有那种暴慢乖戾之气，人人有一种温情的态

---

① 《漱溟卅前文录·合理的人生态度》。
② 《中华民族自救运动之最后觉悟》，第 238 页。
③ 《东西文化及其哲学》，第 131 页。

度。"① 对改造中国社会，他提出要走乡村文明之路，使立足于现代社会自由民主的精神与富裕的经济生活之上。这种理想动机可能是好的，但实际上是行不通的。由于他坚持中国是一个伦理本位、职业分途的社会，自然就没有阶级，更不存在阶级斗争。他要把中国建设成一个在儒家伦理覆盖下，充满着人情味、理性与和谐的社会，但严峻的现实与后来民主革命的实践，却宣告他乡村文明建设道路的破产。梁氏在革命过程中是一个追求进步的民主人士，但思想上却反对马克思主义。他一生走过的道路，值得人们做深刻的历史反思。

纵观梁漱溟的一生，他处在中西文化冲突的十字路口。他面对传统、西学和现实，想向前跨入现代化的行列。但他不赞成马克思主义的唯物史观，想在保留儒家文化传统的前提下，和平引进西方的民主和科学，这就构成现代新儒学的思想基调，所以从这个角度看，他是现代新儒学思潮的初步奠基者。

二

现代新儒学发展到三四十年代，对这个思潮从不同角度和方位起过推动作用的有熊十力、贺麟、冯友兰等人。

熊十力年纪稍长于梁漱溟，但在学术文化界产生影响却较梁为晚。他早年参加辛亥革命，到1918年34岁时才决心弃政向学。1920年到南京向欧阳竟无大师学习佛法。但他在草写《新唯识论》的过程中，却改变了原来所学的佛家本义，故此书出版后曾被佛学界人士批评。有的认为他用佛理附会、充实或改造儒家哲学，这"不但要以佛释儒，而且还要以佛附儒，"因此干脆说熊属于"新儒学派"。②

熊氏的著作在国内虽然影响不大，但他的弟子牟宗三、唐君毅、徐复观等，后来在港台都成为新儒学的传人，故对其著作仍深表赞佩。如牟宗三认为此书"融摄孟子、陆王与易经而为一，以易经阴扩孟子复以孟子陆王之心学收摄易经，直探造化之本，露无我无人之法本"③。徐复观则称赞说："先生治学，思辨神微，证会玄远，《新唯识论》斧藻群言，囊括百氏，自成一严密而宏伟的哲学巨构。"④ 由于熊与梁漱溟比较，梁只是在发展路向上提出自己的见解，而在理论建构上却显得浅薄。而熊在这方面，即使持反对的人，如朱世龙说他"混乱佛法义理的层境，妄构其哲学体系"，但又得承认："他除读东方文化册籍外，又览西方哲学译著，能以了解性智与理智，冥悟证会与思辨推理等层境，故他的理

---

① 《东西文化及其哲学》，第140页。
② 《读〈读智论抄〉》，《世间解》1947年第4期。
③ 郭齐勇：《熊十力及其哲学》，第135页转引。
④ 《徐复观杂文·远莫熊师十力》。

论，颇具深度。"① 李泽厚在《略论现代新儒家》一文中也说："熊十力哲学最吃紧处，是他将传统儒家哲学，其中主要是宋明理学（又特别是陆王心学）所突出的内圣极致的孔颜乐处，给予人本体论的新论证，即把宋明理学的伦理学和人生观翻转为宇宙观和本体论。"所以说"它才是现代条件下发展了宋明理学"。李文认为从现代新儒家的逻辑线索说，熊氏站在序列的最前面，故将他列为现代新儒家的榜首。

熊氏对现代新儒学思潮做出的贡献，主要是承接发扬宋明理学的"内圣"心性理论，同时开出"外王"。徐复观认为熊的"哲学思想，实归结于政治思想之上，此乃中国文化传统及所处时代使然"。又说"他的政治思想，是民主政治与社会主义的结合。"② 熊的老友梁漱溟，后来写了篇《读熊著各书书后》的未刊手稿，承认熊在发掘孔子的"革命""民主""社会主义"的思想上，颇有以自成其说。还认为熊是主张从世界各地不同文化和学术的比较上，而不是仅仅从儒家的立场上来把握儒学的特征和价值。③

熊十力主张从内圣开出外王的科学、民主和社会主义。对此后来港台的新儒家，除社会主义因不合当地政情而不提外，都认为孔孟之道能开出民主与科学。作为思想路向应该承认是由梁、熊所开创的，这亦是他们在推动现代新儒学思潮的发展中起到的历史作用。

在40年代出现的新儒学思潮中，贺麟和冯友兰都应占有一席之地。贺氏于1941年8月，在《思想与时代》杂志上发表《儒家思想的新开展》一篇专论。文中断言新儒学是中国现代思潮的主流，要在社会上掀起一个"新儒学运动"。但从全文的观点来看，并无太多新的东西。如提出"以儒家思想为本体，以西洋文化为用具"，也无非是中体西用论的再版。他并不反对五四时期的新文化运动，认为这只是"破坏和扫除了儒家的僵化部分的躯壳的形式末节，及束缚个性的传统腐化部分。他并没有打倒孔孟的真精神、真意思、真学术，反而因其洗刷扫除的功夫，使得孔孟程朱的真正面目更是显露出来"。据此，他把五四新文化运动看成是促进儒家思想新发展的一大转机，这种观点当然不同于国粹派。对全盘西化，他认为会使"中国将失掉文化上的自主权，而陷于文化上的殖民地"。贺氏将振兴民族与复兴民族文化联系起来，这种带有维护民族尊严意味的精神，应该是可取的。

贺麟在哲学上倡导"新心学"，那是西方新黑格尔主义和中国陆王心学相结合的产物。与此同时则有冯友兰鼓吹的"新理学"。冯主要是用新实在论的逻辑分析方法，改铸中国传统哲学，把新实在论与程朱道学融合起来，建构一个新的形

---

① 《评熊十力哲学》，载《佛教哲学与中西文化》。
② 《熊十力大师未完成的最后著作——〈先世述要〉》。
③ 郭齐勇：《熊十力及其哲学》，第139页转引。

上学体系。

冯氏把新理学说成是最玄虚的哲学,但还是落实到内圣外王之道。从内圣开出外王,这是发挥儒家的传统。冯是强调要提高人的精神境界。他认为"人不但是社会的全的一部分,而且是宇宙全的一部分。不但对于社会人应有贡献,即对于宇宙人类亦应有贡献。人不但应在社会中堂堂地做一个人,亦应在宇宙间堂堂地做一个人"。① 这与梁漱溟、熊十力追求的宇宙精神和人生境界,可以说是殊途而同归。

对中体西用问题,冯认为要做分析。如说"组织社会的道德是中国人所本有底,现在以须添加者是西洋的知识技术工业,则此话是可说"。他提出"若把中国近五十年底活动作一整体看,则在道德方面是继往,在知识、技术、工业方面是开来"②。这里继往开来的提出,可能是为后来港台新儒家提出"返本开新"张本。

在中西文化的比较中,冯认为中国文化需要的是现代化,而不是全盘搬西洋的一套。冯还批评近代的崇洋思想,如说"相传有人以为美国的月亮比中国的月亮圆",这种"盲目地崇拜西洋人","是殖民地人的心理"。③ 冯和梁、熊、贺一样都反对全盘西化,坚持中国本位的民族文化向现代化方向发展,对传统儒学的改造和扬弃做了一定工作。但他们所谓从内圣开出外王,这种理想是不现实的。特别是冯在抗战期间写的"贞元六书",和他所建立的"新形上学"体系,当时就受到杜国庠的批评。杜文指出:"这种形上学,崇尚玄虚,足以阻碍科学的发展;标榜道统,也复违背民主的精神,对于今后和平建国的大业,实不相宜。"④杜还专门写了《玄虚不是中国哲学的精神》《玄虚不是人生的道路》两篇专文,批评冯氏所谓最玄虚的哲学。今日重温杜氏这些论述,对如何评价 40 年代中所掀起的新儒学思潮,值得人们再做历史的反思。

三

进入 50 年代,现代新儒学思潮在中国大陆,基本上处于沉寂状态。但熊十力的弟子牟宗三、唐君毅、徐复观,还有张君劢、钱穆等人却转移到港台定居,有的仍继续从事中国学术文化的教研工作。由是现代新儒学思潮就转而向外传播。到七八十年代,并影响到华人众多的泰国、新加坡等地。

50 年代,集中反映港台现代新儒学思潮观点的,可推《民主评论》与《再

---

① 《新原人》,第 33 页。
② 《新事论》,第 228—229 页。
③ 《新事论》,第 212 页。
④ 《评冯友兰的新形上学》,《杜国庠文集》,第 436 页。

生》二杂志在1958年元旦号上发表的，由唐君毅等四人署名发表的《为中国文化敬告世界人士宣言》（以下简称《宣言》）这一长篇论文，该文副标题为"我们对中国学术研究及中国文化与世界文化前途之共同认识"。并声称该文所要阐明的，"是我们对中国文化之过去与现在之基本认识及对其前途之展望，与今日中国及世界人士研究中国学术文化及中国问题应取的方向，并附及我们对世界文化的期望。"① 他们通过对中国文化反思过去、衡量现在和展望将来，既要清除西方人士对中国文化的误解，同时又要为国人打气，表明对中国文化的发展前途具有信心。这篇宣言在中国儒学发展史上应是有划时代的意义。

唐君毅等人并不否认从五四运动以来，已将近经历了40年，但儒学仍处在困境，"在许多西方人与中国人之心目中，中国文化已经死了"。而他们则认为"中国文化只是生病而非死亡"，只要"大家心目中同有中国文化，则中国文化便不能是死的。在人之活的心灵中的东西，纵使是已过去的死的，此心灵亦能使之复活"②。唐君毅这种智慧生于忧患的思想，称为花果飘零与灵根自植，认为中华民族惟有经过绝望痛苦的反省后，才能发现创造性的理想与意志，寄托其希望与信心。

唐君毅等人在居危处困中，对中国文化提倡自尊自信，反对投靠外国的洋化奴化思想，这种坚韧不拔的精神虽然是可取的，但对中国文化特别是儒学传统要取得人们的共识，必须解决传统文化与现代化关系这个难题。唐君毅等人在《宣言》中，一方面承认在"中国文化历史中，缺乏西方之近代民主制度的建立，与西方近代的科学及各种实用技术，致使中国未能真正的现代化工业化"。但另一方面说："不能承认中国之文化思想，没有民主思想之种子；亦不能承认中国文化是反科学的"。理由是儒家具有"天下为公，人格平等之思想"。而"此思想之发展，必与君主制度相矛盾"，"故道德上之天下为公、人格平等之思想，必然当发展至民主制度之肯定"。③ 并由是得出结论："民主宪政，亦即为中国文化中之道德精神自身发展之所需求"，而"从中国历史文化之重道德主体之树立，即必当发展为政治上之民主制度"。④ 这被称为"返本开新"之论。

其实唐、牟等这套观点，不过是儒家从内圣开出外王的思想发挥，树立道德主体是"本"，开创民主制度是"新"。前面讲到的梁、熊、贺、冯等人，基本上也是沿着这条路向进行探索，但取得的社会效果并不大。这是由于他们所鼓吹的内圣外王之道，实质上是以道德文化决定论作为理论依据的，而这条路经过历史实践证明是行不通的。

---

① 《中国文化与世界》，引文见唐君毅著《中华人文与当今世界》，第866－867页。
② 《说中华民族之花果飘零》。
③ 《中国文化与世界》，引文见唐君毅著《中华人文与当今世界》，第903页。
④ 《中国文化与世界》，引文见唐君毅著《中华人文与当今世界》，第904页。

不过从 60 年代后期到七八十年代，由于日本和所谓亚洲"四小龙"——新加坡、韩国、台湾、香港经济上的起飞，从而进入现代化的行列。因而产生一种观点，即认为儒家思想会促进经济现代化的发展。近几年来，还有"儒家资本主义"的提法，如米切欧·莫里西认为："西方社会中，道德上的个人主义与经济个人主义无意识地结合在一起，而日本传统文化的集体主义则会导致'儒家资本主义社会'。"①

"儒家资本主义社会"的提法，我认为是不够科学的。资本主义指的是生产方式和社会制度。儒家则是小农经济和封建宗法社会的产物，它的思想内部，不可能自发地产生资本主义。根据一些报道，儒家思想在日本企业的经营方式中所起的作用，主要是协调好内部的劳资关系。正如一位企业家说："和为贵"旨在协调内部关系，竞争是对外部的关系，儒家思想并非都适用。至于怎样产生资本主义，他明确认为：日本走上资本主义道路，从政治制度到生活方式，全面向欧美国家学习，是"脱亚入欧"的结果。②

对新加坡的情况，该国第二副总理王鼎昌曾在会上说："建国以来，在经济、科技建设等方面，我们都取得可喜的成绩，这是向西方学习的结果。"同时他又指出西方文明中存在的问题："道德伦理的破坏，人际关系的实用主义化，这都是西方世界存在着可怕的现象。"副总理吴国栋又说："我们的忧虑是，在不知不觉中，受到西方的同化"。还说"新加坡学校已有多少年没有教导儒家伦理，直到最近才恢复"。③ 由此可见，新加坡最近所以推行儒家思想教育，是在西方利己主义价值观严重泛滥的情况下，将其作为挽救资本主义道德危机的治世良方，根据他们的国情，可能会收到一些成效。如果认为儒家思想可以开发出资本主义社会，只能是倒果为因的说法。反思过去，展望将来，在后工业化社会中，儒家的道德理性及其价值观念，对社会精神危机能起到哪些补偏救弊的作用，还值得认真探讨。

综合以上情况，我认为现代新儒学思潮发展到今天，已经跨越了封建时代，成为一种带有国际性的思潮，这在儒学发展史上是一次飞跃。现代新儒家既要保留中国传统，又想引进西方的民主和科学，这既不同于国粹派，也不同于全盘西化派。他们经过几十年几代人的努力，写下了大量学术论著，我们经过反思和总结其理论上的是非得失，对其回答中国传统文化向何处去的问题，当可以给人启迪与借鉴。

至于现代新儒学思潮所产生的社会功能和影响，这个问题比较复杂。由于国

---

① 王剑波、张芹编译自［澳］《新社会学杂志》1988 年 4 月第 24 卷第 1 期，《社会科学报》1989 年 12 月 7 日摘引。

② 《参考消息》1988 年 10 月 21 日。

③ 《儒家基本价值观应升华为国家意识》，载新加坡《联合早报》1988 年 10 月 29 日。

情不同,不同阶层和不同社会集团的人,或是从不同的角度和方位看问题,会有不同看法。如应用儒学取得一些成效的国家,对新加坡可以说会给社会带来一种安定力量,但也有说只是给李光耀的政治权威做护法;对日本的企业管理,既可以说会促进劳资双方的和谐关系,但也有说这是一种封建家长式的管理体系。总之,对儒家思想与现代化关系和对现代新儒学思潮的历史评价,应当容许百家争鸣,可以让海内外学者根据各自不同国家和地区的情况,结合社会实践的效果加以评判。我们的态度是既不人云亦云,也不固执己见,应该跟随时代前进的步伐,结合自身的国情,对现代新儒学思潮发展的各个时期,做出应有的历史评价。

(原载《当代新儒学论文集·总论篇》,文津出版社1991年版)

当代海外新儒学思潮的历史评价

现代新儒学思潮是历史和时代的产物。它因中国近代西风东渐和五四新文化运动而产生,并随着社会形势的变化而发展。这股思潮,既有其思想渊源和政治倾向方面的连续性,又在不同阶段和不同地区表现出不同的特点。它已经进入国际领域,成为一种带国际性的思潮。因此,对这股思潮,应该做历史主义的分析,并从中国社会向现代化的演进层面,评估其文化价值和现实作用。

一、当代海外新儒学之滥觞

进入 50 年代,现代新儒学思潮在中国大陆,基本上处于沉寂状态。当时留居国内的有梁、熊、贺、冯等人,其中熊还陆续出版了《原儒》《体用论》《明心篇》《乾坤衍》等著作,都受到严厉批评。在此期间,熊的弟子徐复观、牟宗三、唐君毅,还有张君劢、钱穆等人都转移到港台定居,有的仍继续从事中国学术文化的教研工作。自是现代新儒学思潮就转而向海外传播。到七八十年代,并影响到华人众多的泰国、新加坡等地。

50 年代,最为集中反映港台现代新儒学思潮观点的,可推《民主评论》与《人生》两杂志在 1958 年的元旦号中,同时发表的《为中国文化敬告世界人士宣言》(以下简称《宣言》)这一长篇论文。该文是由唐君毅与张君劢商议后起草初稿,再与徐复观、牟宗三"往复函商"后认定的。该文的副标题为"我们对中国学术研究及中国文化与世界文化前途之共同认识"。并声称该文所要阐明的,"是我们对中国文化之过去与现在之基本认识及对其前途之展望,与今日中国及世界人士研究中国学术文化及中国问题应取的方向,并附及我们对世界文化的期望"①。从这几句话里,可以看出这篇长文是他们四人共同认可的集体宣言,他们通过对中国文化反思过去,衡量现在和展望将来,既要清除西方人士对中国文化的误解,同时又要为国人打气,表明对中国文化发展前途具有信心。这篇《宣言》在中国儒学发展历史上应是有划时代的意义的。

本文开头曾指出:现代新儒学思潮是在中国近代经历过西风东渐和五四掀起新文化运动后这一历史条件下的产物,也是对新文化运动的一种回应。从五四运动到这篇宣言的发表,已经历了将近 40 年,但儒学仍处在困境。当时在国内,

---

① 《中华人文与当今世界》,台湾学生书局 1975 年版,第 866 – 867 页。

马克思主义已公开占领了思想阵地,并继续对封建儒学进行批判。至于不在大陆的中国人,唐君毅于1961年在香港《祖国》周刊发表一文,题为《说中华民族之花果飘零》①,文中谈到近年来由于国家变乱,国人流亡海外,或侨居异地,纷纷谋求入他国国籍,忍辱偷生,情形可悯。在港台的中国青年,则千方百计到外国留学,以便归化他国作久居之计。他认为这种种情形表示中国文化与中国人心,已失去一种凝摄自固的力量。如一园中大树之崩倒,花果飘零,随风吹散。只有在他人园林之下,托荫蔽日,以求苟存;或墙脚之旁,沾泥分润冀得滋生。这可以说是华夏子孙的大悲剧!

按照上面的描述,中国文化已经到了山穷水尽的地步,所以在《宣言》中说:"我们不能否认,在许多西方人与中国人之心目中,中国文化已经死了。""'五四'运动以来流行之整理国故之口号,亦是把中国以前之学术文化,统于一'国故'之名词之下,而不免视之如字纸篓中之物,只待整理一番,以便归档存案。""于是一切对中国学术文化之研究,皆如只是凭吊古迹。"这种情况他们是不同意的。所以说:"我们首先要恳求:中国与世界人士研究中国学术文化者,须肯定承认中国文化之活的生命之存在。""我们亦不否认,中国文化正在生病……但病人仍有活的生命。我们要治病,先要肯定病人生命之存在。不能先假定病人已死,而只足供医学家之解剖研究。""至于为什么说中国文化只是生病而非死亡,证据是写宣言的我们并未死亡。"研究中国学术文化的读者"亦没有死亡。如果我们同你们都是活的,而大家心目中同有中国文化,则中国文化便不能是死的。在人之活的心灵中的东西,纵使是已过去的死的,此心灵亦能使之复活"②。这里可见唐君毅等人,当时所要干的是对中国文化存亡继绝甚至起死回生的工作。并"向世界宣告,是因为我们真切相信:中国文化问题,有其世界的重要性"③。

唐君毅等人为什么对中国文化发展前途有那样大的信心?他们在宣言中说:"若非八年前中国遭遇到空前的大变局,迫使我们流亡海外,在四顾苍茫、一无凭借的心境情调之下,抚今追昔,从根本上反复用心,则我们亦不会对这些问题能认得如此清楚。我们相信真正的智慧是生于忧患。因为只有忧患可以把我们的精神,从一种定型的生活中解放出来,以产生一种超越而涵盖的胸襟,去看问题的表面与里面,来路与去路。"

这种智慧生于忧患的思想,后来唐君毅进一步加以发挥。他认为人从绝望之境的痛苦反省中,才能直接涌出希望与信心,由此信心而生出动力。这种反省过程,他称之为"灵根自植"。他在1964年在香港《祖国》周刊就发表题为《花

---

① 《说中华民族之花果飘零》,台湾三民书局印行。
② 《中华人文与当今世界》,第872—873页。
③ 《中华人文与当今世界》,第867页。

果飘零与灵根自植》一文,认为中华民族惟有经过绝望痛苦的反省后,才能发现创造性的思想与意志,寄托其希望与信心。

唐君毅等人在居危处困中,对中国文化提倡自尊自信,反对投靠外国的洋化奴化思想,这种坚韧不拔的精神,虽然是可取的,但对中国文化特别是儒学传统要取得人们的共识,并不是每个人都有这种"灵根自植"的反思精神。所以现代的新儒学思潮要在海外继续发展,就必须解决中国传统文化与现代化关系这个难题。从五四运动以来,现代新儒学所标榜的是:既要保持中国传统文化的主导地位,又要以此为基础来融合、会通西学,从而谋求实现现代化。这是梁、熊、贺、冯等人所定下的基调,亦是现代新儒学之所以称之为"新"的实际意义所在。

唐君毅等人在《宣言》中,一方面承认在"中国文化历史中,缺乏西方之近代民主制度的建立,与西方近代的科学及各种实用技术,致使中国未能真正的现代化工业化"。但另一方面说:"不能承认中国之文化思想,没有民主思想之种子;其政治发展之内在要求,不倾向于民主制度之建立。亦不能承认中国文化是反科学的,自来即轻视科学实用技术的。"[1] 那么民主思想之种子从何而来?宣言认为由于儒家肯定"天下非一人之天下,并一贯相信在道德上,人皆可以为尧舜为圣贤,及为民之所好好之,民之所恶恶之等看来,此中之天下为公,人格平等之思想,即为民主之政治思想之根源所在,至少亦为民主之政治思想之种子所在"[2]。至于天下为公、人格平等之思想,何以会发展为民主建国思想,是由于"以此思想之发展,必与君主制度相矛盾"。"如君子与人民在道德人格上真正平等","则君主制度必然化为民主制度。故道德上之天下为公、人格平等之思想,必然当发展为民主制度之肯定"[3]。并由是得出结论:"民主宪政,亦即为中国文化中之道德精神自身发展之所需求",而"从中国历史文化之重道德主体之树立,即必当发展为政治上之民主制度"[4]。这称为"返本开新"之论。

其实唐、牟等这套观点,不过是儒家从内圣开出外王的思想发挥,树立道德主体是"本",开创民主制度是"新"。前面讲到的梁、熊、贺、冯等人,基本上也是沿着这条路向进行探索,但取得的社会效果并不大。这是由于他们所鼓吹的内圣外王之道,实质上是以道德文化决定论作为理论依据,而这条路经过历史实践证明是行不通的。

---

[1] 《中华人文与当今世界》,第903-904页。
[2] 《中华人文与当今世界》,第903-904页。
[3] 《中华人文与当今世界》,第903-904页。
[4] 《中华人文与当今世界》,第903-904页。

二、海外新儒学之转机

不过从60年代后期到七八十年代，海外当代新儒学思潮的发展，确是有了转机。这并非由于懂得灵根自植的人多了，而是由于日本和所谓亚洲"四小龙"——新加坡、韩国、台湾、香港经济上的起飞，从而进入现代化的行列。因而产生一种观点，即认为儒家思想会促进经济现代化的发展。1984年在曼谷出版了一部《儒家思想导论》，由泰国华人郑彝元所著。企业家郑午楼在该书序言中说：现在世界上有不少学者已经注意到亚洲一些国家和地区经济现代化的新经验。这主要是指的日本、韩国、新加坡和台湾、香港。他们的经验表明：保持儒家传统作为一种安定社会的力量，这对于维系整个社会的敬业乐群的精神，对于创造一个稳定的投资环境以促进社会经济的发展，会有极大的重要性。

近几年来，还出现有"儒家资本主义"的提法。如米切欧·莫里西认为：日本资本主义发展到后期，已完全背离西方的模式，是一种"国家的、家长制的、反个性的"资本主义形式。更进一步讲，正是"集体主义"才抑制"个性主义"，并为日本资本主义上述三个要素提供了社会与文化基础。他还说："从长远的历史角度来看，儒家价值观念决定了日本资本主义制度中集体主义伦理道德体系的确立。儒教重视社会和谐与社会道德，强调社会成员之间秩序关系的形成。在《论语》中，孔子描述了一种理想的社会机构，并规定每个阶层的作用与道德规范；他还着重强调执法人员的社会行为准则，因为在他们身上体现着一种理想的道德。""西方社会中，道德上的个人主义与经济个人主义无意识地结合在一起，而日本传统文化的集体主义则会导致儒家资本主义社会。"①

"儒家资本主义社会"这个提法，我认为是不够科学的。资本主义指的是生产方式和社会制度。儒家是中国古代一个思想流派，是小农经济和封建宗法社会的产物。儒家思想内部，不可能自发地产生资本主义。最近记者张可喜报道了一篇日本企业家谈"日企业经营方式中的儒家思想"。文中引述著名的企业经营者横山亮次的说法：终身就业制和年功序列化是"礼"思想的体现；企业内工会是"和为贵"思想的体现。他自己同职工的关系上，贯彻了"爱人者人恒爱之，敬人者人恒敬之"等儒家思想。立石电机公司的创立者立石一真主张"和为贵"，建立"相爱和相互信赖"式的夫妻式劳资关系。他们还认为：在现实生活中，儒家思想主要是其伦理道德观念。作为文化的一部分，仍有机地存在于日本的上层建筑和生产关系之中，并且对经济基础和生产力起到了巩固和推动作用。

---

① 王剑波、张芹编译自［澳］《新社会学杂志》1988年4月第24卷第1期，《社会科学报》1989年12月7日摘引。

按照上面的报道，儒家思想在日本企业的经营方式中所起的作用，主要是协调好内部的劳资关系。正如一位企业家说："和为贵"旨在协调内部关系，竞争是对外部的关系，可见儒家思想并非都能适用。至于怎样产生资本主义，他明确认为：日本走上资本主义道路，从政治制度到生活方式，全面地向欧美国家学习，是"脱亚入欧"的结果。①

对新加坡的情况，该国第二副总理王鼎昌在一次会议中说："建国以来，在经济、科技建设等方面，我们都取得可喜的成就，这是向西方学习的结果。"同时他又指出：西方文明中存在的问题，是"道德伦理的破坏，人际关系的实用主义化，这都是西方世界存在着可怕的现象"。副总理吴国栋在谈到如何保留传统文化时说："新加坡人越来越西化，人民的价值观也从儒家理论的克勤克俭和为群体牺牲精神转为自我中心的个人主义。这种价值观的改变，将会削弱我们的国际竞争能力，从而影响到国家的繁荣与生存。"他又说："我们的忧虑是，在不知不觉中，受到西方的同化。"还说："新加坡学校已有多年没有教导儒家伦理，直到最近才恢复。"② 由此可见，新加坡当局所以推行儒家思想教育，是在西方利己主义价值观严重泛滥的情况下，将其作为挽救资本主义道德危机的治世良方。根据他们的国情，这样做是可以理解的。这里说明，亚洲一些已走向现代化的资本主义国家和地区，是由于西化后物质文明带来的精神危机，所以才乞灵于儒家思想；如果认为儒家思想可以开发出资本主义社会，这似乎是一种倒果为因的说法。因此我认为：在后工业化社会中，儒家的道德理性及其价值观念，对社会精神危机是可以起到一些补偏救弊的作用，亦可能收到一些成效。现在西方有些较为成熟的资本主义国家，亦有人对研究儒学感兴趣，其中也不无道理。

三、海外新儒学与自由主义者之论争

前面讲到，港台当代新儒家提出的"返本开新"问题，儒学如何开出民主与科学等，近年来在海外也颇有争议。如1988年8月29日至9月3日在新加坡举行的"儒学发展的问题及前景"讨论会中，林毓生提出《新儒家在中国推展民主与科学理论面临的困境》一文，对新儒家的"内在要求"说提出质疑。文中认为："中国传统文化内并不必然有要求与发展民主的思想资源。"《宣言》中的意见"最多只能说中国传统文化中蕴涵了一些思想资源，他们与民主思想与价值并不冲突，但他们本身并不必然会从内在要求民主的发展"。因此说"希望儒家道德性的思想'必当发展为政治上的民主制度'很难不是一厢情愿的愿

---

① 《参考消息》1988年12月21日。
② 《儒家基本价值观应升华为国家意识》，载新加坡《联合早报》1988年12月9日。

望"。

对林毓生的批评，1988年12月26日至27日，在香港法住文化学院召开的"唐君毅思想国际会议"上，李明辉做出回应。他写了《儒学如何开出民主与科学？——与林毓生先生商榷》一文，认为林对新儒家是"极大误解"。他引用了"宣言"中的一段话：民主与科学"正是中国人之要自觉的成为道德实践之主体之本身所要求的，亦是中国民族之客观的精神生命之发展的过程中、原来所要求的"。所以说此中所包含的必然性并非逻辑的必然性，亦非因果的必然性，而是精神生命的发展中的必然性。他还解释牟宗三的观点，说这是"在辩证历程中的实践必然性。在此种必然性中，道德主体（实践理性）必须有一层转折（自我坎陷），才能通出去以成就民主与科学"。据此认为，林毓生始终强调儒家道德哲学之基本信念与民主政治间并无必然的逻辑关联，"成了无的放矢"① 的批评。这场争论看来还在继续。

在李明辉与林毓生的争辩中，李称林是站在自由主义的立场上，因林是殷海光的弟子，所以说他这篇文章可以视为当年自由主义与新儒家争论之延续。其实新儒学在台湾也受到各种批评。龚鹏程在"唐君毅思想国际会议"上，提供了一篇《我看新儒家面对的处境与批评》论文，里面就谈到了不少情况。如说："新儒家虽对儒学、对中国文化，抱持着一种宗教式的温情与崇敬。可是他们是'新'儒家，常采用佛教及西洋哲学之名相，解释中国哲学和人文精神。传统派和讲复兴中华文化的人，实无法相互了解，衷心赞同。而又因为他们是新儒家，主张西化和不相信儒家仍能应付现今世局的人，当然也不会欣赏其议论。至于科技政经专家，则以袖手谈心性为迂远不切实际；天主教人士，厌其不相信上帝，更是必然的了。"龚文还谈道："很多人认为：儒家在历史上确实曾与统治势力结合"，"因此在提倡民主政治的今天，不应该再谈儒学"，"要从儒学传统中开展出民主政治也是不可能的。反而新儒家不批判传统，并重提儒家传统，只会强化权威观念，阻碍中国之民主化。"据此，龚文认为："从新儒家的存在的处境来看，新儒家之引起诸多质疑与误解，也许是他们无从摆脱的命运。"

港台现代新儒学大师如唐君毅等人，从外面看来学术地位甚高，但他们的思想却似未得到台湾当局的首肯。如黄振华在唐君毅讨论会上，提供《试阐论唐君毅先生有关中华民族花果飘零与灵根自植之思想》一文，曾得到香港和大陆学者的"赞佩"。该文在《鹅湖》月刊上发表，并向"国科会"申请研究奖助金，却"未蒙核准"。据黄振华分析，"国科会"否定此论文不外两方面："一是否定笔者依据儒家及康德哲学以阐析唐先生的思想，二是根本否定唐先生有关中华民族花果飘零与灵根自植之思想。"依他观察，认为"国科会"否定此文，"出于后

---

① 李明辉的文章载香港《法言》杂志1988年第2期。

一种动机远较为大"。① 从这个事例,可见唐君毅思想并未得到"国科会"这一官方机构的首肯。劳思光曾说:"当代反儒学思潮,有一共同特色即是:不着眼于儒学理论本身,而着眼于儒学对社会文化之功能及影响。"② 而对于这个方面,确是可以有截然不同的反应。如近年来新加坡振兴儒学,受到不少人的称赞。如泰国郑彝元认为,这个国家随着高速的现代化进程,正面临着西方生活哲学的渗透的种种危险。所以李光耀做出推行儒家思想的决策,正如《星洲日报》社论说的:"我们相信儒家思想将帮助新加坡保留文化的根,并给社会带来一种安定力量。"郑彝元认为这是切中肯綮之论。③ 但另也有人提出说:"现在不知何故,儒家被视为与专制独裁的政府有关,而且是反对民主与自由的价值。""举例而言,当李光耀重新回到独裁统治方式时,一般人认为,他已溜回到儒家统治的型态。就整个东亚地区而言,任何独裁行为的象征,一般均被解释为,那是儒家所遗留的痕迹。"④ 现代新儒学本标榜能开出民主与科学,而现在却被有些人"认为与独裁政府有关"。上面讲到的龚鹏程的文章,说到台湾的情况:几十年来,政府重用的是政经科技人才,对人文精神,道德理性,新儒家虽然呼吁得声嘶力竭,谁来理睬?但一般人都将它视为保守势力,甚至认为它是维护国民党意识形态,或有意与政府挂钩,想借保守的政治势力来发展儒学。对这一批评,"新儒学家们听来理当感到相当错愕与辛酸"了。

四、结　语

综合以上情况,我认为现代新儒学思潮发展到今天,已经跨越了封建时代,并进入国际领域,成为一种带国际性的思潮,这在儒学发展史上是一次飞跃。现代新儒学面对传统、西学和现实。它既想保留中国传统,又不得不学西方的科学和民主,以及其他先进的东西。它想向前走,跨入现代化的行列,这就有其开放进步的一面,不能只看成文化保守主义。现代新儒家力图在更高的层次上,使儒学的包容性成为通群流的浩瀚海洋,这种努力是可取的。他们是吸收西方哲学方法和理论,引入自己体系,既是哲学史的一部分,同时也是他们自己的思想。现代新儒学丰富了现代哲学史,系企图系统回答中国传统文化向何处去的问题。虽然其思虑所得之恰当与否还可详加讨论,但总可以给人以启迪与借鉴,在人类整个学术思潮发展史中,应该占有一席之地。

至于现代新儒学思潮所产生的社会功能和影响,这个问题比较复杂,由于各

---

① 见《鹅湖月刊》1989 年第 11 期。
② 劳思光:《试论当代反儒学思潮》。
③ 《儒家思想异论》,1984 年曼谷出版。
④ 裴鲁恂:《儒家思想发生了怪事?》。

地方的国情不同，不同阶层和不同社会集团的人，从自身的利益出发，对各种思想文化产生的社会功能，往往有不同的评判价值标准；甚至从不同的角度和方位看问题，也会得出不同看法。如应用儒学取得一些成效的国家，对新加坡可以说会给李光耀的政治权威做护法。对日本的企业管理，既可以说能调动员工积极性，促进劳资双方的和谐关系，但也可以说这是一种封建家长式的管理体系。对中国近年有人提出儒学第三期发展的前景问题，有人认为这必然是对历史的一个反动。我觉得在中国讲儒学复兴，那是难以做到的；但亦不等于儒家思想一无是处，如讲究正己正人、以身作则、见利思义、先忧后乐等思想行为和立身处世之道，应该是可取的。又如尊老爱幼、和睦家庭邻里、守望相助、疾病相扶之类的传统美德，也应该继承；当然对儒家亲亲思想的消极面，也需要批判。总之，对儒家思想与现代化关系和对现代新儒学思潮的历史评价，应该容许百家争鸣，可以让海内外学者根据各自不同国家和地区的情况，结合社会实践的效果加以批判。我们的态度是既不人云亦云，也不固执己见，应该跟随时代前进的步伐，结合自身的国情，对现代新儒学思潮发展的各个时期，做出应有的历史评价。

［原载《法言》（香港）第二卷第五期（1990年第10月号）］

现代新儒学思潮的历史评价

现代新儒学思潮是历史和时代的产物。它因中国近代西风东渐和"五四"新文化运动而产生,并随着社会形势的变化而发展。这股思潮,既有其思想渊源和政治倾向方面的连续性,又在不同阶段和地区表现出不同的特点。它已经进入国际领域,成为一种带国际性的思潮。因此,对这股思潮,应该做历史主义的分析,并从中国社会向现代化的演进层面,评估其文化价值和现实作用。

一

现代新儒学既然形成一种思潮,总是有若干的思想家或文化人持有类似的思想汇聚而成的。这些人被一些研究者称为新儒家。如我们"现代新儒学思潮研究"课题组,初步提出梁漱溟、熊十力、贺麟、冯友兰4人,是20年代到40年代的新儒家。但有人持反对意见,认为贺、冯不是新儒家,他们后来的思想有很大变化,给戴上新儒家的帽子并不合适。我认为这种争议是不必要的,一个学者只要在某个时期或方面,他的著作或言论,对现代新儒学思潮曾经起到过作用的,都应该承认其历史地位并做出相应评价,这是对思想而不是对人。新儒家并不是终身封号。

作为现代新儒学思潮的开端,我认为梁漱溟在1922年出版的《东西文化及其哲学》是这个时期的代表作。所以说这是新儒学,因为梁本人承认"这书的思想差不多归宗儒家",这本书的任务就是要把中国人和西洋人导向"至美至好的孔子路上来"。① 至于称之为现代新儒学,这是相对于先秦原始儒学和宋明新儒学而言的,也可以说这是儒学发展的第三阶段。

不过,梁漱溟虽倡导儒学,鼓吹"走孔家的路",说除了"替孔子去发挥外,更不作旁的事",但是也批评孔子和宋儒。如说:"孔子不但耽误了中国的科学,并且耽误了中国的德谟克拉西。"又说"自宋以来,种种偏激之思想,固执之教条,辗转相传而益厉,所加于社会人生的无理压迫,盖已多矣。"② 他还指出:"中国文化最大之偏失,就在于个人永不被发现这一点上,一个人简直没有站在自己立场上讲话的机会,多少情感要求被压抑被抹杀。"③ 相反他肯定:

---

① 《东西文化及其哲学》第八版自序。
② 《东西文化及其哲学》,第150页。
③ 《中国文化要义》,第260页。

"西方文化有两样特长……一个便是科学的方法,一个便是人的个性申展,社会性发达。前一个是西方学术上特别的精神,后一个是西方社会上特别的精神。"① 他认为这两大特长,中国无法与西方相比。据此他主张"对于西方文化是全盘继承",并说"怎样能让个人权利稳固社会秩序安宁,是比无论什么都急需的"②。对于民主与科学则强调"这两种精神完全是对的,只能为无批评无条件的承认"③。

值得注意的是,梁漱溟这里既批评孔子耽误了中国的科学和民主,宋明理学和传统文化又压抑了人的个性和情感,而这些却正是西方的"特长",所以应该无条件承认这两种精神是全对的,要作为新鲜血液引进以弥补中国传统儒家文化的缺陷。由此可以看到,现代新儒学是现代史上中西文化冲突的反映,它面对传统、西学和现实,是想向前走,跨入现代化的行列。但它既要保留中国传统,又不得不学西方的科学和民主,以及其他先进的东西。这就构成现代新儒学的思想基调,同时也是它面临的思想矛盾和需要解决的难点,所以从这个角度看,梁漱溟应该是现代新儒学思潮的初步奠基者。

梁漱溟的中西文化观发表后,很快受到各方面的反对。国粹派不满意他对传统文化有所指摘,西化派和马克思主义者在社会发展道路的选择上则与其有根本分歧。他公然宣称:"我们政治上的第一个不通的路——欧洲近代民主政治的路;我们政治上的第二个不通的路——俄国共产党发明的路"④。那么中国甚至整体人类社会发展前途应该走什么路向呢?即既接受西方文化,又要否定意欲向外的人生态度,而统之以折衷调和为特征的中国人生态度,由此形成既不是西方文化,也不是保守衰落的中国文化,而是两者不断冲突、不断调整,经过再三整合而后产生的新的世界文化。他说:"质而言之,世界未来文化就是中国文化的复兴,有似希腊文化在近世的复兴那样。"⑤

梁漱溟既主张接受西方文化,为什么又拒绝走欧洲资本主义的路呢?他自以为看出了这方面的毛病,如说:"近代西洋人走的这条路,内而形成阶级斗争社会惨剧,外而酿成国家大战世界灾祸,实为一种病态文明。"⑥ 如果在中国走全盘西化的道路,那只能使中国人养成一种以满足物欲为主体的人生态度,把人类变成机器的奴隶,从而在物欲面前使人的尊严丧失殆尽。据此他认为:"第一路走到今日,病痛百出,今世人都想抛弃他,而走这第二路,大有往者中世人要抛

---

① 《东西文化及其哲学》,第 21 页。
② 《东西文化及其哲学》,第 204 页。
③ 《东西文化及其哲学》,第 206 页。
④ 《中华民族自救运动之最后觉悟》,第 107—108 页。
⑤ 《东西文化及其哲学》,第 199 页。
⑥ 《中华民族自救运动之最后觉悟》,第 238 页。

弃他所走的路而走第一路的神情。"①

这里所谓第一路、第二路是梁漱溟的发明。他认为解决人生问题有三种态度或三条路向：第一路向是西洋文化。它的人生态度是"奋力取得所要求的东西"，"是以意欲向前要求为其根本精神"。② 第二条路向是中国文化，它要人们"遇到问题不去要求解决，改造局面，就在这种境地上求我自己的满足"。"所持应付问题的方法只是自己意欲的调和。"第三条路向是印度文化，"遇到问题他就想根本取销这种问题或要求"，"凡对于种种欲望都持禁欲态度的都归于这条路。"③

按照梁漱溟所归纳的三条路向，他认为西洋文化开创了满足人类物质需求的时代，但现代欧洲社会却出现严重危机，则正好标志着人类文化已经进入一个要求满足人的精神需要的新时期，而中国文化的人生态度，恰好适应了这种文化变动的需要，所以他说："第一路走完，第二问题移进，不合时宜的中国态度遂达其真必要之会，于是照样也拣择批评的重新把中国人态度拿出来。"④ 由是他认为中国文化成为主导世界的文化，看来是时势所趋、不可抵挡的社会大潮流。鼓吹现代新儒学的人大概都想为促进这股潮流而努力。这里梁漱溟无异是在宣布：西方物质文明已趋于破产，东方精神文明将重起而代之。

对这个时期梁漱溟的思想观点，应给予什么样的历史评价？我认为其中也有一些合理因素。如他指出："现在社会上贪风的炽盛，是西洋着重物质生活的幸福，和倡言利的新观念启发出来的。贪婪在个人是他的错误和苦痛，在社会则是种种腐败种种罪恶的病原菌。""如果今日贪婪的风气不改，中国民族的前途就无复希望，……而这种人生态度如果没有根本掉换过，这贪风是不会改的。"⑤ 这里他把中国社会的贪风归结到受资本产阶级幸福观和"言利"的思想影响，应该说是有合理因素的。另外他还指出，中国要想发展资本主义已是此路不通："这世界上俱是工商业的先进国，拼命竞争，有你无我。我们工商业兴发之机早已被堵塞严严的不得透一口气。这不是愿步他们后尘或不愿的问题，而是欲步不能了。"⑥ 他这里讲的是实际情况。但他在看到中国社会受到西方思想的侵蚀，而资本主义道路又无法走通的两难情况下，却想用复兴中国文化的路向来解决问题，这只能说是一厢情愿。他想用所谓东方精神文明来代替西方物质文明，并把两者对立起来也是不妥的，因为两个文明建设不可分割，特别中国当时还很贫穷

---

① 《东西文化及其哲学》，第 200 页。
② 《东西文化及其哲学》，第 53、54 页。
③ 《东西文化及其哲学》，第 54 页。
④ 《东西文化及其哲学》，第 200 页。
⑤ 《梁漱溟卅前文录·合理的人生态度》。
⑥ 《中华民族自救运动之最后觉悟》，第 238 页。

落后，怎能舍弃物质需求而向往精神上的自我满足呢？中国先秦的思想家，也懂得衣食足然后知荣辱；孔、孟之道也是讲富而后教，承认一般人民是有恒产才有恒心。孔子虽有"罕言利"的一面，但也主张"因民之所利而利之"①，而梁漱溟却说"孔子惟一重要的态度就是不计较利害"②。还说"最与仁相违的生活就是算账的生活。所谓不仁的人，不是别的，就是算账的人。仁只是生趣盎然，才一算账则生趣丧失矣！"③ 凡是算账的就是"不仁"，恐怕孔子无此看法。

对科学与民主，梁漱溟说："怎样引进这两种精神实在是当今所急的；否则，我们将永此不配谈人格，我们将永此不配谈学术。"④ 但当时在北洋军阀的统治下，又怎能引进民主与科学这当今所急的两种精神呢？而当时各帝国主义列强，不但不允许中国发展资本主义；相反在经济、政治甚至军事上侵略和压迫中国，所以救亡图存成为当时急务，并非复兴中国文化之所能奏效的。本来在中国文化中，也有威武不能屈、坚持民族气节和自强不息的优良传统；但梁漱溟所追求的却是意欲自为调和、持中的中国文化之路。他害怕民主主义革命运动的兴起，"要想使社会没有那种暴慢乖戾之气，人人有一种温情的态度"⑤。对改造中国社会，他提出要走乡村文明之路，"要使经济上的富，政治上的权，综操于社会，分操于人人"。"乡村经济建设要走合作的路"，"由是而政治亦非自形成民主的。那么所谓富与权操于人人，更于是确立。"⑥ 这是说，要使乡村文明立足于现代社会自由民主的精神与富裕的经济生活上。这种理想动机可能是好的，但实际上行不通，但他始终坚持中国是一个伦理本位、职业分途的社会，自然就没有阶级，更不存在阶级斗争。他要把中国建设成一个在儒家伦理覆盖下，充满着人情味、理性与和谐的社会，但严峻的现实与后来民主革命的实践，却宣告他乡村文明建设道路的破产。他在中西文化的冲突中，曾经承认中国文化的失败，原因是"成熟太早"而"不合时宜"。如果拿这两句回敬他自己，我想还是合适的。

不过，梁漱溟对中西文化的比较研究，思想观点也不是一无是处。如揭示帝国主义战争所暴露的人类文明的危机，西方资产阶级腐朽生活所带来思想流毒的拜金主义和唯利是图，从而提出对中国社会经济、政治的改造不能忽视道德修养，应该根据本民族的特点，对现代化的发展路向问题进行多样性探讨和多维性思考。他主张学习西方不能生搬硬套，要看到现代物质文明的流弊和带来的后遗症。所以对传统文明的批判继承，对西方文化的批判吸收，在一定程度上他是有

---

① 《论语·尧曰》。
② 《东西文化及其哲学》，第131页。
③ 《东西文化及其哲学》，第134页。
④ 《东西文化及其哲学》，第206页。
⑤ 《东西文化及其哲学》，第140页。
⑥ 《中国民族自救运动之最后觉悟》，第248页。

所认识的。他虽然给人以一副新儒家的形象,但不能斥之为封建复古分子。他在政治上始终是一个追求进步的民主人士。即使五四时期是个文化保守主义者,但在推动中国儒学和中国传统文化的发展方面,他却做出了应有的历史贡献。

二

现代新儒学发展到三四十年代,对这个思潮从不同角度和方位起过推动作用的,有熊十力、贺麟、冯友兰等人。

熊十力年纪稍长于梁漱溟,但在学术文化界所起到的影响却较梁为晚。他早年参加辛亥革命,民国建立后曾任武昌都督府参谋,护法运动爆发后又曾参与湖南民军,不久赴广东任孙中山幕僚,1918年才决心弃政向学,时年34岁。次年与梁漱溟初会于北平广济寺,并经梁介绍,于1920年下半年到南京向欧阳竟无大师学习佛法。但到1923年时他却改变了原来所学的佛家本义,开始草写《新唯识论》,后经数次易稿,到1932年《新唯识论》文言本才由浙江省立图书馆正式出版。此书刚出后,欧阳竟无即命刘定权撰《破新唯识论》,并亲为作序。次年熊十力却出版《破〈破唯识论〉》,反击刘文。同年,周叔迦发表《新唯识三论判》,对熊十力进一步批判,其后熊在欧阳内院的同门,如吕澂、王恩洋、陈真如等,也纷纷撰文对熊责难。熊此书所以备受佛学界人士的批评,可以反证其并非符合佛家本义之作。

《新唯识论》出版文言本后,到1944年又由重庆商务出版语体本。此书名好像是佛家著作,其实已由佛归儒。他的入门弟子牟宗三,认为此书"融摄孟子、陆王与易经而为一,以易经阴扩孟子,复以孟子陆王之心学收摄易经,直探造化之本,露无我无人之法本"①。对此持批评态度的印顺法师,则说熊不过"掠取佛教皮毛,作为自家的创见,附会到儒家的古典里"。子韬却说熊尽管形式、方法不同,然在内容上、骨子里是用佛理附会、充实或改造儒家哲学。这"不但要以佛释儒,而且还要以佛附儒",因此干脆认为熊属于"新儒学派"②。

以上对《新唯识论》的评价,尽管褒贬掺杂,但当时熊的思想已由佛归儒,大体上得到公认。至于他对儒学的发展,贺麟认为其学是"陆王心学之精微化系统化最独创之集大成者"③。谢幼伟则称他是"千百年来我国学术界中罕见之一位学人,虽程朱陆王,未必能与之相比。其学虽以继承我国传统思想自任,然实有超乎我国传统思想之上者"。他的弟子徐复观称赞说:"先生治学,思辨精微,

---

① 转引自郭齐勇《熊十力及其哲学》,第135页。
② 《读〈读智论抄〉》,《世间解》1947年第4期。
③ 《陆王之学的新发展》,载《建国导报》1945年第1卷17期。

证会玄远,《新唯识论》斧藻群言,囊括百氏,自成一严密而宏伟的哲学巨构。"① 熊十力与梁漱溟比较,梁只是在文化发展路向上提出自己的见解,而在理论建构上却显得浅薄。而熊在这方面,即使反对他的人,如朱世龙说他"混乱佛法理的层境,妄构其哲学的体系"。但又不能不承认:"他除读东方文化册籍外,又览西方哲学译著,能以了解性智与理智,冥悟证会与思辨推理等层境,故他的理论,颇具深度。"印顺法师也说他"于般若及唯识,有所取,有所破"。"而即体即用以及种种原理,是他自悟而取正于大易的独到处。"中国儒家思想发展到宋明理学已趋向于哲理化,熊对此更向前推进一步。李泽厚在《略论现代新儒家》一文中说:"熊十力哲学最吃紧处,是他将传统儒家哲学,其中主要是宋明理学(又特别是陆王心学)所突出的内圣极致的孔颜乐处,给予了本体论的新论证,即把宋明理学的伦理学和人生观翻转为宇宙观和本体论。"所以说"它才是现代条件下发展了的宋明理学。"李文将熊列为现代新儒家的榜首,认为从现代新儒家的逻辑线索说熊是站在序列的最前面。

不过熊十力对现代新儒学思潮做出的贡献,虽然主要是承接发扬宋明理学的"内圣"心性理论,但对"外王"学也并非没有涉及。如胡秋原指出:"先生之学,盖以易经有科学,春秋有民主,周礼有社会主义。"所以说熊"欲以儒家思想为主,参与诸子,西洋思想亦当和会,以为人类将来之需"。徐复观则认为熊的"哲学思想,实归结于政治思想之上,此乃中国文化传统及所处时代使然"。又说熊先生特别彰显庶民在穷苦中的志气与品德,并以所谓"庶民史观"赋予历史以新的解释。还说"他的政治思想是民主政治与社会主义的结合"②。熊的老友梁漱溟,后来写了篇《读熊著各书书后》的未刊手稿,承认熊在发掘孔子的"革命""民主""社会主义"的思想上,颇有以自成其说。还认为熊主张从世界各地不同文化和学术的比较上,而不是仅仅从儒家的立场上来把握儒学的特征和价值。③

由上可见,熊也是主张从内圣开出外王的科学、民主和社会主义。后来港台的新儒家,除社会主义因不合当地政治需要不提之外,都认为孔孟之道能够开出科学与民主。而这一点50年代以后却成为现代新儒学思潮的理论核心,作为思想路向应该承认是由梁漱溟、熊十力他们所开创的。这亦是他们在推动现代新儒学思潮的发展中起到的历史作用。

沿着梁、熊开创的路向,40年代在推动现代新儒学思潮的发展中,贺麟应占有一席之地。他于1941年8月,在《思想与时代》杂志上发表《儒家思想的新开展》一篇专论。文中既对"新儒学"概念做出现代意义的诠释,同时对其

---

① 《远奠熊师十力》,载《徐复观杂文——忆往事》,台湾时报公司1980年再版。
② 《熊十力大师未完成的最后著作——〈先世述要〉》,载香港《明报》1980年8月号。
③ 转引自郭齐勇《熊十力及其哲学》,第139页。

内涵也做了系统的阐述。文中断言新儒学是中国现代思潮的主流,要在社会上掀起一个"新儒学运动"。由于文章作者的态度非常明朗,所以当时被看作是现代新儒学的宣言书和代表作。但从全文的观点来看,似乎没太多新的东西,如明确提出"以儒家思想为本体,以西洋文化为用具"的主张,也无非是中体西用论的再版。虽然他这里讲的是西洋文化而不限于狭隘的夷人"长技",并且强调要把西方文化儒化、华化、中国化,这与把体用分成两截亦有所不同。但如何同化西方文化来建构中国民族的新文化,文中只是说:"中国文化能否复兴的问题,亦即华化,中国化西洋文化能否可能,以民族精神为体,以西洋文化为用是否可能的问题。"这里可能性怎样变成现实性,文中似无明确回答。贺麟当时对国粹主义和全盘西化的观点持反对态度,这也是现代新儒家的共同立场。他并不反对五四时期的新文化运动,认为他只是"破坏和扫除了儒家的僵化部分的躯壳的形式末节,及束缚个性的传统腐化部分。他并没有打倒孔孟的真精神、真意思、真学术,反而因其洗刷扫除的功夫,使得孔孟程朱的真正面目更是显露出来"。据此,他把五四新文化运动看成是促进儒家思想新发展的一大转机,这种观点当然不同于国粹派。至于全盘西化,他认为这样"中国将失掉文化上的自主权,而陷于文化上的殖民地"。贺麟将振兴民族与复兴民族文化联系起来,这种带有维护民族尊严的精神,应该是可取的。

贺麟在哲学上倡导"新心学",那是西方新黑格尔主义和中国陆王心学相结合的产物。在此同时还有冯友兰鼓吹的"新理学"。冯在抗战时期连续写了《新理学》《新事论》《新世训》《新原人》《新原道》《新知言》等书,称为"贞元六书"。他声明自己不是"照着讲"而是"接着讲",即是从继承和发展程朱理学而来。因此对自己的哲学称之为"新理学"。由于冯受过西方哲学方法论和逻辑学的训练,他所吸收的西方哲学,主要是用新实在论的逻辑分析方法,改铸中国传统哲学,把新实在论与程朱道学融合起来,建构一个新的形上学体系。

按照冯兰友的解释,他认为"宋明道学没有直接受过名家的洗礼,所以他们所讲底,不免著于迹象"。他要"利用现代新逻辑学对于形上学底批评,以成立一个完全'不著实际'底形上学"①。他承认这种虚空的哲学观念没有什么实际用途,"新理学"是"知道哲学本来只能提高人的境界"②。但是,"这些观念,可以使人知天、事天、乐天以至于同天,这些观念可以使人的境界不同于自然,功利,及道德诸境界",因此他说"哲学的无用之用,也可称为大用"。③他认为新理学就是能使人"经虚涉旷"而"廓然大公",从而进入"圣人"境界,他这

---

① 《新原道》,第 112 – 113 页。
② 《新原道》,第 121 页。
③ 《新原道》,第 122 – 123 页。

套学问的大用是能"使人成为圣人之道"。①

那么从新理学培植出来的"圣人"能做些什么呢?冯友兰回答说:"只有圣人,最宜作王。所谓王,指社会的最高底首领。""当最高首领者,无须自为,所以亦不需要什么专门底知识与才能。""所需要底是'廓然大公'底心,包举众流底量。"由于"圣人最宜于作王,而哲学所讲底又是使人成为圣人之道,所以哲学所讲底,就是所谓'内圣外王之道',新理学是最玄虚底哲学,但它所讲底,还是'内圣外王之道',而且是'内圣外王之道'的最精纯底要素。"②

这里冯友兰虽然把新理学说成是最玄虚的哲学,而最终还是落实到内圣外王之道。从内圣开出外王,这是发挥儒学的传统。冯是强调要提高人的精神境界,并且分成四个层次,以天地境界为最高层。他认为:"在此种境界中底人,有完全底高一层底觉解。此即是说,他已完全知性,因其已知天。他已知天,所以他知人不但是社会的全的一部分,而并且是宇宙的全的一部分,不但对于社会,人应有贡献;即对于宇宙,人亦应有贡献。人不但应在社会中,堂堂地做一个人;亦应于宇宙间,堂堂地做一个人。"③ 这与梁漱溟、熊十力所追求的宇宙精神和人生境界,可以说是殊途而同归。

对中体西用问题,冯认为要做分析。如说"以五经四书为体,以枪炮为用",这话是"不通"。但如果说:"组织社会的道德是中国人所本有底,现在所须添加者是西洋的知识、技术工业,则此话是可说底。"他提出:"若把中国近五十年底活动,作一整个看,则在道德方面是继往;在知识、技术、工业方面是开来。"④ 这里继往开来的提出,可能是后来港台新儒学家提出"返本开新"的张本。

在中西方文化的比较中,中国文化需要现代化,这一点冯在当时也有所察觉。他说:"一般人已渐觉得以前所谓西洋文化之所以是优越底,并不是因为他是西洋底,而是因为他是近代底或是现代底。我们近百年来之所以到处吃亏,并不因为我们的文化是中国底,而是因为我们的文化是中古底,这一个觉悟是很大底。"⑤ 这里他认为中国文化需要的是现代化,而不是全盘搬西洋的一套,所以进一步说:"此改变又是中国本位底。因为照此方向以改变我们的文化。我们只是将我们的文化,自一类转入另一类,并不是将我们的一个特殊底文化,改变为另一个特殊底文化。"⑥ 冯还对近代崇洋思想提出过批评。如说"相传有人以为

---

① 《新原道》,第 123 页。
② 《新原道》,第 123 页。
③ 《新原人》,第 33 页。
④ 《新事论》,第 228—229 页。
⑤ 《新事论》,第 14 页。
⑥ 《新事论》,第 17 页。

美国的月亮比中国的月亮圆","此事实使我们知道,当时有许多人盲目地崇拜西洋人,这种殖民地人的心理,在中国到现在还有残余。""这一部分人的贵远贱近,是由于他们的心理,是殖民地人的心理。"① 冯和梁、熊、贺一样都反对全盘西化,坚持中国本位的民族文化向现代化方向发展。虽然从内圣开出外王,这种理想是不现实的,但作为对传统儒学的改造和扬弃来说,他们做出了应有的历史贡献。

三

进入 50 年代,现代新儒学思潮在中国大陆,基本上处于沉寂状态。当时梁、熊、贺、冯等人虽都留居国内,熊还陆续出版了《原儒》《体用论》《明心篇》《乾坤衍》等著作,但在学术界没有引起多少反响,至于梁、冯的旧著,则受到严厉批评。在此期间,熊的弟子徐复观、牟宗三、唐君毅,还有张君劢、钱穆等人都转移到港台定居,有的仍继续从事中国学术文化的教研工作。自是现代新儒学思潮就转而向外传播。到七八十年代,并影响到华人众多的泰国、新加坡等地。

在 50 年代间,最为集中反映港台现代新儒学思潮观点的,可推《民主评论》《再生》二杂志在 1958 年的元旦号中,同时发表的《为中国文化敬告世界人士宣言》(以下简称《宣言》)这一长篇论文。该文是由唐君毅与张君劢商议后起草初稿,再与徐复观、牟宗三"往复函商"后认定的。该文的副标题为"我们对中国学术研究及中国文化与世界文化前途之共同认识"。并声称该文所要阐明的,"是我们对中国文化之过去与现在之基本认识及对其前途之展望,与今日中国及世界人士研究中国学术文化及中国问题应取的方向,并附及我们对世界文化的期望。"② 从这几句话里,可以看出这篇长文是他们四人共同认可的集体宣言,他们通过对中国文化反思过去、衡量现在和展望将来,既要清除西方人士对中国文化的误解,同时又要为国人打气,表明对中国文化的发展前途具有信心。这篇宣言在中国儒学发展史上应是有划时代的意义的。

本文开头曾指出:现代新儒学思潮是中国近代经历过西风东渐和五四掀起新文化运动后这一历史条件下的产物,也是对新文化运动的一种回应。从五四运动到这篇宣言的发表,已将近经历了 40 年,但儒学仍处在困境。当时在国内马克思主义已公开占领了思想阵地,并继续对封建儒学进行批判。至于不在大陆的中国人,唐君毅于 1961 年在香港《祖国》周刊发表一文,题为《说中华民族之花

---

① 《新事论》,第 212 页。
② 《中国文化与世界》一文,已收入唐君毅著《中华人文与当今世界》,引文见台湾学生书局 1975 年版,第 866-867 页,以下只注该书页码。

果飘零》①，文中谈到近年来由于国家变乱，国人流亡海外，或侨居异地，纷纷谋求入他国国籍，忍辱偷生，情形可悯。在港台的中国青年，则千方百计到外国留学，以便归化他国作久居之计。他认为这种种情形，表示中国文化与中国人心，已失去一种凝摄自固的力量。如一园中大树之崩倒，花果飘零，随风吹散。只有在他人园林之下，托荫蔽日，以求苟存；或墙角之旁，沾泥分润，冀得滋生。这可说是华夏子孙的大悲剧！

按照上面的描述，中国文化已经到了山穷水尽的地步，所以在《宣言》中说到："我们不能否认，在许多西方人与中国人之心目中，中国文化已经死了。""五四运动以来流行之整理国故之口号，亦是把中国以前之学术文化"，"不免视之如字纸篓中之物，只待整理一番，以便归档存案。""于是一切对中国学术文化之研究，皆如只是凭吊古迹。"这种情况他们是不同意的，所以说"我们首先要恳求：中国与世界人士研究中国学术文化，须肯定承认中国文化之活的生命之存在"。"我们亦不否认，中国文化正在生病，……但病人仍有活的生命。我们要治病，先要肯定病人生命之存在。不能先假定病人已死，而只足供医学家之解剖研究。"至于为什么说中国文化只是生病而非死亡，证据是写宣言的我们并未死亡。"研究中国学术文化的读者"亦没有死亡。如果我们同你们都是活的，而大家心目中同有中国文化，则中国文化便不能是死的。在人之活的心灵中的东西，纵使是已过去的死的，此心灵亦能使之复活。"②这里可见唐君毅等人，当时所要干的是对中国文化存亡继绝甚至起死回生的工作。并"向世界宣言，是因为我们真切相信：中国文化问题，有其世界的重要性"③。

唐君毅等人为什么对中国文化发展前途有那样大的信心？他们在宣言中说："若非八年前中国遭遇到空前的大变局，迫使我们流亡海外，在四顾苍茫、一无凭借的心境情调之下，抚今追昔，从根本上反复用心，则我们亦不会对这些问题能认得如此清楚，……可以把我们的精神，从一种定型的生活中解放出来，以产生一种超越而涵盖的胸襟，去看问题的表面与里面、来路与去路。"

这种智慧生于忧患的思想，后来唐君毅进一步加以发挥。他认为人从绝望之境的痛苦反省中，才能直接涌出希望与信心，由此信心而生出愿力。这种反省过程，他称之为"灵根自植"。他在1964年在香港《祖国》周刊就发表题为《花果飘零与灵根自植》一文，认为中华民族惟有经过绝望痛苦的反省后，才能发现创造性的理想与意志，寄托其希望与信心。

唐君毅等人在居危处困中，对中国文化提倡自尊自信，反对投靠外国的洋化奴化思想，这种坚韧不拔的精神虽然是可取的，但对中国文化特别是儒学传统要

---

① 《说中华民族之花果飘零》，后由台湾三民书局印行。

② 《中华人文与当今世界》，第872－873。

③ 《中华人文与当今世界》，第867页。

取得人们的共识,并不是每个人都有这种"灵根自植"的反思精神。所以现在新儒学思潮要在海外继续发展,就必须解决中国传统文化与现代化关系这个难题。从五四运动以来,现代新儒学所标榜的是:既要保持中国传统文化的主导地位,又要以此为基础来融合、会通西学,从而谋求实现现代化。这是梁、熊、贺、冯等人所定下的基调,亦是现代新儒学之所以称为"新"的实际意义所在。

  唐君毅等人在宣言中,一方面承认在"中国文化历史中,缺乏西方之近代民主制度的建立,与西方近代的科学及各种实用技术,致使中国未能真正的现代化工业化"。但另一方面说:"不能承认中国之文化思想,没有民主思想之种子;其政治发展之内在要求,不倾向于民主制度之建立。亦不能承认中国文化是反科学的,自来即轻视科学实用技术的。"① 那么民主思想之种子从何而来?宣言认为由于儒家肯定:"天下非一人之天下,并一贯相信在道德上,人皆可以为尧舜为圣贤,及民之所好好之,民之所恶恶之等看来,此中之天下为公,人格平等之思想,即为民主之政治思想之根源所在,至少亦为民主之政治思想之种子所在。"② 至于天下为公、人格平等之思想,何以会发展为民主建国思想,是由于"以此思想之发展,必与君主制度相矛盾"。"如君主与人民在道德人格上真正平等","则君主制度必然化为民主制度。故道德上之天下为公、人格平等之思想,必然当发展至民主制度之肯定。"③ 并由是得出结论:"民主宪政,亦即为中国文化中之道德精神自身发展之所需求",而"从中国历史文化之重道德主体之树立,即必当发展为政治上之民主制度"。④ 这称为"返本开新"之论。

  其实唐、牟等这套观点,不过是儒家从内圣开出外王的思想发挥,树立道德主体是"本",开创民主制度是"新"。前面讲到的梁、熊、贺、冯等人,基本上也是沿着这条路向进行探索,但取得的社会效果并不大。这是由于他们所鼓吹的内圣外王之道,实质上以道德文化决定论作为理论依据,而这条路经过历史实践证明是行不通的。

  不过从60年代后期到七八十年代,海外现代新儒学思潮的发展,确是有了转机。这并非由于懂得灵根自植的人多了,而是由于日本和所谓"亚洲四小龙"——新加坡、韩国、台湾、香港经济上的起飞,从而进入现代化的行列。因而产生一种观点,即认为儒家思想会促进经济现代化的发展。1984年在曼谷出版了一部《儒家思想导论》,由泰国华人郑彝元所著。企业家郑午楼在该书序言中说:现在世界上有不少学者已经注意到亚洲一些国家和地区经济现代化的新经验。这主要的是指日本、韩国、新加坡和中国台湾、香港。他们的经验表明:保

---

① 《中华人文与当今世界》,第867页。
② 《中华人文与当今世界》,第903、904页。
③ 《中华人文与当今世界》,第903、904页。
④ 《中华人文与当今世界》,第903、904页。

持儒家传统作为一种安定社会的力量，这对维系整个社会的敬业乐群精神，对于创造一个稳定的投资环境以促进社会经济的发展，会有极大的重要性。

近几年来，还出现有"儒家资本主义"的提法。如米切欧·莫里西认为：日本资本主义发展到后期，已完全背离西方的模式，是一种"国家的、家长制的、反个性的"资本主义形式。更进一步讲，正是"集体主义"才抑制了"个性主义"并为日本资本主义上述三个要素提供了社会与文化基础。他还说："从长远的历史角度来看，儒家价值观念决定了日本资本主义制度中集体主义伦理道德体系的确立。儒教重视社会和谐与社会道德、强调社会成员之间秩序关系的形成。在《论语》中，孔子描述了一种理想的社会机构，并规定每个阶层的作用与道德规范；他还着重强调执法人员的社会行为准则，因为在他们身上体现着一种理想的道德。""西方社会中，道德上的个人主义与经济个人主义无意识地结合在一起，而日本传统文化的集体主义则会导致'儒家资本主义社会'"①。

"儒家资本主义社会"这个提法，我认为是不够科学的。资本主义指的是生产方式和社会制度。儒家是中国古代一个思想流派，是小农经济和封建宗法社会的产物。儒家思想内部，不可能自发地产生资本主义。最近记者张可喜报道了一篇日本企业家谈"日企业经营方式中的儒家思想"。文中引述著名的企业经营者横山亮次的说法：终身就业制和年功序列化是"礼"的思想的体现；企业内工会是"和为贵"思想的体现。他自己同职工的关系上，贯彻了"爱人者人恒爱之，敬人者人恒敬之"等儒家思想。立石电机公司的创业者立石一真主张"和为贵"，建立"相爱和相互信赖"的夫妻式劳资关系。他们还认为：在现实生活中，儒家思想主要是其伦理道德观念，作为文化的一部分，仍有机地存在于日本的上层建筑和生产关系之中，并且对经济基础和生产力起到了巩固和推动作用。

按照上面的报道，儒家思想在日本企业的经营方式中所起的作用，主要是协调好内部的劳资关系。正如一位企业家说："和为贵"旨在协调内部关系，竞争是对外部的关系，可见儒家思想并非都能适用。至于怎样产生资本主义，他明确认为：日本走上资本主义道路，从政治制度到生活方式，全面向欧美国家学习，是"脱亚入欧"的结果。②

对新加坡的情况，该国第二副总理王鼎昌在一次会议中说："建国以来，在经济、科技建设等方面，我们都取得可喜的成就，这是向西方学习的结果。"同时他又指出：西方文明中存在的问题，是"道德伦理的破坏，人际关系的实用主

---

① 王剑波、张芹编译自［澳］《新社会学杂志》1988 年 4 月第 24 卷第 1 期，《社会科学报》1989 年 12 月 7 日摘引。

② 《参考消息》1988 年 10 月 21 日。

义化，这都是西方世界存在着可怕的现象"。副总理吴国栋在谈到如何保留传统文化时说："新加坡人越来越西化，人民的价值观也从儒家理论的克勤克俭和为群体牺牲的精神转为自我中心的个人主义。这种价值观的改变，将会削弱我们的国际竞争能力，从而影响国家的繁荣与生存。"他又说："我们的忧虑是，在不知不觉中，受到西方的同化。"还说"新加坡学校已有多年没有教导儒家伦理，直到最近才恢复。"① 由此可见，新加坡当局所以推行儒家思想教育，是在西方利己主义价值观严重泛滥的情况下，作为挽救资本主义道德危机的治世良方。根据他们的国情，这样做是可以理解的。这里说明，亚洲一些已走向现代化的资本主义国家和地区，是由于西化后物质文明带来了精神危机，所以才乞灵于儒家思想；如果认为儒家思想可以开发出资本主义社会，这似乎是一种倒果为因的说法。因此我认为：在后工业化社会中，儒家的道德理性及其价值观念，对社会精神危机是可以起到一些补偏救弊的作用，亦可能收到一些成效。现在西方有些较为成熟的资本主义国家，亦有人对研究儒家感兴趣，其中也不无道理。

前面讲到，港台现代新儒家提出的"返本开新"问题，儒学如何开出民主与科学等，近年来在海外亦颇有争议。如1988年8月29日至9月3日在新加坡举行的"儒家发展的问题及前景"讨论会中，林毓生提出《新儒家在中国推展民主与科学的理论面临的困境》一文，对新儒家的"内在要求"说提出质疑，文中认为"中国传统文化内在并不必然有要求与发展民主的思想资源"。"宣言"中的意见"最多只能说中国传统文化中蕴涵了一些思想资源，它们与民主思想与价值并不冲突；但它们本身并不必然会从内在要求民主的发展"。因此说"希望儒家道德性的思想'必当发展为政治上的民主制度'很难不是一厢情愿的愿望。"

对林毓生的批评，1988年12月25日至27日，在香港法住文化学院召开的"唐君毅思想国际会议"上，李明辉做出回应。他写了《儒家如何开出民主与科学？——与林毓生先生商榷》一文，认为林对新儒家是"极大误解"。他引用了"宣言"中一段话：民主与科学"正是中国人之要自觉的成为道德实践之主体之本身所要求的，亦是中国民族之客观的精神生命之发展的途程中，原来所要求的"。所以说此中所包含的必然性并非逻辑的必然性，亦非因果的必然性，而是精神生命发展中的必然性。他还解释牟宗三的观点，说这是"在辨证历程中的实践必然性。在此种必然性中，道德主体（实践理性）必须先有一层转折（自我坎陷），才能通出去以成就民主与科学"。据此认为，林毓生始终强调儒家道德

---

① 《儒家基本价值观应升华为国家意识》，载新加坡《联合早报》1988年10月29日。

哲学之基本信念与民主政治间并无必然的逻辑关联,"成了无的放矢"① 的批评,这场争论看来还在继续。

从李明辉与林毓生的争辩中看出,李称林是站在自由主义的立场,因林是殷海光的弟子,所以说他这篇文章可视为当年自由主义与新儒家争论之延续。其实新儒学在台湾,也受到各种批评。龚鹏程在"唐君毅思想国际会议"上,提供了一篇《我看新儒家面对的处境与批评》论文,里面就谈到不少情况。如说:"新儒家虽对儒学、对中国文化,抱持着一种宗教式的温情与崇敬。可是他们是'新'儒家,常采用佛教及西洋哲学之名相,解释中国哲学和人文精神。传统派和讲复兴中华文化的人,实无法相悦以解、衷心赞同。而又因为他们是新'儒家',主张西化或不相信儒家仍能应付现今世局的人,当然也不会欣赏其议论。至于科技政经专家,以其袖手谈心性为迂远不切事情;天主教人士,厌其不相信上帝,更是必然的了。"龚文还谈道:"很多人认为:儒家在历史上确实曾与统治势力结合","因此在提倡民主政治的今天,不应该再谈儒学","要从儒学传统中开展出民主政治也是不可能的。反而新儒家不批判传统,并重提儒家传统,只会强化权威观念,阻碍中国之民主化。"据此龚文认为:"从新儒家存在的处境来看,新儒家之引起诸多质疑与误解,也许已是他们无从摆脱的命运。"

港台现代新儒学大师如唐君毅等人,从外面看来学术地位甚高,但他们的思想却似未得到台湾当局的首肯。如黄振华在唐君毅讨论会上,提供《试阐论唐君毅先生有关中华民族花果飘零与灵根自植之思想》一文,曾得到香港和大陆学者的"赞佩"。该文在《鹅湖》月刊发表,并向"国科会"申请研究奖助金,却"未蒙核准"。据黄振华分析,"国科会"否定此论文不外两方面:"一是否定笔者依儒家及康德哲学以阐析唐先生思想,二是根本否定唐先生有关中华民族花果飘零与灵根自植之思想。"依他观察,认为"国科会"否定此文,"出于后一种动机远较为大"。② 从这个事例,可见唐君毅思想并未得到"国科会"这一官方机构的首肯。劳思光曾说:"当代反儒学思潮,有一共同特色即:不着眼于儒学理论本身,而着眼于儒学对社会文化之功能及影响。"③ 而对于这个方面,确是可以有截然不同的反应。如近年来新加坡振兴儒学,受到不少人的称赞。如泰国的郑彝元,认为这个国家随着高速的现代化进程,正面临着西方生活哲学的渗透的种种危险。所以李光耀做出推行儒家思想的决策,正如《星洲日报》社论说

---

① 李明辉的文章发表在香港《法言》杂志1989年第2期。
② 《论行政院国科会否定唐君毅先生有关中华民族花果飘零与灵根自植思想所引发的哲学问题》,载《鹅湖》1989年11期。
③ 《试论当代反儒学思潮》,新加坡儒学会议论文。

的:"我们相信儒家思想将帮助新加坡保留文化的根,并给社会带来一种安定力量。"郑彝元认为这是切中肯綮之论。① 但也有人提出:"现在不知何故,……当李光耀重回独裁统治方式时,一般人认为,他已溜回到儒家统治的型态。就整个东亚地区而言,任何独裁行为的象征,一般均被解释为,那是儒家所遗留的痕迹。"② 现代新儒学本标榜能开出民主与科学,而现在却被有些人"认为与独裁政府有关"。上面讲到龚鹏程的文章,说到台湾情况:几十年来,政府重用的是政经科技人才。对人文精神、道德理性,新儒家虽然呼吁得声嘶力竭,谁来理睬?但一般人都将它视为保守势力,甚至认为它是在维护国民党意识形态,或有意与政府挂钩,想借保守的政治势力来发展儒学。对这一批评,"新儒学家们听来理当感到相当错愕与辛酸"了。

综合以上情况,我认为现代新儒学思潮发展到今天,已经跨越了封建时代,并进入国际领域,成为一种带国际性的思潮,这在儒学发展史上是一次飞跃。现代新儒学面对传统、西学和现实。它既想保留中国传统,又不得不学西方的科学和民主,以及其他先进的东西。它是想向前走,跨入现代化的行列,这就有其开放进步的一面,不能只看成是文化保守主义。现代新儒家力图在更高的层次上,使儒学的包容性成为汇通群流的浩瀚海洋,这种努力是可取的。他们吸收西方哲学方法和理论,引入自己体系,既是哲学史的一部分,同时也是他们自己的思想。现代新儒学丰富了现代哲学史,并企图系统回答中国传统文化向何处去的问题。虽然其思虑所得之恰当与否,还可详加以讨论,但总可以给人以启迪与借鉴,在人类整个学术思潮发展史中,应该占有一席之地。

至于现代新儒学思潮所产生的社会功能和影响,这个问题比较复杂,由于各地方的国情不同,不同阶层和不同社会集团的人,从自身的利益出发,对各种思想文化产生的社会功能,往往会有不同的评判价值标准;甚至从不同的角度和方位看问题,也会得出不同看法。如应用儒学取得一些成效的国家,对新加坡可以说会给社会带来一种安定力量;但也可以说会给李光耀的政治权威作护法。对日本的企业管理,既可以说能调动员工积极性,促进劳资双方的和谐关系;但也可以说这是一种封建家长式的管理体系。对中国近年有人提出儒学第三期发展的前景问题,有人认为这必然是对历史的一个反动。我觉得在中国讲儒学复兴,是难以做到的;但亦不等于儒家思想一无是处,如讲究正己正人、以身作则、见利思义、先忧后乐等思想行为和立身处世之道,应该是可取的。又如尊老爱幼、和睦

---

① 《儒家思想导论》,1984年曼谷出版。
② 裴鲁恂(Lucian Pye):《儒家思想发生了怪事?》。

家庭邻里、守望相助、疾病相扶之类的传统美德，也应该可以继承；当然对儒家亲亲思想的消极面，也需要批判。总之，对儒家思想与现代化关系和对现代新儒学思潮的历史评价，应该容许百家争鸣，可以让海内外学者根据各自不同国家和地区的情况，结合社会实践的效果加以批判。我们的态度是既不人云亦云，也不固执己见，应该跟随时代前进的步伐，结合自身的国情，对现代新儒学思潮发展的各个时期，做出应有的历史评价。

（原载《齐齐哈尔师范学院学报》1991年第1期）

从批判与承传中走向民主政治
——评徐复观的儒学发展观

一

徐复观（1903—1982年），湖北浠水人，是中国现代新儒家中很有特色思想的代表人物。可能他的出身和人生经历是有点特殊，他生前为自己预立过墓志铭："这里埋的，是曾经尝试过政治，却十分痛恨政治的一个农村的儿子——徐复观。"[①] 他不同于那些出身书香世家或是长期作学术研究的所谓书斋型学者。他自称"我真正是大地的儿子，真正是从农村地平线下面长出来的"[②]。"我的生命，不知怎样地，永远是和我那破落的湾子连在一起；返回到自己破落的湾子，才算稍稍弥补了自己生命的创痕。"[③] 植根农村乡土，既是他生命的根，也是他思想的根。他在台湾去世后，骨灰还是移回安葬于浠水故乡的泥土地中，这符合他"落叶归根"的遗愿，他认为"归根之念，也正是知识分子良心的自然归结"[④]。

不过徐复观这个农家子弟，并不是那种不识字没有文化知识的农民。他的父亲也曾去应科举考试，虽然连一个秀才也未考上，只能以乡间塾师为业，但在当地还算是个知识分子，在农业社会中可以称之为耕读传家。正因为有这个条件，徐复观从8岁起便随父亲读书，当时除读称之为新式的教科书外，还诵读"四书""五经"，以及《古文观止》《纲鉴易知录》等文史方面的典籍，这为他后来研究儒学打下初步基础。

徐复观跟随父亲私塾学习几年，到1915年12岁时考入浠水县高等小学，离开了偏僻的山村来到县城上学。经过三年学习，又考上湖北省第一师范学校，他离开了浠水县城来到湖北省会武昌。师范学校吃饭不要钱，对贫穷学生具有吸引力。

徐复观初随父亲在乡间启蒙，然后到县城读高小再上武昌进省一师，可以说

[①] 《旧梦·明天》，《徐复观文录选粹》，台湾学生书局1980年版，第292页。
[②] 《谁赋豳风七月篇》，《学术与政治之间》，台湾学生书局1985年版，第75页。
[③] 《旧梦·明天》，《徐复观文录选粹》，台湾学生书局1980年版，第291页。
[④] 《知识良心的归结——以汤恩比为例》，《徐复观杂文——记所思》，台湾时报文化出版事业有限公司1981年版，第423页。

是三级跳。不但在学历上是连升三级,更重要的是环境的转换,扩大了对社会的接触面,使他随着年龄的增长,除书本知识的提高外,更开阔了眼界,增加了社会阅历。而当时省一师校长刘凤章,以知行合一为人生准则,徐复观称"真正以宋明儒讲学精神办学校的,民国以来仅有他一人"①。刘校长的言传身教,使他在读一师时已受到宋明儒家的思想影响。他对老师的教学也很满意,对学习中国传统典籍"的一点常识",认为"是五年师范学生时代得来的"②。

1923年,徐复观在省一师毕业,由于找工作困难亦不理想,遂考入湖北省国学馆继续求学。他的试卷受到国学大师黄侃的称赞,称现在发现一位"最有希望的青年",可见当时他的学业已有相当基础。他在国学馆修读到1926年冬,北伐军攻占武昌,从而结束了他十年的学习生涯,他转而投入时代洪流,这成为他人生的转折点。

徐复观离开老家外出攻读十年有什么收获呢?应该说主要是研读中国古代儒家的典籍,同时对不平等的社会现实生活,也会有所认识,但是对政治似乎还很陌生。后来他承认"一直到民国十五年十一月底为止,可以说根本没有看过当时政治性的东西,所以对于什么主义,什么党派,完全没有一点印象"③。可是在革命洪流的冲击下,一个人不去找政治,政治却去找你。当徐复观攻读儒家典籍时,可能已向往所谓"三代"之治,并不满意当时的现实社会,此时他虽然不懂政治,其实已潜藏有政治变革的意识,所以当看到孙中山的《三民主义》后,就说"这才与政治思想结了缘"④。在此后二十多年中,他一直与政治纠缠在一起,经历过各种挫折和矛盾。如在1927年春夏之际,由于革命的逆转,他差一点被当作共产党而丧命。1928年到日本求学,1931年由于抗议日本侵华的"九一八"事变,遭到日本当局拘捕并被驱逐回国。这些都是他在政治上的挫折。

徐复观回国后,不知是否有点讨厌政治,但政治还是离不开他。"九一八"后日本加紧侵华,而徐复观在日本就因为反对侵华而被驱赶出境。他回国后曾想组织救国团体以"三民主义来指导中国革命"⑤,但得不到各方面的支持,为了生活,可能也有抗日救国的志向,他参加国民党的军队,抗日战争爆发,在山西娘子关战役中还显示过他的军事才能。经历了十五年的军旅生涯,在此期间,他亲身体验了国民党军队的腐败无能,虽然他受到蒋介石的提拔,由一个上尉营副升至陆军少将,由于他介入政治并不是为升官,参加抗日为保国救民。所以当时

---

① 《忆念刘凤章先生》,《徐复观最后杂文集》,台湾时报文化出版事业有限公司1984年版,第325页。
② 《我的读书生活》,《徐复观文录选粹》,第313页。
③ 《我的读书生活》,《徐复观文录选粹》,第313页。
④ 《我的读书生活》,《徐复观文录选粹》,第313页。
⑤ 《我的教书生活》,《徐复观文录选粹》,第304页。

的思想出现矛盾,一方面对国民党不满,但对最高当局可能仍有幻想,如曾向蒋多次进言,希望把国民党"改造成为一个以自耕农为基础的民主政党"①。这个愿望当时无法实现。

抗日战争胜利,对徐复观以至全国人民,本来是值得高兴的事,但由于国民党派往敌占区接收大员的劫收,被称为"五子登科"的房子、车子、金子、票子、女子,作为敌伪物资却均在劫收之列。无怪当时沦陷区百姓传出一些歌谣:"念中央,望中央,中央来后更遭殃"。"朝思暮想,迎来老蒋,烧错爆竹,拍错手掌"。这表示人民对蒋政权幻想的破灭。徐复观是国民党圈内接近高层的人,对现实政治更感到绝望。于是这个曾经尝试过政治的人,却变得十分痛恨政治了。抗战胜利后,他就决定从军中退役,算是在现实政治圈子中全身而退,又选择回到学术文化研究的道路。但和青少年时学习中国传统文化时的心态不同,他认识到当前国家民族所遭遇到的危机,以"忧患意识"进行审视,从而寻求救国救民的途径和方法。因此,他虽然痛恨政治,但在学术文化的研究中,仍然离不开政治,不过并非就事论事,而是提高并深入到学术思想和历史文化的层次中,而他本人虽自称是农村的儿子,却是由热爱乡土扩展成为爱国主义的学者和思想家了。

二

徐复观转行作学术文化工作,并不是走入象牙之塔自己做纯学术研究,而是通过办刊物,一方面可以联系写文章的学者多交朋友;另一方面刊物的文章是走向社会的,可以了解各种反映而探求时代的思想脉搏。1947—1949年他办了一份刊物《学原》,就引来不少学者发表文章,他还与唐君毅、牟宗三探讨中国的问题,可能都认同孔孟儒学是中国文化的根本,后来到了1958年再加上张君劢,四人共同署名发表《为中国文化敬告世界人士宣言》(以下简称《宣言》),提出"返本开新"之论,大概在此时期,他与唐、牟对儒家思想已有所共识,后来都成为港台地区新儒家的代表人物,从40年代末到50年代初已经奠定了思想基础。

徐复观与唐、牟虽同被称为现代新儒家,但思想理路各有所不同,唐、牟颇有点道德理想主义的味道,从儒家心性之学,由内圣开出外王,"故道德上之天下为公,人格平等之思想,必然当发展至民主制度之肯定"。而"从中国历史文化中之重道德主体之树立,亦必当发展为政治上之民主制度"。② 这就是在四人的共同《宣言》中所得出的结论。

---

① 《〈徐复观文录〉自叙》,《徐复观文录选粹》序,第1页。
② 收入唐君毅《中华人文与当今世界》,第903–904页。

徐复观虽然参加发表《宣言》，但思想理路与唐、牟还是有所区别的。他虽然向往自由民主，但当时并不强调道德的作用，而是针对蒋政权的独裁政治，向蒋提出改革意见。如1949年3月他在溪口与蒋相处一段时期，写了一份《中兴方略草案》，文中"大意是分析三民主义与民主自由，如何能融合在一起，以团结广大知识分子，重新建立政治阵容的问题"①。这份建议本来是想"把自由民主的精神注入到国民党内部来"，以帮助"国民党的新生"。②但蒋对他的善意诤言，还是不能接受。

1949年徐复观离开大陆赴港，5月在香港创办了《民主评论》，上面提到四人合写的《宣言》就是1958年在这份杂志发表的。不过徐本人1952年到了台中，先在台湾省省立农学院任教，1955年转到东海大学，1969年被迫退休离校，再移居香港，在新亚研究所一直工作到1982年逝世。

徐复观1952年入大学任教后，一直从事教学和学术研究，当时他虽年近50，由于有深厚的学术根底和丰富的人生阅历，所以虽说是半路出家，但从政治圈中走入学术殿堂位置转换后的30年中，留下大量著作。他是以追求民主自由作为人生鹄的，但要做到学术民主和思想自由，就不能不向当前的专制政治体制进行冲击，这种批判也就是在学术与政治之间；由于要揭发专制政治的社会根源和思想渊源，他从现实批判追向历史，这种批判也可以说是贯通当前与过去，现实与历史。韦政通曾指出：徐复观"是以道（理）尊于势的观念为基准，一方面凭藉儒家的'道'批判历史传统中的'势'（专制政治），一方面根据现代的'道'（民主自由），批判现代的'势'（包括海峡两岸的政治）"③。有学者称这是全方位的批判，在徐复观的思想与著述中，如果说有一种精神一以贯之，那就是批判精神。

徐复观批判海峡两岸的政治，对台湾方面，1956年他写了一篇《我所了解的蒋总统的一面》，说蒋之所以失败，是"意志坚强"所致。从字面看"坚强"并不是坏事；但从负面看，这是顽固坚持专制独裁，因而阻碍了民主政治制度的建立，最终导致政治的失败。对大陆方面，徐复观主要对"文革"政治进行批判。他对江青一伙窃取国家大权的原因，以及她所以能取得高位，"因为她是绝对者的'一人之下，万人之上'的身分"。这个绝对者无疑是指毛泽东。江青就凭裙带关系而窃取国家大权，所以直斥"文革"是"封建主义的复活"。④毛泽东被神化成专制帝王的形象。

---

① 《末光碎影》，《徐复观杂文续集》，第349页。
② 《我的教书生活》，《徐复观文录选粹》，第305—306页。
③ 韦政通：《以传统主义卫道，以自由主义论政——徐复观先生的志业》，载罗义俊编著《评新儒家》，上海人民出版社1989年版，第567页。
④ 《封建主义的复活》，《徐复观杂文——记所思》，第245—246页。

徐复观斥中国"文革"是封建主义复活，但中国封建社会始于何时，史学界长期有争论，但中央集权专制政体的确立，一般都认为起因于秦王朝的统一和改制，即所谓废封建、立郡县而集权中央。如梁启超认为"自秦统一后到清代乾隆之末年"，"中央集权之制度，日就完整，君主专制政体之时代也"。① 徐复观大体认同梁启超的说法，但把中央集权与君主专制分别做出界定。如说：

"秦政所建立的专制政体，应分作两方面加以把握。一方面指的是对封建政治下诸侯分权政治而言的中央专制。即是一般所谓之废封建为都县。……与其称为专制，毋宁称为大一统的中央集权。""另一方面的所谓专制，指的是就朝廷的政权运用上，最后的决定权，乃操在皇帝一个人的手上；皇帝的权力，没有任何立法的根据及具体的制度可加以限制而言。……无任何力量可对皇帝的意志加以控制。这才是我国所谓专制的真实内容。"②

对徐复观的说法，有学者认为在严格的意义上，他是把中国历史上的中央集权制排除在专制政体的范围之外，而把皇帝一人专制视为中国专制政体的真实内容。

由于徐复观做了这样的区分，所以他无论对历史和现实，都是将批判的锋芒集中在最高统治者的专制意志方面。在封建社会他认为专制政治一切决定于皇帝，便不允许其他人有自由意志，后果是社会自主、学术及思想自由的完全丧失，必然出现某种形式的"焚书坑儒"事件。③

把专制政治带来的祸害归咎于皇帝个人，并对此进行猛烈批判，古代亦有这种事例。如鲍敬言揭露君主很多罪恶，却主张无君论，要想退回原始时代，当然这是办不到的。明清之际的黄宗羲、唐甄等人，也掀起一股批判专制君权的思潮，黄宗羲还初步提出为君者应有的职、权、责意见，但没有带来多少影响。古往今来骂专制暴君的言论不少，但"立"的办法不多。

徐复观对专制君权的"破"与"立"的问题，即是对批判与承传问题是矛盾同构的。他不是承袭道家无君论的观点，那会变成无政府主义者和认同历史虚无主义思想。他虽然痛恨政治，但始终有一颗从热爱乡土再扩展到国家民族的爱国心，所以他要改革中国他所痛恨的专制政治，从而走上自由民主之路。却不会无所作为，消极不理。

那么对中国传统的君主专制，怎样才能解构呢？徐复观还是找到历史上的儒家，可是儒家的情况非常复杂，对君主专制既反对又维护，下面试引他几段论述。

---

① 《中国史序论》，《饮冰室合集》文集第3册，文集之六，第11页。
② 《两汉思想史》卷一，台湾学生书局1985年版，第130-134页。
③ 《两汉思想史》卷一，台湾学生书局1985年版，第143页。

儒家创立于封建社会开始动摇之际，对封建社会中的"贵、贱"观念，并不曾主张彻底的扫荡，而只是要以"德"与"能"的标准去重新规定，已如前述。但事实上，儒家既无法在政治上保障贤者在位，能者在职，则儒家思想中所保留的贵贱观念，结果只足表征一种政治地位的高下；再堕落而为官贵民贱，压倒了原来民为贵君为轻的思想。一直到现在，还使许多官吏自己横着"贵"的变态心理而不肯放，以与极权主义的"权威""威信"的观念相结合，更装腔作势以伸张之，违法乱纪以保障之，以致成为走向民主政治的莫大障碍，这真是先秦儒家始料所不及。

"儒家已经想到了人君应当以人民的好恶，即是以民意为依归（参阅《国语·周语》召公谏厉王之言）并且想到把政治机构，构想为整个是人君听取人民好恶的机构；又想到不以人民好恶为好恶的暴君，应该由革命或禅让以芟夷变动；这已经构想得相当周密了。但是它所想的一切，都是以人君或人臣去实行为出发点，而不曾想到如何由人民自身去实行的问题。……于是儒家的千言万语，终因缺少人民如何去运用政权的间架，乃至缺乏人民与政府关系的明确规定，而依然跳不出主观愿望的范畴；这是儒家有了民主的精神和愿望而中国不曾出现民主的最大关键所在。

儒家思想之本身，在政治方面，不仅未能获得一正常之发展，且因受压迫而多少变质，以适应专制的局面。其重要者为无形的放弃了"抑君"的观念，而接受法家尊君所造成的事实。由法家"三顺"之说，演化而为儒家"三纲"之说，将儒家对等之伦理主义，改变为绝对之伦理主义，此一改变，对儒家思想之本身影响至大。几乎可以说，使儒家思想在政治方面发生了本质的变化。即是本以反专制为骨干的儒家思想，逐渐而随顺专制，因而尽了许多维护专制的任务。"

任何黑暗时代，只有流氓盗匪起来造反，因而成王败寇；但决没有书生主动起来造反。……先秦儒家的革命思想，后世儒家除了非常特出的如陆象山、黄梨洲几个人以外，一般人连做梦也不敢想到。……一般的说，书生若在政治上要稍忠于所学，立即戮辱随之。我国历史，也可以说是一部忠臣义士的流血流泪史。这些忠臣义士，一方面说明了他们以生命坚持天下的是非；另一方面，则是汉以后"君臣之义"的牺牲品。①

顺着孔孟的真正精神追下去，在政治上一定是要求民主，只是在专制政治成立以后，这种精神受到了抑压。在西汉的专制下，大思想家如贾谊、董仲舒，都反对专制，反对家天下。吕氏春秋和淮南子的政治思想也都是要求

---

① 《儒家对中国历史运命挣扎之一例》，原载《民主评论》第6卷第20—22期。

民主的。①

以上所摘引的论述，表明徐复观对儒家历史作用的看法，对君主专制既反对又维护。那么按照一般的思维逻辑，对儒家反专制思想可以承传，维护专制思想则应该批判。但他既认为儒家"三纲"之说，是尽了维护专制的任务；而提倡"三纲"的董仲舒等人，都是反对专制而要求民主，即是集维护和反对于一身，那么批判与承传就会处于矛盾同构的状态。

三

徐复观对儒家思想的历史作用，这里我想就他对儒学发展观点说开去。前面说到，他认为先秦儒家的革命思想，对暴君是应该由革命或禅让与以芟夷变动。秦汉时由于受专制的压迫，无形放弃了"抑君"观念，而接受了法家尊君的事实，即是本以反专制为骨干的儒家思想，逐渐转向随顺专制并尽了维护专制的任务。然而后世讲"三纲"的儒家，也都要求民主，因此对儒家思想的批判与承传形成矛盾同构的现象。

徐复观描述儒家思想发展的蓝图，我不完全同意。因为说先秦儒家的革命思想和反专制，这只是它思想的一面，不能做全称判断。不错，孟子是赞成汤、武革命，但只是反对桀、纣暴君的专制，并没有反对专制制度。作为革命一方的汤、武，不能因为反对桀、纣的专制，就说推行的是民主政治。至于"抑君"可能是指孟子讲的民重君轻，或是荀子警告水（民）能覆舟（君）。其实这只是体现儒家的重民思想，和阐明民惟邦本、本固邦宁的道理，比较有点政治眼光的君主应该可以接受的，如唐太宗李世民对舟水之喻就给予认同。

至于说儒家接受了法家尊君的事实才改变了反专制的立场，这种说法亦不准确。司马谈在评述儒法两家思想要旨时说，儒者"序君臣父子之礼，列夫妇长幼之别，不可易也"。而法家"正君臣上下之分，不可改矣"②。这里其实两家都要区别君臣上下的思想基本相同，只是儒家用"礼"来区别上下尊卑，用春秋笔法来"尊王"，如孔子对君不君、臣不臣的现象非常不满，对管仲、季氏等违礼行为严厉批评，这都是尊君思想的表现。孟子却认为"人莫大焉亡亲戚、君臣、上下"③。荀子也说："若夫君臣之义，父子之亲，夫妇之别，则日切磋而不舍也。"④ 儒家区别君臣上下的思想是一脉相承，并不是接受法家尊君的事实后才

---

① 《当代思想的俯视，擎起这把香火》，载《中国时报·副刊》1980年8月17日。
② 《论六家要旨》。
③ 《孟子·尽心上》。
④ 《荀子·天论》。

出现的。

不过先秦儒家的尊君不是绝对的，我们也应该承认，这是由当时历史条件和儒家思想特点所决定的。

大家知道，春秋战国是个"诸侯异政，百家异说"的时代。当时天子权威失坠，诸侯列国纷争，于是各家各派都出谋献策，提供治国之道，正如司马谈所说："夫阴阳、儒、墨、名、法、道德，此务为治者也。"① 孔、孟都曾周游列国，意在寻求各诸侯国的明君，结果却失望了。孔子沿途受到冷遇，使他感到只有仁德之君，待臣以礼，臣才事君以忠，这就是对等的思想。孔子无法找到忠君的仕途，只好奉行"天下有道则见，无道则隐"②的箴言，做个民间办学的祖师爷了。孟子的际遇虽比孔子好些，曾面见梁惠王、齐宣王进行对话，但这些国君好利而不行仁义，与孟子政见不同，所谓道不同不相为谋，孟子只好做一个"独行其道"的大丈夫了。③ 孔孟的对等思想，表明在当时诸侯异政的历史条件下，容许百家异说，学术政治思想有一定自由，出仕也可以双向选择，合则留，不合则去，但不等于说儒家有反专制和要求建立民主制度的思想。

先秦儒家自身还有一思想特点：如孔子对人格的完善、道德的修养，在要求上是人人平等的，如说自天子以至庶人都以修身为本。又如正己正人、立己立人、达己达人，他要求所有的人都这样做，并无等级之分。但是在现实的社会政治生活中，人们的地位却是不平等的。如以正己正人而论，即使国君或居上位的能"正其身"，带头走正路，下面的臣民，"孰敢不正"？就要做到各守其分、各安其位，更不能犯上作乱。这里双方并无什么平等的意思，而在实践效果上却有利于维护家庭和社会的等级秩序。孔子对人们在人格道德上的平等要求，和在社会政治上对等级的维护，形成了儒家在人际关系上的两重性思想矛盾。

先秦儒家强调道德的完善和人格的平等，在个人主观努力下，孟子肯定"人皆可以为尧舜"④。荀子也承认"涂之人可以为禹"⑤。尧、舜、禹是儒家最尊崇的古圣先王，是道德与政治最高标准的完美结合。通过这个典型事例，儒家对人们在人格道德上的平等要求，和在社会政治上对等级的维护，这种两重性的思想矛盾，似乎可以得到疏解。

另外从这个典型事例，似乎道德可以向政治转换，这就是从内圣开出外王。徐复观等四人写的《宣言》说："如君主与人民在道德人格上真正平等"，"则君主制度必然化为民主制度"。这就是从道德向政治转换，可能是在承传先秦儒家

---

① 《论六家要旨》。
② 《论语·泰伯》。
③ 《孟子·滕文公下》。
④ 《孟子·告子下》。
⑤ 《荀子·性恶》。

思想时受到的启示。

　　总的来说，我认为先秦儒家思想的特点，并不是以"反专制为骨干"，而它只是反暴君而拥护仁德之君，说得通俗点，就是要批判坏皇帝，承传好皇帝，与反专制制度无关。秦汉以后的儒家也是这样，并非他们的"思想在政治上发生了本质的变化"。不同之处，前面已说过，孔孟时代游说之士可以朝秦暮楚，出仕可以择主而事，相对比较自由，所以产生君臣对等思想。秦汉时代大一统，最高统治独此一家，此外别无选择，就只能随顺专制而认同了。

　　由于儒家的政治理想，是承传尧、舜、禹、汤、文、武那些仁德之君，所以碰到不如意的君主时，也想从提高道德素质方面使君主归于正道，这就是朱熹所说"正君心"的工作。徐复观也说："也有许多大儒，如程朱这些人，对于政治有真正的宏愿和高人一等的见解，但一推到政治权力最高处所的人君那里，便只希望他由诚意正心以成为圣人。不能成为圣人，便谁也毫无办法，只有洁身而退，以讲学来向社会负责。"① 他这番话颇有点夫子自道的意味。他追随蒋介石，关系也相当密切，也曾用自由民主的思想劝告蒋对国民党的改造，但无法改变蒋一人专制的政局。他也只有洁身而退，以写政论批评文章来向社会负责了。虽然他还是"始终认为顺着儒家思想自身的发展，自然要表现为西方的民主政治，以完成它在政治方面所要完成而尚未完成的使命"②。事实证明，这只是他一生良好的愿望而已。

　　徐复观曾说："我的政治思想，是要把儒家精神，与民主政体，融合为一的。"③ 他在晚年回顾自己的研究工作时又说："中国兴亡绝续的关键，在于民主政治的能否建立。中国传统文化在今后有无意义，其决定点之一，也在于它能否开出民主政治。在传统文化中能开出民主政治，不仅是为了保存传统文化，同时也是为了促进民主化的力量。我三十年来在文化上所倾注的努力，主要是指向这一点。"④

　　以上所述，不单独是徐复观，似乎所有的现代新儒家，他们的政治思想和所做的主观努力，都是朝着这个方向，但给当政者和社会各界群众带来什么影响和起到多大的促进作用，这就有待于客观的评判了。

（原载《思想家》第 1 辑，巴蜀书社 2005 年版）

---

　　① 《儒家对中国历史运命挣扎之一例》，原载《民主评论》第 6 卷第 20－22 期。
　　② 《儒家对中国历史运命挣扎之一例》，原载《民主评论》第 6 卷第 20－22 期。
　　③ 《保持这颗"不容自己的心"》，载《儒家政治思想与民主自由人权》，台湾学生书局 1988 年版，第 51 页。
　　④ 《中国传统文化中的性善说与民主政治》，载《徐复观最后杂文集》，第 140 页。

孔子的发展理念与现代化的路径选择

——从民本思想向民主理念的现代转化

社会由人组成，社会发展从本质说也就是人的发展，但社会上的人并不是孤立的，而是由不同等级的群体组成，在封建宗法社会中，君、臣（官）、民的地位是不平等的，士、农、工、商被称为四民，但士是知识阶层，学而优则仕，入仕也就是做官，称为君子，而工农大众也就是小人了。孔子和先秦儒家，大多属于士君子阶层，地位处于君、民之间，他们是忠君的，但要求的是尧舜之君，而反对桀纣一类独夫民贼。他们懂得"民惟邦本，本固邦宁"的道理，因而也有爱利人民的思想，这是孔子先秦儒家对社会发展理念的主旋律。今天社会走向现代化，民主政治已成为社会发展的主流，由重民、民本思想向民主转型，标志着儒家发展理念的创造性转化。

一

"仁"学是孔子伦理学说的核心，也是他的思想中的重要组成部分。"仁"字在《论语》中出现最多，虽然含义不尽相同，但总离不开有关人的界说。《中庸》说："仁者，人也。"孔子往往把"仁"作为人的完全人格的代名词，有完全人格的人，他称为"仁人"。由于"仁"的字形结构，许慎《说文》解释为"从人，从二"，《礼记》郑玄注认为"仁"是"相人偶"之意，即用以协调人与人之间的相互关系，所以孔子的"仁"，社会含义可以说是一种人际关系学。

对孔子开创的儒家，由于孔子的"仁"所悬的标准很高，对道德人格的修养要求很严，对处理人际关系要做到"正己正人"，这都是很不容易的。《论语》中有这样的要求："夫仁者，己欲立而立人，己欲达而达人。"[①]"己所不欲，勿施于人。"[②] 有人认为这两个命题，典型地表现出人与人平等的因素，反映出孔子对人与人平等的思想。另《论语》中记载有孔子对马厩失火时的态度。他只问"伤人乎？"而"不问马"。[③] 有人认为当时马的价格高于奴隶的价格，而孔子却从人道角度提出问题，这是一个具有划时代意义的新观念，并据此论定孔子是我国古代史上主张把劳动者作为人看待的第一个思想家。也有学者说孔子讲

---

① 《论语·雍也》。
② 《论语·卫灵公》。
③ 《论语·乡党》。

"仁"是对人的反思,这种反思是人类精神的自觉,因而对孔子的人际关系思想给以高度评价。

孔子和先秦儒家也很强调人的尊严和独立人格。如孔子就说过:"三军可夺帅也,匹夫不可夺志也。"① 又说:"志士仁人,无求生以害仁,有杀身以成仁。"② 孟子对此更加以发挥说:"居天下之广居,立天下之正位,行天下之大道。得志与民由之,不得志独行其道。富贵不能淫,贫贱不能移,威武不能屈。此之谓大丈夫。"③ 又说:"生,亦我所欲也;义,亦我所欲也,二者不可得兼,舍生而取义者也。"④ 孔、孟鼓吹"匹夫不可夺志",要作"独行其道"的大丈夫,甚至不惜牺牲性命以成仁取义。这种强调独立人格的精神,可以说是相当强烈的。

孔子和先秦儒家认为人们在道德完善和人格尊严方面,具有平等和独立的地位。故孟子在回答曹交时,肯定"人皆可以为尧舜"⑤。当滕文公为世子表示怀疑时,孟子曰:"世子疑吾言乎?夫道一而已矣。成覵谓齐景公曰:'彼丈夫也,我丈夫也,吾何畏彼哉?'颜渊曰:'舜何人也?予,何人也?有为者亦若是。'公明仪曰:'文王我师也,周公岂欺我哉?'"⑥ 孟子还自称"说大人,则藐之,勿视其巍巍然。""在彼者,皆我所不为也;在我者,皆古之制也,吾何畏彼哉?"⑦

荀子从另一个角度,论证"涂之人可以为禹"⑧。他对人的本性问题,认为"凡人之性者,尧舜之与桀跖,其性一也;君子之与小人,其性一也。"⑨ 这是说是好人还是坏人,不是天生本性决定的。所以"凡禹之所以为禹者,以其为仁义法正也。然则仁义法正有可知可能之理,然而涂之人也,皆有可以知仁义法正之质,皆有可以能仁义法正之具;然则其可以为禹明矣"⑩。荀子既认为人的本性是一样的,禹之所以成为圣君,就是因为他能实行"仁义法正"的缘故。但仁义法正也不是天生的,而是人为的,这里是后天的,是有人们如何去认识和实行的道理,那么路上的普通人也可以具有认识和实行仁义法正的本能和本领,所以普通人可以成为禹那样的圣君就很清楚了。

---

① 《论语·子罕》。
② 《论语·卫灵公》。
③ 《孟子·滕文公下》。
④ 《孟子·告子上》。
⑤ 《孟子·告子下》。
⑥ 《孟子·滕文公上》。
⑦ 《孟子·尽心下》。
⑧ 《荀子·性恶》。
⑨ 《荀子·性恶》。
⑩ 《荀子·性恶》。

尧、舜、禹是儒家最尊崇的古圣先王，而孟、荀却认为人们在道德人格上是平等的，没有高低贵贱之分。孔子和儒家虽然也尊君，但还是坚持本人的政治理念和独立人格。如孔子主张"以道事君"，"天下有道则见，无道则隐"。① 如认为是无道之君则拒绝出仕。孟子见梁惠王，惠王好利，而孟子主张以仁义治国，对话时说："王何必曰利，亦有仁义而已矣。"由于政治理念不同只好离开。孔、孟周游列国想找寻有道明君，结果失望了。从想实现其治国抱负来说是失败了，但道不同不相为谋，要坚持独立的政治理念与平等的人格尊严，就只有"独行其道"，正如后来荀子说的要"从道不从君"②。这是先秦儒家主张要有独立平等尊严的"以人为本"的思想特点。

二

在中国古代家国同构的宗法社会中，孔子和先秦儒家，能不能真正有人民平等的思想呢？有的学者提出：《论语》中的"人"与"民"是两个不同的阶级概念，孔子讲"节用而爱人，使民以时"③，对"人"讲"爱"，对"民"讲"使"，就表现出阶级差别。固然，"人"与"民"是否都具有这种区别，可以研究，但有一点可以肯定，孔子的时代无论是奴隶社会还是封建社会，等级差别总是存在的。司马谈在评述儒家思想要旨时说："若夫列君臣父子之礼，序夫妇长幼之别，百家弗能易也。"④ 在《论语》中孔子讲君君、臣臣、父父、子子，主张维护社会等级秩序的言行也是很清楚的，很难说有人民平等的思想。

那么当时存在哪些等级呢？我认为大体上可分为君、臣、民三个层次。"君"本来只有天子周王，但春秋战国时天子权力下移，各诸侯掌握实权，成为国君，孔孟周游列国，就是找不到同道的时君世主。"臣"主要指士、大夫阶层，先秦儒家多属士君子一类。至于"民"大概指庶人工商一类，亦可泛称小人。

孔子等儒家原则上是尊君的，如孔子见"君在，踧踖如也"，"入公门，鞠躬如也"⑤，显出一套诚惶诚恐的样子。儒家讲究君臣、父子那一套亲亲、尊尊的等级观念，却是牢不可破的。如孟子说："人莫大焉亡亲戚、君臣、上下"⑥，认为人的过错没有比不要父子兄弟、君臣上下的关系更大的了。所以他又说："未有仁而遗其亲者也，未有义而后其君者也。"⑦ 只有做到"人人亲其亲、长其

---

① 《论语·泰伯》。
② 《荀子·臣道》。
③ 《论语·学而》。
④ 《论六家要旨》。
⑤ 《论语·乡党》。
⑥ 《孟子·尽心上》。
⑦ 《孟子·梁惠王上》。

长而天下平。"① 荀子也说："若夫君臣之义，父子之亲，夫妇之别，则日切磋而不舍也。"② 这里讲的是要处理好君臣父子关系，荀子认为是人们每日都不能回避的。这种等级观念应用到社会上，就像孟子说的，"有大人之事，有小人之事"，"劳心者治人，劳力者治于人；治于人者食人，治人者食于人：天下之通义也。"③ 对孟子这种观点，虽然有人认为讲的是社会分工，但也不能否认，从人际关系来说，是肯定统治与被统治、剥削与被剥削的社会等级关系。

但是先秦儒家尊君并不是无条件的，他们敬戴的是尧、舜之君，对暴虐之君如齐宣王提出"汤放桀，武王伐纣"故事，问到"臣弑其君可乎？"孟子回答说："贼仁者谓之贼，贼义者谓之残，残贼之人谓之一夫。闻诛一夫纣矣，未闻弑君也。"④ 荀子也说："桀纣者，民之怨贼也"，"诛暴国之君若诛独夫"！⑤ 据此他还发挥说："夺然后义，杀然后仁，上下易位然后贞，功参天地，泽被生民，是之谓权险之平，汤武是也。"⑥ 孟、荀将暴君比之独夫民贼，称赞汤、武革命的上下易位。我们今天说的革命不是外来词，有人提出要告别革命，其实从古到今，革命是告别不了的。

先秦儒家对通常的君臣关系，臣对君既非绝对服从，也非完全平等，而是一种对等关系。如孔子讲要"君使臣以礼"，"臣事君以忠"。⑦ 孟子更明确说："君之视臣如手足，则臣视君如腹心；君之视臣如犬马，则臣视君如国人；君之视臣如土芥，则臣视君如寇仇。"⑧ 这是以德报德，以牙还牙。这与后世臣对君的愚忠思想是有所区别的。

至于与民众的关系，虽然不是处于平等的地位，即使是站在统治层的立场，对民也不是单纯役使，孔子对子产说过一段话："有君子之道四焉：其行己也恭，其事上也敬，其养民也惠，其使民也义。"⑨ 这是表明君子对己对人对上对下的态度。其中谈到对人民要给予一些好处，这样役使他们才合乎义理。孔子比较重视照顾人民的利益，提出要"因民之所利而利之"⑩。当子贡提出"如有博施于民而能济众，何如？可谓仁乎？"对这个提问孔子回答说："何事于仁？必也圣乎！尧、舜其犹病诸！"⑪ 他对能给人民很多好处的人评价很高，岂止是仁人，

---

① 《孟子·离娄上》。
② 《荀子·天论》。
③ 《孟子·滕文公上》。
④ 《孟子·梁惠王下》。
⑤ 《荀子·正论》。
⑥ 《荀子·臣道》。
⑦ 《论语·八佾》。
⑧ 《孟子·离娄下》。
⑨ 《论语·公冶长》。
⑩ 《论语·尧曰》。
⑪ 《论语·雍也》。

简直是圣人了，尧、舜尚且难以做到。可见孔子对惠民的重视。孔子的志向是让"老者安之，朋友信之，少者怀之。"① 孔子希望社会上的老少都得到安适和关怀，这种对人民的态度应该是可取的。

孔子的重民是比较关心人民物质利益与生活条件，孟子的救世主张是首先解决人民的衣食问题。他要求"明君制民之产，必使仰足以事父母，俯足以畜妻子，乐岁终身饱，凶年免于死亡"，"是使民养生丧死无憾也"。在诸侯国中，能做到"黎民不饥不寒，然而不王者，未之有也。"②

孟子所以强调要解决人民的生活问题，目的还是为国君打算，这就是"保民而王"的思想。因为人民生活得到保障，才不会犯上作乱，这亦就是"民惟邦本，本固邦宁"的道理。孟子说："民为贵，社稷次之，君为轻。是故得乎丘民而为天子……"③"得天下有道，得其民斯得天下矣"④。这是孟子重民和以民为本思想产生的原因。

三

孔子和先秦儒家的发展理念，承认社会是以人为本，因而社会发展主要是人的发展。在封建宗法社会中，上面说过约分为君、臣、民三个层次，孔子等儒家认为，人可以有独立的政治理念与平等的人格尊严，但也要维护不平等的社会等级关系。因此，儒家传统只是具有从上而下的重民惠民思想，不可能有充分的民主民权理念。所以当社会从古代向近现代转型时，孔子等儒家的发展理念，在走向现代化时选择什么路径，如何走出一条新路，就是值得思考的问题。

从秦汉建立中央集权统一的封建大帝国后，春秋战国时"诸侯异政，百家异说"的局面已经终结，经过汉初道、法、儒等各家思想的承传互补，到汉武帝时董仲舒提出"独尊儒术"，再结合汉家制度"以霸王道杂之"，经过汉唐到宋明，形成以维护封建伦理纲常为核心思想的新儒学——宋明理学。当时和春秋战国时不同，已经没有"良臣择主而事"的客观条件，因而也没有孔孟那种君臣对等的思想，变成"君要臣死，臣不得不死"的愚忠，这是观念的倒退。

随着社会的发展，到明中叶后出现资本主义生产关系的萌芽，也从而出现早期启蒙思想。如黄宗羲在《明夷待访录》中，对君臣关系看成是一个合作共事的班子。他说："缘夫天下之大，非一人之所能治，而分治之以群工"，"治天下犹曳大木"，"君与臣"无非是"共曳木之人"。所以"臣之与君"是"名异而

---

① 《论语·公冶长》。
② 《孟子·梁惠王上》。
③ 《孟子·尽心下》。
④ 《孟子·离娄上》。

实同"。既然君主的职分是为天下,那么大臣出仕,自是"为天下,非为君也;为万民,非为一姓也"。据此,他严厉批评那些忠君死节之士,认为"为臣者轻视斯民之水火,即能辅君而兴,从君而亡,其于臣道固未尝不背也"。从黄氏看来,臣与君是共负"为天下"之责,所以说"吾无天下之责,则吾在君为路人","以天下为事,则君之师友"。黄氏发挥孟子君臣对等和合作共事的思想,他否认"臣为君而设",是君主的"私物",这就打破"君为臣纲"的封建传统,也消除了"臣要报君恩"之类的陈腐观念。他为要抑制绝对君权,还主张要建立有大臣参加的"每日便殿议政"制度。把原来属于清议场所的学校,变成监督朝政的舆论阵地,并要对各级地方的"政事缺失"有一定的督察权。他虽然不能明确看到社会变革的前途是走向民主政治,但多少有一点朦胧的感觉。如从职、权、责的角度来批判封建君权,并提出一些有关政治体制改革的意见,对近代君主立宪运动应当有所启迪。后来康有为以"托古改制"为导向,发动变法维新,这是遵循孔孟儒家的发展理念,由对等的君臣关系,把君主立宪作为向近代转化的选择途径。

维新变法失败后,辛亥革命推翻清王朝,建立了号称的"中华民国",从理论上说"民国"应该是个民主国家。孙中山提出三民主义和五权宪法,但只停留在纸上而难以实现。

当前我们正在走向现代化,先秦儒家提出"以人为本"的理念,也是我们当今走向现代化的路径选择。不过从近代以来,"人"与"民"已不像先秦时可能有所区别,"以人为本"和"以民为本"的含义应该是一样的,并且往往是"人民"连用。如新中国成立后我们说的和听的最多是"为人民服务"这个口号。"三个代表"重要思想之一是"代表中国最广大人民的根本利益",这是中华人民共和国的立国宗旨。

但这里要指出:传统儒家的民本思想,虽有"重民""爱民""亲民""利民""恤民"等丰富内涵,但本质上是统治者对人民施点恩惠,"为民"只是手段,巩固封建政权才是目的,因此"为民"也就是"治民"之术;而现代民主观念"为民"是目的,正如胡锦涛同志所说,我们"立党为公,执政为民","权为民所用,利为民所谋,情为民所系。"这是真正具体落实为人民服务的宗旨,是适应现代化民主政治的需要,对传统儒家的重民、民本思想来说,是与时俱进的创造性发展。

传统民本思想不同于现代民主政治,前者是居上位的为下民做主,后者人民是国家的主人,是"官为民役",也就是为人民服务,是两者原则的区别。

(原载《孔子研究》2006年第4期)

传统儒学对公平正义治国理念的双重效应

2010年是庚辛年，有一篇在黄帝故里拜祖大典上宣读的"拜祖文"，讲中华文明与黄帝功德是"譬如积薪，后来居上"，还说道："天下为公，民本为上。民主科学，世代向往。民生民权，民富民强。公平正义，共建共享。"这里说的似是对当今公平正义社会的定位。事实上，传统儒学已经提出"天下为公，民本为上"，并力图实现这种治国理念，可以说它正是先秦儒家"务为治"的价值观。民主、民权在古代阶级社会自然难以显现，所以说是后来居上，要到近现代才能提上日程。传统儒学又随着历史的发展有所变化，中间也有起伏和回流，本文试就这个问题做初步的探索。

一

"天下为公"出自《礼记·礼运》。《礼记·礼运》有两段论述，前者称"大道之行也，天下为公"，后者说"今大道既隐，天下为家"，这是公天下与家天下的区别。小康之世以禹、汤、文、武、成王、周公为标志，那就是夏、商、周三代；在此之前的大同之世，则是儒家所推崇的尧、舜时代。从现代历史分期的观点看，大同之世处于原始社会阶段，还没有形成统治阶级与被统治阶级，还没有建立国家的各种制度，也没有私有财产，与小康社会的对比十分明显。

在大同社会里，作为管理社会的领导班子"选贤任能，讲信修睦，故人不独亲其亲，不独子其子"。尧、舜就是公选出来的仁德之君，传贤不传子。家天下始于禹传子不传贤，三代之君"各亲其亲，各子其子"，并且"大人世及以为礼"，建立起父传子继或兄终弟及的政治世袭制度。大同社会没有私有财产，所以"货，恶其弃于地也，不必藏于己；力，恶其不出于身也，不必为己"，大家劳动生产，各尽所能，所得产品不是归个人，而是根据公众的需要进行分配，"使老有所终，壮有所用，幼有所长，矜寡孤独废疾者皆有所养"。由于生活上得到满足，人人各得其所，就不会有抢劫、盗窃的事情发生，"是故谋闭而不兴，盗窃乱贼而不作，故外户而不闭"，没有任何治安问题。《礼记·礼运》的这种描述，就是实现了公平正义的大同世界。

进入家天下的三代以后，先秦儒家对大同社会这种符合公平正义价值观的治国理念充满着向往。用《礼记·礼运》中孔子的话说："大道之行也，与三代之英，丘未之逮也，而有志焉。"历史不能逆转，时代不能再回复到尧、舜的公天下。家天下的三代则推行礼治,"礼义以为纪,以正君臣,以笃父子,以睦兄弟,以和夫妇,以设制度,以立田里","以著其义,以考其信,著有过,刑仁讲让,示民有常"。这种重信义的社会,对于公平正义价值理念的推广,并非一无是处。所以,大道之行与三代之英相结合,是孔、孟、荀实现公平正义价值理念的治国方术,也是先秦儒家推行贤人政治的不二途径。问题在于,实现公平正义价值理念的成效又如何呢?

二

要管理好一个社会,让公平正义的价值观落到实处,本应有个前提,即社会群体各成员之间的地位相对平等,就是今天说的民主和民权。古代进入家天下以后,君臣父子,贵贱尊卑,等级分明,公平正义的价值理念难以落到实处。儒家为解决这个难题,在《大学》中推出从内圣到外王的治国途径。其作用正如朱熹所说:"臣闻《大学》之道,自天子以至庶人,壹是皆以修身为本,而家之所以齐,国之所以治,天下之所以平,莫不由是出焉。"为强调修身的重要,他在回答学生李从之提问时还说:"修身是对天下国家说。修身是本,天下国家是末。"① 这更是从本末关系的角度把修身提高到了最根本的地位。

儒家重视修身,因为修身就是立人,经过修养自己的道德,可以成为一个急公好义、正直诚信的人。这种人去办事,就能够做到公正无私。同时,道德修养面前人人平等,上至皇帝,下至老百姓,没有尊卑贵贱之分,这对社会等级矛盾也会起到一定的平衡缓解作用。

修身本是人治,所以执政者要以身作则。季康子问政于孔子,孔子对曰:"政者,正也。子帅以正,孰敢不正?"② 孔子还说过:"其身正,不令而行;其身不正,虽令不从。""苟正其身矣,于从政乎何有?不能正其身,如正人何?"③ 以上三段语录说的是同一个意思。

由于推行的是人治,执政者需要的是贤德正直之人。孔子提出"举贤才"④,认为"举直错诸枉,则民服;举枉错诸直,则民不服。"⑤ 用贤良正直的人办事,才能符合公平正义的价值取向,才会得到人民的认可;相反,用搞歪门邪道的人办事,当然会受到人民群众的反对。

儒家的人治追求以德服人,所以孔子认为,办理政务,君子一旦做出榜样,

---

① 《朱子语类》卷十五《大学·经下》。
② 《论语·颜渊》。
③ 《论语·子路》。
④ 《论语·子路》。
⑤ 《论语·为政》。

平民百姓就会跟随，所谓"君子之德风，小人之德草。草上之风，必偃"①。孔子又说："道之以政，齐之以刑，民免而无耻；道之以德，齐之以礼，有耻且格。"② 用行政命令和刑法来治理，老百姓虽然不敢做坏事，但不懂得做坏事是可耻的；用道德教化和礼义来约束，老百姓就会有羞耻之心，有望恢复到"盗窃乱贼而不作"的大同社会。

话说回来，在有尊卑贵贱的等级社会中，如果人民的生活得不到保障，只靠空洞的道德说教，要想真正实现"盗窃乱贼而不作，故外户而不闭"的大同社会是不可能的，因此，还要解决人民的物质生活问题。孔子曾说："因民之所利而利之"，③"其养民也惠"④。子贡问道："如有博施于民而能济众，如何？可谓仁乎？"孔子答曰："何事于仁？必也圣乎！尧舜其犹病诸"⑤。原始社会生产力水平低下，物质性生活资料贫乏，要想博施济众，像尧舜那样的首领也难办到。可是，孔子又认为"有国有家者，不患寡而患不均，不患贫而患不安。盖均无贫，和无寡，安无倾。"⑥ 当政者应该担心的不是社会财富少而是分配不均匀，不是人民贫穷而是社会秩序不安定。财富公平分配，人民就不会感到贫穷；社会和谐安定，统治者就不会有危险。

要管理好国家，争取民心，安定社会，就要公平公正地分配社会财富，使人民生活得到保障，这也是先秦儒家用公平正义价值理念来治国的突出体现。孔子之后，孟子更是发挥了有"恒产"才有"恒心"的观点，统治者要想取得持久稳定的民心，就要有固定的产业来保障人民群众的生活。孟子提出的"制民之产"，就是要"五亩之宅，树之以桑，五十者可以衣帛矣；鸡豚狗彘之畜，无失其时，七十者可以食肉矣；百亩之田，勿夺其时，数口之家可以无饥矣"；"黎民不饥不寒"，老百姓"养生丧死无憾"，是实现"王道"政治的物质基础。⑦"制民之产"的价值理念，与《礼记·礼运》说的"老有所终，壮有所用，幼有所长，矜寡孤独废疾者皆有所养"，可以产生相同的社会效应。在"家天下"的历史条件下，孔孟用公平正义的价值理念来关注民生，要求统治者行天下之大公，公平公正地解决各类人群的生活保障，这种美好愿望是值得肯定的。可是博施济众，置民之产，以求公平正义的价值理念得到具体实施，在先秦之世根本无法落实。

---

① 《论语·颜渊》。
② 《论语·为政》。
③ 《论语·尧曰》。
④ 《论语·公冶长》。
⑤ 《论语·雍也》。
⑥ 《论语·季氏》。
⑦ 《孟子·梁惠王上》。

三

儒家推行人治，要落实天下为公、民惟邦本的治国理念，就要有个尧舜之君。孔子称赞尧曰："大哉！尧之为君也！巍巍乎！唯天为大，唯尧则之。荡荡乎！民无能名焉。"① 上天是最广大公平的，而尧当上君主后能法天道，对人民广施德泽，受到的敬仰无法形容。但是，像尧那样的圣君，现实社会中是难以找到的。

孔子周游列国，各路诸侯没有一个是有道明君。孟子见梁惠王，梁惠王只关心"有以利吾国"，就是寻求统治者的利益。孟子对齐宣王说："黎民不饥不寒，然而不王者，未之有也。"当时的实际情况却是"庖有肥肉，厩有肥马，民有饥色，野有饿莩，此率兽而食人也。"② 这种状况，后来似也难以改变。

儒家有个观点，即仁德之君不是天生的，但经过修身即自身的道德修养是可以做到的。因此，"致君为尧舜"成为儒者的使命。杜甫诗中说过"致君尧舜上"，但没有机会来行事，朱熹则有亲身经历。事缘当时宋宁宗赵扩新君初政，欲"取天下之人望以收人心"，而朱熹是当代大儒，被召焕章阁待制兼侍讲，为皇帝讲授经书。朱熹觉得"帝王师"就是要用正心诚意之学以正君心，于是要求赵扩"常存在心，不使忘失"，以至于"出入起居，造次食息，无时不返而思之"。③

赵扩初时的反应还不错，并褒扬朱熹"讲明大学之道，庶几于治，深慰于怀"。朱熹误认为匡正君心已见成效，因而说道："愿推之以见于实行，不患不为尧舜之君也。"④ 可是赵扩这个人表里不一，表面上认同朱熹讲明大学之道，实际上不经"公议"而"独断"，任用近习小人。朱熹批之以"非为治之本"，即不符合公平正义的治国体制。赵扩对这种批评不但不接受，反而以朱熹年老、天气寒冷为借口，将这个任职才46日的"帝王师"打发回家了。

儒家重人治，讲立德为先、利民为本，期望统治者通过正心、诚意、修身成为尧舜之君，走向齐家、治国、平天下的成功之路。新中国成立初年，我在故宫大殿见过一副对联："表正万邦，慎厥身修思永；宏敷五典，无轻民事惟艰。"儒家主张用公平正义的价值理念治国，修身、利民是对统治者的基本要求。这副对联作为皇帝行事的座右铭，从中可见儒家治国理念似是在封建王朝产生了积极的效应。

---

① 《论语·泰伯》。
② 《孟子·梁惠王上》。
③ 《朱文公文集·经筵讲义》。
④ 《两朝纲目备要》。

可是，中国历史上出了那么多时君世主，又有多少按照儒家这一套来立身行事呢？汲黯批评汉武帝"内多欲而外施仁义，奈何欲效唐、虞之治乎！"① 这样表里不一，当然难以成为尧舜之君。赵扩赞扬朱熹讲明的大学治国之道，无非想表明自己是个尊师重道的有道明君，但他根本无意实行，不过借以骗取民心罢了！故宫大殿的对联恐怕也只是作为装饰品，骗人的成分居多。儒家公平正义的治国之道，是实是虚，是真是假，又让人难以捉摸了。

四

儒家重人治，修身为本，以求"致君尧舜上"来实现公平正义的治国之道，但历史事实证明，从双重效应的角度看，这种治国之道还是虚假多、真实少。要想实现儒家公平正义的治国之道，寄希望于统治者的道德自律，其实是达不到期望的。

政治体制从公天下转变到家天下，人君的权力地位发生了巨大的变化。黄宗羲看得比较清楚，他认为公天下的时代，"以天下为主，君为客，凡君之所毕世而经营者，为天下也"；家天下之后，为人君者"以为天下利害之权皆出于我，我以天下之利皆归于己"，"视天下为莫大之产业，传之子孙，受享无穷，汉高帝所谓'某业所就，孰与仲多'者，其逐利之情不觉溢之于辞矣"。② 自是天下尽是"逐利"之君，儒家立德为先、利民为本的治国之道难以实现。

中国封建专制社会的发展，汉唐是上升时期，到宋明由成熟而逐渐走向下坡路。明清之际开始出现资本主义生产关系的萌芽，黄宗羲正是在这样的社会背景下萌生出初步的民主启蒙思想。他一方面批判专制君权，公然宣称"为天下之大害者，君而已矣"，并谴责那些"小儒规规焉以君臣之义无所逃于天地之间"；另一方面直截了当地指出："盖天下之治乱，不在一姓之兴亡，而在万民之忧乐。""故我之出仕也，为天下，而非为君也；为万民，而非为一姓也。"在黄宗羲看来，君臣共负"为天下"之责，所以"吾无天下之责，则吾在君为路人"，"以天下为事，则君之师友也"。③ 这是对先秦孔孟君臣对等思想的继承和发挥，如以"师友"自居，更是基于平等的地位。

为抑制绝对君权，黄宗羲主张提高宰相的地位，建立"每日偏殿议政制度"：对进呈奏章，天子要与各大臣"同议可否"，然后"天子批红"，批不完的"则宰相批之，下六部施行"，再不用呈给皇帝。④ 他还主张把培育人才的学校变

---

① 《汉书·汲黯传》。
② 《明夷待访录·原君》。
③ 《明夷待访录·原君》。
④ 《明夷待访录·置相》。

成监察朝政的舆论阵地，做到"天子之所是未必是，天子之所非未必非，天子遂不敢自为非是，而公其非是于学校"①。这是要把学校变成类似近世的代议机关了。至于国家法制，黄宗羲认为三代以上行的是"天下之法"，是为天下人兴利去害；后来人君行的是"一家之法"，为的是保其一家"利欲之私"。因此，他主张恢复为天下的"先王之法"，即使后世的君主"其人非也，亦不至深刻罗网，反害天下。故曰有治法而后有治人"②。这是对原来儒家纯任人治的修正，也可以说是君主立宪制思想的萌芽。

基于先秦儒家重人治带来的双重效应，后世人君能以公平正义的价值理念治国，做到立德为先、利民为本者少；而以修身、利民为装饰，实际行事却专权夺利、骄奢逸乐而为害天下者多。后世儒者看君主与臣民的关系，没有发扬孔孟讲君臣对等和民重君轻的思想，相反更加维护封建纲常名分而淆乱是非。如朱熹在奏书中公然主张，审理狱讼要先讲尊卑上下名分，然后管是非曲直，"凡以下犯上，以卑凌尊者，虽直不右；其不直者，罪加凡人之坐"③。试问以此治国，有何公平正义可言？这是一股思想回流。黄宗羲反其道而行之，直接批判专制君权并提议加以限制，初步渗入了民主、民权的思想因素，承传并发展了孔孟儒家公平正义的价值理念，成为清末谭、康、梁等人推行维新变法的思想先导。

五

最后谈一下孙中山。中山先生"天下为公"的题词为人所熟知，表现出他对中国古代天下为公、大同世界的向往，④ 但并非思想倒退，而是要实现更高的目标。儒家重人治带来的双重效应是负面多于正面，专制君主不可能成为尧舜之君，用公平正义的价值理念来治理国家也难以实现。黄宗羲提出"有治法然后有治人"，主张立公法以抑制君权，具有近代民主、民权思想的萌芽。孙中山沿着这个思路，以实际行动参与推翻了两千多年的封建专制统治，建立了中华民国这个民主共和国家。作为"民主革命的先行者"，孙中山缔造的"三民主义"，民权、民生并重。国民党党歌的歌词开头几句说："三民主义，吾党所宗，以建民国，以进大同。"孙中山想用三民主义作思想指导，从建立民国进而达到天下为公的大同世界，可是后来国民党党徒只会争权夺利，谁还关心什么公平正义？天下为公只能成为中山先生的遗愿了。

---

① 《明夷待访录·学校》。
② 《明夷待访录·原法》。
③ 《朱文公文集·戊申延和奏札一》。
④ 有学者认为孙中山有着深厚的儒学情结。参见黄明同等著《孙中山的儒学情结——中华文化的承传与超越》，社会科学文献出版社 2010 年版。

综上所述，从孔夫子到孙中山，对天下为公、大同世界的期望，是其共识。但是，由于时代和阶级的局限，特别是由于儒家重人治的双重效应，这种理想愿景过去从未变成现实。今天，我们继承这一优秀思想文化遗产，目的就在于进一步促进公平正义社会的实现。"譬如积薪，后来居上"，我们在"天下为公，民本为上。民主科学，世代向往。民生民权，民富民强。公平正义，共建共享"的道路上，将会比古人做得更好！

（原载《孔子研究》2010年第6期）

对儒学当代发展问题的思考

关于儒学的当代发展,是儒学现代化思潮讨论的延续。儒学原是植根于中国古代农业文明,由于受西风东渐和五四新文化运动的冲击,儒学受到很大压力。但作为中国传统文化主体的儒学,也是中华民族文化的根,不可能因此而消亡,对五四新文化的反思和回应,出现有称为现代新儒家和新儒学思潮,以"返本开新"作为儒学复兴之路。80年代的文化讨论,也有"西体中用""彻底重建""哲学启蒙""回归原典""综合创新"等理论概括,对现代儒学亦有界定为第三期的发展。

一

本文拟对此做简要的评述,并谈点探索意见。

现代新儒家并不是一个有组织的团体,但梁漱溟1922年出版的《东西文化及其哲学》,可以说是现代新儒学思潮的开端。书中鼓吹"走孔家的路",说除了"替孔子去发挥外,更不作旁的事"。但也批评孔子和宋儒耽误了中国的科学和民主。由此可见,现代新儒学是现代史上中西文化冲突的反映,它面对传统、西学和现实,是想向前走,跨入现代化的行列。但它既要保留中国传统,又不得不学西方的科学和民主,这就构成现代新儒学的思想基调。

不过梁漱溟虽主张接受西方文化,但又认为现代欧洲社会出现严重危机,西方物质文明已趋破产,东方文明将重起而代之。他还说:"世界未来文化就是中国文化的复兴,有似希腊文化在近代的复兴那样。"

熊十力年纪虽稍长于梁漱溟,但他弃政向学较迟,并且先行学佛,出版《新唯识论》后,才由佛归儒。与梁漱溟比较,梁虽先从儒学发展路向上提出自己的见解,但在理论建构上却显得浅薄;而对熊即使反对他的人,也承认"他的理论,颇具深度"。

熊十力对现代新儒学思潮做出的贡献,主要是承接发扬宋明理学的"内圣"心性理论,同时对"外王"学提出创见。如胡秋原指出:"先生之学,盖以易经有科学,春秋有民主,周礼有社会主义。"还说熊"欲以儒家思想为主,参与诸子,西洋思想亦当和会,以为人类将来之需"。徐复观则认为熊的"哲学思想,实归结于政治思想之上","他的政治思想是民主政治与社会主义的结合。"梁漱溟写了篇《读熊著各篇书后》,认为熊在发掘孔子的"革命""民主""社会主义"的思想上，颇有以自成其说，还认为熊是主张从世界各地不同文化和学术的比较上，而不是仅仅从儒家立场上来把握儒学的特征和价值。

由上可见，熊是主张从内圣开出新外王的科学、民主和社会主义。后来港、台的新儒家，除社会主义因不合当地政治需要不提之外，都认为孔孟之道能够开科学与民主，而这一点50年代却成为现代新儒学思潮的理论核心，作为思想路向应该承认梁、熊在推动现代新儒学思潮的发展中起到的历史作用。

进入50年代，现代新儒学思潮在中国大陆，基本上处于沉寂状态。在此期间，熊的弟子徐复观、牟宗三、唐君毅等人转移到港台定居，现代新儒学思潮就转向外传播，到七八十年代，并影响到华人众多的泰国、新加坡等地。

在50年代间，最为集中反映港台现代新儒学思潮观点的，可推《民主评论》与《再生》二杂志在1958年的元旦号中发表的由唐君毅、张君劢、牟宗三、徐复观联名发表的《为中国文化敬告世界人士宣言》这一宣言性的论文。文中认为由于儒家肯定："天下非一人天下，并一贯相信在道德上，人皆可以为尧舜为圣贤，及民之所好好之，民之所恶恶之等看来，此中之天下为公、人格平等之思想，即为民主之政治思想之根源所在。"由是得出结论："民主宪政，亦即为中国文化中之道德精神自身发展之所需求"，而"从中国历史文化之重道德主体之树立，则必当发展为政治上之民主制度"。这称为"返本开新"之论。

二

上面已指出，唐、牟等人这套观点，不过是儒家从内圣开出外王的思想发挥，树立道德主体是"本"，开创民主制度是"新"，实质上是以道德文化决定论作为理论依据。林毓生在《新儒家在中国推展民主与科学的理论面临困境》一文中，对新儒家的"内在要求"说提出质疑，认为"中国传统文化内在并不必然有要求与发展民主的思想资源"。"宣言"中的意见"最多只能说中国传统文化中蕴涵了一些思想资源，它们与民主思想与价值并不冲突；但它们本身并不必然会从内在要求民主的发展"。因此说"希望儒家道德性的思想，'必当发展为政治上的民主制度'很难不是一厢情愿的愿望"。

对林毓生的批评，李明辉在《儒家如何开出民主与科学？——与林毓生先生商榷》一文中做了回应。他引用了"宣言"中一段话：民主与科学"正是中国人之要自觉的成为道德实践之主体之本身所要求的，亦是中华民族客观的精神生命之发展的途程中，原来所要求的"。所以说此中所包含的必然性并非逻辑的必然性，亦非因果的必然性，而是精神生命的发展中的必然性。他还解释牟宗三的观点，说这是"在辩证历程中的实践必然性。在此种必然性中，道德主体（实践理性）必须先有一层转折（自我坎陷），才能通出去以成就民主与科学"。据此认为林毓生始终强调儒家道德哲学之基本信念与民主政治间并无必然的逻辑关联，"成了无的放矢"的批评，这场争论看来双方有点"错位"，只能各说各话。

不过儒家传统道德，不知是否又碰到一个机会，那就是从20世纪60年代到七八十年代，由于日本和所谓亚洲"四小龙"——新加坡、韩国和台湾、香港经济上的起飞，从而进入现代化的行列。因而产生一种观点，即认为儒家思想会促进经济现代化的发展。泰国华人郑彝元1984年出版一部《儒家思想导论》，企业家郑午楼在该书序言中说：现在世界上有不少学者已经注意到亚洲一些国家和地区经济现代化的新经验。这主要是指新加坡、日本、韩国和台湾、香港。他们的经验表明：保持儒家传统作为一种安定社会的力量，这对维系整个社会的敬业乐群精神，对于创造一个稳定的投资环境以促进社会经济的发展，会有极大的重要性。

在这段时间，还出现有"儒家资本主义"的提法。如米切欧·莫里西认为：日本资本主义发展到后期，已完全背离西方的模式，是一种国家的、家长制的、反个性的"资本主义形式"。他还说："从长远的历史角度来看，儒家价值观念决定了日本资本主义制度中集体主义伦理道德体系的确立。儒教重视社会和谐与社会道德、强调社会成员之间秩序关系的形成。在《论语》中，孔子描述了一种理想的社会机构，并规定每个阶层的作用与道德规范；他还着重强调执法人员的社会行为准则，因为在他们身上体现着一种理想的道德。"与西方比较，"在西方社会中，道德上的个人主义与经济个人主义无意识地结合在一起，而日本传统文化的集体主义则会导致'儒家资本主义'。"①

日本所以被称为实行儒家资本主义，记者张可喜曾报道一篇"日本企业家谈日本企业经营方式中的儒家思想"。文中引述著名的企业经营者横山亮次的说法：终身就业制和年功序列化是"礼"的思想的体现；企业内工会是"和为贵"思想的体现。他自己同职工的关系，贯彻了"爱人者人恒爱之，敬人者人恒敬之"等儒家思想。立石电机公司的创业者立石一真主张"和为贵"，建立"相爱和相互信赖"的夫妻式劳资关系。他们还认为：在现实生活中，儒家思想是其伦理道德观念。作为文化的一部分，仍有机存在于日本的上层建筑和生产关系之中，并且对经济基础和生产力起到了巩固和推动作用。

不过有位企业家虽然认同"和为贵"可以协调好内部的劳资关系，但企业对外还是竞争，可见儒家思想并非都能适用。至于怎样产生资本主义，他明确认为：日本走上资本主义道路，从政治制度到生活方式，全面地向欧美国家学习，是"脱亚入欧"的结果。②

---

① 王剑波、张芹编译自［澳］《新社会学杂志》1988年4月第24卷第1期，《社会科学报》1989年12月7日摘引。

② 参见《参考消息》1988年10月21日。

关于"儒家资本主义"的提法，我认为是不科学的，资本主义指的是生产方式和社会制度，儒家是中国古代一个思想流派，是小农经济和封建宗法社会的产物，儒家思想不可能自发地产生资本主义。至于日本的资本主义，正如那位企业家所说，亦不是来自儒家。对亚洲一些已走向现代化的资本主义国家和地区，是由于西化后物质文明带来的精神危机，所以才乞灵于儒家思想；如果认为儒家思想可以开发出资本主义社会，也称之为"返本开新"，这只能是倒果为因的说法。因此我认为：在后工业化的社会中，儒家的道德理论及其价值观念，对社会精神危机可以起到一些补偏救弊的作用，亦可能收到一些成效。现在西方有些较为发达的资本主义国家，亦有人对研究儒家感兴趣，其中也不无道理。当代社会的发展，儒家思想能起到作用，是值得研究的课题。

现代新儒家是要实现儒学第三期发展的使命自居，如牟宗三提出儒学在当代发展的三大任务："一、道统之肯定，即肯定儒教宗教之价值，护住孔孟所开辟之人生宇宙之本源。二、学统之开出，此即转出'知性主体'以融纳希腊传统，开出学术之独立性。三、政统之继续，此即由认识政体之发展而肯定民主政治为必然。"这反映了现代新儒家在中国现代化问题上的进路，却仍想维持儒学在当代思潮中的正统地位。

中国社会向近现代转型，植根于封建时代的儒学对此本不相适应。牟宗三想沿着儒家内圣开出外王的老路，说儒家学术第三期的发展，要开这个时代所需要的新外王。他在《从儒家的当前使命说中国文化的现代意义》一文中说："新外王要求藏天下于天下、开放的社会、民主政治、事功的保障、科学知识，这就是现代化。"牟宗三这个思路虽然不错，但儒家内圣以道德为本体，要开出民主制度的新外王是不现实的，正如林毓生的质疑，那不过是新儒家们一厢情愿罢了！

现代新儒家从梁、熊第一代到唐、牟等二代，现在杜维明、刘述先等被称为第三代，看来他们的头脑比较清醒一些。如杜维明在《儒学第三期发展的前景问题》文中承认："儒家的第三期发展，从五四以来，虽然经过了三代人的努力，但从整个宏观发展进程上讲，现在还处于初期，还是'一阳来复'。"儒学第三期的发展，大概至少也得一百年后才能看出某些比较明显的迹象，从现在起到二十一世纪，东亚的知识分子能否形成一个群体批判的自我意识，他们之间的交流能否形成一种共识，这是问题的关键。""儒学要进一步发展，必须先在国外取得发言权，再回到中国来才比较有说服力。"①

杜维明不像牟宗三那样倾向于道德理想主义，他比较承认现实，如方克立指出：五四以来中国思想文化战线上长期鼎足而三的形势，即中国的马克思主义派、自由主义的西化派和以现代新儒家为主要代表的文化保守主义派三派之间的

---

① 转引自《孔子大辞典》中方克立撰"儒学第三期发展"词条。

对立统一、交错互动。这可能是存在的现实。牟宗三反对全盘西化，特别是仇恨马克思主义，称共产主义为"魔道"。而方克立却谈到杜维明、刘述先等人近来有一新提法，即认为中国未来的希望乃在于马列、西化和传统儒家人文思想三者健康的互动，三项资源形成良性循环。方认为这种观点较之他们的前辈牟宗三等人确有明显改进，但从新儒家方面说，要真正实现所谓"健康的互动"和"良性循环"就必须彻底摈弃自我中心的道统观念，把自己摆在一个恰当的位置上，真正做到以开放的心灵、健康的心态对待马克思主义和西方文化。这也是决定现代新儒学思潮在其未来发展中能否真正有贡献于中国文化和世界文化的关键所在。①

三

对当代儒学发展，除现代新儒家以"返本开新"作为前瞻性的理论概括外，还有张岱年提出综合创新文化观。他在2003年4月22日的《光明日报》发表一篇随感录《综合创新的文化运用》，文中说："我在30年代初的文化讨论中，就萌发了综合创新的基本主张。从1986年起，我又在当时的'文化热'大讨论中，多次阐发马克思主义综合创新论的文化主张。90年代以来，我和王东曾在一起多次探讨，怎样进一步发展综合创新文化观。我们还一起发表了《中华文化的综合创新与现代复兴》一文，引起一定反响。现在经过几年的艰辛努力，他终于拿出了《中华文明论——多元文化综合创新哲学》这一学术成果。纵观全书，或许可以说主要从以下六个方面，运用了马克思主义综合创新文化观。"

我这里只选录张先生写的第四方面，即探讨了中国文化走向问题，提出21世纪中国文化发展的主题是现代化，主潮既不是自由主义全盘西化派，也不是保守主义的儒学复归论，而是马克思主义综合创新论——走"古今中外，综合创新"，全球化与民族化统一的大道，创造富于时代精神与民族精神的中国特色社会主义新型文明。

方克立同意张先生对21世纪文化发展主题和主潮的界定，认为马克思主义派在20世纪一直是在中国占主导地位的思想流派，并把马克思主义流派的文化主张，补充概括为四句话："古为今用，洋为中用，批判继承，综合创新。"他虽然肯定马克思主义的"综合创新"派占据主导地位，但也承认"儒学复兴"说和"全盘西化"论的存在，认为这三派都是在中国走向现代化的过程中产生的，又表现出对中国现代化的强烈关切。三派之间虽有对立和冲突，但并不一定只有相互斗争和排斥，我们也要看到它们之间相互借鉴、相互吸纳的一面。只要

---

① 参见方克立《现代新儒学与中国现代化》，天津人民出版社1997年版，第380－381页。

对中国的现代化建设有利，提倡三派"健康的互动"是可取的。我们相信，未来的中国文化，既不可能全盘西化，也不可能完全复归传统，它将是中国的与世界的、传统的与现代的、科学的与人文的有机结合或统一。①

方克立看来比较同意杜维明、刘述先近来的新提法，即三派的"健康互动"说，但是亦有很大的原则性不同。新儒家还是坚持儒家的本位立场，"返本开新"就是要复兴新儒学，道统观念和正统情结还会存在，甚至为程朱和陆王两派争正统的研讨会还有发生，而国内亦有个别学者研究现代新儒学思潮时也赞成儒学复兴，这可能把当代儒学的发展引入歧途。至于马克思主义的结合创新文化观，虽然也认同三派可以"健康的互动"，但坚持马克思主义的主导地位，对传统儒学仍然坚持古为今用、批判继承的方针。将民主性的精华，经过创造性的转化，纳入"综合创新"的框架内，这是和现代新儒家提倡"返本开新"的区别所在。

今年是孔子2555周年诞辰纪念日，国际儒联和中国孔子基金会按照惯例要举行大型的国际学术讨论会。主题据说是"儒学与当代文明"，初步考虑几个子题中有"儒学在当代的意义（推陈出新）"。中心意思是儒学在这种新形势下，如何与时俱进，发展自己，去适应时代的要求，为现实服务。儒学在当代的发展，如何推陈出新？如何发展自己，去适应时代的要求，为现实服务？推陈出新本是我们发展文艺的方针，但对传统儒学来说，是否封建性糟粕是"陈"，民主性精华是"新"，批判继承就是推陈出新？

现在对传统儒学有所谓民主性精华的思想，如何理解争议性比较大，如有学者肯定孟子反专制的民主思想，如说他主张民重君轻，肯定反对暴君的汤武革命，以民为本和重视民心所向都是民主思想的体现。我们认为儒家的重民和民本不是民主，封建儒学只有为民做主，不会有人民当家做主。当时县令被称为父母官，知府有称之为公祖，这些乃祖乃父，当然可以为子民做主了。至于"民惟邦本，本固邦宁"的含义，也没有民主的意思，只是说人民是国家根本，根本牢固了国家才安宁，这个"邦"就是统治者的政权，如果人民动乱，邦基不稳，统治政权就难以维持了。这和荀子说的水能载舟也能覆舟的道理一样，水舟之喻就是人民与统治者的关系。水流稳定，舟行就安全，如遇狂风急浪，就会有覆舟之险了。

因此传统儒家的重民、民本思想，对人民会有些好处，统治者总要照顾人民一些利益，但这只是为稳定统治的前提和手段，目的不是为人民，也不会有民主政治。我们现在提出"立党为公，执政为民"，要求做到"情为民所系、利为民所谋、权为民所用"。外国媒体认为中国已进入"以人为本"新时代。那么这和

---

① 参见方克立《现代新儒学与中国现代化》，第597－598页。

儒家的重民、民本思想有何区别呢？其实也很简单，"民惟邦本"，人民只是统治者的臣仆；现在讲"以人为本"，人民成为国家的主人，应该说这个"本"不同于那个"本"，如果说有承传关系，那就是批判继承，是创造性的转化。

儒学在当代的发展，看来不能像现代新儒家那样，沿着传统内圣开出外王的单向思维方式，是不能自发走向民主政治；必须以马克思主义理论做指导，经过创造性的转化，才能适应新时代的要求，为现实服务。就以"和为贵"的和谐思想来说，在一些企业内部调整劳资关系或要改善社会投资环境来说，似乎可以拿过来就用，但即使内部一时一地能够适用，当前在经济全球化新的形势下，国际环境和国际政治斗争的复杂多变，各国经济实力不同，在一定程度上造成了不同类型文明生存的基础和传播力量的差异，因而世界上会出现有所谓强势文化与弱势文化的矛盾，但如果我们是弱势文化，与西方强势文化有较大的差距，要求平等对话是困难的，这就要有综合国力作后盾。

对中国传统文化，我认为并非只有一个"和"字，如先秦儒、道、墨、法各家，一般认为有激进和保守两种趋向，儒家虽被视为保守，但"自强不息"和"厚德载物"还是相互而行。现在有认为用儒家传统的和谐哲学、和合学可以走向世界，也就是"厚德载物"。我认为在当前世界的各种矛盾冲突普遍存在的情况下，只讲和谐是不够的。我们必须增强综合国力与民族凝聚力，要有自强不息的主观能动精神，迎接挑战，才能使中国传统文化在世界文化发展的长河中顺流前进。

因此，中国传统文化要走向世界，开放与包容是必要的，但应该以我为主，冲突与包容互动，矛盾与互补并存。不能同意发达国家以强势文化推行文化霸权主义、文化殖民主义，要双方平等对话，取长补短，既经过互相吸收、扬弃，输进外来新鲜血液，使自身文化发展进入良性循环。中国传统文化走向世界，既要保持自身的民族性，同时又要吸收人类的共同智慧，从承传中创新，从而体现出新的时代精神，是民族性与时代性的矛盾统一，最终才能使中外文化进入和谐、和合的精神境界。

矛盾融合、承传创新，也就是在马克思主义的理论指导下进行的综合创新、推陈出新，这才是儒学在当代发展的理论前瞻和正确方向。

（收入《当代儒学的发展方向——当代儒学国际学术研讨会论文集》，汉语大辞典出版社2005年版，第27-36页）

儒学在当代的推陈出新

2005年"纪念孔子诞辰2555周年国际学术研讨会"会议讨论主题是：儒学与当代文明。其中有个子题：儒学在当代的推陈出新。百花齐放，推陈出新，本是我们发展文艺的方针，但对在我国已延续两千多年的传统儒学，如何推封建糟粕之"陈"，出民主精华之"新"，却是一个复杂的问题。下面只能谈点本人的探索意见。

一

1938年10月，毛泽东同志在《中国共产党在民族战争中的地位》的报告中，谈到学习时有段话："学习我们的历史遗产，用马克思主义的方法论给以批判的总结，是我们学习的另一任务。我们这个民族有数千年的历史，有它的特点，有它的许多珍贵品。对于这些，我们还是小学生，今天的中国是历史的中国的一个发展，我们是马克思主义的历史主义者，我们不应当割断历史。从孔夫子到孙中山，我们应当给以总结，承继这一份珍贵的遗产。这对于指导当前的伟大的运动，是有重要的帮助的。"

另外毛泽东同志在《新民主主义论》中亦表述过类似的观点："中国的长期封建社会中，创造了灿烂的古代文化。清理古代文化的发展过程，剔除其封建性的糟粕，吸收其民主性的精华，是发展民族新文化提高民族自信心的必要条件；但是决不无批判地兼收并蓄，必须将古代封建统治阶级的一切腐朽的东西和古代优秀的人民文化即多少带有民主性和革命性的东西区别开来。中国现时的新政治新经济是从古代的旧政治旧经济发展而来的，中国现时的新文化也是从古代的旧文化发展而来的，因此，我们必须尊重自己的历史，决不能割断历史。但是这种尊重，是给历史以一定的科学的地位，是尊重历史的辩证法的发展，而不是颂古非今，不是赞扬任何封建的毒素。"

他对于外国的文化遗产也有类似的说法："中国应该大量吸收外国的进步文化。""还有外国的古代文化，例如各资本主义国家启蒙时代的文化，凡属我们今天用得着的东西，都应该吸收。但是一切外国的东西，如同我们对于食物一样，必须经过自己的口腔咀嚼和胃肠运动，送进唾液胃液肠液，把它分解为精华和糟粕两部分，然后排泄其糟粕，吸收其精华，才能对我们的身体有益，决不能生吞活剥地毫无批判地吸收。所谓'全盘西化'的主张，乃是一种错误的观点。"

根据我的回忆，从新中国成立到"文革"前的这17年间，国内学术界基本上按照毛泽东同志这种观点作为学习研究中外文化遗产的指导方针。洋为中用，古为今用，批判继承，尊重历史辩证法的发展，各家的意见是比较一致的。但也碰到难题，如对中国传统儒学，从孔孟之道下传两千多年，留下各个时期有关儒家学者思想的历史文献，我们如何区分其中的精华与糟粕？怎样看各个时期历史辩证法的发展？用食物消化的例子固然生动而具体；但一个学派或一个学者的思想如何区别其精华与糟粕，与食物消化不同，在历史文献中只是以话语的形式表述其思想，如"仁"和"礼"是孔子思想的核心，"忠君""孝亲"是儒家要普遍遵循的伦理观念。按照历史辩证法的发展，如何分析其精华与糟粕，做到批判继承古为今用，"文革"前17年似还未能解决这个问题。

二

在中国传统儒学中，像忠、孝那样人所共知的封建道德，到现代应该如何批判继承呢？孙中山在《三民主义·民族主义》第六讲中有段解释："现在一般人民的思想，以为到了民国，便可以不讲忠字，以为以前讲忠字是对于君的"，"现在没有君，忠字便可以不用，试问我们有没有国呢？我们的忠字可不可以用之于国呢？我们到现在说忠于君，固然是不可以，说忠于国可不可以呢？忠于事又是可不可以呢？我们做一件事，总要始终不渝，做到成功，如果做不成功，就是把性命去牺牲，亦所不惜，这便是忠。"

对这段解释，有学者认为孙中山强调了中国传统道德中的"忠"字的多层含义以及普遍性因素，忠的对象可以随着时代的变化，但"忠"字本身不会随着某个特定对象消失。他对中国传统道德的某些内容进行了现代阐释，为我们在继承优秀传统的方式上提供了重要的借鉴。

刘少奇在《论共产党员的修养》一书中，也有几处借用儒家经典中的某些格言，而做出符合自己需要的解释。如说《孟子》上有这样一句话："人皆可以为尧舜"，我看这句话说得不错。每个共产党员，都应该脚踏实地，实事求是，努力锻炼，认真修养，尽可能地逐步地提高自己的思想和品质，不应该望到马克思列宁主义的创始人那样伟大的革命家的思想和品质，认为高不可攀，畏葸不前，如果这样，那就会变成政治上的庸人，不可雕的"朽木"。

刘少奇同志这段话，不是要共产党员学做古代的尧舜。他所以肯定孟子这句话因为儒家认为人们通过自身努力锻炼和修养，就可以达到圣贤所具有的思想和品质。同样主张共产党员也要有自信，不要认为马克思列宁主义创始人的思想和品质是高不可攀，这样自暴自弃，就会成为不可雕的"朽木"。共产党员虽然造才的对象不同，但可以承传儒家这种自信精神。

还有在中国古时，曾子说过"吾日三省吾身"，这是说自我反省的问题。《诗经》上有这样著名的诗句："如切如磋，如琢如磨"，这是说朋友之间要互相帮助，互相批评。这一切都说明一个人要求得进步，就必须下苦工夫，郑重其事地去进行自我修养。但是，古代许多人的所谓修养，大都是唯心的、形式的、抽象的、脱离社会实践的东西。他们片面夸大主观的作用，以为只要保持他们抽象的"善良之心"，就可以改变现实，改变社会和改变自己。这当然是虚妄的。我们不能这样去修养。我们是革命的唯物主义者，我们的修养不能脱离人民群众的革命实践。

对于我们最重要的，是无论怎样都不能脱离当前的人民群众的革命斗争，而是必须结合这种斗争去总结、学习和运用历史上的革命经验，这就是说，要在革命的实践中修养和锻炼。这种马克思列宁主义的修养方法，和其他唯心主义的脱离人民群众的革命实践的修养方法，是完全不同的。

刘少奇同志认为曾子说的"吾日三省吾身"是自我反省的问题。他说一个人要求得进步，就要进行自我修养，这是对曾子儒家自我反省思想的肯定。但对此他不是全盘继承，而是给予批判性的总结。他批评儒家的修养方法是唯心主义的脱离社会实践的东西，而提出共产党员要在革命的实践中修养和锻炼。人是要自我反省的，儒家是用"求放心""复性"的内省方法，但只是闭门思过并不能解决问题，还要在社会实践中接受外来考验和加强自身的锻炼，这才是正确的修养方法。

以上是孙中山、刘少奇对儒家孔孟之道的文化遗产进行承传的一些事例。将古人的道德格言按照今人需要做出现代诠释，能否说是符合古为今用、批判继承思想文化遗产的方针？比如孙中山对"忠"字的解释，在20世纪50年代，冯友兰对"忠"字亦有类似的说法，说封建时代是忠于皇帝，"忠"是抽象概念，皇帝是具体内容。现在可以说忠于党、忠于人民，具体内容不能继承，但"忠"的抽象概念可以继承，称之为"抽象继承法"。

但是抽象继承法在当时一直受到批评，认为不符合剔除其封建糟粕、吸收其民主性精华的批判继承方针。但思想观念不同于食物的消化，如以忠君为例，就不容易分辨，所以这次批判，并没有解决问题。其实刘少奇在《论共产党员的修养》中列举的例证，也可以说是抽象继承，如对孟子说的"人皆可以为尧舜"，也没有具体继承什么，只是借用古人这个例子，鼓励共产党员在学习马克思主义创始人的思想品质时，不要丧失信心，要承传儒家这种自信精神。但当时没有人讨论这种方法的得失，对抽象继承法的批评后来也不了了之。

不过我有点设想，研究方法是否也可以相通。如对"忠"字的抽象继承，具体内容忠君已作为封建性糟粕受批判而抛弃，而继承的是新时代的忠于国、忠于人民,这不是可称之为批判继承吗?同样封建时代的忠君也可说是已经过时的"陈"货,而忠于国、忠于民则出自"新"时代的产物,说是"推陈出新"也是顺理成章吧?

还有刘少奇对曾子说的"吾日三省吾身"如何继承的问题。他批评儒家唯心主义的内省方法,而主张要在社会实践中加强自身的锻炼,这算是抽象继承、批判继承还是"推陈出新"?可能由于不同人的理解而有不同的看法吧!

三

上面两部分,先由毛泽东提出学习继承传统优秀文化遗产的重要性,并提出继承的标准与方法,但这些理论在应用时也引起争议。下面再就本文所选择主题的要求,做些讨论。

关于儒学在当代如何推陈出新,据对这个子题的解释,谓中心意思是儒学在这种新形势下,如何与时俱进发展自己,再去适应时代的要求,为现实服务。如此说来,也就是古为今用的意思。但儒学如何与时俱来发展自己,应该有条途径和发展过程。一般说来,儒学中的封建性糟粕是"陈",而民主性精华是"新",但"推陈出新"只能是一个渐进的过程,并且是和社会历史的发展相联系。下面试谈我的一点探索意见。

我认为中国古代是家国同构的宗法社会,这是产生孔子和儒家政治伦理道德思想的社会历史条件。孔、孟、荀等先秦儒家生活在春秋战国时期,是个列国纷争、诸侯异政、百家异说的社会。儒家在当时虽被称为显学,但被视为思想保守,不合时宜。但是孔子和先秦儒家的发展理念,承认社会是以人为本,因而社会发展主要是人的发展。在封建宗法社会中,约可分为君、臣、民三个层次,孔子等先秦儒家认为,人可以有独立的政治理念与平等的人格尊严,但也需要维护不平等的社会等级关系。因此,儒家传统只是具有从上而下的重民惠民思想,不可能有充分的民主民权理念。所以当社会发展从古代向近现代转型时,孔子等儒家以人为本的社会发展理念,在走向现代化时选择什么路径,如何走出一条新路,也就是"推陈出新",确是值得思考的问题。

但值得注意的是,从秦汉建立中央集权统一的封建大帝国后,春秋战国时期"诸侯异政,百家异说"的局面已经终结,经过汉初儒、道、法等各家思想的矛盾融合、承传互补,到汉武帝时董仲舒提出"独尊儒术",而结合汉家制度"以霸王道杂之",经过汉唐到宋明,形成以维护封建化伦理纲常为核心思想的新儒学——宋明理学。当时和春秋战国时期不同,已经没有孔孟那样周游列国,可以"良臣择主而事"的客观条件,因而也没有孔、孟、荀那种君臣对等甚至"从道不从君"的思想,变成"君要臣死,臣不得不死"的愚忠,和出现"以理杀人"

的社会现实，这是以人为本的社会发展观念的倒退。

随着社会的发展，可能社会存在决定社会意识的规律还会起点作用。到明中叶以后，由于出现资本主义生产关系的萌芽，也从而出现早期启蒙思想。如黄宗羲在《明夷待访录》中，把君臣看成合作共事关系。他说："缘夫天下之大，非一人之所能治而分治之以群工"，"治天下犹曳大木"，"君与臣"无非是"共曳木之人"，所以"臣之与君"是"名异而实同"。既然君主的职分是为天下，那么大臣出仕，自是"为天下，非为君也；为万民，非为一姓也"。据此，他严厉批评那些忠君死节之士，认为"为臣者轻视斯民之水火，即能辅君而兴，从君而亡，其于臣道固未尝不背也"。以黄氏看来，臣与君是共负"为天下"之责，所以说"吾无天下之责，则吾在君为路人"，"以天下之事，则君之师友"。黄氏发挥孟子君臣对等和合作共事的思想，他否认"臣为君而设"，是君主的"私物"，这就打破"君为臣纲"的封建传统，也清除了"臣要报君恩"之类的陈腐观念。他为要抑制绝对君权，还主张要建立有大臣参加的"每日便殿议政"制度，把原来属于清议场所的学校，变成监督朝政的舆论阵地，并要对各级地方的"政事缺失"，有一定的督察权。他虽然不能明确看到社会变革的前途是走向民主政治，但多少有一点朦胧的感觉。如从职、权、责的角度来批判封建君权，并提出一些有关政治体制的意见，对近代君主立宪运动应当有所启迪。后来康有为以"托古改制"为意向，发动变法维新，这是遵循孔孟儒家的发展理念，由对等的君臣关系，把君主立宪作为向近代转化的途径。

四

进入近代，康有为以孔子"托古改制"导向变法维新的失败，他的思想趋于保守，后来成为拥戴清废帝复辟的"保皇派"。与此同时，由于民主、科学等西方政治文化理念的传入，五四新文化运动的冲击，儒家孔学受到很大压力，一些坚持中国文化本位的人，就着意于从自身的优秀传统中寻求民主性精华的理念。如熊十力就想沿着内圣开出外王的思路，对儒家经典提出创见。如胡秋原指出："先生之学，盖以《易经》有科学，《春秋》有民主，《周礼》有社会主义。"他还说熊"欲以儒家思想为主，参与诸子，西洋思想亦当和会，以为人类将来之需"。徐复观则认为熊的"哲学思想，实归结于政治思想之上"，"他的政治思想是民主政治与社会主义的结合"。梁漱溟写了篇《读熊著各篇书后》，认为熊在发掘孔子的"革命""民主""社会主义"的思想上，颇能自成其说，还认为熊主张从世界各地不同文化和学术的比较上，而不是仅仅从儒家立场上来把握儒家的特征和价值。

由上可见，熊十力主张从内圣开出新外王的科学、民主和社会主义。后来港台的新儒家,除社会主义因不合当地政治需要不提之外,都认为孔孟之道能够开出科学与民主,在20世纪50年代却成为现代新儒学思潮的理论核心,作为思想路向应该承认梁、熊在推动现代新儒学思潮的发展中起到的历史作用。

进入50年代,现代新儒学思潮在中国大陆基本上处于沉寂状态。在此期间,熊的弟子徐复观、牟宗三、唐君毅等人转移到港台定居,现代新儒学思潮就转向海外传播,到七八十年代,并影响到华人众多的泰国、新加坡等地。

50年代,最为集中反映港台现代新儒学思潮观点的,可推《民主评论》与《再生》二杂志在1958年的元旦号中,由唐君毅、张君劢、牟宗三、徐复观联合发表的《为中国文化告世界人士宣言》(以下简称《宣言》)这一宣言性的论文,文中认为由于儒家肯定"天下非一人之天下,并一贯相信在道德上,人皆可以为尧舜为圣贤,及民之所好好之,民之所恶恶之等来看,此中之天下为公、人格平等之思想,即为民主政治思想之根源所在"。由是得出结论:"民主宪政,亦即为中国文化中之道德精神自身发展之所需求",而"从中国历史文化之重道德主体之树立,则必当发展为政治上之民主制度"。这称为"返本开新"之论。

唐、牟等人在《宣言》中的观点,仍是儒家从内圣开出外王思想的发挥,树立道德主体是"本",开创民主制度是"新",实质上是以道德文化决定论作为理论依据。林毓生在《新儒家在中国推展民主与科学的理论面临困境》一文中,对新儒家的"内在要求"说提出质疑,认为"最多只能说中国传统文化中蕴涵了一些思想资源,它们与民主思想与价值并不冲突,但它们本身并不必然会从内在要求民主的发展"。因此说"希望儒家道德性的思想,'必当发展为政治上的民主制度',很难不是一厢情愿的愿望"。

林毓生的质疑不是没有道理,先秦儒家主张天下为公、人格平等的道德性思想,是可以通向民主思想及其价值观,但难以发展为政治上的民主制度。因为民主思想和民主制度不是一回事,如孔、孟、荀有君臣对等思想,可以说"人皆可以为尧舜",甚至说民重君轻,以至主张"从道不从君",这些言论是可以通向民主思想及其价值观,但它们仍然维护君臣父子贵贱尊卑的社会政治等级制度。因为制度是由国家政体决定的,中国古代宗法社会实行的是君主世袭的封建专制政体,虽然在改朝换代时可以出现"布衣天子",如刘邦、朱元璋由平民当上皇帝,但在维持封建专制政体的情况下,不可能建立人事上的民主制度。只有社会通过向近现代转型的民主革命成功,才能真正建立民主制度,这是为中外历史经验所证明的。有人认为近代中国要"告别革命"就可以实现现代化的民主政治,也很难说不是一厢情愿的愿望。

因此,对当代的儒学走向不能只凭单线思维的"返本开新",即不能寄希望于复兴儒学和推行所谓"王道政治"。因为儒家的"本"也有精华与糟粕,重民、民本思想可以算带有民主性精华，但"民惟邦本，本固邦宁"的含义，并不能开发出民主制度。只是说人民是国家的根本，根本牢固了国家才安宁，这个"邦"就是统治者的政权，如果人民动乱，邦基不稳，统治者的政权就难以维持了。这和荀子说的水能载舟也能覆舟的道理一样，水舟之喻就是人民与统治者的关系。水流稳定，舟行就安全，如遇狂风急浪，就会有覆舟之险了。

因而传统儒学的重民、民本思想，其中是含有害怕人民的因素，怕失去民心而引起社会动乱，所以总是要照顾人民一些利益，但这只是为稳定统治的前提和手段，目的不是为人民，也不会有民主政治。封建政体只有为民做主，不会有人民当家作主。当时县令被称为父母官，知府有称之为公祖，这些乃祖乃父，当然可以为子民做主了。而"民本"始终改变不了人民被统治的地位。

所以儒学现代化使之能适应时代的要求，不能简单认为只要返回先秦儒家之"本"就可以开"新"。因为无论承认人在道德主体上的尊严与平等，或是"民惟邦本"的地位，都不能改变人民对统治者的从属关系。正如韩愈在《原道》篇中所说："是故君者，出令者也；臣者，行君之令而致之民者也；民者，出粟米麻丝，作器皿，通货财，以事其上者也。……民不出粟米麻丝，作器皿，通货财以事其上，则诛。"试问在封建专制政体的架构下，承认"民惟邦本"就可以推出"新"的民主制度吗？所以不能简单说"返本开新"，还是要"推陈出新"。

怎样去"推陈出新"？从政体架构来说，要推封建专制政体之"陈"，出社会主义民主政治之"新"，经过新中国成立后半个多世纪的折腾，到现在应该说基本做到了。

但是传统儒家为民做主的思想至今还有影响，这与人民已经当家做主的社会主义是不相适应的，是过时的应属于推"陈"的对象，可是过去的官民关系演变成今天的干群关系，有的干部还是以当官做老爷自居，凭借人民给予的权力去管治人民，有的"以权谋私""假公济私"去侵犯人民的利益。某些官老爷在管治权力范围内个人独断，被媒体称为"小国之君"。我们当前的立国宗旨是"立党为公，执政为民"，要求做到"情为民所系，利为民所谋，权为民所用"，有外国媒体也认为中国已进入"以人为本"的新时代。但"民为官所治，官为民之主"的传统观念不改变，不进行"推陈出新"的创造性转化，就不能适应时代的要求，为建立民主政治的现实服务。因此，古为今用，批判继承，也就是在马克思的理论指导下进行综合创新，推陈出新，这才是儒学在当代发展的正确方向。

[收入《儒学与当代文明——纪念孔子诞生2255周年国际学术研讨论文集》（一），九州出版社2005年版，第48-56页]

廓清儒学研究的知识边界
——李锦全先生儒学研究的时代价值

任剑涛　中山大学

一、引　言

自20世纪80年代兴起文化热以来，儒家思想研究构成了持续的显学景观。到这个世纪初期，儒学研究与儒教呼吁共同构成了激人支持与批评的学界热门话题。站在传统与现代交汇的边界上，审视这一现象，我们会发现，儒学研究的价值选择与知识清理已经到了一个必须分流的状态。如果说儒教呼吁主要地是一种价值宣泄的话，那么以儒学研究支撑的文化保守主义选择也主要地是以价值选择支持学术活动的方式。在价值主张之外，儒学研究是否还可以保有自己的知识形态，从而将儒学与儒教相区别，将价值选择与知识清理相分离，为儒学提供一个从历史到现实都具有清晰边界的学术画面呢？假如这种期待具有它的现代学术分科支持理由的话，那就意味着这种知识努力是值得提倡的。事实上，儒家思想既有自己的基本价值主张，也有正当化这些价值的论证进路。后者，就正是我们从知识视角研究儒家思想的历史依据。我们完全可以将两者加以有效的区分，在价值纠缠之外，为儒家思想的知识构成作一个刻画。也正是从这个视角看问题，我们会发现数十年浸淫于儒学研究中的李锦全先生的研究成果，具有鲜明的时代价值与知识意义。

如果将儒学的知识性研究定位为非价值的、学术化取向的研究类型，那么，关乎儒学研究的知识边界，大致涉及四个方面的问题：一是儒家之学自身的性质归属问题，这一问题就是聚讼不已的儒家之学究竟是世俗之学还是宗教的问题；二是儒家之学与诸子之学以及后起的综合性学术体系的学术边界问题，这一问题就是人们长期争论的儒学的原始性与包容性的关系问题；三是儒学与西学的关系，这一问题关系到儒学的理论结构是否具有和如何具有现代性的问题；四是儒学与两种社会结构的关系问题，这一问题就是近代以来人们辨析的儒学与古典社会和现代社会的复杂关系问题，以及儒学自身的流变显示的学术传统与学术变迁、学术变迁与社会变迁的复杂互动关系问题，这就是儒学的传统与现代的关系问题。前三个方面与儒学之知识体系的学理边界有关，最后一个问题则与儒学之知识功能体系相系。我们之谓儒学的知识边界，当然就是为了划分站在儒家价值立场上为儒家价值辩护的价值取向的"研究",与站在现代学术立场上将儒家思想作为学术研究而非价值信念的对象对待的两种取向。这里,我们预设了一个将研究者的价值主张与学术研究加以区分的前提。前者,可以是一个研究者私人的主张,它可以获得尊重,但很难达成共识。后者,可以是研究者们共同认可的东西,它可以为研究共同体公认,从而达成共识。对于儒家思想的研究来讲,前者是一个具有激励研究者志向的路径,后者则是一个需要研究者平静对待研究对象的取向。对于儒家思想的研究来说,前者与后者具有共同的重要性。但就二者比较而言,后者对于身处儒家思想传承或批判氛围中的中国学者来讲,有更大的难度。因为如何将自己承继的文化血脉作为"客观"研究的对象,这一转换需要研究者具有真正现代的眼光,才具可能。既不为儒家思想的现代价值作先设的辩护,又不为儒家思想作后设的价值批判,而能够将儒家思想作为特定时空条件中的审视对象,这是廓清儒家思想研究的知识边界的预设性前提。

二、儒学与儒教

从儒学的理论定位上看,儒家之学究竟是宗教还是哲学,是一个儒学在学科分际界限较为明确的现代学术体系中使人争论不休的话题。从儒学提供给中国社会的综合功能上讲,儒学究竟是以"学理"发挥作用还是以"宗教"产生效能,或者是以"道德"教化民众还是以"宗教"整合人心,甚或是"以道德代宗教"协和社会,也是一个众说纷纭的问题。造成这种纷争的原因当然很多。但是,就现代学术分门别类发展与中国传统学术统合性发展的状态差异而言,则是造成这种分歧的最直接原因。就外部动因分析,则是因为研究者试图从观念层面、精神因素上解释中国现代发展与西方国家发展差距带出的分歧。

儒家思想究竟是"学理"或者儒家理论其实是"宗教",作为一个因应于西方学术体系框架的问题,也作为一个因应于西方诸社会因素(比如宗教、哲学、政治、经济、文化、传统、习俗等等)对于社会状态发挥影响的情形的仿照性关照,说起来是一个将中国从传统到现代转变的诸复杂因素串联起来的、缠绕性很强的问题。本身这些问题就将事实与价值、学术与思想、传统与现代、历史与现实牵扯其中。所以,从近代以来,所有研究中国传统儒学的学者都无法在这个问题上轻易地理出头绪来。仅仅从20世纪80年代到现在,两个阶段、两种背景下的两次争论,就显示出要想清理儒学的知识线索的困难。

20世纪80年代,任继愈先生提出儒学是宗教的主张。他认为,原始儒家阶段的主张可以说是儒学,但是,儒家经历了汉代和宋代的两次改造之后,儒家就逐渐成为有中国特色的宗教——儒教。宋明理学的建立,标志着中国儒教的完成,并由朱熹正式完成了这一历史使命。对于任继愈先生的这一主张,李锦全提出不同的看法。他首先清理了哲学与宗教的理论差异。任以儒家思想回答了社会为什么会有灾难、人为什么会有贫贱、人会有社会态度差异、人活着是为了什么等问题，认定儒家就是宗教。李指出，任的这些问题，哲学和宗教都有兴趣来回答，但二者的知识结构即回答路向是大为不同的，"哲学采取思辨的方式，宗教走的是信仰的道路；哲学从理性方面做出解释，宗教从感情方面给以满足"①。我们不能以哲学和宗教在理论上容易区分，而在实践上难以区分为理由，就将二者的知识边界忽略了事。也不能以中国与西方、中国与印度的某些思想一致性为根据来证明儒家思想就是宗教，比如以三者都辨析过"天理人欲""身心性命"来确证三者都是宗教。回顾中国思想史的演变历程，不论是儒家从孔子、董仲舒到朱熹的发展，还是玄奘、慧能的学说，其间哲学与宗教的界限还是分明的。

同时，李锦全还从三个方面考察了儒家思想之作为哲学而不是宗教的问题。一方面，他从中国社会与儒家思想互动的历史角度，审视了儒家思想的特质问题。他将中国社会进入文明社会的状况与后来中国社会的运行特质加以连贯的考察。从前者看，他指出，不能认为中国古典社会建构时期的宗法血缘关系就注定了儒家思想的宗教特征。尽管这使得中国民间宗教还比较盛行，但是这种宗教没有后来的信仰宗教、仪轨宗教与生活宗教相统一的完整宗教形态。这里李锦全虽然没有使用原始宗教与高级宗教的比较概念，其实已经从这一视角区分了两种宗教形态。前者显然没有后者那种全面影响甚至制约社会的能量。从后者看，即从中国古代社会整个结构看，王权与教权的纷争尽管贯穿整个古代时段，但是，教权绝对没有过绝对制约王权的状况，相反，教权几乎一直臣属于王权。教权显示的一条中国化与世俗化路径，就很好地说明了这一点。

另一方面，李锦全从先秦到汉唐儒学的演变角度分析了儒学自身在神学与哲学之间摆动的思想史状态。他认为，这一过程并不是像任继愈所说的一个儒学宗教化的过程。相反，尽管汉代儒学具有某种儒学宗教化的迹象，比如董仲舒的天人感应、王权神授思想，但即使是董仲舒的思想也不能代表儒学的宗教化。因为在董仲舒的眼里，神权—王权的接通，没有一种神权—儒教教主（孔子）之权接通的意味。就是宗教味道甚浓的谶纬之学，也就止于为王权的更迭制造掌权根据而已，没有建立起神学体系来。魏晋玄学的名教之说，也不过提供了世俗的道德伦理教条，没有建立神创世界的宗教教义。从思想史角度的考察使李锦全有了理据下出这样的断语，说儒教"显然说的是儒家思想（封建伦常）的教化作用，并不具有宗教的意义"②。将宗教与教化区分，抓住了中国儒家思想与西方宗教建构的最关键的区别。

---

① 《李锦全自选集》，中国文联出版社 2000 年版，第 275 页。
② 《李锦全自选集》，第 285 页。

再一方面，李锦全就此深入考察以朱熹为代表的宋明理学。他指出，宋明理学也只能被看作儒学的哲理化，而不能被看作儒学的宗教化。因为同理，宋明理学并没有试图建立教主、教权、宗教仪轨相一致并紧紧结构成为一个宗教体系的架构，而只是将道教与佛教的学理融会进儒学，提升了儒学的哲学品质而已。宋明理学那种"超世俗的精神境界修养"就此具有了不同于宗教，而又具有特殊的哲学色彩的理论建构。在这一方面，李锦全特别提醒人们不要机械地对照西方社会蒙昧与启蒙、世俗与宗教的历史框架来建构相应的中国思想结构，这样势必扭曲中国儒家思想的原来面目。

通过对于儒家思想究竟是哲学还是宗教的辨析、对于儒家思想与中国古代社会的互动关系的清理、对于儒家思想自身演变过程中呈现的本质特征与变异状况的分析以及对于儒家思想与西方思想的对比，李锦全断言儒家思想只能作为世俗思想来对待。这就为人们开辟一个从现代学术分科的角度研究儒家思想提供了辩护进路。在今天这个跨世纪特定的历史时刻，关于儒家之学究竟是宗教还是学术的争论，又一次挑起了儒家之学性质归属的争端。① 儒家之学的价值之争几乎完全替代了儒家之学的知识辨析。李锦全先生关于儒家之学为哲学而非宗教的论证，就此具有了当下的研究启发价值。对于主张儒家之学是宗教的学者来讲，他们固然具有从自己的价值主张上为自己观点辩护的理由。但是，面对儒家之学的学术内涵、面对儒家之学在现代学科体系分流中的知识清理任务，我们对于儒家之学的哲学层面，也即是儒家之学的深层结构的知识要素，没有任何理由报以轻视的态度。相反，将儒家之学的价值结构与知识结构分别进行整理，恐怕是尊重儒家现代价值的应有态度。这样，儒家的价值主张就不仅仅成为信仰的对象，而可以成为学术研究的主题。

三、儒学与诸学派

儒家思想在其绵延的历史过程中，经历了一个由原初建构的较为"纯粹的"、属于它自己的思想结构，到"罢黜百家，独尊儒术"的一尊的复杂思想历程。研究儒学，廓清儒学的知识边界，需要将这两个界限划分出来。一方面，尽力将原始儒家的思想特质勾画出来，以便将儒学之为儒学的独特性呈现给人们；另一方面，则需要将儒学自己的思想与儒学对于其他各家各派思想的吸取区分开来，以便将儒学继起发展的复杂思想成分加以清理，从而勾画出儒家思想的核心与儒家思想的伸展之间的关系。这是两个相关的、具有同等重要性的方面。

李锦全在儒学研究中，对于两个方面都给予了重视。就前一个方面而言，他

---

① 参见胡晓明编《读经：启蒙还是蒙昧？》第三部分"思潮背景"，华东师范大学出版社2006年版。

以人际关系的论述作为处理儒家思想主题的论域。在《中国儒学与退溪学论人际关系的思想特点》一文中，他强调，正己正人，成己成物，构成儒家思想的思想特质。在这种思想结构中，"讲的是以'我'为主体，要正确处理好'我'与'人'和'事'的关系。思想特点是既重视'我'的主观能动性，以自己来带动别人，并推广到整个社会"，这一特点显示了儒家思想的理想性，"是儒家政治伦理哲学所能达到的最高境界"①。这一归纳确实直探儒家思想的堂奥。从原始儒家一直到宋明儒学，这一思想主题一直鲜明地呈现在儒家思想家的思想过程之中。而且在中西方思想的比较中更为突出地显现为"中国的"甚至是"东方的"思想特点。"群体与个体，克己互助与利己竞争；从正己正人进而至成己成物，由心蔽于物发展到心为物役。以上这两方面的对比，大体可以看出东方（主要是中国儒家）与西方两种文化在人生哲学上的不同价值取向。"②虽然说这种定位不是李锦全独创的，但是，为儒家思想特质准确把脉，给李锦全清理儒家思想与其他各家的思想边界，以及通过清理这种思想边界显示儒家思想的知识特质奠定了基础。

儒家思想与其他各家思想的知识边界，是一个显示儒家思想与各家思想被公认的思想特质的边界。在原始儒家思想发展的后来阶段，儒家确实吸取了各家各派的思想并融会进自己的思想体系，但是，儒家原初思想与后来融会进儒家的思想还是有明显的思想差异的。清理这种差异，对于我们较为准确地理解儒家思想具有不可小觑的意义。理解儒家与诸家思想的边界，需要从它与诸家的思想边界——即基本价值主张及其论证方式的差异性上着手。对于这一清理来讲，最为关键的思想边界是与儒家早期和后期发展都甚为紧密地联系在一起的儒道关系、儒法关系与儒佛关系。

首先，就儒道关系而言。在20世纪80年代的文化热、国学热中，考察儒家与道家的关系一时成为热中之热。人们甚至认为儒道互补建构就是中国人的精神建构。对此，李锦全先生一方面系统地描述了儒道思想关系，对于两家基本理论的互补结构进行了很好的分析。他确认："儒家和道家，是先秦两个重要的思想流派，也是我国传统思想文化两根重要的精神支柱。"③对于儒道两家思想的历史性纠结，他从先秦到宋明做了还原性的勾画，指出了道家从创始人老庄开始对于儒学的批评态度，到后来的玄学家对于儒家道家关系的复杂见解，再到隋唐两朝对于佛道思想资源的利用，落到宋明时期理学家从佛道两家借取思想架构来重建儒学的哲学框架，在在显示出儒道两家思想的张力结构。但是另一方面，李锦

---

① 《李锦全自选二集》，中国文联出版社2000年版。并参见李锦全《人文精神的承传与重建》所收《中国传统人生的安身立命之道》一文对于这一问题的论述，广东人民出版社1995年版。

② 《李锦全自选二集》，第201页。

③ 《李锦全自选四集》，延边大学出版社2001年版，第404页。

全又指出，儒道的思想互补关系并不仅仅是一个相互纠缠的思想铺垫关系而已。实际上，"既彼此对立，又互相补充"的儒道关系，在如何互补的关系结构上，是需要花费力气才能分析清楚的问题。他在为自己指导的一篇专门研究儒道互补的博士学位论文撰写序言的时候，指出博士生认为的儒道互补不是一个以儒补道，也不是一个以道补儒的问题，而是一个两家在共同的思想基础上，在天人合一建构中有机结合的结果，是一个"别开生面"的断论。① 在这里，李锦全对于儒道两家进取与退守、庙堂与山林、阳刚与阴柔、建构与批判、人为与自然、内圣与外王、方内与方外、形下与形上等等的互补关系进行了描述，通过这样的描述，也就勾画出了儒道两家在价值选择上与论证进路上的鲜明差异。②

其次，就儒法关系而论。20 世纪 80 年代讨论中国文化的精神结构时，常常以儒道互补作为基本框架来谈论问题。对于儒道之外的其他各家，关注就显得严重不足了。李锦全不为时潮左右，认为仅仅着重儒道两家的思想还不足以勾画出中国古典思想世界的丰富内容和精彩画面。他探究了儒法思想的互补结构，从而，较为全面地勾勒出了儒学与道学之外，构成中国原创的古典思想主要思想元素、主要思想流派之间的知识边界。他指出，一方面，法家原本是作为儒家思想的对立物而出现的，韩非便视儒家为"愚诬之学，杂反之行"。但是，儒法两家具有互补的最关键因素——两家都是皆"务为治者也"。儒家要"序君臣父子之礼"，法家则要"正君臣上下之分"。只是儒家在治国理念上强调道德的自觉，而法家强调法令的强制。另一方面，他从思想史的角度概观了整个中国古代思想的演变过程，认为从先秦到明清，儒法两家的思想都是互补的。就汉代而言，"董仲舒实际上是进行过儒法互补工作的儒学大师"③。魏晋之际如曹操、葛洪儒法互补的思想也是"典型的"，"非常明确的"。宋明理学家伸张的"王道之三纲"其实源自法家的申韩之术。黄宗羲的思想中也有法家的影子。再一方面，李锦全清理了儒家重教化与法家重刑罚两者间在国家治理中的必然互补关系。这种互补，既体现为儒法两家的各有针对，也体现为儒法两家相互向对方作思想渗透的思想建构。④ 就李锦全缕析的儒法两家互补关系而论，确实揭示了当时人们所忽略的中国古典思想结构一个重要的思想侧面。

再次，就儒佛关系来讲。人们对于儒佛思想的互补关系结构恐怕是相当重视的。但是，如何分析清楚这一互补结构，则是一个难题。因为人们惯于将这种互补关系归纳为儒家借取佛学的思辨哲学来建立自己的哲学框架。尤其是人们观察宋明理学对于佛教哲学的借取关系的时候，会自然而然地得出这样的结论。"出

---

① 《李锦全自选四集》，第 406 页。
② 除参见同上论文外，并参见同上书，第 408–409 页。
③ 《李锦全自选集》，第 76 页。
④ 参见《李锦全自选集》，第 82–85 页。

入于佛道有年,而归本于儒"是人们形容这个时代主流思想家的思想处境通常给出的结论。但是,要论证儒佛互补,还得有一个相反的论证进路,才能说服人们——来自佛教界的思想家也在借取儒家的思想,这种借取才足以说明儒佛互补。假如这方面找不到证据,就只能证明儒家在以佛补儒而已。这就是个知识问题了。李锦全通过慧能思想的研究,指出了佛学从儒家思想中寻找启示而具有了思想上的切近性的根据。他说:"慧能南宗的禅法,与先秦儒、道两家思想的关系,虽然找不到明显的痕迹,但从思想理路来看,却颇有相近的地方。"[①] 这种相近,既表现为儒的"人皆可以为尧舜"与禅的"众生是佛",也表现为儒的"我欲仁,斯仁至矣"与佛的自行成佛。当然,儒的入世与佛的出世,还是具有根本区别的。

李锦全通过对于儒家与诸家之学知识边界的清理,为儒家思想的知识结构画出了蓝图:这使我们得以清晰地辨认什么是"儒家的",什么是儒家"引进的",什么是儒家"融会的",什么是儒家"创新的"。这比之于将后来的儒家之学笼统称之为融合诸家之学要来得合乎思想史真实得多。

四、儒学与西学

今天的儒家思想研究,不能不处理一个儒学与西学的知识边界问题。之所以儒学与西学的关系成了问题,是由于复杂的原因聚合而成的一股合力导致的。其一,近代以来,儒学日益处于一个西学的价值紧逼与知识建构重塑的状态。不是将西学与"国学"放置在一起,并以西学作为解释"国学"尤其是儒学的坐标,似乎儒学得到理解的可能性就越低。其二,基于儒家价值信念的学人,在表达儒家价值的现代性的时候,也大多援引西学资源来重新"述说"儒学,俾使人们能够在儒学丧失了社会基本制度支持之后理解儒学。其三,人们在儒学与西学的思想互动中,建立起了以儒学命名的现代思想—知识体系。现代新儒学的中西兼容,即以西方的思想架构来重释儒学,但着力宣示儒家价值信念的特点,表明了原汁原味儿的儒学已经不大可能直接显示在我们的日常生活之中了。中西交流的现代思想处境,使得人们很难清理出儒学之为儒学的知识界限了。

李锦全以自己主持现代新儒家重大研究课题为基础,尝试将原始儒家、宋明新儒家(Neo-Confucianists)与现代新儒家(New-Confucianists)的历史线索展示出来,进而将与西学具有强烈知识亲缘关系的现代新儒学与西学的界限划分开来。这是一个将价值信念暂时悬置而对于支持价值信念的知识结构做解析的努

[①] 《李锦全自选集》,第270页。

力。他的长篇论文《现代新儒学思潮的历史评价》①，较好地实现了这一目标。

他明确指出："现代新儒学思潮是历史和时代的产物。它因中国近代西风东渐和'五四'新文化运动而产生，并随着社会形势的变化而发展。"② 这就首先点出了现代新儒学是在中西思想的边沿上展开思想运作与知识建构的特质。为此，他考察了现代新儒学的思想与知识进程。在论述他认定的现代新儒学开端者梁漱溟的思想时，他刻画了这一思想建构的知识特征："现代新儒学是现代史上中西文化冲突的反映，它面对传统、西学和现实，是想往前走，跨入现代化的行列。"③ 这正是梁漱溟指出民主与科学这两个为儒家所缺乏的基本理念"完全是对的，只能无批评无条件的承认"，之后才展开为儒家辩护的运思的原因。当然，李锦全看出了现代新儒家实际上是一种宣示价值信念的思想建构，梁漱溟宣称的将中西方人士引导到"至美至好的孔子路上来"就典型地代表了这一点。梁氏颇带主观色彩建立的三个路向说，也不过是对这一信念的知识铺张而已。所谓向前索取的西方文化向后反观的印度文化与持中调和的中国文化，乃是一种为了支持梁氏的儒家信念的知识营造。现代新儒家确实保持着一种传统儒家鲜明表现着的知识服从于价值的思想传统。

在李锦全缕析现代新儒家的思想旅程的时候，他进一步揭示了现代新儒家的知识建构特点。这一特点简单地讲，就是要在儒家价值信念的基础上，为儒家重建起一套适应现代社会需求的知识架构。熊十力显示其新儒家特色的著作《新唯识论》，既将思孟陆王一系的内圣之学发挥到极致，以至建立起"严密而宏伟的哲学巨构"（徐复观语），又将儒家的外王学与西学比附，阐释出一套现代社会政治论说。"先生之学，盖以易经有科学，春秋有民主，周礼有社会主义。"（胡秋原语）④ 如果说前者是宣泄价值理念，后者就是铺垫知识基础。现代新儒家之"以老内圣开出新外王"的思想路径就在这种知识比较的进路中凸显而出。后来贺麟撰写的《儒家思想的新开展》尝试建立融合新黑格尔主义与陆王心学的"新心学"，也沿循着将西学与儒学作交融观的知识路径。冯友兰著《新理学》《新事论》《新世训》《新原人》《新原道》《新知言》"贞元六书"，走的也是以新实在论的逻辑方法整理中国传统哲学的路子，他力图将新实在论与程朱理学融合起来，建构新的形而上学体系。这一方法自觉，冯友兰在《新原道》中有直白的陈述。⑤ 简单地归纳为一句话，就是冯友兰讲的："若把中国近50年底活

---

① 参见李锦全《人文精神的承传与重建》所收该文。
② 《人文精神的承传与重建》，第113页。
③ 《人文精神的承传与重建》，第115页。
④ 转引自李锦全《人文精神的承传与重建》，第120－121页。
⑤ 参见冯友兰《新原道》，载《三松堂全集》第5卷，河南人民出版社2001年版。

动,作一整个看,则在道德方面是继往,在知识、技术、工业方面是开来。"①至于 20 世纪八九十年代在中国大陆影响颇大的港台海外新儒家的思想,在知识建构的路径上,大致不出这一范围。

李锦全通过分析现代新儒家的价值宣示与知识建构的分置,将现代新儒家的价值与知识切分状态揭示而出。其实,现代"新"儒家不过是将西方现代哲学的概念、判断与推理作为重新解释儒家价值理念的框架,而将儒家传统的基本价值信念作为自己价值选择的基本依托而已。在这里,作为一种现代的知识建构进路,是具有某种合理性的。但是,这种知识建构进路,并不见得就能够达到现代新儒家的思想努力目标——老内圣毕竟难于开出新外王。所以,李锦全对于"返本开新"是质疑的,对于"儒家资本主义社会"是批评的。毕竟价值立场与知识建构不是一个简单的接通关系,它们具有某种复杂微妙的交错结构,需要人们关注其中的巨大张力。

五、儒学:在传统与现代的边际上

儒学生成于中国古典社会,这是研究儒学和伸张儒教者的共同看法。但是,社会的变迁与儒学的变迁有一个复杂互动的关系。一方面,中国古代社会自身的变迁,对于儒学或儒教的复杂影响,应当从历史的视角加以认知。另一方面,中国社会从传统到现代的结构转型,对于儒家思想适应还是不适应现代变化,具有更为微妙的影响,儒家思想与社会的互动,也就具有了更为复杂的蕴涵。儒学与社会,这是一个可以切分为两个方面进行分析的问题。

从前一个方面分析,中国传统社会的流变是影响儒家之学的一个最为令人关注的方面。因为儒家之学与中国古典社会相伴始终。它既是这个社会的产物,又以它的精神建构雕刻着中国古典社会的画面。从前一个剖面看,李锦全指出,中国传统社会的政治组织、经济结构、宗法血缘关系对于儒家的形成具有直接的影响。儒家"仁"的基本理念,"礼"的基本社会建制,就典型地代表了这种影响甚至制约关系。关于这一点,学术界没有太大分歧。就后一个剖面看,儒家思想的演变既体现了它对于中国古典社会的顺应性,也体现出它对于中国古典社会具有的导向性。从两个视角对看过去,人们审视儒家思想的时候,就很容易将儒家的价值信念与儒家知识建构混淆起来,将中国社会与儒家思想加以统合。这就是为什么人们将古典中国称之为"儒教中国"的原因。其实,审视整个被李锦全称为的儒家思想哲理化的思想史进程,我们可以看出,"儒家思想的哲理化,是要有一个提高的过程",起码在宋明理学之前,儒家"对世界本原、发展观、

---

① 《三松堂全集》第 4 卷,第 332 页。

认识论等方面并无系统论述"①。正是从先秦原始儒学到两汉儒学、再到魏晋玄学、唐代三教互动、宋明理学，逐渐与中国社会的变化相伴随、相变化、相顺应、相创制，才使得儒学将自己早期的价值宣泄转变为渐显精致的知识体系。儒学正是在道统、政统与学统的交互汇流中，逐渐寻找到自己论证价值信念的古典知识进路的。

从后一个方面，即从儒学与中国现代社会变迁的关系上来看，儒学之价值选择与知识结构（论证方式）与现代社会的急遽转型具有的复杂内涵，是一个令人困惑而又不得不努力求解的问题。人们需要解释，儒学究竟能否适应甚至推进中国的现代转轨。在这个问题上，具有两种鲜明对峙的观点：一者是现代新儒学的观点，一者是反传统派的观点。前者认为只有以"老内圣开出新外王"的方式处理儒家思想遗产，才能发挥儒家的现代价值。后者则认为必须彻底反对儒家为代表的古典传统，全盘西化，认定儒家思想与现代社会格格不入。李锦全对于两种观点均不赞同。他认为，有必要将儒家思想在现代背景下加以有效切割。以他独创的"儒家思想的矛盾两重性"为方法论指引，他认为就儒家思想之作为中国传统社会产物的角度讲，儒家思想在"外王"方面确实具有不适应现代社会需求的方面。但是就儒家思想之作为开放的思想进程而言，"内圣"方面的作为还是必须加以重视的。②

可以说，儒学与社会的关系问题，是一个关乎儒学之作为价值选择与作为知识结构是否能够分别作用于社会的问题。仅仅着眼于前者，将只能重建儒学的价值信念系统，使现代儒学追求一种信仰的认同状态。仅仅着眼于后者，又只能将儒学打入一个满足人们求新索异的求知死角。可见，兼综二者对于儒学的价值重建与知识重建具有同等重要的作用。李锦全努力将切割二者的致思转换为一个相互关联的"矛盾二重性"建构，将两者作关联的安顿。问题只是，"儒学中的民主性精华和优良传统"，与儒学中的"伪君子""假道学"如何可以可靠地区分呢？李锦全提出了这一难题，并尝试加以分析，但他终究将这一问题作为"一个有待探索的问题"处理。当然这既显示了他的慎重，也显示了他对于这一兼具价值与知识意涵问题的困窘。

我们今天关注儒学、关注儒教，所申述的意见、所做出的论证，差异是显见的。但是，不管研究者的具体主张与论证进路有什么不同，对于各家、各派、各学者来讲，其实都内在地预设了一个前提，那就是儒教、儒学的现代命运与时代前途问题。对于这个问题的回答，构成了辨析儒家之学与社会关系之外的又一个复杂问题——儒家之学自身的传统与变革，以及儒家之学的传统与中国社会变革

---

① 参见李锦全《人文精神的承传与重建》所收《儒家思想哲理化的历史进程》一文。
② 参见李锦全《李锦全自选三集》所收《儒学传统能否适应现代化》，中国文联出版社2001年版。

之间的交错关系结构。李锦全的思考具有启发性是显而易见的。

六、前提清理：一个简短的结语

廓清儒学研究的知识边界，需要预设两个前提。一个前提可以被认为是思想前提，这一前提要求研究者将理性与情感、价值与事实、正当化与操作方式分割开来。另一个前提可以被称为历史前提，这一前提要求研究者将思想史的研究与当下社会时弊的诊断加以区分。但是，需要指出的是，这虽然是理性地研究儒家之学的前提条件，却是一个后置的前提。之所以说它是后置的前提，是因为不经过一个艰难的研究过程，这两个前提是浮现不出来的。在某种意义上，李锦全的儒学研究再次印证了这一点。

从近代以来，所有致力于研究儒家思想的思想家与学者都在艰难地处理这两个后置的前提问题。在基于儒家价值立场的思想家的价值申述里，我们发现了他们试图将儒家价值与儒家知识分别处理的意图。但是，这一处理是不太成功的。现代新儒家在"内圣"与"外王"间的踌躇，就很好地显现了从价值进入知识，即从儒家价值的优先建立深入到以西学体系重建儒家知识体系的进路，有一个进路不畅的感觉。所以，无论是擅长内圣学的牟宗三，还是擅长外王学的徐复观，都无法令人信服地给出真正支持中国实在的现代化进程的"儒学"理论。而另一方面，所谓全盘反传统主义（尽管这一命名还需要论证），更是无法回答如何在一个将传统清理干净了的文化地盘上，将西方原生的"现代"横移到中国的社会土壤之中的问题。人们身处在这种困境中的时候，就促使人们先行将儒学的价值问题与儒学的知识加以清晰的检点，然后再去回答它的现代功用问题。不经过这样的研究体验，也许就还会处于一个左（反对传统）右（捍卫传统）不是的研究境况之中。前者会陷入"传统道德决定论"的困境，[①] 后者会陷入传统问题虚无论的僵局。抑或，我们还是先放下价值优先的立场，将儒家思想的知识边界刻画出来，搞清楚儒家究竟说了什么之后，再去追索儒家的价值问题？或者恰恰应当取相反的进路？这就是一个超出了对儒家思想作知识学处理范围的问题了。这方面获得的认同应该远远低于对儒家知识体系的描述的认同。我们从李锦全的儒学知识清理中，也许能够获得某种启发吧？！

（原载《学术研究》2006 年第 9 期）

---

① 参见李锦全《李锦全自选三集》所收《从社会向近现代转型中看儒家思想的适应性》一文。

道家思想在传统文化中的历史地位

中国是个文明古国,传统文化源远流长。其中道家(道教)文化占有什么样的历史地位,是一个值得研究的课题。本文谈点粗浅的意见,以供讨论。

一

中国传统文化(主要指精神文化)有个特点,就是往往与政治哲学和道德伦理思想紧密相连。我国是个东方大国,在很早以前,我们中华民族的祖先,就劳动、生息、繁殖在这块广大的土地之上,并创造出光辉灿烂的古代文化。

我国远古的文化,虽然也是经历过多源发生和多维发展,但随着各部族之间的逐渐融合,原来各区域性的文化在形成各思想流派时,既保持了自己的特色,又在彼此的渗透中出现相互包容的现象。如春秋战国时期,即已形成诸子并起、百家争鸣的局面。但汉代的司马谈在评论各家思想时,却引用了《易大传》的话:"天下一致而百虑,同归而殊塗。"并说:"夫阴阳、儒、墨、名、法、道德,此务为治者也"[1]。即是从"务为治"的角度,将先秦六大家思想,做出了"殊途同归"的概括。

司马谈这里说的道德就是道家,虽然他也讲到汉初黄老学说的一些内容,但先秦道家的基本精神还是阐发得比较清楚的:

> 道家无为,又曰无不为,其实易行,其辞难知。其术以虚无为本,以因循为用。无成势,无常形,故能究万物之情。不为物先,不为物后,故能为万物主。有法无法,因时为业;有度无度,因物与合,故曰圣人不朽,时变是守。虚者,道之常也;因者,君之纲也。群臣并至,使各自明也。……贤不肖自分,白黑乃形,在所欲用耳,何事不成?乃合大道,混混冥冥,光耀天下,复反无名。

司马谈这段议论,亦是从"务为治"的角度讲的,却也符合道家老子讲治国的旨意。老子主张"以正治国,以奇用兵,以无事取天下"。又说"我无为而民自化,我好静而民自正,我无事而民自富,我无欲而民自朴"[2],这就是所谓

---

[1] 《论六家要旨》。
[2] 《老子》第五十七章。

"道常无为而无不为。侯王若能守之,万物将自化"①的治国之术。

春秋战国是个动乱时期,从社会变革的角度来看似乎是难以避免的,但战争总会影响生产、生活甚至人们生命的安全,因而老子表示反对。他认为"以道佐人主者,不以兵强天下"。还说"师之所处,荆棘生焉。大军之后,必有凶年"②。"兵者不祥之器,非君子之器"。"夫乐杀人者,则不可得志于天下矣"③。这种论调和后来儒家孟子说,"争地以战,杀人盈野;争城以战,杀人盈城","故善战者服上刑"④,其反战态度可谓如出一辙。还有墨子讲的"非攻",都属同一类型的思想。

但是老子在如何安定社会的问题上,却并非同意儒、墨两家的主张。如儒家讲礼治,他却说:"夫礼也,忠信之薄,而乱之首。"⑤墨家讲"尚贤",他又说:"不尚贤,使民不争"⑥。争与乱固然会影响社会的安定,但他却把根源归咎于人类文明的进步和物质欲望的提高。如说:"民多利器,国家兹昏;人多技巧,奇物滋起。"⑦并进一步提出"罪莫大于多欲,祸莫大于不知足"⑧,从而发出"多藏必厚亡"的警告。如果作为抨击统治者的贪欲来说,这样警告是对的,他指斥那些"服文采,带利剑,厌(饱)饮食,财货有余"的人,"是谓盗夸。非道也哉!"⑨即认为这些强盗头子,当然算不上是有道之士。这对于那些贪欲的统治者表现出异常激愤。

但是老子反对统治者的贪欲,却走向另一极端。他以"不见可欲,使民心不乱"为理由,认为"圣人之治",要"常使民无知无欲"⑩。这就把社会的纷争变乱,从谴责那些荒淫逸乐的统治层,转而否定普通人民在日常生活中应有的物质欲望,甚至归咎于人类智识文明的进化。他公然提出"民之难治,以其智多。故以智治国,国之贼;不以智治国,国之福"。并从而主张"古之善为道者,非以明民,将以愚之"⑪。这就有点类似愚民政策,从而使老子批判社会现实的积极意义走向反面。

沿着这条思路,老子向往一个称之为"小国寡民"的理想社会,且看他具体描述:

---

① 《老子》第三十七章。
② 《老子》第三十章。
③ 《老子》第三十一章。
④ 《孟子·离娄上》。
⑤ 《老子》第三十八章。
⑥ 《老子》第三章。
⑦ 《老子》第五十七章。
⑧ 《老子》第四十六章。
⑨ 《老子》第五十三章。
⑩ 《老子》第三章。
⑪ 《老子》第六十五章。

> 小国寡民,使民有什佰之器而不用,使民重死而不远徙。虽有舟舆,无所乘之;虽有甲兵,无所陈之。使民复结绳而用之。甘其食,美其服,安其居,乐其俗。邻国相望,鸡犬之声相闻,民至老死,不相往来。(《老子》八十章)

老子这种桃花源式的理想社会,可能是对统治者横征暴敛表示不满的一种反映。所谓觅得桃源好避秦,后世不满现实的人也许从中找到一种精神寄托,如陶渊明等就向往隐居避世的理想国,但从历史发展的角度看,这无非是落后闭塞的农村公社的缩影,是属于复古倒退的思想。

庄子基本上是沿着老子的思路,对现实统治者进行猛烈的抨击。老子是反对仁义的,他说"大道废,有仁义"①。并主张"绝仁弃义"②。庄子则进一步指出:"仁义"是可以被统治者野心家所利用的。比如说:"为之仁义以矫之,则并与仁义而窃之。何以知其然邪?彼窃钩者诛,窃国者为诸侯,诸侯之门而仁义存焉,则是非窃仁义圣知邪?"③他指出在现实社会中,"窃钩"的人不过是个小偷,却被判成死罪;而抢夺了整个国家的大盗,反而登上诸侯高位。那些统治者就是拿仁义作标榜,这岂非仁义圣知都被偷盗了吗?庄子这里揭露出仁义的虚伪性是相当深刻的,但他对人类运用智慧所缔造的文明也连带否定,和老子一样也是犯了因噎废食的错误。

庄子既不满于现实社会,那么对人类文明发展的前景,他也主张复古倒退,并且比老子走得更远,下面是他对理想社会的描述:

> 夫至德之世,同与禽兽居,族与万物并,恶乎知君子小人哉?同乎无知,其德不离;同乎无欲,是谓朴素;朴素而民性得矣。④

老子的理想社会只是"小国寡民",而庄子向往的"至德之世",却是个人兽不分并表现为无知、无欲的混沌世界。这就是先秦道家老、庄政治哲学的思想归结。

二

先秦道家一般是以老、庄为代表,如上所述,他们是当时现实政治的反对

---

① 《老子》第十八章。
② 《老子》第十九章。
③ 《庄子·胠箧》。
④ 《庄子·马蹄》。

派。但采取的态度,不是积极斗争而是消极避世,以下两段记载,可见其立身处世之道:

> 老子修道德,其学以自隐无名为务。居周久之,见周之衰,乃遂去。至关,关令尹喜曰:"子将隐矣,强为我著书"。于是老子乃著书上下篇,言道德之意五千余言而去,莫知其所终。(《史记·老子韩非列传》)

> 楚威王闻庄周贤,使使厚币迎之,许以为相。庄周笑谓楚使者曰:"千金,重利;卿相,尊位也。子独不见郊祭之牺牛乎?养食之数岁,衣以文秀,以入大庙。当是之时,虽欲为孤豚,岂可得乎?子亟去,无污我。我宁游戏污渎之中自快,无为有国者所羁,终身不仕,以快吾志焉"。(《史记·老子韩非列传》)

这里对老、庄形象的描述角度稍有不同。对老子着重说明他是个"隐君子",而出关后又是个"莫知所终"的神秘人物。对庄子则通过拒绝接受楚威王聘他为卿相的事例,表明他不为富贵所动而不与当政者合作的态度。

在春秋战国的动乱时期,作为隐者一类人物,在古籍中就时有记载。《论语》一书中见到的名字,就有长沮、桀溺、石门晨门、荷蒉者、荷蓧丈人、楚狂接舆等,孔子亦曾称之为"隐者也"。他们大概不满意像孔子那样,到处栖栖惶惶去找寻用世的顾主,所以桀溺就对子路说:"滔滔者天下皆是也,而谁与易之?而与其从辟人之士也,岂若从辟世之士哉?"他指出像滔滔洪水那样的纷乱社会,有谁能够改变呢?与其到处奔走想躲开坏人,何不干脆做个避世之士呢?当子路转告这番话时,孔子听后却怅然如有所失。

至于荷蓧丈并不是个名字,只是子路遇见的一位用木杖挑着锄草工具的老人,他认为孔子是不事生产的游说之士,所以说"四体不勤,五谷不分"的人怎样能算作老师呢?但子路却认为"不仕无义",不出来做官是不义的行为。而这些隐者则是"欲洁其身而乱大伦",只想图自身的高洁,而实际上是在破坏君臣之间伦常关系。还有个楚国的狂人叫接舆的,在孔子的车旁唱歌,最后一句说"今之从政者殆而"。这些隐者或被称为狂人的观点,都是反对出仕从政而主张避世的,所以都在讽刺孔子,与儒家主张用世的态度是两种不同人生观的体现。①

道家的老、庄及其隐居避世的同道们,在中国传统文化中,是否会构成一条作为现实政治反对派的异端思想路线?这是一个值得研究的问题。从历史现象来看,似乎是有一条若断若续的轨迹,却也总是时隐时现。

作为现实政治反对派的异端思想,大抵多出现在社会矛盾比较尖锐的时期,并表现为敢于对儒家思想进行挑战。如魏晋时期玄学盛行,《老》《庄》成为主

---

① 上两段的引文见《论语·微子》。

要经典。但亦非凡遵奉老、庄的都走向异端，如开创"正始玄风"的何晏、王弼就不是这样。当时真正作为现实政治反对派的异端人物，应以嵇康、鲍敬言为代表。

嵇康（233—262年），生活在魏、晋之际，是司马氏政权的反对派。史称他"学不师受，博览无不该通，长好老庄"①。他也自称是"托好老庄，贱物贵身，志在守朴，养素全真"②。可见老庄是他思想渊源所在。他虽然表示"愿守陋巷，教养子孙"，"浊酒一杯，弹琴一曲，志愿毕矣！"③ 即并不要求仕进。但由于他对儒家名教的猛烈抨击，"以六经为芜秽，以仁义为臭腐"④。还声称要"轻贱唐虞而笑大禹"⑤，"非汤武而薄周孔"⑥。他这种露骨的表示异端的态度，当然为封建专制统治者所不容。于是钟会向司马氏告发他"言论放荡，非毁典谟，帝王者所不宜容"⑦；"轻时傲世，不为物用，物盖于今，有败于俗，……今不诛康，无以清洁王道"⑧。而嵇康的异端性格，终于成为司马氏用以清洁王道的牺牲品。

鲍敬言（约278—341年），两晋之际人，生平事迹已无可考。他的言论被收入葛洪写的《抱朴子外篇·诘鲍》中。葛洪不同意他的观点，他是沿着老、庄的思路，坚持无君论，并对现实的封建统治者进行激烈的批判，对儒家的君权神授说也进行了揭露：

> 鲍生敬言，好老庄之书，治剧辩之言，以为古者无君，胜于今世。故其著论云：儒者曰："天生丞民而树之君。"岂其皇天谆谆言，亦将欲之者为辞哉！夫强者凌弱，则弱者服之矣；智者诈愚，则愚者事之矣。服之，故君臣之道起焉；事之，故力寡之民制焉。然则隶属役御，由乎争强弱而校愚智，彼苍天果无事也。

葛洪这里说得比较清楚，鲍敬言的思想渊源于老庄，他用道家天道自然的观点，批判儒家的君权神授学说。他认为君主的产生，是强凌弱、智欺愚的结果，完全是社会上人为造成的，与苍天毫无关系。

据此，鲍敬言对现实的君主制度加以猛烈的抨击。他以桀、纣为例，干的是"剖人心，破人胫"的勾当，如果他们是个"匹夫"平民，即使生性凶残，也无法施行。而"使彼肆酷恣欲，屠割天下"，就因为是个君主，才得任意放纵自己

---

① 《晋书·嵇康传》。
② 《幽愤诗》。
③ 《与山巨源绝交书》。
④ 《难自然好学论》。
⑤ 《卜疑》。
⑥ 《与山巨源绝交书》。
⑦ 《晋书·嵇康传》。
⑧ 《世说新语·雅量》注引《文士传》。

的行为。他还进而指出"无道之君,无世不有,肆其虐乱,天下无邦,忠良见害于内,黎民暴骨于外",这完全是君主带来的祸害。

但是,鲍敬言并不懂得,君主制度的出现在社会发展史上一般是难以避免的,他却发挥老庄的观点,想将历史倒流,形成他的理想国:

> 曩古之世,无君无臣,穿井而饮,耕田而食,日出而作,日入而息,泛然不系,恢尔自得,不竞不营,无荣无辱。……势利不萌,祸乱不作,干戈不用,城池不设。万物玄同,相忘于道。……含铺而熙,鼓腹而游。……安得聚敛以夺民财,安得严刑以为坑穽?①

这是老子小国寡民社会的具体发挥,也是继承老庄作为现实政治反对派的思想体现。

鲍敬言之后,向往道家的无君世界的,宋元之际还有邓牧(1247—1306年)。他的事迹在《洞霄图志》中有篇《邓文行先生传》,说他少年时"读庄列","及壮,视名利薄之;遍游方外,历览名山"。他自称"三教外人",思想上是追慕老、庄的避世之士。所著书名《伯牙琴》,意谓难以找到当世的知音者。

邓牧也是强烈抨击君主制度,他认为这是"以四海之广,足一夫之用"。而为君者却"夺人之所好,聚人之所争"②。所任用的官吏掠夺人民,就像"率虎狼牧羊豕","使天下敢怨而不敢言,敢怒而不敢诛"③。在这种情况下,他认为人民起来斗争是必然的,"人之乱也,由夺其食;人之危也,由竭其力"④,这种思想无疑是现实政治的反对派了。

不过邓牧虽然反对现实君主,但对尧舜还是有所肯定的。他所谓"至德之世","饭粝粱,啜藜藿";"土阶三尺,茅茨不剪"⑤,指的就是传统中的尧舜时代。可是在邓牧的思想中,这并非最理想的。他说:"得才且贤者用之,若犹未也;废有司,去县令,听天下自为治乱安危,不犹愈乎!"⑥他更向往的是无君无臣的世界。甚至他还幻想"六骸耳目,非吾有也",至于高名厚利,就更加不存在了,这样所想到的就是"欲骑长鲸,跨黄鹤,与赤松、青琴辈相与恣睢遥荡于无何有之乡也"⑦。这种幻想与庄生逍遥游和列子御风行就无大区别了。

立足于隐居避世,成为现实政治的反对派,这反映道家文化的一个侧面,在

---

① 《抱朴子·外篇·诘鲍》。
② 《伯牙琴·君道》。
③ 《伯牙琴·吏道》。
④ 《伯牙琴·吏道》。
⑤ 《伯牙琴·君道》。
⑥ 《伯牙琴·吏道》。
⑦ 《伯牙琴·代问道书》。

传统文化中，处在"异端"地位。

三

但是如果道家文化在中国历史上只是扮演"异端"的角色，那么司马谈何以列入"务为治者"中的一派？其实老子并非完全不讲治道，他只是说"为无为，则无不治"（三章）。这就是一般说的，道家讲无为而治。

从老子所讲的无为而治来看，固然可以导引出无君论，成为现实政治的反对派，并成为隐居避世之士的理论依据。但是无为而治，亦不是不能为现实政治服务的，同样也可以为统治者出谋献策。所谓"清虚以自守，卑弱以自持，此君人南面之术也"①。

关于老子的治国方术，与先秦各家也有相通之处。如孔子对无为而治也是肯定的。他曾称赞说："无为而治者，其舜也与！夫何为哉，恭己正南面而已矣。"②对道家的避世思想，孔子亦非全都否定，他主张"天下有道则见，无道则隐"③，又说："隐居以求其志，行义以达其道。吾闻其语矣，未见其人也"④。孔子是以邦有道无道，作为应否出仕的标准，并仰慕隐居以求志、行义以达道的人，出处之间虽与道家有别，但也并非毫无共同之点。

孔子之后，荀况和他的学生韩非，虽分属儒、法两家，但都受到道家无为治道的影响。如荀况论君道就说："故天子不视而见，不听而聪，不虑而知，不动而功，块然独坐而天下从之如一体，如四肢之从心，夫是之谓大形。"⑤韩非也说："人主之道，静退以为宝，不自操事而知拙与巧，不自计虑而知福与咎"，"臣有其劳，君有其成功，此之谓贤主之经也"⑥。作为韩非思想先驱之一的前期法家申不害，更是明确主张"善为主者"要"藏于无事"，"视（示）天下无为，是以近者亲之，远者怀之"⑦。荀、韩等人都主张君道无为而臣道有为，所以韩非举例说："此尧之所以南面而守名，舜之所以北面而效功也"⑧。

关于均平思想，老子曾提出说："天之道，损有余而补不足。人之道则不然，损不足以奉有余。孰能以有余奉天下？唯有道者。"⑨孔子则说："有国有家者，

---

① 《汉书·艺文志》。
② 《论语·卫灵公》。
③ 《论语·泰伯》。
④ 《论语·季氏》。
⑤ 《荀子·君道》。
⑥ 《韩非子·主道》。
⑦ 《申子·大体》。
⑧ 《韩非子·功名》。
⑨ 《老子》第七十七章。

不患寡而患不均，不患贫而患不安，盖均无贫，和无寡，安无倾。"① 这里孔、老都主张均平。墨子也托言天之意，是"欲人之有力相营，有道相教，有财相分也"②。他还说鬼神对人的要求，也是"高爵禄则以让贤也，多财则以分贫也"。如果不是这样做就是"不祥"③。这里所表达的同样是均平思想。

还有提倡节俭的问题，这一点当然墨家最为突出。司马谈说"墨者俭而难遵"，"然其强本节用不可废也"④。孔子也提出要"节用而爱人"⑤。对林放问礼，则说："礼，与其奢也，宁俭"⑥。他还说："麻冕，礼也；今也纯，俭，吾从众。"⑦ 可见孔子是主张节俭，而反对奢侈浪费的，虽然他没有像墨子那样，留下"节用""节葬"等专章议论。至于老子，用词虽很简练，但他却明确将"俭"作为"我有三宝"中的一宝；⑧ 把"去奢"作为圣人的一项重要措施。⑨ 可见提倡节俭，墨、儒、道虽然程度上不尽相同，但总的精神是接近的。

综上所述，先秦老子的思想既有"务为治"的一面，且与各家思想也不无相通之处，这就形成道家思想发展的又一条途径，黄老学派就是这一方面的代表。黄老之学虽是盛行于汉初，但在战国后期如齐国稷下学宫中已出现这种思想，近年在马王堆汉墓出土的《黄老帛书》四篇，是反映这个学派理论的代表作。

《黄老帛书》的特点是发挥以"道"为主而兼采儒、法、墨各家的政治思想。如说：

> 道生法。法者，引得失以绳，而明曲直者也。故执道者生法而弗敢犯也。
>
> 法度者，政之至也。而以法度治者，不可乱也。……精公无私而赏罚信，所以治也。……是非有分，以法断之，虚静谨听，以法为符。
>
> 见知之道，唯虚无有。……故执道之观于天下也，无执也，无处也，无为也，无私也。……公者明，至明者有功。至正者静，至静者圣。无私者智，至智者为天下稽。……故唯执道者能上明于天之反，而中达君臣之半，富密察于万物之所终始，而弗为主，……然后可以为天下正。（《经法》）

---

① 《论语·季氏》。
② 《墨子·天志中》。
③ 《墨子·鲁问》。
④ 《论六家要旨》。
⑤ 《论语·学而》。
⑥ 《论语·八佾》。
⑦ 《论语·子罕》。
⑧ 《老子》第六十七章。
⑨ 《老子》第二十九章。

这里既肯定"法"起到衡量得失、明辨曲直是非的重要作用，行赏罚要以法度为准绳。但与"道"相比，法由道所生，故执道者建立法制时应做到无为、无私，遵循着"至正者静"的原则，才是圣智者之所为，这是道法结合的政治理论，在"道"的最高原则指导下，充分发挥法治的作用。

在治国治民的一些政策措施上，《帛书》亦注意吸收儒、法、墨等各家思想：

顺天者昌，逆天者亡。毋逆天道，则不失所守。……天德皇皇，非刑不行；穆穆天刑，非德必倾。刑德相养，逆顺若成。刑晦而德明，刑阴而德阳，刑微而德彰。……夫并时以养民功，先德后刑，顺于天。（《十大经》）

人之本在地，地之本在宜，宜之生在时，时之用在民，民之用在力，力之用在节。知地宜，须时而树，节民力以使财生，赋敛有度则民富。（《经法》）

节赋俭，毋夺民时，治之安。……号令合于民心，则民听令。兼爱无私，则民亲上。（《经法》）

这里对德刑关系，提出刑德相养、先德后刑的两手政策，正是儒法两家思想结合的产物。至于省民力、节赋敛、毋夺民时、兼爱无私等一些措施，则为儒墨两家所主张。其中也讲到顺逆天道阴阳等问题。司马谈在《论六家要旨》中，说道家"其为术也，因阴阳之大顺，采儒墨之善，撮名法之要"。他所指的应是黄老道家，这是带有调和综合各家之长的意味，而原来老子抨击儒、墨、法各家的思想言论，到此却显得淡化了。

不过黄老之道尽管吸取了儒法墨等名家之长，但思想基调还是属于道家。如同是主张统一天下，韩非是讲"当今争于力气"，而《帛书》却依然用"知雄守雌""柔弱胜刚强"作为战略上的指导思想。

秦始皇的统一中断了战国末年黄老道家思想的发展，但秦王朝的速亡，使汉初统治者不能不接受这方面的教训。如陆贾警告刘邦不能以马上治天下，要"文武并用"才能长治久安。其实在《帛书》中已有"文武并行，则天下从矣"① 的提法。陆贾还说："道莫大于无为"。他以"虞舜治天下"为例，"寂若无治国之意，漠若无忧民之心，然天下治"，"故无为者，乃有为者也"。② 这里陆贾的治国药方，仍然是道家黄老之术。

汉初将道家无为政治付诸实践的应推曹参。汉惠帝时，"参为齐丞相"，他遵从盖公的建议，"用黄老术"，"相齐九年，齐国安集"。司马迁称赞他"清静

---

① 《黄老帛书·经法》。
② 《新语·无为》。

极言合道"。认为"百姓离秦之酷后,参与休息无为,故天下俱称其美矣"①。曹参后为汉相,史称惠帝、高后之时"君臣俱欲休息乎无为","政不出房户,天下晏然。刑罚罕用,罪人是希,民务稼穑,衣食滋殖。"② 这就说明黄老之道在政治实践上取得很好的社会效果。

汉初以后,历史上公开提黄老之治的不多见了。但道家的无为而治实质上是与民休息,特别是在动乱之后的新建王朝,不能不以此作为恢复生产甚至长治久安的重要国策。这对黄老之学可以说是师其意不师其辞。从而道家的统治方术,在我国传统文化中,形成一条博采众长而自成体系的思想路线。

综合上面的论述,中国原始道家思想的发展路向,似乎出现了二律背反的现象。即一方面历代不满现实的隐者和避世之士,多从这里找寻理论依据,成为当时现实政治的反对派。他们所从事的文化创造和思想批判,往往与封建正宗相对立而处在异端地位,从而形成我国历史上别树一帜的道家文化传统。但是另一方面道家在诸子中也是属于"务为治"的一派。它可以为统治者出谋献策,并博采众家之长,通过与儒、墨、法等多元互补,从而成为正宗传统文化的理论框架和思维方式的建构者。这就当然属于正统而非异端,亦有称道家思想在中国传统文化中居于主干地位。

上述道家思想发展的两条路向,是否属于康德说的二律背反,即不能解决的矛盾?从表面看来确是南辕北辙,难以调和;但看深一层,出现这种两重性的思想矛盾也是不奇怪的。道家的立论是"道法自然",老子以自然无为之道来贯通天、地、人,将宇宙人生视为一整体。从天道自然引申到政治上的无为而治,而无为又是无不为。这种丰富的辩证思维避免了思想僵化,处理问题可以灵活多变,就像司马谈所评论的那样,可以"与时迁移,应物变化,立俗施事,无所不宜,指约而易操,事少而功多"③。由于对暴君的痛恨,可以发展为无君论思想,并成为隐居避世之士的精神支柱,表现为传统文化中的思想异端。但无为而治也可以发展为虚君制,君道无为而臣道有为,形成比较宽松的政治环境,与民休息和采取不干涉政策,这与无君论思想也不无相通之处。所以"务为治"与"无为而治"和对现实政治的批判,这种矛盾的两重性成为道家思想在传统文化中的独特地位。我们这样分析问题,就是尊重历史的辩证法。

(原载《哲学研究》1990 年第 4 期)

---

① 《史记·曹相国世家》。
② 《史记·吕太后本纪》。
③ 《论六家要旨》。

关于庄子的哲学性质及其评价

怎样评价庄子及其哲学思想,中华人民共和国成立以后曾经过几次讨论,到目前存在着较大的分歧。束景南的《论庄子哲学体系的"骨架"》(载《哲学研究》1979年第11期)、严北溟的《应对庄子重新评价》(载《哲学研究》1980年第1期),对庄子的阶级属性和哲学性质,提出了新的论断,从而把讨论引向了深入。《哲学研究》1980年第8期,特辟"庄子哲学研究"专栏,发表了4篇论文,使讨论得到进一步开展。严北溟又写了《从道家思想演变看庄子哲学》一文(载《社会科学战线》1981年第1期),重申他不同意庄子是没落奴隶主阶级代言人和主观唯心主义者的论断,并认为这关系到如何正确评价古人的一个哲学史方法论问题。

以上文章,除严北溟认为庄子哲学性质基本上是朴素唯物主义外,其余的都认为从总体看,从基本倾向看,还是客观唯心主义。

上述观点,不敢苟同。我认为,庄子的哲学经历过客观唯心主义阶段,但最终却走向了主观唯心主义的归宿。

一

怎样理解"道"这一范畴的实质,这对判断庄子哲学体系的性质是一个关键。"道"是什么东西呢?《大宗师》里有一段完整的表述:

> 夫道有情有信,无为无形;可传而不可受,可得而不可见;自本自根,未有天地,自古以固存;神鬼神帝,生天生地;在太极之先而不为高,在六极之下而不为深,先天地生而不为久,长于上古而不为老。狶韦氏得之,以挈天地;伏羲氏得之,以袭气母;维斗得之,终古不忒;日月得之,终古不息;堪坏得之,以袭昆仑;冯夷得之,以游大川;肩吾得之,以处大山;黄帝得之,以登云天;颛顼得之,以处玄宫;禺强得之,立乎北极;西王母得之,坐乎少广,莫知其始,莫知其终;彭祖得之,上及有虞,下及五伯;傅说得之,以相武丁,奄有天下,乘东维,骑箕尾,而比于列星。

对上面这段话中讲的"道",有的认为是指人们主观意识之外,不受任何力量支配的"宇宙精神",是至高无上的绝对理念,万物的本原,由此可见他的哲学体系属于客观唯心主义。也有的认为,庄子和老子一样,坚持"天道无为而自然"的观点，力图证明人只有顺乎自然，按照"道"的原则办事，才是正确的。美中不足的地方，是对"道"的客观作用作了过分地夸大，存在着某些唯心主义的倾向；但又认为就其整个体系来看并不是这样，庄子所阐明的"道"是无所不在的，特性是不离开物质，是坚持规律的客观性。他绝没有把"道"说成是人心的产物，或看作什么"精神实体"之类的东西，意思是说，庄子的"道"还是属于朴素的唯物主义的范畴。

为什么根据相同的原始资料，对"道"的性质却会得出不同的看法呢？这不能不涉及方法论的问题。有的同志为要把庄子说成是唯物主义者，甚至把"神鬼神帝，生天生地"这样明显的话，也解释为只是夸大形容"道"的不以人的意志为转移的客观作用；不是说"道"派生或创造出天地来，而是说天地也是合乎规律地产生的。并认为这种解释是不拘泥于个别字句，而是全面深入地来理解庄子这些话的真正用意。

根据上面的解释，能不能证明庄子的"道"是物质性的呢？我看不能。因为即使把道解释为客观存在的规律，而又认为它的威力能够支配上帝和鬼神，天地也要按照这个规律来产生，也仍然不能断定它的物质性。这里理由很清楚，因为规律是不能离开事物而独立存在的，我们只能从事物中来找出它的规律，而不能在事物之先已经存在着规律，然后事物合乎这个规律来产生。大家知道，后来宋明理学中有个著名命题："未有这事，先有这理，如未有君臣已先有君臣之理；未有父子已先有父子之理。"① 这个"理"也可以解释为规律，但对这个命题很少有人说是唯物主义的，一般都认为是唯心主义的观点。庄子所描述的"道"，既可以"生天生地"，又是"先天地生"。那么也应该可以说：未有这天地，先有这道，未有天地万物，已先有天地万物之道。这和上述程朱理学的那个命题，又有多少差别呢？

本来庄子就曾经说过："有先天地生者物耶？物物者非物，物出不得先物也。"② 可是有的同志却认为古代哲学家还没有像我们今天所讲的物质概念，凡称"物"都是指有形的具体东西，所以"物物者非物"的意思，是说产生天地万物的，它本身不可能是天地万物。那么"非物"是什么呢？回答是老子说的，"有物混成，先天地生"，即由一种原始混沌状态的气的运动变化而产生天地万物。这个"非物"即气，既不是指某种精神实体或上帝，也不是指"道"。

这样解释我觉得还不能说明问题。老子"有物混成"这段话后面明明说："吾不知其名，字之曰道。"③ 所以即使把"有物混成"解释为原始混沌状态的气，但这个"先天地生"的东西也仍然是道，而不是指气。而且上引《大宗师》

---

① 《朱子语类》卷九十五。
② 《庄子·知北游》。
③ 《老子》第二十五章。

的材料中,也明明说"道"是"先天地生"的,那么这里庄子提出"有先天地生者物耶"的问难。这个"非物"不管是什么东西,它是"道"应该是没有疑问的,关键是这个"道"属于精神还是物质?

可是,要把庄子在《大宗师》上讲述的"道"断定为物质性的东西,上述有些同志提出的论据,并不是那么有说服力的。他们还抓住庄子说"道""在蝼蚁""在稊稗""在瓦甓""在屎溺",是"无所不在"的生动举譬,说在古代哲学家中,再没有人把"道"不离开物质这一特性形容得如此淋漓尽致的了。但我认为,即使庄子极其生动地阐明了道不离开物质的特性,并不等于证明了"道"的物质性。朱熹讲:"未有天地之先,毕竟也只是理,有此理,便有此天地。若无此理,便亦无天地,无人无物,都无该载了。"又说:"然理又非别为一物,即存乎是气之中,无是气,则是理亦无挂搭处。"① 由此可见,朱熹也认为理是不能离开气,即不能离开物质的,不过,不能由此来反证理是属于物质性的。庄子的"道",也可以作如是观。

那么能否说,庄子的"哲学"是属于客观唯心主义的呢?我认为是说对了一半。庄子的"道"本来是客观的,但也很强调得道,人们以"心"来求"道",得道后就可以支配一切,如达到所谓与"道"同体的"真人"和"至人",他们的主观精神,就可以超乎天地万物之上了。显然,庄子由客观唯心主义走向了主观唯心主义。

但是,有的同志却不这样看。他们说:在修养目的与方法上,庄子要求与"道"同体同德,"乘道德以浮游","独与天地精神往来",好像是主观唯心主义的调儿;然而这些提法用我们的话来说,就是要求把主体的我浑融于客体的"道",要求自己的主观认识与客观自然规律相一致,这不正是很唯物的么?又说:"无己"或"无我"思想是庄子哲学的一个重要方面,这说明他同唯我论是对立的。看他描写得道"真人"或"至人"总是那么一类形容语:"古之真人,……入水不濡,入火不热。"②"至人神矣!……乘云气,骑日月,而游乎四海之外,死生无变于己,而况利害之端乎!"③ 这是修养到高度"无己""无我"时的一种精神状态,他的"心斋""坐忘"也只是要求达到这一境界。看起来很有点像主观唯心主义。然而它是通过不执着有自我、有主观来达到的,和那坚执有我,并断言外界一切都不外我的表象或为我所创造的荒谬论调,是全然相反的。

这里也牵涉到方法论的问题,究竟庄子的所谓得道,是要求自己的主观认识与客观自然规律相一致,还是要把自己的主观精神来吞没客观世界的呢?还有他

---

① 《朱子语类》卷一。
② 《庄子·大宗师》。
③ 《庄子·齐物论》。

所谓"无己"或"无我"思想的实质,究竟是同唯我论相对立的,还是把主观精神无限膨胀的唯我论的变种呢?这是不能不辨析清楚的。

要说庄子的"道"是客观自然规律,但庄派的学说认为人得道后就可以"独与天地精神往来","上与造物者游,而下与外死生无终始者为友。"① 客观自然规律怎么能与"天地精神""造物者"相联系在一起呢?就算是寓言式的形象化的比喻吧!也很难说这里谈的是要求自己的主观认识与客观自然规律相一致。因为庄子虽主张所谓任乎自然,但并不是要按照物质世界的自然规律办事。他"以谬悠之说,荒唐之言,无端崖之辞,时恣纵而不傥"。纵谈恣论,肆无忌惮,无所可否,随意所之,这样唯精神是适。另一方面则"以卮言为曼衍,以重言为真,以寓言为广",支曼其词,似是而非,不着边际地用轻蔑讥讽的语调来对待现实世界。他既要唯精神是适而轻蔑现实世界,故"以天下为沈浊,不可以庄语",认为世俗的人,不足与闻于大道;只有像他那样,任意驰骋在主观精神世界中,才可以"独与天地精神往来而不敖倪于万物,不谴是非,以与世俗处"。② 由此可见,庄子所向往的是超脱于物质世界之上的主观精神境界,根本不屑于分别万物的是非,何来要求自己的主观认识与客观自然规律相一致呢?

因此,我认为庄子的所谓得道并非要求自己的主观认识来符合客观规律,而是无限膨胀自己的主观精神来吞没客观世界。如他假设南伯子葵和女偊这一寓言式的问答,说女偊通过修道功夫,以"外天下""外物""外死生",终而进入"无古今"的"不死不生"的境界。③ 这就是说,人只要主观上自以为得道,就可以超脱出天地万物以至古今生死等物质世界和自然规律之上,达到与"道"同体。即是说,"我"就是"道","道"就是"我"。所谓"天地与我并生,万物与我为一。"④ 这里把客体的天地与主体精神的我说成是原则同格的东西。自是客观世界就为主观精神所吞没。所谓"死生亦大矣,而不得与之变;虽天地覆坠,亦将不与之遗"⑤,即不管外部世界怎样天崩地裂,还是己身的死生变化,都不能影响到主观精神的王国。人在"同于大通"之后,就可以"物物而不物于物",并进而"命物之化",能够支配物质世界而不受物质世界的支配,并且可以主宰万物的发展变化。庄子的所谓道本来是客观的东西,但人可以用"心"来求"道",这个"道"就成为人心的产物。人得道后主观精神就可以无限膨胀,能够和"造物者"平起平坐,成为支配天地万物的主宰,这不是归结为主观唯心主义又是什么呢?

---

① 《庄子·天下》。
② 以上引文均见《庄子·天下》篇。
③ 《庄子·大宗师》。
④ 《庄子·齐物论》。
⑤ 《庄子·德充符》。

至于有的同志说庄子有"无己""无我"思想,所以说他同唯我论是对立的,这种见解也是不妥的。"己"或"我"是客观存在,怎样可以从'有'变成"无"呢?这无非是主观精神起作用的心理状态,主观上认为"我"不存在就是"无己""无我"了。庄子搞的所谓"心斋""坐忘"就是这套玩意。这不是主观唯心主义吗?有的同志说:庄子的"坐忘"是要去掉肢体、耳目、心的感觉、视听、思维功能。他们认为这种思想并不是主观唯心主义,因为他并不主张灵魂出窍、精神通天,而是主张把人变成枯木、土块一样毫无生机的自然物。这话初看似有点道理,但是想深一层,一个活生生的人,怎么能够"离形去知,同于大通"①呢?庄子在主观上自以为己身和万物都不存在,这只不过在表面上是无己、无我,实际上却是我的主体精神的极度膨胀,达到了绝对的精神自由。所有外界一切,包括己身的四肢百体、聪明心智,都可以由我的主观来决定他们是存在还是不存在,这不是极端的唯我论又是什么呢?有人说庄子在思想实质上,是以反对主观唯心主义作为一大特征。我们知道,主观唯心主义者讲心外无物,讲存在就是被感知,庄子连人的聪明心智都否定了,确是好像反对主观;但是把一个活生生的人硬要变成像枯木、土块那样的自然物,难道不是我的主观精神在起作用吗?用绝对的精神自由达到死生、物我浑然一体的神秘境界,这就是庄子最终追求的所谓"道",这也是庄子主观唯心主义所表现的特征。

二

下面讨论"气"的属性,"气"与"道"的关系等问题。

有的同志认为,庄子对"气"的某些理解,是他的唯物主义思想的突出部分,跟宋、尹的"气"颇相类似而又克服了宋、尹把"气"伦理化、神秘化的倾向和"道""气"混淆不清的情况。说庄子只从宋、尹那里吸收"气"的唯物主义部分,并进而建立他的自然主义的生死观。后来荀子又从庄子这里吸收"通天下一气耳"的命题,建立了比较彻底的唯物主义体系。在先秦唯物主义"气一元论"的发展中,庄子是一个重要环节。

我的看法,要判断庄子哲学的性质,不能孤立地看他使用"气"这一范畴的属性。因为即使证明"气"基本上是物质实体,他的"通天下一气"的命题,明确肯定了世界是物质性的,也不能因此就说,庄子哲学性质是属于唯物主义。这里的关键是不能孤立地来看"气"的性质,还要看"道"和"气"的关系。看"道"与"气"哪个是第一性,哪个是第二性的。

关于庄子论"气",比较完整的有下面一段话:

---

① 《庄子·大宗师》。

生也死之徒，死也生之始，孰知其纪！人之生，气之聚也；聚则为生，散则为死。若死生为徒，吾又何患！故万物一也，是其所美者为神奇，其所恶者为臭腐；臭腐复化为神奇，神奇复化为臭腐。故曰："通天下一气耳。"圣人故贵一。①

这里把人的生死，说成是气之聚散，并提出"通天下一气"的命题，所以有的同志称之为唯物主义世界观。其实"气"在庄子哲学中并非世界最终的本原（庄子叫作"本根"）。他说：

今彼神明至精，与彼百化，物已死生方圆，莫知其根也，扁然而万物自古以固存。六合为巨，未离其内；秋豪为小，待之成体。天下莫不沈浮，终身不故；阴阳四时运行，各得其序。惛然若亡而存，油然不形而神，万物畜而不知。此之谓本根，可以观于天矣。②

按成玄英疏解，谓"物或生或死，乍方乍圆、变化自然，莫知根绪"。而"二气氤氲，四时运转，春秋寒暑，次叙天然，岂待为之而后行之！"盖"六合虽大，犹居至道之中，豪毛虽小，资道以成体质"。缘以"亭毒群生，畜养万物，而玄功潜被，日用不知，此之真力，是至道一根本也"。这里认为二气万物，六合之大，毫毛之小，都受"道"这一本根所支配。这种解释是符合庄子原意的。在《知北游》中许多谈及"道"的地方，都带有这种含义，如说："天不得不高，地不得不广，日月不得不行，万物不得不昌，此其道与！"可见天地日月万物都要受"道"所支配。如果说"道"仅仅是自然界的规律，但它又是神秘莫测的。所谓"道不可闻，闻而非也；道不可见，见而非也；道不可言，言而非也。知形形之不形乎！道不当名。""视之无形，听之无声，于人之论者，谓之冥冥，所以论道，而非道也。"这个"道"，一方面说非人所能有，"汝身非汝有也，汝何得有夫道"；另一方面又说："若正汝形，一汝视，天和将至；摄汝知，一汝度，神将来舍。德将为汝美，道将为汝居，汝瞳焉如新生之犊而无求其故！"这里并非庄子思想上的矛盾，因为他是主张无己、无我的，从这个角度来说，人是不能有"道"；但反过来，人如能做到形容端雅，视听纯一，收摄私心、专一志度，那么精神就可以回来栖宿，无极大道，就可以住到你的心中，所以"道"最终还是人的主观精神境界，这才是二气万物的本根。

由此可见，庄子的所谓"气"即使是物质性的，但也不是最终的本原，"气"之上还有"道"。"气"是受"道"所支配的。"道"虽然带有规律的意

---

① 《庄子·知北游》。
② 《庄子·知北游》。

思，但它可以先于天地万物而独立存在，并且人通过"心斋""坐忘"，使内心虚寂与道合一。可见这个"道"并不是一般唯物主义者所理解的规律，而是唯心主义者鼓吹的绝对精神。"道"本来是客观的，但"道""我"合为一体时，主观精神就上升为第一性的东西，客观唯心主义也就向主观唯心主义转化。

关于道与气、物的关系，庄子在《知北游》中做了阐述，他说："人之生，气之聚也；聚则为生，散则为死。"这段话也可以说成是唯物主义观点。但是，他又塑造出"闻道"之人，并说他可以通过"守道"而做到"外天下""外物""外生""朝彻""见独""无古今"，终而"能入于不死不生"之境。可见，庄子认为人只要发挥主观精神，"闻道""得道"，就可以超于形气之上。因为气有聚散，人有生死，物有成毁，而得道者"彼方且与造物者为人，而游乎天地之一气"，这难道不是灵魂出窍，精神通天吗？庄子所描述的所谓"古之真人"，是"不知说（悦）生，不知恶死"；"不忘其所始，不求其所终"。在《逍遥游》中，还描述了姑射之山的神人，"不食五谷，吸风饮露。乘云气，御飞龙，而游乎四海之外"。这就完全是超出物质世界的神仙世界了。当然，这些所谓得道的真人和神人，在人世间实际上是不存在的，无非是庄子夸大人的主观精神，通过神秘的得道途径，来寻求绝对的精神自由。他们可以超于形气之上，不受时空的限制，实质上成为万物的主宰。有的同志只看到庄子对生死问题采取自然主义的态度，好像生也无所谓，死也不在乎，临终时还拒绝厚葬，并说过："吾以天地为棺椁……万物为赍送"，准备给乌鸢、蝼蚁当点心①的话，就认为庄子具有唯物主义者无所畏惧的精神，将生死置之度外，也就自有一种胸襟开放、忘怀得失的意境。这种看法，我觉得是有点误解。庄子之所以看破生死关，是由于他把人的形体看成是精神上的一种负担，所以生并非什么好事，死也不是什么坏事。所谓"以生为附赘县疣，以死为决疣溃痈，夫若然者，又恶知死生先后之所在！"以庄子看来，只有解脱形骸，混同生死，才能"芒然彷徨乎尘垢之外，逍遥乎无为之业"②，获得精神上的绝对自由。所以庄子的达观，是表现出他是个唯物主义者无所畏惧的精神，还是反映出他是个唯心主义者用主观精神来吞没客观现实的心境？我看还要进行仔细分析，否则那些主张四大皆空，自以为做到看破世情一尘不染的人，不是变成世界上最唯物的么？

三

下面谈谈庄子哲学的性质与其哲学评价的关系。

---

① 《庄子·列御寇》。
② 《庄子·大宗师》。

有的同志认为，庄子大胆揭露社会矛盾和批判现实的精神，在先秦哲学家中，是无与伦比的。他们说，这正是一个唯物主义者道德品质的体现。我认为这里涉及方法论的问题。

其实，在历史上大胆揭露社会矛盾和批判现实的精神与唯物主义者道德品质这两者没有必然的联系。

庄子曾揭露过不少社会现实矛盾，对儒墨等家所宣扬仁义、圣知等一套的欺骗性，也曾做过尖锐的讽刺和大胆的批判。过去我们认为他虽然对当时现实不满，但解决的办法不是把社会推向前进，而是要把社会引向复古倒退，甚至要回到人兽不分的混沌世界，因此说他的思想是反动的。这种看法是片面的，没有看到他的思想对后世的影响也有较为积极的一面。其实，后世不少对社会现实不满，对现存制度提出怀疑和进行批判的思想家和学者的思想受到过庄子的影响。此外，我们过去对庄子的悲观厌世，甚至有点滑头混世的思想，看得过多和过重了一些；而对他不与权贵合作，追求洁身自好的精神生活的积极作用也有点估计不足。因此，近年来对庄子哲学采取了一棍子打死的态度，这当然是不妥的。

但是话说回来，不管给予多高的积极评价，也很难说庄子是一个唯物主义者。不错，庄子所揭露的大量的社会矛盾现象，是社会现实的矛盾在他头脑中的反映。沿着这种认识路线发展下去，本来是可以通向唯物论的反映论的，但是庄子却没有能沿着这条路走下去。当时充分暴露出死生、祸福、得失、荣枯以至是非、善恶等各种矛盾，在庄子的头脑中不是没有反映的。而对待这些矛盾，也理应正视现实，按照事物发展的客观规律办事，去促使其发展和转化。但庄子不仅没有采取这种唯物主义的态度，相反在矛盾面前却出现悲观害怕的心情。例如，他看到"物之生也，若骤若驰，无动而不变，无时而不移"① 时，就伤感了。认为人"一受其成形，不亡以待尽。与物相刃相靡，其行尽如驰，而莫之能止，不亦悲乎！终身役役而不见其成功，苶然疲役而不知其所归，可不哀邪！"②

那么出路何在呢？既然不敢正视现实的矛盾，就只好逃避矛盾，并进而消除和泯灭客观世界所存在的矛盾。于是庄子搬出"道"这个法宝，用相对主义的方法来加以论证。

> 以道观之，物无贵贱；以物观之，自贵而相贱；以俗观之，贵贱不在己。以差观之，因其所大而大之，则万物莫不大；因其所小而小之，则万物莫不小；知天地之为稊米也，知豪末之为丘山也，则差数睹矣。以功观之，因其所有而有之，则万物莫不有；因其所无而无之，则万物莫不无；知东西之相反而不可以相无，则功分定矣。以趣观之，因其所然而然之，则万物莫

---

① 《庄子·秋水》。
② 《庄子·齐物论》。

不然；因其所非而非之，则万物莫不非；知尧桀之自然而相非，则趣操睹矣①

> 物无非彼，物无非是。……是亦彼也，彼亦是也。彼亦一是非，此亦一是非。果且有彼是乎哉？果且无彼是乎哉？彼是莫得其偶，谓之道枢。枢始得其环中，以应无穷。是亦一无穷，非亦一无穷也。故曰莫若以明。②

这里讲的是从本体上的齐万物到认识上的齐是非。有了"道通为一"，"复通为一"③，"得其所一而同焉"④ 这根魔术杖，世界上任何事物的差别和矛盾都不见了。"庸讵知吾所谓知之非不知邪？庸讵知吾所谓不知之非知邪？"⑤ 甚至连知与不知也无法区别了。

庄子揭露了许多社会上的矛盾现象，但他对此不敢正视，更谈不上解决。他认为对矛盾的双方，谁也无法分辨其是非曲直。

> 既使我与若辩矣，若胜我，我不若胜，若果是也，我果非也邪？我胜若，若不吾胜，我果是也，而果非也邪？其或是也，其或非也邪？其俱是也，其俱非也邪？我与若不能相知也，则人固受其黮闇。吾谁使正之？使同乎若者正之？既与若同矣，恶能正之！使同乎我者正之？既同乎我矣，恶能正之！使异乎我与若者正之，既异乎我与若矣，恶能正之？使同乎我与若者正之？既同乎我与若矣，恶能正之！然则我与若与人俱不能相知也，而待彼也邪？"⑥

这里是说，认识真理的标准是没有的；争辩的双方，谁是谁非是不可知的，只有"和之以天倪"，"和之以是非而休乎天钧"⑦，用无彼此、无是非去平息争论。这种办法，他又称之为"两行"，即是任由争论的双方各是其是，各非其非，我只待之以无是非，这就是庄子解决矛盾的态度和方法。

"把相对主义作为认识论的基础，就必须使自己不是陷入绝对怀疑论、不可知论和诡辩，就是陷入主观主义。"⑧ 庄子也确实如此，他从齐万物、齐是非的相对主义发展到最后就是齐物我，其实就是把我的主观精神无限膨胀，以此去消熔客观世界所存在的差别和矛盾。这就是说，人只要自以为得道，与道同体，就

---

① 《庄子·秋水》。
② 《庄子·齐物论》。
③ 《庄子·齐物论》。
④ 《庄子·田子方》。
⑤ 《庄子·齐物论》。
⑥ 《庄子·齐物论》。
⑦ 《庄子·齐物论》。
⑧ 《列宁选集》第二卷，第136页。

可以取得精神上的绝对自由，那么社会上存在的、包括自己遇到的，如死生、祸福、荣枯得失以至是非、善恶、毁誉等等，都算不得什么了，更无须加以计较。"与其誉尧而非桀也，不如两忘而化其道。"① 总之，忘记了人世的一切，就可以进入"道"的自由世界。这样人世间所有矛盾和苦恼，也就消解于无形了。所以庄子解决矛盾的办法，可以称之为主观精神胜利法。

正是因为庄子对社会现实存在的矛盾问题，从相对主义的观点出发，最终采取了唯心主义的解决办法，所以尽管他对统治者的仁、义、礼、法持否定态度，对当时社会的阴暗面进行了大胆的揭露和批判，但对封建统治者不会构成多少威胁，至于庄子出世式的绝对精神自由，统治者还可以加以利用。庄子死后享有南华真人的尊号，也并非偶然。有的同志说，庄子思想长期为那些反对封建礼教"缠缚"而"须觅一个出身处"的知识分子提供了解放思想的有力武器，对这个问题也要做具体分析。庄子思想对那些不满封建礼教的知识分子可以产生一些离心作用，触发一些消极的对抗情绪；但也只能到此为止，如果再沿着庄子的思路走下去，就会从逃避和消除矛盾中来寻求精神上的解脱，陶醉于自我的精神慰藉之中，这样从社会作用来说也就走向反面了。

（原载《哲学研究》1981年第12期）

---

① 《庄子·大宗师》。

老子政治哲学的矛盾两重性与道家思想的历史作用

老子道家思想的两重性作用

关于老子道家思想的政治实质和历史作用，目前国内学术界存在着比较大的分歧。过去一般多认为《老子》一书主要是代表没落贵族的思想。但近年来，也有主张老子思想是作为人民群众主体的广大农民阶级思想的流露，还有把它说成是逃亡奴隶的旗帜。更有甚者，认为《老子》是无产阶级前身的革命文献，将之抬到吓人的高度。

为什么会出现上面说的那些分歧，很重要一点是由于各人取材的角度不同，往往攻其一点，不及其余，终于见仁见智，难以取得一致意见。

我认为问题的关键，是由于没有注意到老子的政治哲学是带有矛盾的两重性。这里先不忙判定老子的阶级属性和政治立场，大概有一点可以肯定，《老子》书中所反映出的思想，对当时社会现状和统治者是不满的，认为不符合天道自然之理。如说："天之道，其犹张弓与！高者抑之，下者举之；有余者损之，不足者补之。天之道，损有余而补不足；人之道则不然，损不足以奉有余。孰能以有余奉天下？唯有道者。"① 当时的社会情况，确是"损不足以奉有余"，老子能敏锐地看到这一点，并主张唯有得"道"之人，才能以有余奉天下，这种思想是可取的。

据此老子还从有道无道作对比，说"天下有道，却走马以粪；天下无道，戎马生于郊"。② 这里用安定生产和战乱频繁做对比，作为有道与无道的分界线。战国时期从社会发展的角度来看，封建兼并战争也许是难以避免的；但战争毕竟有损害人民生命财产的一面，破坏了和平安定的生产环境，从这个意义上来说是"无道"的表现。老子对当时农业生产受到破坏而统治者却忙于搜刮财富也表示强烈不满。并把贪得无厌的统治者，斥之为"盗竽"——强盗头子，态度是非常激愤的。

老子基于对现实的不满，因而对儒、墨、法各家都提出了批评。如说："大

---

① 《老子》第七十七章。
② 《老子》第四十六章。

道废,有仁义。智慧出,有大伪。六亲不和,有孝慈。国家昏乱,有忠臣。"①"故失道而后德,失德而后仁,失仁而后义,失义而后礼。夫礼者,忠信之薄,而乱之首。"② 他的主张是:"绝圣弃智,民利百倍,绝仁弃义,民复孝慈。绝巧弃利,盗贼无有。"③ 老子这些批评主要是针对儒家,他认为仁义礼智,并不能解决社会问题,只有抛弃这些东西,才对民众有利。老子还说:"不尚贤,使民不争;不贵难得之货,使民不为盗;不见可欲,使民心不乱。"④ 这里第一句是针对墨家的。他是想通过消除人民的欲望,来安定民心。对法家严刑峻法的统治,老子也表示反对。如说:"法令滋章,盗贼多有。"(五十七章)"民不畏死,奈何以死惧之。"⑤ 他还同情人民,说"民之饥,以其上食税之多,是以饥。"⑥ 对兼并战争,老子也大加抨击。如说:"以道佐人主者,不以兵强天下。""师之所处,荆棘生焉。大军之后,必有凶年"。⑦ 据此他认为"夫佳兵者,不祥之器,物或恶之,故有道者不处。""兵者不祥之器,非君子之器。"⑧

从上面老子对儒、墨、法各家思想的批评,固然有其正确和中肯的一面。但也暴露出一个问题,老子是反对人类智慧文明的进步和物质欲望的提高的。如说:"民多利器,国家滋昏;人多伎巧,奇物滋起。"⑨ 又说:"五色令人目盲;五音令人耳聋;五味令人口爽;驰骋田猎,令人心发狂;难得之货,令人行妨。"⑩ 老子提出"罪莫大于多欲,祸莫大于不知足"⑪,并发出"多藏必厚亡"的警告。这是可以理解的,特别是统治阶层无限制的纵欲,那是应该反对。但是不能走向另一极端。老子从主张"见素抱朴,少私寡欲"⑫,进而要"常使民无知无欲"⑬。这就使老子批判社会现实的积极意义走向反面。他把社会的纷争变乱从谴责那些荒淫逸乐的统治层,却转而归咎于人类智识文明的进化。他公然提出"民之难治,以其智多。故以智治国,国之贼;不以智治国,国之福"。并从而主张"古之善为道者,非以明民,将以愚之"。⑭ 这就明显提倡愚民政策了。

---

① 《老子》第十八章。
② 《老子》第三十八章。
③ 《老子》第十九章。
④ 《老子》第三章。
⑤ 《老子》第七十四章。
⑥ 《老子》第七十五章。
⑦ 《老子》第三十章。
⑧ 《老子》第三十一章。
⑨ 《老子》第五十七章。
⑩ 《老子》第十二章。
⑪ 《老子》第四十六章。
⑫ 《老子》第十九章。
⑬ 《老子》第三章。
⑭ 《老子》第六十五章。

据此，老子设计出一个"小国寡民"的理想社会："使有什伯之器而不用，使民重死而不远徙。虽有舟舆，无所乘之；虽有甲兵，无所陈之；使民复结绳而用之。甘其食，美其服，安其居，乐其俗。邻国相望，鸡犬之声相闻，民至老死不相往来。"① 其实这种理想的伊甸乐园，无非是落后闭塞的原始农村公社的缩影。老子大概可以算得上是一个社会病理学家，确是看到一些社会病态；但他却不是个好医生，所开的药方不是将社会推向前进，相反却引向倒退。由于老子思想上这些矛盾，因之出现了二重性的社会效果。老子提出天道自然，主张无为而治，这是有与民休息的一面，但又要把人民变成愚昧无知。这种思想矛盾，对后世带来了深远影响。

秦统一前道家思想的变化和发展

战国中后期，老子思想起了分化。庄子对现实不满和进行抨击，态度比老子更加激烈；但他的所谓理想，如付诸社会实践，则更加消极和倒退。

庄子沿着老子的思路，对现实统治者进行猛烈的抨击，进一步把大盗与"圣人之道"联系起来，说"跖不得圣人之道不行"。"圣人生而大盗起。掊击圣人，纵舍盗贼，而天下始治矣。""圣人不死，大盗不止。虽重圣人而治天下，则是重利盗跖也。"② 他认为儒家圣人所讲的"仁义"，是可以被统治者野心家所利用的。所以说："为之仁义以矫之，则并与仁义而窃之。何以知其然耶？彼窃钩者诛，窃国者为诸侯，诸侯之门而仁义存焉，则是非窃仁义圣知耶？"③ 庄子这段话揭露是相当深刻的。"窃钩"不过是个小偷，却受到严刑诛罚；而强抢了整个国家的大盗，反而登上诸侯的高位。那些诸侯就是拿仁义做标榜，这样一来岂非仁义圣知都被偷盗了吗？庄子和老子一样，为要反对圣知仁义，连人类运用智慧技巧所缔造的文明进化，也都给予否定。

那么人类社会的出路何在呢？庄比老却倒退得更远。他说："夫至德之世，同与禽兽居，族与万物并，恶乎知君子小人哉！同乎无知，其德不离；同乎无欲，是谓素朴；素朴而民性得矣。"④ 老子的理想只是"小国寡民"，庄子却要倒退到人兽不分的混沌世界，从历史发展的角度来看是反动的。

老庄的政治哲学，可以说基本上是一脉相承，批判现实之后从消极方面找寻出路，其思想都带有矛盾的二重性。

与庄子一派不同，对老子思想如何适应社会现实的需要来进行改造的，则有

---

① 《老子》第八十章。
② 《庄子·胠箧》。
③ 《庄子·胠箧》。
④ 《庄子·马蹄》。

道家的黄老学派和法家的韩非。

黄老之学虽盛行于汉初,但在战国后期如齐国稷下学宫中已出现这种思想。黄老道家的思想特点,司马谈在《论六家要旨》中,说它是"因阴阳之大顺,采儒墨之善,撮名法之要"。这带有调和综合各家之长的意味,显然与老子抨击儒、墨、法各家的思想有别。

战国末年黄老之学的代表作,应推马王堆汉墓出土的《黄老帛书》四篇,该书发挥以"道"为主兼采儒、法、墨各家的政治思想。如说:"道生法。法者,引得失以绳,而明曲直者也。故执道者生法而弗敢犯也。""故执道者之观于天下也,无执也,无处也,无为也,无私也。""至正者静,至静者圣。无私者智,至知者为天下稽。"① 这里既肯定"法"起到衡量得失、辨明曲直的重要作用。但与"道"相比,法由道所生,故执道者建立法制应做到无为、无私,遵循着"至正者静"的原则,才是圣智之人。这是道法结合的政治理论,在"道"的最高原则指导下,充分发挥法治的作用。对刑德关系,则主张"刑德相养,逆顺若成。刑晦而德明,刑阴而德阳,刑微而德章(彰)"。② 这里所谓"先德后刑""刑德相养"的两手政策,正是儒法两家思想结合的产物。

老子、庄子都主张天道自然,应用到政治上强调无为而治,而《帛书》却描述出专制统一的帝王形象。如说:"为人主,南面而立。臣肃敬,不敢蔽其主。下比顺,不敢蔽其上。万民和辑而乐为其主上用,地广人众兵强,天下无适(敌)。"③ 这里说的就颇有点像"尊主卑臣"的法家腔调了。

不过黄老之道尽管吸取了儒、法、墨等各家之长,但思想基调还是属于道家。如同是主张以武力统一天下,韩非讲"当今争于气力",而《帛书》却依然固守"知雄守雌""柔弱胜刚强"的道家立场,在《十六经·雌雄节》中就全面体现了战略上的指导思想。

战国末年,黄老道家集采了众家之长;而儒、法两家的荀、韩,对道家的精神也有所吸收。如荀子论君道说:"故天子不视而见,不听而聪,不虑而知,不动而功,块然独坐而天下从之如一体,如四肢之从心。夫是之谓大形。"④ 韩非也说:"人主之道,静退以为宝。不自操事而知拙与巧,不自计虑而知福与咎。""明君之道,使智者尽其虑,而君因以断事,故君不穷于智;贤者敕其材,君因而任之,故君不穷于能"。"臣有其劳,君有其成功,此之谓贤主之经也。"⑤ 这里荀、韩的观点基本上一致,认为做君主的要做到"静退",甚至"块然独坐",

---

① 《经法·道法》。
② 《十六经·姓争》。
③ 《经法·六分》。
④ 《荀子·君道》。
⑤ 《韩非子·主道》。

但只能守道任人，就可以做到主逸臣劳，取得成功。这种为君之道，显然是受到道家无为而无不为的人君南面术的影响。

先秦法家多是一些政治实干人物，在理论上很少建树。韩非站在法家立场，对道家的"道"加以利用和改造。如说："道者，万物之所然也，万理之所稽也。""道者，万物之所以成也。""凡道之情，不制不形，柔弱随时，与理相应。万物得之以死，得之以生；万事得之以败，得之以成。"① 这样"道"就成为万事万物所以然的总根据和总规律。韩非发挥老子"道法自然"的思想，为法治找寻必然性的理论根据。所以他又说："以一人力，则后稷不足；随自然，则藏获有余。故曰：'恃万物之自然而不敢为也。'"②

以上表明百家争鸣到战国末年，彼此之间虽有矛盾，但为适应时势的发展，各家思想也有互相渗透的一面。道家思想则出现分化和重新组合，黄老之道能"与时迁移，应时变化"，故"立俗施事，无所不宜，指约而易操，事少而功多"。③ 即能适应现实的需要为统治者服务。这对老、庄思想做了相当大的修正和改造。

黄老"无为而治"与汉家的基本国策

秦始皇的统一中断了战国末年黄老道家思想的发展。秦自商鞅变法以后，虽用人方面有所反复，但用法家思想做指导基本未变。秦始皇对韩非极为钦佩，可是治国之道只是突出尊主卑臣和严刑峻法的一面，而对韩非"刑、德"并用的"二柄"思想并未重视，终于导致陈胜、吴广大起义推翻暴虐的秦王朝。

秦王朝的速亡，使汉初统治者不能不接受和总结这方面的教训。汉高祖刘邦，自称以马上得天下，陆贾即提出警告："居马上得之，宁可以马上治之乎?"他主张"文武并用，长久之术也。"④ 在《黄老帛书》中，已有"审于行文武之道，则天下宾矣。"⑤"文武兼行，则天下从矣"等一类提法，其实就是推行德刑并用的两手政策。陆贾发挥了这种思想，并认为是长治久安之术。陆贾又说："道莫大于无为。"他以"虞舜治天下"为例，"寂若无治国之意，漠若无忧民之心，然天下治"，"故无为者，乃有为者也。"⑥ 可见陆贾在总结秦亡教训中，所开出的治国药方，仍然是道家黄老之术。

---

① 《韩非子·解老》。
② 《韩非子·喻老》。
③ 《论六家要旨》。
④ 《史记·陆贾列传》。
⑤ 《经法·君正》。
⑥ 《新语·无为》。

汉初贾谊也在总结秦所以速亡的原因，是由于"仁心不施而攻守之势异也"①。不过贾谊虽重视仁义，但与道相比还不是本根。他说："道者，德之本也；仁者，德之出也；义者，德之理也"。"物所道始谓之道，所得以生谓之德。德之有也，以道为本，故曰道者德之本也。"② 至于"道"的内涵，他说："道者，所从接物也，其本者谓之虚。"以"虚"接物，就像"镜仪而居，无执不藏，美恶毕至，各得其当；衡虚无私，平静而处，轻重毕悬，各得其所。"贾谊将"道"比作镜鉴、衡秤。所以有道的"明主"就应该要"南面而正，清虚而静，令名自宣，命物自定，如鉴之应，如衡之称。"③ 这与班固对道家的评论："秉要执本，清虚以自守，卑弱以自持，此君人南面之术也。"④ 两者之间的精神基本上是一致的。

陆贾、贾谊虽是汉初有名的政治家，但并未掌握政治实权。当时将道家无为政治付诸实践的应推曹参。汉惠帝时，"参为齐丞相"，他遵照盖公的建议，"用黄老术"，"相齐九年，齐国安集"。司马迁称赞他"清静极言合道"，认为"百姓离秦之酷后，参与休息无为，故天下俱称其美矣。"⑤ 司马迁的评价比较符合实际。司马迁又说到惠帝、高后之时，"君臣俱欲休息乎无为"，所以"政不出房户，天下晏然。刑罚罕用，罪人是希。民务稼穑，衣食滋殖"⑥。这说明黄老之学在政治实践中取得了很好的社会效果。

汉初经过近70年的休养生息，但随之土地兼并日益加剧，社会矛盾和阶级斗争也渐趋激化。在这种情况下，以无为而治做标榜的黄老之学已难以适应形势的需要，而以仁义做标榜的儒学却活跃起来。

汉武帝在我国历史上是一个有作为的皇帝，他好大喜功，固然不会赞成无为而治；但也并不是完全服膺儒家。所以汲黯批评他"内多欲而外施仁义，奈何欲效唐虞之治？""仁义"只是作为门面的装饰品。到汉宣帝才坦率承认，"以霸王道杂之"是汉王朝进行统治的基本国策。这里所谓"霸王道杂"，其实也就是"刑德相养""文武兼行"的两手政策。董仲舒虽号称尊儒，但后世论者也有称之为"儒表法里"或"阳儒阴法"的，可见在西汉前中期，以荀、韩为代表的儒、法两家和黄老之道是在交叉发展，彼此之间不断进行分化组合。当然由于客观形势的需要，各个时期统治思想的侧重点会有所不同，汉初着眼于休息无为，到武帝时则强调德治和教化，但两手政策实质上并无改变。

---

① 《过秦论》。
② 《新书·道德说》。
③ 《新书·道术》。
④ 《汉书·艺文志》。
⑤ 《史记·曹相国世家》。
⑥ 《史记·吕太后本纪》。

董仲舒提出尊儒以后,到宣帝虽还遵守着"以霸王道杂之"的汉家制度,但到他"好儒"的儿子元帝当政后,尊儒之风逐渐盛行。在武帝时虽有个别大臣,如汲黯"学黄老之言,治官理民,好清静","治务在无为而已。"① 但从汲黯与张汤的分歧中,已看出清静无为思想,确有点不合时宜。另从理论形态来看,淮南王刘安"招致宾客方术之士"所撰写的《淮南子》,其中《原道训》与《帛书·道原》篇的思想基本一致,该书可以算得上是黄老之道的殿军。但由于封国利益与中央集权的矛盾,随着刘安以"谋反"被诛,淮南道术也就遭受冷遇了。

从西汉中后期开始,作为政治理论形态的黄老之学已渐趋式微,道家思想再面临着分化组合的转折点。大体到东汉时,黄老道家一方面朝着神仙方术和宗教迷信的方向发展,后来就形成与佛教相抗衡的中国本土宗教——道教;另一方面则是将道家老庄的本原论着重从本体上加以理论深化,形成风行一时的魏晋玄学。道家思想沿着矛盾两重性的途径,在我国封建社会的中后期,继续发挥着相当重要的历史作用。

道教与玄学思想在封建社会中期的历史地位

关于道教的起源,一般以东汉末的张陵奉老子为教祖作为创教的开始,其实道教的思想渊源并非完全来自道家,如作为一种原始宗教的巫术就出现很早,我国殷周时已有这些传说。到战国时,在燕、齐一带更出现有所谓神仙方士,也从事巫祝术数,这些神仙方术,可以说是道教的一个重要思想来源。

至于道教为什么依托道家和以老子作为教主,这是有相当深刻的理论根源和社会根源的。由于老子所创立的神通广大的"道",会使人有神秘感觉的一面;同时在书中还宣扬"长生、久视之道"②,说过"死而不亡者寿"③ 等一类的话。加上司马迁又说老子本人最后"莫知其所终",颇有点神龙见首不见尾的意味,这些情况,为神仙方士提供了可以依托附会的资料。至于《庄子》一书,其中更描述了不少所谓"神人""至人""真人"。虽然《庄子》书中说的是"寓言十九",但其中确已谈到辟谷行气、吐纳导引等修养长生之术。所以后来道教将老子奉为教主,庄子也被奉为南华真人,老庄之书称为《道德经》和《南华经》,作为道教的主要经典,那就不是偶然的了。

从西汉中后期到东汉,黄老之学在政治上的作用日趋衰落,但与神仙方术、谶纬迷信相联系的宗教化程度却日益加深。如东汉初明帝的兄弟楚王刘英,他

---

① 《史记·汲黯列传》。
② 《老子》第五十九章。
③ 《老子》第三十三章。

"诵黄老之微言,尚浮屠之仁祠"①,就把黄老与佛教同等看待。黄老道在宗教化的过程中也出现分化:一方面为统治者所遵奉,如"延熹中,桓帝事黄老道,悉毁诸房祀"②;另一方面却在民间广泛流传,并被用来组织农民起义。如同是在桓帝时,建和二年(148)"冬十月,长平陈景自号'黄帝子',署置官属,又南顿管伯亦称'真人',并图举兵"③。东汉末年有名的黄巾大起义,其首领张角,就是"自称'大贤良师',奉事黄老道,蓄养弟子",经过十多年的组织发动,聚集到"众徒数十万"。④ 上面例子说明,黄老道的分化,到东汉末年,在政治上双方起到完全相反的作用。

　　黄老道家经过东汉时期的分化组合,从神仙方术衍变成为原始道教。道教分丹鼎和符箓两派,也有称之为金丹道教和符水道教。前者在东汉末以魏伯阳的《周易参同契》为代表作,该书内容,据说是把神仙家的炼丹术与《周易》、黄老三者互相参合,而使之契合为一。后者即符箓派的主要著作是《太平清领书》,后通称为《太平经》,该书内容很庞杂,恐非一人一时之作。书中大肆宣扬神咒的作用,如张陵创立的五斗米道,虽说奉老子为教主,以《五千言》为主要经典,但其术是假借鬼神符箓以聚徒惑众,用祷祝和符水为人治病,能够吸引大量群众。另张角所创立的太平道,信奉的是《太平经》,也是用"符水咒说以疗病"。加上《太平经》中有"尊卑大小皆如一"⑤ 的乌托邦理想,故符水道教在下层民众间流行很广,成为汉末农民大起义的一种组织形式,而《太平经》也就作为起义的思想武器。后来张鲁在汉中,推行政教合一和采取的某些经济措施,"民夷便乐之",受到各族人民的欢迎和拥护。

　　不过《太平经》虽然吸取道家老庄某些原始公产思想,有均财爱民反对剥削压迫的一面,所以在特定的历史条件下可以发动农民起义,或在局部地区建立政教合一的短暂性农民"政权"。但这种乌托邦式的理想国是违反历史发展规律的,并且用宗教迷信来组织发动群众也是不能持久的。加上统治者往往对这种早期的民间道教采取两手政策:一手是残酷镇压,如对黄巾起义军;另一手是软硬兼施,招降后进行利用和收买,如曹操招降张鲁后就给以封爵。所以张陵创立的五斗米道在魏晋后便出现分化:一方面在封建士大夫中传播,另一方面仍在民间秘密活动。

　　金丹道教没有符水道教那么复杂。魏伯阳以后,作为金丹道教的代表人物是东晋时的葛洪,他所著《抱朴子》一书,集魏晋时期炼丹术的大成,鼓吹长生

---

① 《后汉书·楚王英列传》。
② 《后汉书·王涣列传》。
③ 《后汉书·桓帝纪》。
④ 《后汉书·皇甫嵩列传》。
⑤ 《太平经合校》,第683页。

不死的神仙理论。但他把民间道教称为"妖道""邪道",特别对"称合逆乱"的教徒切齿痛恨,主张要"峻其法制,犯无轻重,致之大辟"①,就是要斩尽杀绝,这完全是站在官方道教的反动立场。葛洪还提出要把神仙养生和儒家的纲常名教结合起来,所谓道术儒修无二致,神仙忠孝有完人。这种道儒兼综的思想,为的是更好地为封建统治服务。

不过葛洪虽主张道儒结合,但并非双方平起平坐。而是以道为体,以仁义为用,既坚守神仙道教的立场,又能适应封建统治者所谓劝善惩恶的需要,这就成为官方道教的思想特色。

以葛洪为代表的官方道教,既要入道修仙,又讲"佐时治国"。对后者他是反对黄老的无为而治和老庄的退化史观。如说:"世人薄申韩之实事,嘉老庄之诞谈,然而为政,莫能错刑。""道家之言,高则高矣,用之则弊。""可得而论,难得而行也。"② 这里表面上是尊崇道家之言,但实际上是行不通的。他认为"道衰于畴昔,俗薄乎当今,而欲结绳以整奸欺,不言以化狡猾","未见其可也"。③ 这里以道衰俗薄为理由,否定了道家结绳而治与不言之教,而主张实行申韩之法,提出要"以杀止杀"④,俨然像是一副法家嘴脸了。

总之,从东汉到魏晋南北朝,原始道教产生后在其分化组合的过程中,对道家思想既有吸收,同时根据时代和阶级斗争的需要,各自对道家思想进行改造。大体上以金丹道教为主与符水道教的上层合流,逐步演变成为官方道教,一方面为统治层提供入道升仙之路,同时结合宣扬释教的因果报应;政治上则主张推行德刑并用的两手政策,为世俗的封建统治服务。至于符水道教的下层,则仍然与农民起义的秘密结社联系在一起,从吸取道家不满现实的思想中,走上了封建叛逆的道路。因此道家思想在我国封建社会中期,仍然表现出矛盾两重性的作用。

魏晋时期,道家思想除演变为道教外,另一途径是向思辨化方面发展,主要表现为玄学。从本体论来说,玄学把老庄的"道"发展成为更加精致的唯心主义,这对道家理论思维水平的提高来说是做出了贡献。玄学的主要经典是《老子》《庄子》和《周易》,称为"三玄"。作为一种社会思潮,玄学对各阶层的知识分子都有影响。但由于各人的政治态度不同,对儒道两家思想的关系,主要是名教与自然的关系,理解上分歧很大,并且表现为激烈的政治斗争。

坚持老、庄原来的社会政治观点,否定儒家的仁义礼律的,可以嵇康为代表。他提出"越名教而任自然"⑤ 的命题,嵇康对儒家的批评是用老庄自然无为

---

① 《抱朴子·内篇·道意》。
② 《抱朴子·外篇·用刑》。
③ 《抱朴子·外篇·用刑》。
④ 《抱朴子·外篇·用刑》。
⑤ 《释私论》。

作为思想武器，但其实际用意是不满司马氏的统治。结果嵇康以"害时乱教""非毁典谟"之罪被杀。① 嵇康在魏晋之际虽然成为政治斗争的牺牲品，但他戳穿了司马氏以孝治天下的谎言，揭露了儒家封建名教的虚伪性，在当时起到了反封建的积极作用。

嵇康论述了"名教"违反"自然"，与鲍敬言的"无君论"，是以"道"非"儒"的老庄思想的复归，属于道家的正统派；但是在魏晋时期的玄学思潮中，却被视为"异端"。而在当时的玄学家中，更多是在调和名教与自然的矛盾，并提出名教出于自然。这在表面上是歌颂自然，实质上是为儒家的名教找寻合理根据，是利用道家的自然无为思想为儒学理论辩护，从而自然地起到维护纲常名教的作用。

何晏、王弼是开创"正始玄风"的奠基人物。他们提出"天地万物皆以无为本"的中心思想，这无疑是"祖述老庄立论"②。这个所谓"以无为本"，就是道家崇尚的"自然"。何晏说："自然者，道也。道本无名"③。王弼也说："道者，无之称也，无不通也，无不由也。"④ "万物以自然为性，故可因而不可为也，可通而不可执也。"⑤ 万物都是从自然（道）而来，"名教"也是"自然"的产物。何、王论证"名教"出于"自然"，目的是为封建政治制度找寻合理根据。

继何、王之后，郭象更进一步论证了名教与自然的一致性。他说："臣妾之才而不安臣妾之任，则失矣。故知君臣上下，手足外内，乃天理自然，岂真人之所为哉？"⑥ 又说："若夫任自然而居当，则贤愚袭情而贵贱履位，君臣上下，莫匪尔极，而天下无患矣。"⑦ 郭象把封建纲常名教所规定的君臣上下、贵贱尊卑，说成是符合"天理自然"。人们只要安分自得，"小大虽殊"，"则物任其性，事称其能，各当其分，逍遥一也。"⑧ 郭象利用了庄子的齐物观点，将名教等同于自然。自是封建等级制度天然合理，人人"各当其分"，"天下无患矣"，这就是玄学家为封建统治服务的最后目的。

玄学与道教，思想渊源都来自道家，但由于哲学与宗教不同，故在理论思维的表现方式上是有差异的。加上当事者的社会地位、政治态度、文化教养等方面也各不相同，所以对先秦道家的原型思想，表现出各取所需的倾向；同时在各自

---

① 《晋书·嵇康传》。
② 《晋书·王衍传》。
③ 《无名论》。
④ 《论语释疑》。
⑤ 《老子》第二十九章注。
⑥ 《庄子·齐物论》注。
⑦ 《庄子·在宥》注。
⑧ 《庄子·逍遥游》注。

的分化演变过程中,在不同方面也会起到各不相同的作用。如作为玄学主流的何、王、郭象等人,对唯心主义本体论的发展做出了较大贡献;他们以道解儒,在论证名教与自然的统一性时,对两汉烦琐经学与谶纬神学,也有点廓清之功,为儒学的义理化开拓出新路。但另一方面,玄学的唯心主义思辨却在政治上带来更大的欺骗性。又如金丹道教,在政治上充当封建统治者的御用工具,是不可取的,服食求神仙那一套也是荒谬的;但葛洪在化学、医学和药物学等方面,应该承认他是做出了较大贡献的。至于符水道教则情况比较复杂,从深入下层发动农民起义这一点来说,对促进反封建的阶级斗争起过作用;但用画符念咒来治病,在科学性上不比烧丹炼汞高明,应该说是更为落后。至于用宗教形式组织发动群众,只能是愚昧的信仰,并不能给群众的思想启蒙,我国农民起义总是陷于失败,其中一个原因是受到这方面的思想局限。因此我们要实事求是地进行科学分析,才能正确评价道家思想在封建社会中期的历史地位。

封建社会后期道家与道教的思想影响

道家思想经过玄学与道教的分化和演变,到封建社会后期仍然有着较大的社会影响。魏晋玄学建立唯心主义的本体论,将老子的"道"说成是无形无象的精神性本体,现象界有形的万物是由无形的本体产生的。这种贵无哲学就被当时佛教所吸取,如以道安、慧远为代表的大乘空宗的本无派,就宣称"无在元化之先,空为众形之始",主张"崇本"以"息末",认为现象世界是虚幻的,真实的存在是精神性的本体——无。这里明显是用玄学的观点来解释佛教的般若学。后来佛教各宗派虽然变换出不少花样,但否认物质世界的真实存在,而把空无或心识作为精神性的本体,仍然没有摆脱玄学的思想影响。

隋唐时期,佛道大兴。唐皇室因与老子同姓,想假借神权以巩固皇权,故尊老子为玄元皇帝,而官方道教更取得特殊地位。但在封建社会中,为要维护名教纲常,统治思想多以儒家为主体,而佛道也有用场,故唐代执行的还是儒、释、道三教并用的政策。而释、道二教维护封建统治的立场,既与儒家基本一致,为要缓和矛盾,故在教义上也逐渐向儒家靠拢。道教因是中国本土的宗教,援儒入道则更有其方便之处。

道教早期所定戒律,就注意到要不违反儒家的忠孝信条。如要道士"不得叛逆君王,谋害家国";"不得违戾父母师长,反逆不孝"[①]。由于道家老庄遵道贵德而毁弃仁义,故后来道徒对此也加以辩解。如唐末道士林光庭说:老君"道德二篇,……非谓绝仁义圣智,在乎抑浇诈聪明,将使君君臣臣父父子子,见素抱

---

① 《云笈七签·说十戒》。

朴，泯合于太和；体道复元，自臻于忠孝。"① 五代道士谭峭则把道德与仁义礼智信联系起来，说"旷然无为之谓道，道能自守之谓德，德生万物之谓仁，仁救安危之谓义，义有去就之谓礼，礼有变通之谓智，智有诚实之谓信，通而用之之谓圣。"② 老庄把道德与仁义相对立，后世道徒则把两者相统一。

　　隋唐以来要调和儒道思想的不只是道教徒，儒学中人也有这种主张。唐德宗时李观著《通儒道说》，认为道与德"为儒之臂"，仁信礼义为"德之指"，以此来论证儒道同源。柳宗元不同意太史公说的，"世之学孔氏者，则黜老子，学老子者，则黜孔氏，道不同不相为谋。" 他认为"老子亦孔氏之异流也"，虽地位不如孔子，"然皆有以佐世"。③ 当时佛教徒也有主张调和三教的，如神清所著《北山录》，认为"释宗以因果，老氏以虚无，仲尼以礼乐"，"各适当时之器，相资为美"。宗密在《原人论》序中也说："孔、老、释迦皆是至圣，随时应物，设教殊途，内外相资，共利群庶。" 这些都是从共同维护封建统治的基本前提来立论的。

　　值得注意的是，以反对佛老著称的韩愈，同时也受到道家思想的影响。韩愈所写《原道》，与《帛书》的《道原》篇、《淮南子》的《原道训》，内容主旨虽然不同，但他要建立儒家的道统与佛道相抗衡，认为按照仁义的法则去做就是"道"。把应天道、尚自然的法天思想与尽人道、行仁义的济世思想结合起来。和以前的儒家比较，韩愈的"道"已从宗教异化的神权观念，开始过渡到以抽象化了封建伦理道德规范为内涵的客体精神。宋代新儒家称为理学或道学，是以"理"或"道"作为最高哲学范畴，而韩愈"道"论实启其端。韩愈虽力辩"斯吾所谓道也，非向所谓老与佛之道也"④，但同是把"道"作为哲学的最高范畴，这仍然是受到道家的思想影响。

　　入宋以后，在儒者中虽然有些人仍坚持反对佛道，但只能像韩愈那样从世俗的政治利益来立论，理论上却拿不出什么新东西。而韩愈的"道"论却给另一些儒者以启发。要维护封建名教纲常只凭就事论事的道德说教是不够的，必须提到哲学世界观的高度，并给以理论概括，才能与佛道相抗衡。所以作为理学创始人的周敦颐，他为要"推明天地万物之原"而撰写《太极图说》时，就参考过道教的《无极先天之图》和《水火匡廓图》，也有说是来源于陈抟的《无极图》或穆修的《太极图》。经明清以来到现在许多学者研究，认为周敦颐利用道教何种图式，尚无一致意见，但此图与道家思想有关，却几乎得到公认。

　　关于周敦颐《太极图》和《太极图说》的思想渊源问题，后来在理学家内

---

① 《道德真经玄德纂疏·序》。
② 《化书》卷四。
③ 《送元十八山人南游序》。
④ 《原道》。

部展开过激烈争辩，成为理学史上一件公案。由于《图说》首句，周的原文是"自无极而为太极"，在"太极"之上加一"无极"，故引起陆九渊的怀疑和反对。陆氏认为"无极"二字不见于宋以前的儒家经典，并非儒家概念，渊源是来自道家。他与朱熹辩论时说："'无极'二字出于《老子·知其雄章》，吾圣人之书所未有也。""此老氏宗旨也。"① 陆氏此说并非无据。"无极"一词从老庄以来，确为道教所常用。后来黄宗炎、朱彝尊考据周图来源，谓出于陈抟无极图，陈图最上一圈称为"炼神返虚，复归无极"。据此黄宗炎认为："周子得此图，而颠倒其序，更易其名，附于大易，以为儒者之秘传。盖方士之诀，在逆而成丹，故从下而上。周子之意，以顺而生人，故从上而下。"② 黄氏此说，是否有实据，尚可研究，但周说以"无极"开端，当系事实。据此周敦颐描绘出宇宙万物生成发展的图式，应是：无极→太极→阴阳→五行→万物。这和《老子》书中说的："天地万物生于有，有生于无。""道生一，一生二，二生三，三生万物。"确使人有点似曾相识的感觉。

当然，我并不是说《太极图说》完全抄袭道家，因为"太极"是《易·系辞》中使用的概念。周敦颐将"无极"和"太极"两个范畴统一起来，对宇宙本原的实体进行新的概括，表明他是"合老庄于儒"③，为的是在本体论方面，将儒学的理论思维水平提高一步。

朱熹是比较理解周敦颐的用意，但他出于门户之见，不愿意承认与道家思想有关。但他看见周敦颐"自无极而为太极"的提法，容易被人认为是两样东西，如陆九渊所说是"叠床上之床"（太极之上有无极）、"架屋下之屋"（无极之下有太极）。据此朱熹解释说："无极而太极，正所谓无此形状，而有此道理耳。不言无极，则太极同于一物，而不足为万化之根；不言太极，则无极沦于空寂，而不能为万物之根。"朱熹将首句改为"无极而太极"，为的是说明"非谓太极之上，别有无极"，而是太极与无极的辩证统一。即把宇宙本原规定为：实有而非同于一物，本无而不沦于空寂。这样既吸取道家思想的特长，又克服玄学、佛教空无本体的理论局限。朱熹又把"极"解释为"是道理之极至。总天地万物之理，便是太极。太极只是一个实理。"这样一来，"理"便成为宇宙万物的本原，是自然界和人类社会必须遵循的最高原则。而封建社会的名教纲常，也就成为绝对不能违背的"天理"。自是儒家的伦理道德被概括为哲学最高范畴，从而将理学的唯心主义本体论提高到一个新阶段。通过这个事例，可以看出封建后期道儒思想的矛盾交融，而道家思想为宋代新儒家理论体系的建立做出了积极贡献。

---

① 《辩太极图说书》。
② 《太极图辩》。
③ 《宋元学案·濂溪学案下》。

在《太极图说》中还特别强调"主静",周敦颐自注说"无欲故静",看来也是受到道家的思想影响。《老子》中就说过:"归根曰静,静曰复命"①。又说:"我无为而民自化,我好静而民自正,我无事而民自富,我无欲而民自朴。"②"不见可欲,使民心不乱","是以圣人之治,常使民无知无欲,使夫智者不敢为也"③。老子就是主张好静和无为、无事、无欲的。还说"致虚极,守静笃"④。周敦颐则认为学圣之要是"无欲","无欲则静虚动直"⑤。他要比孟子主张的"寡欲"更进一步,说"予谓养心不止于寡而存耳,盖寡焉以至于无,无则诚立明通。"⑥ 周敦颐提出要"无欲""主静",这种思想主要来自道家,但受到宋明理学家的普遍重视。

老子要统治者无为无欲,这里有与民休息的一面;但要常使民无知无欲,则是一种愚民政策。"存天理,灭人欲"是宋明理学的一个中心命题,过去有的解释为:是要劳动人民消除物质欲望,去服从封建纲常的所谓天理,因此认为这个命题是反动的。但也有另一种意见:认为这是劝告统治者不要穷奢极欲,要按仁政德治行事,因此对这个命题加以肯定。最近国外有的学者以为,现在资本主义社会是人欲横流,需要用理性来加以节制,所以说这个命题是救世良方。总之,从不同人的感受或从不同角度来加以理解,这类命题是可以起到不同的社会作用的。

回顾整个历史,道家老庄的政治哲学是变革时代的产物。他们不满现实,对当政者展开猛烈的抨击;但也像先秦各家那样,是"务为治者也"⑦,要为统治者的长远利益出谋献策,从而表现出道家思想矛盾两重性的立场。在先秦老庄是儒家的反对派,但儒学在封建社会中逐渐成为统治思想后,道儒两家的思想关系就呈现复杂状态,既彼此对立,也互相补充。由于封建统治者的需要,两家思想的矛盾融合还是主要的。另一方面道家思想的演变、分化和重新组合,在下层民间道教中也出现过反封建的异端思想,但不是道家思想发展的主流。在封建社会中的知识分子层,在不同程度上也会受到道家思想的影响,他们一般会读过一点老庄之书,所以在失意时会因此发泄对现实不满,或是采取消极避世的态度。但以退为进、欲取先予是道家策略的两手,失意者未尝不可从中得到启发而取得进身之阶。在封建社会中,钟鼎与山林本无绝对不可逾越的鸿沟,道家思想还是可

---

① 《老子》第十六章。
② 《老子》第五十七章。
③ 《老子》第三章。
④ 《老子》第十六章。
⑤ 《通书·圣学》。
⑥ 《养心亭说》。
⑦ 《论六家要旨》。

以从中扮演两重性的角色。在大千世界的芸芸众生中,劳苦大众祈求由此得到治病救世的良方;而统治上层却妄图走上入道修仙的捷径。总之各行其道,各取所需,在道家政治哲学的万花筒中,长期散播出星星之火。虽然见仁见智,各人的感受有所不同,但作为道家思想的发展脉络及其历史作用,还是应该可以探究的。由于这个问题涉及时间长、方面广,本文所述,只是初步探索。错漏之处,尚望同行方家,不吝指正。

(原载《学术月刊》1986年第2期)

老庄哲学的神学特色

关于老、庄哲学的性质，新中国成立以来有过不少争论，至今仍未取得一致意见。最近看到张松如、赵明同志合写的《庄子哲学初探》（下面简称《初探》，载《中国哲学史研究》1981年第3期）一文，觉得文章思路颇有新意，受到不少启发。但仔细推敲，感到困惑之处仍多，现提出几点质疑意见，向张、赵两同志请教，并望同行方家，不吝指正。

一

《初探》的第一部分，主要是确定庄子的哲学性质问题。文中同意司马迁所说，庄子"其学无所不窥，然其要本归于老子之言"①。即认为庄与老哲学性质相近。至于如何判断其哲学性质，文中提出一条新的路子，主张不必过多地纠缠在他的既有唯物主义内容，而又有唯心主义因素的"道"概念上，而应该从他对于"世界究竟是神创造的，还是世界本来就存在着"这个实际是有关世界本原问题的回答上，来寻求他对哲学基本问题的答案，即是说要从庄子的无神论思想说起。文章认为：庄子是继承老子的无神论思想的，他在批判宗教神学观念时，正是宗师于老子的"道"，但没有停留在老子"道"的理论上，他在反对神创世界时，提出了天地自运、万物自化的思想。

老、庄哲学是否都属于无神论思想体系，我是颇有怀疑的。就以老子的"道"来看，《初探》认为就其实质来说，是以批判宗教神学的鲜明姿态而出现在中国古代思想史上。但它是属于无神论的唯物主义体系，还是最终归结为一种创世说的唯心主义思想，我认为还是可以探讨的。

恩格斯指出："凡是断定精神对自然界说来是本原的，从而归根到底以某种方式承认创世说的人（在哲学家那里，例如在黑格尔那里，创世说往往采取了比在基督教那里还要混乱而荒唐的形式），组成了唯心主义阵营，凡是认为自然界是本原的，则属于唯物主义的各种学派。"② 按照这个划分标准，老子哲学属于哪个方面呢？值得注意的是，恩格斯认为在黑格尔那里，创世说却采取了比在基督教那里还要混乱而荒唐的形式。大家知道，在基督教那里，《圣经·创世记》

---

① 《史记·老子韩非列传》。
② 《路德维希·费尔巴哈和德国古典哲学的终结》，《马克思恩格斯选集》第四卷，人民出版社1972年版，第219－220页。

是关于上帝创造世界和人类始祖的神话，但黑格尔并没有承认有形象化的上帝，为什么又把他归入创世说的一派呢？原因是他的"绝对观念"在起作用。它不断进行自我运动，首先经历"逻辑阶段"，到达最高点后就"异化"为自然界。当出现了"人"时它就"复归"于自身，即过渡到"精神阶段"，从而创造了社会历史及意识形态，最后发展到黑格尔自己的哲学，就算实现了绝对真理。所以从黑格尔的哲学体系来看，正是描述了整个创世活动的过程。而其实质却如费尔巴哈所指出："黑格尔关于自然、实体为理念所建立的学说，只是用理性的说法表达自然为上帝所创造、物质实体为非物质的亦即抽象的实体所创造的神学学说。"① 由于黑格尔用绝对观念来代替上帝进行创世活动，所以把他的哲学列入唯心主义阵营，那不是没有根据的。

我们从黑格尔哲学的例子得到启发，能否说老子哲学归根到底也是以某种方式承认创世说的呢？我认为还值得研究。老子虽然没有讲"绝对观念"，但他有个"道"。我们对"道"的性质先不忙判断，可是"道"在老子哲学中的作用却是显而易见的。如说："道生一，一生二，二生三，三生万物。"② "道生之，德畜之，物形之，势成之。"③ "道隐无名。夫唯道，善贷且成。"④ "道冲，而用之或不盈。渊兮，似万物之宗"⑤。这里，"道"是被描绘成产生和支配万物的主宰。类似的话，在《老子》书中还有很多。当然，有的同志可能着眼于下面一些话，如说："人法地，地法天，天法道，道法自然。"⑥ "道之尊，德之贵，夫莫之命而常自然。"⑦ 因为这里最后都归于自然，所以认为"道"最终是自然规律，老子哲学的性质是唯物主义的无神论。但是我们看深一层，这里所谓"自然"，无非说"道"是以它本来的样子为法则，没有谁来发号施令，它自己从来就是这样，自然就是自自然然的意思。退一步说，即使解释作自然规律，规律是不能先于事物而独立存在的，也不能创化万物。对道、器关系，王夫之曾正确指出："道者器之道，器者不可谓道之器也。""故无其器则无其道，诚然之言也。"⑧ 这才是唯物主义的观点。而老子认为道在气先，道在物先。他虽然也把道放在上帝鬼神之上，似是无神论，但实际上是用"道"来代替上帝的地位，即以"道"来创化天地万物，这不也是以某种方式来承认创世说吗？

大家知道，老子是讲天道自然无为的，从形式上看，和讲"天"有意志的

---

① 《费尔巴哈哲学著作选集》上卷，生活·读书·新知三联书店1962年版，第114页。
② 《老子》第四十二章。
③ 《老子》第五十一章。
④ 《老子》第四十一章。
⑤ 《老子》第四章。
⑥ 《老子》第二十五章。
⑦ 《老子》第五十一章。
⑧ 《周易外传·系辞上传》。

神学目的论正相对立。但从本质上来分析，老子认为"道"的本体就是"无""无为"，可是整个世界又由"道"所主宰和支配。所以他说："道常无为而无不为。"① 从本体言，"道"是"无为"；从作用言，又是"无不为"。如说："天之道，不争而善胜，不言而善应，不召而自来，䋣然而善谋。天网恢恢，疏而不失。"② 这样的天道，不是从无为中来表现它的无不为吗？如果说，老子反对上帝有知，天道有为，那么"天网恢恢，疏而不失"，不是说冥冥中自有主宰吗？老子还说："天之所恶，孰知其故？"③ 又说："天道无亲，常与善人。"④ 天能够有所恶，又能对人无所偏爱，并经常帮助善人，这不成为有意志的天吗？了解这一点，才可以知道老子这个无为而无不为的天道，实质上还是人世间的主宰。《初探》的作者可能看到《老子》书中说过："以道莅天下，其鬼不神。"⑤ "吾不知谁之子，象帝之先。"⑥ 所以说老子以"道"为至高无上的宇宙本体，是对殷、周以来传统的一切有关帝、天、鬼、神的观念进行了扫荡，其实这只是表面现象，老子不过以无形的"道"来代替一个有形象的上帝而已。

综上所述，老子讲天道自然无为，表面看来好像否认有神论的天命思想，但其实还是和天命论相通，"道"的本身也是一种永恒的天命。如说："夫物芸芸，各归其根。归根曰静，静曰复命，复命曰常，知常曰明。"⑦ 这就是说，万事万物都要归根于"道"，也就是要归根于天命，天命才是永恒的东西。老子要把万物归根于复命，说明他所谓天道无为，其实却受着永恒天命的支配，是一种形而上学的天命论。

不过，老子的天命思想，和儒家孔、孟在表现方面也有所不同，孔子是通过阐扬"仁"的思想来阐扬天命，即要通过"从仁"来实现"从命"；孟子则是从《中庸》说的"天命之谓性"出发，力求扩充先验的人性来宣扬天命思想，即要从"知性"中来达到"知天"。老子和孔、孟不同的地方，就是把天命归之于自然无为，认为天道无为就是天命的表现，这是道家老子天命论的特点。

二

通过上面的分析，我认为虽然由于老子把"道"安置在形象化的天帝鬼神之上，从而使他的哲学带有若干无神论的色彩，但是他强调道生万物，而万物归

---

① 《老子》第三十七章。
② 《老子》第七十三章。
③ 《老子》第七十三章。
④ 《老子》第七十九章。
⑤ 《老子》第六十章。
⑥ 《老子》第四章。
⑦ 《老子》第十六章。

根复命，是受永恒天命所支配的。这就不能不使人怀疑：老子无非用变相的形式来宣扬创世说而已。《初探》说庄子把老子的"道"作为他反对宗教神学世界观的武器，即使这样，我认为也不会有多大作用。因为老子虽貌似反对宗教神学，但代之以无为而无不为的天道，这只不过是个无形的上帝罢了！庄子的"道"正是继承和发挥了这一点，所以他把"道"说成是至高无上，能够"神鬼神帝，生天生地。"《初探》认为庄子所以这样做，无非是强调"道"的地位和夸大"道"的作用来否定神创世界的说法。这种辩解我是颇表怀疑的。如果庄子是个真正的朴素唯物主义者，他要反对世界是神创造的，那么只要承认世界本来就存在着就可以了，但庄子却反复强调在"未有天地"之前，有个"先天地生"，并能"生天生地"的"道"存在。他何必节外生枝？岂不是前门拒虎，后门进狼，否认了神创世界，却请来了个道生天地的呢？这个"道"，不是建立在反对宗教神学理论基础上所带有的某种神秘残痕，因为在庄子哲学中，它很明显起着创世的作用。我们除非有充足的论据，证明庄子所提出的那个"道"的物质性，否则，像《初探》认为通过"道"来证明庄子是唯物主义或是唯心主义的做法，都会遇到困难，因而想回避这个问题，仅仅从他有反对宗教神学这一点，就断定庄子哲学属于唯物主义，我认为这样论证说服力是不够的，因为这不能排除庄子可以用其他的某种方式来承认创世说。

《初探》的作用也可能有见于此，所以说庄子反对神创世界的思想，没有停留在老子"道"的理论上；并进而指出他在自然观方面，即具体的自然现象是否接受某种超自然神的力量支配这类问题上，否定了神的作用，提出了天地自运、万物自化的思想。还说这种关于自然界的一切现象都是按照自身的规律自运自行的认识，不仅见于外篇，亦见于内篇，是庄子的一贯思想，从而论证了他的"道"不可能是一种神秘的观念，更谈不上是什么上帝的同义语。

能否得出《初探》上述结论呢？下面且借用它的一段引文先作剖析。

> 天不得不高，地不得不广，日月不得不行，万物不得不昌，此其道与！（《知北游》）

这里的关键是对于"道"的理解。《初探》提出：是什么原因使自然界依着一定的规律运动变化呢？庄子认为这就是自然界本身，即"道"是自然界的同义词。

但是我们细读原文，《知北游》中这段话，是庄子假托孔子问至道于老聃。老聃说："夫道，窅然难言哉！将为汝言其崖略。"值得注意的是，在托言老聃的回答中，首先申明："夫昭昭生于冥冥，有伦生于无形，精神生于道，形本生于精，而万物以形相生。"这里强调的是无形之道，能生有形之物。接着提出："邀于此者，四肢强，思虑恂达，耳目聪明，其用心不劳，其应物无方。"下面才接上"天不得不高"一段，最后归结为"道"的作用。既然道可以为人所遭遇和获取，似难说成是自然界本身。所以最后一段成玄英疏解说："二仪赖虚通而高广，三光资玄道以运行，庶物得之以昌盛，斯大道之功用也。"对"天不得不高"一句，《释文》"谓不得一道，不能为高也"。何以"道"会有这样大的作用？"道"是什么？如果仅仅是自然界本身，有何窅然难言之处，值得花这样大的力气来加以描述呢？

在上段引文之后，庄子托言的老聃还继续对"道"大肆吹嘘："若夫益之而不加益，损之而不加损者，圣人之所保也。渊渊乎其若海，巍巍乎其终则复始也，运量万物而不匮。则君子之道，彼其外与！万物皆往资焉而不匮，此其道与！"这里把"道"说成不增不减，无始无终。而圣人君子却能于内心得之，就可以运载万物，器量群生。由于万物都要取资于"道"，才能终不匮乏。所以成玄英疏解说："然道物不一不异，而离道无物，故曰此其道与！"这个"道"可谓神通广大了。

通观《知北游》及其他有关篇章中庄子关于"道"的描述，我认为很难得出这就是自然界本身的结论。这个"道"既是"不可闻""不可见""不可言"，甚而"所以论道而非道"。对某些人来说，"汝身非汝有也，汝何得有乎道？"但若能"正汝形""一汝视""摄汝知""一汝度"，就可以"道将为汝居"。所谓"无思无虑始知道，无处无服始安道，无从无道始得道。"（引文均见《知北游》）这个"道"，要说不可能是一种神秘的观念，倒是有点难于索解了。

不过我也并不否认，在庄子这个至高无上、自本自根的"道"中，包含有天道自然的思想。它否认有形象化的造物主，反对宗教神学目的论，本来可以从无神论的途径来通向唯物主义。但由于庄子是主张"天而不人"①的，认为"既受食于天，又恶用人"！要做到"有人之形"，"无人之情"，"独成其天"！② 成玄英疏解为："禀之自然，各有定分。何须分外添足人情，违天任人！"庄子的思想正如荀子所批评的那样，是"蔽于天而不知人"③。他把因顺自然与任天、安命联系在一起，所谓"知其不可奈何而安之若命，德之至也。""莫若为致命，此其难者。"④ 成疏解为：夫为道之士，"是以安心顺命，不乖天理。自非至人玄德，孰能如兹"。夫独化之士，"直致率情，任于天命，甚自简易，岂有难耶！此其难者，言不难也。"这种去人任天、顺天安命思想，使庄子哲学大为减色，自然的天道终于变成了司命之神。这和老子的形而上学天命论相似，从实质上看只能说是一种比较精巧的神学。

---

① 《庄子·列御寇》。
② 《庄子·德充符》。
③ 《荀子·解蔽》。
④ 《庄子·人间世》。

至于说庄子对自然界万事万物的运动变化，提出自生、自取、自化的观点，这比之神学目的论当然是胜似一筹，但能否据此断定这种思想体系必然是属于唯物论的呢？看来还要做具体分析。如发挥庄子"三自"思想并有创造性发展的，无过于魏晋时郭象的"独化"说。郭象在《庄子注》中，曾反复为庄子这些思想作注脚，强调万物自生自化，既反对有造物主造物，而主张物各自造，又不提"道"或"无"对万物的创化作用，看来比庄子思想更进一步。过去我们也曾认为"独化"的思想是属于唯物论，近来看到一些教材和文章研究了这个问题，指出"独化"说具有反对宗教神学"造物主"的一面，这是郭象思想中的合理因素；但是他又把天地万物的生成变化，说成是由"命"或"理"所支配，所谓"随天安之"，"惟命之从"（《大宗师注》），"唯在命耳"，"理由尔耳"（《德充符注》），这就把"自然而然""天理自然"，变成了"不可逃""不可逆"的神秘异己力量，实际上成为"天命"的代名词，而"独化"说也不过是一种更精致的信仰主义。当然郭象的思想不等同于庄子，但他这种"自生""自得""自造""自有"的观点，确是从注释《庄子》中加以引申和发挥得来。我们了解这一点，对庄子的"自生""自取""自化"观点及其与"道"的关系，应该怎样做出合乎实际的分析，应有所启发。

三

关于庄子对世界本原问题所做的回答，凡是认为庄子哲学是唯物主义的同志，多是搬出他的"气"来作文章，《初探》也引用了《知北游》中一段话："人之生，气之聚也；聚则为生，散则为死。……故万物一也，……故曰：'通天下一气耳！'"以此证明庄子认为世界的本质、本原是物质的，又表述了物质只有变化、没有生灭的物质不灭思想，并有物质世界无终无始的认识。这里无非要说明庄子哲学是唯物主义。

庄子哲学中关于"气"的学说，我不否认其中包含有唯物主义的命题。但从总体看，关于世界的本质、本原问题，最终要看他对道、气关系的论述；对事物的生灭变化问题，也要看他所说的形、神关系。庄子虽然讲"通天下一气"，但"气"并非世界的最终本质和本原，而事物之所以生灭变化，都有其"本根"，这是"道"而非"气"。《初探》企图引用"有先天地生者物邪？物物者非物。物出不得先物也。""扁然而万物自古以固存。"（《知北游》）以此来证明庄子的唯物主义世界观。我认为庄子这里所表述的思想要做两重理解：一方面他是不承认有"先天地生"的"物"存在，在天地之先没有"物"，从这个意义上来看万物是自古以固存，这种观点应该承认可以通向唯物主义。但另一方面他虽认为造化万物的不是"物"，"物"出不得在"物"之先，可是他却承认有"物物者"，有"先天地生"的东西，这是"道"而非"气"，庄子则称之为"本根"。

> 今彼神明至精，与彼百化，物已死生方圆，莫知其根也，扁然而万物自古以固存。六合为巨，未离其内；秋豪为小，待之成体。天下莫不沉浮，终身不故；阴阳四时运行，各得其序。惛然若亡而存，油然不形而神，万物畜而不知，此之谓本根，可以观于天矣。(《知北游》)

成玄英疏解谓这里讲的是"自然之至道"。以六合之巨，秋毫之小，二气氤氲，四时运转，以至亭毒群生，畜养万物，都无非至道这一"本根"的作用。"以本为精，以物为粗"(《天下》)。"精神生于道，形本生于精"。(《知北游》)这是老庄哲学的本质概括，本根也就是"道"。我们明乎此，对理解庄子所讲的道、气关系，道、物关系，应是有所帮助的。

对形神关系问题，《初探》反对有的论者根据庄子"指穷于为薪，火传也，不知其尽也"(《养生主》)，和"且彼有骇形而无损心，有旦宅而无情死"(《大宗师》)这样两句话，就判定庄子是神不灭论者。它认为前一句话，盖喻人由生而死，亦不过一种转化，是"气"之有变化而无生灭的一种形象的说法，和形灭神存的神不灭论，是风马牛不相及的。至于后一句话所讲的"无损心""无情死"，指的是那种与"道"同体的精神是不灭的，亦犹今语所说某某虽已死去，但其精神永存一样，这怎能同神不灭论混为一谈呢？

上面《初探》所做的解释和论断，我是颇有疑问的。如《养生主》全篇的主旨，讲的是养生之道。虽然对"主"字过去有点歧解：有谓"养生以此为主也"，亦有解作"养其所以主吾生也"。但庄子讲养生，要尽量避免心困神弊，从而做到保身全生，这种思想是比较清楚的，因而也就牵涉到形神关系问题。至于在养生中二者孰重，看来是以修养心神为主。如他列举庖丁解牛的故事，就强调"以神遇"，要做到"未尝见全牛"。又公文轩见右师刖足而惊，庄子则认为是"天也，非人也"。把形之亏全，看作禀自天然，非关人事，只要精神完美，不怕形体伤残，这是庄子的一贯观点。所以后人释义说：善养生者养以神，神全则生存，形虽介（指断足残废）可也。能神全则可以外形骸，齐生死，而何有于介哉！这种解释，是符合庄子思想的。从上面的例子，说明庄子讲养生是重心神而轻形骸的。他讲庖丁解牛最后达到"以神遇而不以目视，官知止而神欲行"，也是强调精神对形体感官的主宰和支配作用。《养生主》一文，既是从探讨养生和形神关系而最后归结出薪尽而火传，那么用薪火喻形神可以说是顺理成章，后来桓谭、王充和佛教徒慧远，都以薪火来比喻形神，并产生神灭与神不灭的论争，追根溯源不能说与庄子这段话没有关系。如果一口咬定庄子所讲的薪火绝不能比喻为形神，而是"气"之有变化而无生灭的一种形象的说法，这样解释反而很难对上文做出回应，因之更难以说通。

至于说《庄子》书中曾否说过人的灵魂可以离开形体而独存，《初探》举出"其形化，其心与之然"（《齐物论》），并据此做了反证。我认为只凭这句话不能证明庄子就是个神灭论者。上面说过，庄子是重精神而轻形体的，认为形体的伤残，甚而死生变化，都是无足轻重，他需要的是精神永生。所以庄子妻子死，鼓盆而歌，并非他唯物主义地解决了形神观的结果，只是由于他把人的形体看作精神上的一种负担，所谓"以生为附赘悬疣，以死为决疣溃痈"，只有解脱形骸，才能"逍遥乎无为之业"（《大宗师》），精神上获得绝对自由。所以从这个意义上来看，庄子是主张形尽神不灭的。至于他所谓"其形化，其心与之然"，我认为这是对一般俗人讲的贬语。下面且看这段话的连贯意思。

一受其成形，不亡以待尽，与物相刃相靡，其行尽如驰，而莫之能止，不亦悲乎！终身役役而不见其成功，苶然疲役而不知其所归，可不哀邪！人谓之不死，奚益！其形化，其心与之然，可不谓大哀乎？（《齐物论》）

这里无非是说，人禀受了形体，而整天疲于奔命，莫知所归，这样不死有什么意思呢？一个人的形骸死了，他的心也随着死了，这能说不是莫大的悲哀吗？庄子这段话，何尝是把"心化"看作"形化"的必然结果，他只是觉得这种心随形化的世俗之人的可悲！如果说那是属于神灭思想，却是为庄子所鄙视的。而庄子向往的"闻道"之人，则"能入于不死不生之境"，可以超于形气之上，如他所描述的"圣人""真人"，既是金石水火莫之能伤，又可以"与造物者为人，而游乎天地之一气"（《大宗师》），这简直是灵魂出窍，精神通天了。试问一个人的形体，怎么能够"不死不生"，又能够"外天下""外物"以至"无古今"的呢？要说庄子这种思想与神不灭论是完全风马牛不相及，倒是有点奇怪了。

从我上面的理解，联系到"且彼有骇形而无损心，有旦宅而无情死"，这两句话似难解作：犹今语所说某某虽已死去，但其精神永存一样。因为一般使用这种赞辞，是由于某某人的道德功业、立身行事，可以为世楷模，值得人们永远纪念；或其为国为民，壮烈牺牲，故赞其精神永存，这与庄子说的那种与"道"同体的精神，我觉得倒有点风马牛不相及。因为庄子那个与"道"同体的精神，既神秘莫测，又法力无边，可以"独与天地精神往来而不敖倪于万物"，"上与造物者游，而下与外死生无终始者为友。"（《天下》）如果这不是白日飞升的神仙，就只能是超乎形气的绝对精神，这和我们今天所称赞的某某人精神永存，那倒是难以混为一谈的。

总的来说，要判断老庄哲学的性质，如果想回避对它们"道"的概念进行分析，那是颇为困难的。因为要弄清一个哲学家或一部著作对哲学基本问题的回答，用世界究竟是神创造的，还是世界本来就存在着作为划分唯心论和唯物论的标准，答案固然明确简单，但是承认创世说的人，不一定都认为有个形象化的上帝来创造世界，他们甚至可以反对这种粗陋的宗教神学，如老庄哲学就带有这方面的特征。老庄用所谓天道自然来代替神创世界，固然有其无神论并通向唯物主义思想的一面；但归根到底，并非承认自然界是本原，而是把"道"安置在它的头上，在庄子那里，还塑造出一种超于形气之上与"道"同体的精神，这些实质上就是以某种变相的方式来承认创世说。无论是老子还是庄子，他们的世界观最终是归根复命、任天安命，自然的天道终于变成了司命之神，这就是老庄哲学的神学特色。

不过老庄哲学虽然有神学性质，但它们仍然是属于哲学而不是宗教。它否认人格神的存在，否认上帝神创世界，这也是事实。但要判别一种理论是否属于唯心主义创世说，对人格神的承认与否，并不是实质性的唯一标准。我上面对老庄哲学的剖析，为的是想说明这个问题，也可以说是本文写作的目的。

（原载《中国哲学史研究》1983年第3期）

从老、庄论"道"的性质谈到无神论与有神论的思想通向问题

关于老、庄的哲学性质，国内学术界长期争论不休。张松如、赵明同志在《庄子哲学初探》（载《中国哲学史研究》1981年第3期）中，提出要确定庄子哲学的性质，不必过多地纠缠在他的既有唯物主义内容，而又有唯心主义因素的"道"概念上，而应该从他的极其明白的对于"世界究竟是神创造的，还是世界本来就存在着"这个有关世界本原问题的回答上，来寻求他对哲学基本问题的答案。文中认为老子的"道"，尽管带有某种神秘色彩，但就其实质来说，它却是以批判宗教神学的鲜明姿态而出现在中国古代思想史上的。庄子则是继承了老子的无神论思想，把老子的"道"，作为他反对宗教神学世界观的武器。

对上述这种看法，我认为有其正确的一面。我在《老庄哲学的神学特色》（载《中国哲学史研究》1983年第3期）一文中就说过：老、庄用所谓天道自然来代替神创世界，固然有其无神论并通向唯物主义思想的一面。它否认人格神的存在，否认上帝神创世界，这也是事实。但是我提出两点质疑：（一）反对上帝神创世界的人，不一定是个唯物主义者，如黑格尔并没有承认有形象化的上帝，但恩格斯却将他归入唯心主义阵营。因此想回避纠缠对老、庄"道"的概念做出分析，而简单地认为老、庄否认上帝神创世界，就是属于唯物主义阵营，这种看法有片面性。（二）承认创世说的人，不一定都认为有个形象化的上帝来创造世界，他们甚至可以反对这种粗陋的宗教神学，如老庄哲学就带有这方面的特征。

最近，我陆续看到张、赵两位回答我质疑的论文（《光辉的无神论思想》《哲学家的庄子与艺术家的庄周》，分别载于《社会科学战线》1984年第3期、1985年第2期），看过后受到很大教益，但困惑之处仍未消除，特草此文，再向张、赵两位继续请教。

一

张、赵两位在《光辉的无神论思想》一文的第一部分先概述了"老子以前之学术"，认为崇拜天帝的宗教神学世界观是占据统治地位，只有老子以"道"理论扫荡了殷周以来传统的一切有关帝、天、鬼、神的观念，这才完成了神学到哲学的转变，从而才使无神论思想发展到一个新的历史阶段。文中还引述夏曾佑

的话，认为西周以来的神学"至老子而破"。又引证了阎韬的话，说老子所提出的"道"，"从根本上改变了人们的思考方向，使理性第一次战胜了信仰"。据此，文中对我提出质询：把这样一位在中国思想文化史上做出了如此巨大贡献的思想家说成"是和无神论格格不入的"，把这样一个"从根本上改变了人们的思考方向"的"道"轻而易举地与"上帝"画等号，这实在是难以理解的。

张、赵两位的质询，虽然有一定道理，但并未打中要害。因为老子反对上帝神创世界，这一点我是同意的，所以要说西周以来的神学"至老子而破"，也未尝不可。但问题是老子虽反对神创世界，却换来个道生万物，这使人不能不研究"道"的性质问题。要说是"道"的提出使理性战胜了信仰，但有了理性虽可战胜对人格神的信仰，却不能排除理性也可以建立新的创世说。这一点正如费尔巴哈所指出："黑格尔关于自然、实体为理念所建立的学说，只是用理性的说法表达自然为上帝所创造、物质实体为非物质的亦即抽象的实体所创造的神学学说。"① 这里我再引述费尔巴哈的话，并不是以黑解老，只是说明理性并非一定与神学绝缘。其实不只黑格尔是这样，我国的程朱理学，也是把物质实体说成是由抽象的实体即"理"所创造，这种无人身的理性，实际上成为代替上帝的创世主。当然我这里无意将老子等同于黑格尔或朱熹，但老子不是直截了当认为自然界是本原，而把"道"安置在自然界的头上，这就使人不能不对"道"的性质进行探究。张、赵两位原来主张不必过多地纠缠在"道"的概念上，好像只要证明老子具有批判宗教神学观念就够了。我不同意这一条新的路子，如果仅仅认为老子以"道"的理论扫荡了殷周以来传统的天帝观念，就说他是个光辉的无神论者，是唯物主义思想家，这样论断未免简单化。因为即使承认西周以来的神学"至老子而破"，也不能排除他的"道"是一个新的创世主。所以我说张、赵两位文中第一部分的质询，并未打中要害。要弄清老子哲学的性质，要想避开对"道"这一概念的纠缠，那是不可能办到的。

二

张、赵两位文章的第二、三部分，反复论证了老子的"道"的唯物主义性质。大概他俩已意识到，要判断老子哲学，想避开对"道"这一概念的纠缠，是难以办到的了。如众所周知，对"道"这一概念的性质，多年来就有不同意见的争论。如"道之为物""有物混成"等章，主张老子是唯物论还是唯心论的人就有不同理解。张、赵两位以此来说明老子是唯物主义者，本也未尝不可，但这里却未免拔得过高。如说，那种能够表达物质世界的统一性及其规律性的概

---

① 《费尔巴哈哲学著作选集》上卷，生活·读书·新知三联书店1962年版，第114页。

念,不是别的,而是老子所提出的既是本原又是规律的"道"。又说:"道"是物质性与规律性的统一,是"自然总体的概念",表达了"天地万物之最普遍的最本质的联系"。

老子的"道"的唯物主义思想是否有那样高的水平,看来是值得考虑的。前几年任继愈同志在《老子研究的方法问题》(载《中国哲学史研究》1981年第1期)一文中,说到回顾二十年来关于老子的研究文章,更多的失误是讲得太"透",以至超出了《老子》本书及其时代所可能达到的认识水平。例如,主张老子是唯物主义的人们,把"道"解释为"物质实体",就不对。春秋时期,不可能有近代哲学的"物质实体"的观念。《老子》不可能有这样明确的唯物主义观点。又如,主张老子是唯心主义的人们,把"道"说成"绝对观念"或"超时空"的观念。"物质实体"或"绝对观念"不仅老子本人没有,先秦任何一个哲学家都没有。如果情况是这样,那么张、赵两位对"道"这一概念的诠释,倒是有点超出了近代哲学的认识水平。当然,把"道"说成是"绝对观念"也是不妥的,我本来也没有这个意思,只是说从黑格尔的例子得到启发,如果老子认为自然界就是本原,何必在前头又加上一个"道"呢?张、赵两位说我以黑解老,这里可以附带说几句,黑格尔对老子的"道"确是有过评述,他说:"道就是道路、方向、事物的进程、一切事物存在的理性与基础。"① 又说:"中国人承认的基本原则是理性——叫作道;道为天地之本,万物之源。"② 这里把"道"看作是精神性的东西,但认为水平并不高,"整个说来是不能给我们很多教训的","也有点象我们在西方哲学开始时那样的情形"。③

黑格尔的评述并不认为老子的"道"已具有他那种"绝对精神"的水平,而是停留在哲学的早期阶段。但认为"道"是第一性的造物主而不是第二性的派生物,意思是清楚的。这里我介绍了黑格尔的看法,应该也是可以的,并不等于以黑解老。张、赵两位当然反对这种观点,他们在文章的第四部分和在《哲学家的庄子与艺术家的庄周》的第一部分,就集中批驳我提出的:老子认为"道在气先"和"道在物先。"他们的理由是:老子的"道",也就是未得而形的气体,是"朴",是万物所从出的"始基和元素",这种"气"或"朴",本身也是物质性的,这当然就不存在"老子认为'道在物先'"了。至于"道在气先",则说老子从来没有讲过,所以是"无的放矢"。这里就牵涉到老子哲学中的道气关系与道物关系问题,这种争论可以说由来已久。但我觉得有篇文章还是可以参考的,那是在《中国哲学史研究》上与《初探》同期(1981年第3期)发表的《略论老子的"道"》,作者是贾顺先和赵理文。该文对"气"这个哲学范畴,在

---

① 《哲学史讲演录》第一卷,第126页。
② 《历史哲学》,第179页。
③ 《哲学史讲演录》第一卷,第127–128页。

中国古代哲学史上的发展过程有较为全面的回顾,认为按照唯物主义"气"一元论的观点,元气是天地万物的最后根源,是最早的物质存在形式,原者,始也。元气是最初的气,没有什么东西能再来"构成"它,或产生它的。可是老子却在元气之前,又加上了一个"道"。因此这个"道"只能是非物质性。如果"道"是物质性的,就是说"道"是比"元气"更小的物质微粒,是更早的物质混沌状态。这样,元气就成了第二序列的东西了,这是不符合古代气一元论者的思想和老子的思想的。其实在我国古代唯物主义者看来,元气就是指的阴阳未分的混沌之气,在它之前是不会再有其他东西的。因此老子"道生一"的"生"字,不能理解为由混沌之气再构成元气,而只能理解为由精神性的"道",派生出物质性的阴阳未分的元气来。

从贾、赵两位的观点看来,关键是老子讲"道生一"这个"生"字。张、赵两位认为"道"也就是"一",是浑沦一体之气。证据是《淮南子·天文训》:"道始于一,一而不生,故分为阴阳,阴阳合而万物生。故曰:一生二,二生三,三生万物。"但对《淮南子》的解释,杨柳桥就有不同看法。他在《〈易传〉与〈老子〉》(载《中国哲学史研究》1981年第1期)一文中说:如果除掉《老子》的"道生一"这句话,易家和道家有关天道观的论点,基本是一致的。两家的分歧就在于《老子》加上了"道生一"这么一顶"帽子"。有这顶"帽子"和没有这顶"帽子",观点完全不同。这便是我国先秦易家和道家在天道观上的分歧点。值得我们注意的是,《淮南子·天文篇》"道始于一,一而不生,故分为阴阳,阴阳合和,而万物生。故曰:'一生二,二生三,三生万物'"这段话,它抛掉了"道生一"这句话,而换上了"道始于一",因而它的论点完全同《易传》相一致。这里是说,《淮南子》的诠释不符合《老子》原意,因为它把"道生一"改换成"道始于一"。杨柳桥的结论是:"有生于无","无"中可以生"有","道生一",或"道"生万物,这便是道家的基本观点,它无疑是从唯物主义滑到唯心主义的泥潭之中了。

贾顺先、杨柳桥这样提出问题,我认为是有道理的。既然"道"就是"一",是浑沦一体之气,何必又来个"道生一"呢?那不是变成叠床架屋吗?上一段我的转述,该不会认为我是以贾、杨解老吧!对贾、杨提出的问题,看来张、赵两位并未将之驳倒;而他们自己的立论,却反而有些漏洞。如对《庄子·天地》篇"泰初有'无'"一段,说此"无"即"道"也,"无"其为"一之气也"明矣。但别处又说,庄子以"气"与"物"论道,并不是说,在他那里道即="气",也不是="物"。庄子的道论已经超过了五行论与元素说,而成为较高一级的朴素唯物主义思想。如众所周知,所谓五行论与元素说,是指我国古代,曾经认为千变万化的物质世界是由水、火、木、金、土五种物质元素组成的,后来感到以此解释世界的物质统一性有困难,于是产生唯物主义的"元气"

说。但这里既说庄子的"道"已超过了五行论与元气说,又说"道"是"气"而不等于"气",那么这较高一级的朴素唯物主义是什么呢?确是使人不能不有点难于索解了。

张、赵两位认为,老庄开创了道气合一的朴素唯物主义理论,但却缺乏有力论证。比如说:庄子认为万物的一生一灭,都是气的聚散往来,而天下万物的生成变化,又都是遵循着自己的自然规律也就是"道",故庄子说:"天地者,形之大者也;阴阳者,气之大者也,道者为之公。"① 这里所引《庄子》的话能否说明是道气合一的理论呢?不能。"道"既然是规律,当然是先有天地、阴阳才有"道"。但老子的"道"是"先天地生",庄子的"道"又是"生天生地"。所以怪不得王夫之对此提出质询:"使(道)先天地以生,则有有道而无天地之日矣,彼何寓哉?而谁得字之曰道?"② 王夫之这样深刻地提出问题,正是他思想敏锐之处。既然"道"是天地万物生成变化的规律,又是先于天地阴阳而存在,那么这个"道"寄寓于什么地方呢?我上次文章中也引了王夫之的话:"道者器之道,器者不可谓道之器也。""故无其器则无其道,诚然之言也。"我认为这两处所讲的是相为表里的,对事物与规律的关系阐释也是正确的。但张、赵两位硬说王夫之是据程、朱的"理"来批老子的"道",其实是无的放矢。如众所周知,程朱理学,是认为未有君臣父子之前,已先有君臣父子之理;而老庄道论,却认为未有天地万物之前,已先有天地万物之道。朱熹讲理气关系,说"理是本","理终为主","帝是理是主"③;而老子却说"道渊兮似万物之宗"④,"可以为天下母"⑤,也是宗主和母子的派生关系。从以上看来,程朱的"理"与老庄的"道"除水平高低和精巧程度不同外,在哲学基本问题上没有原则区别。把王夫之的诘难认为用在揭露程朱的"理"自是非常深刻,批评老子的"道"则是曲解,这样论断是难以使人心折的。

张、赵两位为要维护其论点,在他们的答辩文章中,总是千方百计把"道"与天地万物的关系,说成是构成与被构成的关系,不是派生与被派生的关系。所以说老子的"道",很像张载所说的"纲缊变化"之气,很像王夫之所说的"气原是有理的,尽天地间无不是气,即无不是理也"⑥ 的气理一元论。还说王夫之由于以儒学正宗面目出现,所以不肯承认与老子这种承传关系。

张载、王夫之真的是在道气关系上承传老子,只是囿于儒道门户之见而不肯

---

① 《庄子·则阳》。
② 《周易外传》卷一。
③ 见《朱子语类》。
④ 《老子》第四章。
⑤ 《老子》第二十五章。
⑥ 《读四书大全说》。

认账吗？我们看张载对"道"下的定义："由气化，有道之名"①。"道"就是太和之气的变化流行的过程。又说："太和所谓道，中涵浮沈、升降、动静、相感之性，是生絪缊、相荡、胜负、屈伸之始。"②。这里很清楚，"道"并非"絪缊变化"之气的本身，只是说太和中蕴涵着阴阳二气，阳气是浮、升、动的，阴气是沈、降、静的，两种性质互相对立，互相感通，因而开始发生絪缊相荡，或胜或负、或屈或伸的运动变化，这才是太和所谓"道"。张载认为世界的本体是元气，太虚就是"气"。"道"是气化的过程，"道"是"气"之道，不能离"气"而单独存在，更不能生气。所以他批评老子说："若谓虚能生气，则虚无穷，气有限，体用殊绝，人老氏'有生于无'自然之论，不识所谓有无混一之常"③。由此可见，在本体论上张载对老子并无"承传"之处。至于王夫之说"气原是有理的"，但并非说气的本身就是理。气与理、器与道，是本体与规律的关系。所以说"尽天地间无不是气，既无不是理也"，这个"理"只是"气"之"理"，离开"气"就不会有"理"单独存在，所谓"无其器则无其道"，就是这个意思，这才是王夫之的气理一元论。而老子的"道"，既是"先天地生"，又是"独立而不改"，船山对它，谈得上有哪些"承传"关系呢？

最后还谈一下形神关系。张、赵两位说我以"庄子是重精神而轻形体"，他"只要精神完美，不怕形体伤残"来推论庄子必然是神不灭者，这在事实上和逻辑上都很难通过。不错，我是说过庄子是重精神而轻形体的，因为他把人的形体看成精神上的一种负担，所谓"以生为附赘悬疣，以死为决疣溃痈"，认为只有解脱形骸，获得精神上的绝对自由，才能"逍遥乎无为之业"。④ 我是说从这个意义上来看，庄子是主张形尽神不灭的。至于我这里所谈的是哲学上的形神观还是属于具有伦理道德意义的精神美与形体美关系问题，我认为应该算是前者。因为庄子要把人的精神从形体中得到解脱，使"能入于不死不生之境"，这不是精神美与形体美孰重孰轻，而是精神能否脱离形体而永存，这正是哲学上神灭与神不灭两方争论的焦点。不过我并非只凭这一点来替庄子的形神观定性。更重要的还有《养生主》篇中的结语："指穷于为薪，火传也，不知其尽也。"《初探》认为这是"气"之有变化而无生灭的一种形象说法，我觉得很难具体解释。因为这里明明有薪与火两样东西，庄子认为一根一根的脂烛有烧尽的时候，但火却一直传下去，没有穷尽。如果说这是表示气有变化而无生灭，那么气是薪还是火呢？但如以薪火比喻形神，则符合《养生主》一文的主题思想和逻辑归结，后来桓谭、王充、慧远等人，也无不以这个比喻来争论形神关系问题。桓谭、王充

---

① 《正蒙·太和》。
② 《正蒙·太和》。
③ 《正蒙·太和》。
④ 《庄子·大宗师》。

认为薪与火是不能分离的，薪尽火灭比喻为形尽神灭；慧远则认为薪尽可以将火由前薪传给后薪，这样一根接着一根，火就可以永远传下去。慧远说："火之传于薪，犹神之传于形；火之传异薪，犹神之传异形。"① 这种薪尽火传的形象比喻，就成为佛教徒宣扬形尽神不灭论的理论根据。我们应该看到，慧远这样论证的思想渊源来自庄子，起码观点上有其相同之处，这是难以否认的。张、赵两位这次对此避而不谈，而想用艺术家的庄周来为哲学家的庄子做辩护，看来是难以奏效的。

三

张、赵两位和我争论老庄哲学的性质，他们认为老庄是无神论和唯物主义思想家，我则认为老庄用所谓天道自然来代替神创世界，固然有其无神论并通向唯物主义思想的一面；但他们的世界观最终是归根复命、任天安命，自然的天道终于变成了司命之神，这就是老庄哲学的神学特色。

这里提出所谓司命之神，可能是属于我的杜撰。但我觉得在中国古代哲学中，确是存在着这个问题，其中牵涉到无神论与有神论的思想界限及其通向。按照人类理论思维的发展规律，原始社会中由于生产力水平的低下，人们的世界观只能通过神话的形式得到反映，如在我国古史中就有相当丰富的传说，表示出我们原始时代的祖先对超自然力量的崇拜和对征服自然的幻想，这就是哲学的最初萌芽。随着原始社会的瓦解到奴隶社会的产生，享有特权的贵族，开始要求天上的神灵与地上的统治权力相适应，于是上帝神的观念就逐步形成。我国在进入夏、殷、西周奴隶社会后，就逐步出现以崇拜上帝祖先为核心的天命神权论，这是地上奴隶主阶级统治的王权在天上的投影。从人类认识史的演进过程来看，由原始宗教的万物有灵、图腾崇拜到天命神权论的产生，已构成了唯心主义有神论的理论形态。

有神论的天命论是我国殷、周时期奴隶主阶级的世界观，是当时占统治地位的思想。由于统治者宣称其王位是受命于天，所以从形式上看神权高于王权；但实际上如没有王权的支持神权是难以维护的。从西周末年以后，随着周天子权威的失坠，天上神权也就跟着动摇。如在《诗经》中出现了一批"变风变雅"的诗歌，其中有的篇章就有不少怨天骂天的词句。什么"昊天不佣！""昊天不惠！""昊天不平！"② "民今方殆，视天梦梦？"③ 这就把老天爷骂得一无是处。

---

① 《沙门不敬王者论·形尽神不灭第五》。
② 《小雅·节南山》。
③ 《小雅·正月》。

还说"下民之孽，匪降自天，噂沓背憎，职竞由人。"① 这里看到人民遭受的苦难，根源不在天上，而在人间。诗人公然发出"凡百君子，各敬尔身，胡不相畏，不畏于天"② 的狂言，可以说是给王权神授论的当头一击。自是奴隶主贵族苦心经营的天命神权论破产了。

春秋时一些头脑比较清醒的政治家，也看到不能依靠神力来进行统治。如随国大夫季梁就提出"夫民，神之主也。是以圣王先成民而后致力于神"③ 的命题。稍后虢国的史嚚更发出"国将兴，听于民；将亡，听于神"的警语。《诗经》中的怨天骂天比较偏重于发泄感情；季梁、史嚚的重民轻神则提高到政治上对天命神权否定。但这些诗人和政治家还不是无神论者，因为不管怨天骂天，还是重民轻神，仍然承认天神是存在的，只是威信扫地罢了。而真正从理性上对形象化的上帝提出否定性批判的，却是老子和庄子。他们将原来只是作为道路、方向、进程的"道"上升为哲学最高范畴，变成了宇宙的本源及其规律，并且代替上帝起到创化天地万物的作用。如《老子》书中说过，"以道莅天下，其鬼不神。"④ "吾不知谁之子，象帝之先。"⑤《庄子》书中也把"道"描述成："自本自根，未有天地，自古以固存；神鬼神帝，生天生地；在太极之先而不为高，在六极之下而不为深，先天地生而不为久，长于上古而不为老。"⑥ 在"道"的面前，上帝鬼神完全失去了主宰的权力，所以从这个意义上说，老庄具有光辉的无神论思想，应该也是可以的，他们对殷周的天命神权论，确是从哲理上予以否定。

我既然承认老庄有无神论思想，为什么又提出司命之神的问题呢？因为他们虽然反对用人格神的上帝来主宰一切的神学目的论，可是代之以天道自然无为也有问题。张、赵两位说：庄子的"天"便是自然，便是自然规律，"闻道"之人正是"本乎天，位乎德"，从而取得"物莫之伤"的"自由"的。这就是说，"闻道"之人，能够掌握自然规律，即是从掌握必然中来取得"自由"。但依我看来，问题并不那么简单。因为老庄讲天道自然，虽然不强调有能赏功罚过的天帝和鬼神，但无法解释人生的各种际遇由什么力量所支配。如果把社会与人生的种种现象都解释为自然如此，那并不能说明社会人事变化的科学原因。而这种自然如此却成为一种不可捉摸的超人间力量，相信这个东西就得变相承认冥冥之间是自有主宰，这就是自然命定之神，也可以称之为司命之神。由于老庄的天道自

---

① 《小雅·十月之交》。
② 《小雅·雨无正》。
③ 《左传·桓公六年》。
④ 《老子》第六十章。
⑤ 《老子》第四章。
⑥ 《庄子·大宗师》。

然并不能真正反映人类社会发展的必然规律,所谓"闻道"之人当然也不可能从掌握必然中来取得自由。如庄子大讲什么"逍遥游",还提出要"独与天地精神往来","上与造物者游,而下与外死生无终始者为友"①。这只是幻想从精神上超脱现实,而实际上不能不受司命之神支配。

荀子评价庄子哲学时,说他"蔽于天而不知人"②。庄子认为人只能听命于自然,完全抹杀人的主观能动作用。他说:"死生,命也,其有夜旦之常,天也。人之有所不得与,皆物之情也。"③ 这里将死生看成像日月交替,一切听其自然,非人力所能干预。这种看法虽有其合理的一面,但也表现出命定论的征兆。果然,"命"对人生的主宰作用,庄子进一步加以强调:"死生存亡,穷达贫富,贤与不肖毁誉,饥渴寒暑,是事之变,命之行也。"④ 这就变成人生的一切,都由命所安排了。庄子并非完全甘心这样,但他没有别的办法,只好说:"知其不可奈何而安之若命,德之至也。"⑤ 庄子主张"无以人灭天,无以故灭命"⑥,"天"与"命"实际上支配着人生,而庄子这种听天由命的人生态度,要说他已经掌握了必然规律而取得了自由,那是不符合实际的。

在中国哲学史上,老庄的自然观是唯物论还是唯心论是有争议的,但即使像王充那样,明确提出"元气自然"的唯物主义宇宙观,并且公认他是个战斗的无神论者,也同样不能摆脱司命之神的支配。王充就说过:"仕宦贵贱,治产贫富,命与时也。命则不可勉,时则不可力。知者归之于天,故坦荡恬忽。"⑦ 这是把人的社会命运如贵贱贫富归结为"自然之道",即认为在"命"(必然)与"时"(机遇)的面前,人是无能为力的,只好胸怀坦荡,处之泰然。其实这是受到无可奈何的自然命定论的支配。

在讨论中,张、赵两位还引用了陶渊明"纵浪大化中,不喜亦不惧"的诗句,认为庄子和陶渊明,都把人之生死看成是气之聚散,所以能抱着不喜不惧的人生态度来看待死生之变。如果从这个角度看,也可以说他们是无神论者。但是陶渊明的宿命论思想也确是非常突出,如说:"天地赋命,生必有死,自古圣贤,谁能独免。子夏有言:死生有命,富贵在天,……将非穷达不可妄求,寿夭永无

---

① 《庄子·天下》。
② 《荀子·解蔽》。
③ 《庄子·大宗师》。
④ 《庄子·德充符》。
⑤ 《庄子·人间世》。
⑥ 《庄子·秋水》。
⑦ 《论衡·命禄》。

外请故耶!"① 这是把人的死生穷达,说成都由天命所支配了。本来陶渊明确也说过:"大均无私力,万理自森著。"② "天道幽且远,鬼神茫昧然。"③ 还说:"贞脆由人,祸福无门。"④ 他是否认自然界有造物主的,也不相信鬼神和因果报应等一套,可是却不能摆脱司命之神,他只好随遇而安,"寓形宇内,能复几时?曷不委心任去留","聊乘化以归尽,乐夫天命复奚疑"⑤,终于变成了乐天安命的田园诗人了。

  通过上面的分析,我们能得到什么启示呢?从中可以看出,无神论与有神论之间,并无绝对不可逾越的鸿沟,两者之间虽有界限,但同时也可以通向。否认形象化的威灵显赫的上帝,可以迎来自然无为的司命之神。它并没有给世人赏功罚罪,但人们的死生祸福,最后也只能听从命运的安排。所以老庄的"道"究竟扮演着什么角色,确是可以研究的。张、赵两位说老子之道是光辉的无神论思想,但即使如此,人们对于这个"道",也只能任其自然,人是无能为力的。人道法自然,归根复命,最终又无可避免地走上了自然命定论。庄子认为人可以闻道、得道,这样就能寻求精神的绝对自由。但是这种"自由"是虚幻的;在现实生活中,也只能用知命、安命思想来自我慰藉一番,那不是司命之神的怪影在游荡吗?

  张、赵两位看不到无神论与有神论的通向问题,所以总是千方百计否认老庄的神学思想。如"天网恢恢,疏而不失"⑥,这后来在社会上已经成为能赏善罚恶和能对人报善的常用语,但张、赵两位却解释为:"天网"也就是自然之网,自然之理法。违反了自然之理法,就会遭到自然的惩罚。怎样才算是违反自然之理法呢?现代科学家认识到,如果破坏了地球上的生态平衡,就会遭受到大自然的惩罚。老子当时能有这样高的科学认识水平吗?唐朝韩愈,他认为人类对自然界进行生产,如"垦原田,伐山林,凿井以泉饮",以至"筑为墙垣、城郭","疏为川渎、沟洫、陂池、燧木以燔,革金以熔,陶甄琢磨"等活动,会破坏"元气阴阳","悴然使天地万物不得其情"。他主张对人类进行惩罚,"是则有功于天地";"繁而息者,天地之仇也"⑦。韩愈是认为天"能赏功而罚祸"的;

---

① 《与子俨等疏》。
② 《神释》。
③ 《怨诗楚调示庞主簿邓治中》。
④ 《荣木》。
⑤ 《归去来辞》。
⑥ 《老子》第七十三章。
⑦ 《天之说》。

柳宗元则主张人事的功、祸是人们自己造成的，欲望天能"赏罚"是"大谬"①。老子的观点是否也像韩愈那样，认为违反了自然之理法，即损坏了元气阴阳，就会遭到自然（天）的惩罚呢？但要说"天网"能赏功罚祸，从韩、柳争论的哲学性质来衡量，老子这个"天网"是什么东西，明眼的读者是会做出自己的判断的。

(原载《中国哲学史研究》1986年第4期)

---

① 《天说》。

陶渊明无神论思想试探

——兼论中国古代无神论与有神论的思想界限及其通向

陶渊明（365—427年），一名潜，字元亮，浔阳柴桑（今江西九江）人。他是个有名的田园诗人，在中国文学史上占有重要的地位。由于他没有专门的哲学论著，所以在思想史上一般很少提及。在他所生活的时代，有神论十分流行，道教正鼓吹人能长生久视而求做不死神仙，佛家则力言形尽神不灭以明因果报应。对当时社会上流行的这些观点，陶渊明常常在所写的诗文中，明显地加以驳斥。作为封建时代的文人，这种思想表现我认为是值得珍视的。虽然在他的思想中也有消极的一面，这是由于阶级和时代的局限。我们只要对此做出全面分析，并总结理论思维方面的经验教训，这仍然不失为一项有意义的工作。

一

陶渊明虽然没有系统地论述过自己的自然观，但他认为宇宙是自然生成的，并没有人格神作为主宰和造物主，这种思想却相当明确。如说："茫茫大块，悠悠高旻，是生万物，余得为人。"① 就是认为万物和人是由宇宙自然生成，而宇宙却是充塞着元气。所谓"咨大块之受气，何斯人之独灵！禀神智以藏照，秉三五以垂名。"② 作为万物之灵的人，虽然神智上比其他优异，也是由自然气化而生成的，这里看不到神在主宰世界和造化万物的作用。

陶渊明虽然不能科学地认识自然界的造化和万物生灭变化的规律，但他对自然界事物和人的形体与精神关系的观察，使他比较能如实地看出一些问题。他指出："天地长不没，山川无改时。草木得常理，霜露荣悴之。谓人最灵智，独复不如兹，适见在世中，奄去靡归期"③。这里他把天地、山川、草木和人的形体作了观察比较，认为天地山川即自然界的总貌是不会改变的，草木是一岁一枯荣，唯独最灵智的人的形体，在人死亡之后就消灭掉而不能复生了。当然他这里的观察和判断并不是很科学和准确的，如天地山川的自然界并不是永恒不变，具体的草木也不是永远一岁一枯荣；但他毕竟看出了自然界的山川草木变化和生灭，和有生命、最灵智的人有所不同，并指出这个区别。而当时鼓吹求神仙的道

---

① 《陶靖节集·自祭文》以下只注篇名。
② 《感士不遇赋》。
③ 《形影神三首并序之一》。

教徒如葛洪之流，却故意抹杀这个区别。当时有人指出："夫有始者必有卒，有存者必有亡。""而咸死者，人理之常然，必至之大端也。"葛洪之流对这种正确观点却强加驳难，狡辩说什么"谓始必终，而天地无穷焉。谓生必死，而龟鹤长存焉。""若夫仙人，以药物养身，以术数延命，使内疾不生，外患不入，虽久视不死，而旧身不改，苟有其道，无以为难也。"① 这就把天地、龟鹤与所谓仙人等同起来，认为人也可以长生不死。陶渊明则强调了这种区别，实际上是对道教徒的神仙谬说给以驳斥。他还明确指出："运生会归尽，终古谓之然。世间有松乔，于今定何间？"② 赤松子和王子乔都是古代传说中的神仙，而陶渊明却以此给以否定，这是明确驳斥了道教的有神论，批判了秦汉以来方士的神仙之说，从而在一定程度上宣传了无神论思想。

如果说，魏晋南北朝时神仙道教的一派，宣扬人可以修仙学道，长生不死，这种有神论比较肤浅和粗糙的话，那么当时佛教徒讲形尽神不灭的一套，就比较细致和精巧，而更富有欺骗性了。如和陶渊明同时的慧远和尚，这方面就很有他的一手。本来形神关系问题，汉代的桓谭、王充已经做出了唯物主义的回答。如桓谭提出"以烛火喻形神"的著名命题，认为"精神居形体，犹火之燃烛矣。""烛无，火亦不能独行于虚空"，"犹人之耆老，……气索而死，如火烛之俱尽矣"。③ 王充也指出："天下无独燃之火，世间安得有无体独知之精"，"谓人死有知，是谓火灭复有光也"。④ 桓谭、王充的观点是对的，但这个比喻有漏洞。因为一根烛将近烧完，可以接上一根继续燃烧下去。慧远就是抓住这一点作文章。他说："火之传于薪，犹神之传于形。火之传异薪，犹神之传异形。前薪非后薪，则知指穷之术妙；前形非后形，则悟情数之感深。惑者见形朽于一生，便以谓神情俱丧，犹睹火穷于一木，谓终期都尽耳。"⑤ 就是用薪尽火传的比喻来论证形尽神不灭，并为"业有三报"（现报、生报、后报）的因果报应制造理论根据。

陶渊明和慧远是有交往的，当慧远在庐山结白莲社时，主张神不灭论的宗炳等人都积极参加，名士谢灵运至求入社而不可得。但他与慧远虽"雅素为方外交，而不愿齿社列，远公遂作诗博酒，郑重招致，竟不可诎"。⑥ 他在慧远招他饮酒，因"勉令入社"时，却"攒眉而去"。⑦ 陶渊明所以这样，并非他与慧远的私交不好，也不是故作清高（因为慧远也是有名的高僧），他所以不愿入社，是与他同慧远、宗炳等人在思想观点方面存在分歧有一定关系的。

---

① 《抱朴子·内篇·论仙》。
② 《连雨独饮》。
③ 《新论·形神》。
④ 《论衡·论死》。
⑤ 《弘明集·沙门不敬王者论·形灭神不灭》。
⑥ 《靖节先生年谱》。
⑦ 《庐阜杂记》。

陶渊明是反对讲形尽神不灭的,他特别写了《形影神》诗三首,用这三者互相赠答的形式来阐明自己的观点。他虽比不上后来的范缜,能够用新的比喻对神灭思想重加论证,但他对形神不可分离的观点还是明确的。他认为精神和形体的关系,是"与君虽异物,生而相依附,结托既喜同,安得不相语。"① 相对来说,神和形当然是有所不同,但两者关系却是互相依附而不可分离的,从而驳斥了形尽神不灭的观点。他指出:"三皇大圣人,今复在何处,彭祖爱永年,欲留不得住,老少同一死,贤愚无复数。"② 人总是会死的,古往今来的事例可以证明这一点。但人死不单是形体,也包括精神。所以他说:"甚念伤吾生,正宜委运去,纵浪大化中,不喜亦不惧,应尽便须尽,无复独多虑。"③ 人死是神形俱尽,而不是形尽神不灭。

正因为陶渊明是主张形尽神灭的,所以他也不相信鬼神和因果报应等一套。他明白表示:"天道幽且远,鬼神茫昧然。"④ 认为鬼神之事茫昧无稽,所以说"贞脆由人,祸福无门。"⑤ 并没有什么鬼神在支配,也没有善恶报应。"积善云有报,夷叔在西山,善恶苟不应,何事立空言。"⑥ 所谓善恶到头终有报,其实只是骗人的空话。

陶渊明还反对厚葬,理论根据就是认为形尽神灭。他说"死去何所知,称心固为好。""裸葬何必恶,人当解意表。"⑦ 这也是表示出破除迷信的无神论思想。

陶渊明是个隐士,但也有一些横眉怒目式的诗篇。他称赞"刑天舞干戚,猛志固常在。"⑧ 据说"天山有兽名刑天,黄帝时与帝争神,帝断其首,乃以乳为目,脐为口,操干戚而舞不止。"⑨《山海经》中的故事当然是神话,但陶渊明却歌颂敢于反抗天帝,死后仍然斗争不息的刑天,表明他对最高神的权威,并不是那么敬佩的。他还肯定"精卫衔微木,将以填沧海"的精神;对"与日竞走"的夸父,称赞其"余迹寄邓林,功竟在身后"。⑩ 总之,陶渊明肯定对天帝和与自然作斗争的传说故事,也表现出他无神论的思想倾向。

陶渊明既认为天地是自然界,没有人格神作为主宰和造物主,那么万物的荣衰变化是怎样产生的呢?他提出"大均无私力,万理自森著。"⑪ 认为大自然像

---

① 《神释》。
② 《神释》。
③ 《神释》。
④ 《怨诗楚调示庞主簿邓治中》。
⑤ 《荣木》。
⑥ 《饮酒》。
⑦ 《饮酒》。
⑧ 《读山海经》。
⑨ 段成式:《酉阳杂俎》。
⑩ 《读山海经》。
⑪ 《神释》。

陶钧造器那样，万物变化都有它必然的道理。所谓"草荣识节和，木衰知风厉。虽无纪历志，四时自成岁。"① 而人则是"有生必有死"，人死后"得失不复知，是非安能觉"。② 这样一来，所谓天帝鬼神能给人以祸福，以至轮回三世报应等一套，就没有什么力量了。

二

陶渊明的自然观中所以会产生一些无神论思想，这与他所处的社会地位特别是后半生的生活实践有很大的关系。他的曾祖陶侃，东晋时曾以军功任大司马，也算是个高级官僚。但陶家并非门阀士族，且不久就没落下来，到陶渊明时已是"亲老家贫"。他虽曾当过几任小官，但无法实现"大济苍生"的宏愿，终于他不再想混迹于仕途，中年后就归隐田园，并亲自参加一些农业劳动。从事生产实践和贫困生活的磨炼，使他的思想感情也在起变化，对于形成唯物主义和无神论倾向的自然观，是有着密切关系的。

陶渊明是个田园诗人，所写的诗歌自然有它闲适的一面，但生活的重担使他对物质世界不能不抱着现实态度。他称赞"舜既躬耕，禹亦稼穑"，"冀缺携俪，沮溺结耦，相彼贤达，犹勤垄亩。"③ 认识到"人生归有道，衣食固其端"，"田家岂不苦，弗获辞此难"。④ 物质生活是任何人所必需的，但参加过生产劳动的人会对此更有体会，所以陶渊明才说："衣食当须纪，力耕不吾欺"。⑤ 此外还传说他对物质元素的水火有特殊的感情。如说他"尝闻田水声，倚杖久听。……叹曰："此水过吾师丈人矣。"又说他"日用铜钵煮粥，为二食具，遇发火，则再拜曰：非有是火，何以充腹"。⑥ 衣食水火是人们不可须臾离的东西，而诗人当时的生活，却是"躬耕未曾替，寒馁常糟糠。岂期过满腹，但愿饱粳粮。御冬足大布，粗绨以应阳。正尔不能得，哀哉亦可伤。"⑦ 在最低生活都不能维持的时候，就得"夏日抱长饥，寒夜无被眠"⑧ 对衣食水火之资当然更为关切了。在这种情况下再祈求天帝鬼神的庇佑是无济于事的，因而他对此给以否定。

但是陶渊明的身世和他在生产生活方面的实践，固然有助于产生无神论的思想，然而也有其消极和不足的地方，他有点类似王充，不相信天有意志能赏善罚

---

① 《桃花源记》。
② 《挽歌诗》。
③ 《劝农》。
④ 《庚戌岁九月中于西田获早稻》。
⑤ 《移居》。
⑥ 《云仙散录》载《渊明别传》。
⑦ 《杂诗》。
⑧ 《怨诗楚调示庞主簿邓治中》。

恶，以至鬼神报应等一套，但却无法科学解释自然界特别是社会人事所以变化的原因。对人的死生寿夭、穷通祸福，也无法预见和掌握，这好像有一个无形的主宰在支配着，从而陷入了自然命定论。

陶渊明的宿命论思想是相当突出的，如说："天地赋命，生必有死。自古圣贤，谁能独免。子夏有言：死生有命，富贵在天。……将非穷达不可外求，寿夭永无外情故耶？"① 这就把人的死生穷达，看成都由天命所支配了。我们看在他的一辈子中，确也是按照这套宿命哲学行事。他自称"乐天委分"，"识运知命"，所以"从老得终，奚所复恋"。② 颜延之也称赞他是"人否其忧，子然其命"，"视化如归，临凶若吉"。③ 既然人的一生由命运早做安排，所以对现实即使有所不满，也只好听其自然，最多是感慨一番。所谓"穷通靡攸虑，憔悴由化迁，抚己有深怀，履道增慨然"。④ "悲晨曦之易夕，感人生之长勤。同一尽于百年，何欢寡而愁殷。"⑤ 这样在悲感之余，终以自我慰藉了事。

正由于陶渊明一生穷困。他对当时那个恶浊的社会，既不愿同流合污，又不敢起来反抗，所以对人生流露出空虚情绪。"吾生梦幻间，何世绁尘羁？"⑥ "人生似幻化，终当归空无。"⑦ 这种思想情绪，对一个具有唯物主义自然观和无神论思想的人来说，好像有点格格不入。但出现这种矛盾并不奇怪，他不相信有一个人格神的天帝能够赏善罚恶，为民造福；也不相信形尽可以神不灭，以留待三世报应；但在现实社会中又找不到出路，只好无可奈何地让自然命运之神去支配。他反复低吟浅唱，"寓形宇内复几时，曷不委心任去留？""聊乘化以归尽，乐夫天命复奚疑。"⑧ 就这样在乐天知命中度过了一生。

三

在中国封建社会失意的知识分子中间，我认为像陶渊明这种思想类型是有一定代表性的。从他们毕生的实际经历和生活实践所产生的思想来看，并不相信有真能赏功罚祸的天帝和鬼神，但又无法解释人生的各种际遇是由什么力量所支配。如果说把社会与人生的种种现象都解释为自然如此，这与神学目的论者用人格神的上帝来主宰一切当然有所不同，前者也可以称之为无神论。可是再深入分

---

① 《与子俨等疏》。
② 《自祭文》。
③ 《陶征士诔》。
④ 《岁暮和张常侍》。
⑤ 《闲情赋》。
⑥ 《饮酒》。
⑦ 《归田园居》。
⑧ 《归去来辞》。

析，这种自然如此却是一种不可捉摸的超人间力量，相信这个东西实际上得变相承认冥冥之间是自有主宰，这就是自然命定之神，并不是人类社会发展的必然规律。这样无神论也就通向了有神论。

在这里可以看出一点：一个人如果只是在自然观上具有唯物论或无神论思想，并不能以此来说明社会人事变化的科学原因，如果勉强套上去解释，就很容易陷入自然命定论。从历史上看，著名的无神论思想家王充并没有能摆脱这个东西，陶渊明更由于宿命论而产生了人生梦幻的消极情绪，这在人类理论思维发展史上和在无神论史的研究方面，都有值得总结的经验教训。

历史上出现上述现象还说明了一个问题，即在马克思主义创立历史唯物主义理论之前，唯物主义和无神论思想一般只能表现在自然观方面，如果超过这个界限，涉及社会人事问题，就会陷入唯心主义的宿命论。从实质来说也是通向了有神论。譬如对人的生死，从自然体质和生理机能来看，认为有生必有死，像日月运行、四时代谢以至草木枯荣一样是自然之理，从而否定有不死的神仙和形尽神不灭之说，这种思想应该是属于无神论的范畴。但是如超越这个界限，像接触到人的寿夭祸福、贫富贵贱等一类问题时，无神论也就变成宿命论了。这里说明旧唯物主义无神论者存在着难以克服的局限，无神论与有神论之间并无不可逾越的鸿沟，当然也不能因此否认他们基本上是个无神论者。

中国古代有神论与无神论的界限，我同意刘禹锡的分析。凡是主张"天与人实影响，祸必以罪降，福必以善徕，穷厄而呼必可闻，隐痛而祈必可答，如有物的然以宰者"，这种"阴骘之说"就是有神论。相反认为"天与人实相异，霆震于草木，未尝在罪，春滋乎堇荼，未尝择善，跖蹻焉而遂，孔、颜焉而厄，是茫乎无有宰者"，这种"自然之说"就是无神论。① 当然并不排除后者同样可以陷入唯心主义的宿命论，也就是说最终还是可以通向有神论。

为要说明自然界和人类是各有不同的功能，刘禹锡还提出"天与人交相胜"的学说。他认为"阳而阜生，阴而肃杀；水火伤物，木坚金利；壮而武健，老而耗眊；气雄相君，力雄相长"，是"天之能也"。至于"阳而艺树，阴而揫敛，……斩材窾坚，液矿硎铓；义制强讦，礼分长幼；右贤尚功，建极闲邪"，则认为是"人之能"。② 刘禹锡的分析我认为基本上还是对的，自然界的职能确不能代替人的功能。"天恒执其所能以临乎下，非有预乎治乱云尔；人恒执其所能以仰乎天，非有预乎寒暑云尔"。③ 人对于自然界的寒暑变化是无能为力的；同样自然界对人类社会的治乱也无法干预。把社会治乱讲成有一个人格神的天帝在支配，此说固属荒唐；但归之于自然的原因，或认为是自然如此，即使不承认

---

① 《天论》上。
② 《天论》上。
③ 《天论》上。

有什么主宰，这仍然会陷入错误。因为这种思想虽然不属于有神论范畴，但神秘的自然命定论，我认为最终会通向有神论，并给社会上会带来严重的不良影响。

新中国成立以后，我们对破除迷信、宣传无神论思想曾经做过相当大量的工作，也收到一定的社会效果。但是工作的开展是不平衡的，并且有些地方还出现较大的反复。一般来说，当经济建设遭到挫折和群众生活遇到困难时，有神论思想就容易出现回升。特别在史无前例的十年中，人民群众无法掌握自己的命运，只好付之无可奈何的天意。虽然不一定都求助于具体的人格神，但那种瞎碰运气、听天由命或类似自然命定论的思想，却是相当流行的。这类思想虽不能直称之为有神论，可是从社会实际后果来看，它和迷信鬼神并无多大区别。这里说明一个问题：中国古代无神论者由于存在着无法克服的局限，所以通向有神论并无不可逾越的鸿沟。宿命论从今天的科学水平来看，也是一种潜在和变相的神学，而这种古老的思想到今天却仍然有相当广阔的市场。因此我们在宣传无神论思想时，需要总结这个历史课题，并分析产生这种思想的历史根源和社会原因，到今天还有它的现实意义。

（原载《中国哲学史研究》1980年创刊号）

读《老子想尔注》断想

——从道家到道教思想结合点的探索

道家和道教两个学术上的名词，既有联系又有区别。道家是先秦诸子中的一个学术流派，《老子》《庄子》属于哲学著作，并不具有宗教的性质，道教则与佛教等并列，很明显是属于宗教，但道家与道教却有密切联系。东汉末太平道和五斗米道却奉道家老子为祖师，将相传老子的著作"五千文"尊为《道德真经》，尊《庄子》为《南华真经》，奉为道教的主要经典。先秦道家怎样演变成为道教？道教为什么选择道家作为祖辈？道教对道家有无思想结合点？道教徒又是怎样将道家思想观点改造成为宗教教义的？这些问题都值得研究。

一

道教既然是宗教，而作为宗教信仰的基本标志之一是要有个至上神的观念。道教是讲究长生和成仙，从思想渊源来说本与古代神仙家接近。汉刘歆《七略》，将道家与神仙家分别著录。班固《汉书·艺文志》，著录"道三十七家"，归属诸子类；"神仙十家"，却归类于方技。班固对两家的概述亦截然有别。

> 道家者流，盖出于史官。历记成败存亡祸福古今之道，然后知秉要执本，清虚以自守，卑弱以自持，此君人南面之术也。合于尧之克攘，《易》之嗛嗛，一谦而四益，此其所长也。及放者为之，则欲绝去礼学，兼弃仁义，曰独任清虚，可以为治。

> 神仙者，所以保性命之真，而游求于其外者也。聊以荡意平心，同死生之域，而无怵惕于胸中。然而或者专以为务，则诞欺怪迂之文弥以益多，非圣王之所以教也。孔子曰："索隐行怪，后世有述焉，吾不为之矣。"

按以上评述，道与神仙两家是不相同的，并且毋宁说，道教与神仙更接近一些。但东汉时道教的创始者，何以不表明崇尚神仙家而尊崇道家的老子，这就要进行研究。

中国古代的神仙言，从班固的评述看，"保性命之真"，当然符合道教的教义，但"诞欺怪迂之文"，却"非圣王之所以教也"。因为宗教也有教化群众的一面，而这种神仙家言似乎不大合适，同时也没有一个有声望的可以当教主的人物，而道家老子具备这方面的条件。

先秦道家不像儒、墨两家，孔子和墨子是当然领袖，生前已有很高的声誉，并被公认为该派的宗主。而道家本身并无学派组织，道家的名称还是后来才有的，老子是个隐君子，在当时并不知名。但是到司马迁写《史记》，在讲到老子的《老子韩非列传》中，老子却成为一个传奇式人物。他记下孔子"问礼于老子"的传说。孔子见老子后谓弟子曰："鸟，吾知其能飞；鱼，吾知其能游；兽，吾知其能走。……至于龙，吾不能知其乘风云而上天。吾今日见老子，其犹龙邪？""老子修道德，其学以自隐无名为务。"按照司马迁这段记载，孔子对老子做了很高赞誉，同时也给人一点神秘感。而按照司马迁对老子生平的记载，本身就弄不清楚，既说："盖老子百有六十余岁，或言二百余岁，以其修道而养寿也。"又说老子出函谷关，为关令尹喜著书上下篇："言道德之意五千余言而去，莫知其所终。"这种模糊的记载，为后人神化老子提供了方便。

对老子的神化有个过程，由于司马迁讲"其修道而养寿"，两汉之际，杜房言"老子用恬淡养性，致寿数百岁"①。东汉初佛教传入，明帝时，史称楚王英"晚节更喜黄老学，为浮屠斋戒祭祀。"② 到桓帝时，"宫中立黄老、浮屠之祠"。③ 延熹九年（166），桓帝还亲自祭祀老子于濯龙宫。④ 老子与佛一同接受人们香火的膜拜，从养性延寿而逐步神化。

但老子成为世俗化的神祇是一个方面，如要作为道教的教主，从理论上还需要论证。就是将老子讲的"道"演化为主宰宇宙的人格神，并回归到老子本身。如东汉明帝、章帝之际的王阜，所撰《老子圣母碑》就说："老子者，道也。乃生于无形之先，起于太初之前，行于太素之元，浮于六虚，出入幽冥。"桓帝时边韶撰《老子铭》，却说好道者"以老子离合于混沌之气，与三光为始终"。这样老子成为道的化身，超世的神人，为他成为道教的教主找到用神学论证的理论根据。

二

从道家到演变成道教，需要寻求思想的接合点，即把道家的哲学著作改造成为道教的神学经典，从而为道教的创立找到理论依据。为解决这个问题，《老子想尔注》（简称《想尔注》）一书起到相当重要的作用。

《老子》其书，主要内容是阐发"道"和"德"所包含的哲学思想。"道"

---

① 桓谭：《新论·祛蔽》。
② 《后汉书·楚王英列传》。
③ 《后汉书·襄楷列传》。
④ 《后汉书·桓帝纪》。

是宇宙本原和自然发展规律，"德"是"道"在万物发展规律中的作用和体现。所以《道德经》原是道家学派关于宇宙观、社会政治思想、为人的修养原则的哲学著作，《想尔注》为要将哲学演化成宗教，却将原来"道"是宇宙的本原解释成为宇宙和人世间的主宰。如《老子》讲"道"是"无状之状，无物之象"。《想尔注》就演化说："道至尊，微而隐，无状貌形象也；但可从其诫，不可见知也。"① 经过这样注释，"道"虽是无形象的隐者，却是人们必须服从的至尊之神。再进一步，对"载营魄抱一能无离"句的注释说："神成气来，载形人身，欲全此功无离一。一者道也，……一在天地外，入在天地间，……一散形为气，聚形为太上老君，常治昆仑，或言虚无，或言自然，或言无名，皆同一耳。"② 这里先把"一"说成是"道"，再用气化的聚和散的观点，塑造出形象化的太上老君教主，后来有所谓"一气化三清"，成为道教造神的理论根据。

《想尔注》所塑造出的太上老君，后被道教徒公认为至尊天神。晋葛玄在《五千文经序》中说：

老君体自然而然，生乎太无之先，起乎无因，经历天地始终，不可称载，穷乎无穷，极乎无极也。与大道而轮化，为天地而立根，布气于十方，抱道德之至纯，浩浩荡荡，不可名也。

宋观复大师谢守灏《太上混元圣纪》中说：

太上老君者，大道之主宰，万教之宗元，出乎太无之先，起乎无极之源，经历天地，不可称载，终乎无终，穷乎无穷者也。其随方设教，历劫为师，隐显有无，罔得而测；然垂世立教应观之迹，昭昭若日月。

这样老子成为太上老君，为大道之主宰，也是道教的祖师，并且为历代道徒所公认，随着时代的推移，更显出其至尊无上的地位。

作为道教基本教义的长生成仙说，《想尔注》亦从《老子》中找到根据。通行本《老子》第七章说："天长地久，天地所以能长且久者，以其不自生，故能长生。是以圣人后其身而身先，外其身而身存，非以其无私耶，故能成其私。"此处原意是讲天道自然和对无为而无不为思想的发挥。而《想尔注》对"天长地久"四句加以解释，谓"能法道，故能自生而长久也"。对"是以圣人后其身而身先"两句解释说："求长生者，不劳精思求财以养身，不以无功刼君取禄以荣身，不食五味以恣，衣蔽履穿不与俗争，即为后其身也；而目此得仙寿，获福在俗人先，即为身先。"对"以其无私，故能成其私"句，则改"私"为"尸"

---

① 《老子想尔注校笺》，第18页。
② 《老子想尔注校笺》，第13页。

字并解释说:"不知长生之道,身皆尸行耳,非道所行,悉尸行也。道人所以得仙寿者,不行尸行,与俗别异,故能成其尸,令为仙士也。"①

《想尔注》既然把"道"作为宇宙的主宰,是永恒的存在,所以人们要长生为仙士,就要法道,至于怎样才能求得长生之道?主张不要功名利禄和鲜衣美食,即自身享受要比世俗之人靠后,这样享长生之福就会比俗人优先。对改"私"字为"尸"的问题,"夫唯不盈,能弊复成"句注称:"尸死为弊,尸生为成","独能守道不盈溢,故能改弊为成耳"。②守道就能使尸生而得仙寿,这里说明讲长生成仙,还是回归到法道和守道途径,即是对道家做出回应。

《想尔注》对"绝圣弃知,民利百倍"的注释,认为老子所讲只是"绝诈圣邪知,不绝真圣道知",并强调有"邪道"和"真道"之分。如"不劝民真道可得仙寿,修善自勤。反言仙自有骨录,非行所臻。云无生道,道书欺人。此乃罪盈三千,为大恶人,至令后学者不复信道"。③ 这里提出想得仙寿的人要修善自懃,对那些讲成仙有骨相而并非修行达到的人进行批评,这样容易使人认为道书欺骗而不相信。这里表明道教是反对命定论,而强调要修行得道。

道教作为宗教,当以去恶从善来教化人生。《想尔注》对此曾反复阐述。如对"天地不仁,以万物为刍苟(狗)"。"圣人不仁,以百姓为刍苟",注释中说:"天地像道,仁于诸善,不仁于诸恶;故煞万物,恶者不爱也,视之如刍草如苟(狗)畜耳。"又说:"圣人法天地,仁于善人,不仁恶人","是以人当积善功","而恶心不改,可谓大恶也"。④ 对"明白四达而无为"句注:"上士心通,自多所知,知恶而弃,知善能行,勿敢为恶事也。"⑤ 对"善行无辙迹","善言无瑕谪"句注:"信道行善,无恶迹也。""人非道言恶,天辄夺算。今信道言善,教授不邪,则无适也。"⑥ 对"不自伐,故有功","不自矜,故长"句注:"恶者,伐身之斧也,圣人法道不为恶,故不伐身,常全其功也。""圣人法道,但念积行,令身长生生之行……"⑦ 像这类劝善除恶的说教,《想尔注》中可以说比比皆是。

对"有天下"的人怎样"为天子",《想尔注》从反面和正面论证是否合于道,这里也反映出道教创始人的政治观点。

对"故贵以身于天下"句注:

---

① 《老子想尔注校笺》,第10-11页。
② 《老子想尔注校笺》,第20页。
③ 《老子想尔注校笺》,第25页。
④ 《老子想尔注校笺》,第8页。
⑤ 《老子想尔注校笺》,第14页。
⑥ 《老子想尔注校笺》,第36页。
⑦ 《老子想尔注校笺》,第31页。

> 若者，谓彼有身贪宠之人，若以贪宠有身，不可以讬天下之号也。所以者，此人但知贪宠有身，必欲好衣美食，广宫室，高台榭，积珍宝，则有为，令百姓劳弊，故不可令为天子也。设如道意，有身不爱，不求荣好，不奢侈饮食，常弊薄羸行，有天下必无为，守朴素，合道意矣。人但当保身，不当爱身，何谓也？奉道诫，积善成功，积精成神，神成仙寿，以此为身宝矣。贪荣宠，劳精思以求财，美身以恣身，此为爱身者也，不合于道也。①

这既是对当时统治者提出批评和要求，并以合与不合于道作为归结，这是道教沿着先秦道家的思想观点所寻求的接合点。

因此道教虽讲长生得仙寿，但修行的路子，还是沿着道家清静自然为依归，在《想尔注》中多有这方面的说教。如"重为轻根，静为躁君"注："道人当自重精神，清静为本。""是以君子终日行，不离辎重"注："重精神清静，君子轻重也，终日行之不可离也。""希言自然"注："自然，道也，乐清静。希言，人清静，合自然，可久也。"② 对"肫若浊，浊以静之徐清"句，在注中更做出全面论述：

> 求生之人，与不谢，夺不恨，不随俗转移，真思志道，学知清静。……然后清静能睹众微，内自清明，不欲于俗。清静大要，道德所乐，……常清静为务，晨暮露上下，人身气亦布至，师设晨暮清静为大要，故虽天地有失，为人为诫，辄能自反，还归道素，人德不及。③

这里对清静要求和作用，做出概括论式的论述，作为宗教的修持，对徒众还是合适的。

此外，如忠孝仁义等道德伦理观念，先秦儒道两家所持态度不同，老子倾向于批评意见，《想尔注》为要适应当时社会上对信徒教化的需要，在《老子》有关论述中，注释时却适当加以肯定，说明道教创始时也受到儒家思想的影响。

道教是中国土生土长的宗教，是在佛教传入中国后才出现的。有的认为形成这样一种表现中国传统的民族宗教，可以用来对抗外来宗教的影响。但道教有其包容性，如思想源头除选择先秦道家外，神仙方术也是思想依托的一面。此外与佛教虽有矛盾，但在教规、教义及教徒组织形式等方面，亦有所借鉴，思想上则有互相渗透的现象。对儒学则要适应当时统治者和世俗的需要，补充一些封建纲常伦理的思想观点，这样就可以适应社会各阶层的需要。《想尔注》作为道教开创时期的经典，承担了这两方面的社会功能。虽然从哲学理论思维的角度来看，

---

① 《老子想尔注校笺》，第17页。
② 《老子想尔注校笺》，第35、32页。
③ 《老子想尔注校笺》，第20页。

对《老子》书的注释，有牵强附会或是增字解经甚至歪曲原意的个别现象，但作为对人生终极关怀，在总体精神上还是和道家合拍的，从哲学到宗教作为两者之间的接合点，《想尔注》不失为一次比较成功的尝试。

（原载《华学》第一期）

中古时期道家文化的演变与分流

我国中古时期的东汉末年早期道教开始出现。这是从先秦道家、汉代黄老道演化而来，并杂有阴阳、神仙家的思想。道教这一宗教组织，一开始就带有鲜明的政治色彩，到魏晋南北朝时就严重分化，如葛洪与鲍敬言的大辩论，在政治理论上产生尖锐的对立。这是由于官方道教是为封建统治服务，而道教的下层，有的仍然和民间秘密结社联系在一起，从吸取道家不满现实的思想中，走上了封建叛逆的道路。从道家思想向思辨化方面发展的玄学，同样亦出现分化，主张"越名教而任自然"的嵇康，和后来"唯贵自然"的鲍敬言，他们在思想理论上对玄学主流派和官方道教的分歧，都表明道家文化在我国封建社会中期，对社会政治、学术和宗教界，仍然带有矛盾两重性的影响。

一

先秦道家不同于墨家这个有组织领导的团体，亦不同于儒家这个有师承传授的学派，而道家如老、庄、杨朱等人，都是一些隐居、避世之士，但求存性保真，不求闻达于诸侯。然而他们并非完全不关心政治，但大多不满现实，有愤世嫉俗的一面。他们提倡道法自然，无为而治，也有复古倒退、否定文明进步的思想。因此道家思想文化对后世社会的影响呈现出矛盾、复杂的态势。

司马谈在《论六家要旨》中，将道家列入"务为治者"中的一派，但所说的道家"其为术也，因阴阳之大顺，采儒墨之善，撮名法之要"，这种带有调和综合各家之长的，应是汉初的黄老之学，并非老庄原始道家的原貌了。但曹参用"黄老术"[①] 治国，为汉相后，史称惠帝、高后之时，"君臣俱欲休息乎无为"，"政不出房户，天下晏然。刑罚罕用，罪人是希。民务稼穑，衣食滋殖。"[②] 这就说明黄老之道在政治实践上取得很好的社会效果。由于曹参施政的基调仍是"无为而治"，所以也同时说明道家文化带来的积极影响。

经过汉初的休养生息，道家的无为而治已不适应统治者的需要。西汉中期以后，作为政治理论形态的黄老之学已渐趋式微，到东汉时道家一方面朝着神仙宗教的方向发展，如明帝的兄弟楚王英，"诵黄老之微言，尚浮屠之仁祠"[③]，把黄

---

① 《史记·吕太后本纪》。
② 《史记·曹相国世家》。
③ 《后汉书·楚王英列传》。

老与佛教同等看待，已作为宗教信奉，而不是一个学派的思想文化了。

东汉黄老道在宗教化的过程中出现分化，一方面为统治者所遵奉，如"延熹中，桓帝事黄老道，悉毁诸房祀。"① 另一方面却在民间流传，如东汉末年的张角，就"自称'大贤良师'，事奉黄老道，蓄养弟子"，经过十多年的组织发动，聚集到"众徒数十万"②，终于发动有名的黄巾大起义。具有讽刺意味的是，桓帝和张角都在事奉黄老道，可谓各取所需，而在政治上双方却起到完全相反的作用。

由于黄巾起义很快被镇压下去，张角创立的太平道也随之消散。但与此同时，张陵稍早在西蜀鹤鸣山创立的五斗米道却在局部地区得到发展。他在教内建立神职管理人员，初步形成一个以"君师"为中心的教阶系统。到他的孙子张鲁，势力扩大到汉中地区。张鲁自称君师，也就是教主，在地方上却"不置长吏，皆以祭酒为治"。③ 祭酒既是教中的神职人员，又充当地方官吏的角色，既要主讲教中经典《老子五千文》，并要负责"起义舍于路"，"县置米肉以给行旅"。④ 张鲁在汉中，推行政教合一制度和吸取道家某些原始公产思想并落实到经济措施中，受到人民的欢迎。张鲁统治巴、汉一带前后近30年，史称"行宽惠"，"民、夷便乐之"。⑤ 在东汉末年的社会大动乱中，五斗米道既是个民间宗教团体，又成为地方的割据政权，在治下并取得相当的成功，这种奇妙的结合，可以说是道家文化创造的又一种政治模式。

张鲁创建的政治模式，在他投降曹操之后中断了。但五斗米道仍在巴蜀地区流传和发展。西晋惠帝时，青城山道士范长生辅助李特、李雄领导的流民起义，于305年建立史称成汉的地方割据政权，并且坚持了47年之久。在其辖区内既宣扬"求道养志"的教义；同时又行与民休息的政策："其赋男丁岁谷三斛，女丁半之，户调绢不过数丈，绵数两。"而政权内部，却"国无威仪，官无禄秩，班序不别，君子小人服章不殊"。⑥ 这仍然是政教合一政权，并体现出无为而治的道家文化的遗意。

二

魏晋时期，道家思想除演变为道教外，另一途径是向思辨化方面发展，主要

---

① 《后汉书·王涣列传》。
② 《后汉书·皇甫嵩列传》。
③ 《后汉书·张鲁传》。
④ 《后汉书·张鲁传》。
⑤ 《三国志·魏书·张鲁传》。
⑥ 《晋书·李雄载记》。

表现为玄学。玄学的主要经典是《老》《庄》和《周易》，称为"三玄"。玄学与道教，思想渊源都来自道家，但哲学与宗教不同，在理论思维的表现方式上有差异。玄学作为一种社会思潮，主要对各阶层的知识分子产生影响。但由于各人的政治态度不同，对儒、道两家思想的关系，主要是名教与自然的关系，理解上分歧很大，并且表现为激烈的政治斗争。

魏晋玄学的主流派，有何晏、王弼、郭象等人。何、王开创"正始玄风"，提出"天地万物皆以无为本"的中心思想，就是道家崇尚的"自然"。但又认为"万物以自然为性。"① 而"名教"也是从"自然"而来。何、王论证"名教"出于"自然"，就是为纲常名教找寻合理根据。

继何、王之后，郭象更进一步论证名教与自然的一致性。他把封建纲常名教所规定的君臣上下、贵贱尊卑，说成是符合"天理自然"②。人们只要安分自得，"则物任其性，事称其能，各当其分，逍遥一也。"③ 郭象利用庄子齐物的观点，将名教等同于自然，以此论证封建等级制度的天然合理性。

依此看来，玄学主流派把老庄的"道"，从本体论来说发展成更加精致的唯心主义，这对道家理论思维水平的提高做出了较大的贡献。他们以道解儒，在论证名教与自然的统一性时，对两汉烦琐经学与谶纬神学，也有廓清之功，为儒学的义理化开拓出新路。但他们"祖述老庄立论"，表面上是歌颂自然，其实是利用道家的自然无为思想为儒家的名教做辩护，从而自然地起到维护纲常名教的作用，在政治上充当封建统治者的御用工具，这是玄学不光彩的一面。

但在玄学中也有非主流派，可以嵇康为代表，他提出"越名教而任自然"④的命题。嵇康也是用老庄自然无为作为思想武器，但他反对说"名教"出于"自然"，而是违反"自然"。他的实际用意是不满司马氏的统治，结果被加以"害时乱政""非毁典谟"的罪名遭到杀害。⑤ 嵇康在魏晋之际虽然成为政治斗争的牺牲品，但他戳穿了司马氏以孝治天下的谎言，揭露了儒家封建名教的虚伪性，在当时起到反封建的积极作用。

嵇康以"道"非"儒"，与何、王等以"道"释"儒"相比，应该是老庄思想的复归，是属于先秦道家的正统派，可是在魏晋时期的玄学思潮中，却被视为"异端"，可以说是是非的颠倒。嵇康的思想观点与后来的鲍敬言，颇有相似之处，并导致鲍氏与葛洪的一场大辩论。

---

① 《老子》第二十九章注。
② 《庄子·齐物论》注。
③ 《庄子·逍遥游》注。
④ 《释私论》。
⑤ 《晋书·嵇康传》。

三

先秦道家思想文化进入中世纪，形成道教与玄学双向交叉发展的轨迹。玄学只是魏晋时期的社会思潮，存在的时间不长，涉及的人物不多，但对哲学本体论在理论思维方面的建树给后世带来相当深远的影响。至于道教本身也是有以"道"非"儒"和以"道"释"儒"两派思想的矛盾冲突，实质上是不满与维护封建统治两种政治倾向的斗争。到东晋时期鲍敬言与葛洪的辩难就得到充分体现。

东晋时期，五斗米道又称为天师道，一方面开始向门阀贵族上层渗透和发展，另一方面仍在下层民间传播。如孙恩率领道徒起事，却杀掉同样笃信天师道属世家大族的王凝之。这并非教派纠纷，而是一场政治斗争。南北朝直至宋明时代，有的道徒直接参与宫廷政治，成为统治集团中的一员；亦有道徒仍在民间秘密活动，以原始道教的符箓咒语治病，伺机组织发动农民起义。

道教除用符箓治病救人外，并信奉炼丹成仙并由此产生金丹道教，葛洪是金丹道派的奠基人。由于炼丹只有上层道徒才具备条件，因此很快为封建统治者所认同。葛洪曾明确说："夫道者，内以治身，外以为国"①。当然置身于维护封建统治的官方道教的行列，并站在这个立场与鲍敬言展开辩论。

鲍敬言何许人也？可能被人视为道教异端，因此他的生平事迹和著作篇目，都无从考索。幸而葛洪为驳倒这个论敌，专门写了《诘鲍》篇，将鲍生的理论作为反面材料作了一些引述，使我们看出这场辩论的概貌。

葛洪在《诘鲍》篇中，开宗明义就指出："鲍生敬言，好老庄之书，治剧辩之言。"老庄是道教始祖，这个鲍生好老庄之书，应是道教的信徒，可能还是个好辩之人，在当时社会上有一定影响，所以葛洪才专门撰文论辩。

鲍敬言立论的主旨是："以为古者无君，胜于今世。"即是个无君论者。他的论证主要从两方面展开：一是阐述古者无君的优胜之处；二是揭露有君之后的种种弊端，矛头主要针对现实的封建专制统治。

嵇康虽然没有明确主张无君，但他自称是个"托好老庄""养素全真"的人。他的贵古贱今思想与鲍生的主张极为相似，下面先试做比较。

嵇康说："洪荒之世，大朴未亏，君无文于上，民无竞于下，物全理顺，莫不自得。饱则安寝，饥则求食，怡然鼓腹，不知为至德之世也；若此，则安知仁义之端，礼律之文？及至人不存，大道陵迟，乃始作文墨，以传其意，……故《六经》纷错，百家繁炽，……推其原也，《六经》以抑引为主，人性以从欲为

---

① 《抱朴子·内篇·明本》。

欢,……固知仁义务于理伪,非养真之要术;廉让生于争夺,非自然之所出也。……若遇上古无文之治,可不学而获安,不动而得志,则何求于《六经》,何欲于仁义哉?"①

又说:"浩浩太素,阳曜阴凝,二仪陶化,人伦肇兴,爰初冥昧,不虑不营,……故君道自然,必托贤明。芒芒在昔,罔或不宁。赫胥既往,绍以皇羲,默静无文,大朴未亏,万物熙熙,不夭不离。降及唐虞,犹笃其绪,……下逮德衰,大道沈沦,智慧日用,渐私其亲。……名利愈竞,繁礼屡陈,刑教争驰,天性丧真。季世陵迟,继体承资,凭尊恃势,不友不师,宰割天下,以奉其私。……矜威纵虐,祸崇丘山,刑本惩暴,今以胁贤,昔为天下,今为一身,下疾其上,君猜其臣,丧乱弘多,国乃陨颠。"②

鲍敬言著论云:"曩古之世,无君无臣,穿井而饮,耕田而食,日出而作,日入而息;汎然不系,恢尔自得,不竞不营,无荣无辱;……势利不萌,祸乱不作,干戈不用,城池不设;……含铺铺而熙,鼓腹而游;……安得聚敛以夺民财!安得严刑以为坑穽!降及秒季,智用巧生。道德既衰,尊卑有序。……尚贤则民争名,贵货则盗贼起。……使乎桀、纣之徒得燔人,辜谏者,脯诸侯,葅方伯,剖人心,破人胫;穷骄淫之恶,用炮烙之虐。若令斯人并为匹夫,胜虽凶奢,安得施之?使彼肆酷恣欲,屠割天下,由于为君,故得纵意也。"③

鲍生又难曰:"夫天地之位,二气范物,……各附所安,本无尊卑也。君臣既立,而变化遂滋。夫獭多则鱼扰,鹰众则鸟乱;有司设则百姓困,奉上厚则下民贫。……民乏衣食,自给已剧,况加赋敛,重以苦役。下不堪命,且冻且饥,冒法斯滥,于是乎在。……无道之君,无世不有,肆其虐乱,天下无邦。忠良见害于内,黎民暴骨于外。岂徒小小争夺之患邪!"④

对此嵇康和鲍敬言的论调,虽一属玄学中人,一为道教生徒,但其立论的思想来源和根据,无疑是来自老庄原始道家。但两人的观点亦稍有不同,嵇康主要非议儒家的仁义道德说教,他是"又每非汤、武而薄周、孔"⑤,"以《六经》为芜秽,以仁义为腐臭。"⑥可见他对儒学的反感。其实他也不完全针对历史,更着重于面对现实。司马氏号称以孝治天下,而嵇康"与东平吕昭子巽及巽弟安亲善。会巽淫安妻徐氏,而诬安不孝,囚之。"吕巽奸淫弟妇,反诬吕安不孝,是非颠倒莫过于此。而嵇康"义不负心,保明其事",而结果司马昭却"杀安及

---

① 《难自然好学论》。
② 《太师箴》。
③ 《抱朴子·外篇·诘鲍》。
④ 《抱朴子·外篇·诘鲍》。
⑤ 《与山巨源绝交书》。
⑥ 《难自然好学论》。

康"。① 由此事例可见儒家道德伦理的虚伪性和残酷性。当时司马氏杀嵇康也可能以吕安事做借口，真实原因是他不与朝廷合作。钟会攻击他"上不臣天子，下不事王侯，轻时傲世，不为物用，无益于今，有败于俗"。② 是个政治异己分子，所以非杀不可了。其实嵇康不会也不可能造反，不过想像老庄那样隐居避世，但时势不同，要忠实履行道家的一套已不可能了。

鲍敬言的名气地位和嵇康不同，当时可能没有引起官方的注意。他的无君论在反对封建专制君权政治上最为激进，但在历史观方面又最为倒退落后，这也是先秦原始道家思想文化的体现。但是鲍敬言揭露暴君的罪行却有相当煽动性。如指出统治者对劳动人民的压迫剥削："劳之不休，夺之无已，田芜仓虚，杼柚之空，食不充口，衣不周身，欲令勿乱，其可得乎！"其后不久，就爆发了孙恩、卢循领导的道教徒起事，这并非鲍生不幸而言中，其实历史上的社会动乱，都是这样逼迫出来的，不过他以此作为有君的罪恶罢了！

作为鲍生对立面的葛洪，他的"诘鲍"却拿不出多少新鲜货色。虽然他主张历史进化的观点是正确的，如指出"古者，生无栋宇，死无殡葬；川无舟楫之器，陆无车马之用，吞啖毒烈，以至殒毙；疾无医求，枉死无限。后世圣人，垂而改之，民到于今，赖其厚惠。"③ 这当然也是事实，这是文明社会的进步。但他举出的例子，却是"唐虞升平之世，三代有道之时"，距离当前的现实太远了。他指责"鲍生独举衰世之罪，不论至治之义。"无奈当时人对"衰世"的弊端深有感受，对"至治"的盛况认为徒托空言。所以鲍生"雅论所尚，唯贵自然"，这种无君的主张，反而易为群众所接受了。

从以上情况看来，我国中古时期道家文化的发展，政治上出现严重的分化，为适应维护封建社会秩序的需要，所谓"道术儒修无二致，神仙忠孝有完人"，成为葛洪神仙道教的信条。至于不满封建统治的民间道教则被视为异端，称之为"妖道""邪道"，主张在"禁绝之列"。④ 这里说明道教的派别分化，主要不在于教义的分歧，更重要的是政治立场上的区别。而葛洪尽管他的思想走向老、庄道家的反面，而神仙道教却继续得到发展，这表明道家文化到封建社会中期，在政治分化中出现矛盾两重性的社会影响。

（原载《黄山高等专科学校学报》第1卷第3期）

---

① 《三国志·魏书·王粲传》注引《魏氏春秋》。
② 《世说新语·雅量》注引《文士传》。
③ 《诘鲍》。
④ 《抱朴子·内篇·道意》。

对郭象哲学"自足逍遥"的历史评价

刘笑敢教授主编的《中国哲学与文化》，是一部很有特色的学术杂志。一般的学术刊物，虽然多是列出一些专栏，但发表的文章大都是各说各话，所谓综合性的学术杂志，并没有一个共同研讨的学术话题。而刘教授主编的这部刊物，每期都有一个中心，如第一辑主要讨论反向格义与全球哲学问题。第二辑虽未正式出版，但电邮传出的几篇文章，似是以郭象的《庄子注》为讨论中心。我这里就读刘笑敢的《郭象之自足逍遥与庄子之超越逍遥》和王中江的《郭象哲学的一些困难及其解体》两文后，谈点个人感想。

刘教授分析庄子之超越的逍遥和郭象自足性的逍遥之间的联系和区别，是从诠释方法不同来立论，由是得出两种不同的评价标准。这样分析得出的结论我完全同意。但这里我想从另一个角度，即是从庄子和郭象本人的思想做比较，以此来探讨双方思想的联系和区别。

庄周和郭象都有安命即顺从命运的思想，这是共性，但两人的心态不同，这是区别。庄子讲"知其不可奈何而安之若命"。他虽是顺从命运安排，但是抱着无可奈何的心态，他对当时社会现实和个人遭遇是不满的，但要改变命运又无能为力，只好幻想在精神上寻求解脱。"上与造物者游，而下与外生死无终始者为友"，这样能"独与天地精神往来"，也就求得了绝对的精神自由。所谓"超越的逍遥"，无非是他心态上的自我精神安慰。

但是郭象为人不同于庄子，庄子为人是"苟存性命于乱世，不求闻达于诸侯"。他曾对魏王说："今处昏上乱相之间，而欲无惫，奚可得耶？"[①] 他鄙视权贵，也不愿受当时统治者的束缚，宁可"处穷闾陋巷，困窘织屦，槁项黄馘"[②]。即是住在贫民窟，面黄肌瘦，靠打草鞋等劳作来维持贫苦的生活，但是离开现实，却寻得绝对的精神自由，从超越的逍遥中自得其乐。而郭象为人却与此相反，他非常重视现实的个人利益，像庄子那样在穷困的生活中来享受太虚幻境里绝对的精神自由，他才不干那样的蠢事；他要的是在现实社会中的名利双收。他所以提倡"儒道兼综"，主张"自然"与"名教"的一致，就是达到这个目的。陈寅恪对持这种思想观点的为人，从评价历史人物的角度，给以严厉的批评。

若由此说，则其人可兼尊显之达官与清谈之名士于一身，而无所惭忌，

---

① 《庄子·山木》。
② 《庄子·列御寇》。

既显朝端之富贵，仍存林下之风流，自古名利并收之实例，此其最著者也。故自然与名教相同之说所以成为清谈之核心者，原有其政治上实际适用之功用，而清谈之误国正在庙堂执政负有最大责任之达官崇尚玄无，口谈玄虚，不屑综理世务之故，否则林泉隐逸清谈玄理，乃其分内应有之事，纵无益于国计民生，亦必不致使"神州陆沉，百年丘墟"也。①

这里陈氏指出：那些主张自然与名教相同的人，既要做名士，又要做达官，却又不负实际政治责任，结果导致清谈误国。陈氏批评山涛、王戎、王衍兄弟等人，虽然王衍是个典型，但郭象的思想观点，也属于这类人物。冯契引《庄子注》中所说："夫圣人虽在庙堂之上，然其心无异于山林之中。""俯仰万机，而淡然自若。"这也是所谓"游外弘内之道。"他指出：当时，门阀士族掌握着政权，过着极端腐朽豪华的生活，但又要自命清高，超然物外。郭象本人也是这一类人，因此，他要用"游内弘外"之类来粉饰门阀士族的统治。② 应该说，他也是为那些"清谈误国"的达官做理论上的无罪辩护。

其实郭象的为人是非常虚伪的，据《晋书》本传说：他"少有才理，好老庄，能清言。太尉王衍每云：'听象语，如悬河泻水，注而不竭。'州郡辟召，不就。常闲居，以文论自娱。"好一个能言善辩的"高人雅士"形象。可是"后辟司徒掾，稍至黄门侍郎。东海王越引为太傅主簿，甚见亲委，遂任职当权，熏灼内外，由是素论去之。"后来这个清高绝俗的人，又成为利欲熏心的特权人物了。孙叔平给他定位："是一个清谈家，又是一个官迷。"③ 既要做婊子，又要立牌坊，对这种人当时就"素论去之"，受到人们的鄙弃，也就不奇怪了。

但是陈寅恪批评集达官名士于一身的人是"无所惭忌"的，就是说这类人是不怕羞耻，又是无所顾忌的，都是些面皮要厚、心地要黑的，也可以称之为厚黑学中人。如郭象解释安命思想，他要人们"冥然以所遇为命，而不施心于其间"。又说："命非己制，故无所用其心也。夫安于命者，无往而非逍遥矣。故虽匡、陈、羑里，无异于紫极闲堂也。"还说："虽复皂隶，犹不顾毁誉而自安其业。""所遇而乐"等等。郭象在《庄子注》中都是对别人说的，认为人生的处境都是命定的，无论富贵贫贱、死生祸福都要顺从命运的安排，不要用心思加以改变，只要对所"遇"安心听命，就可以享受精神快乐，安于性分自我满足的自足逍遥。

但是郭注中这些话是骗人的，他所谓"遇"就是"命"是持双重标准。他要别人承认这是必然性，不能用心加以改变；而自己却视作偶然性，为改变所

---

① 陈寅恪：《金明馆丛稿初编》，上海古籍出版社1980年版，第188页。
② 冯契：《中国古代哲学的逻辑发展》（中），上海人民出版社1993年版，第543页。
③ 孙叔平：《中国哲学史稿》（上），第430页。

"遇"而施心于其间。如上述本传中讲到他的经历，开始不接受州郡辟召，闲居作世外高人；后又投靠东海王越，到俗世任职当权。这种人生变节受到舆论的批评，反而小人得志更猖狂，而无所惭忌，实属厚颜无耻之辈。他宣扬"遇"就是"命"，如人生所"遇"是"皂隶"，就要安于做奴隶的命运而不能改变，人是不能用心于其间的。但他前段所"遇"是名士，后段所"遇"是达官，"遇"是可变的，又是本人用心选择的，从不接受州郡辟召到接受东海王越委任当权，不是由他主动改变所"遇"而安于不同的命运吗？为什么别人所"遇"就一辈子定终身，那不是用不可告人的双重标准骗人吗？

中国传统对人物评价是先道德而后文章。对郭象要先看他的为人才能透视他的思想，听其言而观其行也是一种评价标准。

郭象的"性分论"受到王中江教授的强烈质疑和批评。他在《郭象哲学的一些困难及其解体》一文中说："郭象认为有的人生下来就是奴隶因此要安于奴隶的性分，有的人生下来就是主人因此要适其主人性分，君臣同样。但郭象解释不了为什么奴隶成了主人，君臣移位的现象。"

中江老兄说郭象解释不了"君臣移位"的现象，这太小看郭象了。如以晋武帝司马炎为例，本来是"臣"何以能够移位为君呢？前面讲到郭象认为"遇"即是"命"，但"遇"是可以有偶然性的，司马炎遇到魏帝禅位给他，就由臣移位为君了。但这样说来，司马炎为君是偶然的机遇，怎样说明他命定为君呢？要解释也不难，魏帝为什么不传位给别人，而要禅让给他，这里就有必然性，司马炎就有生来为君的命定。郭象认为人生的"遇"既有偶然性也有必然性，可以变，也可以不变，性分是随着所"遇"而定的，无论做臣子，做君主，或是从臣子变成君主，都要适应所"遇"的性分，都要"所遇而乐"，自足逍遥。

中江老兄还质疑说：郭象浪漫地以为，万物各足于性，各适其性就是逍遥，殊不知，一些事物越是要足其性，另外一些事物就越是无法尽性，甚至根本就不能存在。事物之间存在着控制与反控制、制约与反制约的无限链条。老虎要尽性，它就必须吃掉一些动物，使那些动物不能尽性，郭象不会愚蠢地推论说，一些动物被吃就是那些动物在尽性分吧。

中江这样挖苦郭象的愚蠢，可以认为自己高明，其实还是驳不倒郭象的性分论。根据郭象的"独化"理论，万物的性分是各自独立的并不相关，只是在"遇"时才产生关系，老虎吃那些小动物，只是在偶然"遇"到时才发生。由于"遇"即是"命"，吃与被吃双方都是命中注定，只要安命和安分，各适其性就是逍遥。至于说有"不安分"的"性分"，这只动物初"遇"老虎时大概会有的，如想逃跑或被咬住时拼命挣扎，但终于逃不过命定，被吃掉时就变得安分，也就尽性，这不是郭象愚蠢地推论得来的，而这正是他以"遇"为"命"这一理论的高明之处。你王中江认为对他出了难题，他可能笑你才是愚蠢哩！

由于郭象的"独化"论有一定的迷惑性,有人认为这是"要求彻底摆脱外在的标准、规范和束缚,以获取把握所谓真正的自我",这就是独立人格精神。①其实郭象这个人,由高士变成达官,依附权贵,作威作福,其人生变节,已为当时人所不耻。但他人格独立虽然是假,在待人处事,以至学术争议,他只凭个人独断却是真。比如王中江批评郭象"想当然地认为,牛马很乐意被人穿络"。又说郭象"浪漫地以为,万物各足于性,各适其性就是逍遥"。"想当然地"和"浪漫地"都是郭象的主观独断,这一点王中江是看出来了,但是无力批驳。如果你说牛马并不乐意被人穿络,一些动物被老虎吃掉就不能尽性,你的反证有根据吗?也不过是你想当然的独断意见,这些问题只能各说各话,独化论也是不会输的。中江老兄说"根据我们上面的讨论,郭象哲学又存在着严重的困难,这些困难足以使他的哲学自行瓦解和解体"。按常理来说我同意这个论断,但对郭象的独化论是有理说不清的,写这篇文章恐怕有点白费气力了。不过对至今仍称赞郭象"独化"论的人,读中江这篇大作能否有点启示,似仍可以有所期待。

(原载《中国哲学与文化》第三辑,广西师范大学出版社2008年版,第376–380页)

---

① 周大鸣、秦红增:《中国文化精神》,第69页。

葛洪《诘鲍》篇的争论说明什么？
——兼论中古时期道家、道教思想的演变和分化

我国中古时期随着道家文化的发展，东汉末年早期道教开始出现。这是从先秦道家、汉代黄老道演化而来，并杂有阴阳、神仙家的思想。道教这一宗教组织，一开始就带有鲜明的政治色彩，到魏晋南北朝时就明显分化，如葛洪与鲍敬言的辩难，在政治体制和社会历史观方面产生尖锐的对立。当时官方道教是为封建统治服务，而道教的下层，有的仍然和民间秘密结社联系在一起，从吸取道家不满现实的思想中，从而走上与官方反叛之路。自是表明道家文化在我国封建社会中期出现的演变和分化。

一

先秦道家不同于墨家这个有组织领导的团体，亦不同于儒家这个有师传授受的学派。道家如老、庄、杨朱等人，都是一些隐居避世之士，但求全性保真，不求闻达于诸侯。但他们并非完全不关心政治，而大多不满现实，有愤世嫉俗的一面。他们提倡道法自然，无为而治，也有复古倒退，否定文明进步的思想，因此道家文化对后世社会的影响呈现出矛盾复杂的态势。

先秦道家的老子，对其人其书学术界有很多争论，但从现存《老子》书中反映出的思想，对当时社会现状和统治者是不满的，认为不符合天道自然之理，如说："天之道，其犹张弓欤！高者仰之，下者举之，有余者损之，不足者补之。天之道，损有余而补不足；人之道则不然，损不足以奉有余。孰能以有余奉天下？唯有道者。"① 当时的社会情况，确是"损不足以奉有余"，因此他对贪得无厌的统治者，斥之为"盗竽"——强盗头子，态度是非常激愤。对严刑峻法的统治，也持反对意见，如说"法令滋章，盗贼多有。"② "民不畏死，奈何以死惧之？"③ 他还同情人民，说"民之饥，以其上食税之多，是以饥。"④ 群众所以挨饿，由于统治者剥削太多，这种批评是符合实际的。

但是老子把社会不公平的原因，归咎于物质文明社会的进步，而主张要做到

---

① 《老子》第七十七章。
② 《老子》第五十七章。
③ 《老子》第七十四章。
④ 《老子》第七十五章。

"常使民无知无欲"①。他设计出一个"小国寡民"的理想社会，做到"邻国相望，鸡犬之声相闻，民至老死，不相往来"。②这其实是落后闭塞的原始农村公社的缩影，这就不是将社会推向前进，相反却引向倒退。

庄子沿着老子的思路，对现实统治者进行猛烈的抨击，进一步把大盗与"圣人之道"联系起来，说"圣人不死，大盗不止"，"掊斗折衡，而民不争"。③他还把圣人所讲的"仁义"，认为可以被统治者野心家所利用，所以说"窃国者为诸侯，诸侯之门而仁义存焉，则非窃仁义圣知邪？"④但这样一来，庄子为要反对圣知仁义，连人类运用智慧技巧所缔造的文明进化，也都予以否定。他的理想社会，是"夫至德上世，同与禽兽居，族与万物并"⑤，即要倒退到人兽不分的混沌世界，比老子的"小国寡民"更加落后，庄子一生更是独善其身，从不与当政者合作。

司马谈在《论六家要旨》中，将道家列入"务为治者"中的一派，但所说的道家"其为术也，因阴阳之大顺，采儒墨之善，撮名法之要"，这种带有调和综合各家之长的，应是汉初的黄老之学，并非老庄原始道家的原貌了。但曹参用"黄老术"治国⑥，为汉相后，史称惠帝、高后之时，"君臣俱欲休息乎无为"，"政不出房户，天下晏然，刑罚罕用，罪人是希，民务稼穑，衣食滋殖。"⑦这就说明黄老之道在政治实践上取得很好的社会效果。由于曹参施政的基调仍是老子的"无为而治"，所以也同时说明道家文化在汉初带来的积极影响。

二

道家原是先秦诸子中的一个学术流派，如《老子》《庄子》均属于哲学著作，并不具有宗教的性质，先秦道家怎样演变成为道教？道教为什么奉老子为祖师？就要寻求思想的接合点。

道教既然是宗教，而作为宗教信仰的基本标志之一是要有个至上神的观念，道教是讲究长生和成仙，从思想渊源来说本与古代神仙家接近。班固评述神仙家"所以保性命之真"，应是符合道家的教义，但又说"诞欺怪迂之文"，却"非圣王之所以教也。"⑧因为宗教也有教化群众的一面，而这种神仙家言似乎不大合

---

① 《老子》第三章。
② 《老子》第八十章。
③ 《庄子·胠箧》。
④ 《庄子·胠箧》。
⑤ 《庄子·马蹄》。
⑥ 《史记·曹相国世家》。
⑦ 《史记·吕太后本纪》。
⑧ 《汉书·艺文志》。

适,同时也没有一个有声望的可以当教主的人物,而道家老子具备这方面的条件。

老子和孔、墨不同,他是个隐君子,在当时并不知名。但到司马迁写《史记》,老子却成为一个传奇式人物。书中借用孔子见老子的传说,称赞老子"其犹龙邪?老子修道德,其学以自隐无名为务。"对老子生平的记载亦说不清楚,既说"盖老子百有六十余岁,或言二百余岁,以其修道而养寿也。"又说老子西出函谷关,为关令尹喜著书上下篇:"言道德之意五千余言而去,莫知其所终。"这种模糊的记载,为后人神化老子提供了方便。

司马迁之后,到两汉之际,杜房言"老子用恬淡养性,致寿数百岁"①。东汉初佛教传入,史称明帝时楚王英"晚节更喜黄老学,为浮屠斋戒祭祀"②。到桓帝时,"宫中立黄老、浮屠之祠。"③延熹九年(166),桓帝还亲自祭祀老子于濯龙宫。④ 老子与佛一同接受人们香火的膜拜,从养性延寿而逐步神化。

值得注意的是,东汉黄老道在宗教化的过程中出现分化,一方面为统治者所遵奉,另一方面却在民间流传,如东汉末年的张角,就"自称'大贤良师',事奉黄老道,畜养弟子",经过十多年的组织发动,聚集到"众徒数十万",⑤ 终于发动有名的黄巾大起义。

东汉末年统治者奉事黄老道,可能着眼于延寿长生,而民间则注重于治病救死。如对张角,就说他用"符水咒说以疗病,病者颇愈,百姓信向之";⑥ 又说张角为太平道,"太平道者,师持九节杖为符祝,教病人叩头思过,因以符水饮之,得病或日浅而愈者,则云此人信道;其或不愈,则为不信道。"还有张修"为五斗米道","修法略与角同"。⑦ 即用符水治病的办法与张角相同。依照上述,用符水治病在药理上当然是不科学的,但在当时群众缺医少药的情况下,这种精神心理的治疗,可能和道家养生之道多少有点合拍,在群众有病求生的心理驱使下,成为原始道教组织团结群众的一条有效途径。

太平道的教义,就是要争取人民群众能够生存,所以说"然人积道无极,不肯教人开矇求生,罪不除也"。但人要生存必须有衣食之资,因此指斥那些富贵人家,"或积财亿万,不肯救穷周急,使人饥寒而死,罪不除也"。太平道还主张"财物乃天地中和所有,以共养人也",不应为少数人所独占。并将富人"比若仓中之鼠、常独足食,此大仓之粟,本非独鼠有也;少内之钱财,本非独以给

---

① 桓谭:《新论·祛蔽》。
② 《后汉书·楚王英列传》。
③ 《后汉书·襄楷列传》。
④ 《后汉书·桓帝纪》。
⑤ 《后汉书·皇甫嵩列传》。
⑥ 《后汉书·皇甫嵩列传》。
⑦ 《三国志·魏书·张鲁传》裴松之注引《典略》。

一人也，其有不足者，悉当从其取也。"据此就进而对那些富人"不肯力以周穷救急，令使万家之绝，春无以种，秋无以收，其冤结，悉仰呼天"，这种人可以说是"为天地之间大不仁人"。①

《太平经》中发表这些论调，可以说是对老子反对"损不足以奉有余"，和主张"损有余而补不足"的思想发挥。这种反对富人的剥削聚财，主张对穷人均平的思想，当然是符合小农经济的利益，张角的太平道所以能发动农民起义，道家老子的均平思想起到重要作用。

由于黄巾起义很快被镇压下去，张角创立的太平道也随之消散。但与此同时，张陵稍早在西蜀鹤鸣山创立的五斗米道却在局部地区得到发展，他在教内建立神职管理人员，初步形成一个以"师君"为中心的教阶系统，到他的孙子张鲁，势力扩大到汉中地区。张鲁"自号师君。其来学道者……皆教以诚信不欺诈，有病自首其过，大都与黄巾相似。"在张鲁的势力范围内，地方上"不置长吏，皆以祭酒为治。"② 祭酒既是教中的神职人员，又充当地方官吏的角色，既要主讲教中经典《老子五千文》，并要负责"起义舍于路"，"悬置米肉以给行旅。"③ 张鲁在汉中，推行政教合一制度，并吸取道家某些原始公产思想落实到经济措施中，受到人民的欢迎。他统治巴、汉一带前后近30年，史称"行宽惠"，"民夷便乐之。"④ 在东汉末年的社会大动乱中，五斗米道既是个民间宗教团体，又成为地方的割据政权，在治下并取得相当的成功。这种奇特的结合，可以说是道家文化创造的又一种政制模式。

张鲁创建的政制模式，在他投降曹操后中断了，但五斗米道仍在巴蜀地区流传和发展。西晋惠帝时，青城山道士范长生辅助李特、李雄领导的流民起义，305年建立史称成汉的地方割据政权，并且坚持了47年之久，在其辖区内既宣扬"求道养志"的教义；同时又推行与民休息的政策。"其赋男丁岁谷三斛，女丁半之，户调绢不过数丈，绵数两。"在政权内部，却"国无威仪，官无禄秩，班序不别，君子小人服章不殊"。⑤ 这仍然是政教合一政权，并体现出无为而治的道家文化的遗意。

三

东晋时期，五斗米道又称为天师道，一方面开始向门阀贵族上层渗透和发

---

① 《太平经·六罪十治诀》。
② 《三国志·魏书·张鲁传》。
③ 《后汉书·张鲁传》。
④ 《三国志·魏书·张鲁传》。
⑤ 《晋书·李雄载记》。

展,另一方面仍在下层民间传播;如孙恩率领道徒起事,却杀掉同样笃信天师道的属世家大族的王凝之。这并非教派纠纷,而是一场政治斗争。汉唐以后的长期封建社会中,有的上层道徒参与宫廷政治,成为统治集团中的一员;而有的仍在民间秘密活动,以原始道教的符箓咒语治病,伺机发动农民起义。

道教除用符箓治病外,还信奉炼丹成仙并由此产生金丹道派,葛洪是金丹道派的奠基人、由于炼丹只有上层道徒才具备条件,因此很快为封建统治者所认同。而葛洪明确说:"夫道者,内以治身,外以为国。"① 当然,置身于维护封建统治的官方道教的行列,并从而导致与鲍敬言的一场大辩论。

鲍敬言何许人也?可能被人视为道教异端,因此他的生平事迹和著作篇目,都无从考索,幸而葛洪为驳倒这个论敌,专门写了《诘鲍》篇,将鲍生的理论作为反面教材作了一些引述,使我们看出这场辩论的概貌。

葛洪在《诘鲍》篇中,开宗明义就指出:"鲍生敬言,好老、庄之书,治剧辩之言。"老庄是道教始祖,这个鲍生既好老、庄之书,应该是道教的信徒,但与葛洪的观点不同,因而双方发生激烈的论辩。

鲍敬言立论的主旨是:"以为古者无君,胜于今世。"即是个无君论者。他的论证主要从两方面展开:一是阐述古者无君的优胜之处,二是揭露有君之后的种种弊端,矛头主要针对现实的封建专制统治。

鲍敬言著论云:"曩古之世,无君无臣,穿井而饮,耕田而食,日出而作,日入而息,汎然不系,恢尔自得,不竞不营,无荣无辱;山无蹊径,泽无舟梁。川谷不通,则不相并兼;士众不聚,则不相攻伐。……势利不萌,祸乱不作,干戈不用,城池不设;万物玄同,相忘于道;疫疠不流,民获考终;纯白在胸,机心不生;含铺而熙,鼓腹而游;其言不华,其行不饰。安得聚敛以夺民财!安得严刑以为坑穽!"这是将理想的无君时代,描写成人人安居乐业、没有压迫剥削的太平盛世的社会。

那么到有君的时代会带来什么祸害呢?鲍敬言用激愤的口气说:"降及杪季,智用巧生,道德既衰,尊卑有序。繁升降损益之礼,饰绂冕玄黄之服。起土木于凌霄,构丹绿于棼橑。倾峻搜宝,泳渊采珠。聚玉如林,不足以极其变;积金成山,不足以赡其费。澶漫于淫荒之域,而叛其大始之本。去宗日远,背朴弥增。尚贤则民争名,贵货则盗贼起。见可欲则真正之心乱,势利陈则劫夺之涂开。……故曰:白玉不毁,敦为珪璋?道德不废,安取仁义!'使夫桀、纣之徒得燔人,辜谏者,脯诸侯,菹方伯,剖人心,破人胫;穷骄淫之恶,用炮烙之

---

① 《抱朴子·内篇·明本》。

虐。若令斯人并为匹夫，性虽凶奢，安得施之？使彼肆酷恣欲，屠割天下，由于为君，故得纵意也。"

鲍敬言这里揭露君主制度的弊病，这些统治者可以无限制地聚敛财富，剥削人民，特别像桀、纣这些暴君，更是任意残杀臣下和人民，他们所以能够"屠割天下"，就因为有了君主的权势，才可以为所欲为。鲍敬言接着指出：按照道家的观点，天地由阴阳"二气范物"，万物随着四时八节而化生，本无所谓尊卑。有了君主之后，设置各级官僚机构，向人民征敛赋税，所以说"有司设则百姓困，奉上厚则下民贫。""夫谷帛积则民有饥寒之俭，百官备则靡供养之费。宿卫有徒食之众，百姓养游手之人。民乏衣食，自给已剧，况加赋敛，重以苦役。下不堪命，且冻且饥，冒法斯滥，于是乎在。"正是由于统治者对人民"劳之不休，夺之无已，田芜仓虚，杼柚之空；食不充口，衣不周身，欲令勿乱，其可得乎！"这样一来，人民非起来造反不可了。加上有些统治者为争夺财货，还发动侵略战争。"陈师鞠旅，推无雠之民，攻无罪之国，僵尸则动以万计，流血则漂樐丹野。无道之君，无世不有，肆其虐乱，天下无邦。忠良见害于内，黎民暴骨于外。岂徒小小争夺之患邪"！以上鲍敬言揭露君主各种祸害，可谓淋漓尽致了。

鲍敬言的无君论在反对封建君权政治上最为激进，但历史观方面却是落后倒退的，这正是先秦道家思想文化的体现。鲍敬言揭露封建统治者的罪行不单是追溯历史，同时也是针对现实，如太元年间范宁上疏，谓"古者使人，岁不过三日，今之劳扰，殆无三日休停，至有残刑剪发、要求复除，生儿不复举养，鳏寡不敢妻娶。岂不怨结人鬼，感伤和气。臣恐社稷之忧，积薪不足以为喻。"[1] 统治者的逼害，人民在无路可走的情况下，只有起来造反，正如鲍生所说："欲令无乱，其可得乎！"其后不久，就爆发了孙恩、卢循领导的道教徒起事，鲍生的预见性可谓不幸而言中了。

至于反对鲍生的葛洪，他在《诘鲍》篇中并无提出多少新意，虽然他主张历史进化的观点是正确的，如指出"古者，生无栋宇，死无殡葬；川无舟楫之器，陆无车马之用；吞啖毒烈，以至殒毙；疾无医术，枉死无限。后世圣人，改而垂之，民到于今，赖其厚惠。"这当然也是事实，显示出文明社会的进步。但他举出的例子，却是"唐虞升平之世，三代有道之时"，距离当前的现实是太远了。他指责"鲍生独举衰世之罪，不论至治之义"。无奈当时人对"衰世"的弊端深有感受，而对"至治"的盛况认为徒托空言。故鲍生"雅论所尚，唯贵自然"，这种无君的主张，反而易为群众所接受。

---

[1] 《晋书·范汪附子宁传》。

中古时期道家文化出现分化，葛洪主张"礼制则君安，乐作而刑厝"，是"儒道兼综"思想，因而得到官方的认同；而符合原始道家思想的鲍敬言，到此就被视为"异端"而受到排斥。葛洪对鲍生的无君论除在理论上加以批驳外，对不满封建统治的民间道教，则称之为"妖道""邪道"，主张在"禁绝之列"。这里说明道教的派别分化，主要不在于教义的分歧，更重要的是政治立场的差别。这表明道家文化到封建社会中期，在政治分化中出现矛盾两重性的社会影响。

［收入《道家与道教论文集》（道家卷），广东人民出版社 2001 年版，第 397-405 页］

徜徉在入世与出世之间

——葛洪儒道兼综思想剖析

在道教史上,魏晋时期是早期道教出现分化和上层神仙道教逐步形成的时期,葛洪是这个时期有代表性的人物,其代表作《抱朴子·内篇》奠定了神仙道教的理论基础。但葛洪的儒道兼综思想,既适应当时道教士族化的需要,使其向官方道教发展;同时亦丰富了道教教义本身,在理论化方面企图与佛教分庭抗礼,亦对后来三教融合产生一定影响。因此,葛洪思想在中国道教史以至传统思想文化发展史上,都应占有一席之地。

一

葛洪(283—363年)的儒道兼综思想及对神仙道教理论的阐发,并非只靠他个人悟道所产生,与当时的历史条件、家族传统、生平学养以至人生各种际遇,都有不同程度的关系。总的来说,社会存在决定社会意识的基本原理对葛洪还是适应的。

葛洪生于晋太康四年(283)。晋武帝于280年平吴,改元太康(280—289),这短短的10年的统一,社会比较安定,但到290年武帝死后,继位的惠帝是个白痴,由外戚杨、贾争权导致宗室中所谓"八王之乱",与八王混战同时,出现大量流民,社会动乱,民不聊生,接着外族入侵,晋惠帝之后的怀帝、愍帝,相继成了俘虏,316年,西晋灭亡。

葛洪出生后,大概只过了几年太平日子,社会就陷于动乱,加上他13岁时父亲去世,家境中落,但他坚持个人奋斗,自学成才。他在《抱朴子·外篇·自叙》中对一生经历和家世都有所追述,有几点值得注意。

葛洪的先世属士族世家。他在《自叙》中称"其先葛天氏","后降为列国,因以为姓",这当然是自抬身价的传说。但他先祖为荆州刺史,虽反王莽篡位失败,而"莽以君宗强,虑终有变,乃徙君于琅邪"。这说明在王莽时葛氏已是强宗大族。到"君之子浦庐,起兵以佐光武,有大功。光武践祚,以庐为车骑,又迁骠骑大将军,封下邳僮县侯,食邑五千户"。后浦庐将爵位让给弟弟,"遂南渡江,而家于句容"。所以葛洪自称是"丹阳句容人也"。

葛浦庐南迁到句容,仍保有原来士族的地位。如葛洪称其祖父"学无不涉,究测精微,文艺之高,一时莫论,有经国之才"。在当时三国中的吴国,"历宰海盐、临安、山阴县,入为吏部侍郎、御史中丞、庐陵太守、吏部尚书、太子少傅、中书、大鸿胪、侍中、光禄勋、辅吴将军,封吴寿县侯"。葛洪称他父亲"以孝友闻,行为士表。方册所载,罔不穷览。仕吴五官郎、中正、建城、南昌二县令、中书郎、廷尉平、中护军,拜会稽太守"。入晋后为郎中令,最后"迁邵陵太守,卒于官"。

葛洪在《自叙》中对其先世,特别对祖父、父亲两代的仕宦功名详加叙述,这是什么心态呢?魏晋南北朝是门阀士族专政的社会,葛洪自父亲去世后家道中落,"饥寒困瘁,躬执耕穑",但当时世俗上仍以当士族的后代为荣。士族起源于东汉的儒生,以守礼法为标榜。晋朝司马氏标榜以孝治天下,虽然是十足的虚伪,但晋武帝司马炎却要假戏真做。据说司马昭去世后,他坚持要行三年丧礼,下诏说"朕本诸生家,传礼来久,何至一旦便易此情于所天"。意思是说,我家本是传礼的儒生人家,不能因做了皇帝而改变儒家的礼制。行三年丧礼,在孔子时代都难以推行,而以残忍欺诈著称的司马氏却要做儒家的嫡传孝子,看来未免可笑。但当时他们是君临天下,随时可以用不孝罪名来杀人。当时儒家经学在学术上虽然退潮,但儒家的孝道纲常,对维护封建统治在政治上也是不可缺少的。葛洪既站在士族立场,称赞他父亲"以孝友闻,行为士表",自是顺理成章的事,从时代的要求和家世的承传使葛洪只能接受儒家的思想。

至于葛洪的神仙道教思想,亦是适应封建统治者的要求,同时葛洪的祖辈出了一个特殊人物——葛玄,这都为葛洪神仙道教思想的产生,提供了客观的历史条件。

所谓神仙道教就是以长生成仙为教旨。早在战国时就有称为"方仙道"的流行于燕齐的上层社会,由于上层的皇帝和贵族为了永保统治权力和享受人间富贵,就想追求长生不死,而方士却许愿有不死药和长生术来迎合其需要,所以即如秦皇、汉武,这些雄才大略的君主,亦提出这方面的要求。如秦始皇遣徐市入海求仙人,还使韩终、侯公、石生求仙人不死药。汉武帝想升仙,便有海上燕、齐方士来出谋献策,如李少君就开出一种仙方,要遣方士入海求蓬莱安期生之属。俗语说:做了皇帝又想升仙。这不单是讽刺人们贪得无厌,其实历史上不少皇帝贵族都有这种爱好,不过未见有谁成功罢了。

皇帝要升仙,遣方士到海外找仙人仙药,毕竟难以保证,由是李少君写给武帝的仙方,提出"致物而丹沙可化为黄金,黄金成以为饮食器则益寿","而事化丹沙诸药齐为黄金矣"[①]。与武帝同时的淮南王刘安,招致宾客方术之士写书,"言神仙黄白之术",或"言神仙使鬼物为金之术"。到东汉时魏伯阳撰写《周易参同契》,把修炼仙丹的药物、火候、过程,提出一个较为系统的模式,被称为

---

① 《史记·孝武本纪》。

"万古丹经王"。以上这些或可称为魏晋时期兴起"神仙道教"的先导。

葛洪的从祖葛玄,约生活在三国时的吴国。吴主孙权,曹操曾称赞"生子当如孙仲谋",也可以算得是一时英杰。但他也是崇信神仙,结交方士。据《历代崇道记》称:"吴主孙权于天台山造桐柏观,命葛玄居之;于富春建崇福观,以奉亲也;建业造兴国观,茅山造景阳观。都造观三十九所,度道士八百人。"这里孙权造观专供葛玄进住,可见对他的重视。《神仙传》说葛玄"常服饵术,能用符,行诸奇术"。另据《真诰》载,谓"有人漂海随风,渺漭无垠,忽值神岛,见人授书一函,题曰寄葛仙公,令归吴达之。由是举世翕然,号为仙公"。葛洪在《抱朴子》书中,也以"余从祖葛仙公"称之。

由上可见,产生葛洪思想的时代背景,是封建统治者既标榜以儒家孝道治国,又服食求神仙养身,而社会上又普遍建立起神仙的信仰。而葛洪的家世,他既有个"以孝友闻,行为士表"的父亲,又有个能"行诸奇术""号为仙公"的从祖。这些历史与现实的存在,给葛洪产生儒道兼综的思想意识,提供了外部硬件,即思想意识的产生,具备了存在的依据和广泛的社会基础。

二

葛洪儒道兼综思想的形成和演变,固然为适应现实社会和封建统治者的要求,同时亦受到士族家世传统的影响。但思想的形成还来自自身的学养,同时在人生道路的选择上,思想的流程亦有所表现。外部条件与内在动力的交互作用,形成葛洪矛盾统一的儒道兼综思想。前面谈到葛洪13岁丧父,所以他在《自叙》中说"夙失庭训","又累遭兵火,先人典籍荡尽,农隙之暇无所读"。按常理说他少年时的学习条件是很差的,但他并不灰心丧气,而是愈是艰苦愈向前。家中无书,"乃负笈徒步行借,……少得全部之书,益破功日伐薪卖之,以给纸笔,就营田园处,以柴火写书。坐此之故,不得早涉艺文。常乏纸,每所写,反覆有字,人鲜能读也"。这样的读书学习条件,当今学子恐怕很难想象,但对那些养尊处优而学无所成的人,不知有无一点启示。

葛洪《自叙》称"年十六,始读《孝经》《论语》《诗》《易》",这是传世的儒家经典。他虽谦称读书"大义多所不通,但贪广览,于众书乃无不暗诵精持。曾所披涉,自正经诸史百家之言,下至短杂文章,近万卷"。"而著述时犹得有所引用,竟不成纯儒,不中为传授之师。""晚学风角、望气、三元、遁甲、六壬、太乙之法,粗知其旨,又不研精。"另外有些书他看过不太感兴趣的,如说"其河、洛、图纬,一视便止,不得留意也。""不喜星书及算术、九宫、三棋、太一、飞符之属,了不从焉,由其苦人而少气味也。"从上述看来,葛洪可以说无书不读,但他似乎还不满足,认为《别录·艺文志》记载有"万三千二百九十九卷，而魏代以来，群文滋长，倍于往昔，乃自知所未见之多也"。他曾"诣京师，索奇异，而正值大乱，半道而还，每自叹恨"。

依上所述，葛洪读书多而杂，但基本读的是儒家经典及一些方士奇术的杂书。他在《自叙》中，说了许多自抑之词。如自谓"孤陋寡闻，明浅思短"。"既性闇善忘，又少文，意志不专，所识者甚薄"。"才钝思迟"，"性钝口讷"等等。其实他是个博闻强记、好学深思之士，并很早就进行写作，自称"年十五六时，所作诗赋杂文，当时自谓可行于代"，后虽到弱冠时感到"多不称意"，但到"年二十余，乃计作细碎小文，妨弃功日，未若立一家之言，乃草创子书"。这里表现出不知是他的天才还是野心？看来应该是思想早熟。葛洪要完成他的一家之言，亦不是一帆风顺。《自叙》称"会遇兵乱，流离播越，有所亡失，连在道路，不复投笔十余年，至建武中乃定。凡著《内篇》二十卷，《外篇》五十卷，《碑颂诗赋》百卷，《军书檄移章表笺记》三十卷。又撰俗所不列者《神仙传》十卷，又撰高尚不仕者为《隐逸传》十卷，又抄五经七史百家之言，《兵事方伎短杂奇要》三百一十卷，别有目录。"

据陈国符《道藏源流考·葛洪事迹考证》称：葛洪从二十岁开始写作内、外篇，约到建武元年（317）35岁时初步完成，40岁时又进行修改。在写作过程中，太安二年（303），张昌、石冰发动农民起义，"义军大都督邀洪为将兵都尉"，"遂募合数百人，与诸军旅进。永兴元年（304）叛乱平息，"于是大都督加洪伏波将军"。而葛洪却以"成功不处之义"，"不论战功"，在"投戈释甲"后，"径诣洛阳，欲广寻异书"。由于途中"正遇上国大乱（指八王之乱），北道不通，而陈敏又反于江东，归途隔塞"。这时，他的朋友嵇君道被封广州刺史，拟请葛洪作"参军"。他觉得动乱年月岭南是个比较安定的地方，于是到了广州。可是嵇君道未到职却于光熙元年（306）被害。葛洪至广州时才24岁，君道遇害后，他只好滞留广州。当时虽"频为节将见邀用，皆不就"。即地方长官多次邀他出仕，他没有答应。他认为"富贵可以渐得，而不可顿合"。"有若春华，须臾凋落。得之不喜，失之安悲？悔吝百端，忧惧兢战，不可胜言，不足为也。"既然富贵是不足为，故"未若修松、乔之道，在我而已，不由于人焉。将登名山，服食养性"，"自非绝弃世务，则曷缘修习玄静哉！"这是葛洪第一次由入世走向出世的宣言，他选择的名山，就是岭南的罗浮山，在此潜心修炼与著述，他称"先所作子书内外篇，幸已用功夫，聊复撰次，以示将来云尔。"他著的《抱朴子》内外篇，大体在罗浮山约在十年间完成。

葛洪在罗浮山著述告一段落，又返回家乡句容，地方州郡"礼辟"他出仕，他都没有接受。后被推荐到琅邪王丞相府，"辟为椽"，似又步入仕途了。这个琅邪王司马睿在307年被晋怀帝任命为安东将军，都督扬州、江南军事，镇建邺（后改建康，即今南京）。当时西晋由于内忧外患，黄河流域陷于大混乱的时候，而长江流域算是较为安定的地方。由于晋怀帝、愍帝相继被俘,西晋灭亡。317年,司马睿被推为晋王,318年称皇帝,史称东晋王朝。葛洪回到句容,虽没有接受地方征辟,但由于他具有儒家的正统观念,盛赞"晋王应天顺人,拨乱反正,结皇纲于垂绝,修宗庙之废祀,念先朝之滞赏,并无报以功来。洪援例就彼。庚寅诏书,赐爵关内侯,食句容之邑二百户。"葛洪受封在太兴元年(318),晋王已称皇帝(晋元帝),可能为要收拾人心,葛洪前因平石冰之乱未受封赏,入罗浮又出世十年,所以当时思想上确是有点矛盾。他自称"窃谓讨贼以救桑梓,劳不足录,金紫之命,非其始愿。本欲远慕鲁连,近引田畴,上书固辞,以遂微志。适有大例,同不见许。昔仲由让应受之赐,而沮为善。丑虏未夷,天下多事,国家方欲明赏必罚,以彰宪典,小子岂敢苟洁区区之懦志,而距弘通之大制?故遂息意而恭承诏命焉。"

葛洪在《自叙》中讲出当时的思想矛盾,可以说是徘徊在出世与入世之间。但由于"丑虏未夷,天下多事",为维护国家的赏罚制度,他终于"恭承诏命",自是儒家入世思想占了上风,接受封爵。既为王臣,就要接受朝廷的任命,为封建王朝尽力。据《晋书·葛洪传》称:"咸和初(咸和元年是326年),司徒(王)导召补州主簿,转司徒掾,迁谘议参军。"此时距封爵已经十年,中间虽未标明任何职,大概不会空白。其后"干宝深相亲友,荐洪才堪国史,选为散骑常侍,领大著作,洪固辞不就。以年老,欲炼丹以祈遐寿,闻交阯出丹,求为句漏令。帝以洪资高,不许。洪曰:'非欲为荣,以有丹耳。'帝从之。洪遂将子侄俱行,至广州,刺史邓岳留不听去,洪乃止罗浮山炼丹。""在山积年,优游闲养,著述不辍。"

葛洪从接受王导召辟到干宝的推荐,中间相隔时间不清楚,但他以年老欲炼丹求长寿。按一般概念到60岁才称年老,葛洪35岁回句容接受封爵,如到60岁才离开仕途中间长达25年。这样说来,如按说他去世时61岁,那就根本没有时间到罗浮山炼丹,即使按81岁说,晚年住罗浮时间亦大打折扣。但不管怎样,在葛洪的一生中,从青少年读书到参与平石冰之乱,他的人生态度是入世的;第一次到广州入罗浮作子书内外篇,是从入世走向出世;但他到中年又回来接受朝廷封爵和召辟,在天下多事的情况下,为维护晋王朝尽一分力量,这无疑又回到入世中来;直到年老又想到要炼丹求长寿,最后才终老于罗浮山。综其一生,从入世走向出世,再走回入世而终于出世,这种人生经历在道教史中的人物恐怕是相当少见,因此儒道兼综成为他的思想主流也就不奇怪了。

三

我们所以说葛洪具有儒道兼综思想,除与上述的时代背景、人生经历有深切关系外,还体现在他平时学养和重要著述中。《晋书·葛洪传》称他少好学,"写书诵习,遂以儒学知名"。但他读书"究览典籍,尤好神仙导养之法。从祖玄,吴时学道得仙,号曰葛仙公,以其炼丹秘术授弟子郑隐。洪就隐学,悉得其法焉"。据此葛洪所著书,自称"予所著《子》,言黄白之事,名曰《内篇》,其余驳难通释,名曰《外篇》"。自号抱朴子,因以名书。他在《自叙》中亦明确说:"其《内篇》言神仙方药鬼怪变化养生延年禳邪却祸之事,属道家;其《外篇》言人间得失,世事臧否,属儒家。"对两篇著述内容,他自行做了界定。

  这里我们要指出一点,葛洪所属的道家并非先秦老、庄原始道家,甚至可以说在政治上是与之对立的。我们可以看葛洪与鲍敬言的一场辩论。他专门写了《诘鲍》篇,开宗明义就指出:"鲍生敬言,好老庄之书,治剧辩之言。"老庄是道教始祖,这个鲍生好老庄之书,应该是道教的信徒,但他的政治观点和葛洪不同,他的立论主旨是"以为古者无君,胜于今世",即是个无君论者。他的论证主要从两方面展开:一是阐述古者无君的优胜之处,二是揭露有君之后的种种弊端,矛头主要针对现实的封建专制统治。

  葛洪的政治观点当然和鲍敬言不同,他以"唐虞升平之世,三代有道之时",这一儒家理想治世为君主制度辩护,而反对老庄道家的"唯贵自然"。因此葛洪儒道兼综的"道"是指神仙道教,服食求神仙是为君主求长生服务,同时要维护封建君主的统治,这里儒道双方的政治立场是一致的。

  我国中古时期的道教,政治上出现严重的分化,有些道徒用原始道教的符箓咒语治病,在民间秘密活动,伺机组织发动农民起义。另有一派道徒却信奉炼丹成仙并由此产生金丹道教,葛洪就是金丹道教的奠基人。由于炼丹只有上层道徒才具备条件,因此很快为封建统治者所尊奉。葛洪曾明确说:"夫道者,内以治身,外以为国"①。这就置身于维护封建统治的官方道教的行列。

  葛洪站在官方道教立场,对那些反对朝廷、扰乱社会的教派徒众,则称之为"妖道""妖伪""妖邪",这些对封建统治或明或暗有所不利的教派,他主张要严厉镇压甚至要斩尽杀绝。如说"曩者有张角、柳根、王歆、李申之徒,或称千岁,假托小术,坐在立亡,变形易貌,诳眩黎庶,纠合群愚,进不以延年益寿为务,退不以消灾治病为业,遂以招集奸党,称合逆乱"。"刺客死士,为其致用,威倾邦君,势凌有司,亡命逋逃,因为窟薮。皆由官不纠治,以臻斯患,原其所由,可为叹息。"②他认为所以出现如张角等人的称合逆乱,是由于官府的纠治不力。他认为"淫祀妖邪,礼律所禁。然而凡夫,终不可悟。唯宜王者更峻其法制,犯无轻重,致之大辟,购募巫祝不肯止者,刑之无赦,肆之市路,不过少

---

① 《抱朴子·内篇·明本》。
② 《抱朴子·内篇·道意》。

时，必当绝息"①。

葛洪为要"禁绝"民间道教的异端，动用儒家的礼律和法家的严刑峻法，犯无轻重，都要斩尽杀绝，这不是教义的分歧，而是一场残酷的政治斗争。

葛洪的儒道兼综思想，还体现在儒道双修方面，即主张学道修仙，不能违反儒家的孝道和纲常伦理道德，还要多做善事。因为无论道教还是佛教，都要出世成仙成佛，不是无法祭祀祖先尽孝吗？葛洪在《对俗》篇中解释说："盖闻身体不伤，谓之终孝，况得仙道，长生久视，天地相毕，过于受全归完，不亦远乎？"由于儒家《孝经·开宗明义章》云："身体发肤，受之父母，不敢毁伤，孝之至也。"儒家讲身体不伤谓之终孝，而得道仙人，长生久视，身体永远不死，不是更符合儒家的孝道吗？至于祭祀先祖，学道修仙的人在家亦有子弟，"祭祀之事，何缘便绝"，当然更无须忧虑了。

葛洪更进一步将学道修仙与遵守儒家道德伦理联系起来。他明确说："欲求仙者，要当以忠孝和顺仁信为本。若德行不修，而但务方术，皆不得长生也。"对立功德和行善事问题，他按《玉铃经中篇》云："立功为上，除过次之。为道者以救人危使免祸，护人疾病，令不枉死，为上功也。"又云："人欲地仙，当立三百善；欲天仙，立千二百善。若有千一百九十九善，而忽复中行一恶，则尽失前善，乃当复更起善数耳。故善不在大，恶不在小也。"又云："积善事未满，虽服仙药，亦无益也。若不服仙药，并行好事，虽未便得仙，亦可无卒死之祸矣。"②

葛洪把救困扶危、去恶从善，以至遵守忠孝仁信等封建纲常伦理道德作为学道求仙的前提条件，这里有双重含义：一方面向统治者表明，修仙学道的人是不会违反封建纲常伦理道德的，并要求他们立功德、做善事。另一方面也警告那些民间道教，学道也要遵守封建道德教条，不能做扰乱社会秩序的恶行，从而消除那些异端教徒出现作奸犯科思想的危险。这种儒道兼综思想在社会效应上可谓一举两得。

由于有些人认为求仙会代替君臣之道，即认为出世与入世会有矛盾。葛洪对此解释说："长才者兼而修之，何难之有？内宝养生之道，外则和光于世，治身而身长修，治国而国太平。以六经训俗士，以方术授知音，欲少留则且止而佐时，欲升腾则凌霄而轻举者，上士也。"这种上士可以说是儒道双修，既能治国而佐时太平，又能修身而升腾做神仙，可以说一身而二任焉。对这种人他举了不少实例，如说"昔黄帝荷四海之任，不妨鼎湖之举；彭祖为大夫八百年，然后西适流沙；伯阳为柱史"，"吕望为太师"，"范公霸越而泛海"……③这些入世为圣

---

① 《抱朴子·内篇·道意》。
② 《抱朴子·内篇·对俗》。
③ 《抱朴子·内篇·释滞》。

君贤臣,出世则多属《列仙传》中人物。其实这也是葛洪夫子自道,他入世时助朝廷平定叛乱,得到赐爵封侯之赏,出世时以药物养身,以术数延命,终于尸解登仙。正所谓道术儒修无二致,神仙忠孝有完人,这正是葛洪一生的定位和写照。

最后谈一下道本儒末问题。葛洪在《明本》篇开头在答复或问儒道之先后时,就明确说:"道者,儒之本也;儒者,道之末也。"如此说来,是否背离了儒道兼综思想呢?我们看他的界定:"夫道者,其为也,善自修以成务;其居也,善取人所不争;其治也,善绝祸于未起;其施也,善济物而不德;其动也,善观民以用心;其静也,善居慎而无闷。此所以为百家之君长,仁义之祖宗也,小异之理,其较如此,首尾污隆,未之变也。"由于葛洪最终还是个道教徒,金丹道派的宗主,当然把"道"放在第一位,说成是"仁义之祖宗",不过为道家争面子罢了,其儒道兼综思想的排序虽成为道先儒后,而其思想实质,应该说是"未之变也"。

葛洪的儒道兼综思想,对中国传统思想文化的发展会带来什么影响?是值得探讨的问题。学界一般认为,儒、释、道三教的矛盾融合,标志着传统文化发展到一个较为成熟的阶段。但由于佛、道是出世的宗教,可以不遵守俗世的封建道德伦理纲常,故为辟佛、道的世儒所诟病。葛洪主张学道修仙的人,也要遵守忠孝仁信的儒家教条,要立功德和做善事,这就沟通了儒道之间的关节,把治身与为国统一起来。道术儒修无二致、神仙忠孝有完人,葛洪本人做出典型的示范。对今后"三教"思想的交融,起到一定的黏合剂作用。

(原载《宗教学研究》2004年第2期)

李锦全先生之老学思想

孙以楷　陆建华　安徽大学

李锦全先生是著名的中国哲学史专家。先生学术研究横跨文、史、哲三个领域，纵贯古代、近代和现代三个时期；先生中国哲学史研究方面的学术成果遍及儒释道、墨法名诸家诸派，承传、延续中国传统哲学之血脉。在先生迄今为止近60年的学术生涯中，道家尤其是道家创始人老子，始终是先生关注的对象；先生在研究、深思、体悟老子的过程中，形成了自己独特的老学思想。

一、道的神性

老子是春秋末期道家学派的创始人。关于老子哲学的性质，虽然有人认为属唯物主义，有人认为属唯心主义，但是，都认为老子哲学属于无神论，因为老子以自然之道取代天、帝，道以批判宗教神学的面目出现，标志着春秋末期中国哲学的"革命"。先生认为："老子虽貌似反对宗教神学，但代之以无为而无不为的天道，这只不过是个无形的上帝罢了。"① 也就是说，老子之道表面上看是自然之道，实则是神性之道。如果说天、帝是有形象的上帝的话，道就是无形象的上帝。道的本质是"神"，而不是"自然"。先生的理由如下：

其一，老子用道替代天、帝，用天道自然来代替神创世界，有其无神论的一面。但是，老子虽然反对上帝神创世界，并非在归根究底的意义上"承认自然界是本原，而是把'道'安置在它的头上"②，道"被描绘成为产生和支配万物的主宰"③。老子的"道生一，一生二，二生三，三生万物"④，明确指出道在本原意义上创化天地万物，万物由道所生。至于道是指什么，老子曰："吾不知其名，字之曰道。"⑤ 老子连道之名都不甚了解，何谈其知道之实！老子的"道生之，德畜之，长之育之，亭之毒之，养之覆之"⑥，指出道不仅仅生万物、养万物，而且还支配万物，主宰万物，控制万物从生到死的整个生长过程及其在各个生长

---

① 《老庄哲学的神学特色》，《李锦全自选二集》，中国文联出版社 2000 年版，第 61－62 页。
② 《老庄哲学的神学特色》，《李锦全自选二集》，第 69 页。
③ 《老庄哲学的神学特色》，《李锦全自选二集》，第 59－60 页。
④ 《老子》第四十二章。
⑤ 《老子》第二十五章。
⑥ 《老子》第五十一章。

阶段的情状。其二，就道自身来说，"以它本来的样子为法则，没有谁来发号施令，它自己从来就是这样"。① 道不受道之外的任何力量所制约，相反，传统的天帝神灵反而在其主导之下，接受其掌控。这就是："天得一以清"，"神得一以灵"②。其三，老子的"道常无为而无不为"③，指出道从本体言是"无为"，从作用言是"无不为"，这种"道"是从无为中表现其无不为，犹如"天网恢恢，疏而不失"④，在冥冥中主宰万物。老子的"天道无亲，常与善人"⑤，指出道之于人表面上无所偏爱，实际上却经常帮助善人，具有道德意志。概言之，老子对于道的上述表述，是以变相的形式宣扬创世说，只是道创生万物、道主宰万物比上帝创生万物、上帝主宰万物更为精致，更具有理性色彩而已。这样的道在实质上只能是"神"，"是一个新的创世主"。⑥

基于以上的透彻分析，先生认为老子"以道莅天下，其鬼不神"⑦ "吾不知谁之子，象帝之先"⑧ 等语，虽然"是对殷、周以来传统的一切关帝、天、鬼、神的观念进行了扫荡，其实这只是表面现象，老子不过以无形的'道'来代替一个有形象的上帝而已"⑨，道实质上是披着"自然"外衣的上帝，是理性化的至上神。

二、"务为治"

关于老子思想的政治实质，学术界存在着较大分歧。有人认为老子思想代表没落贵族的思想，有人认为老子思想代表农民阶级的思想，还有人认为老子思想是逃亡奴隶的思想。先生认为造成这种分歧的原因固然很多，但是，最为关键的原因或者说根本原因在于"没有注意到老子的政治哲学是带有矛盾的两重性"⑩。在先生看来，一方面，老子对现实强烈不满，对统治者展开猛烈抨击；另一方面，老子像先秦时期儒、墨、法诸家人物一样，是"务为治者"⑪，力图为统治

---

① 《老庄哲学的神学特色》，《李锦全自选二集》，第60页。
② 《老子》第三十九章。
③ 《老子》第三十七章。
④ 《老子》第七十三章。
⑤ 《老子》第七十九章。
⑥ 《从老、庄论"道"的性质谈到无神论与有神论的思想通向问题》，参见《李锦全自选集》，中国文联出版社2000年版。
⑦ 《老子》第六十章。
⑧ 《老子》第四章。
⑨ 《老庄哲学的神学特色》，《李锦全自选二集》，第61页。
⑩ 《老子政治哲学的矛盾两重性与道家思想的历史作用》，《人文精神的承传与重建》，广东人民出版社1995年版，第151页。
⑪ 《论六家要旨》。

者的长远利益出谋献策。从根本上说,老子哲学"务为治"。具体而言,先生的论证如下:

老子用"天之道,损有余而补不足",批评人之道"损不足以奉有余"①,立足于天道层面抨击统治者的治理天下之道也即为政天下的政策违背天道,同时,寄希望于"有道者"②奉行天道,出民水火,改变天下乱而不治的局面。老子说"天下有道,却走马以粪;天下无道,戎马生于郊"③,站在道的高度和立场,以有道与无道做对比,揭露战争破坏农业生产,损害人民生命财产,批评统治者为搜刮天下财富而发动战争。老子还说"大道废,有仁义;慧智出,有大伪"④,"夫礼者,忠信之薄而乱之首"⑤,指责仁义礼智等政治与道德规范不是理想的治国之道,不能解决社会问题,反而是产生一切社会灾难的根源;"不尚贤,使民不争"⑥,揭示"尚贤"不仅不是处理统治者与被统治者之间以及统治者内部的矛盾的最佳措施,反而是造成人民争斗、社会纷乱的源泉;"法令滋彰,盗贼多有"⑦,"民不畏死,奈何以死惧之"⑧,批评法律不但不是统治人民的国策,相反,严刑峻法只能滋生民众的反抗之心,使民众走向统治者愿望的反面。对现实政治的不满,对统治者的愤怒,对道家以外的政治学说的全盘否定,致使老子走向极端,进而"反对人类智慧文明的进步和物质欲望的提高"⑨。"民多利器,国家滋昏;人多伎巧,奇物滋起"⑩,"祸莫大于不知足,咎莫大于欲得"⑪,将现实政治的黑暗、人民生活的困苦统统归咎于文明及人类欲望自身。不过,老子对现实政治的不满,对仁义礼智法等的否定,乃至对人类文明、人类欲望的反对,不足以说明老子是隐者。如果老子真是隐者,何必在其思想中这么固执地留恋社会!老子的社会批判何尝不是对统治者的警示,它恰恰说明老子关心人世,充满强烈的入世情怀、救世精神!

老子是"务为治者",其学说"务为治",为统治者的政治统治服务。先生认为这还充分表现在老子无为而治的治国理念以及以无为而治的政治理念所设计的"小国寡民"的社会理想方面。老子主张"以正治国,以奇用兵,以无事取天

---

① 《老子》第七十七章。
② 《老子》第七十七章。
③ 《老子》第四十六章。
④ 《老子》第十八章。
⑤ 《老子》第三十八章。
⑥ 《老子》第三章。
⑦ 《老子》第五十七章。
⑧ 《老子》第七十四章。
⑨ 《老子政治哲学的矛盾两重性与道家思想的历史作用》,《人文精神的承传与重建》,第153页。
⑩ 《老子》第五十七章。
⑪ 《老子》第四十六章。

下。""我无为而民自化，我好静而民自正，我无事而民自富，我无欲而民自朴。"①，明确提出无为而治的治国方略，以及在无为而治思想指导下的具体治国方法，那就是统治者无为、好静、无事、无欲，让民众自然顺化、端正、富足、淳朴，实现安居乐业。老子为民众设计了"小国寡民"的理想社会蓝图："小国寡民。使有什伯之器而不用，使民重死而不远徙。虽有舟舆，无所乘之；虽有甲兵，无所陈之。使民复结绳而用之。甘其食，美其服，安其居，乐其俗，邻国相望，鸡犬之声相闻，民至老死，不相往来。"②"这种理想的伊甸乐园，无非是落后闭塞的原始农村公社的缩影"③。它反映了老子在"批判现实之后从消极方面寻找出路"④。老子的理想社会无论是"落后"，还是"消极"，都表达了老子"务为治"的愿望。

三、现代价值

当今世界是全球化、信息化时代，中国要走向世界，而世界也要进入中国，和平与发展是这个时代的主题。但是，冷战思维依然阴魂不散，新霸权主义似在不断扩张。如何面对复杂多变的国际政治形势，先生认为老子哲学具有与时俱进的永恒价值，可以从老子哲学中吸取智慧，从而使老子思想绽放出新的光彩，显现其历久弥新的价值。老子思想的现代价值，先生将其归纳为以下几个方面：

老子从"反者道之动"⑤出发，看到"坚强者死之徒，柔弱者生之徒"⑥，指出在事物的发展中，新生的东西刚开始虽然柔弱，却充满生机；陈旧的东西目前虽然强大，也只是暂时的，最终必然走向衰老和死亡。因此，事物发展的真正规律是"柔弱胜刚强"⑦，"强大处下，柔弱处上"⑧。今天的中国是发展中国家，与某些推行霸权主义的发达国家相比，在经济、文化等领域处于弱势，这是客观事实。由老子上述思想可知，中国的落后是暂时的，发达国家的强大也是暂时的，我们处于"柔弱处上"的地位，发展的前途就是克服强敌。为此，我们一方面要正视自己目前落后的现实，另一方面要充满民族自信心，决不自暴自弃。

老子有"不争"⑨的观点。所谓"不争"，不是指一味地消极退让的逃避政策，而是指一种潜藏自己的斗争策略、后发制人的斗争方法，其最终目的是战胜对

---

① 《老子》第五十七章。
② 《老子》第八十章。
③ 《老子政治哲学的矛盾两重性与道家思想的历史作用》，《人文精神的承传与重建》，第153页。
④ 《老子政治哲学的矛盾两重性与道家思想的历史作用》，《人文精神的承传与重建》，第154－155页。
⑤ 《老子》第四十章。
⑥ 《老子》第七十六章。
⑦ 《老子》第三十六章。
⑧ 《老子》第七十六章。
⑨ 《老子》第二十二章。

手。所以，老子说："夫唯不争，故天下莫能与之争。"① 为了强调"不争"，老子把"不争"列为人之"德"，并追溯"不争"之源至天道，认为"不争"来源于天道且符合天道："不争之德，……是谓配天古之极。"② 我们同推行霸权主义的发达国家相比，处于弱势地位，老子的"不争"策略，以及由"不争"策略而引发的"以静制动、以退为进和后发制人的策略思想，对我们今天走向世界，在挑战与机遇并存情况下，如何迎接挑战，求得机遇，应当是有所借鉴和启示"③。

老子反对战争，劝诫统治者放下武器，并论证战争是"凶"，"师之所处，荆棘生焉，大军之后，必有凶年"④，斥责战争的破坏性。但是，老子并不畏惧战争，并且提出一系列用兵之法："吾不敢为主而为客，不敢进寸而退尺"⑤，"夫慈，以战则胜，以守则固"⑥，力求以柔克刚，战胜强敌。"当今的国际形势，我们是主张世界和平，但是不怕霸权主义的战争威吓。这也可以说是老子思想对我们的启示。"⑦

工业化以来，特别是近一个世纪以来，人们盲目追求经济发展，神化科学技术的绝对价值，以自然的征服者自居，对自然资源进行掠夺式开发，造成环境污染、水土流失、气候反常等恶果，严重威胁人类的未来发展，甚至影响人类自身的生存。老子曾言"道法自然"⑧，主张顺应自然，追求人与自然的和谐相处。这对于我们根治环境污染，保护自然环境，保持生态平衡，从而最终养护好我们的家园，具有指导意义。

综上所述，先生具有丰富的老学思想。在先生看来，老子之道在"自然"的外表下包裹着神性，老子之道本质上是无形的、精致的上帝；老子是"务为治者"，老子批判社会现实，宣扬无为而治，构建"小国寡民"的社会理想，皆是"务为治"；老子思想有其当代价值，其柔弱不争、道法自然的思想为我们反对霸权主义、维护世界和平、保护自然环境，提供了诸多启示。

（收入《春风讲席——李锦全教授八十寿辰纪念文集》，中山大学出版社2008年版，第231-237页）

---

① 《老子》第二十二章。
② 《老子》第六十八章。
③ 《"全球化"与老子思想的当今价值》，《李锦全自选四集》，延边大学出版社2001年版，第39页。
④ 《老子》第三十章。
⑤ 《老子》第六十九章。
⑥ 《老子》第六十七章。
⑦ 《"全球化"与老子思想的当今价值》，《李锦全自选四集》，第39页。
⑧ 《老子》第二十五章。

李锦全先生与道家文化研究
——对道家思想传播的文化考察

曹智频　华南理工大学

李锦全先生是一位生活化的学者，对道家文化有过系统而独到的研究，或专篇或宏观地对道家思想传播这个专题勾画了一个纲领性思路。本文就此理路，从文化传播的角度，提出自己的一点体会。对道家文化的研究，必须也只能从《老子》和《庄子》两本元典文本入手。作为一种迁延几千年的文化现象，从符号学的角度看其历时性传播，大体可以做这样的理解：它首先表现为一个文本意义的演化过程，这是一个不断学理化的过程；其次是文本功能的内化过程，这是一个不断生活化（生命化）的提升过程；最后，道家文化的传播有其独特的模式：从文化传播的角度看，道家文化着眼于主体个性，在与主流文化的激荡中或对立或互补，延续至今，构成了中国传统文化的生命主题。

一、道家元典文本的意义演化

文本的传播，包含文化意义和文化功能两个方面。其中与意义传递同步的还有意义创新的过程，有学者指出，文化传播过程，在某种意义上讲是文化的"再创造"过程。因为这不仅使自身文化被确定，而且还会衍生出新的文化意义。[①]道家元典的文化意义的传播就贯穿着这两个方面的内容。

道家文本中被确定和繁衍的对象就是老庄思想的核心概念——道。对于道的传承，就在于对道的文本意义的阐发方面。它有两个传播方向：一个是走向宗教的路子，一个是走向哲学的路子。李先生认为，玄学与道教，思想渊源都来自道家，但由于哲学与宗教不同，故在理论思维的表现方式上是有差异的。加上当事者的社会地位、政治态度、文化教养等方面也各不相同，所以对先秦道家的原型思想，表现出各取所需的倾向；同时在各自的分化演变过程中，在不同方面也起到了各不相同的作用。[②]从走向道教路子看，道家文本有其"先缘"性。老子所创立的神通广大的"道"，会给人有神秘感觉的一面；同时宣扬"长生、久视之

[①] 参见谢建明《文化传播：模式及其过程》，《南京师范大学学报》1994年第1期。
[②] 参见李锦全《老子政治哲学的矛盾两重性与道家思想的历史作用》，《人文精神的承传与重建》，广东人民出版社1995年版。

道"①,说过"死而不亡者寿"② 等一类的话;加上司马迁又说老子本人最后"莫知其所终",颇有点神龙见首不见尾的意味,这些情况,为神仙方士提供了可以依托附会的资料。至于《庄子》一书,其中更描述了不少所谓"神人""至人""真人"。虽然《庄子》说的是"寓言十九",但其中确已谈到辟谷行气、吐纳导引等修养之术。所以后来道教将老子奉为教主,庄子也被奉为南华真人,老庄之书称为《道德经》和《南华经》,作为道教的主要经典。③ 这也说明,道教是一种以个体生命安顿和生命目标实现的生命宗教,不是以社会环境为主题的秩序宗教模式。

从具体操作来看,《老子想尔注》为要将哲学演化成宗教,将原来"道"是宇宙的本原解释成为宇宙和人世间的主宰。虽然从哲学理论思维的角度来看,对《老子》书的注释,存在牵强附会或是增字解经甚至歪曲原意的个别现象,但作为人生终极关怀,在总体精神上还是和道家合拍的,从哲学到宗教,作为两者之间的接合点,《老子想尔注》不失为一次比较成功的尝试。④ 因此,对于老庄思想性质问题是可以这样认为的:从学理上探讨,老庄用所谓的天道自然来代替神创世界,固然有其无神论并通向唯物主义思想的一面;但他们的世界观最终是归根复命、任天安命,自然的天道终于变成了司命之神,这就是老庄哲学的神学特色。⑤ 特别是老子把"道"安置在自然的头上,取代了自然界的本源地位。而在庄子那里,他还塑造出一种超于形气之上与"道"同体的精神,这些实质上就是以某种变相的方式来承认创世说。这完全将老庄思想本体神化了,归结为一种宗教精神。这也从一个侧面说明了道家元典的宗教缘起,说明了文化意义在传播的同时也意味着一种意义创新。

此外,老庄元典在道教之后的传播中也与佛教不期而遇,直接影响了中国化的佛教——禅宗的观点。李先生提出,庄子讲道"在屎溺",而南宗亦讲佛法在"屎溺中",不知是巧合还是由于观点相同。庄子会走向泛道论,即哲学上的泛神论,南禅是否也是这个路向,可以研究。⑥ 这应该不是简单的模仿,而是在庄子的极端自我的基础上,提出了大众佛的境界追求,借此将原本独一无二的高尚佛,带到了人间,带到了大众的心里,使芸芸众生都拥有属于各自的一尊佛。这完成了原为一个人或数人所独有的精神资源转化为众人共享资源的过程,也从大

---

① 《老子》第五十九章。
② 《老子》第三十三章。
③ 参见李锦全《老子政治哲学的矛盾两重性与道家思想的历史作用》,《人文精神的承传与重建》。
④ 参见李锦全《读〈老子想尔注〉断想——从道家到道教思想结合点的探索》,《李锦全自选集》,中国文联出版社 2000 年版,第 251、255 页。
⑤ 参见李锦全《从老、庄论"道"的性质谈到无神论与有神论的思想通向问题》,《李锦全自选集》,第 243 – 244 页。
⑥ 参见李锦全《对慧能改革南宗教义的一点探索》,《李锦全自选集》,第 271 页。

众化角度实现了庄子精英意识中的自我追求理想。慧能虽说不识字,但悟性很高,所以借鉴儒家思想建构以"识心见性"为中心的禅法理论,这是可能的。既然众生若悟就可以成佛,佛在众人心中,也可以在任何地方。于是"麻三斤""干屎橛"都可以说是佛,也有说道在"砖石瓦砾"、佛法在"屎尿"中。这与庄子说的道"无所不在",可以"在蝼蚁""在稊稗""在瓦甓""在屎溺"是完全相同的思维径路。庄子的泛道论会走向泛神论,而慧能南禅后来也走向泛佛论,与庄子思想有无关系呢?似可以进一步研究,并非偶然巧合。① 是的,这一结论足以说明老庄思想在传播过程中超越了以前的道教单纯的语言篡改,而走向了思维深层。本质上的切合,更将道家元典精神展露无遗,也将道家情怀落实到了实处。有学者就提出:"禅宗思想是庄、老思想的哲人之慧,而不是佛教徒的立身行事。"② 这也正好说明道家文化意义的传播事实。更重要的是,经过两次蜕变,道家的文化意义功能同文化意义一样开始凸显出来了。

与此相类,老庄思想走向玄学化的过程也鲜明地表现了这样一个相同的创新过程。魏晋时期,道家思想除演变为道教外,另一途径是向思辨化方向发展,主要表现为玄学。何晏、王弼开创"正始玄风",提出"天地万物皆以无为本"的中心思想,就是道家崇尚的"自然",同时还认为"万物以自然为性"③,而"名教"也是从"自然"而来。这是为纲常名教找寻合理依据。其思路则可以归结为,从"无"到"有"到"独化"的玄学发展,纯粹成了一种迎合政治追求而阐发的道理。理学家的理本论则与老庄的道本论无论在本体认识和思维方式上都极为切近。二者都从语言表达上下功夫,将概念置换,并逐步深化为与各自社会环境相适应的理论模式。与宗教路子相似,哲学路子也由概念置换发展到了内涵创新的阶段。

道家本体的"道",到魏晋时期,开始走向一种文化融合,中华文化的多元化将走向另外一种样态。但文化的生命力不仅在于这点,更主要的是其文化资源的"系统自恢复能力"。陈白沙,就为此付出了他的努力。他认为,"道超天地原无一,人与乾坤本是三"、"道不可状"。因此李先生指出,陈白沙认为在自然界和人类出现以前,先有一个"道"存在。"道"是超于形气之上,无内外,无始终,在时间、空间方面都超越于物质世界,是创化天地万物的本源。④ 单纯从字面看,甚至我们有理由怀疑,这就是老子思想的翻版,但毕竟时代不同,在相

---

① 参见李锦全《慧能思想与中国传统文化》,《李锦全自选四集》,延边大学出版社2001年版,第44页。
② 麻天祥:《中国禅宗思想发展史》,湖南教育出版社1997年版,第35页。
③ 《老子》第二十九章注。
④ 参见李锦全《论陈白沙哲学的历史地位和作用》,《李锦全自选二集》,中国文联出版社2000年版,第217页。

似的字眼下,当然还有其时代所赋予的社会任务。这应该成为我们理解的中心话题,也是这种思想所能得到传播的基础。

陈白沙的思路与禅宗相似,他侧重于老庄思想中的自然本体论。白沙创立的江门学派,是岭南文化的一个重要支柱,他主张为学"贵疑",形成"学贵乎自得"和"以自然为宗"的思想体系,不但对岭南思想界的开放做出贡献,同时对国内思想界也带来了影响。① 由此,白沙的自然思想由老庄的状态观演化成了一种本体意义,其方法论意义也十分鲜明。他强调自然的生存状态、自然的人生心志和自然的思维方式,所以,他强调庄子所谓的"工夫论",特别强调人的主观意识和类似于臆想的入静方式。庄子的"道"本来是客观的,但也很强调得道,人们以"心"求"道",得道后就可以支配一切,如达到所谓与"道"同体的"真人"和"至人",他们的主观精神就可以超乎天地万物之上了。② 正是由于陈白沙过于强调人的主观精神,无限夸大了人心的作用,从而导致他将耳目的闻见和内心的思考完全对立起来,认为耳目的闻见只是一些支离破碎的知识,反而会内心搞乱,使人们的思考受到干扰,所以提出要"去耳目支离之用,全虚圆不测之神",这就把"形交于物"的感性认识否定掉了。同时白沙讲内心求理非常强调静坐方法,甚至说"观书博识,不如静坐"。③ 从元典意义看,白沙贯通了老庄自然生命观,彰显了自然从本体到认识的统一性,它表征着文化功能层面的社会批评意识和生命安顿意识的一致性。

二、道家元典文本的功能传播

人类的意义与价值世界通过人与人之间的文化传播与交往得以实现和生产。有了一定意义世界,也必然随之而有既定的与之相一致的价值世界,即一定的文化意义的出现必然会产生一定的文化功能。这表现为各个不同时代中代表人物的典型人格形象的贯通迁延的一面,也表现在政治决策者的治国方略的继承的方面。从文化功能看,老庄思想在传播中既表现为一种生活态度,也表现为一种社会观念。通过历代的代表思想家的人格定位和对政治方略的阐述,也就反映了道家文化在传播过程中的创新和变化。

众所周知,道家是守成的代表,守护着自然生命流转规程。它主张"顺世"而行,有其消极成分。这与要求积极有为的政治生活是冲突的。但这种冲突使道家文化没有停留在单纯的意义流传,更附加了一种"播种生化"的内涵。

老庄思想由于传播而演化为一种"异质"的文化资源,与其柔弱顺命的观

---

① 参见李锦全《岭南江门学派在宋明理学及中国传统文化的历史地位》,《人文精神的承传与重建》。
② 参见李锦全《关于庄子的哲学性质及其评价》,《李锦全自选集》,第226页。
③ 参见李锦全《论陈白沙哲学的历史地位和作用》,《李锦全自选集》,第227页。

点形成鲜明的对照。这也是传播过程中文化自身适应环境的必然结果。众所周知，文化的核心是人的本性，道家元典中"顺世"的"世"，是人的世界，这与自然世界区别极大。因此，顺世的意义，是以人类的主动性为前提的，只是强化了生命中心主义观念。当我们从群体意义来讨论生命精神的时候，道家无为政治就顺理成章、言之成理了。这也合乎人类发展历史进程的规律，人的社会化成分越来越替代了人的个体的生命化主题，而后者也越来越趋于无助。因此，道家元典的文化功能表现为个体人生态度上两种截然不同的模式：一种是"弃世"，一种是"用世"。这使老庄思想在历史长河的流传中超越了本来的面貌，色彩更丰富了。

  道家既主张顺应自然，认为一切都非人力所能改变，所以对人的"死生、存亡、穷达、贫富、贤与不肖、毁誉"，等等，都说成是"事之变，命之行也"①，即都是由命运所支配。道家从消极避世和超现实的幻想中来保存自己，最终不能摆脱"知其不可奈何而安之若命"② 的人生归宿。③ 从现象上看，道家鄙弃物质文明，要人们返璞归真，以寻求精神上的解脱，这成为先秦道家在人生价值观上的共识。回到元典中看看，《马蹄》指出："同乎无知，其德不离；同乎无欲，是谓素朴，素朴而民性得矣。"无知无欲的生活安顿模式，可以细化为"不以心捐道，不以人助天"④，从顺应自然中来寻求安身立命之道，从消极避世和超脱现实的幻想中来保存自己。这成了中国古代十分典型的人生模式。

  中国历史上的追随者，最先以陶渊明为代表。他认为，"大钧无私力，万理自森著"⑤，"草荣识节和，木衰知风厉，虽无纪历志，四时自成岁"⑥，从自然的变化和表现来理解生命自然存在和生态自然发育的过程。他认为自然像陶钧一样，万物变化都有它必然的道理。⑦ 尽管陶渊明一生穷困，他对当时那个恶浊的社会，既不愿同流合污，又不敢起来反抗，所以对人生流露出情绪"吾生梦幻间，何世绁尘羁"⑧，"人生似幻化，终当归空无"⑨，以虚化的社会认识来安顿自我的梦想，以一种全然的空无之境来寄托自己的现实困顿。其后，这种模式逐步成了失意人生的栖息地。更有学者以老庄为目标来表达自己的理想，所谓"清诗

---

① 《庄子·德充符》。
② 《庄子·人间世》。
③ 参见李锦全《中国传统人生的安身立命之道》，《人文精神的承传与重建》，第43页。
④ 《庄子·大宗师》。
⑤ 《神释》。
⑥ 《桃花源记》。
⑦ 参见李锦全《陶渊明思想试探》，《李锦全自选集》，第125页。
⑧ 《饮酒》。
⑨ 《归园田居》。

健笔何足数，逍遥齐物追庄周"①，就是苏轼道家思想的流露。其实，苏轼并非真要修仙入道，只是厌对落拓的人生，寻求精神上的寄托与解脱。考察元典文本可知，这是庄子在主观上自以为己身和万物都不存在，这只不过在表面上是无己无我，实际上却是我的主体精神的极度膨胀，达到了绝对的精神自由。毕竟，这些所谓得道的真人和神人，在人世间实际上是不存在的，无非是庄子夸大人的主观精神，通过神秘的得道途径，来寻求绝对的精神自由。无论陶潜还是苏轼，都是典型地对庄子"弃世"观点在后世的解读模式。

与上述厌世的观点恰恰相反，也有人从"用世"的角度传播了道家文化积极的一面。唐代社会物阜人丰、生产力水平极高，社会开始强化人的自我意义，所以，即便是佛教传统上的"我为佛用"的观念，也开始在成佛道路上的"佛为我用"的转变，在慧能思想中就集中体现出来了。慧能禅学注重自我解脱，通过净化人心来成就独立人格，自行把握人生真谛，并获得精神上的自由。② 可见，慧能着手开解庄子的消极意义，着眼于独立自我，提出人的存在意义和价值。这就是他在佛教史上所做出的主要贡献。之后的陈白沙也强调自我的回归，自我的独立人格，强调人们的思想和个性解放。这是道家文化在历时性意义上的一种演化，从消极的顺世走向了一种积极的张扬自我的模式。

上述两种明显歧异的文化现象也表现在后世的社会观念方面。中国原始道家思想的发展路向，似乎出现了二律悖反的现象。一方面历代不满现实的隐者和避世之士，多从这里找寻理论依据，成为当时现实政治的反对派。他们所从事的文化创造和思想批判，往往与封建正宗相对立而处在异端地位，从而形成我国历史上别树一帜的道家文化传统。但是另一方面道家在诸子中也属于"务为治"的一派。它可以为统治者出谋献策，并博采众家之长，通过儒、墨、法等多元互补，从而成为正宗传统文化的理论框架和思维方式的建构者。

一方面，老子无为而治的思想，也可以为统治者出谋献策。先秦老子的思想既有"务为治"的一面，且与各家思想也不无相通之处，这就形成道家思想发展的又一条途径，黄老学派就是这一方面的代表。而道法思想的结合，在战国时期已经出现，如稷下学者曾提出过"法出乎权，权出乎道"的观点。韩非也提到"以道为常，以法为本"。汉初的"休养生息"政策的实行，这种刚健有为的思想主张，正好应对着道家思想人格顺应时代、主动积极的人格形象。

另一方面，老庄思想中典型的社会批评观念超越了"务为治"的对当世的正面认同，走向了时代文化的对立面。庄子曾揭露过不少社会现实矛盾，对儒墨等家所宣扬仁义、圣知等一套的欺骗性，也曾做过尖锐和大胆的批判。后世不少

---

① 《送文与可出守陵州》。
② 参见李锦全《对慧能改革南宗教义的一点探索》，《李锦全自选集》，第273页。

对社会现实不满、对现存制度提出怀疑和进行批判的思想家和学者的思想受到庄子的影响。对此，李先生深刻指出，我们过去对庄子的悲观厌世、甚至有点滑头混世的思想，看得过多和过重了一些；而对他不与权贵合作，追求洁身自好的精神生活的积极作用也有点估计不足。这从传播的角度更好理解，在传播过程中，文化才可以反映出其本来形态，我们也才可能对其做出客观而科学的评价、理解。事实上，庄子思想对那些不满封建礼教的知识分子可以产生一些离心作用，触发一些消极的对抗情绪。① 由此，嵇康提出"越名教而任自然"的命题，以反对朝政。从文化发展的角度看，嵇康的思想是对主流文化的抵制，以一种本体的文化回归来对抗后天的文化约定，合理但不合法，客观上只是对老庄思想的"借用"，与鲍敬言相似。他们二人，虽一属于玄学中人，一为道教生徒，但其立论的思想来源和根据，无疑来自老庄原始道家。② 本质上，他们只是稍微修改了老庄的消极抵制态度而已。

李贽也持有相同的社会批判观点。针对当时社会的虚伪和遭受蒙蔽的人心，世人在社会现实中无所适从的状况，李贽站出来呼吁，倡导童心，鼓动社会张扬本性和自然的生命节奏。他说："夫童心者，绝假纯真，最初一念之本心也。若失却童心，便失却真心，失却真心，便失却真人。人而非真，全不复有初矣。"③ "童心"说和"是非无定质"观点，主张个性解放，有民主启蒙性质。④ 可见李贽从道家个性培养出发，倡导一种社会风气来抵制时代的压制，较之玄学对道家的创新意义更强。

总之，从老子所讲的无为而治来看，可以引出无君论，成为现实政治的反对派，并成为隐居避世之士的理论依据。⑤ 那种强烈的现实批判精神，在宋元之际的邓牧思想中反映鲜明，他追慕老庄的避世思想，强烈抨击君主制度，认为人民起来斗争是必然的，"人之乱也，由夺其食；人之危也，由竭其力"⑥，从而使道家文化的社会批判走到了一个极端。

从传播学的立场看，这种传播结果是必然的，也是合理的。毕竟，人无论如何都是社会的。传播学认为："当一个自我产生之后，从某种意义说它为自我提供了它的社会经验，因而我们可以想像一个完全独立的自我。但是无法想像一个产生于社会经验之外的自我。"⑦ 从某种文化经典看，这个社会的自我，随着不

---

① 参见李锦全《关于庄子的哲学性质及其评价》，《李锦全自选集》，第234页。
② 参见李锦全《中古时期道家文化的演变与分流》，《李锦全自选集》，第263页。
③ 《童心说》。
④ 参见李锦全《论李贽入世与出世思想的矛盾统一》，《李锦全自选集》，第241页。
⑤ 参见李锦全《道家思想在传统文化中历史地位》，《人文精神的承传与重建》。
⑥ 《吏道》。
⑦ ［美］米德：《心灵、自我与社会》，张国良主编《20世纪经典传播学文本》，复旦大学出版社2003年版，第169页。

同时代中的社会的变迁而变化，道家元典就保留着这种一以贯之的文化精神，呈现出不同的表现形式。当然，这不但可以从文化意义和文化功能来体现，更可以从文化学本身来探讨。

三、道家文化传播的文化学解读

文化学主要讨论文化构成和文化系统之间的相互关系。从文化传播的角度来理解，道家文化的传播则必然涉及两个问题：一是道家文化的结构性特征，二是作为主流文化的儒家文化对道家文化传播的影响。对第一个问题我们可以这么理解：通常而言，文化包含物质的、制度的和精神的三个组成部分。从道家文化的传播形态看，其宗教形态侧重于生命模式，强调个人的生命体验和境界追求，与秩序宗教截然不同。所以，反映在文化形态上，只能在精神层面，其学理层面虽侧重于本体探讨，也不外乎是精神文化形态。这说明，道家文化传播在文化竞争中是处于弱势的，在效果上也只能是局域的，不可能成为主流文化。当然，这也并不意味着道家文化居于可有可无的文化地位。

对于第二个问题，历史表明，道家文化在中国历史上除了汉初的黄老道时期就一直处于非主流文化的地位。两汉时，时人受强势儒家文化影响，最多也只是借以"自广"。其后即便是走向民间的道教，也在典仪规制方面趋于对儒家伦理的服从。道教早期所定戒律，就注意到要不违反儒家的忠孝信条。魏晋玄学的中心议题是通过"有无""本末""体用""一多"等关系的思辨推理，来论证自然和名教的统一，即道家和儒家思想的融合，"儒道兼综"成为玄学的基本特征。① 就其目的而言，从魏晋玄学发展的主流来看，都在力图调和名教与自然的矛盾。② 这正好说明了道家文化在传播过程中，开始从先前的操作性模式回归到学理探讨的层面，走向了与主流文化融合而内外两条线互相依托的格局。

与道家文化不同，中国几千年文化史中，大多数时候都是以儒家文化为主导，特别是董仲舒提出"罢黜百家，独尊儒术"之后，儒家文化获得了绝对主导地位。儒家的伦理道德，强调社会生存环境的有序化和人性表现的奴性化，本质上桎梏人性，不利于个性发展和自我张扬，即对社会个体成员的严格控制。这也造就了道家文化传播的机缘。传播学认为："社会控制，不仅不会扑灭人类个体，不会湮没其有自我意识的个性，相反，实际上乃是个性的基本要素，与个性不可解脱地联系在一起。"③ 足见道家文化的出现势在必然。道家侧重于生命意

---

① 参见李锦全《矛盾融合 承传创新》，《李锦全自选二集》，第10页。
② 参见李锦全《论儒家思想的包容性及其发展路向》，《李锦全自选三集》，中国文联出版社2001年版，第264页。
③ 张国良主编：《20世纪经典传播学文本》，第181页。

义的价值定位,与儒家文化强化于社会性意义的价值取向截然相反,这造就了中国传统文化人格看似矛盾的复合特征。对这种人格的认识,只有从文化传播的角度来解释才可以理会出中国传统发展中经典人物在思想观点和人生态度上的矛盾状态。对此,李先生指出:"一个人如果只是在自然观上具有唯物论或无神论思想,并不能以此来说明社会人事变化的科学原因,如果勉强套上去解释,就很容易陷入自然命定论。从历史上看,著名的无神论思想家王充并没有能摆脱这个东西,陶渊明更由于宿命论而产生了人生梦幻的消极情绪,这在人类理论思维发展史上和在无神论史上的研究方面,都有值得总结的经验教训。"[1] 具体原因就在于中国传统文化传播过程中主流文化和次流文化之间的矛盾依存关系。

道家文化的传播,是一种生活模式的演化,是一种生命安顿方式的转化。在这个过程中,其人格范式,从软性抵制主流文化状态走向了自我回归的刚性状态,从抵制俗性的社会化走向了追求文化本体的自我中心,从而使道家文化的传播与中国传统的文化传播在取向上完全不同。传统的主流文化在传播体制上是定一尊的一元格局,传播取向上是"止于至善"的价值取向,传播技巧上是"东方智慧"的凝结。道家文化传播过程趋向多元化模式,对主流文化的游离,则是对"止于至善"的反动,以一种生命化的文化诠释途径,其传播是一个生命归依的路子。

总之,道家文化,在中国流传迁延了几千年,经历了诸多变化,其传播历程包含了思想的流传、主题的延演、精神的互动、生命的安顿、社会的批判和文化的转化。它既表现为作为文化现象的道家文化意义的传递和渗透,各种信息代码的时空流变和共享,也表现为后来的人们对道家文化功能的符号化、生活化过程,更表现为主流文化和非主流文化之间的激荡、排斥、批判和创造的艰辛历程,使道家文化在传播过程中从一种被边缘化、主观游离态走向了合乎思想进程的、强调独立自我的、影响至今的文化人格。

(收入《春风讲席——李锦全教授八十寿辰纪念文集》,中山大学出版社2008年版,第238-249页)

---

[1] 李锦全:《陶渊明思想试探》,《李锦全自选集》,第128页。

对慧能改革南宗教义的一点探索

慧能,俗姓卢,父行瑫(或作滔),母李氏,传说原籍范阳(今北京市大兴、宛平一带),生于广东新州(今广东新兴县)。关于慧能的生卒年月,据题为法海撰的《六祖大法宝坛经略序》称:"诞师于贞观十二年(638)戊戌二月八日子时"①,这是佛经中传说的佛诞日(按照中国旧历换算,推定为四月初八),卒年按《坛经》以来的有关文献,都说"于先天二年(713)八月三日灭度","春秋七十有六"。慧能身后,被赐谥为大鉴禅师,为禅宗第六祖,亦有称之为南派禅宗即南禅的实际创始人。

研究慧能思想离不开《坛经》,这是慧能禅宗的"宗经",是它的基本理论阵地。近些年来由于版本问题,产生许多分歧意见。据印顺研究,认为现存的《坛经》应分别为二部分:一、(原始的)《坛经》——"坛经主体",是大梵寺开法的记录。二、"坛经附录",是六祖平时与弟子的问答,临终嘱咐,以及临终及身后的情形。二者性质不同,应该分别处理。顾伟康也认为《坛经》的原始部分——大梵寺说法部分,保留了慧能禅法,同时掺入不少"南方宗旨",余下的附编部分,较多地掺入"坛经传宗"的成分。据此认为敦煌本《坛经》所反映的,是"会昌法难"以后的禅史大势,其主旨主要是继承和发展了慧能禅法——南禅禅法。

本文引用资料,主要根据郭朋的《坛经校释》。该书称以日本学者铃木贞太郎、公田连太郎校订的敦煌写本——法海本《坛经》为底本,参照惠昕、契嵩、宗宝三个改编本进行校订。本文引用原文,只注明郭朋释本页数。

一

关于慧能的思想,郭朋在《坛经校释》的《序言》中说:在世界观上,他是一位"真心"一元论——"真如缘起"论者;解脱论上,他是一位佛性论者;宗教实践上,他则是一位"顿悟"思想的倡导者,并认为这也是禅宗的基本思想。

郭朋写的《印顺佛学思想研究》,引有印顺法师对禅宗的评价,称其"特色为简易平实。得则浑朴忠诚、失则简陋贫乏,如田舍郎。确树此一代之风者,岭

---

① 《全唐文》卷九一五。

南卢慧能也。"又说：禅者说法，"不但是真心论，还是唯我论。"如六祖说："汝等诸人，自心是佛，切莫狐疑！""岩欲求佛，即心是佛。"故得出结论说："禅宗为千真万确之唯心论，……而且是真常唯心论。"①

张春波也有大致相同的说法，他说："佛教的全部理论无非是给所谓成佛做论证。到慧能的时候，佛教已经传播了一千多年。在这漫长的岁月中，佛教的高僧耗费了多少心血，撰写了任何人毕生时间都不可能卒读的佛典。……他们的理论越庞杂难懂，也就越加使人不得要领……慧能、神会对佛教的贡献，就在于他们从浩如烟海的佛典中概括出一个字来，这就是'心'字。在慧能、神会看来，只要在自己心上下功夫，一念相应，便可以立地成佛，达到解脱。这种理论是多么简单、肤浅！然而正是这个简单肤浅的理论，体现了佛教理论的实质。……这就是慧能（包括神会）学说的特点之所在。其实，这只不过是他们把主观唯心主义发展到比别的佛教流派更加彻底而已。"②

用"简单""肤浅"四字来评价慧能的禅学，顾传康认为是受到"左"倾学风的影响。他认同比较流行的说法是：宗教实践的顿悟思想，是禅宗（南禅）的特质所在。并提出以"顿悟"来总说南禅。

顿悟—对象—"世界"即"我"即"佛"。

顿悟—途径—自识本性，自性自度。

顿悟—时间性—言下即悟，当世成佛。

顿悟—整体性—不立文字，任其自然。

顿悟—解脱—行往坐卧皆道场。③

综上所述，虽然所采取的角度和评价高低会有不同，但慧能禅学倡导"明心见性"，即所谓"直指人心"，"见性成佛"，这里总的精神为人们所共识，并且在《坛经》中得到印证。

> 慧能大师唤言："善知识！菩提般若之知，世人本自有之，即缘心迷，不能自悟，须求大善知识示道见性。善知识！遇悟即成智。"④

> 善知识！法无顿渐，人有利顿。迷即渐契，悟人顿修，自识本心，自见本性，悟即元无差别，不悟即长劫轮回。⑤

> 善知识！世人性本自净，万法在自性。思量一切恶事，即行于恶，思量一切善事，便修于善行。如是一切法尽在自性。自性常清净，日月常明，抵为云覆盖，上明下暗，不能了见日月星辰，忽遇惠风吹散卷尽云雾，万象森

---

① 《印顺佛学思想研究》，中国社会科学出版社1981年版，第229-231页。
② 《中国古代著名哲学家评传》，第651页。
③ 《禅宗文化交融与历史选择》，上海知识出版社1990年版，第195页。
④ 《坛经校释》，中华书局1983年版，第24页。
⑤ 《坛经校释》，第30-31页。

罗，一时皆现。世人性净，犹如青天，惠如月，智如月，知惠常明。于外著境，妄念浮云盖覆，自性不能明。故遇善知识开真法，吹却迷妄，内外明彻，于自性中，万法皆见。①

善知识！慧能劝善知识归依三宝。佛者，觉也；法者，正也；僧者，净也。自心归依觉，邪迷不生，少欲知足，离财离色，名两足尊。自心归依正，念念无邪故，即无爱著，以无爱著。名离欲尊，自心归依净，一切尘劳妄念，虽在自性，自性不染著，名众中尊。凡夫不解，从日至日，受三归依戒。若言归佛，佛在何处？若不见佛，即无所归，既无所归，言却是妄。善知识，各自观察，莫错用意。经中只即言自归依佛，不言归依他佛；自性不归，无所依处。②

般若之智，亦无大小，为一切众生，自有迷心，外修觅佛，未悟本性，即是小根人。闻其顿教，不假外修，但于自心，令自本性常起正见，顿恼尘劳众生，当时尽悟，犹如大海，纳于众流，小水大水，合为一体，即是见性。内外不住，来去自由，能除执心，通达无碍，能修此行，即与《般若波罗蜜经》本无差别。③

缘在人中有愚有智，愚为小人，智为大人，迷人问于智者，智人与愚人说法，令彼愚者悟解心解；迷人若悟解心开，与大智人无别。故知不悟，即是佛是众生；一念若悟，即众生是佛。故知一切万法，尽在自身中，何不从于自心顿现真如本性。《菩萨戒经》云"我本元自性清净。"识心见性，自成佛道。《维摩经》云："即时豁然，还得本心。"④

从以上慧能说法的有关记录，对成佛问题的思想脉络是清楚的。首先他承认世人都有菩提般若之知，即人人都有佛性，但由于心为妄念所迷，不能自悟而见性成佛。这里关键是由"迷"转"悟"问题。但为什么有的人能"悟"而有的人不能？这就关系到人的资质不同，所以说法无顿渐，人有利顿，有说人中有愚有智，愚为小人，智为大人。慧能南禅虽讲顿悟，但也不完全反对渐修。因为下根的人一时难有这种自见，须求大善知识示道见性，即要迷人问于智者，智人与愚人说法，迷人受到悟解心开，即与大智人无别。这样得道高僧就可以充当开启愚人心智的角色，普度众生而成佛。

慧能认为万法是在自性，自性是常清净，就如日月常明，但由于妄念像浮云那样覆盖，见不到日月星辰，只有将浮云驱散，吹却迷妄，内外明彻，自性中万

---

① 《坛经校释》，第39-40页。
② 《坛经校释》，第46-47页。
③ 《坛经校释》，第56-57页。
④ 《坛经校释》，第58页。

法皆见,这就是顿悟成佛。亦即所谓直指人心,见性成佛。这样说来,佛原是在人的心中,识心见性,自成佛道。从哲学来说,当然是最彻底的唯心论。

二

慧能南宗的禅法,与先秦儒、道两家思想的关系,虽然找不到明显的痕迹,但从思想理路来看,却颇有相近的地方,如孟子讲"人皆可以为尧舜",与禅宗承认"众生是佛",即在做圣与成佛的问题上思路是一致的。孟子认为人性善,人心都有善端,只是由于物欲所蔽,所以孟子提出"养心莫善于寡欲",还用"求放心"的途径恢复人们的善心。虽然儒家着重从道德方面的修养不同于佛教,但通过复性来做圣成佛,对要达到目标所采取的途径和方法,看来还是近似的。

慧能南宗讲顿悟成佛,强调自识本性,自性自度,要自行佛性,自作自成佛道。这与孔子说的"我欲仁,斯仁至矣",从最大限度发挥人的主观能动性来说,颇有异曲同工之妙。强调人的主观精神,孔、孟与南禅也是相近似的。

由于南禅强调"世界"即"我"即"佛",当人进入这一悟境时,就没有我、佛之分,也没有主客观之分,佛即在我的心中,也在任何地方,所谓"无佛处"是不存在的。《五灯会元》中记有一段无名行者与法师的对话:

> 有一行者,随法师入佛殿。行者向佛而唾,师曰:"行者少去就,何以唾佛?"行者曰:"将无佛处来与某甲唾",师无对。

因为佛是无所不在的,所以法师找不到无佛处。而"麻三斤""干屎橛"都可以说是佛,也有说道在"砖石瓦砾",佛法在"屎尿中"。

和这个对比,我想起庄子与东郭子的一段对话:

> 东郭子问于庄子曰:"所谓道,恶乎在。"庄子曰:"无所不在。"东郭子曰:"期而后可"。庄子曰:"在蝼蚁"。曰:"何其下耶?"曰:"在梯稗。"曰:"何其愈下邪?"曰:"在瓦甓。"曰:"何其愈甚邪?"曰:"在屎溺。"东郭子不应。①

庄子讲道"在屎溺",而南宗亦讲佛法在"屎尿中",不知是巧合还是由于

---

① 《庄子·知北游》。

观点相同。庄子会走向泛道论,即哲学上的泛神论,南禅是否也是这个路向,可以研究,但和先秦儒道两家某些观点做点比较,我认为还是有意义的。

三

佛教是一门宗教,慧能的南禅也不例外。宗教总是有教主作为崇拜对象。佛教的教主是西方的佛祖,所有佛教寺庙都是这样供养的。但向外在的"佛"祈求赐福或是向西方求佛,是和慧能及后来南禅的徒子徒孙认为"我"即是"佛"的思想相违背的。如契嵩本《坛经》载有慧能反对向西方求佛的对话。

> 又问:弟子常见僧欲念阿弥陀佛,愿生西方,请和尚说,得生彼否?愿为破疑。师曰:迷人念佛求生于彼,悟人自净其心。东方人造罪,念佛求生西方;西方人造罪,念佛求生何国?凡愚不了自性,不识身中净土。若悟无生顿法,见西方只在刹那,不悟,念佛求生,路遥如何得达。

这里慧能仍坚持顿悟成佛的观点。但他反对向西方求佛祖,等于否定由本教供奉的神灵,因而引起南禅后代烧佛像,甚至呵佛骂祖的事例。如慧能的四代弟子,石头希迁的学生丹霞天然,于慧林寺遇天大寒,取木佛烧火取暖。院主骂他"何得烧我木佛?"他以杖子拨灰曰:"吾烧取舍利。"院主曰:"木佛何有舍利?"师曰:"若无舍利,更取两尊烧。"①

这里讲的虽是木佛,但一般佛教信徒,以至信佛的善男信女,都是当作神灵来顶礼膜拜的。可是南禅的传人,有的却任意呵佛骂祖,如有"德山棒"之称的德山宣鉴说:

> 我先祖见处即不然,这里无祖无佛,达摩是老臊胡,释迦老子是干屎橛,文殊普贤是担屎汉。等觉妙觉得破执凡夫,菩提涅槃是系驴橛,十二分教是鬼神簿、拭疮疣纸。四果三宝、初心十地是守古冢鬼,自救不了。②

这里将释迦和各佛教祖师痛加责骂,当然更不会做神灵崇拜了。这样一来,慧能开创的南宗,是否会成为无神论的宗教呢?这也是一个值得研究的问题。

---

① 《五灯会元》卷五,中华书局1984年版,第261页。
② 《五灯会元》卷七,第374页。

四

从上面简单的概述，对慧能及其南宋后代的禅学思想，应该给以什么样的评价，是可以进行讨论的。从哲学的角度看，可以说是唯我论或者彻底的唯心论。但佛教作为宗教，也可以说它是泛神论并走向无神论。佛教本是以慈悲平等的教义来普度众生，但多年来留下大量的经典，既高深又庞杂难懂，加上各种烦琐的宗教仪式，实际对众生是难以普度。同时拜佛求福，一方面造成社会迷信风气流行；另一方面求福就要布施，实际上形成有权有钱的人才能得到佛祖的庇佑，并称之为功德。严格说这是违反佛家平等的教义，而慧能亦因此持反对态度。《坛经》中有一段讲使君礼拜慧能时，问到达摩大师化梁武帝，帝问达摩："朕一生以来造寺、布施、供养，有功德否？"达摩答言："并无功德。"使君对此不解，提出疑问。慧能肯定达摩的回答，也说"实无功德"。理由是：

> 造寺、布施、供养，只是修福，不可将福以为功德。功德在法身，非在于福田。自法性有功德，平直是德。（此处惠昕等三本均作"见性是功，平等是德"）内见佛性，外行恭敬，若轻一切人，悟我不断，即自无功德。自性虚妄，法身无功德。念念德行，平等真心，德即不轻。常行于敬，自修身是功，自修心是德，功德自心作，福与功德别。武帝不识正理，非祖大师有过。①

这里慧能将修福与功德做了明确区别，造寺、布施、供养，并不等于有了功德，就可以通向成佛之路。中国历史上的梁武帝萧衍以崇佛著名，其实他并不懂佛家教义，自以为花钱造寺、布施、供养，就是有了功德。但达摩大师"并无功德"一句话挡回去，连后来见慧能的使君也感到怀疑。但经慧能的解释，认为"见性是功，平等是德"，"自修身是功，自修心是德"，提倡平等真心，这才符合佛家的教义，以此普度众生才算得为佛教也是为自身立下功德，这也是慧能弘扬佛法使禅宗得以广泛传播所做出的贡献。

慧能是个佛教徒，但他创立的南派禅宗，却是不拜佛、不读经、不坐禅，后来还发展到呵佛骂祖，是否背叛了本门宗教。其实慧能并非不信佛，他信的是具有平等真心理念的真佛。他要破除对那些泥塑木雕偶像的迷信，提倡解放思想，从自由精神解脱中去寻求觉悟的人生。佛教教义是慈悲平等，导人向善，注重对

---

① 《坛经校释》，第64—65页。

人生的终极关怀。但宗教信仰也不应该是盲从和迷信,更重要的是启发人们的自觉。慧能说:"迷人念佛生彼,悟者自净其心"。所以佛言"随其心净,则佛土净。"他特别对皈依三宝作解释,谓"佛者,觉也;法者,正也;僧者,净也。"① 他认为佛的本义是"觉",没有觉悟不能成佛,不能自"净"其心的也不要称僧。当然亦不是不受任何戒律的约束,如"离财离色"就是基本要求。但是也要靠自觉。慧能禅学注重自我解脱,通过净化人心来成就独立人格,自行把握人生真谛,并获得精神上的自由,这就是他在中国佛学史上做出的主要贡献。

(原载《中国哲学史》1998年第1期)

---

① 《坛经校释》,第46页。

慧能禅宗教义对中国思想文化史的贡献

禅宗是佛教中一个宗派,而佛教又是宗教中的一种。谈到宗教,求神拜佛,总会给人带点迷信的感觉。但对宗教的信仰是否只是迷信,还是具有丰富的文化内涵,如慧能禅宗教义,对中国思想文化史和中国传统思想文化的构成,能否做出一些贡献,我认为可以研究。

一

叶小文在《共产党为什么要保障宗教信仰自由》一文中,转引延安时代毛泽东曾经讲过的"宗教也是文化"。叶文就此发挥说:"讲宗教也是文化,意味着处理宗教问题不能简单化,不能把宗教当作一种异己的意识形态,而是承认宗教里面包含积极的、有意义的东西,可以加以发掘和整理使其在现实中发挥积极作用。"

蔡德贵在 2003 年 6 月《济南大学学报》中提出一种观点:认为先进文化是科学精神、人文精神、宗教精神共存共荣、共同作用而形成的文化。科学精神的主要任务是求真,宗教精神的主要任务是求善,人文精神的主要任务是求美。三种精神与三种文化有着难解难分的关系,正是三种精神的共同作用,推动着物质文明、政治文明、精神文明不断向前发展。三种精神的和谐发展推动着人类社会不断进步。

《科学无神论》杂志 2002 年第 6 期"卷首语"中提出:要"重视对无神论的理论研究"。其中说到:"过去对有神论,也就是对待宗教问题上的错误做法,不仅是由于政治上的幼稚,也是由于理论上的准备不足,因而把一个复杂的问题简单化了。思想上的简单化,必然导致行动上的幼稚病。幼稚病在政治上的表现,就是极"左"路线。如果说简单化的做法在其他问题上是不可行的,在对待有神论问题上尤其不可行。这个问题,已经为无数次的实践所证明。所以,为了正确处理有神论问题,必须重视有关无神论的理论研究。

上面几种观点,从不同角度(对宗教的积极意义,与文化的关系以至研究的方法)都可以给我们以启示。岭南宗教以慧能开创的佛教南派禅宗影响最大。但禅宗人物,前有菩提达摩,后有慧能,似与广州也有点因缘关系。

大家知道,佛教是外来宗教,可能汉代已开始传入中国,洛阳白马寺据说是源于东汉初已有用白马驮佛经入中国,该寺已成为佛教旅游名胜。佛教传入中国有两条路线，汤用彤《汉魏两晋南北朝佛教史》中称："西域，中亚虽为中国北部通印度之要途，然迂回取道南海者，亦有其人。""取道海上则常经广州，故广州在南朝，亦为佛法重镇也。"

佛教从西北陆路传入中国虽比较早，但东汉末年大动乱后，番禺（广州）成为交州州治所在地，加上航海业的不断发展，不少高僧取道海上经广州进入中国，所以广州在南朝时成为佛法重镇，也就顺理成章了。

关于广州在南朝时成为佛法重镇的情况，会有人专门研究，我这里只谈与禅宗有关的菩提达摩。据记载他在梁武帝普通七年（526），由海道乘船到广州，创西来庵。现在荔湾区有"西来初地"，一说即华林寺。后由梁武帝遣使迎至金陵，达摩为讲佛法，但武帝并无得到开悟。相传他后来转至嵩山少林寺，成为中土禅宗初祖。

慧能对达摩的思想承传关系，《坛经》中有一段讲使君礼拜慧能时，问到达摩大师点化梁武帝时有段对话。帝问达摩："朕一生以来造寺、布施、供养，有功德否？"达摩答言："并无功德。"使君对此觉得不可理解，提出疑问。慧能先肯定达摩的回答正确，也认为梁武帝"实无功德"，并对此做了解释。

《坛经》中慧能的解释认为："造寺、布施、供养，只是修福，不可将修福以为功德。功德在法身，非在于福田。自法性有功德，平直是德。（此处惠昕等三种版本均作"见性是功，平等是德"。）内见佛性，外行恭敬，若轻一切人，悟我不断，即自无功德。自性虚妄，法身无功德。念念德行，平等真心，德即不轻。常行于敬，自修身是功，自修心是德，功德自心作，福与功德别，武帝不识正理，非祖大师有过。"①

这里慧能将修福与功德做了明确区别，造寺、布施、供养，并不等于有了功德，就可以通向成佛之路。中国历史上的梁武帝萧衍以崇拜佛教著名，其实他并不懂佛教教义，自以为花钱造寺、布施、供养，就是有了功德。但达摩大师却以"并无功德"一句话挡回去，连后来见慧能的使君也感到怀疑。但经慧能的解释，认为"见性是功，平等是德"，"自修身是功，自修心是德"，提倡平等真心，才是佛家的教义，以此普度众生才算得为佛教也是为自身立下功德，这就是慧能弘扬佛法使禅宗得以广泛传播所做出的贡献。

慧能是个佛教徒，但他创立的南派禅宗，却是不读经、不坐禅、不拜佛，后来还发展到呵佛骂祖，是否背叛了本门宗教。其实慧能并非不信佛。他信的是具有平等真心理念的真佛。他要破除那些泥塑木雕偶像的迷信，提倡解放思想，从自由精神解脱中去寻求觉悟的人生。佛教教义是慈悲平等，导人向善，注重对人生的终极关怀。但宗教信仰也不应该是盲从和迷信，更重要的是启发人们的自

---

① 《坛经校释》，第 64-65 页。

觉。慧能说："迷人念佛生彼，悟者自净其心。"所以佛言"随其心净，则佛土净。"他特别对皈依三宝做出解释，谓"佛者，觉也；法者，正也；僧者，净也。"① 他认为佛的本义是"觉"，没有觉悟不能成佛，不能自"净"其心者也不要称"僧"。当然亦不是不受任何戒律的约束，如"离财离色"就是基本要求，但是也要靠自觉。慧能禅学注重自我解脱，通过净化人心来成就独立人格，自行把握人生真谛，并获得精神上的自由，这是他在中国佛教史和思想文化史上做出的主要贡献。

二

佛教是外来宗教，佛学也是外来的思想文化，传入中国后就要适应中国的国情和社会习俗。由于儒家的道德伦理与政治理念是中国传统文化的主体，如忠孝之道，出家人是没有这种理念的，所以出现"沙门不拜王者论"的争议。又如儿子出家做高僧会受到父母的膜拜，这是违反儒家的伦常道德的，受到傅奕"非孝无亲"的批评，唐高宗还下诏加以禁止。后经过宗密等人的调和，杜撰有《孝子报恩经》等迎合中国社会习俗的著作，自是从出世佛教走向人间佛教。

佛教与儒、道结合亦有个过程，与岭南有关较早的是自称为牟子的《理惑论》，他指出："尧舜周孔，修世事也；佛与老子，无为志也。仲尼栖栖，七十余国；许由闻禅，洗耳于渊。君子之道，或出或处，或默或语，不溢其情，不淫其性，故其道为贵。在乎所用，何弃之有乎？"这就是说，中国历史上的圣贤君子也有不同的志向与追求，只要是"不溢其情，不淫其性"都是可取的，不应只取一种而排斥另一种。牟子确认"修世事"的尧舜周孔与"无为志"的佛老可以相容。即认为佛教传入中国，人们应该接受。

约与牟子同时有名康僧会的佛徒，他祖辈世居天竺，而本人自小生活于交趾，深受汉文化影响。交趾属岭南区，他后来到了三国时的吴国。他编译有《六度集经》。康僧会倾重于"正心"，谓"心者，众法之源"。而"止欲空心，还神本无"，则是"正心"的佛家功夫。本来"正心""止欲空心"属个人修养，由此求得的解脱属"个体自我"范畴。但在《六度集经》中却大力宣扬"度世"思想，并把"众生得救"作为个体自我解脱的前提。

至于众生如何才能得救，康僧会认为关键在于说服王者行"仁道"。他反复强调："王治以仁，化民以恕"；"为天牧民，当以仁道"。儒家的"仁道"成为康僧会用以权世的基本主张，而权世又是实现自我解脱修得正果的前提，因此"仁道"在佛教中也就具有最高原则的意义。"请佛以仁为三界上宝，吾宁殒躯

---

① 《坛经校释》，第46页。

命，不去仁道也。"这样一来，康僧会把佛教跟儒调和起来，还将佛教"五戒"与儒家"五常"相比附，也可以说他借助佛教的理论框架，去弘扬儒家的思想。

不过从牟子到康僧会等人，这样调和儒释还是浅层次的，而且有的近于附会。至于深层次的融合儒释，还是由慧能提倡的明心见性的心性之学。儒家由先秦孟子发展到陆王心学，与禅宗思想可以说相会交融，加上道教内丹学的兴起，从整体来说，到宋代，所谓儒、释、道三教在义理心性之学的基础上，形成中国思想文化共同发展的主流方向。

佛教禅宗、老庄和儒学之间还有个共同点，我认为值得探讨，就是能否走向无神论。一般认为宗教都是有神论。如天主、基督教有上帝，伊斯兰教有真主，佛教有佛祖，道教把老子尊为太上老君，主张儒家是儒教的也想将孔子作为教主，汉代的纬书也有把孔子神化的倾向。宗教的教主，一般都认为是被崇拜的神，这可以称之为有神论。

不过从哲学角度看，有个问题可以思考。由于禅宗主张佛在心中，反对向西天拜佛，认为人人都有佛性，佛也存在任何地方，"无佛处"是不存在的。《五灯会元》中记有一段无名行者与法师的对话：

> 有一行者，随法师入佛殿。行者向佛而唾，师曰："行者少去就，何以唾佛？"行者曰："将无佛处来与某甲唾。"师无对。

因为佛是无所不在的，所以法师找不到无佛处。而"麻三斤""干屎橛"都可以说是佛，也有说道在"砖石瓦砾"，佛法在"屎尿中"。这可以说是一种泛佛论。

同样先秦道家的庄子也是主张道是无所不在，我们看他与东郭子的一段对话：

> 东郭子问于庄子曰："所谓道，恶乎在。"庄子曰："无所不在。"东郭子曰："期而后可。"庄子曰："在蝼蚁。"曰："何其下耶？"曰："在稊稗。"曰："何其愈下耶？"曰："在瓦甓。"曰："何其愈甚耶？"曰："在屎溺。"① 东郭子不应。

庄子的主张是一种"泛道论"。得道的真人并不在于肢体残缺，只要精神上得到升华，就可以"天地与我并生，万物与我为一"。

儒家是否宗教虽有争议，但孔子认为人的最高精神境界是"仁"。而"我欲仁，斯仁至矣"。"仁"的精神境界也是普遍存在的，我认为也可以称之为泛仁论。

---

① 《庄子·知北游》。

恩格斯在《德国农民战争》一书中，称闵采尔具有泛神论思想，可以走向无神论的边际。依此而言：泛佛论、泛道论、泛仁论均指人们内在精神的升华，是人的主体意识，只要通过心性的修养，即可以提高人的精神境界。而宗教的神灵是外在的，可以支配人的死生祸福与精神境界。如果人人的精神可以自作主宰，外在的神灵观念，自然会逐渐淡化，也就会走向无神论的边际。

佛教界对本宗教义的理解，如云峰大师是当代爱国爱教的著名高僧，他原是广东省、广州市佛教协会会长，六榕寺主持，2003年3月在广州圆寂，世寿83岁。据深受他教益的林岩夫，在报上发表《云峰大师的关爱》，文中转述他谈到佛教与当代社会时说："我不赞成两种极端，即对宗教的狂热或敌视，两者均非中道。"他以为"青年人还是应把主要精力投入到科学与艺术的研究中去。佛学，作为知识与修养，应该说对提高人的思想境界与净化社会环境都有着不可替代的作用。要倡导人间佛法：弘扬求真、坚毅、精进、宽容的精神，我想人们是可以有所作为的。"云峰大师对佛法的定位，如能落到实处，将会有助于提高人们的思想境界，对社会主义精神文明建设亦当会起到一定的积极作用。

（收入《六祖坛经研究》第二册，中国大百科全书出版社2003年版，第89－98页）

宗密《原人论》解述

《原人论》，唐释宗密撰。宗密，生于唐德宗建中元年（780），死于唐武宗会昌元年（841），俗家姓何，果州西充（今四川西充县）人。由于他晚年长期住在陕西终南山草堂寺南圭峰，因此学者又称他为圭峰大师。

宗密出生于富裕家庭，据有关碑、传记载称："大师本豪盛"①，"家本豪盛"②；又说他"家世业儒"③。看来他家庭虽然富有，但并非地方豪霸，亦非功勋贵族，而是世代读儒书的平民。正是在这样环境的熏陶下，说到他"髫龀时精通儒学"④，或称是"少通儒书"⑤。他写的自叙也说"髫专鲁诰"⑥，在给澄观的信中还自称"自髫龀洎弱冠"，"诗书是业"⑦。（这里"髫"指儿童的发型，从童年到弱冠，大约是从六七岁到十六七岁之间。在这段时间，他专心熟读儒家经典，可能还准备参加科举考试，这是当时一般读书人的出路。）

但是宗密在修习儒书的过程中，不满足于只是诵读儒家经传的词句。由于唐朝的科举考试，要求考生背诵经书的条文。如考试方式中有一项为帖经，将经文左右内容掩盖，露出中间一行，再裁纸为贴，即将这一行中用纸随意贴掉几个字，要求考生说出来。这种考试方式，考生除死记硬背外，连经义也不一定理解，更谈不上通经致用了。（另外唐朝的科举制度，考生分生徒和乡贡两类。生徒是在校学生，可以直接参加考试；宗密非在校学生，作为乡贡就要先向当地州、县报名，经考查合格，再举送朝廷。）这种制度，使宗密大为不满，所谓"欲于世以活生灵，负后才而随计吏"⑧。本来以他的才情，是可以到社会上为民造福，但参加科举考试却要受制于地方"计吏"的推举，因而挫伤了他进入仕途的积极性。

宗密少年时就聪明好学，他读书并不专为求得功名富贵，同时对现实的人生也开始进行思考。他曾自称是"好道而不好艺"⑨。"道"是对宇宙人生规律性的

---

① 《圭峰定慧禅师碑》。
② 《宋高僧传·宗密传》。
③ 《五祖圭峰大师传》。
④ 《五祖圭峰大师传》。
⑤ 《宋高僧传·宗密传》。
⑥ 《圆觉经大疏·本序》。
⑦ 《圭峰定慧禅师遥禀清凉国师书》。
⑧ 《宋高僧传·宗密传》。
⑨ 《圭峰定慧禅师遥禀清凉国师书》。

理解，是最高的智慧；而"艺"则是可供操作的技能，只是一些具体的智识。宗密虽然说过，"纵游艺，而必欲根乎道"①。他对自己的儒学生涯，一方面承认是"游艺"，即游涸在各种技艺之中；另一方面亦力图从"道"的理解来指导"艺"。但就当时他的学力而言，对解决宇宙人生根本问题的所谓"道"，他的认识还是不清楚的。比如宇宙间万物如何产生？现实人生为什么有贫富贵贱、贤愚善恶、生死寿夭？人之生从何而来，人死后如何归宿？探寻这些问题，儒学中并非完全没有答案，但要在心灵的归属上寻求慰藉，这是入世的儒家难以满足的，只有在宗教方面才有希望得到解决。

正是由于上述原因，宗密在儒学中找不到心灵的归宿，"是则诗书是业，每觉无归"②。虽然将读诗书作为专门业务，而心中却感到彷徨无计，这就使他对儒学产生怀疑。所以他虽在"髫龀时精通儒学"，但到"弱冠"成年后，却开始"听习经论，止荤茹，亲禅德"③。即对佛教有所接触。他既去听佛经的宣读，同时遵从佛教素食的生活方式，并对佛教教义做理论研究。他接触佛教也是从浅入深，初时对因果报应论比较欣赏，"决知业缘之报，如影响应乎形声"④。这段时间据宗密自述："余先于大、小乘法相教中，发心学习数年。"⑤ 他这里涉及讲业报的人天教及小乘、大乘法相教等教义。但由于缺乏名师指点，故仍未解决心中的疑难，所谓"无量疑情，求决不得"⑥，因而"惑情宛在"⑦。后来宗密说到这个时期学习儒、佛两家教义的情况，是"俱溺筌蹄，唯味糟粕"⑧，只懂得一些粗浅的皮毛，因而不免感到失望。

宗密成年后初步学佛，感到收获不大，于是又想转归儒学。为了能直接从学校赴考，他就到遂州（今四川遂宁县）义学院学习，"将赴贡举"⑨，即准备参加科举考试，这一年他23岁。据宗密自叙，谓："二十三又却全功，专于儒学，乃至二十五岁过禅门。"⑩ 这里讲"过禅门"，指从道圆禅师出家，但时间与两篇传记有出入。据《宗密传》称："元和二年，偶谒道圆禅师，圆未与语，密欣然而慕之，乃从其削染受教。"《五祖圭峰大师传》则称："宪宗元和二年，将赴贡举，偶值遂州大云寺道圆禅师法席，问法契心，如针芥相投，遂求披剃，时年二

---

① 《圭峰定慧禅师遥禀清凉国师书》。
② 《圭峰定慧禅师遥禀清凉国师书》。
③ 《五祖圭峰大师传》。
④ 《圭峰定慧禅师遥禀清凉国师书》。
⑤ 《圆觉经大疏释义钞》。
⑥ 《圆觉经大疏释义钞》。
⑦ 《圭峰定慧禅师遥禀清凉国师书》。
⑧ 《圆觉经大疏·本序》。
⑨ 《五祖圭峰大师传》。
⑩ 《圆觉经大疏释义钞》。

十七也。"两处记载年份相同,但推算年龄,既非25、也非27,而应该是28岁。

不过年岁记载虽有些出入,而宗密随道圆出家事却几处所述相同。当时他正在遂州义学院读书,准备应考,适逢道圆禅师到遂州开设道场,宣讲佛法。宗密当时思想正游移不定,得到消息后就去参加听讲。因这次见道圆是偶然机会,所以两传说是"偶值""偶遇"。可能他听讲时提出问题,而道圆却"未与语"①,没有给以回答。但道圆虽没有说话,而宗密却感到这位禅师气度非凡,"俨然若思而无念,朗然若照而无觉"②,清朗、深沉而又安详。无言的智慧在启发后辈的思考。宗密此时却突然进入悟道的境界,"问法契心,如针芥相投"③,也就是禅宗以心传心所取得的效果。由是宗密决定放弃儒学科举之路,"落发披缁",即跟从道圆出家,这是他人生际遇的一大转折。

至于道圆所属宗派,宗密认为是禅宗南派慧能的传人,其世系为:曹溪慧能—菏泽神会—磁州智如—益州南印—遂州道圆,由是宗密自居为菏泽宗神会的四传弟子。

宗密随同道圆之后,从儒学正式归皈佛门,寻求人生安身立命之道。他禅悟功夫虽有长进,但感到问题并未完全解决,如身(肉身)与心(精神)的关系,色(物质现象)与空(抽象本体)的关系,以何者为本?似还存有疑难。他在参见道圆时虽多次询问,道圆仍是一贯作风,并不具体回答,却给宗密一部《华严法界观门》,任他自己参悟。

宗密得到《华严法界观门》,开始潜心研究。这部华严宗早期论著,相传为道顺(557—640年)所作,讨论色空、理事关系。全书分三部分,第一真空观,讲色空关系。第二理事无碍观,讲理事圆融关系。第三周遍含客观,讲事事无碍关系。宗密从书中初步领会各种对立矛盾的融合问题:如净刹与秽土的融合,诸佛与众生的融合,时间上则有三世融合,空间方面有十方的融合,等等。这是为宗密思想走向华严宗的先导。

宗密融合思想的体系的完成,还得力于《圆觉经》的启示。据说他在道圆门下当"沙弥"时,"一日随众僧齐于府吏任灌家","得《圆觉》十二章,读一、二章,豁然大悟,身心喜悦"。④ 宗密为什么喜欢《圆觉经》?这部经的基本内容,承认众生皆有"圆觉",即自身具有圆满无缺的觉性。这种觉性是至净纯善,自性具足的"真心",只是由于世人受尘世各种贪嗔杂念的秽染,觉性就可以得到恢复,即承认众生可以成佛。

宗密经过对《华严法界观门》和《圆觉经》的研究,对原来人世间的死生

---

① 《宋高僧传·宗密传》。
② 《圭峰定慧禅师碑》。
③ 《五祖圭峰大师传》。
④ 《五祖圭峰大师传》。

寿夭、贫富贵贱，以至身心、色空关系等问题，都有所理解。但对佛教不同宗派各据经论所出现的歧异和矛盾，觉得仍有疑难。"至于诸门差别，心境本末"，他感到"犹未通决"。① 由于他读《圆觉经》后，将悟道心得告知道圆，道圆认为他应当"大弘圆顿之教"，主张他外出游学以增广学识，于是宗密就带着疑难去寻求答案。

宪宗元和五年（810），宗密来到湖北襄阳，在恢觉寺见灵峰和尚。灵峰是华严四祖澄观门下，得知宗密的学问和追寻的疑难问题，在重病的情况下，将"经及疏钞"授予宗密。据宗密所记，谓"攻华严大部，清凉广疏"②。这指的是《华严经》，清凉国师澄观写的《华严经疏》和《华严大疏钞》。宗密得到华严大法十分高兴，说到他自己"吾辈遇南宗，教逢《圆觉》"，"今后得此大法，吾其大幸矣！"③

宗密得到华严大法，自认为解决了他一生的疑难问题，使他的心境豁然开朗，自称谓"一生余疑，荡如瑕翳，曾所习养，于此大通，外境内心，豁然无隔"④。据此对佛教内部各宗派之分，他认为应该用圆融无碍思想来加以包容。而对某些宗派，包括禅宗的缺陷，则说"所恨不知和会"⑤，由此宗密产生归宗华严的思想。到元和六年（811），宗密回到东都洛阳，据说曾拜谒神会墓塔，可能有与先师作别之意。但宗密并未抛弃禅宗，而是纳入华严圆融在一起，这是形成宗密思想的特色。《原人论》可以说是圆融思想的产物。

宗密归宗华严的经过，他在元和六年九月十三日，给澄观写了一封信。⑥ 信中详述自身的学业经历，及修习华严的心得体会，并表述要求归向华严的意愿。澄观十月十二日回信，对宗密的见解给予肯定，称"得旨系表，意犹吾心"⑦，同意收纳为门徒，并称誉为"转轮真子"。意思是说，宗密将成为能推转佛教法轮的可靠人选。宗密接到澄观回书后，十月十三日再写信给澄观，表达感戴之情。到年底宗密亲到长安拜澄观为师，澄观对他十分赏识，声称"毗卢华严能随我游者，其唯汝乎！"⑧，可见对宗密寄予厚望，从而奠定他后来作为澄观继承人的地位。

宗密归入澄观门下，先是执弟子礼随侍左右，后来名声逐渐增大，从元和八年（813）开始，受各寺庙邀请，外出进行讲学交流，并且有机会到各寺"遍阅

---

① 《圆觉经大疏释义钞》。
② 《圆觉经大疏释义钞》。
③ 《道圆禅师法嗣》。
④ 《圭峰定慧禅师遥禀清凉国师书》。
⑤ 《圭峰定慧禅师遥禀清凉国师书》。
⑥ 《圭峰定慧禅师遥禀清凉国师书》。
⑦ 《清凉国师诲答》。
⑧ 《五祖圭峰大师传》。

藏经"①，因而学问更加长进。他一面继续研究《圆觉经》，同时与其他经论的思想进行比较。大概在元和十年到十一年之间，为避开都市的烦扰，他进入终南山智矩寺开始撰述，写成《圆觉经纂要》等两部书稿，并继续读寺中藏经。三年后（元和十四年）下山到长安，在兴福寺、保寿寺继续写作。长庆元年（821）又回到终南山，先后在草堂寺、丰德寺等地居住，在此期间著述不绝，完成他的大部分著作。

由于他在佛学上的成就，引起朝廷的关注，太和二年（828）庆成节那天，唐文宗诏见宗密，"问诸法要"，询问关于佛法要义，并赐给他一件紫色袈裟，又赐号"大德"，表示他在佛教中的崇高地位，由是"朝臣士庶，咸皆归仰"②，受到官民各界群众的崇拜。

宗密在京师逗留三年后，太和四年（830）他上表请求归山，并继续从事著述。到武宗会昌元年（841）正月六日，"坐灭于兴福塔院，俨若平日，容貌益悦"③，保持高僧坐化的形象。当时他俗龄62岁，按出家算的僧龄达34年，遗嘱不留尸骨，不立墓塔，也无须悲悼，表明人去我空之意。后经过唐武宗灭佛的所谓会昌法难，到宣宗时再兴佛教，追谥宗密为"定慧"禅师，立墓塔名"青莲"，"持服执弟子礼，四众数千百人矣"。④ 可见宗密身后在群众中仍有深远影响，并被推为华严五祖。

宗密的著作，据《五祖圭峰大师传》记载：元和十一年春，在终南山智矩寺出《圆觉科文》《纂要》二卷。十四年于兴福寺出《金刚纂要疏》一卷，《钞》一卷。十五年春，于上都兴福、保寿二寺，集《唯识疏》二卷。长庆元年，退居鄠县草堂寺。二年春，重治《圆觉经解》。又于南山丰德寺制《华严纶贯》五卷。三年夏，于丰德寺纂《四分律疏》三卷。至冬初，《圆觉》著述功就，《大疏》三卷，《大钞》十三卷。随后又注《略疏》两卷，《小钞》六卷，《道场修证仪》十八卷。前后著《涅槃》《起信》《盂兰盆》《行愿》《法界观》等经论疏钞，并集诸宗禅言为《禅源诸诠集》，及酬答书偈议论等，总九十余卷。⑤

另据《宗密传》载：乃著《圆觉》《华严》及《涅槃》《金刚》《起信》《唯识》《盂兰盆》《法界观》《行愿》等疏钞，及《法义类例》《礼忏修证图传纂略》，又集诸宗禅语为禅藏，总而序之，并酬答书偈议论等。又《四分律疏》

---

① 《圆觉经大疏释义钞》。
② 《五祖圭峰大师传》。
③ 《宋高僧传·宗密传》。
④ 《宋高僧传·宗密传》。
⑤ 《五祖圭峰大师传》。

五卷，《钞悬谈》二卷，凡二百许卷。①

对两传宗密著述数量的不同，可能他所编纂的《禅源诸诠集》一百卷，《圭峰大师传》未有计算在内。就按两传所列不完全统计，宗密的著作量是相当丰富的。至于现存的重要著述，近人汤用彤曾列记如下：

《金刚经疏论纂要》二卷

《华严经行愿品别行疏钞》六卷

《注华严法界观门》一卷

《圆觉经大疏》十二卷

《圆觉经大疏释义钞》十三卷

《圆觉经略疏》四卷

《盂兰盆经疏》二卷

《华严原人论》一卷

《禅源诸诠集都序》四卷，即《禅藏》序

《禅门师资承袭图》一卷。以上均存。②

这里所列的《华严原人论》，上述宗密的两传均无记载。由于此书内容与《大疏》《大钞》有相似的地方，日本学者镰田茂雄认为：《原人论》与《大疏》撰述的先后，在目前研究的情况下，难以做出确切的判断。③

另据董群的意见，认为与宗密同时的韩愈（768—824 年），在长庆四年（824）写过一篇《原人》，而宗密的《大疏》则作于长庆二年（822）。从内容看，《原人论》却针对韩愈等人的儒学及其渊源，也针对道家道教，兼及佛门权浅之教，即对各宗派关于原人学说做一全面评判，故其撰述时间，可能是在韩愈《原人》篇之后，在《大疏》的基础上写成。④

从上述宗密一生学养及其思想的发展过程来看，我认为《原人论》是他归山后的晚期著作，也可以说是他思想比较成熟时所写。宗密一生，从"少通儒书"，到学法禅门南宗，再归化华严，成为有道高僧。他智识广博，思辨敏锐，且善于融合诸家之长，为己所用。从《原人论》的内容看，正是符合他后期的思想特点。

宗密的《原人论》，前有小序，后分四节。序言部分，认为人为万物之灵，但宇宙间万物以至人类生命如何生成，若要极本穷源，儒、道两家及佛教一些低层次的宗派都是不能解决。于是他袭用判教的形式，即依次对各宗进行评判，而最后则吸纳各家，将三教融合于一乘显性教，以会通本末作结。全文反映出宗密

---

① 《宋高僧传·宗密传》。
② 汤用彤：《隋唐佛教史稿》。
③ 镰田茂雄：《儒道的气与佛教——宗密的气》。
④ 董群：《唐代佛教学者宗密融会三教思想的分析研究》。

后期思想的包容性。

《原人论》第一节为《斥迷执》，这是针对习儒、道者的批评。他指出儒、道二教认为"大道即是生死贤愚之本"，那么人们就无法去避祸求福，只有听天由命。但世上却是"贫多富少""贱多贵少，乃至祸多福少"，如果多少都由天定，天何以不公平呢？对"无德而富，有德而贫"的现象又如何解释？如果说"皆是自然生化"，并无因果关系，然则"太平"治国，可以不倚靠"贤良"，能成为"仁义"之人也无须接受教化。而且天地之气本属"无知"，人禀"无知之气"，何以会变得"有知"；同样草木"亦皆禀气"，何以就"不知"呢？宗密提出这些质询，就是对儒家天命观和道家元气自然论的评判。据此宗密将儒、道说成是思想迷误的外教。

《原人论》第二节为"斥偏浅"。宗密认为佛教中各宗派，有由浅到深的不同层次，可以分为五等：一、人天教；二、小乘教；三、三乘法相教；四、大乘破相教；五、一乘显性教。这一节所讲的前面四个宗派，他认为都有偏失和不足的地方，所以称之为"偏浅"，并逐个提出评判。

一、人天教。宗密认为这只是对初入门的佛教徒讲最简单的因果报应的道理。如说行善事死后升天堂，作恶的人死后入地狱，成为饿鬼、畜生。这种教义讲报应虽然不错，但"谁人造业，谁人受报？"即是说一个人今生犯罪或行善，死后由谁接受报应？如果说报应在来生，那么"修福"的人会感到委屈，而"造罪"的人却占了便宜，哪有这样不讲道理的呢？据此宗密认为人天教"虽信业缘，不达身本"，在相信佛教所讲业报因缘时，没有讲清楚人生的本源关系。

二、小乘教。这种教义将人的身心说成是由地、水、火、风四大元素相互和合而成，即认为自己的身心为一常住不变的实体，不能了解此身本来就不是实有的存在，不过是因色、心的不同元素假合而成的一种幻象。而小乘教却把色、心二法和贪、嗔、痴三毒作为一切生命存在的根本，那么色、心自体就应该永无间断，但在无色界天，没有构成色法的四大元素的存在，又安能维持此身而不断绝呢？可见修习此教的人，并没有弄清楚此身存在的根本。

三、大乘法相教。此教义认为一切有情的存在，自然而有八种识，其中阿赖耶识，是一切存在的根本。由阿赖耶识变现出能产生各种意识的识根，衍生出第七末那识，又各自分出所缘的境界之相。这些所缘的境界之相，既然是由识所变现出来，所以都是没有自性的虚幻假象，但由于无明妄想覆盖的缘故，才产生一种错误的执见，以为是真实的存在，并由此而造就出各种因素。宗密提醒人要悟出这种道理，"方知我身为识所变，识为身本"。

四、大乘破相教。此宗教义是要破除大小乘包括法相宗的执着，显示真如佛性本来空寂的大乘教理。此宗质询法相教"所变之境既妄，能变之识岂真？"所以认为各种意识，无非是各种因缘假合而成，都是没有自性的幻想。"是知心境皆空，方是大乘实理"。宗密对破相宗虽然有所肯定，但觉得仍有不足之处。他指出如果"心境皆无"，"都无实法，依何现诸虚妄？"即如虚妄的梦境，还是依存于"睡眠之人"，"今既心境皆空，未审依何妄现？"所以宗密批评此种教义只是破除各种执着之心，并没有明确表述真如佛性的本义。

依上所述，宗密认为这四种教义，都有其不足。如果修习这些教理，知道并不完全解决问题，故可以名之为"浅教"；如果将各种教义的执着认为能解决问题，这种认识只能说是一种"偏见"，所以从修习的人而言，上述四种可总称为偏浅之教。

《原人论》第三节为"直显真源"，即最真实了解佛教教义的宗教，宗密称之为一乘显性教。他认为上述各宗理论上都有片面性的缺点，只有"一乘显性教"（华严宗）才能显示最高、最圆满的真理。

宗密所宣扬的一乘显性教，认为一切有情之物，本来都有灵明觉知之性，众生由于不能了解这一点，觉性为无明妄想所蒙蔽，才造成种种因业，受生死轮回的痛苦。所以《华严经》指出："无一众生而不具有如来智慧"，只是由于"妄想执着"而不能证见。因此宗密现身说法，告知一切有情众生，本来是具有无上佛智，所以必须以佛的行为来规范自己，使人心与佛心相契合，这样就能寻回迷失的觉性，进入圆通无碍的妙境。他要众生了解，只要能息妄归真，认识到真心才是衍生一切的根源，只有做到这个地步，才算得是掌握住能穷究人生一切存在的真谛。

《原人论》第四节为"会通本末"。宗密在前三节中，用判教形式，将儒、道外教及佛教中的大、小乘等宗派，一一加以批评，最终归结到一乘显性教为最高真理。但他并不是完全否定其他教派，而是在评判其缺点后，用一乘显性教加以包容，所以说"会前所斥，同归一源，皆为正义"。这是他写作《原人论》的本旨，也是他后期思想成熟的表现。

宗密对教内外各宗派，既是"节节斥之"；在评判后根据不同层次，逐步做"本末会通"工作。他首先阐述一乘显性教的基本教义，承认人生的本源是"唯一真灵性"，这种最初存在的真灵之性，是"不生不灭，不增不减，不变不易"的真心。由于众生对此"不自觉知"，故真心被"隐覆"而不能显现，称之为"如来藏"，有"生灭心相"的能力，而大乘破相教却要"破此已生灭诸相"，因此破相教一方面受到宗密的批评，同时表明破相教实为一乘显性教所包容和会通。

对大乘法相教认为阿赖耶识是最初存在的本源。从宗密看来，阿赖耶识只是不生不灭的真心与如来藏"生灭妄想"相结合的产物，所以"此识有觉、不觉二义"。如果是觉识，就不会去发动生起外境；如果是不觉，那么阿赖耶识就会起心动念，宗密指出是"依不觉故，最初动念，名为业相"。正是由于没有觉悟，因而起动出本是空无的妄念，并对此妄念加以执着。这就使阿赖耶识"转成能见之识，及所见境界相现"，即变现出外境和人自身。据此宗密认为：法相教的阿赖耶识，也是由一乘显性教会通而来，只是由于对真心觉悟不够，才使如来藏出现"生灭心相"的缘故。

对小乘教的会通，是沿着大乘法相教阿赖耶识的变现而来。阿赖耶识生起外境，而众生"又不觉此境从自心妄现，执为定有，名为法执"。小乘教义就是将外境中种种事物，没有觉悟到是自心妄念所现，而执着为有，称之为法执。由于这种执着，产生了外部存在与我自身的不同，所谓"遂见自他之殊，便成我执"。小乘教主张，空法我有，以身与心识为人的本源，从一乘显性教的会通本末来说，小乘教比法相教更低一个层次。

小乘教之下为人天教。人天教以业为人生之源。由于"执我相故，贪爱顺情诸境，欲以润我瞋嫌违情诸境，恐相损恼"。这种对我的执着，当我处顺境时就产生贪爱，处逆境时就觉得瞋嫌，加上"愚痴之情，辗转增长"，由此促使人们造作种种善恶之业，并受到相应的果报，造恶业的转生于地狱，或成为饿鬼、畜生；造善业的则转生人道。一乘显性教对人天教又再低一个层次上会通。

最后是会通儒、道。宗密既批评儒、道的迷执，又是以本教会通末教，承认儒、道思想的合理性，以达到三教圆融。儒、道以元气、自然、天命、大道为人之源，宗密对此逐一加以剖析。

宗密缘着人天教造业的思路，众生如能造善业，"心神乘此善业，运于中阴，入母胎中，禀受气质"到"十月满足，生来名人"。这是承认由于禀受父母气质，经过十月怀胎而成人，这就融合了以气为人之源的儒、道气化论思想。

宗密还从业报论出发，"谓前生敬慢为因，今感贵贱之果"。所以或有出现"无恶自祸，无善自福，不仁而寿，不杀而夭"等现象，都是由于"前生满业已定，故今世不同所作"，这种因果报应是"自然而然"，即必然会自然发生的。他认为儒、道那些外学的人，由于"不知前世"，只看到眼前目睹是一种"自然"，那就无法解释受报的原因。只有承认业报论这个前提，儒、道的自然论是可以接受和会通的。

同样从业报论出发，宗密认为有的人少年时修善，老年时反而造恶，也有少时造恶而老年修善的，所以到今世有的人"少小富贵而乐，老大贫贱而苦，或少贫苦老富贵"。外学者不知这是业报，而认为是"由于时运"，亦即是归结为天命。宗密认为如承认因果报应这个前提，天命论也可在融合之列。

最后对儒、道的大道生成论，宗密用阿赖耶识的变现原理来加以会通。他承认有"混一之元气"与"真一之灵心"，但认为"元气亦从心之所变"，"是阿赖耶相分所摄"，据此，"则心识所变之境乃成二分，一分即与心识和合成人，一分不与心识和合，即成天地山河国邑"。这就将儒、道所讲的自然大道，成为阿赖耶识所变现的见分与相分之境，而"元气"对于"心"则是处在从属地位。

《原人论》写到这里，从本至末，节节会通，而是以本统末，即是以一乘显性教为本，以此会通佛门其他各宗并及儒、道外教，最后达到三教圆融的境界，这就是宗密撰写《原人论》的本旨。

《原人论》又称《华严原人论》，是华严宗的经典。宗密本人，后又被尊为华严宗五祖。但从本文上述，宗密对人生哲理的认识和体验，却经历过相当复杂的进程。他从少通儒书，到投身禅宗南宗门下，最后归宗华严，不断对诸家教义进行探索，以寻求人性的本源及其安身立命之道。由于宗密修习诸家教义时，不是简单弃旧图新，而是经过扬弃吸取诸家之长再综合创新。《原人论》即他晚年成熟的作品，并不是单纯阐述华严教义，从会通本末到三教圆融，在佛教典籍中占有特殊地位。

《原人论》会通三教的思想，对宋明理学的形成和儒学哲理化，起到重大影响，对促进佛教中国化和丰富传统文化的内涵，《原人论》也有很高的学术价值，是宝贵的精神财富。（本书以金陵刻经处印同治十三年鸡圆刻经处本为底本，并参校频伽精舍《大藏经》本。为了阅读方便，除依原来分章外，又以文义为之分段。）

（原载《〈华严原人论〉释译》）

论柳宗元思想的内在矛盾

——兼论中国古代无神论与有神论的通向问题

关于柳宗元世界观的实质问题,近几年来国内学术界又引起了争论。一种看法认为,柳宗元的世界观实质上是唯物主义和无神论,佛教思想只是他的唯物主义的"局限性"的表现;另一种看法则认为,柳宗元的佛教神学唯心主义与他的唯物主义、无神论两部分互相矛盾地结合在一个世界观体系之中,佛教思想绝不是唯物主义局限性的表现,相反,它决定柳宗元世界观的实质。而唯物主义思想在他的整个世界观中是居于被支配的、非主要方面的地位。

最近也有文章专门研究柳宗元与佛教的关系,认为柳宗元好佛的表现确乎突出,但抑释的态度也颇为鲜明。并说从具体内容来看,柳宗元对佛学的好恶取舍,主要是从政治、伦理和经济利益上着眼,而不是从哲学理论上特别是研究世界的本原或本性的高度上加以权衡。这是说佛教的唯心主义思想体系,并没有影响到柳宗元世界观的实质。因此就柳宗元哲学的主要方面说,他是个战斗的唯物主义者,在对待佛教问题上有所失足,则是旧唯物主义者的局限所决定。

对柳宗元世界观实质的看法,为什么会有上述的分歧,柳宗元哲学的主要方面是唯物论、无神论还是唯心论、有神论?我们应该用什么标准来划分其哲学路线的归属,这并不是一个简单问题。下面提点个人想法,以供讨论。

一

如何区别哲学上的唯物主义和唯心主义,恩格斯早已有过明确的论断:"什么是本原的,是精神,还是自然界"?"世界是神创造的呢,还是从来就有的?哲学家依照他们如何回答这个问题而分成了两大阵营。凡是断定精神对自然界说来是本原的,从而归根到底以某种方式承认创世说的人(在哲学家那里,例如在黑格尔那里,创世说往往采取了比在基督教那里还要混乱而荒唐的形式),组成唯心主义阵营。凡是认为自然界是本原的,则属于唯物主义的各种学派。"①

这里恩格斯所下的界说,国内学术界一般都是同意的,为什么落实到判断柳宗元的哲学思想时,意见又难以统一呢?关键在于如何理解柳宗元的自然观,即他对世界本原的看法,是精神还是自然界?有没有以某种方式来承认创世说?还

---

① 《路德维希·费尔巴哈与德国古典哲学的终结》,《马克思恩格斯选集》第四卷,第220页。

是坚持自然界就是本原？这些弄清楚了，就比较容易下基本判断。

要弄清柳宗元的自然观，主要看他对"天"也就是对自然界的看法。《天对》《天说》《答刘禹锡天论书》《非〈国语〉》《贞符》等篇，是有关他这方面思想的代表作。

《天对》是柳宗元回答了屈原在《天问》中提出有关宇宙、自然和传统历史观念的怀疑和质问，相当完整地表述了他的自然观。如屈原提出宇宙的起源及其如何生成的问题，柳宗元就做了明确的回答："本始之茫，诞者传焉。鸿灵幽纷，曷可言焉。召黑晰眇，往来屯屯，庞昧革化，惟元气存，而何为焉？"① 这里否认那些开天辟地的荒诞传说，肯定整个宇宙是充塞着运动变化的"元气"，是元气自然地起作用，而没有什么神创世界。所以他接着对"阴阳三合，何本何化"的问题回答说"合焉者三，一以统同，吁炎吹冷，交错而功"。对所谓天有九重，"孰初作之"的问题，回答是"冥凝玄厘，无功无作"②。这都清楚地表述了元气自然论的观点。

柳宗元既否认宇宙在时间上有端初，同样也否认在空间中有边际。他批评那些说天枢上有根绳子系着，或有八根大柱支撑着之类的神话，明确指出"无极之极，漭瀁非垠"③，"东西南北，其极无方"④。他认为宇宙是无边无际的，也没有什么天宫天门。"辟启以通，兹气之元"⑤，要说天地四面都有大门，也只是元气在流通出入。对太阳升落、月光盈缺、昼夜交替、四时变化等自然现象，他也尽量运用当时的天文学知识，如联系到地圆和地动学说来加以解释。总之在柳宗元的《天对》中，始终是把自然界作为本原，并没有以某种方式来承认创世说。

《天说》是柳宗元与韩愈辩论天是否有意志的一篇专题哲学论文。他反对韩愈提出天能赏功罚祸的观点。他给自然界下了明确的界说："彼上而玄者，世谓之天；下而黄者，世谓之地；浑然而中处者，世谓之元气；寒而暑者，世谓之阴阳。"⑥ 这些东西虽大，但同瓜果、痈痔、草木一样，都是没有意志的自然物质。所以"欲望其赏罚者大谬。呼而怨，欲望其哀且仁者，愈大谬矣"。柳宗元提出"功者自功，祸者自祸"的论点，否认人事上的"存亡得丧"与"天"有什么关系。⑦ 这里是坚持了唯物主义自然观，明确反对天人感应的唯心主义天命论。柳宗元坚决反对神学目的论，正是他否认创世说思想的具体运用。

柳宗元在《答刘禹锡天论书》中认为他与刘禹锡的观点并无根本不同，都

---

① 《柳河东集》，上海人民出版社 1974 年版，第 228 页。
② 《柳河东集》，第 228 页。
③ 《柳河东集》，第 229 页。
④ 《柳河东集》，第 235 页。
⑤ 《柳河东集》，第 237 页。
⑥ 《柳河东集》，第 286 页。
⑦ 《柳河东集》，第 286-287 页。

是讲"非天预乎人也"。但他对《天论》中提出的"天人交相胜"的说法，却表示不同意见。如认为刘氏之"喻乎旅者，皆人也，而一曰天胜焉，一曰人胜焉，何哉？"又谓社会人事上之"是非存亡，皆未见其可以喻乎天者。若子之说，要以乱为天理，理为人理耶？谬矣。若操舟之言人与天者，愚民恒说耳。幽厉之云为上帝者，无所归怨之辞尔。皆不足喻乎道。"① 即对刘氏所谓"天人交胜"的一系列事例，提出非议。

为什么柳、刘在天人关系的问题上会产生分歧？这是由于两人对天、人界说的理解不完全相同。另外柳宗元是个绝对的天人相分论者，认为天道和人道有着严格的区别，不允许有任何混淆；刘禹锡则着眼于探讨人们所以会产生天命思想的原因。如《天论》中所举旅行的事例，在原始荒原中强有力的人占了便宜，刘氏认为强有力是天生的，所以说是天胜；到了文明城市，受过教养的圣贤却变得吃香，就说成是人胜了。柳氏则认为无论"强有力"与"圣且贤"都是人类自身的事，与天根本不发生关系。这是何者为"天"，何者为"人"，柳、刘的理解并不一致。

通过以上的分析，可见柳、刘都承认天与人，都是"其事各行不相预"的。只是刘氏把"法大行"归于人理胜，"法大弛"则归于天理胜。柳氏认为这是"过德乎人，过罪乎天"，所以主张"法制与悖乱，皆人也"②。就是要严防与天道相混淆。其实柳氏也承认人们在什么条件下会相信天命鬼神的，如说"力足者取乎人，力不足者取乎神"③。这实质上和刘氏的观点差不多，但只认为是人的思想认识问题，不承认是天人交相胜的关系。

不过柳宗元虽承认力不足的人会相信神，但他却是个无神论者，如在《非〈国语〉》中就反映有这方面的观点。对周惠王十五年，所谓有神降于莘的记叙，他认为"不待片言而迂诞彰矣"④。不用一驳就显得其荒诞绝伦了。对宋人杀昭公，赵宣子请师伐宋，打出"修天罚"的旗号，他提出："古之杀夺有大于宋人者，而寿考逸乐不可胜道，天之诛何如也。"⑤ 这是从历史事实证明，所谓天神诛罚不起任何作用。对传统的卜问鬼神，他公然说"卜史之害于道也多，而益于道也少，虽勿用之，可也。左氏惑于巫而尤神怪之，乃始迁就附益以成其说，虽勿信之，可也。"⑥ 总之，对历史上相信天命鬼神的事例，他都加以非议。

在中国的传统思想中，往往容易把一些自然现象与社会人事相联系。如幽王

---

① 《柳河东集》，第504页。
② 《柳河东集》，第503页。
③ 《柳河东集》，第750页。
④ 《柳河东集》，第751页。
⑤ 《柳河东集》，第777页。
⑥ 《柳河东集》，第764页。

二年，西周三川皆震。伯阳父用阴阳二气伏迫不申来解释地震的原因，这虽然不够科学，但排除了天命鬼神的迷信，是一种朴素唯物主义的观点。可是伯阳父解释地震后，认为阴阳之气失调，"国必亡"，这就不对了。因此柳宗元抓住这一点来加以非议。他正面阐述一番元气自然论的观点后，对那种把地震后山川崩竭说成是幽王亡国的原因，提出是"天事乎抑人事乎"的质问。他认为把幽王亡国归咎于"川之为尤"① 就是天事人事不分。由此可见柳宗元坚持唯物主义无神论的态度，是绝对不含糊的。

二

按照上面事例的分析，柳宗元的世界观从属于唯物主义路线，似不成问题。但为什么会有这样大的意见分歧呢？原因是他的思想还有另外的一面，即有时也在鼓吹天命鬼神，还有信仰佛教和维护儒家的传统思想，等等，这都构成他在思想体系上的矛盾。

柳宗元参与永贞革新失败后，被贬居永州，身心方面都受到摧残。他自谓"得罪来五年，未尝有故旧大臣肯以书见及者"②，可见其处境的艰苦。他为要解除罪籍，在元和四、五年间，连续给许孟容、杨凭、裴垍、肖俛、李建等人上书。这些书信在柳集中收为一卷，用"明谤责躬"作标题，其中确有涉及天命鬼神的思想内容。如寄许京兆书，追溯永贞革新失败时的情况，是"群言沸腾，鬼神交怒"。又自责"于众党人中，罪状最甚。神理降罚"③。他提出要调回稍近北方，以减轻"瘴疠"的侵害，使能"就婚娶，求胤嗣"④。在与杨京兆书中，他同样提出"归乡闾，立家室"的要求，并说"过是而犹竞于宠利者，天厌之，天厌之！"⑤。在与肖翰林书中，则又发一通议论："今天子兴教化，定邪正，海内皆欣欣怡愉，而仆与四五子独沦陷如此，岂非命欤，命乃天也，非云云者所制，又何恨。"⑥ 上述这些，可以说是反映了他在被贬谪期间的心境。

对柳宗元这类思想言论，我们应该怎样分析呢？从词句看当然是十足的唯心主义有神论，与《天对》《天说》等篇的思想直接相矛盾。但看深一层，这时有的是反躬自责的诿辞，也有发誓赌咒的套语，还有无可奈何的宿命论。但他为什么会产生这类思想，可以拿他自己说过的话作回答："力不足者取乎神。"他当

---

① 《柳河东集》，第749页。
② 《柳河东集》，第480页。
③ 《柳河东集》，第481页。
④ 《柳河东集》，第484页。
⑤ 《柳河东集》，第490页。
⑥ 《柳河东集》，第493页。

时是个"力不足者",被贬后故旧大臣不予理睬,正如在大海中操舟,前路茫茫,确是"未尝有不言天"者。柳宗元对此虽曾讥讽为"愚民恒说",但他当时的思想也未必比愚民高明,也是一样在那里呼天怨命。

不过我们要指出,尽管柳宗元在呼天怨命,但他是否真的相信天地鬼神有灵,看来也不尽是。如他在祭吕温文中,先是对天痛骂:"君子何厉,天实仇之;生人何罪,天实仇之。聪明正直,行为君子,天则必速其死。道德仁义,志存生人,天则必夭其身。"这样说来,天有意志是无疑的了。但他接下笔锋一转,却说"吾固知苍苍之无信,莫莫之无神。今于化光之殁,怨逾深而毒逾甚,故复呼天以云云。"① 他这里讲得很清楚,明知苍天是无神的,只是由于吕温之死,怨毒之情无处发泄,所以将天痛骂一顿而已。

柳宗元在对其堂弟宗直的祭文中,也同样流露了类似的思想。他痛惜宗直"年才三十,不禄命尽"。"仁义正直,天竟不知,理极道乖,无所告诉。"因此他大声疾呼,"苍天苍天,岂有真宰!""茫茫上天,岂知此痛!"② 这里展现出一幅呼天抢地、痛不欲生的画面。

柳宗元在理智上明明认识到苍天无神,没有真宰,但当他碰到人世间的死生祸福,特别在祭吊亲朋好友、感怀身世的时候,却不免感情冲动。如他在《哭张后余词》中说:"后余之死,人咸痛之,曰天之佑善人而杀是子,何也?激者曰:天之杀,恒在善人而佑不肖。"③ 其实柳宗元就是这类"激者"。他痛感于人世的坎坷,发泄到天公的不平。当然他这样做是明知故犯和自打嘴巴!因为他在《天说》中指出对天"欲望其赏罚者大谬。呼而怨,欲望其哀且仁者,愈大谬"。他这样做不是更大谬吗?所以出现这样矛盾,我认为是由于理智与感情的冲突,知天无神而呼天怨天,可以说是知其谬者而为之,这是柳宗元思想矛盾的特点。

关于柳宗元的信佛问题。柳宗元之所以向往佛教,无非为是寻求精神上的慰藉和解脱。他说:"佛之道,大而多容,凡有志于物外而耻制于世者,则思人焉。"④ 他的好友刘禹锡在《送元暠南游序》中也说:"予策名二十年,百虑而无一得,然后知世所谓道,无非畏途,唯出世间法可尽心尔。"⑤ 这里柳、刘的论调有点相似,他们在人世间到处碰壁,"无非畏途"。既然"耻制于世",只好寻求"物外"的"出世间法"。但是"物外"也好,"出世"也好,只能是人们精神的一时寄托,而实际上是离不开世间事物的。值得注意的是,柳宗元虽然好佛,但他对佛教徒的评议,却说"余观世之为释者,或不知其道,则去孝以为

---

① 《柳河东集》,第 643—644 页。
② 《柳河东集》,第 668—669 页。
③ 《柳河东集》,第 657 页。
④ 《送玄举归幽泉寺序》,《柳河东集》,第 430 页。
⑤ 《柳河东集》,第 426 页。

达，遗情以贵虚。"① 他敬仰巽上人精通佛理，"与夫世之析章句，征文字，言至虚之极，则荡而失守；辩群有之伙，则泥而皆存者，其不以远乎！"② 由此可见，他认为"遗情而贵虚"，"言至虚之极"，均非佛教徒本色。本来佛教的教义，是"以山河大地为见病"，"诬世界乾坤为幻化"，并"以心法起灭天地"的（引文均张载语）。即认为一切存在都是虚幻，只有精神意识才是真实。柳宗元看来并未到此地步，他并没有把物质世界视同虚幻，也没有只把精神作为世界的本原。

因此柳宗元虽好佛，其着眼点却在"统合儒释"③。他说："浮屠诚有不可斥者，往往与《易》《论语》合"，"不与孔子异道"。对佛教徒"无夫妇父子，不为耕农蚕桑而活乎人"，则表示"不乐"。他所以推崇佛教，认为其"道"是"不爱官，不争能"。他看不惯"世之逐逐然唯印组为务以相轧也"，这是他"好与浮屠游"的原因。他称赞僧浩初能"闲其性，安其情。读其书，通《易》《论语》，唯山水之乐，……泊焉而无求。"④ 这里虽说的是佛教徒，但描绘的却是一个不求名利而通经乐道的醇儒形象，这里可能是他"统合儒释"的理想。

柳宗元与儒家思想的关系，说他一生都服膺孔孟之道，自是不成问题。他自称从"早岁"开始，就有志于"立仁义，裨教化"，"勤勤勉励，唯以中正信义为念，以兴尧舜孔子之道，利安元元为务。"⑤ 后来参加永贞革新失败，虽然备受打击，但思想基调并未背离儒家。值得注意的是，柳宗元虽服膺儒家，但对两汉以来占据统治地位的董仲舒等人的神学思想，却明确表示反对。他写了《贞符》，断言"董仲舒对三代受命之符"为"非"。对司马相如、刘向、扬雄等"推古瑞物以配受命"，谓"其言类淫巫瞽史，诳乱后代，不足以知圣人立极之本"⑥。对帝王受命，他提出新的解释，谓"受命不于天于其人；体符不于祥，于其仁。惟人之仁，匪祥于天"。"未有丧仁而久者也，未有恃祥而寿者也。"⑦。据此他提出"唐家正德受命于生人之意"⑧，从而在政治实践上否认了天命论。

在封建社会中所有帝王都自称是奉天承运，而柳宗元却说"受命不于天"。理论根据自是"天人相分"的观点，天只是自然界的元气，当然不能干预人事。但他所以敢于公然提出"受命于生人（民）之意"，因为这种解释并不违反儒家的传统。只有顺从民意，才能享有天命。这里实际起作用的是要行仁政，以求得到人民的拥戴；而不能依靠自然界出现什么祥瑞之物，这些对社会人事并无丝毫

---

① 《送元暠南游序》，《柳河东集》，第 427 页。
② 《送巽上人赴中丞叔父召序》，《柳河东集》，第 424 页。
③ 《送文畅上人登五台遂游河朔序》，《柳河东集》，第 423 页。
④ 以上引文均见《送僧浩初序》，《柳河东集》，第 425 页。
⑤ 《寄许京兆孟客书》，《柳河东集》，第 480 页。
⑥ 《柳河东集》，第 18 页。
⑦ 《柳河东集》，第 22 页。
⑧ 《柳河东集》，第 18 页。

作用。

　　从对上面两部分材料的分析，柳宗元世界观的实质是什么？从表面看还似难分清其主次。从天人关系来看，他是坚持天与人是不相预的，在阐述儒家思想时也没有放弃这一点。他承认自然界是本原，并无提出神创世界说，这也比较清楚。但他也确有一些宣扬天命鬼神的章句，以至鼓吹佛教迷信的东西，精神本原却隐约出现，从而造成思想上的混乱和矛盾。所以出现这种现象，本来刘禹锡在《天论》中已经分析过原因。这是由于"生乎乱者，人道昧，不可知，故由人者举归乎天"。柳宗元之所以呼天怨天，原因未尝不在这里。但是他却不赞成刘禹锡天人交相胜的说法，不承认有"由人者举归乎天"的事例，而他自己却恰恰是将"由人者"的死生祸福归咎于天公的不平，这是柳宗元思想之所以陷于矛盾及其一生悲剧之所在。

　　柳宗元的哲学思想，在自然观方面基本上是个唯物主义者和无神论者，但如果超过这个界限，像接触到人的寿夭祸福、富贵贫贱等一类问题时，无神论就会变成宿命论了。他在祭悼吕温、柳宗直、张后余时，牢骚满腹，痛骂天公的不平，但其实对此是无能为力的，如他与四五个同道者遭贬谪而"沦陷如此"，只能发出"岂非命欤，命乃天也"的感叹，就是最终归结为自然命定论。中国古代的无神论者，从王充、陶渊明到柳宗元，走的都是这条路子。范缜虽企图用偶然论来破除因果论，但"树花同发，随风而堕"，何以会有落在"茵席"与"粪溷"的不同，这个偶然也只能用自然命定来加以解释。而唯心主义的宿命论最终也只能通向有神论。因此柳宗元思想上所以出现这种矛盾，我认为也是可以理解的。这是旧唯物主义无神论者所存在的难以克服的局限。

　　关于柳宗元世界观的实质，近年来国内学术界所以争论不休，各执一词，其中有个重要原因，就是没有注意中国古代无神论与有神论的思想通向问题。我前几年写过一篇探讨陶渊明无神论思想的文章，认为在马克思主义创立历史唯物主义理论之前，唯物主义和无神论思想一般只能表现在自然观方面。如果超出这个界限，涉及社会人事问题，就会陷入唯心主义宿命论，从而通向有神论。柳宗元的处世态度与人生遭遇，与陶渊明当然不完全相同，但他的无神论的思想局限，确是有其相似之处。故我再次提出这个问题，供学术界讨论研究，不对之处，请同行多加教正。

（原载《中国哲学史研究》1985年第2期）

柳宗元与"统合儒释"思潮

对柳宗元学术思想的讨论，近年来有一个争议颇多的问题，就是如何看待他与佛教思想的关系。柳宗元曾有"统合儒释"的提法，这不单是他个人的思想，还牵涉到佛教传入中国后与儒家的思想关系问题。本文拟对柳宗元统合儒释的观点，兼对唐代儒佛两家思想的矛盾与交融问题，试作剖析和评议。

一

柳宗元与佛教的关系，近年来学术界有人断定佛教思想是柳宗元世界观的实质，也有认为"好佛"并不损害他的朴素唯物主义者的形象，这种分歧主要从哲学立论。我认为柳宗元与佛教思想的关系，主要并不影响他世界观的实质，他是从人生价值取向方面来沟通儒释两家思想的。如他在《送文畅上人登五台遂游河朔序》中，提出将"统合儒释"的期望，就说明这个问题。他说：

> 今燕魏赵代之间，天子分命重臣，典司方岳，辟用文儒之士，以缘饰政令。服勤圣人之教，尊礼浮屠之事者，比比有焉。上人之往也，将统合儒释，宣涤疑滞。然后蔑衣裓之赠，委财施之会不顾矣。

这里提出的"统合儒释"，并不牵涉到柳氏本人的哲学世界观。由于文畅和尚与不少士大夫相厚，有些司命一方的重臣，既服膺孔子，又尊礼浮屠，所以期望他游河朔时，对儒释有所调和，从而疏解一些疑难问题。这里是要文畅上人作"经世"之业，其实并不符合佛教的人生价值取向。因为这里是入世而不是出世。

因此柳宗元讲"统合儒释"，并非赞成佛教违背儒家伦理和不事生产的出家生活，而毋宁是批评这种"颠倒真实"的虚幻人生。他认为佛教可取的地方，就是与儒家思想相契合的部分。下面几段话可以作为他"统合儒释"论的思想注脚：

> 浮图诚有不可斥者，往往与《易》《论语》合。诚乐之，其于性情奭然，不与孔子异道。……吾之所取者与《易》《论语》合，虽圣人复生不可得而斥也。退之所罪者其迹也，曰"髡而缁，无夫妇父子，不为耕农蚕桑而活乎人。"若是，虽吾亦不乐也。退之忿其外而遗其中，是知石而不知韫玉

也。吾之所以嗜浮图之言以此。①

余观世之为释者，或不知其道，则去孝以为达，遗情以贵虚。今元暠……行求仁者，以冀终其心。……斯盖释之知道者欤？释之书有《大报恩》十篇，咸言由孝而报其业。世之荡诞慢訑者，虽为其道而好违其书，于元暠师，吾见其不违且与儒合也。②

上人专于律行，恒久弥固，其仪刑后学者欤？诲于生灵，触类蒙福，其积众德者欤？觐于高堂，视远如迩，其本孝敬者欤？③

上面三段话是送给三位僧人的。第一段送僧浩初。由于韩愈批评柳氏嗜佛，所以先辨析清楚。他并非全盘接受佛教的观点，所取的只是与《易》《论语》合而不与孔子异道的部分。而僧浩初是个"通《易》《论语》"的人，所以与之交往。韩愈只看到佛徒的外表，不要家庭，不事生产，而不了解其内心，就像只看到石头而不知道其中蕴藏着美玉一样。引文第二段，他明确反对一般佛徒那种违反孝道、看破世情的虚幻人生价值取向，而元暠却是个知"道"且"与儒合"的人，所以对刘禹锡与元暠和尚的交往表示赞赏。引文第三段，则是直接称赞濬上人是个"积众德"而"本孝敬"的僧徒，如果算是佛门功德，也应该是符合儒家的人生理想。所以从这三段引文的分析，我认为柳宗元讲"统合儒释"是以儒统释，或者说取其释与儒合的一面，而并非投身佛教而做出全面肯定。

不过柳宗元对佛教的出世思想亦非完全否定。他在《送玄举归幽泉寺序》中说："佛之道，大而多容，凡有志乎物外而耻制于世者，则思入焉。"他的好友刘禹锡在《送元暠南游序》中也说："予策名二十年，百虑而无一得，然后知世所谓道，无非畏途，唯出世间法可尽心尔。"这里柳、刘的论调有点相似。由于他们在人世间到处碰壁，"无非畏途"，既然"耻制于世"，只好寻求"物外"的"出世间法"了。

但这里需要指出，柳宗元虽不反对"耻制于世而有志乎物外"的人，却始终不赞成佛教那种完全虚幻的人生。他认为"言至虚之极，则荡而失守"。④ 所以对"今之言禅者"，"妄取空语"，"颠倒真实"，是属于"流荡舛误"，"以陷乎己，而又陷乎人"⑤，实属害己害人之事。当然，柳宗元亦非赞赏那些苟且钻营、依附权贵的势利和尚。他认为出世的佛教徒，"凡为其道者，不爱官，不争能，乐山水而嗜闲安者为多"。他看不惯"世之逐逐然唯印组为务以相轧也"，这是他"好与浮屠游"的又一原因。他称赞僧浩初能"闲其性，安其情，读其

---

① 《送僧浩初序》。
② 《送元暠师序》。
③ 《送濬上人归淮南觐省序》。
④ 《送巽上人赴中丞叔父召序》。
⑤ 《送琛上南游序》。

书，通《易》《论语》，唯山水之乐，……泊焉而无求"①。这可以算得是"耻制于世"的"物外"高人，亦可能是柳宗元"统合儒释"的又一种理想人物。像僧浩初这种人生价值取向，在儒家也未尝不可以做出解释。柳宗元就说过："夫君子之出，以行道也；其处，以独善其身也。"② 这是儒家孔、孟的传统思想。佛教的"出世间法"，与儒家的"独善其身"相结合，也可以说是"统合儒释"的一种类型。

柳宗元之所以讲统合儒释，还由于世俗的需要。他认为儒家和各家虽有矛盾，如能"咸伸其所长，而黜其奇邪，要之与孔子同道"，"然皆有以佐世"。③本来佛教是讲出世的，而柳宗元却主张用以"佐世"，这就要存异求同。他是在慧能身上，找到了儒释在人性根源上的共同取向。他认为佛教虽然后出，但"推离还源，合所谓生而静者"，却与儒家《礼记》中讲"人生而静，天之性也"的观点相合。而慧能"其教人，始以性善，终以性善，不假耘锄，本其静矣"。慧能始终以性善教人，自是符合儒家人生而静的本旨。所以说是"丰佐吾道，其可无辞"④。这可以说是佛教"佐世"的一例。

还有一例是柳宗元任柳州刺史时，由于当地"越人信祥而易杀，傲化而偭仁"，这种落后习俗，造成户口虚耗，田地荒芜，牲畜不育。面对这种情况，"董之礼则顽，束之刑则逃"，即礼与刑都无法解决问题。"唯浮图事神而语大"，于是求助于佛教，修复大云寺，用佛法感化群众，"而人始复去鬼息杀，而务趣于仁爱"⑤，从而收到"佐教化"的效果。

综上所述，柳宗元提出"统合儒释"，基本上还是站在儒家立场，但对佛教思想，也有选择吸收和利用。特别在人生的价值取向上，力图调和入世与出世的矛盾。将佛教原来消极鼓吹的虚无寂灭人生，积极引导到"佐教化"的"佐世"工作上去。出家的佛教徒从事"经世"之业，本不符合佛门的教义，但为着自身的生存和发展，佛教的中国化只能靠拢儒家；而儒家施行教化，也要取得佛徒的帮助。虽然在人生价值取向上，两家的矛盾不能根本消除，但也确有可以互相融合的一面，柳宗元提出"统合儒释"和他的"好佛"，就是企图在儒家文化圈中，为外来宗教的生存和发展，找出一条双方都能接受的路子。这对于中国传统文化在后期封建社会的形成，起到重新调和的作用。

---

① 《送僧浩初序》。
② 《送娄图南秀才游淮南序》。
③ 《送元十八山人南游序》。
④ 引文见《曹溪第六祖赐谥大鉴禅师碑》。
⑤ 《柳州复大云寺记》。

二

　　柳宗元"统合儒释"的观点，固然是属于他个人的思想，但也可以说是时代的产物。佛教是外来宗教，传入中国后在人生价值取向上与儒学的基本矛盾，主要表现在出世与入世的分歧。如宋明时期陆、王心学一派，一般认为受佛学影响较深。刘宗周对阳明的弟子王畿说："龙溪直把良知作佛性看，悬空期个悟，终成玩弄光景。"① 即认为他与禅宗讲顿悟无甚区别。从唯心论哲学的角度来看，刘宗周的评论也许是对的，但作为人生价值取向，王畿始终认为儒佛两家不同，并多次指出其区别所在。

　　　　龙溪曰：佛虽不入断灭，毕竟以寂灭为宗。只如卢行者，在忍祖会下，一言见性，谓自性本来清净具足。自性能生万法，何故不循中国礼乐衣冠之教？复以宝林祝发弘教度生，……分明是出世之学。故曰要之不可以治天下国家。吾儒却是与物同体，乃天地生生之机。先师（指王阳明）尝曰：自从悟得亲民宗旨，始勘破佛氏终有自私自利意在。此却从骨髓处理会出来，所差只在毫厘，非语言比并、知识较量所得而窥其际也。（《龙溪王先生会语》卷2）
　　　　夫仙佛二氏，皆是出世之学。（同上）
　　　　佛氏遗弃伦物感应，而虚无寂灭以为常，无有乎经纶之施。故曰：要之不可以治天下国家。孰谓吾儒穷理尽性之学而有是乎？大人之学通天下国家为一身，……身之修也，……家齐国治而天下平也，其施普于天下，……经纶之用也。（同上）

　　这里王畿指出：佛"毕竟以寂灭为宗"，"虚无寂灭以为常"。因而"不可以治天下国家"。至于吾儒"穷理尽性之学"，则是"通天下国家为一身"，从身修而达到"家齐国治而天下平"。所以从人生的价值来看，儒家是以明德亲民为本旨，算得上是为国为民；而佛氏却"遗弃伦物"，只寻求个人解脱，终不免自私自利。作为人生的最高理想，儒家是做圣，佛教是成佛。前者讲上可以致君为尧舜，下可以配德于孔颜，在积极入世中推行内圣外王之道。后者则以山河大地为见病，诬世界乾坤为幻化，祈求在出世中能顿悟成佛。这里走的是两股道，看来是难以交会的。

　　正是由于这种分歧，所以佛教传入中国后，虽得到某些时君世主的信奉，但也受到一些当政者的非议。如东晋时就曾发生一场僧人要不要"礼敬王者"的

---

① 《明儒学案》卷首引《师说》。

风波。高僧慧远专门写有《沙门不敬王者论》，表示佛教徒不受世俗礼法的拘管，而这一点后来就成为批评佛徒的口实。如唐初几代皇帝，虽然也都重视和利用佛教，但对儒佛的分歧仍是扬儒抑佛。高宗李治显庆二年（657）诏曰："父子君臣之际，长幼仁义之序，与夫周孔之教，异辙同归，弃礼悖德，朕所不取。"① 高祖质询僧徒，"弃父母之须发，去君臣之章服，利在何门之中，益在何情之外？"② 君臣父子、长幼尊卑，是封建社会所赖以维护的等级秩序。佛徒不拜君亲，显然与儒家忠君孝亲之道相违背，这种弃礼悖德的行为，当然为最高统治者所不取。反佛的傅奕据此就大张挞伐，认为"礼本于事亲，终于奉上，此则忠孝之理著，臣子之行成，而佛逾城出家，逃背其父，以匹夫而抗天子，以继体而悖所亲"，所以斥之为"无父之教"③。

对儒佛入世与出世的矛盾，作为世俗统治者，为要维护封建纲常，当然更重视儒学。如太宗李世民就说："朕今所好者，惟在尧、舜之道，周、孔之教，以为如鸟有翼，如鱼依水，失之必死，不可暂无耳。"④ 但是当时佛教的作用也不能忽视，解决的办法就是用儒家君父之义来加以约束。由于当时佛徒不但不拜君亲，相反儿女出家后，父母尊长作为敬佛反而向儿女礼拜，这是对封建伦常的颠倒，自然难以容忍。因此高宗李治于显庆二年下诏做出法律性规定："自今已后，僧尼不得受父母及尊长礼拜，所司明为法制，即宜禁断。"⑤ 对佛徒应否拜君亲问题，龙朔年间再次下诏明示："朕禀天经以扬孝，资地义以宣礼，奖以名教，被兹真俗。"⑥ 即认为遵守孝道与礼教，自属天经地义之事，无论出家或世俗之人，都不例外。这是用政治力量对佛徒拜君亲一事加以干预。

由于儒、佛两家入世与出世的矛盾，牵涉到人生价值取向的深层意识，非政治力量一时所能改变。儒家培养人，从小就讲要学而优则仕，要扬名声，显父母，人生的理想价值是修身、齐家、治国、平天下。提倡立德、立功、立言，即所谓"三不朽"。这样产生忠君孝亲思想，自是顺理成章。而佛教认为人世间是苦海，自无所谓功名富贵，出家就要超脱现实世界，当然无须礼拜君亲。所以即使国家加以干预，亦不能改变佛教的基本教义。后来韩愈辟佛，指责佛徒"弃而（汝）君臣，去而（汝）父子，禁而相生相养之道，以求其所谓清净寂灭者"⑦。前面讲到明代的王龙溪，他的思想虽被人指称为近似禅宗的顿悟，在入世出世问题上亦不忘指出儒佛两家的区别，可见这种基本分歧还是存在的。

---

① 《唐会要》卷四十七《议释教上》。
② 《大正藏》卷五十二，第380页。
③ 《旧唐书·傅奕传》。
④ 《贞观政要》卷六。
⑤ 《唐会要》卷四十七《议释教上》。
⑥ 《大正藏》卷五十二，第455页。
⑦ 《原道》。

三

上面论述了儒、佛两家在人生价值取向上存在着入世与出世的分歧，这是问题的一面。这种分歧能否加以调和，这是问题的另一方面。佛教因是外来宗教，传入中国后为着自身的生存和发展，有的僧徒也在试图对儒家思想加以调和。如三国末年在江南传播佛教的康僧会，他讲述因果报应时，就说到"明主以孝慈训世"，"仁德育物"，则会天降祥瑞。他还引用"《易》称'积恶余殃'，《诗》咏'求福不回'"，认为"虽儒典之格言，即佛教之明训也。"① 这里所谓"孝慈训世""仁德育物"，分明是儒家的语言，他还专从《易》和《诗》中挑出因果报应的词句，以证明儒佛的一致。康僧会这样做，无非要使佛家思想得到世俗的承认。

至于佛教徒要不要拜君亲，前面讲到唐初皇帝对此曾施加压力，但作为国家政令，僧尼只能奉命行事，并不影响其人生价值取向。可是到武后当政时，确有一些僧徒不惜伪造佛经来逢迎世主。我们且看下面的记载：

> 武太后初，此寺（光明寺）沙门宣政进《大云经》，经中有女主之符，国改为大云经寺。②
>
> 怀义与法明等造《大云经》，陈符命，言则天是弥勒下生，作阎浮提主，唐氏合微。③
>
> （载初元年），有沙门十人伪撰《大云经》，表上之，盛言神皇受命之事。制颁于天下，令诸州各置大云寺。④

这里无论是怀义还是别的僧徒，他们伪造《大云经》，利用符谶作为女主受命的根据，迎合的结果，又反过来提高了佛教的地位。天授二年（691），以"大云阐奥，明王国之祯符"有功，明诏"自今已后，释教宜在道法之上，缁服处黄冠之前。"⑤

随着佛教地位的提高，一些所谓名僧也跟着受朝廷的恩宠。如禅宗由弘忍相传的东山法门，他的弟子神秀虽然在顿悟佛性方面不如慧能，可是在大足元年（701）应召入都后，却最为显荣，"随驾往来，两京教授，躬为帝师"⑥。如果从

---

① 《祐录·康僧会传》。
② 宋敏求：《长安志》卷十。
③ 《旧唐书·薛怀义传》。
④ 《旧唐书·则天皇后本纪》。
⑤ 《唐大诏令集·释教在道法之上制》。
⑥ 《楞伽师资记》。

人生价值取向来说，这应是违背了佛门本旨，而走上了儒家作圣之路。

武周时除禅宗外，华严宗也得到重视。此宗开创者法藏除重神异灵验外，还把"圆融""无碍"标为教旨，为的是调和以至消除各种对立和矛盾。而法藏本人却积极为武氏效劳。据说神功元年（697），"契丹拒命"，他设道场作法，却召来"神兵"。① 圣历二年（699）他受诏讲经，却出现讲堂及寺中皆震动的奇迹。被武后视为"如来降祉"，当作国家祥瑞，"命史编于载籍"②。中宗复位初，他参与韦、武集团迫害张柬之，被称赞为"内弘法力，外赞皇猷"，"赏以三品，固辞、固授。"③ 他居然被授作朝廷命官，又被称为"贤首国师"，其显荣当然不在神秀之下。

像神秀、法藏这样的思想行为，能否说儒佛两家的人生价值取向，在他们身上得到融合呢？我认为佛徒中这类头面人物，对广大僧众会有相当影响。不过从人生价值取向来说，他们实际上违反了佛门教义。因为这不是一般的礼拜君亲，而是亲身投靠时君世主，从而取得在世俗上的尊荣，哪里会去寻求彼岸以涅槃成佛呢？当然并非所有佛徒首领都是这样，如慧能传说在长寿元年（692）被召入都，但他"托病不去"。④ 基本上还是保持出家人的生活导向。

不过为要适应世俗的要求，佛徒还得要在忠君孝亲这个关节眼上向儒学靠拢。如后来华严宗的宗密，就说"佛且类五常之教，令持五戒"⑤。他将佛教的"五戒"与"五常"相比附，表示佛教徒是拥护儒家"五常"等道德观念。当时佛教徒为表示忠于封建国家，有的把皇帝看成活佛、活菩萨，还有的为封建王朝的国运祈祷。他们又宣扬《父母恩重经》《孝子报恩经》，鼓吹"孝道"是"儒释皆宗之"⑥。忠君和孝亲是封建宗法制度的根本要求，而佛教徒出家这方面易为世人所诟病，故对此极力加以修补，自是在人生价值取向上出现儒佛融合的趋势。

对于宗密将佛门"五戒"比附儒家"五常"问题，其实早在康僧会的译经中就有这种尝试，即提出所谓"五教"。

> 王尔时以五教治政，不枉人民：一者慈仁不杀，恩及群生；二者清让不盗，损己济众；三者贞洁不淫，不犯诸欲；四者诚信不欺，言无华饰；五者奉孝不醉，行无玷污。当此之时，牢狱不设，鞭杖不加，风雨调适，五谷丰熟，灾害不起，其世太平，四天下民，相率以道，信善得福，恶有重殃。

---

① 《大正藏》卷五十，第283页。
② 《大正藏》，第732页。
③ 《大正藏》卷五十，第283页。
④ 《历代法宝记》。
⑤ 《原人论》。
⑥ 宗密：《盂兰盆经疏序》。

(《六度集经》卷八《明度无极章·梵皇经》)

  这里说的"五教",就是将"五常"和"五戒"的内容加以融合。而所描绘的"太平"之世,统治者像是儒家仁德之君。这里看不到人生虚幻,而所讲的善恶报应,也是儒释皆宗之。儒释这种融合,使得以出家为特征的佛教,在世俗间仍然可以发挥其教化作用。

  从这里可以看出儒佛两家的一个融合点,即彼此都重视人生的道德价值。儒家虽有性善与性恶论的不同,但无论通过复性还是化性,都是依靠个人修养和道德力量使同归于善。佛教讲慈悲,无非是导人向善,宣扬因果报应,也为的是劝善惩恶。所谓放下屠刀,立地成佛,佛性因是归于性善。本文上面提到,柳宗元肯定慧能始终以性善教人,并称可以"丰佐吾道",自是抓住儒佛两家这个融合点。从这里也可以看出,柳宗元"统合儒释"的思想并非突然出现的,从康僧会到宗密等人,都是在探寻这个路子。由于他们是僧徒,所以是站在佛教的立场来靠拢儒家;柳宗元则是站在儒家的立场去统合佛教。这也说明到了唐代,儒佛两家思想的发展,彼此之间都有向对方提出调和的需要。柳宗元统合儒释的思想也可以说是时代的产物。

  最后还想重提一下明代的王畿,他曾反复阐述儒、佛入世与出世的思想分歧,但他沿着柳宗元的思想路向,力图调和这方面的矛盾,下面看他一段议论。

    夫吾儒与禅不同,其本只在毫厘。昔人以吾儒之学,主于经世;佛氏之学,主于出世,亦大略言之耳。佛氏普度众生,尽未来际,未尝不以经世为念。但其心设法,一切视为幻相,看得全无交涉处;视吾儒亲民一体,肫肫之心,终有不同,此在密体而默识之,非器数言诠之所能辩也。①

  这里王畿仍然承认儒佛两家存在有经世与出世的分歧,但他又把佛教的"普度众生",解释为"未尝不以经世为念"。这样儒佛两家都有经世之学,只是佛教将世界人生视同虚幻,而儒家则强调要有亲民一体之心。这里虽然虚实不同,佛教是视人生为虚幻,但宣扬慈悲、平等的教义,所谓慈航普度,让大众脱离人世间的苦海,同登彼岸,所以也算是一种"经世"事业。作为人生价值取向,在有些人看来,也可以收到异曲同工的作用。

  综合上面的论述,可以看出柳宗元提出"统合儒释"的观点,在思想史上并非一种孤立现象,而是据有承前启后的地位。在中国传统思想文化的形成过程中,先秦儒学后来虽成为主干,但在发展过程中也是不断在吸收各家思想,或是从分歧矛盾中寻求融合和互补的途径。特别像对佛教那样的外来宗教,传入中国

---

① 《龙溪王先生会语》卷二。

后对社会日益发生广泛的影响，因此如何将之纳入并丰富中国固有的传统文化，是一个值得研究的重要课题，如何理解柳宗元的"统合儒释"论就是这个研究课题中的一个重要环节，学术界应予继续进行讨论。

（原载《晋阳学刊》1990年第6期）

论儒佛人生观的矛盾与交融
——兼评柳宗元"统合儒释"论

儒、佛两家对人生的价值取向,一般认为是互相对立的,即存在着带有根本性的矛盾。但是佛教传入中国后,为着本身生存和发展的需要,确也曾表现出世俗化与儒学化的倾向,从而使双方矛盾出现融合的趋势。本文试图分析这种矛盾融合的过程和原因,并进而探讨在儒学文化圈内,外来宗教将如何相互适应的问题。同时本文对柳宗元的"统合儒释"论,也试图做出剖析和评议。

一

儒、佛两家对人生价值取向的矛盾对立,主要表现在入世与出世的分歧。宋明时期陆、王心学一派,一般认为受佛学影响较深。阳明的弟子王畿,刘宗周说"龙溪直把良知作佛性看,悬空期个悟,终成玩弄光景"①。即认为他与禅宗讲顿悟无甚区别。但对儒、佛的人生价值取向,王畿也得承认两家不同,并指出其区别所在。

> 龙溪曰:佛虽不入断灭,毕竟以寂灭为宗。只如卢行者,在忍祖会下,一言见性,谓自性本来清净具足。自性能生万法,何故不循中国礼乐衣冠之教?复从宝林祝发弘教度生,……分明是出世之学。故曰要之不可以治天下国家。吾儒却是与物同体,乃天地生生之机。先师尝曰:自从悟得亲民宗旨,始勘破佛氏终有自私自利意在。此却从骨髓处理会出来,所差只在毫厘,非语言比并、知识较量所得而窥其际也。②

> 夫仙、佛二氏,皆是出世之学。③

> 佛氏遗弃伦物感应,而虚无寂灭以为常,无有乎经纶之施。故曰:要之不可以治天下国家,孰谓吾儒穷理尽性之学而有是乎?大人之学通天下国家为一身,……身之修也,……家齐国治而天下平也。其施普于天下,……所谓为之之要,经纶之用也。④

---

① 《明儒学案》卷首引《师说》。
② 《龙溪王先生会语》卷二。
③ 《龙溪王先生会语》卷二。
④ 《龙溪王先生会语》卷二。

这里王畿指出：佛"毕竟以寂灭为宗""虚无寂灭以为常"，因而"不可以治天下国家"。至于吾儒"穷理尽性之学"则是"通天下国家为一身"，从身修而达到"家齐国治而天下平"。所以从人生的价值来看，儒家是以明德亲民为本旨，算得上是为国为民；而佛氏却"遗弃伦物"，只寻求个人解脱，终不免自私自利。作为人生的最高理想，儒家是做圣，佛教是成佛。前者讲上可以致君为尧舜，下可以配德于孔颜，在积极入世中推行内圣外王之道。后者则以山河大地为见病，诬世界乾坤为幻化，祈求在出世中能顿悟成佛，这里走的是两股道，看来是难以交会的。

正是由于这种分歧，所以佛教传入中国后，虽得到某些时君世主的信奉，但也受到一些当权者的非议，如东晋时就曾发生一场僧人要不要"礼敬王者"的风波，高僧慧远专门写有《沙门不敬王者论》，表示佛教徒不受世俗礼法的拘管。而这一点后来就成为批评佛徒的口实。如唐初几代皇帝，虽然也都重视和利用佛教，但对儒佛的分歧显然在扬儒抑佛，高宗显庆二年（657）诏曰："父子君臣之际，长幼仁义之序，与夫周孔之教，异辙同归，弃礼悖德，朕所不取。"① 高祖质询僧徒，"弃父母之须发，去君臣之章服，利在何门之中，益在何情之外？"② 君臣父子，长幼尊卑，是封建社会所赖以维护的等级秩序。佛徒不拜君亲，显然与儒家忠君孝亲之道相违背，这种弃礼悖德的行为，当然为最高统治者所不取。反佛的傅奕据此就大张挞伐，认为"礼本于事亲，终于奉上，此则忠孝之理著，臣子之行成。而佛逾城出家，逃背其父，以匹夫而抗天子，以继体而悖所亲。"所以斥之为"无父之教"。③

对儒、佛入世与出世的矛盾，作为世俗统治者为要维护封建纲常，当然更重视儒学，如太宗李世民就说："朕今所好者，惟在尧、舜之道，周、孔之教，以为如鸟有翼，如鱼依水，失之必死，不可暂无耳。"④ 但是当时佛教的作用也不能忽视，解决的办法就是用儒家君父之义来加以约束。由于当时佛徒不但不拜君亲，相反儿女出家后，父母尊长作为敬佛反而向儿女礼拜，这是对封建伦常的颠倒，自然难以容忍。因此高宗李治于显庆二年（657）下诏做出法律性规定："自今已后，僧尼不得受父母及尊者礼拜。所司明为法制，即宜禁断。"⑤ 对佛徒应否拜君亲问题，龙朔年间再次下诏明示："朕禀天经以扬孝，资地义而宣礼，奖以名教，被兹真俗。"⑥ 即认为遵守孝道与礼教，自属天经地义之事，无论出

---

① 《唐会要》卷四十七《议释教上》。
② 《大正藏》卷五十二，第380页。
③ 《旧唐书·傅奕传》。
④ 《贞观政要》卷六。
⑤ 《唐会要》卷四十七《议释教上》。
⑥ 《大正藏》卷五十二，第455页。

家或世俗之人，都不例外。这是用政治力量对佛徒拜君亲一事，加以干预。

不过儒、佛两家入世与出世的矛盾，是牵涉到人生价值取向的深层意识，非政治力量所能改变，儒家培养人，从小就讲要学而优则仕，扬名声，显父母。人生的理想价值是修身、齐家、治国、平天下，提倡立德、立功、立言，即所谓"三不朽"。这样产生忠君爱亲思想，自是顺理成章。而佛教认为人世间是苦海，自无所谓功名富贵，出家就要超脱现实世界，当然无须礼拜君亲。所以即使国家加以干预，亦不能改变佛教的基本教义。后来韩愈辟佛，指责佛徒"弃而（汝）君臣，去而（汝）父子，禁而相生养之道，以求其所谓清净寂灭者"①。可见儒佛这种分歧是始终存在的。

二

上述儒、佛两家对人生的价值取向，是否始终对立而无法调和？这个问题比较复杂，牵涉到在儒家文化圈内，外来宗教对此如何相互适应的问题。佛教传入中国后，为着自身的生存和发展，有些僧徒也试图对儒家思想加以调和，如三国末年在江南传播佛教的康僧会，在讲到因果报应时，就说到"明主以孝慈训世"，"仁德育物"，则会天降祥瑞。他还引用"《易》称'积恶余殃'，《诗》咏'求福不回'"，认为"虽儒典之格言，即佛教之明训也"②。

这里所谓"孝慈训世""仁德育物"，分明是儒家的语言，他还专从《易》和《诗》中挑出因果报应的词句，以证明儒佛的一致。康僧会这样做，无非要使佛家思想得到世俗的承认。

至于对佛徒要不要拜君亲，前面讲到唐初对此曾施加压力，但作为国家政令，僧尼只能奉命行事，并不影响其人生价值的取向，可是到武氏当政时，确有一些僧徒不惜伪造佛经来逢迎世主。我们且看下面的记载：

> 武太后初，此寺（光明寺），沙门宣政进《大云经》，经中有女主之符，因改为大云经寺。③
>
> 怀义与法明等造大云经，陈符命，言则天是弥勒下生，作阎浮提主，唐氏合微。④（载初元年）有沙门十人伪撰大云经，表上之，盛言神皇受命之事，制颁于天下，令诸州各置大云寺。⑤

---

① 《原道》。
② 《祐录·康僧会传》。
③ 宋敏求：《长安志》卷十。
④ 《旧唐书·薛怀义传》。
⑤ 《旧唐书·则天皇后本纪》。

这里无论是怀义还是别的僧徒，他们伪造《大云经》，利用符谶作为女主受命的根据，迎合的结果，佛教的地位得以提高，天授二年（691年），以"大云阐奥，明王国之祯符"有功，明诏"自今已后，释教宜在道法之上，缁服处黄冠之前"。①

随着佛教地位的提高，一些所谓名僧也跟着受朝廷的恩宠。如禅宗由弘忍相传的东山法门，他的弟子神秀虽然在顿悟佛性方面不如慧能，可是在大足元年（701）应召入都后，却最为荣显。"随驾往来，两京教授，躬为帝师"②。如果从人生价值取向来说，这应是违背了佛门本旨，而是走上了儒家作圣之路。

武周时除禅宗外，华严宗也得到重视。此宗开创者法藏除重神异灵验外，还把"圆融""无碍"标为教旨，为的是调和以至消除各种对立和矛盾。而法藏本人却积极为武氏效劳，据说神功元年（697）"契丹拒命"，他设道场作法，却召来"神兵"③。圣历二年（699）他受诏讲经，却出现讲堂及寺中皆震动的奇迹，被武后视为"如来降祉"，当作国家祥瑞，"命史官编于载籍"④。中宗复位初，他参与韦、武集团迫害张柬之，被称赞为"内弘法力，外赞皇猷"，"赏以三品，固辞、固授。"⑤这居然被授作朝廷命官，又被称为"贤首国师"，其显荣当然不在神秀之下。

像神秀、法藏这样的思想行为，能否说儒、佛两家的人生价值取向，在他们身上可以得到融合呢？我认为佛徒中像这类头面人物，对广大僧众，当然会有较大影响。不过从人生的价值取向来说，他们实际上是违反了佛门教义，因为这不是一般的礼拜君亲，而是亲身投靠时君世主，从而取得在世俗上的尊荣，哪里会去寻求彼岸以涅槃成佛呢？当然也不是所有佛徒首领都这样。如慧能传说在长寿元年（692）被召入都，但也"托病不去"⑥。基本上还是保持出家人的生活导向。

不过为要适应世俗的需求，佛徒还得在忠君孝亲这个关节眼上向儒学靠拢。如后来华严宗的宗密，就说"佛且类五常之教，令持五戒"⑦。他将佛教的"五戒"与"五常"相比附，表示佛教徒是拥护儒家"五常"等道德观念。当时佛教徒为表示忠于封建国家，有的把皇帝看成活佛、活菩萨，还有的为封建王朝的国运祈祷。他们又宣扬《父母恩重经》《孝子报恩经》，鼓吹"孝道"是"儒释

---

① 《唐大诏令集·释教在道法之上制》。
② 《楞伽师资记》。
③ 《大正藏》卷五十，第283页。
④ 《大正藏》卷五十，第732页。
⑤ 《大正藏》卷五十，第283页。
⑥ 《历代法宝记》。
⑦ 《原人论》。

皆宗之"①。忠君和孝亲是封建宗法制度的根本要求，而佛教徒出家这方面易为世人所诟病，故对此极力加以修补，自是在人生价值取向上出现儒佛融合的趋势。

对儒、佛入世与出世的矛盾，也有人想对此加以辩解和调和，如王畿说：

夫吾儒与禅不同，其本只在毫厘。昔人以吾儒之学，主于经世；佛氏之学，主于出世，亦大略言之耳。佛氏普度众生，尽未来际，未尝不以经世为念。但其心设法，一切视为幻相，看得全无交涉处；视吾儒亲民一体，肫肫之心，终有不同，此在密体而默识之，非器数言诠之所能辩也。②

本文上一部分引用过王畿的观点，强调佛氏是出世之学，这里虽然一般性承认，但又把佛教的"普度众生"，解释为"未尝不以经世为念"。这样儒佛两家都有经世之学，只是佛教将世界人生，视同虚幻；而儒家则强调要有亲民一体之心。这里虽然虚实不同，佛教是视人生为虚幻，但宣扬慈悲、平等的教义，所谓慈航普度，让大众脱离人世间的苦海，同登彼岸，所以也是一种"经世"事业。作为人生价值取向，与儒家的"亲民"，在有些人看来，可能会收到异曲同工的作用。

儒、佛两家还有一个融合点，彼此都重视人生的道德价值，儒家虽有性善与性恶论的不同，但无论通过复性还是化性，都是依靠个人修养和道德力量使同归于善。佛教讲慈悲，无非是导人向善。宣扬因果报应，也为的是劝善惩恶。所谓放下屠刀，立地成佛，佛性也是归于性善。本文曾讲过宗密将佛门"五戒"比附"五常"，其实将两者加以融合，早在康僧会的译经中就提出所谓"五教"。

王尔时以五教治政，不枉人民：一者慈仁不杀，思及群生；二者清让不盗，损己济众；三者贞洁不淫，不犯诸欲；四者诚信不欺，言无华饰；五者奉孝不醉，行无玷污。当此之时，牢狱不设，鞭杖不加，风雨调适，五谷丰熟，灾害不起，其世太平，四天下民，相率以道，信善得福，恶有重殃。③

这里所谓"五教"，就是将"五常"和"五戒"的内容加以融合。而描绘的"太平"之世，统治者自是儒家仁德之君。这里看不到人生虚幻，而所讲的善恶报应，也是儒释皆宗之。儒释这种融合，使得以出家为特征的佛教，在世俗间仍然可以发挥其教化作用。

---

① 宗密：《盂兰盆经疏序》。
② 《龙溪王先生会语》卷二。
③ 《六度集经》卷八《明度无极章·梵皇经》。

三

儒、佛两家对其人生价值取向，既有入世与出世的分歧，但两者并无绝对不可逾越的鸿沟，在矛盾中有可以融合的一面。自是在中国封建社会的知识层中，出现一些亦儒亦佛即所谓儒释兼综的人物，唐代的柳宗元就是典型。

柳宗元与佛教的关系，近年来学术界颇有争议。有人断定佛教思想是柳宗元世界观的实质，也有认为"好佛"并不损害他的朴素唯物主义者的形象。这种分歧主要从哲学立论。

不过从人生的价值取向来说，柳宗元确认为儒释是可以相通。如他在《送文畅上人登五台遂游河朔序》中，提出"将统合儒释"的期望。他说：

> 今燕魏赵代之间，天子分命重臣，典司方岳，辟用文儒之士，以缘饰政令。服勤圣人之教，尊礼浮屠之事者，比比有焉。上人之往也，将统合儒释，宣涤疑滞。然后蒇衣裓之赠，委财施之会不顾矣。

这里提出的"统合儒释"，并不牵涉到柳氏本人的哲学世界观。由于文畅和尚与不少士大夫相厚，有些司命一方的重臣，既服膺孔子，又尊礼浮屠，所以期望他游河朔时，对儒释有所调和，从而疏解一些疑难问题。这里是要文畅上人作"经世"之业，其实并不符合佛教的人生价值取向，因为这是入世而不是出世。

因此柳宗元讲"统合儒释"，并非赞成佛教违背儒家伦理和不事生产的出家寄生生活，而毋宁是批评这种"颠倒真实"的虚幻人生。他认为佛教可取的地方，就是与儒家思想相契合的部分。我们看下面几段话，可以作为他"统合儒释"的注脚。

> 浮图诚有不可斥者，往往与《易》《论语》合。诚乐之，其于性情奭然，不与孔子异道。……吾之所取者与《易》《论语》合，虽圣人复生不可得而斥也。退之所罪者其迹也，曰"髡而缁，无夫妇父子，不为耕农蚕桑而活乎人。"若是，虽吾亦不乐也。退之忿其外而遗其中，是知石而不知韫玉也。吾之所以嗜浮图之言以此。①
>
> 余观世之为释者，或不知其道，则去孝以为达，遗情以贵虚，今元暠……行求仁者，以冀终其心。……斯盖释之知道者欤？释之书有《大报恩》十篇，咸言由孝而报其业。业之荡诞慢訑者，虽为其道而好违其书，于

---

① 《送僧浩初序》。

元暠师，吾见其不违且与儒合也。①

上人专于律行，恒久弥固，其仪刑后学者欤？诲于生灵，触类蒙福，其积众德者欤？觐于高堂，视远如迩，其本孝敬者欤！②

上面三段话是送给三个僧人。第一段是送僧浩初，由于韩愈批评他嗜佛，所以先辨析清楚。他并非全盘接受佛教的东西，所取的只是与《易》《论语》合而不与孔子异道部分。现在僧浩初是个"通《易》《论语》"的人，所以与之交往。韩愈只看到佛徒的外表，不要家庭，不事生产，而不了解其内心，就像只看到石头而不知道其中蕴藏着美玉一样。引文第二段，他明确反对一般佛徒那种违反孝道、看破世情的虚幻人生价值取向，而元暠却是个知"道"且"与儒合"的人，所以对刘禹锡与元暠和尚的交往非常赞赏。引文第三段，则直接称赞濬上人是个"积众德"而"本孝敬"的僧徒，如果算是佛门功德，也应该是符合儒家的人生理想。所以从这三段引文的分析，我认为柳宗元讲"综合儒释"是以儒统释，或者说取其释与儒合的一面，而并非对两家平分秋色。

不过柳宗元对佛教的出世思想，亦非完全否定。他在《送玄举归幽泉寺序》中说："佛之道，大而多容，凡有志乎物外而耻制于世者，则思入焉。"他的好友刘禹锡在《送元暠南游序》中也说："予策名二十年，百虑而无一得，然后知世所谓道，无非畏途，唯出世间法可尽心尔。"这里柳、刘的论调有点相似。由于他们在人世间到处碰壁，"无非畏途"。既然"耻制于世"，只好寻求"物外"的"出世间法"。但要指出一点，柳宗元虽不反对"耻制于世而有志乎物外"的人，却始终不赞成佛教那种完全虚幻的人生。他认为"言至虚之极，则荡而失守"③。所以对"今之言禅者"，"妄取空语"，"颠倒真实"，是属于"流荡舛误"。"以陷乎己，而又陷乎人"④。实属害己害人之事。当然，柳宗元亦非赞赏那些苟且钻营、依附权贵的势利和尚。他认为出世的佛教徒，"凡为其道者，不爱官，不争能，乐山水而嗜闲安者为多"。他看不惯"世之逐逐然唯印组为务以相轧也"，这是他"好与浮图游"的原因。他称赞僧浩初能"闲其性，安其情，读其书，通《易》《论语》，唯山水之乐，……泊焉而无求"⑤。这可以算得是"耻制于世"的"物外"高人，亦可能是柳宗元"统合儒释"的又一种理想人物。像僧浩初这种人生价值取向，在儒家也未尝不可以做出解释，柳宗元就曾说过："夫君子之出，以行道也；其处，以独善其身也。"⑥ 这是儒家孔孟的传统思

---

① 《送元暠师序》。
② 《送濬上人归淮南觐省序》。
③ 《送巽上人赴中丞叔父召序》。
④ 《送琛上人南游序》。
⑤ 《送僧浩初序》。
⑥ 《送晏图南秀才游淮南序》。

想。佛教的"出世间法",与儒家的"独善其身"相结合,也可以说是"统合儒释"的一种类型。

柳宗元之所以讲统合儒释,还在于世俗的需要。他认为儒家与各家虽有矛盾,如能"咸伸其所长,而黜其奇邪,要之与孔子同道","然皆有以佐世"。① 本来佛教是讲出世的,而柳宗元却主张用以"佐世",这就要存异求同。他是在慧能身上,找到了儒释在人性根源上的共同取向。他认为佛教虽然后出,但"推离还源,合所谓生而静者"。即与儒家《礼记》中讲"人生而静,天之性也"的观点相合。而慧能"其教人,始以性善,终以性善,不假耘锄,本其静矣"。慧能始终以性善教人,自是符合儒家人生而静的本旨。所以说是"丰佐吾道,其可无辞"。② 这可以说是佛教"佐世"的一例。

还有一例是柳宗元当柳州刺史时,由于当地"越人信祥而易杀,傲化而偭仁",这种落后习俗,造成户口虚耗,田地荒芜,牲畜不育。面对这种情况,"董之礼则顽,束之刑则逃",即礼与刑都无法解决问题。"唯浮图事神而语大",于是求助于佛教,修复大云寺,用佛法感化群众,"而人始复去鬼息杀,而务趣于仁爱"。③ 从而收到"佐教化"的效果。

综上所述,柳宗元提出"综合儒释",基本上还是站在儒家立场,但对佛教思想,也有选择吸收和利用。特别在人生的价值取向上,力图调和入世与出世的矛盾。将佛教原来消极鼓吹的虚无寂灭人生,积极引导到"佐教化"的"佐世"工作上去。出家的佛教徒从事"经世"之业,本不符合佛门的教义,但为着自身的生存和发展,佛教的中国化只能靠拢儒家;而儒家施行教化,也要取得佛徒的帮助。虽然在人生价值取向上,两家的矛盾不能根本消除,但也确有可以互相融合的一面。柳宗元提出"统合儒释"和他的"好佛",就是企图在儒家文化圈中,为外来宗教的生存和发展,找出一条双方都能接受的路子。这对于中国传统文化在后期封建社会的形成,起到了重新调和的作用。

(原载《中国佛教》第一辑)

---

① 《送元十八山人南游序》。
② 引文见《曹溪第六祖赐谥大鉴禅师碑》。
③ 《柳州复大云寺记》。

佛学、老庄与儒学

这个讲题主要探讨佛学与儒、道两家的关系，佛学如何中国化并成为中国传统文化的组成部分，是一个值得研究的问题。

佛教是外来宗教，佛学也是外来的思想文化，传入中国后就要适应中国的国情和社会习俗。由于儒家的道德伦理与政治理念是中国传统文化的主体，如忠孝之道，佛教出家人是没有这种理念的，所以出现"沙门不拜王者"的争议；又如儿子出家作高僧会受到父母的膜拜，这违反儒家的伦常道德，受到傅奕"非孝无亲"的批评，唐高宗还下诏加以禁止，后经过宗密等人的调和，杜撰有《孝子报恩经》等迎合中国习俗的著作，自是从出世佛教走向人间佛教。

不过从牟子到康僧会等人，将佛教"五戒"与儒家"五常"相比附，这样调和儒释还是浅层次的，而且近于附会。而深层次的融合儒释，还是由慧能禅宗提倡的明心见性的心性之学。儒家由先秦孟子发展到宋明陆王心学，与禅宗思想可以说相汇交融，加上道教内丹学的兴起，从整体来说，到宋代，所谓儒、释、道三教在义理心性之学的基础上，形成中国思想文化共同发展的主流方向。

佛教禅宗、老庄和儒学之间还有个共同点，我认为还值得探讨，就是能否走向无神论？《科学与无神论》杂志的编者，在前言中提出宗教是否可以走向无神论的问题，一般认为宗教都是有神论：如天主、基督教有上帝，伊斯兰教有真主，佛教有佛祖，道教把老子尊为太上老君，主张儒家是儒教的也想将孔子作为教主，汉代的纬书也有把孔子神化的倾向，宗教的教主，一般都认为是神，也就是有神论。

不过从哲学角度看，有个问题可以思考：由于禅宗主张佛在心中，反对向西天拜佛，认为人人都有佛性，没有无佛处，这可以说是一种泛佛论。

同样先秦道家庄子主张道无所不在，得道之人并不在于肢体残缺，只要精神上得到升华，就可以"天地与我并生，万物与我为一"。庄子所主张的是一种泛道论。

儒家是否宗教虽有争议，但孔子认为人的最高精神境界是"仁"，而"我欲仁，斯仁至矣"，"仁"的精神也是普遍存在的，我认为也可以称之为泛仁论。

恩格斯在《德国农民战争》一书中，称闵采尔具有泛神论思想，可以走向无神论的边际。依此而言：泛佛论、泛道论、泛仁论均指人们内在精神的升华，是人的主体意识，只要通过心性的修养，都可以提高人的精神境界，而宗教的神灵是外在的，可以支配人的死生祸福与精神世界。如果人人的精神可以自做主宰，外在的神灵观念自然会逐渐淡化，也就自然会走向无神论的边际。

那么，如果宗教没有神，或是不信神，甚至呵佛骂祖，能否还称之为宗教？禅宗既称即心即佛，何以寺庙中有泥塑木雕的佛像供人膜拜？我认为这是对宗教认识有不同层次，宗教对人的终极关系，通过顿悟、渐修，有的人可以认识到这是要提高自身的精神文化素质，如不能达到这个层次，通过拜神来领会信仰宗教的教义，如慈悲、平等、多做善事，等等，也同样可以体现出宗教对世俗社会的正面作用。

儒、佛、道三家所以能构成中国传统文化的总体意识，就由于有它的共同点和彼此相通的地方，不过有的问题不容易说清楚，还需要进一步探索。

（在南京大学学术讲座上一次发言）

兼综儒道佛　契合理情神

——读东坡诗词论苏轼入世与出世思想的矛盾统一

苏轼（1037—1101年），字子瞻，号东坡居士，四川眉山人。他是我国北宋时期的大文学家，"韩潮苏海"，正反映出苏文的雄伟奔放气魄。他对诗词的创作，带有"以文为诗，以才学为诗"和"以诗为词"的特点，即表现为散文化和议论化。他所写诗词，不但有独特的艺术风格，同时具有丰富的思想内容，对政治生活的感受，人生哲理的探索，在诗词中达到情理交融的境界。本文主要通过读东坡诗词，论证他入世与出世思想的矛盾统一。

一

苏轼出身于封建知识分子家庭。他父亲苏洵有文才，但没有考取进士，所以把希望寄托在两个儿子身上。苏轼自幼深受儒家传统思想的教养和影响，少年时就"奋厉有当世志"[1]，即怀有远大的政治抱负。他21岁考取进士，走入仕途，在上给皇帝的策论中，多是主张仁政、德治的一套。总之，忠君报国、勤政爱民，成为苏轼一生的政治信条。

但是苏轼一生从政，道路却很不平坦。当时北宋积贫积弱之势逐渐形成，新旧党争彼起此伏。苏轼原来反对王安石变法，但也不完全赞成司马光的"元祐更化"。他把"报国""便民"原则置于派争之上，这种政治态度应该是对的，可是却因此在夹缝中两面不讨好。他在"乌台"诗案受诬陷后，一直被排斥在外，还被贬官到岭南的惠州和海南的琼州。"九死南荒吾不恨，兹游奇绝冠平生"[2]。诗人对此还是抱着乐观的态度。

不过苏轼尽管仕途失意，但忠君报国之心并未改变。如他追悼宋神宗的诗句："政已三王上，言皆六籍醇。""典礼从周旧，官仪与汉隆。"这都表现出他的敬仰心情。结句是"余生卧江海，归梦泣嵩邙"，这里对皇帝的感念还是十分真切。他写的《次韵王郁林》诗，首句"晚途流落不堪言"，下面应是牢骚满腹，可是中间两联却说："汉使节空余皓首，故侯瓜在有颓垣。平生多难非天意，此去残年尽主恩。"这与他写的一首《满庭芳》词："老去君恩未报，空回首，

---

[1] 苏辙：《东坡先生墓志铭》。
[2] 《六月二十日夜渡海》。

弹铗悲歌"，思想感情还是一致的。"报国无成空白首，退耕何处有名田。"① 他对此不能不深表遗憾。然而他的耿耿忠心，还是不愿埋没，所以在《过岭寄子由》诗中仍说："投章献策谩多谈，能雪冤忠死亦甘。一片丹心天日下，数行清泪岭云南。"对封建王朝的尽忠报国，正是苏轼入世思想的精神支柱。

当然，苏轼也不是无条件尊君的，立足点是惠民。所以他说："先王旧德在民心"。又说："尊主庇民君有道，乐天知命我无忧。"② 相反对那些祸国殃民的昏君佞臣，他在一些政治讽刺诗中，却给以公开谴责。如所写《骊山绝句》："功成惟欲善持盈，可叹前王恃太平。辛苦骊山山下土，阿房才废又华清。""几变雕墙几变灰，举烽指鹿事悠哉。上皇不念前车戒，却怨骊山是祸胎。"这里就说到周幽王、秦始皇父子和唐玄宗等历代帝王，并把骊山作为历史的见证。他还写了一篇《荔枝叹》："十里一置飞尘灰，五里一堠兵火催。颠阬仆谷相枕藉，知是荔支龙眼来。""永元荔支来交州，天宝岁贡取之涪。至今欲食林甫肉，无人举觞酹伯游。"这里讲的是汉永元和唐天宝年间，交州和清州给朝廷岁贡荔枝的故事。由于催送者急如星火，弄到人民"奔腾死亡，罹猛兽毒虫之害者无数"，故苏轼在诗中，发出"宫中美人一破颜，惊尘溅血流千载"的强烈谴责，他不但在讲历史，并且还联系现实："君不见武夷溪边粟粒芽，前丁后蔡相笼加，争新买宠各出意，今年斗品充官茶。"这是点名抨击那些为了谄媚主子而"争新买宠"的当朝权贵。"吾君所乏岂此物，致养口体何陋耶！"他对皇帝也有微词了。

由此可见，苏轼认为封建帝王及其臣僚的好坏，是"惠民"还是"残民"，是作为一条相当重要的划分标准。"细雨足时茶户喜，乱山深处长官清。"③ 对此他感到满意。但当时的情况，却是"而今风物那堪画，县吏催钱夜打门。"④ 这就有点大煞风景了。苏轼对一些比较关心人民疾苦的官吏，表示敬仰之情。如《赠王庆源》诗："遇民如儿吏如奴。吏民莫作长官看，我是识字耕田夫。""芋魁饭豆吾岂无。"这里形象地描述出一个爱民如子、平易近人、生活上又不搞特殊的"长官"。当然像这样的"好官"是很少的，大多数是封建贵族官僚，都是一些贪婪残暴和巧取豪夺的家伙。苏轼在《许州西湖》诗中，就曾斥责那些不顾连年饥荒，反而为了春游而强迫民工开湖的地方官。他在《李氏园》一诗中，披露当年军阀李茂贞的横行霸道："当时夺民田，失业安敢哭。""此亭破千家，郁郁城之麓。"可是如今已经园林易主，留下"破墙围古屋"，因而发出"人生营居止，竟为何人卜"的慨叹。也是对那些"夺民田"甚至"破千家"的封建

---

① 《秋兴》。
② 《次韵答邦直子由》。
③ 《新城道中》。
④ 陈季常：《朱陈村嫁娶图》。

权贵，进行深沉的控诉。

苏轼一生从政，但"一肚皮不合时宜"，没有得到当权者的赏识。他虽然屡遭贬斥，可是在历任地方官吏时，仍在力所能及之内，为人民做些好事。如兴修水利，改进农业生产条件，救灾备荒，减轻赋税，以至粜粮施药等方面，他都做到不遗余力。在徐州任上，他指挥民工战胜黄河决口的灾患，保全了人民的生命财产。在杭州任上，他发起疏浚西湖，增加农田灌溉的效益。据说苏轼在地方上曾深受人民的爱戴，以至"家有画像，饮食必祝，又作生祠以报"①。

在苏轼从政的一生中，始终抱着儒家勤政爱民的信条。他不像有些人口惠而实不至，而是"果断而力行"②，苏轼的处世态度是"治生不求富，读书不求官"③。但他既作为朝廷职官，所关心的却是"农事安可忽"，"民病何时休？"④因而发出"王事谁敢惰，民劳吏宜羞"⑤的感叹。他并为此而感到自疚："窃禄忘归我自羞，丰年底事汝忧愁。"⑥"平生所惭今不耻，坐对疲氓更鞭棰。"⑦他甚至对于狱中的囚徒，在除夜值班时，也曾题诗于壁，以表哀怜之意：

除日当早归，官事乃见留。执笔对之泣，哀此系中囚。小人营糇粮，堕网不知羞。我亦恋薄禄，因循失归休。不须论贤愚，均是为食谋。谁能暂纵遣，闵默愧前修。⑧

苏轼在诗中，不单是怜悯囚徒。当时人民之所以犯罪，认为也无非为衣食所驱。联系他自己，也是因为留恋微薄的官俸而没有去职。因而发出"不须论贤愚，均是为食谋"的议论。苏轼这里将囚犯和做官相比，在封建官僚中，这种思想可以说是前无古人的。

不过苏轼既讲"读书不求官"，而又是"恋薄禄""为食谋"，这是否有点矛盾呢？我认为"不求官"只是不去特别钻营，至于封建知识分子循例做官，也要穿衣食饭，不能连"薄禄"都不要，苏轼的"尊主"为的是"庇民"，他并不趋附皇帝和当道权臣，"希合""以求进用"⑨。他对严子陵与汉武帝的遇合，也只看成是"君臣一梦，今古虚名"⑩。对商山四皓称赞为："垂老区区岂为身，微

---

① 《宋史·苏轼传》。
② 《辩试馆职策问札子》。
③ 《送千乘、千能两侄还乡》。
④ 《和赵郎中捕蝗见寄次韵》。
⑤ 《和子由闻子瞻将如终南太平宫溪堂读书》。
⑥ 《山村五绝》。
⑦ 《戏子由》。
⑧ 《除夜直都厅囚系皆满日暮不得返因题一诗于壁》。
⑨ 《乞郡札子》。
⑩ 《行香子·过七里滩》。

言一发重千钧。始知不见高皇帝，正是商山四老人"①。这里正说明他对君臣际遇的看法。他不是无条件尊君，为的是不愿做佞臣。史书称赞他"刚正嫉恶"，"遇事敢言"②。"忠规谠论，挺挺大节"③，正说明苏轼的为人。他自己在诗中也说：

> 我生无田食破砚，尔来砚枯磨不出。……我虽穷苦不如人，要亦自是民之一，形容虽似丧家狗，未肯帖耳争投骨。④

> 吾闻君子，蹈常履素。晦明风雨，不改其度。平生丘壑，散发箕踞。坠车天全，颠沛何惧。⑤

苏轼在遭贬逐生活中，不怕颠沛流离，不做"争投骨"的"丧家狗"，他认为这才真正是儒家君子的风度。他虽屡经挫折，却并不怨天尤人，而是随遇而安，不以穷达易志。当他与弟弟苏辙同时被贬谪到海南和雷州两地时，曾作诗述怀：

> 莫嫌琼雷隔云海，圣恩尚许遥相望。平生学道真实意，岂与穷达俱存亡？天其以我为箕子，要使此意留要荒。他年谁作舆地志，海南万里真吾乡。⑥

这几句诗写得情理交融，既表述了分离两地的兄弟情怀，又反映出关心君国的政治抱负。他要把万里南荒当作自己的家乡，不以穷达为意，他能有这种思想感情是不简单的，可能是在长期的遭贬逐生活中，较多接近群众，因而缩短了与劳动人民之间的思想距离。如他在另一首诗中写道：

> 农夫告我言，勿使苗叶昌。君欲富饼饵，要须纵牛羊。再拜谢苦言，得饱不敢忘。⑦

这几句诗写得朴质无华，可以说是"坦率见真情"⑧，显示出真情的流露。苏轼的入世思想，从儒家勤政爱民的观念出发，虽经多年挫折，他不但没有离开人民，反而从感情上更加靠近，作为封建士大夫，苏轼这种变化是难能可贵的。

---

① 《送乔仝寄贺君》。
② 李焘：《续资治通鉴长编》。
③ 《宋史·苏轼传》。
④ 《次韵孔毅甫久旱已而甚雨》。
⑤ 《孟嘉解嘲》。
⑥ 《吾谪海南，子由雷州，被命即行，了不相知，吾梧乃闻其尚在滕也，旦夕当追及，作此诗示之》。
⑦ 《东坡八首并序》。
⑧ 《次韵答王巩》。

虽然他也说过"农事谁当劝，民愚亦可怜"① 等一类的话，对人民也有恩赐观点和轻视的地方，但与同时代的官僚相比，也算相当难得了。

二

上面我们论述了苏轼人生观中积极入世的一面，但不等于说他的思想没有矛盾。虽然他自幼受儒家思想的熏陶，但苏辙又说他少年时就爱好《庄子》，曾说："吾昔有见于中，口不能言，今见庄子，得吾心矣。"② 可见又受到道家思想相当程度的影响。他后来在诗中也说："清诗健笔何足数，逍遥齐物追庄周"③，就是这方面意识的流露。

苏轼出世与入世思想的矛盾，也可以从他的两句诗中得到表述："早岁便怀齐物意，微官敢有济时心。"④ 自是"齐物志"与"济时心"便成为苏轼思想中交织着的矛盾。当然，由于苏轼具有"丈夫重出处，不退要当前"⑤ 的坚毅气质，他人生处世并不轻易退让，但由于长期处于逆境，使他入世的积极性不能不受到影响。如在《常润道中有怀钱塘寄述古》诗中，他一面自行检讨，觉得"年来事事与心违"，因而不得不发出"世上功名何日是，樽前点检几人非"的感叹。并提出"俗俭真堪著腐儒"，"经营身计一生迂"的自我反思。"岂意残年踏朝市，有如疲马畏陵坡"⑥，他感到有点力不从心。"官事无穷何日了，菊花有信不吾欺。"⑦ "贫病只知为善乐，逍遥却恨弃官迟。"⑧ "功名富贵俱逆旅"，"挂冠而去真秋毫"。⑨ 这些诗句表明他对"官事"有点厌烦，思想是退坡了。"搔首赋归欤，自觉功名懒更疏。若问使君才与术，何如？占得人间一味愚。"⑩ 这首词标题是《自述》，他感到自己在人间干了蠢事。他自责自问："长恨此身非我有，何时忘却营营？"解决的办法，只能是"小舟从此逝，江海寄余生"⑪。这是从消极避世中找出路了。

宦途的挫折，对功名富贵观念的淡化，另一方面使苏轼感到人生的虚幻。所

---

① 《荆州》。
② 《东坡先生墓志铭》。
③ 《送文与可出守陵州》。
④ 《和柳子玉过陈绝粮》。
⑤ 《和子由苦寒见寄》。
⑥ 《次韵周邠》。
⑦ 《次韵张十七九日赠子由》。
⑧ 《姚屯田挽词》。
⑨ 《赵阅道高斋》。
⑩ 《南乡子·自述》。
⑪ 《临江仙·夜饮东坡醒复醉》。

谓"半生弹指声中","休言万事转头空，未转头时皆梦。"① 从而他唱出这样的词句：

> 美酒一杯谁与共？樽前舞雪狂歌送。腰跨金鱼旌旆拥，将何用？只堪妆点浮生梦。②

"腰跨金鱼旌旆拥"，这是高级官僚的派头，表现出何等威风，但这有什么用呢？无非是"浮生梦"中的点缀罢了。苏轼在有名的《念奴娇·赤壁怀古》词中，用"人生如梦，一樽还酹江月"作为结句，就可以看到他的心情了。"回头自笑风波地，闭眼聊观梦幻身"③，由于经历了"风波地"，才导致出"梦幻身"，其中的因果关系，不是说得很清楚吗？

苏轼由于年华已逝而抱负难伸，这种进入老年的伤感心情，对他思想退坡当然也有影响。虽然他对此并不十分心甘。他在《故李承之待制六丈挽词》中，一方面说："材大古难用，老死亦其宜"；另一方面又说："清朝竟不用，白首仍忧时。"在《送张天觉》诗中则说："祝君如此草，为民已瘄瘵。我亦老且病，眼光腰脚顽。"他虽然感到自己"老且病"甚至会"老死"，但仍存"忧时"，"为民"之心。所谓"白发未成归隐计，青衫傥有济时心"④，正是他思想矛盾的反映。不过尽管如此，他还是随着年岁的推移，日益感到世情的虚幻。"漂流二十年，始悟万缘虚。""四十七年真一梦，天涯流落涕横斜。"⑤ "我老心已灰"，"此生如幻耳。"⑥ "与君各记少年时，须信人生如寄。"⑦ 抚今追昔，叹人生如幻如寄，自然会引起伤老情怀，下面且引《东坡词》中的几段自白：

> 情未尽，老先催，人生真可咳。他年桃李阿谁栽，刘郎双鬓摧。⑧
> 卖剑买牛真欲老，乞浆得酒更何求，愿为辞社宴春秋。⑨
> 无可奈何新白发，不如归去旧青山，恨无人借买山钱。⑩

世情未尽，老已先催，白发新添，不如归去，这就成为产生苏轼消极避世思想的又一因素。

---

① 《西江月·平山堂》。
② 《渔家傲·临水纵横回晚鞚》。
③ 《次韵王廷老退居见寄》。
④ 《次韵子由送千之侄》。
⑤ 《天竺寺》。
⑥ 《戏公择》。
⑦ 《西江月·送钱待制》。
⑧ 《阮郎归·苏州席上作》。
⑨ 《浣溪沙·自适》。
⑩ 《浣溪沙·感旧》。

政治上的连遭波折，生理上的日渐衰颓，使苏轼在精神和心情上受到很大的压力，他有时想到纵情诗酒，归老山林，甚至在醉乡中求得慰藉；也有时想要参禅事佛，学道寻仙，以求能人间解脱。但他想了却尘缘，然而又生缘未断，"还从世俗去，永与世俗忘"①，思想上仍然呈现出复杂矛盾状态。

在苏轼的诗词中，有不少地方是对美酒的歌颂，对醉乡的仰慕。如《次韵子由除日见寄》诗中有句说："人生行乐耳，安用声名籍。""临池饮美酒，尚可消永日。"若单从这几句诗来看，他的心情比较洒脱；但若从全诗来分析，我觉得是他在感时伤世中所形成的逆反心理，并无多少"人生行乐"的享乐主义思想。这首诗是他对弟弟子由除夕寄诗的和作，诗中表达了抚今追昔的兄弟情怀，并以诗酒作为离情的慰藉。"念为儿童岁，屈指已成昔。往事今何追，忽若箭已释。感时嗟事变，所得不偿失"。"胡为独多感，不见膏自炙，诗来苦相宽，子意远可射。""诗成十日到，谁谓千里隔。一月寄一篇，忧愁何足掷。"从上面这些诗句看来，他要通过"饮美酒"来"消永日"，只能算是苦中作乐，所谓"强欢虽有酒，冷酌不成席。"兄弟远隔千里，只好以诗酒消愁。要说是"人生行乐耳"，恐怕是他无可奈何的自我慰藉之词罢了！

下面我们再看几段东坡有关咏酒的诗词：

使我有名全是酒，从他作病且忘忧。诗无定律君应将，醉有真乡我可侯。②

辜负金尊绿醑，来岁今宵园否？酒醒梦回愁几许，夜阑还独语。③

火色上腾虽有数，急流勇退岂无人。书中苦觅原非诀，醉里微言却近真。④

我观人间世，无如醉中真。虚空为销殒，况乃百忧身。惜哉知此晚，坐令华发新。⑤

薄薄酒，饮两钟，粗粗布，著两重。美恶虽异醉暖同，……。百年虽长要有终。……达人自达酒何功，世间是非忧乐本来空。⑥

这里所说饮酒，无非可以一时醉暖，借以忘忧。就像曹操说的，"何以解忧，唯有杜康"。但到酒醒梦回，夜阑人静，还不是愁思依旧？所以"达人自达"，并非酒的功劳，最后他还是归结到"世间是非忧乐本来空"，这就要从出世间来

---

① 《游惠山》。
② 《次韵王定国得晋卿酒相留夜饮》。
③ 《谒金门·秋感》。
④ 《赠善相程杰》。
⑤ 《饮酒》。
⑥ 《薄薄酒》。

寻求解脱了。

三

上面分析了苏轼所以产生人生虚幻和避世思想的原因。他忧时伤老，虽欲借酒浇愁，仍是难寻解脱。他早年喜读《庄子》，后来又常与僧徒交游，那么他是否从语道逃禅中来求得出路呢？看来还值得研究。

苏轼之所以会有出世思想，是由于他对人间和世情的不满。他在一首咏七夕的词中说："相逢虽草草，长共天难老。终不羡人间，人间夜似年。"① 牛郎织女聚会的时间虽短，但并不羡慕人间。人间长夜如年，那不是更令人难受吗？我看这是东坡在借题发挥，因为他对世情已感到厌烦，"自笑浮名情薄，似与世人疏略，一片懒心双懒脚，好教闲处着。"② 于是只好用疏懒来应付。他在《送路都曹》诗中说："我亦倦游者，君恩系疏慵。……怀哉江南路，会作林下逢。"这里是有点倦鸟知还的味道，连君恩也懒理了。正是在这种思想情况支配下，他在《和宋笔游西池次韵》诗中，就唱出"自笑区区足官府，不如公子散神仙"的结句。这不是白日飞升的神仙，不过是想像神仙那样过闲散生活罢了。

苏轼的心目中服膺的是范蠡和陶潜式的人物。"何日五湖从范蠡，种鱼万尾橘千头。"③ "公稽且作须臾意，从此归田策最良。"④ 这里讲的范蠡，虽是作为送人的诗句，其实是借题发挥，语意双关。至于对陶潜，东坡写了大量和陶诗，特别对桃花十分向往。如他在《书王定国所藏烟江叠嶂图》的长诗中，就有一段议论：

> 君不见武昌樊口幽绝处，东坡先生留五年。……桃花流水在人世，武陵岂必皆神仙。江山清空我尘土，虽有去路寻无缘。还君此画三叹息，山中故人应有招我归来篇。

这里他认为只要人世间有个桃源，像武陵人那样何必都是神仙呢？可惜无缘找到桃源的去路，唯有等待山中故人的召唤了。从这里也可以看到东坡对待神仙的态度。他在《奉和陈贤良》诗中也说："身外浮名休琐琐，梦中归思已滔滔。三山旧是神仙地，引手东来一钓鳌。"东坡是不相信海外求仙的，他在《骊山绝句》中就曾明确指出："海中方士觅三山，万古明知去不还。"对世俗观念中的神仙，看来他并不太感兴趣。

---

① 《菩萨蛮·七夕》。
② 《谒金门·秋兴》。
③ 《次韵送张山人归彭城》。
④ 《乞会稽将会汶公乞诗》。

从以上的分析，我认为苏轼之所以讲"逍遥齐物追庄周"，并非真要修仙入道，只是厌对落拓的人生，因而要寻求精神上的寄托和解脱。至于东坡自称居士，是否真正受过佛徒的洗礼呢？他在《余去金山五年而复至，次旧诗韵，赠宝觉长老》诗中确是这样说过："稽首愿师怜久客，直将归路指茫茫。"在茫茫尘世中何处是人生的归宿？他可能诚心向宝觉大师求教，但没有看出接受到什么妙偈禅机。他在《送春》诗中，却说"梦里青春可得追，发丝禅榻两忘机。凭君借取法界观，一洗人间万事非"。看来佛家思想，也只不过是将世情看破，泯灭掉人间万事的是非而已。

在东坡诗中有一首比较奇特的，标题是：《吴子野绝粒不睡过作诗戏之，芝上人陆道士皆和，予亦次其韵》。

  聊为不死五通仙，终了无生一大缘。独鹤有声知半夜，老蚕不食已三眠。怜君解比人间梦，许我时逃醉后禅。会与江山成故事，不妨诗酒乐新年。

这里吴子野来个绝粒不睡，并非绝食自杀，大概是属于道门辟谷引气的一类修炼方法。却招来芝上人陆道士纷纷和诗作戏，东坡居士也来凑热闹。他说吴子野想做个不死的五通仙，以了却"无生"这一大因缘。后面又笔锋一转，联系到芝上人的梦斋。这个和尚将人间比作梦幻，好像有点可怜。但东坡这样说也不过是以五十步笑百步，他自己何尝不是低唱"人间如梦"？不同之处可能一般和尚并不喝酒，他则是以酒忘忧，所以要求容许他醉后逃禅。由此可见，东坡并非志在参禅证道，只是像醉乡一样，将仙山佛国作为他逃离现实的避风港罢了。

在东坡诗词中，如说："问禅时到长干寺，载酒闲过绿野堂。"① 这里"问禅"与"载酒"相对，心情颇为闲适，但有时却有点伤感。如说："他年京国酒，泫泪攀枯柳。莫唱短因缘，长安远似天。"② 京国酒，短因缘，泪柳谁攀，长安何处？就不能不感慨系之了。类似的心境，东坡还写过一首《悼朝云诗》：

  苗而不秀岂其天，不使童乌与我玄。驻景恨无千岁药，赠行唯有小乘禅。伤心一念偿前债，弹指三生断后缘。归卧竹根无远近，夜灯勤礼塔中仙。

朝云是苏轼的爱妾，贬谪时随同南迁，后病逝于惠州。她曾跟从比丘尼义冲学佛，将死时诵金刚经四句偈而绝，后葬在栖禅寺松林中。东坡与朝云患难相依，这首悼诗写出了真实的感情。但小乘禅代替不了千岁药，佛法也难以保障三

---

① 《次韵许遵》。
② 《菩萨蛮·感旧》。

生的姻缘，东坡只好"勤礼塔中仙"了。

总的说来，东坡这个居士，并非诚心学佛之徒，有时只是作为虚幻人生的一种寄托，有时则借此以求得清闲。如说"我老人间万事休，吾亦洗心从佛祖。"①"青春不觉老朱颜，强半销磨簿领间。愁客倦吟花似酒，佳人休唱日衔山。共知寒食明朝过，且赴僧窗半日闲。命驾吕安邀不至，浴沂曾点暮方还。"② 从这些诗中是可以看出苏轼的不同心境。其实，苏轼也讲不参禅、不学禅，如说：

> 使君那暇日参禅，一望丛林一怅然，成佛莫教灵运后，着鞭从使祖生先。③
> 来往三吴一梦间，故人半作冢累然。独依旧社传真法，要与遗民度厄年，赵叟近闻还印绶，竺翁先已返林泉。何时策杖相随去，任性逍遥不学禅。④

这里前一首诗，讲的是人家无暇参禅，似还可以理解，但后一首是专为寄赠净慈本长老的诗，又愿意策杖相随，何以结句提出"任性逍遥不学禅"呢？我认为这正是苏轼思想的特点。他对佛道两家思想，也无非是为我所用，就像写文章那样，"如行云流水"，"常行于所当行，常止于不可不止。"⑤ 他把学道参禅与寻诗载酒，往往等如是观。苏轼出世与入世思想之所以复杂纷繁，与此不无关系。

四

上面分别论述了苏轼入世与出世思想的矛盾，那么这两者之间能否达到统一呢？统一的思想基础又是什么？我认为这些都值得研究和探讨。苏轼一生从政，却淡于功名；他为官屡遭贬谪，却坚韧不拔；伤老忧时，虽追忆着人间梦幻；仁民爱物，仍忘不了家国情怀。正因为在苏轼的人生观中，既讲究儒家的积极入世，又仰慕道家的顺应自然，兼了解佛教的破除执着，所以在他的思想中虽充满矛盾，却能通过自我调节、消解而取得平衡。他把入世与出世的思想矛盾，引导到适时应物、随遇而安的境地上去。"细看造物初无物，春到江南花自开。"⑥"人间所得容力取，世外无物谁为雄。"⑦ 这里讲人世间靠的是人力，但整个宇宙

---

① 《送刘寺丞赴余姚》。
② 《同曾元恕游龙山吕穆仲不至》。
③ 《虔州八境图》。
④ 《仆去杭五年，吴中仍岁大饥疫，故人往往逝去。闻湖上僧舍，不复往日繁丽。独净慈本长老学者益盛，作此诗寄之》。
⑤ 《答谢民师书》。
⑥ 《次荆公韵》。
⑦ 《登州海市》。

还得顺应自然，这两者如何联系，可能构成东坡的天人合一思想。"人笑年来三黜惯，天教我辈一樽同。"① 就是这种思想的写照。

这里有一点还要指出，苏轼承认人应该有七情六欲，不像有的道学家，整天板着面孔，大讲什么存天理、去人欲的说教。其实这些人也未必六根清净。而东坡却从不装模作样，作风上平易近人。在东坡诗词中，我认为也有不少情理交融的佳作，直抒胸臆，契合自然，使人有妙语通神之感。下面举几首诗词作例：

东风未肯入东门，走马还寻去岁村。人似秋鸿来有信，事如春梦了无痕。江城白酒三杯酽，野老苍颜一笑温。已约年年为此会，故人不用赋招魂。②

人生到处知何似，应似飞鸿踏雪泥。泥上偶然留指爪，鸿飞那复计东西，老僧已死成新塔，坏壁无由见旧题。往日崎岖还记否？路长人困蹇驴嘶。③

三入承明，四至九卿，问书生何辱何荣？金张七叶，纨绮貂缨。无汗马事，不献赋，不明经。成都卜肆，寂寞君平。郑子真岩谷躬耕。寒灰炙手，人重人轻，除竺乾学，得无念，得无名。④

清夜无尘，月色如银，满斟时须满十分。浮名浮利，休苦劳神。叹隙中驹，石中火，梦中身。虽抱文章，开口谁亲，且陶陶乐尽天真。儿时归去，作个闲人。对一张琴，一壶酒，一溪云。⑤

东坡这几首诗词，格调明快，确是像行云流水那样舒卷自如。其中有些既抒情而带有议论的佳句，可以导致探讨人生的哲理。但这里并无虚伪的说教，而是使入世与出世思想，做到情理交融，不着痕迹。兼综儒道佛，契合理情神，这是东坡诗词所能达到的思想境界，又是其表现出的与众不同的艺术特色。

当然，由于苏轼是我国古代封建社会中的知识分子，不可避免地有他自身存在的局限。封建士大夫的生活方式和思想感情，也会给人带来不健康的情绪。如东坡的某些诗词，使人读后会有消极、颓唐的感觉，以至导引出淡淡的哀愁，这也是应该承认的。

凉夜霜风，先入梧桐，浑无处回避衰容。问公何事，不语书空？但一回醉，一回病，一回慵。秋来庭下，光阴如箭，似无言有意伤侬。都将万事，

---

① 《与秦太虚参寥会于松江，而关彦长徐安中适至，分韵得风字》。
② 《正月二十日与潘郭二生出郊寻春，忽记去年是日同至女王城作诗，乃和前韵》。
③ 《和子由渑池怀旧》。
④ 《行香子·寓意》。
⑤ 《行香子·述怀》。

付与千钟。任酒花白,眼花乱,烛花红。①

世事一场大梦,人生几度秋凉。夜来风叶已鸣廊,看取眉头鬓上。酒贱常愁客少,月明多被云妨。中秋谁与共孤光?把盏凄然北望。②

这是东坡在秋日填词,本已有点霜风萧瑟的味道,加上他宦途波折,尘海飘零,难避衰容,谁偕病酒?使他不能不产生世情如梦的消极、颓唐意绪。同时由于苏轼颇有点君子安贫、达人知命的思想,虽有打破名缰利锁的一面,却带来了精神空虚,并进而抹杀是非美恶的差别。下面用他《薄薄酒》诗一首,略作分析。

薄薄酒,胜茶汤;粗粗布,胜无裳。丑妻恶妾胜空房。五更待漏靴满霜,不如三伏日高睡足北窗凉。珠襦玉柙万人祖送归北邙,不如悬鹑百结独坐负朝阳。生前富贵,死后文章。百年瞬息万世忙,夷齐盗跖俱亡羊。不如眼前一醉是非忧乐都两忘。

东坡这一首虽有点类似打油诗,说"聊以发览者之一噱",但毕竟反映他思想的一个侧面。他鄙视功名富贵,而愿意过贫穷闲散的生活,这一点本来无可厚非。但他要从醉乡中来忘却是非忧乐,从"百年瞬息"中把"夷齐盗跖"同等看待,这就和《列子·杨朱》篇的思想接近了。这种抹杀是非美恶的观念可能是来自庄子的齐物论,作为人生观,这种思想是不健康的,是封建士大夫在失意时一种无可奈何心境的反映。

苏轼思想中可贵的地方,就是不以穷达易志。正如我上文引他寄子由诗中所说:"平生学道真实意,岂与穷达俱存亡。"但是人生什么时候穷达?为什么会有穷达?他觉得难以捉摸,因而不能不产生宿命思想。

莫负黄花九日期,人生穷达可无时。十年且就三都赋,万户终轻千首诗。天静伤鸿犹戢翼,月明惊鹊未安枝。君看六月河无水,万斛龙骧到自迟。③

蜗角虚名,蝇头微利,算来着甚干忙。事皆前定,谁弱又谁强?且趁闲身未老,尽放我些子疏狂。百年里,浑教是醉,三万六千场。思量能几许,忧愁风雨,一半相妨;又何须抵死说短论长。幸对清风皓月,苔茵展云幕高张。江南好,千钟美酒,一曲满庭芳。④

---

① 《行香子·秋兴》。
② 《西江月·黄州中秋》。
③ 《杭州牡丹开时,仆犹在常润,周令作诗见寄,次其韵。复次一首送赴阙》。
④ 《满庭芳·警悟》。

这里苏轼承认人生穷达是无法掌握的，也不知什么时候会到来，好像带有点偶然性。但为什么会出现这种偶然性，也难以解释，只好归结到自然命运的安排，从而走向了宿命论。东坡对于名利，所以觉得没有什么值得奔忙的地方，原因是"事皆前定"，谁强谁弱不是靠奔忙努力所能做到，因而对世事也无须"说短论长"，不如在有生之年，过醉梦中的"疏狂"生活。宿命思想虽然是消极的，但能够使人随遇而安，同时可以给人精神上的慰藉，苏轼入世与出世思想所以从矛盾中能够得到契合，与此也不无关系。

兼综儒道佛，苏轼的思想来源是复杂的，但也有其共通的地方。如众所周知，儒家孔孟是讲究天命的；道家庄子虽然逍遥齐物了一番，到头来还得承认"知其不可奈何而安之若命"，即不能不受到命的支配。苏轼最为仰慕的大诗人陶渊明，也讲"穷达不可外求"，并高唱"乐夫天命复奚疑"的人物。至于佛教讲的因缘和合，说到底也无非是宿命论的变种。苏轼正是受这三教中类似的共同思想的影响，所以才唱出"乐天知命我无忧"和"弹指三生断后缘"的诗句。这里无论是带有乐观还是悲观的情绪，读东坡诗词，往往使人感觉到在情理交融中达到精神上的和谐一致。固然在苏轼思想中，有它积极进取与消极颓唐的两面，但要从矛盾中来求得统一，却并非容易的事。而东坡在诗词中，能致力于消解这些矛盾，从而取得初步成效，这是应该肯定的。

用东坡诗词作为资料来论证苏轼入世与出世思想的矛盾统一，这里只能作为一种尝试。不当之处，敬请方家同人，不吝指正。

（原载《四川师范大学学报丛刊》第 12 辑，《苏轼思想探讨》，第 1–19 页）

是吸取宗教的哲理，还是儒学的宗教化？

近年来，由于任继愈同志坚持使用宗教意义上的"儒教"这个概念，在中国哲学史界引起了大家的关注。他认为在先秦时虽有儒家，但孔子学说经历了汉代和宋代两次大的改造，儒家逐渐成为具有中国特点的宗教——儒教，而宋明理学的建立，则标志着中国儒教的完成。继愈同志这个观点，曾在多次讲演和连续发表的文章中，反复加以申明。最近看到他在《朱熹与宗教》一文（载《中国社会科学》1982年第5期）中更明确指出：儒教的建立，到南宋的朱熹，正式完成了这一历史使命。并说朱熹的为学，不是纯思辨之学，而是指导行为的学问，它是宗教而不是哲学。

对继愈同志的论断，国内学术界有不同的反应。但对于复杂的思想形态，需要做深入的探索，不可能很快有统一意见。我这里只是谈点个人看法，以供讨论。

一、哲学与宗教有什么联系和区别

为要弄清中国的儒家思想是归属于哲学还是宗教，先秦儒家会不会和怎么样演变、形成儒教的问题，对于哲学和宗教的分野，两者之间如何联系和区别，这是先要弄清楚的。从继愈同志《朱熹与宗教》一文看来（下面简称任文），对这个问题的回答是不能令人满意的。如文中举出：社会为什么有灾难，人们为什么有富贵贫贱，世界是什么样子，应当以什么生活态度对待这个世界，人活着为什么，等等，认为这些问题只有哲学和宗教有兴趣来回答，但两者的道路不同，哲学采取思辨的方法，宗教走的是信仰的道路；哲学从理性方面做出解释，宗教从感情方面给以满足。依此说来，哲学和宗教应该是有区别的。但是任文接着却说：就理论上讲，哲学与宗教各有自己的领域，但这种清楚的领域划分，只有人们从中世纪冬眠中觉醒以后才能认识到，才能获得哲学的完全的意义。中世纪的哲学还没有从宗教中独立出来，只是宗教的附庸。中国没有经历像西方那样的产业革命，长期停留在封建社会，哲学没有条件从宗教中分离出来，宗教仍然统治着哲学，两者划不清界限，这就造成了中国封建时代的哲学、宗教浑然一体的状况。不仅如此，任文还认为西方中世纪的经院哲学，也讲"天理人欲"之辨和"身心性命"之学，东圣西圣若合符节，而中国和印度古代思想也是相近的。这里无非想说明，在西方经历产业革命以前，科学和生产力没有现代化，哲学和宗教也是难以分开的。

按照任文上面的论述，既然在中世纪的封建时代，哲学和宗教只能从理论上加以区分，实际上却难以分开，那么讨论儒家思想归属于哲学还是宗教，不是变得毫无意义了吗？对封建社会中任何一派的思想，不是都可以说成既是哲学又是宗教吗？同时按照任文的观点，哲学要从宗教中分离出来，科学和生产力水平的提高是主要条件。那么一个学派的思想，应该在早期，宗教的味道浓些，越到后来越多点哲学的味道。但儒家为什么相反，先秦时的孔子及其门徒还可以算是一个哲学流派，但后来的董仲舒直到朱熹，儒家哲学却每况愈下，越来越演变为宗教，难道宋代的科学和生产力发展水平反不如先秦吗？是否中华民族的认识史、中国哲学发展史，越来越向宗教化方面发展？这符合人类理论思维的发展规律吗？上述问题使人不能不感到困惑。

对哲学和宗教两者的区别和联系，我和继愈同志有点不完全相同的理解。任文说中世纪的哲学还没有从宗教中独立出来，只是宗教的附庸。过去也经常有人说，欧洲中古的哲学只是神学的婢女，这些话意思相同，也是历史事实。但是不管附庸也好，婢女也好，和主人总是有区别的，两者之间是统治与被统治的关系。任文说在中国封建社会，宗教仍然统治着哲学。即使情况属实，也不能因此得出中国封建时代的哲学、宗教浑然一体的结论。其实这个结论，继愈同志自己也并没有遵循，如果哲学与宗教始终浑然一体，何以说儒学会演变为儒教呢？这不是有点自相矛盾吗？

按照我的看法，在中国封建时代，即使承认宗教仍然统治着哲学，但两者并非没有区分。虽然唯心主义哲学和宗教神学最容易混淆在一起，可是承认创世说的思想，并非都是宗教。恩格斯指出："凡是断定精神对自然界说来是本原的，从而归根到底以某种方式承认创世说的人（在哲学家那里，例如在黑格尔那里，创世说往往采取了比在基督教那里还要混乱而荒唐的形式），组成唯心主义阵营。凡是认为自然界是本原的，则属于唯物主义的各种学派。"① 这里恩格斯用哲学基本问题来区分两大阵营，而把承认创世说的归入唯心主义的一方。他列举了黑格尔式的创世说和基督教式的创世说，前者是哲学，后者才是宗教。我们从这里可以得到启发，像儒家从孔子、董仲舒到朱熹，他们是唯物主义者还是唯心主义者，他们是否以某种方式承认创世说，他们坚持的是哲学家的创世说还是宗教界的创世说，这些通过研究是应该可以区分的。

在中国封建社会里，我们不否认有不少唯心主义哲学家是有宗教信仰的，或者说与宗教思想相通；但他们还是被称为哲学家而不是宗教徒。退一步说，即使是名副其实的宗教徒，同样可以有他们的哲学思想。如佛教毫无疑义是宗教，但

---

① 《路德维希·费尔巴哈和德国古典哲学的终结》，《马克思恩格斯选集》第四卷，第220页。

佛教哲学却是哲学史中不可缺少的部分。玄奘、慧能等人在中国哲学史上总会占有一席之地吧，其原因不是别的，正是由于他们的世界观用一定的方式回答了哲学基本问题，并有一定的特点和代表性，这样就不可能将他们排除出哲学史而只归入宗教史。应该说：从宣传宗教信仰这一个侧面看，这些人是宗教徒；但从阐发了人类认识史上理论思维某些必经环节这个角度看，却又不失为哲学家。宗教观与哲学思想可以并存在一个人的头脑里。情况是复杂的，却不是什么怪事，这说明宗教与哲学两者之间的紧密联系，但也不难看出其中的区别。

二、中国社会的特殊形态给中国宗教带来什么特点

任继愈同志认为中国特殊的社会历史条件决定了中国宗教的特殊表现形式，即儒教不同于佛教、回教、基督教等外来宗教，而是植根于中国特殊社会的一种特殊宗教形态。

那么所谓中国特殊的社会历史条件是什么呢？任文认为在中国古代，长期存在着以血缘关系为纽带的宗法制度。文中指出：宗法制度产生于氏族公社后期。一般在生产落后、劳动不发达、产品数量极为贫乏的条件下，社会制度更大程度上受血缘关系的支配。世界上许多民族随着社会经济的发展，冲破了血缘关系的束缚，建立了以地区划分的国家组织。在中国却不是这样。国家组织形成后，氏族社会遗留下来的血族关系的旧形式不但没有被摒弃，反而作为一种有效的社会组织形式，对国家社会的活动继续起着调节作用，甚至是支配作用，成为调整社会关系的杠杆。宗法制度在阶级社会里，仍然以自然的血缘纽带把社会成员牢固地联系在一起，共同的风俗习惯、心理状态、行为规范，在社会上仍然具有普遍意义。儒家在维护宗法制度方面，不断地利用旧形式，填充新内容。

任文上面这段表述，无非想说明在中国长期的封建宗法社会中，氏族社会遗留下来的原始宗教仪式，容易得到保留。如说六经中礼乐部分即包括了原始宗教的记录和解释。儒家经典中的"敬天法祖""尊尊亲亲""敬德保民"的教训，都带着原始宗教的遗迹，其中始终具有浓重的宗教性。由于儒家的经典本身已具备了以宗法制为核心的天人观、社会观、宗教观等芜杂的内容，而秦汉统一后，需要维持统一的思想工具，经过70年的探索，武帝时终于定儒家于一尊，董仲舒鼓吹神学目的论，《白虎通》把经学神学化，终于把儒家引向宗教化的道路。经过魏晋南北朝，佛、道二教盛行，到隋唐统一，儒、释、道三教并称，受到朝廷的承认，儒家作为宗教也就在政治上取得合法地位。

对于继愈同志上述的观点，我也颇有疑问。他所谓中国特殊的社会历史条件，主要指的是我国在进入阶级社会后，氏族公社所遗留下来的以血缘关系为纽带的宗法制度没有被冲破，反而在封建社会中长期起作用。而世界上别的许多民

族却随着社会经济的发展，冲破了血缘关系的束缚，建立了以地区划分的国家组织。这些当然是事实，但能否由此得出我国古代的宗教气氛必然比外国浓重的结论呢？古希腊、罗马进入阶级社会的途径和我国是有些不同，它们最早建立了以地区划分的国家组织，但是欧洲中世纪宗教势力迅猛发展，教权高于王权。我国虽然封建宗法势力非常厉害，但王权却始终抑制着教权。至于原始宗教在社会上的痕迹，在民间流传下来的多神崇拜，其中包括祖先崇拜，可能是原始氏族公社中图腾崇拜的孑遗。当然，为着适应封建统治者和宗法制度的需要，这些受崇拜的诸神，也不断经过加工和改造。我认为，祭祀祖先和崇拜鬼神，才真正是封建宗法制度的产物。但是这种鬼神崇拜，既没有统一崇拜的最高神，又没有教主、统一的教义和规定的仪式。至于神职人员，也无非是社会上一些杂七杂八的迷信职业者。因此我们无法将之概括出一个宗教名称，而往往习惯上称之为封建迷信。我认为在中国特殊的社会历史条件下，民间的多神崇拜，虽然还构不成严格意义的宗教，但它正是中国宗教的一种特殊表现形式。

在中国封建专制主义中央集权的统治下，封建神权是受政权支配的，反过来又为封建政权服务。专制帝王既是世俗的最高统治者，又是天上神权的最高代表。在中国的长期封建社会中，绝不容许宗教权力超出王权之上，而教权只能作为王权的附庸。继愈同志在文章中也列举了这样的事例：来自外国的佛教，从东晋到唐初，发生过"沙门不敬王者""沙门不应拜俗"的争辩，均以沙门失败而告终，僧众要求治外法权，也遭到失败。佛经原著与中国宗法伦理制冲突，则删略不译，或改译，或增字以迎合封建宗法制度的需要。对佛教徒来说，"圣言量"是最高准则，倘故意违犯，将堕地狱、受恶报。中国佛教徒宁肯冒堕地狱、受恶报的后果，也不敢触犯封建伦理、"三纲五常"的尊严。

任文所举事例，正好说明封建王权的独尊，并不容许教权的挑战。外来宗教，如佛教，为了自身生存和发展，不得不走向中国化和世俗化一途。继愈同志这样分析本来是对的，但他把宗教的世俗化与儒学的宗教化相提并论，还说二者至隋唐之后更呈合流的趋势，以此来证明儒学向儒教的演变，终于成为宗教而不是哲学，这个结论却值得商榷。

按照我的理解，佛教走向世俗化并不是宗教性的加强，相反是削弱了。既然连佛经的教义也可以增删改译，以此来为宗法、纲常名教服务，这不是背叛或违忤了原来的宗教吗？至于根据外来的佛教与中国的儒学都是为封建宗法制度服务这一点断定二者呈合流趋势，并断言儒学的宗教化，我认为这是欠妥的。

从历史事实看，隋唐统一后都面临如何加强思想统治的问题。特别是唐初统治者鉴于隋末农民起义的教训，更需要寻求长治久安之术。他们除在政治思想上讲求所谓"安人之道"，借以缓和社会矛盾外，对佛教所讲"因果轮回""出世解脱"等一套，由于它可以起到欺骗和麻醉劳动人民的作用，因而也加以重视。

但佛教是外来宗教，对君臣父子之义起码在表现形式上是与封建宗法制度相违背的，所以唐高祖李渊曾向僧徒提出："弃父母之须发，去君臣之章服，利在何门之中，益在何情之外？"① 傅奕也认为："礼本于事亲，终于奉上，此则忠孝之理著，臣子之行成。而佛逾城出家，逃背其父，以匹夫而抗天子，以继体而悖所亲"，所以斥之为"无父之教"。② 正因为这样，唐初的宗教政策虽仍然尊重和利用佛教，但同时抬高道教，使之与佛教平分秋色；而更重要的是以儒家的君父之义来约束二教，使之纳入"周、孔之教"的范围。李治曾说："父子君臣之际，长幼仁义之序，与夫周孔之教，异辙同归，弃礼悖德，朕所不取。"③ 唐太宗李世民也说："朕今所好者惟在尧舜之道，周、孔之教，以为如鸟有翼，如鱼依水，失之必死，不可暂无耳。"④ 唐高宗李治对僧道是否拜君亲问题也明确表示："朕禀天经以扬孝，资地义以宣礼，奖以名教，被兹真俗。"⑤ 在封建帝王的倡导和干预下，佛教明显向周、孔之教靠拢。如华严宗的宗密，宣传什么"佛且类世五常之教，令持五戒"⑥。将佛教的"五戒"与"五常"相比附，表示佛教徒是拥护儒家"五常"等道德观念的。当时佛教徒为表示忠于封建国家，有的把皇帝看成活佛、活菩萨，还有的为封建王朝的国运祈祷。他们又宣扬《孝子报恩经》《父母恩重经》，鼓吹"孝道"是"儒释皆宗之"⑦，表示佛教徒也拥护儒家提倡的孝道。忠君和孝亲是封建宗法制度的根本要求，而佛教徒的出家这方面易为世人所诟病，因此他们对此极力加以修补，所谓佛教的世俗化也就是趋向于儒学化。

这里值得注意的是，隋唐时发生所谓宗教的世俗化，主要表现为援释入儒；似不见有儒家代表人物主张援儒入释，或将儒学加以神学化的情况。任文提到：隋唐统一，儒、释、道并称三教。国家大典，召三教代表人物讲论于宫廷殿上。儒学被公认为宗教，自此时始。这里讲的虽有历史事实的一面，但结论还要做分析。关于"三教"的提法，早在三国时，《吴书》中就有"吴主问三教"的记载，南朝时梁武帝也有"三教同原"之说。隋代王通在《中说》一书中，当学生问他"三教如何"时，他回答说"三教于是乎可一矣"。唐白居易也著有《三教论衡》。上面这些指的就是儒、释、道三教。所谓三教九流，后来社会上一直都在沿用。但能否据此说儒家已被公认为宗教呢，似难得此结论。即如王通本人也是以"继周公""绍宣尼"的正统儒宗自命的，他赞扬孔子说："大乎哉！君

---

① 《大正藏》卷五十二，第380页。
② 《旧唐书·傅奕传》。
③ 《唐会要》卷四十七《议释教上》。
④ 《贞观政要》卷六。
⑤ 《大正藏》卷五十二，第455页。
⑥ 宗密：《原人论》。
⑦ 宗密：《盂兰盆经疏序》。

君臣臣，父父子子，兄兄弟弟，夫夫妇妇，夫子之力也"。他强调儒家礼乐教化的作用，认为"仁"为"五常之始"，"性"为"五常之本"，这里丝毫看不出他把儒家看成宗教的意味。唐太宗提倡儒学，也是"尧舜之道"与"周孔之教"并提。我的理解，这不是说周公、孔子创立了宗教，指的仍然是儒家的礼乐教化作用。至于说，遇到国家大典，召三教代表人物讲论于宫廷殿上，用现代的话说，那是邀请了宗教界（佛、道）和教育界（儒）的知名人士来参加座谈，这里的所谓儒教，只是个教育团体，而不是宗教。

按照我的理解，中国特殊的社会历史条件，长期推行专制主义中央集权的封建宗法制度，是不容许产生具有独立权力的宗教的，即使是外来的宗教，也要按照中国的国情来加以改造。中国儒家在其所本之六经中，即使带有较多原始宗教的遗迹，但其创始人孔子，并不将之发展为宗教的教义。他虽然也相信天命，但"不语怪、力、乱、神"。对于祭祀父母祖先，他只是主张"祭如在"，为的是"慎终追远"，使"民德归厚"。正因为这样，所以儒家创始时并没有形成一个带有神秘性的宗教团体，它建立的只是一个教育阵地。当然，孔子和儒家也曾主张"神道设教"，这为的是恐吓、欺骗、愚弄劳动人民。毛泽东同志所概括的由阎罗天子、城隍庙王以至土地菩萨的阴间系统以及由玉皇上帝以至各种神怪的神仙系统，从某种意义上说也可以算是儒家神道设教的指导思想的产物，但儒家本身却不是宗教。

三、从先秦到汉唐儒学的演变说明什么

继愈同志也不是主张开始就有儒教的。他说过儒教的形成曾经历了上千年的过程，从周、程、张、邵到南宋朱熹，才逐渐把这个宗教思想体系完善化。至于儒教为什么到宋代才最后建成，他认为除了封建后期由于碰上不可避免的社会困境外，儒家哲学也面临着思想危机，这是来自佛教和道教的威胁。危机非解决不可，而努力的结果就是建立了儒教，到南宋朱熹，才正式完成了这一历史使命。总的来说，认为从汉代到宋代，儒学的发展是一个造神运动。

中国儒学的发展，是否一场造神运动呢？这要做具体分析。先秦儒家从孔子以后，虽被说成是儒分为八，但重要的是孟、荀两派。荀子是坚持唯物主义自然观的，当然谈不上搞造神运动。孟子虽然是个唯心论者，也有天命思想，但孟子的思想核心，是要发挥人的善性和良知良能，把"四端"扩而充之，① 从尽心、知性到知天，讲修身以立命。② 他并不强调要人崇拜和信仰天神，而是要发挥先

---

① 《孟子·公孙丑上》。
② 《孟子·尽心上》。

验的主观精神，加强道德修养，以求做到天人合一。从整个思想体系看，孟子的造神运动是不明显的。

要说儒家中真正有人搞过一点造神运动，那么汉代的董仲舒似乎可以算上一个。继愈同志在《论儒教的形成》一文中曾说："汉代的儒家，先按照地上王国的模特儿塑造了天上王国，然后又假借天上王国的神意来对地上王国的一切活动发指示，这就是汉代从董仲舒到白虎观会议的神学目的论的实质。"

董仲舒的思想体系是鼓吹"天人感应"的神学目的论，这为国内学术界所公认，似无异议。但能否因此说，他是把儒学向着儒教的方向演变呢？似不能简单作答。因为塑造天上王国并不是汉代儒家或董仲舒所能独力搞成的。由于汉武帝已经统治着一个空前的大帝国，实现了集权和统一，为加强王权，重建天上神权的工作就提上日程。当时一方面把五行即土、木、金、火、水，塑造成人格神的黄、青、白、赤、黑五帝，同时又把阴阳说加以附会，塑造出阳神天一、阴神地一，和产生天地阴阳的泰一神。让泰（太）一取得天神中最尊的地位，而成为汉代的上帝。董仲舒在对策的时候，泰（太）一至上神已经建立了，这是地上王权在天上的投影，但是神权和王权之间的联系，还缺乏系统的理论说明。汉武帝为要解决这个问题，在举贤良文学之士的策问中，特别提出"天人之应"的"垂问"，而董仲舒的对策正是回答了这个问题。他提出天人感应的神学目的论，就是为汉武帝的王权神授作论证的。从这里可以看出，汉代的最高神并非董仲舒"造"出来的，但他的确参加了这个运动，他还把儒家的伦理道德学说和神学目的论联系起来，变成神权、王权、父权三位一体，为巩固中央集权的封建统治服务。

董仲舒鼓吹天人感应、王权神授，等等，的确包含有宗教神学的思想内容；而儒家经典中维护伦理纲常的道德说教，因之也带上了神秘的色彩，这些都是事实。但能否说儒学就因而变成儒教了呢？似还值得研究。因为作为宗教，创始人变成了教主，地位往往是至高无上的，如佛教的释迦牟尼，伊斯兰教的穆罕默德，都是受到教徒顶礼膜拜的佛祖或真主。基督教的最高神虽是上帝，但耶稣是上帝的儿子，其地位是无可争议的。董仲舒讲"天者百神之大君"①，虽有点最高人格神的味道，但天子只能是世俗的封建君主，唯有"天子受命于天"②，"王者上谨于承天意"③，作为上帝的代表。如果说这也算教主的话，教主却是封建皇帝而不是孔子，所以也难以称之为儒教。董仲舒也只是为人作嫁，为汉武帝的天上王国提供一点理论根据而已。

汉代的儒生是否都不想建立儒教呢？看来也并非如此。有些人确实做了一点

---

① 《春秋繁露·郊语》。
② 《顺命》。
③ 《举贤良对策》。

尝试，主要表现在谶纬神学中，如在汉代残存下来的纬书里，还可以看到这种痕迹。

在纬书中为把儒学宗教化，其中重要的一环就是把孔子打扮成教主，并极力加以神化。如说孔子母亲与黑帝"梦交"怀胎，孔子出生时胸前就有"制作定世符运"的文字，是天生神种。还捏造出"元邱制命，帝卯行也"的神话。就是说，刘邦做皇帝（刘字可以破为卯金刀，帝卯指刘姓皇帝），是由孔子"制命"定下来的。在"演孔图"中还"有作图制法之状"①。这里孔子被描述成为通天教主，他代天"制命"，决定由谁来当皇帝。要说中国历史上有过儒教，这还有点像。

对儒家经典，纬书也尽量加以神秘化。如说《易》是"上经象天，下经计历"②；《尚书》是"上天垂文象"，"书如天行也"③；"诗者天地之心"④；"孔子作春秋，陈天人之际，记异考符"⑤。又说：孔子作《春秋》，制《孝经》，既成，告备于天，"天乃虹郁起白雾摩地，赤虹自上下，化为黄玉，长三尺，上有刻文，孔子跪受而读之曰：宝文出，刘季握，卯金刀，在轸北，字禾子，天下服"。⑥这里的用意虽是为刘季（即刘邦）做皇帝寻找神学根据，而孔子的形象也确实越来越宗教化了。

但是儒家向儒教方面的演变，却似乎仅到此为止。谶纬神学原来是为刘姓皇朝服务，后来王莽利用它，东汉光武帝刘秀也以此作为自己当皇帝的根据。由于这套东西非常荒诞和肤浅，稍具常识的人就不会相信，同时正宗儒家也不愿意多搞这些玩意儿，所以宗教化这条路子终于没有走通，谶纬神学逐渐不那么行时了。作为东汉官方儒学代表作的《白虎通》，为了宣扬封建纲常思想，往往歪曲一些自然现象来比附人事，如说什么"子顺父，妻顺夫，臣顺君，何法？法地顺天也"。又说"君有众民，何法？法天有众星也。"⑦这类比附固属荒唐，但宗教色彩并不浓厚。对"天"的解释，只是说"居高理下为人镇也"。"地"则是"元气之所生，万物之祖"⑧。这比之各种宗教的创世说，其神秘性显然少一些，若称之为儒教，还是不够格的。

两汉以后到魏晋南北朝，由于玄学的兴起，佛教的传入和逐渐流行，儒学的教化作用不能不受到一定的限制。但儒家所要维护的名教纲常，是任何封建统治

---

① 《春秋纬·演孔图》。
② 《春秋纬·说题辞》。
③ 《尚书纬·璇玑钤》。
④ 《诗纬·含神雾》。
⑤ 《春秋纬·握诚图》。
⑥ 《孝经纬·援种契》。
⑦ 《五行》。
⑧ 《天地》。

者所不能抛弃的。如曹操在用人之际，下过《举贤勿拘品行令》，宣称可以任用一些"不仁不孝而有治国用兵之术"的人才。但在对待培养下一代的问题上，他说"后生者不见仁义礼让之风，吾甚伤之"。他下了《修学令》，要求做到"先王之道不废，而有以益于天下"，还是需要儒家教化的一套。至于继起的晋代司马氏，更以孝道治国作标榜，不用说是属于儒家货色了。当时尽管玄学盛行，但谁也不敢公然违反名教。何晏、王弼巧妙地调和道儒。如何晏提出"老子与圣人同"①。王弼进一步说"圣人体无"②，将孔子装扮成超于老子之上的贵无论者。他们都宣称"名教"出于"自然"，说明玄学并不违反儒家的教义。当然这并不是将儒家变成宗教，而是还其伦理哲学的本来面目。西晋时也有人将名教与自然对立起来，如嵇康之死并非因为他是个宗教神学异端，他只是不满于儒家那套虚伪的仁义道德说教，触着司马氏的痛处，而招来杀身之祸。③ 这从反面说明，儒家的名教只是封建世俗的道德伦理教条，并非神创世界的宗教教义。嵇康之死，与欧洲中世纪由于扮演了神学异端角色而遭受迫害的情况是不相同的。

作为儒学一度宗教化标志的谶纬神学，两汉以后每况愈下，在隋代被焚毁了一次，到了宋代绝大部分都丧失了。儒家在社会上虽也被称为儒教，但正如刘谧所说："儒教在中国，使纲常以正，人伦以明，礼乐刑政，四达不悖，天地万物以育，其功于天下大矣，故秦王欲去儒而儒终不可去。"④ 这里的儒教，显然说的是儒家思想（封建伦常）的教化作用，并不具有宗教的意义。

四、朱熹的理学是儒学的宗教化，还是儒学的哲理化

儒家思想的演变在汉代出现过一股宗教化的回流。但孔子作为代天制命的教主地位在纬书中只是昙花一现，没有得到发扬光大。封建统治者对孔子虽然重视，他的地位也不断得到升级，如唐玄宗时给加上"文宣王"的头衔，宋代成为"至圣文宣王"，元代更加码为"大成至圣文宣王"，到清代终于成为"大成至圣文宣先师"。但这里不管什么封号，他总是封建王朝的世俗之臣，而不是制命定世的通天教主。唐代韩愈另辟蹊径，从尧、舜开始排列出世代相传的儒家道统，以此来排斥佛、老，并为他自己争取儒家的正统地位。宋儒对韩愈是师其意不师其辞，在列圣相承的道统中丢开了韩愈，把周敦颐和二程上接孟轲，而朱熹上接周、程，这就是宋朝理学家所建立的道统。在中国后期封建社会中，程朱理学打着孔、孟的招牌，取得儒学的正宗地位，同时也成为官方的统治思想，朱熹

---

① 《世说新语·文学》注。
② 《三国志·魏书·钟会传》注引《王弼传》。
③ 《释私论》。
④ 《与山巨源绝交书》。

在这方面确实扮演了重要角色。但我不同意说他最终建成了儒教。朱熹理学是儒学的宗教化还是儒学的哲理化，值得考虑。

任继愈同志认为北宋时在政治上碰到危机，因而出现王安石变法的几经反复。同时儒学由于来自佛教和道教的威胁，也面临着思想危机，不改变就没有出路，改变的结果是建立了儒教。针对这个观点，上文已从历史上做了回顾。因为儒学受佛、道的威胁，并不始于宋代，两晋南北朝和隋唐时，这种威胁还严重得多，但儒学并不因此向佛、道看齐，即向宗教化方面发展；相反，已经被谶纬神学搞得乌烟瘴气的儒家经典，反而逐渐恢复其伦理哲学的本来面目，孔子也从神秘的通天教主回归到儒家先师的地位。至于当时所以与佛、道被并称为"三教"，这是统治者从它们的社会作用来衡量的，认为这是三根维护封建统治的精神支柱。儒家这个周孔之教，以伦理纲常作为它的思想核心，这是封建统治的命根子，在王权至上的中国，是不怕任何宗教势力的威胁的，相反出世的宗教却要走向伦理化、世俗化，以求与此相适应。

隋唐时站在正宗儒学立场的人是排斥佛、老的，如唐初的傅奕和中唐的韩愈是著名的例子。但由于他们在理论上的贫乏，除想从政治上压倒对方外，对儒学思想本身却拿不出多少花样翻新的东西，而这个任务却落在宋代理学家的身上，但他们走的不是儒学宗教化而是儒学哲理化的途径。

包括继愈同志在内，有不少人认为理学是儒、释、道三教合流的产物，这话有几分道理。理学确实糅合了不少佛、道的东西，但我认为它主要是吸收其哲学思辨性的一面，而排斥其宗教神秘性的一面，特别是朱熹，他更是努力完成了这一历史使命。

任文指出：朱熹继承周敦颐的《太极图说》的"无极而太极"的思想并有所发挥，建立了"理一分殊"的学说，论证事物的多样性与统一性的关系，比较完整地阐发他的唯心主义本体论。继愈同志所说的情况我是同意的，也说明朱子之学确实糅合有佛、道两家的思想。但能否据此说他把儒学引向宗教化呢？似难得此结论。

大家知道，周敦颐的《太极图说》虽然标榜是对《易传》的一种阐发，但正如朱彝尊在《太极图授受考》中所说："自汉以来，诸儒言易，莫有及太极图者。惟道家者流，有上方大洞真元妙经，著太极三五之说"，后"衍有无极、太极诸图"。黄宗炎在《太极图说辨》中，也认为周敦颐的太极图是来自陈抟的无极图，这些说法都有一定根据。我国早期道教著作，如东汉魏伯阳的《周易参同契》就是把周易、黄老学说和炼丹术结合在一起，以阴阳交合和八卦相配的学说来阐明炼丹成仙的理论，后来的道教徒并推衍出许多图式，既讲炼丹术，又讲宇宙论。周敦颐的太极图说扬弃了其中关于炼丹术的内容，使之成了宇宙发生论的图式。但是周敦颐虽将道教的无极图改头换面，却由于保留了"无极"这一术语，所以陆九渊断言周说以无极加于太极之上不合儒家宗旨，可见他看出了周说来自道教思想的秘密。按照道教的内丹说，"虚"是成仙得道的最高境界，无极图的最上图就是炼神还虚，复归无极。由于周敦颐的思想有明显袭用道教的痕迹，故容易为世儒所诟病。

对周敦颐这些来自道教的思想，二程采取回避态度。他们从未提过太极图，也没有讲过"无极"，这一点后来就成为陆象山兄弟怀疑太极图说为周敦颐所做的口实。朱熹的态度不同于二程，他一方面不得不承认周敦颐学说与陈抟有关；但另一方面却又尽力为之洗刷，认为周敦颐发明太极图，是"不由师传，默契道体"，是"得之于心，而天地万物之理，巨细幽明，高下精粗，无所不贯，于是始为此图以发其秘"。① 这些话就是企图为周敦颐的思想来自道教打掩护。

但是朱熹的主要作用，不是一般地为周敦颐辩解，他对《太极图说》的首句作了具体修订。朱熹承认，他看到宋史实录中原来所载的图说，首名是"自无极而为太极"，九江本则作"无极而生太极"。这是明白说出无极是在太极之先，痕迹过于显露。他借口说这些本子是增字失误，却断定首句应为"无极而太极"，并对此句作了新的解释：

"极，是道理之极致，总天地万物之理，便是太极，太极只是一个实理。"

"周子所谓无极而太极，非谓太极之上，别有无极也，但言太极非有物耳。"

"无极而太极，正所谓无此形状，而有此道理耳。"②

经过朱熹这样的解释，太极图说中的道教思想，就得以消弭于无形；而封建纲常之理，却成为宇宙本体的最高范畴，取代了传统儒学中"天"的地位，这怎能说他是把儒家思想引向宗教化呢？应该说他是将儒家的天命神秘思想加以哲理化了。

至于朱熹建立的"理一分殊"学说，这与华严宗所谓"一多相摄"的观点近似，他也用"月印万川"做比喻来加以解释。他说：

> 本只是一太极（理），而万物各有禀受，又自各全具一太极尔。如月在天，只一而已，乃散在江湖，则随处可见，不可谓月已分也。③
>
> 格物穷理，有一物便有一理，穷得到后，遇事触物，皆撞着这道理。④

理只是这一个，道理则同，其分不同。君臣有君臣之理，父子有父子之理。⑤ 应该说，朱熹这种思想渊源于佛教，但内容不同。它只是吸取佛教的思辨

---

① 《儒释道平心论》。
② 《再定太极通书后序》。
③ 《周子全书·太极图说·集说》。
④ 《朱子语类》卷九十四。
⑤ 《朱子语类》卷十五。

形式,却没有承袭其宗教教义。朱熹通过"理一分殊"这个命题,把三纲五常、忠孝节义等封建政治伦理道德,说成是至高无上的天理,就像天空皓月一样普照大地。在天理的笼罩下,人们只能按照自己的本分,依从天理行事。大家知道,在宋代以前,儒家传统的天命思想是比较流行的,加上佛教宣扬因果报应的一套,把一个人的穷通贵贱,说成是"命"该如此。宋代理学家高明的地方在于,他们虽然也讲命,但更强调的是"理"该如此,或是"分"该如此。他们并不过多宣扬宗教迷信,但只要人们接受"理一分殊"的理论说教,就会自觉自愿地去遵守封建纲常,否则就会被社会舆论骂为"伤天害理"、不守本分,就会变成名教罪人,永世不得翻身。

由上可见,朱熹的思想虽与佛、道有关,但他把修仙入道、成佛做祖的宗教思想加以抛弃,而吸收其理论思辨部分为儒家的伦理哲学做论证,并提到哲理化的高度。至于任文提出:由于朱熹把自然和人打通,讲天人同理、天人一贯和天人相通,所以说他比秦汉的天人合一的神学目的论前进了。这里要看"前进"是什么意思,是向宗教化还是哲理化前进?依照我上文的论证,应是属于后者而不是前者。

不过我这样说,继愈同志可能还不会同意。因为他在文章中提到:朱熹的"天",不是活灵活现的人格神,而是封建宗法化的理性之神,它不具有人形,而具有人性,有"蓋然生物之心"。儒教崇拜的对象是天、地、君、亲、师,天是君权的神学依据,师是代天地君亲立言的神职人员。儒教以气质之性为恶的起源,即宗教的"原罪"说。总之,他承认朱熹的理学与董仲舒以及《白虎通》的儒教神学相比,是向理性化方面发展;但又认为这是不具人形的神,故最终是宗教而不是哲学。

我认为如果以恩格斯提出的哲学基本问题作为划分两个阵营的标准,朱熹无疑是一个以某种方式承认创世说的人。他认定"理"是宇宙的本原,说"未有天地之先,毕竟也只是理。有此理便有此天地,若无此理便亦无天地,无人无物,都无该载了。"① 又说"理是帝是主"②。这个无人身的理性,可以说是具备了创世主的品格,是一种精巧的信仰主义。

但是恩格斯并没有把黑格尔的创世说称为宗教,那么朱熹的创世说是否已具备成为宗教的必要条件呢?继愈同志曾说过:宗教都宣扬有两个世界,一个是世间的精神世界,即天国、西方净土、彼岸世界;另一个是现实世界。他又说:也有的宗教把彼岸世界说成是一种主观精神境界。我国隋唐以后的佛教道教都有这种倾向。宋明理学也正是这样,它给人指出一个所谓"极高明而道中庸"的精

---

① 《朱子语类》卷六。
② 《朱子语类》卷一。

神境界，这是不离开世俗生活而达到一种超世俗的精神修养境界。所以朱子之学不是一种思辨之学，而是指导人们贯彻一种宗教世界观。这是继愈同志对宋明理学是宗教的又一论证。

我认为即使承认朱熹的创世说是一种精巧的信仰主义，它要人们在世俗生活中修养出一套超世俗的精神境界，并不等于说朱子之学就是宗教。因为宗教信仰总有它崇拜的偶像和宗教仪式，所谓理性之神虽然可以作为统治人民的精神枷锁，但只能通过教化来引导人们自觉遵守封建信条，却不能让人们去顶礼膜拜。至于说佛教中有些宗派承认接受宗教世界观的众生即是佛，运水搬柴可以见性成佛，佛不在尘世之外，而在尘世之中，我认为这种教义和理学的修养经也不能相提并论。因为立地成佛毕竟是一种不脱离世间而成出世的理论。人可以不离开这个世界，但要成佛思想上就要达到超尘出世的精神境界。理学的修养经却不是这样，他们即使宣扬的是天机活泼、生意盎然，将现实世界的苦难做了歪曲的反映；但这里并无出世思想，没有成仙做佛的宗教理想国。因为凡是宗教徒精神上都有两重世界，所谓运水搬柴无非妙道，只是世俗修养的手段，他们所要达到的，却是要在内心中形成一个西天极乐世界。而这一点，当时最高明的理学家，即使能达到一种超世俗的精神修养境界，他们的内心无论如何是不会形成一个彼岸世界的。他们事父事君可以成圣成贤，但形成不了宗教性的精神王国。

最后说到儒教的崇拜对象、神职人员以及性恶为"原罪"说，等等，任文的解释有点牵强。崇拜天帝祖先，殷周以来就是中国民族的传统，能否说自古以来人人都是儒教徒呢？要说"师"是神职人员，是否孩童从小入学都算受过宗教的洗礼呢？宋明理学以气质之性为恶的起源，宣传禁欲主义，这是封建统治者压制劳动人民要求改善物质生活的一种欺骗说教；至于极本穷源的天命之性，他们认为还是善的，这并不同于宗教的"原罪"说。总之，朱熹理学虽有其信仰主义的一面，但无可否认，较之董仲舒的神学，其思辨性大大加强了。总的趋向，他不是把儒学引向宗教化，而是把曾经谶纬神学化的儒家教义导向了哲理化。

对朱熹思想总的评价，继愈同志在文章中的最后一部分（"朱熹与新中国"）曾做了详细的阐述。他认为朱熹思想的流毒和封建宗法制残余在新中国的不良影响，已深入人心，积重难返，因而妨碍社会的前进。这种估计我是同意的。特别文中提到：作为一个新中国的学者的切身感受和站在这个文化圈以外的学者的印象是不同的，对继愈同志这句话，我也深有同感。近几年来由于对外进行学术交流比较多，国外有些学者总觉得国内还在批判宋明理学，感到不好理解，有的总希望对朱熹思想多唱点赞歌。国内学术界也有些同志与此相呼应，企图把朱熹等人打扮成为理性主义者，或是带有点人文主义味道的启蒙思想家。这种观点我是不赞成的。程朱理学宣扬的是理性主义还是蒙昧主义，这个问题当然可以讨论，我是倾向于后者而不是前者。

继愈同志在文章中还指出：对宋代儒教思想对人民的禁锢作用绝不能低估。中国封建主义的核心是封建宗法制度"三纲"说，这与社会民主是不相容的。中国十年"文化大革命"，许多罪恶的行动，就是用封建主义冒充马克思主义所造成的。其他还有什么家长制、一言堂以至个人崇拜，等等，这些封建主义文化的糟粕，确实给我们的国家民族带来了无穷灾难，教训是深刻的。而产生这种思想的历史根子，我同意说是来自宋明理学，是来自程、朱等人所宣扬的封建蒙昧主义。但是我又认为：肯定这一点，并不等于说朱子之学就是宗教。同是宣扬封建蒙昧主义，但宋儒，特别是朱熹，力求用哲理的思辨形式来表现，这同以天命思想为核心的封建前期儒家思想相比而言，应是有所进步——宗教的味道不是浓了而是淡了。如果我们不是全面地看问题，而是单单抓住宋儒所倡导的要人们达到一种超世俗的精神修养境界这一点，就说朱子之学与其说是哲学，毋宁说是宗教。这样所下的结论是不够公允的。

（原载《中国社会科学》1983 年第 3 期）

论李贽入世与出世思想的矛盾统一

在中国古代思想史上,李贽是一个思想复杂和带点传奇色彩的人物。他生性倔强,70岁时在僧院写下一份《豫约》,其中有《感慨平生》一节,自称"缘我平生不爱属人管","余唯以不受管束之故,受尽磨难,一生坎坷,将大地为墨,难尽写也"。又说:"余唯以不肯受人管束之故,然后落发,又岂容易哉!"这里李贽道出了他一生的思想矛盾,可以说是入世难,出世也不易。他落发为的是不肯受人管束,但由于未能真正了却尘缘,仍然执着批判现实,故还是不能逃避世俗政治的迫害。他不爱属人管,但又无法不受人管,却正是一生的悲剧所在。我们研究李贽入世与出世的思想矛盾,并指出怎样在他身上得到统一,这样才能阐明他的思想特点和给以应有的历史评价。这也就是本文的写作目的所在。

一

李贽的入世思想,从总体来说还是属于儒家。这一点他从不讳言。如说:"余自幼习孔氏之学矣,是故以其学纂书焉。"又说:"夫卓吾子之落发也有故,故虽落发为僧而实儒也。是以首儒书焉。首纂儒书而复以德行冠其首,然而善读儒书而善言德者,实莫过于卓吾子也。"(《初潭集·自序》)这里说得很清楚,他虽落发为僧而实际上还是"儒",并且以"善读儒书"与"善言德行"自负。他74岁时在麻城,受到封建卫道者的迫害。这些人以"维持风化"为名,拆毁了湖上芝佛院和李贽生前准备身后埋骨的塔坟,李贽"闻檄被驱,狼狈以避"①。但他随马经纶到北通州,仍然说:"我老,又信儒教","凡世间酒色财,半点污染我不得"②,仍自信是儒家的正人君子。但那些假道学对他被驱逐并不解恨,终于将他诬陷入狱。明朝皇帝在批示中,加给他的罪名是"敢倡乱道,惑世诬民"。但他对此并不屈服,在审讯对质中仍然申辩说:"罪人著书甚多,具在,于圣教有益无损。"③ 即认为他一生言论,并不违反儒家"圣教"。

那么是否李贽一生都笃信儒学呢?看来还要具体分析。因为他对孔子和六经、《语》、《孟》,有过一些尖锐的批评和贬语,特别对宋明的道学家,如耿定向之流,更是鞭挞不遗余力。"其掊击道学,抉摘情伪",使那些"伪学者,莫

---

① 马经纶:《与当道书》。
② 《续焚书·书小修手卷后》。
③ 袁中道:《李温陵传》。

不胆张心动，恶其害己"。① 由于李贽有这些言行，所以当年"四人帮"曾将他附会为反儒批孔的法家；后来也有人为之辩护，认为他反对的是假道学，拥护的是真孔子。

平心而论，李贽对儒家孔学，不能说是无条件的"尊"或"反"，应该说是做了有选择的扬弃。如他在评价孔子时说："孔子之道，其难在以天下为家而不有其家，以群贤为命而不以田宅为命。""故能为出类拔萃之人，为首出庶物之人，为鲁国之儒一人，天下之儒一人，万世之儒一人也。"②这里给孔子很高赞誉，但着眼点在以天下为家而不谋私利，实质上是肯定儒家的民本主义和重民思想，首要之点则是解决人民的物质生活问题。他说：

夫子曰："足食足兵，民信之矣。"夫为人上而使民食足兵足，则其信而戴之也何惑焉。至于不得已犹宁死而不离者，则以上之兵食素足也。其曰"去食""去兵"，非欲去也，不得已也。势既出于不得已，则为下者自不忍其不得已之故，而遂不信于其上。而儒者反谓信重于兵食，则亦不在圣人立言之旨矣。"③

李贽在这里对孔子的兵食论做了新解，他对儒者的批评未必符合孔子的原意。但可以看出，他认为只要食足兵足，能对人民"养此生"而"卫此身"，则下民对上位者自会守信，并不存在"信重于兵食"的问题。他在别处也说："穿衣吃饭都是人伦物理，除却穿衣吃饭，无伦物矣。"④ 儒家虽也讲所重民食，但不会把穿衣吃饭等同于全部人伦物理。不过孟子确是说过："老者衣帛食肉，黎民不饥不寒，然而不王者，未之有也。"⑤ 李贽这种论调，也可以说是对儒家重民思想的一种发挥。

不仅如此，李贽还把关心人民生活作为衡量和评价统治者的一条重要标准。例如，李贽对齐王建的评价：

齐之亡甚无谓，齐王建饿得亦甚可怜。然如建者，不饿死中甚用也。饿死一无用痴汉，而可以全活数十百人，犹且为之，况全百万生灵乎！……夫天之立君，本以为民尔，由此观之，虽谓建有大功德于民亦可。⑥

又如，李贽对冯道的评价：

---

① 钱谦益：《卓吾先生李贽小传》。
② 《何心隐论》。
③ 《焚书·兵食论》。
④ 《答邓石阳》。
⑤ 《孟子·梁惠王上》。
⑥ 《藏书·世纪·田齐》。

冯道自谓长乐老子，盖真长乐老子者也。孟子曰：社稷为重，君为轻；信斯言也，道知之矣。夫社者所以安民也，稷者所以养民也，民得安养而后君臣之责始塞。君不能安养斯民，而后臣独为之安养斯民，而后冯道之责始尽。今观五季相禅，潜移嘿夺，纵有兵革，不闻争城。五十年间，虽经历四姓，事十二君并耶律契丹等，而百姓卒免锋镝之苦者，道务安养之之力也，谯周之见，亦犹是也。……然亦必有刘禅之昏庸，五季之沦陷，……乃可。不然，未可以是而借口也。①

　　由于李贽认为为官之责在安养斯民（这也是他入世思想的立足点），所以当他任姚安知府时就以此为己任。"是时，上官严刻，吏民多不安"②。而李贽到任后，却"一切持简易，任自然，务以德化人"。"自僚属、士民、胥隶、夷酋，无不化先生者。"③。可见李贽是躬行儒家的德治，从而得到属下各阶层以至少数民族的拥护。他为官清廉，"俸禄之外，了无长物"④。"致仕归，囊中仅图书数卷，士民遮道相送，车马不能前进。"⑤

　　李贽为官清廉，对刻剥人民以至下属的贪官污吏切齿痛恨。他在评点《三国》《水浒》时，就常用嬉笑怒骂之笔写下一些妙文，读后使人拍案称快。如评关羽说："能杀倚势欺人之恶霸，便是圣人，便是佛，所以至今华夷并仰，老幼俱亲也。"（第一回）又如评三山聚义攻打青州时，"卓吾曰：一僧读到此处，见桃花山、二龙山、白虎山都是强盗，叹曰：当时强盗却怎地多。余曰：当时在朝强盗还多些。"（第五十七回）在李贽看来，封建王朝的贪官污吏都是货真价实的强盗，其数量当然比上山落草的强盗还多了。

　　李贽还借用一些故事和别人的诗文来抨击官吏的贪剥。如在《初潭集》中讲了一个故事：有一个宦囊丰满的官家子弟，因与坏人交处而破产。但职司捕盗的虞坦却拒绝侦查这个案件，认为做官贪剥得来的钱财，如子孙能世代享用，那就天道不公平了，所以任其败家破产而不问。李贽对这段故事的批语是："妙，妙，至妙！"表示非常赞赏。他也可能有点因果报应思想，但主要的是对贪剥之家的愤慨。李贽还写过一篇《封使君》：传说汉宣城郡守封邵，一日化为虎，食郡民。张禹山有诗云："昔日封使君，化虎方食民；今日使君者，冠裳而吃人。""昔时虎伏草，今日虎坐衙。大则吞人畜，小不遗鱼虾。"这把当时的官吏，比作穿着冠裳坐在衙门里的吃人老虎，有人说此诗太激，李贽则谑之曰："果哉怒

---

① 《藏书·吏隐外臣传·冯道》。
② 彭绍升：《李卓吾传》。
③ 顾冲老：《送行序》。
④ 袁中道：《李温陵传》。
⑤ 《姚州志·循吏》。

骂成诗也!"他将官吏的贪剥,比之于强盗和虎狼,但对社会上的盗贼,他却抄录了一首盗赠官吏诗,结句是"驱我为盗宁非汝!"① 反而变成逼良为盗的控诉了。

从以上材料来看,作为李贽入世思想的精神支柱,就是要实施儒家爱民的德政,并做到以身作则。后来虽然辞官避世,但仍念念不忘民间疾苦。他虽然出家,却终为当道者迫害致死,这是与他始终坚持批判现实的入世思想分不开的。

二

李贽50岁才开始学佛,他当时任南京刑部员外郎,因身体不好,"大衰欲死,因得友朋劝诲,翻阅贝经。幸于生死之原,窥见斑点,乃复研究《学》《庸》要旨,知其宗贯"②,即由此打下了儒佛兼综的思想基础。后来彭绍升说他"其学不守绳辙,出入儒佛之间"③。袾宏和尚也说:"卓吾负子路之勇,又不持斋素而事宰杀,不处山林而游朝市,不潜心内典而著述外书。"④ 即是说他不像个佛教徒。

李贽51岁时出任姚安知府,但3年任满后就坚决辞官。他任知府时在公余之暇,常到佛寺和名僧讨论佛学,但与官场的上司却格格不入。因此当他辞官尚未得到批准时,就跑到鸡足山阅《藏经》不出,终于获准致仕。李贽弃官后不回原籍,为的是怕受当地官府的管束,所以说"我是宁飘流四外不归家也"⑤。他55岁时到湖北黄安,在老朋友耿定理家住下。后来定理去世,他与定理的哥哥耿定向意见不合,只好离开耿家,依靠周思久的帮助,定居在麻城龙潭芝佛院,与僧无念等同住。到75岁时,他还写下了一段回忆:

余遂依念僧以居,日夕唯僧,安饱唯僧,不觉遂二十年,全忘其地之为楚,身之唯孤,人之为老,须尽白而发尽秃也。余虽天性喜寂静,爱书史,不乐与俗人接,然非僧辈服事唯谨,饮食以时,若子孙之于父祖然,亦未能遽尔忘情,一至于斯矣。⑥

从以上这些经历,可以看出李贽自50岁以后,逐渐耽于佛学,特别是后来近二十年寄居僧院,虽没有正式受戒出家,但实际上过着僧徒式的生活,这就不

---

① 《焚书·读史·李涉赠盗》。
② 《续焚书·圣教小引》。
③ 《居士传》卷四。
④ 《竹窗三笔》。
⑤ 《感慨平生》。
⑥ 《续焚书·释子须知序》。

能不受到佛家出世思想的影响。

李贽的出世思想相当复杂。他有从避世而伤世、厌世，从而看破富贵关、生死关，进而寻求"一超直入如来地"的思想解脱的一面；另一方面则由于他愤世嫉俗，既感到人生虚幻，因而产生游戏人间的玩世思想。这里同时也表现出他入世与出世思想的矛盾。

在李贽的后半生中，特别在居留芝佛院期间，基本上过的是避世生活。他也不想为世间说法，所以当焦竑提到有人称之为"说法教主"时，他就急急予以申辩：

> "说法教主"四字真难当。生未尝说法，亦无说法处；不敢以教人为己任，而况敢以教主自任乎？唯有朝夕读书，手不敢释卷，笔不敢停挥，自五十六岁以至今七十四岁，日日如是而已。关门闭户，著书甚多，不暇接人亦不暇去教人，今以此四字加我，真惭愧矣！①

这里李贽说的当是实际情况。袁中道谈到李贽在芝佛院时，只与僧无念等相聚，"闭门下键，日以读书为事"。又说他"不喜俗客"，但遇到"其欣赏者，镇日言笑；意所不契，寂无一语"。还说到他与人交谈时，"滑稽排调，冲口而发，既能解颐，亦可刺骨"②。从袁中道这段描述看，李贽确是过着避世远俗的生活，又不喜与俗人说法；但高兴时又是嬉笑怒骂，冲口而谈，其中必有不少惊世嫉俗之论，使人感到"刺骨"。因此他虽想避世，却又得罪了不少当道的世人，这正是他入世与出世思想矛盾的表现。由于他避世而不忘论世，容易招来祸患，从而使他又产生伤世、厌世的思想。

> 七十之人，亦有何好而公念之，而群公又念之乎？多一日在世，则多沉苦海一日，诚不见其好也。……所喜多一日则近死一日，虽恶俗亦无能长苦吾也。③

这里可以看出李贽对尘世确有点心灰意冷，感到苦海难逃，因而产生消极等死的情绪。如说什么"等死之人身心俱灭，筋骨已冷，虽未死，即同死人矣"④。不过李贽这种心绪，并不同于真能看破世情心如死灰槁木的老僧，他是由于不满世情而引起的消极抵抗。所以谈到"等祸"时却说："若等祸者，志愿兴精，德行益峻，磨之愈加而愈不可磷，涅之愈甚而愈不可淄也，是吾福也"，"则祸来

---

① 《续焚书·与焦弱侯》。
② 《李温陵传》。
③ 《答友人书》。
④ 《续焚书·与周友山》。

又何必避，若海又安知不是我老者极乐之处耶！"① 他为要对抗世俗的压迫，反而激发出以祸为福和以苦为乐的思想。

李贽想避世又不能不与世俗战斗，甚至发扬不怕牺牲的精神，使他看破了富贵关和生死关。他蔑视那些"讲道学为取富贵之资"的人，宣称"然而今之无才、无学、无为、无识，而欲致大富贵者，断断乎不可以不讲道学矣。今之欲真实讲道学以求儒、道、释出世之旨，免富贵之苦者，断断乎不可以不剃头做和尚矣"②。

李贽破除生死关，这种思想也是在同世俗斗争中形成的。由于得到传闻，说史巡道要驱逐迫害他，因而他做出严正表示：

> 窃谓史道欲以法治我则可，欲以此吓我他去则不可。
> ……我若告饶，即不成李卓老矣。……故我可杀不可去，我头可断而我身不可辱，是为的论，非难明者。③

由此可见，李贽是从不怕死来闯过世俗的生死关的，这是一方面。但另一方面确也认为身总是受苦的，他说：

> 有身是苦，非但病时是苦，即无病时亦是苦；非但死时是苦，即未死时亦是苦；非但老年是苦，即少年亦是苦；非但贫贱是苦，即富贵得意亦无不是苦者。如此极苦，故寻极乐。④

既然人生处处都是苦，那就只有寻求佛家的解脱法，所谓"不真实厌生死之苦，则不能真实得涅槃之乐。"⑤。他从世俗的不怕死到向佛家求解脱，这就完成了他的出世思想。

李贽出世而寻求解脱的思想来源，既有愤世嫉俗的一面，但他又无法摆脱世俗的迫害，因而又产生人生虚幻的思想，他感时伤世，但又无力扭转乾坤，就转而游戏人间，采取玩世不恭的态度，如说："以谓世间戏场耳，戏文演得好和歹，一时总散，何必太认真乎！"⑥ 人生如戏，当然不必认真。李贽还说；"世间万事皆假，人身皮袋亦假也。"⑦ 既然一切都假，人生还有什么意义呢？那只好向我

---

① 《续焚书·与周友山》。
② 《续焚书·三教归儒说》。
③ 《续焚书·与耿克念》。
④ 《续焚书·与周友山》。
⑤ 《续焚书·答友人书》。
⑥ 《焚书·与焦弱侯》。
⑦ 《续焚书·与耿楚倥》。

佛寻求解脱的出世法了。李贽又曾说过："出家为何？为求出世也。"① 但他却终于无法出世，却落得被捕下狱自杀的下场。

三

上面分析了李贽的入世与出世思想，这两者在他的性格上会表现出什么矛盾呢？这个矛盾在他身上能不能得到统一？对此看来还要做进一步研究。

李贽生性倔强，他自称"余自幼倔强难化，不信学，不信道，不信仙、释，故见道人则罪，见儒则恶，见道学先生则尤恶"。"惟不得不假升斗之禄以为养，不容不与世相接而已。然拜揖公堂之外，固闭户自若也。"② 他这种性格当然难以适应官场，加上他看不惯仕途的黑暗，所以在他晚年所写的《感慨平生》中，追述他历任县博士、太学博士、司礼曹务、员外郎、郡守等官职时，无不与当道上司"相触"。后二十年他虽想寻求出世法，但最终还是无法逃避世俗的迫害，这是他一生的悲剧所在。

入世与出世，作为李贽自己立身处世的指导思想，似乎可以得到统一，即是说两者可以根据情况来自行选择，并不矛盾。如他教导汪本钶说：

> 丈夫生于天地间，太上出世为真佛，其次不失为功名之士。若令当世无功，万世无名，养此狗命，在世何益？不如死矣。③

出世为真佛还是入世为功名，在李贽看来是不矛盾的，人们可以根据情况自行选择，但不要庸庸碌碌度过一生。李贽对入世的儒家和出世的佛道，即三教的思想也是兼收并蓄，但不是生吞活剥，而是经过消化后吸取其中的营养，再为我所用。李贽思想中的精华，就是这样巧妙地经过综合利用而得来的。

李贽曾经自供说："余自幼读圣教，不知圣教。尊孔子，不知孔夫子何自可尊"④，当然谈不上有什么心得。按照他的自述，到40岁读到王阳明的书，"乃知得道真人不死，实与真佛、真仙同，虽倔强，不得不信之矣"⑤。这是说，他信奉儒家真正是从信奉王学开始的。特别是王学承认人人都有良知，甚至说"满街都是圣人"，这一点最为李贽所欣赏，他后来学佛，主要也是吸取这方面的思想，他说：

① 《焚书·书黄安二上人手册》。
② 《阳明先生道学钞》附《阳明先生年谱后语》。
③ 汪本钶：《哭李卓吾先师告文》。
④ 《续焚书·圣教小引》。
⑤ 《阳明先生年谱后语》。

> 圣人不责人之必能，是以人人皆可以为圣。故阳明先生曰："满街皆圣人"，佛氏亦曰："即心即佛，人人是佛"。夫惟人人之皆圣人也，是以圣人无别不容已道理可以示人也。……夫惟人人之皆佛也，是以佛未尝度众生也。……以亲见人人之皆佛而善与人同故也。善既与人同，何独于我而有善乎？人与我既同此善，何有一人之善而不可取乎？……又何必专学孔子而后为正脉也。①

李贽的这番议论，打破了宋明道学家以儒家正统和圣人正脉自居的垄断地位。他把做圣与成佛联结在一起，表明入世与出世思想在他身上得到了矛盾的统一。

李贽人人可以作圣成佛的思想，在当时社会上和士林中所能起到的作用，主要有两个方面，一是促进个性思想的解放，二是宣扬众生地位的平等，这是他给予时代的贡献，在历史上有进步意义。

李贽提出个性解放和众生平等的思想理论基础是"生知"说。这种思想来自儒家孟子和王学所讲的"良知"，还有佛教传入中土后，提出的"众生悉有佛性"的说法，可以说是儒佛兼综思想的产物，李贽说：

> 天下无一人不生知，无一物不生知，亦无不刻不生知者，但不自知耳，然又未尝不可使之知也。……既成人矣，又何佛不成，而更等待他日乎？天下宁有人外之佛，佛外之人乎？②

李贽主张个性解放，在当时的情况下，就是要打破孔子的偶像和反对受儒家经典教条的束缚。他并不否定孔子本人，但强烈反对那些"亦步亦趋，舍孔子无足法者"的儒生。他说：

> 夫天生一人，自有一人之用，不待取给于孔子而后足也。若必待取足于孔子，则千古以前无孔子，终不得为人乎？③
>
> 前三代，吾无论矣。后三代，汉唐宋是也。中间千百余年而独无是非者，岂其人无是非哉？咸以孔子之是非为是非，故未尝有是非耳。④

这两段话说得明快深刻，可谓发前人之所未发。但这里主要不是批判孔子本人，而是针对后来的道学家，因而引起了他们的责骂。如说："李卓吾大抵是人

---

① 《焚书·答耿司寇》。
② 《焚书·答周西岩》。
③ 《答耿中丞》。
④ 《藏书·世纪列传总目前论》。

之非，非人之是，……学术到此，真成涂炭，惟有仰屋窃叹而已，如何？如何？"① 这里从反面表明，李贽的批评打中了要害。他不承认以孔子的是非为是非，而以吾心之是非为是非，就是提倡独立思考，寻求个性解放。他裁量历史，批判现实，说是以"吾心之是非"作为衡量标准。这个"吾心"就是他说的"童心"或"真心"，也称之为"最初一念之本心"。这即"绝假纯真"之心，并无受世俗的干扰，应该是出世的；但他批评现实却无不以世俗为念，却又是入世的，这两者是矛盾的统一。

李贽就拿他自以为是纯真之心，尖刻地批评那些假道学两面派。他们用《六经》《语》《孟》这些儒家经典来吓人，李贽则认为"其大半非圣人之言"；即使"出自圣人"，亦是针对其弟子门徒"有为而发"，不能作为"万世之至论"。所以说这些儒经只能成为"道学之口实，假人之渊薮"。②据此他揭露耿定向等人，"种种日用，皆为自己身家计虑，无一厘为人谋者。及乎开口谈学，便说尔为自己，我为他人；尔为自私，我欲利他"，针对这种表里不一的情况，李贽提出质询道："以此而观，所讲者未必公之所行，所行者又公之所不讲，其与言顾行、行顾言何异乎？""所求于人者众，而所自任者轻，人其肯信之乎？"③

李贽在揭露假道学的伪善面目的同时，对从事农商业的小民，却给予称赞和肯定。如他对比了耿定向之后说："翻思此等，反不如市井小夫，身履是事，口便说是事，作生意者但说生意，力田作者但说力田。凿凿有味，真有德之言，令人听之忘厌倦矣！"④ 这里反映出李贽对社会道德的平等观念。对学问也是这样，他曾挖苦耿定向说："但公为大官耳。学问岂因大官长乎？学问如因大官长，则孔、孟当不敢开口矣。"⑤ 道德学问的高低，并不是由官职大小决定的，李贽敢于打破封建等级制度，树立在道德学问面前人人平等的观念，在当时是很不容易的。另外李贽还反对"谓妇人见短，不堪学道"的陈腐说教。认为人可以分男女，但见识的长短，不能"谓男子之见尽长，女人之见尽短"⑥。这种男女平等的观念，当时也是不多见的。

总的来说，李贽利用儒家和佛教中的共性思想，如把人人可以做圣成佛变成接合点，并以此作为批判封建世俗的武器。他提倡人们都可以按照自己的"真心"行事，打破孔子圣人的权威和儒家教条的束缚。他宣扬众生平等，否认男女以至士、农、工、商各种身份的人，具有高低贵贱的差别。李贽的"童心"说

---

① 《顾瑞文公遗书·经皋藏稿》。
② 引文均见《童心说》。
③ 《焚书·答耿司寇》。
④ 《焚书·答耿司寇》。
⑤ 《焚书·答耿司寇》。
⑥ 《焚书·答以女人学道为见短书》。

和"是非无定质"观点,虽然在哲学上是属于唯心主义和相对主义,但在当时历史条件下,曲折反映了封建末世,反对专制君权,提倡个性解放,是带有民主启蒙性质的萌芽思想。在李贽的一生经历中,思想上是存在着入世与出世的矛盾,但他既不能做圣,又不能成佛,而被视为"异端之尤",为世俗统治者迫害致死。这说明李贽本身所存在入世与出世思想的矛盾,从产生的社会影响和所能起到的历史作用来说,是仍然得到统一的。

(原载《江汉论坛》1988年第3期)

洪秀全思想略论

太平天国思想的代表人物是洪秀全，太平天国革命，思想上始终受洪秀全所支配。对洪秀全的思想如何评价，成为研究太平天国思想这个课题的关键。

一

太平天国起义，如众所周知，1851年1月爆发于广西金田村，但作为发动起义的思想策源地却在邻近广州的花县，关键人物是洪秀全，这亦为众所公认。至于洪秀全思想的渊源，有的文章提出来自四个方面：一、继承和发展了古代农民战争的反封建思想。二、继承和提高了天地会的反清思想。三、"去谬崇真"地吸收儒家思想。四、吸收了原始基督教的朴素平等思想和近代基督教的宗教思想。

中外历史上的农民起义，往往利用宗教来组织发动群众。这种情况恩格斯在讲到欧洲中世纪时曾指出："当时任何社会运动和政治运动都不得不采取神学的形式；对于完全受宗教影响的群众的感情说来，要掀起巨大的风暴，就必须让群众的切身利益披上宗教的外衣出现。"① 洪秀全发动农民起义，似乎还是走的这条路子，但和过去不同的地方，是他利用了西方基督教的某种形式和教义，同时做了相应的改造。

洪秀全与基督教义的接触，据说1836年他第二次应考科举时，在广州龙藏街得到一本华籍传教士梁发写的《劝世良言》，随即带回乡间阅读。1837年他再到广州应试失败，回家后得了一场大病。据韩山文《太平天国起义记》说："秀全病时，神游四方"，做了一场异梦，梦见"天上至尊的老人"，命他降世救人，还封他为"天王大道君王全"，从此便改名为洪秀全。还说他病中作诗两首，中有"手握乾坤杀伐权，斩邪留正解民悬。""我今为王事事可"，"龙虎将军都辅助"② 等句。

对洪秀全这场异梦，有的认为这是他考试失败后出现的病狂状态，就是《劝世良言》这部宣教书籍给他的模糊基督教常识和他不满现实的思想相结合的结果。

---

① 《路德维希·费尔巴哈和德国古典哲学的终结》，《马克思恩格斯选集》第四卷，第235页。
② 中国史学会编：中国近代史资料丛刊《太平天国》第六册，第842、843页。

我认为《劝世良言》对洪秀全最深刻的启示，是使他树立了上帝是唯一真神的思想。梁发在书中说："神爷火华曰：除我外而未有别个神也。"还说写此书的旨意，在于"劝人不要拜各种神佛之像，独要敬拜原造化天地人万物之天主为神"。即"除了这至尊独一真活神天上帝称父子圣风者外，其余人类所立之神佛菩萨，皆不是神，亦不该奉拜"。① 至于洪秀全何以相信唯一真神上帝，因为它是造化天地人万物的主宰，有赐给他作为君王的权力，他所写的两首诗，正显露出当时的心态，也是他不满现实思想发展到狂妄的原因。

但是这样一来，洪秀全对梁发阐述的基督教义，不能不做出重大的修改。如梁发宣扬信奉上帝，"死后有天堂永福可享。"但劝人生前"遇了艰难"要"忍耐顺受""安贫乐业"。这当然使不满现实的洪秀全难以接受。他曾针锋相对地说："过于忍耐或谦卑"，是"殊不适用于今时"②，另外他还解释"天国"的含义说：天上有天国，地下有天国，天上地下同是神父天国，勿误认单指天上天国"，而"地下天国"就是"今日天父天兄下凡创开天国"。③ 可见洪秀全所向往的，主要不是死后到天堂享福，而是要解除人们生前的痛苦，"斩邪留正解民悬"，这就是他后来建立太平天国的目的，还与梁发传教的初衷背向而驰了。

洪秀全建立人间天国的思想，对照恩格斯对闵采尔政治纲领的一段评述，我觉得颇有点惊人相似之处。恩格斯指出："这个纲领要求立即在地上建立天国，建立早经预言的千载太平之国。……闵采尔所了解的天国不是别的，只不过是没有阶级差别，没有私有财产，没有高高在上和社会成员作对的国家政权的一种社会而已。所有当时政权，只要是不依附和不加入革命的，都应推翻，一切工作一切财产都要共同分配，最完全的平等必须实行。"④ 现在还难以证明，洪秀全曾接触过闵采尔这类思想资料，是否偶然巧合，值得进一步研究。

二

1837年洪秀全自称在病中出现所谓异梦，对他的思想产生突发性的影响，但事后他对科举还未完全死心。1843年，即在鸦片战争结束后一年，他再到广州应考，却仍然以失败告终。到此他对清廷可以说是完全绝望。鸦片战争的失败，内政不修与外来侵略，所遭遇的内忧外患加上个人的失意，使他做异梦时潜伏的不满情绪再度爆发。据说他这次考试失败后乘船回家，在舟中吟诗一首：

---

① 《劝世良言》引文见《近代史资料》1979年第2期。
② 中国史学会编：中国近代史资料丛刊《太平天国》第六册，第641页。
③ 《钦定前遗诏圣书批解：马太传福音书》，《太平天国史料》，第77页。
④ 《德国农民战争》，《马克思恩格斯全集》第七卷，第414页。

"龙潜海角恐惊天，暂且偷闲跃在渊；等待风云齐聚会，飞腾六合定乾坤。"① 他这条潜伏在深渊的蛟龙，现在要飞腾而起了，但风云聚会需要条件，不是在梦中大喊大叫发泄一番所能解决。所以他回到家乡后，就要做风云聚会的准备工作。于是他就创立了拜上帝会，以此来串联、组织和发动群众。

值得注意的是，洪秀全既然决心反清，要建立一个新的秘密结社式的会党，为何选奉洋教的上帝作为教主？如果说这是学习西方，他学到的是什么？能否说他寻找到真理而成为先进的中国人？至于他崇奉的上帝既是来自基督教，为什么得不到这些传教士的承认；而一般不大相信洋教的劳苦大众，却反而表示欢迎？这些问题值得探索。

洪秀全向西方学习些什么？像有些论者提出的"资产阶级民主主义"，或者叫作"建设资产阶级共和国的思想武器"，应该说是没有学到的，因为从他最先看到的《劝世良言》，以及1847年在广州东石角礼拜堂罗孝全处学道时，他所看到的《新约》和《旧约》中译本，其中都没有这些东西，对他有影响的可能是保留在书中原始基督教的朴素平等思想和带有平均色彩的公产制。同时还有反抗上层压迫和向往新天新地的理想。

《劝世良言》除宣称上帝是唯一真神外，还说到在上帝面前人人平等。"在世界之上，则以四海之内，皆为兄弟一般，并无各国之别。"原始基督教则更是主张一切财产公有。《新约·使徒行传》说："那许多信的人都是一心一意的，没有一个说他的东西有一样是自己的，都是大家公用。"又《旧约·民数记》第二十六章："耶和华晓谕摩西说，你要按着人名的数目，将地分给这些人为业，人多的，你要把产业多分给他们，人少的，你要把产业少分给他们；要照被数的人数，把产业分给各人。"这种主张财产公有的平均平等思想，据说是最早的基督徒的公社原则，恩格斯对此曾有所论述。

恩格斯讲到路德在德国开始鼓吹教会改革时，常说他的目的是在学说上和做法上都要恢复基督教的本来面目，而农民也希望这样。路德虽然后来背离了人民，但作为他们公认的领袖托马斯·闵采尔传教士却发表了一项宣言，其中包括这样的原则："按照圣经，任何一个基督徒都没有权利私自占有任何财产，只有财产共有才适合于基督徒的社会。""既然一切人在上帝面前都是平等的，那末在人间也应该是平等的。"②

这里我们看洪秀全领导的农民起义和闵采尔相比，确是有惊人相似之处。德国农民战争虽比太平天国起义早了300多年，但洪秀全等人似未接触过这方面的资料。其所以相似我认为亦不奇怪，这是因为他们都是站在农民的立场来寻求原

---

① 中国史学会编：中国近代史资料丛刊《太平天国》第二册，第848页。
② 《大陆上社会改革运动的进展》，《马克思恩格斯全集》第一卷，第584页。

始基督教义的缘故。下面将太平天国起义前后，洪秀全等人所表现的思想观点做一概述，以便进行比较研究。

洪秀全写的"三原"（《原道救世歌》《原道醒世训》《原道觉世训》），作为太平天国起义的指导思想和理论根据，是应该得到承认的。书中对平均平等思想也确是有所表述，如：提出"天人一气理无二"，"何得君王私自专"的责难，就是主张人在自然生成和社会地位上应该平等。"一丝一缕荷上帝""一饮一食赖天公"，这是从财富的来源来说应该公有，所以起义时宣布要"人人不受私，物物归上主"，就是主张经济上平等平均。"天下多男人，尽是兄弟之辈；天下多女子，尽是姊妹之群，何得存此疆彼界之私，何可起尔吞我并之念"。"天下凡间，分言之则有万国，统言之则实一家"，这就是提倡男女和各国家民族之间的平等地位。

太平天国起义时洪秀全等人所提倡的平均平等的主张，从思想性质来说，仍然反映了封建社会中农民革命的本能。这一点正如恩格斯所指出："它是对极端的社会不平等，对富人和穷人之间，主人和奴隶之间，骄奢淫逸者和饥饿者之间的对立的自发反应——特别是在初期，例如在农民战争中，情况就是这样，这种自发的反应，就其本身而言，是革命本能的简单的表现。"① 列宁也说："在反对旧专制制度的斗争中，特别是反对农奴主大土地占有制的斗争中，平等思想是最革命的思想。"② 洪秀全和闵采尔有类似的革命理论，虽然"总是穿着宗教的外衣"，"但在宗教狂热的背后，每次都隐藏有实实在在的现世利益。"③ 正因为这样，所以太平天国起义，才得到"农夫之家，贫寒之家"，即以贫苦农民为主体，也包括挖煤开矿人、沿江纤夫、船夫、码头挑脚、轿夫、铁木匠作、艰苦手艺等各行各业的广大劳动群众的拥护。④

但是洪秀全向西方学习，如果只承认洋教中的上帝，恐怕中国老百姓难以接受。所以他在《原道救世歌》中反复说："开辟真神惟上帝，无分贵贱拜宜虔。天父上帝人人共，天下一家自古传。盘古以下至三代，君民一体敬皇天。"在《原道觉世训》中亦说："历考中国史册，自盘古至三代，君民一体皆敬拜皇上帝也。"这样皇上帝与皇天等同，是有历史可考的自古以来的崇拜对象，洋上帝变得中国化了。至于基督教讲的天国，洪秀全和闵采尔一样将之拉到地上人间。但洪是更进一步与中国儒家向往的天下为公的大同世界相比附。他由于信奉洋教与痛斥孔丘，曾被认为是儒学的叛逆，并受到曾国藩等卫道士的攻击。但其实他对儒家传统的理想社会也是向往的。他提出要"相与淑身淑世，相与正己正

---

① 《反杜林论》，《马克思恩格斯全集》第二十卷，第17页。
② 《列宁全集》第十三卷，第217页。
③ 《论早期基督教的历史》，《马克思恩格斯全集》第二十二卷，第523页。
④ 张德坚：《贼情汇纂》。

人",并归结到"天生天养和为贵,各自相安享太平",这里唱的还是儒家的调子。至于讲"普天之下皆兄弟","上帝视之皆赤子",他要大家都做上帝的儿女,在天父天兄这一神圣光环的笼罩下,与中国传统以乾坤为父母,并在宗子家相统治下所产生的民胞物与思想,彼此亦无实质性区别。从以上的比较研究,我认为以洪秀全为代表的太平天国领导层的思想,基本上是中国传统思想文化与学习西方相结合的产物。

三

洪秀全向西方学习,如果只是树立起一个土洋结合的上帝,同时吸收原始基督教的朴素平等观念,制造出一个新天新地的宗教理想;并以此与中国传统儒学天下为公的大同世界联系起来,开创地上人间的太平天国。按照这种情况,他能否算得上是向西方寻找真理的先进中国人?他的先进思想又表现在哪里?

按照社会发展的历史进程,在太平天国起义前后,西方一些主要国家已经完全进入资本主义社会,并且对外进行殖民扩张。中国自从鸦片战争失败以后,就成为列强侵略的对象。在这种情况下,原来是由君主专制统治具有独立主权的封建国家,到此被迫门户开放,并在各种不平等条约的控制下,逐渐沦为半封建半殖民地社会,这是近代中国不同于西方的社会性质。在此期间,国内一些有识之士,震惊于西方的富强,不能不开眼看世界,并开始向西方学习,目的是抵御外来侵略,如魏源提出要"师夷长技以制夷",这是带有反帝的爱国主义思想。但是他们想学习西方的军事技术,虽然有抗御外侮的一面,而对内却要借此来维护封建伦理纲常。如1861年冯桂芬撰写《校邠庐抗议》,提出"采西学""制洋器"时,就明确主张"以中国之伦常名教为原本,辅以诸国富强之术"。薛福成则进一步提出,要"取西人之器数,以卫我尧舜禹汤文武周孔之道,俾西人不敢蔑视中华"[①]。当时的洋务派以及曾国藩、张之洞等人都持这种观点,如张之洞提出的"中体西用"论,其用意正如辜鸿铭所指出:"文襄效西法,非慕欧化也;文襄之图富强,志不在富强。盖欲借富强以保中国,保中国即可以保名教。"[②] 这可以称之为"变器卫道"论。

从上面可以看出,有些虽然主张学习西方,但仍然站在维护清朝封建统治立场的人,他们在引进科学技术,兴办近代工业等方面是取得一些成效;但对资产阶级民主、民权等一套,以至宣扬平均平等的言论,却表示坚决反对。如说什么"权既下移,国谁与治;民可自主,君亦何为。平等之说,蔑视人伦,真悖谬之

---

① 《筹洋刍议·变法》。
② 《张文襄公幕府纪闻》。

无也"①。太平天国起义初期，洪秀全等人按照基督教义，只不过是宣传在上帝面前人人平等，而真正吸收近代资产阶级的民主思想并不多。但即使如此，曾国藩就感到不能容忍，说这是"举中国数千年礼义人伦、诗书典则，一旦扫地荡尽"，"乃开辟以来名教之奇变，我孔子、孟子之所痛哭于九泉。"②这里他要坚决保住封建名教。

所以我们从两方面来对比，洋务派的清朝大员，虽想学习西方的坚船利炮，但要维护的是腐朽的封建王朝，成为社会发展的阻力，即使他们引进西方一些军事技术，亦不能说已经寻找到其理。至于洪秀全、冯云山等人引进的西方基督教，虽然有的论者说，资本主义时代的基督教更无真理可言，它绝不是近代先进中国人所要寻找的救国药方。这样说原则上并没有错，但问题是洪秀全发动起义，却非完全按照基督教义行事，最明显的本义上面讲过，他反对忍耐或谦卑，死后才入天堂享福；他要通过战斗，号召信徒们推翻人间的邪恶势力，要把天堂即天国在现世上建立起来。所以从这个意义上说，洪秀全并非近代西方基督教的真正信徒，而是叛逆。当时有不少外国传教士把拜上帝会视为神学异端，甚至有的叫嚣说："天主教教皇如有权治他，早就把他烧死了。"③这就从反面说明，洪秀全创立拜上帝会形式上虽来自西方，但内容实质经过改造，在他发动起义的过程中为我所用。恩格斯评论16世纪的德国农民战争时指出："一切革命的社会政治理论，大体上必然同时就是神学异端。"④又说："这种异教乃是农民和平民的要求之直接表现，并且几乎总是和起义结合着的。"⑤恩格斯的评论我认为对太平天国起义时期的拜上帝会是基本合适的，尽管当时已到19世纪中叶，但由于中国社会的落后，特别在反对腐朽清王朝的封建专制统治者，这种从"上帝儿女的平等"推论到各阶层社会地位的平等、财产的平等，以至要求取消各种租税、特权。这些要求即使作为原始基督教义的必然结论提出来，也是一种革命的社会政治理论，同样是封建卫道者所不能接受的。所以两相比较，洪秀全向西方寻找真理，虽然学到的只是革命的宗教观点，便比之封建卫道者，他的思想应该可以进入先进中国人的行列。我国民主革命先行者孙中山，就曾以太平天国革命的继承人自居，称洪秀全为反清第一英雄，黄兴、章太炎等人也说到受太平天国革命的影响，这都说明洪秀全思想曾经起过的历史作用。

但是由于太平天国起义的领导层受农民小生产者阶级意识的局限，特别是洪秀全本人的思想，更是明显地带有矛盾的两重性。他既要打掉清朝皇帝头上受命

---

① 《翼教丛编》卷五。
② 《讨粤匪檄》。
③ 中国史学会编：中国近代史资料丛刊《太平天国》第六册，第950页。
④ 《德国农民战争》，《马克思恩格斯全集》第七卷，第401页。
⑤ 《德国农民战争》，《马克思恩格斯全集》第七卷，第403页。

于天这一神圣光轮；而又把自己说是皇上帝的第二个儿子，成为下凡的救世主，掀起一场新的造神运动。在起义过程中，他一方面大力宣扬平均平等思想，并采取了一些措施；而另一方面在永安封王后，又逐渐制造出新的等级和特权。随着革命胜利的扩展，起义领导层的皇权主义思想也逐步膨胀，南京立国以后，原来农民的革命性逐渐向封建性倾斜，日益蜕变为政教合一的专制政权。而洪秀全特别在杨韦事变后，深居简出，更加脱离广大战士群众，猜忌功臣，用人唯亲，像古代农民起义的领袖一样，终于走向封建帝王的老路。洪秀全在金田起义时曾写诗一首，用了"明主敲诗能咏菊，汉王置酒尚歌风"的典故，以刘邦、朱元璋作为效法的榜样，虽然最终没有两位前辈那样取得成功，但他走的就是这条路。

按照这样说来，洪秀全是否和古代农民领袖完全是一个样呢？看来亦非如此，因为毕竟时代不同了。中国近代人民面临反帝反封建的任务，太平天国农民起义反封建有它的阶级局限，而反对外来侵略相对来说则表现出更为坚定一些。如鸦片战争时在广州，就有百姓怕官，官怕洋人，洋人怕百姓的说法。太平天国起义时洪秀全宣称所谓四大平等，看来对民族、国家之间要平等相处，这一条是执行比较坚决的。虽然由于某些西方侵略者玩弄两面派手法，因而对他们也有过一些幻想，但关系到民族独立和保卫国家主权时，洪秀全及其上层领导的态度仍然是坚决的，如太平军进入南京后即拒绝承认帝国主义强加给中国的不平等条约，并严禁鸦片；但"并不限制通商"，而推行平等互利的对外政策。但侵略者对此并不满意。1861年英国又派人到南京，提出双方联合打击清朝，平分中国的建议，为洪秀全严词拒绝。侵略者见威迫利诱不行，就干脆与清朝统治者相勾结，共同镇压革命。太平军却毫不畏惧地进行回击，表现出中国人民的英雄气概。太平天国后期反对外国侵略者的斗争，正是坚决贯彻洪秀全主张的国与国应该平等，国家主权不容侵犯这一爱国主义精神的具体体现。

在太平天国后期，洪秀全的思想渐入颓唐，甚至有点陷入宗教迷信和亲族温情的圈子里，但尚未昏庸到不问政事的程度。当时革命形势的逆转他应该是知道的，也想加以解决。但是出路何在呢？他早年曾向西方求真理，原始基督教义是帮了一些忙，平均平等思想对广大农民战士可能还有点吸引力，这是他后来重新颁布《天朝田亩制度》的原因。但是由于领导层不能以身作则，平均平等的鼓动力，亦可能大为减色了。与此同时，由于外国资本主义势力的入侵，太平天国后期控制的苏、杭一带，是商品经济比较发达的地区，加上西方先进资本主义国家的富强形象，对洪秀全的思想不能没有触动。所以当洪仁玕在旅居香港再经上海等地回到南京后，他立即给以重用。并在洪仁玕所写的《资政新编》中，加上基本认可的批语。《资政新编》是一个企图自上而下地实行资本主义性质的改革的新政纲，这才真正是学习西方的东西，但和《天朝田亩制度》里所反映的农业社会主义思想，却似乎是两股道的跑车，而洪秀全却以此并行不悖，这种思想也值得研究。

从历史事实上看,《天朝田亩制度》虽然在1853年冬已经颁布,但从当时的主客观条件看,不可能认真执行。至于《资政新编》则只能算是一份建议书,洪秀全看后虽大多表示同意,并"旨准颁行",但却没有立即付诸实施的表示。当时洪秀全的思想大概也很矛盾,对资本主义制度能使西方富强并非毫无认识,但农民小生产者的局限,使他的最高抱负,仍然想要实行平均平等的农业社会主义。这种思想上的两难可能是他连续颁布两份不同性质的文件的原因。由于思想上的痼疾难以开解,故对此已不能有所作为,再因循苟且了几年,最终不能摆脱失败的命运。

我们研究太平天国领导层特别是洪秀全的思想,为的是总结历史上的经验教训,作为今天的借鉴。洪秀全在青少年时深受儒家传统思想教育的影响,科场失意后开眼看世界,但他先接触到的是西方的宗教。虽然他从原始基督教义中受到启迪,又继承历史上农民起义的平均平等要求,并结合传统儒学中天下为公的大同世界理想。从而掀起一场要建立"天下一家,共享太平"的人间天国运动。由于农民小生产者的局限,这场革命是失败了,我认为不要说洪秀全,就算康有为和孙中山,寻找的即使是资产阶级的一套,也救不了中国。这正如毛泽东同志所指出:"帝国主义的侵略打破中国人学西方的迷梦。很奇怪,为什么先生老是侵略学生呢?中国人向西方学得很不少,但是行不通,理想总是不能实现。多次奋斗,包括辛亥革命那样全国规模的运动,都失败了。"[①] 这里说的是历史事实。中国农民在太平天国起义后,又发生过义和团运动,同样救不了中国。当时西方国家虽然先进,但不会带动落后的中国来独立发展资本主义,所以即使是民族资产阶级领导的革命也不会成功。后来只有在无产阶级及其先锋队共产党的领导下,找到了马克思列宁主义这个真理,才能取得反帝反封建的新民主主义革命的胜利。我们必须了解中国近代历史的发展过程,然后对洪秀全思想,对他学习西方和是否先进中国人等问题,才能做出合乎实际的历史主义的评价。

(原载《太平天国与近代中国》论文集)

---

① 《论人民民主专政》。

太平天国宗教思想与中西文化的关系

太平天国思想的代表人物是洪秀全，他的思想指导和支配着太平天国的活动，大抵为人所承认。但他的宗教思想是否都来自西方，与中西文化的结合有什么关系？下面拟对这个问题，开展讨论。

一

洪秀全的宗教思想，一般认为受西方基督教的影响，以1836年他得到梁发编写的《劝世良言》，和1847年在广州东石角礼拜堂向罗孝全学道时，所看到的《新约》《旧约》中译本为契机，从而创立拜上帝教进而组织领导太平军起义。这样表述虽然有一定根据，但似乎过于简单，从洪秀全的思想来看，是有一个复杂的变化过程。他从小就接受传统封建教育，16岁就开始到广州应试，走上了科举之路。可是后来他在1836、1837、1843年连考三次都失败了，《劝世良言》是1836年他应试落第后在广州龙藏街得到的，但对此书还不大重视，带回家中稍做浏览便搁置了。1837年又应考失败，回家后在悲愤失意中生了一场大病。据韩山文《太平天国起义记》说："秀全病时，神游四方"，做了一场异梦，梦见"天上至尊的老人"，命他降世救人，还封他为"天王大道君王全"，从此便改名为洪秀全。还说他病中作诗两首，中有"手握乾坤杀伐权，斩邪留正解民悬""我今为王事事可""龙虎将军都辅助"[①]等句。

对洪秀全这场异梦，有认为这是他考试失败后出现的病狂状态，就是《劝世良言》这部宣教书籍给他的模糊基督教常识和他不满现实思想结合的结果。

我认为这场异梦是洪秀全几次应试失败后形成的逆反心理。他早年热衷于参加科举，想通过学而优则仕来达到个人功成名就的目的。但几次应试受挫加之眼见清廷腐败、民间疾苦和汉人受到的种族歧视，因而产生反清思想，甚至在梦中爆发出取而代之的野心。另一方面由于历代封建王朝都以奉天承运自居，皇帝受命于天称为"天子"。洪秀全对抗清朝甚至想取而代之，当然也要找到上天的授命，这个所谓"天上至尊的老人"，大概是他从《劝世良言》中得到的启示，使他树立了上帝是唯一真神的思想。梁发在书中说："神爷火华曰：除我外而未有别个神也。"还说写此书的意旨，在于"劝人不要拜各种神佛之像，独要敬拜原

---

① 中国史学会编：中国近代史资料丛刊《太平天国》第六册，第842、843页。

造化天地人万物之大主为神。"即"除了这至尊独一真活神无上帝称父子圣风者外，其余人类所立之神佛菩萨，皆不是神，亦不该奉拜"①。这里说明洪秀全所以推重唯一真神，因为它是造化天地人万物的主宰，有赐给他作为君王的权力。因此可以说，洪秀全最初接受西方基督教的上帝，并不完全是迷信，他是以此对抗中国传统的天命思想，清朝皇帝称为"天子"，他也是上帝的儿子，自是可以分庭抗礼，甚至可以取而代之。由此可见，洪秀全最初推崇基督教的上帝，带有在政治上加以利用的目的。

太平军起义初期推行的平均平等政策，可能受到原始基督教的朴素平等和带有平均色彩的公产制思想影响。如《劝世良言》除宣称上帝是唯一真神外，还说到在上帝面前人人平等。称"在世界之上，则以四海之内，皆为兄弟一般，并无各国之别"。原始基督教则更是主张一切财产公有。《新约·使徒行传》说："那许多信的人都是一心一意的，没有一个说他的东西有一样是自己的，都是大家公用。"又《旧约·民数记》第二十六章："耶和华晓谕摩西说，你要按照人名的数目，将地分给这些人为业，人多的，你要把产业多分给他们，人少的，你要把产业少分给他们，要照被数的人数，把产业分给各人。"这种主张财产公有的平均平等思想，据说是最早的基督徒的公社原则，恩格斯对此曾有所论述。

恩格斯讲到路德在德国开始鼓吹教会改革时，常说他的目的是在学说和做法上都要恢复基督教的本来面目，而农民也希望这样。路德后来虽然背离了人民，但作为农民公认的领袖托马斯·闵采尔传教士却发表一项宣言，其中包括这样的原则："按照圣经，任何一个基督徒都没有权利私自占有任何财产，只有财产共有才适合于基督徒社会。""既然一切人在上帝面前都是平等的，那末在人间也应该是平等的。"②闵采尔领导的德国农民战争比太平军起义早了三百多年，但洪秀全等人似未接触过这方面的资料。其所以相似我认为亦不奇怪，这是由于他们都是站在农民的立场来寻求原始基督教义的缘故。

二

依上所述，洪秀全的宗教思想是否完全来自西方基督教呢？看来亦非如此。他虽然1836年就得到《劝世良言》，1837年在异梦中认同了唯一真神皇上帝，并形成了反清思想，但在1843年还最后一次参加考试，这次失败使他与清朝彻底决裂，并最终坚定反清信心。他回到家后曾愤愤地说："不考清朝试，不穿清朝服，让自己来开科取士吧。"③同时还写诗道："龙潜海角恐惊天，暂且偷闲跃

---

① 《劝世良言》引文见《近代史资料》1979年第2期。
② 《大陆上社会改革运动的进展》，《马克思恩格斯全集》第一卷，第584页。
③ 引自广西师范大学历史系《金田起义》编写组：《金田起义》，第23页。

在渊。等待风云来聚会，飞腾六合定乾坤。"当时他虽已崇拜上帝，但要反清还要寄托于"风云际会"的人力作用。

洪秀全创立拜上帝教，虽然形式上近似基督教，但内涵离不开与中国传统文化的结合。如洪秀全写的"三原"（《原道救世歌》《原道醒世训》《原道觉世训》），作为太平军起义的指导思想和理论依据，就体现出这一点。

对拜上帝问题，洪秀全虽是向西方学习，但如果只承认洋教中的上帝，恐怕中国老百姓难以接受。所以他在《原道救世歌》反复说："开辟真神惟上帝，无分贵贱拜宜虔。""天父上帝人人共，天下一家自古传。盘古以下至三代，君民一体敬皇天。"在《原道觉世训》中亦说："历考中国史册，自盘古至三代，君民一体皆敬拜皇上帝也。"这样皇上帝与皇天等同，是有历史可考的自古以来的崇拜对象，洋上帝变得中国化了。至于基督教讲的天国，洪秀全和闵采尔一样将之拉到地上人间。但洪是更进一步与儒家向往的天下为公的大同世界相比附。他由于信奉洋教而痛斥孔丘，曾被认为是儒家的叛逆，并受到曾国藩等卫道士的攻击。但其实他对儒家传统的理想社会也是向往的。他提出"相与淑身淑世，相与正己正人"并归结到"天生天养人为贵，各自相安享太平"，这里唱的还是儒家的调子。至于讲"普天之下皆兄弟"，"上帝视之皆赤子"，他要大家都做上帝的儿女，在天父天兄这一神圣光环的笼罩下，与中国传统以乾坤为父母，并在宗子家相管治下所产生的民胞物与思想，亦是有其相同之处。从以上的比较研究，我认为以洪秀全为代表的太平天国领导层的思想，基本上是中国传统思想文化与学习西方相结合的产物。

至于太平军起义时倡导的平均平等思想，在洪秀全写的"三原"中也多有表述。如提出"天人一气理无二"，"何得君王私自专"的责难，就是主张人在自然生成和社会地位上应该平等。"一丝一缕荷上帝"，"一饮一食赖天公"，这是从财富的来源来说应该公有，所以起义时宣布要"人人不受私，物物归上主"，就是主张经济上平等平均。"天下多男人，尽是兄弟之辈；天下多女子，尽是姊妹之群，何得存此疆彼界之私，何可起尔吞我并之念。""天下凡间，分之则有万国，统言之则实一家"，这就是提倡男女和各国家民族之间的平等地位。

以上是太平军起义初期所宣扬的平均平等思想，虽然可以从原始基督教义中找到根据，但也并非它所专有，因为在中国历代农民起义中，等贵贱、均贫富已成为普遍要求，这不是一个国家一个地区的特有现象，从思想性质来说，是反映了封建社会中农民革命的本能。这一点正如恩格斯所指出："它是对极端的社会不平等，对富人和穷人之间，主人和奴隶之间，骄奢淫逸者和饥饿者之间的对立的自发反应——特别是在初期，例如在农民战争中，情况就是这样，这种自发的反应，就其本身而言，是革命本能的简单的表现。"① 列宁也说："在反对旧专制制度的斗争中，特别是反对农奴主大土地占有制的斗争中，平等思想是最革命的思想。"② 洪秀全像闵采尔那样，他们的革命理论，虽是"总是穿着宗教的外衣"，"但在宗教狂热的背后，每次都隐藏有实实在在的现世利益。"③ 正因为这样，所以太平军起义，才得到"农夫之家，贫寒之家"，即以贫苦农民为主体，也包括挖煤开矿人、沿江纤夫、船夫、码头挑脚、轿夫、铁木匠作、艰苦手艺等各行各业的广大劳动者的拥护。④ 由此可见，拜上帝教的平等平均思想虽受到原始基督教的启示，但同时也反映封建社会中农民革命的本能和相同价值观，也是中西文化的共性。

三

洪秀全创立拜上帝教并领导太平军反清起义，对此的思想行为如何评价，近年来却出现愈来愈大的分歧。毛泽东在《论人民民主专政》一文中，曾把洪秀全与康有为、严复和孙中山，称为代表了在中国共产党出世以前向西方求真理的一派人物，是先进的中国人。对此有人不表同意，理由是洪秀全学的不是近代中国需要的西方资本主义真理，而是西方千百年的历史陈迹基督教。所以他没有，也不可能站在时代前头，指引历史潮流前进，算不上是近代先进的中国人。但亦有人为之辩解，认为洪秀全在当时的新的历史条件下，已经超越以往的农民，开始睁眼看世界，迈开了向西方探求真理的脚步，还可以算是先进的中国人。

这里争议双方都承认洪秀全曾向西方学习，但问题是向西方寻找的是什么样的真理。西方基督教原始教义与近代亦不同，我认为洪秀全的宗教思想与神学理论是与德国农民战争中的闵采尔的观点相近，而与《劝世良言》阐述的基督教义不同。梁发宣扬信奉上帝，"死后有天堂永福可享"。但劝人生前"遇了艰难"要"忍耐顺受""安贫乐业"，这就使不满现实的洪秀全难以接受，并曾针锋相对地说："过于忍耐或谦卑"，是"殊不适应于今时"。⑤ 另外他还解释"天国"的含义说："天上有天国，地下有天国，天上地下同是神父天国，勿误认单指天上天国"，而"地下天国"就是"今日天父天兄下凡创开天国"。⑥ 可见洪秀全所向往的，主要不是死后到天堂享福，而是要解除人们生前的痛苦，"斩邪留正解

---

① 《反杜林论》，《马克思恩格斯全集》第二十卷，第117页。
② 《列宁全集》第十三卷，第217页。
③ 《论早期基督教的历史》，《马克思恩格斯全集》第二十二卷，第523页。
④ 张德坚：《贼情汇纂》。
⑤ 《太平天国》第六册，第641页。
⑥ 《钦定前遗诏圣书批解：马太传福音书》，《太平天国史料》，第77页。

民愿"，这就是他建立太平天国的目的，走向梁发传教的初衷的反面了。

洪秀全建立人间天国的思想，对照恩格斯对闵采尔政治纲领的一段评述，看来确有惊人相似之处。恩格斯指出："这个纲领要求立即在地上建立天国，建立早经预言的千载太平之国。""闵采尔所了解的天国不是别的，只不过是没有阶级差别，没有私有财产，没有高高在上和社会成员作对的国家政权的一种社会而已。所有当时政权，只要是不依附和不加入革命的，都应推翻，一切工作一切财产都要共同分配，最完全平等必须实行。"① 太平军起义初期，不是也推行这种政治纲领吗？

有篇文章说，对太平天国的批评，最有代表性的否定意见是一篇公开发表的对冯友兰教授的访问记，冯先生就否定太平天国谈了自己的想法。他说："我之所以否定太平天国，因为太平天国是要推行神权政治。假如太平天国统一了中国，那么中国的历史将倒退到黑暗时期。"他又指出："有人说，太平天国建立的是农民政权，这无论如何是不对的，中国在历史上未曾建立过农民政权。"他还说："否定太平天国必然为曾国藩翻案，为曾国藩翻案必然否定太平天国，可以说这是一个问题的两个方面。"②

冯先生这番话可以说是似是而非，要说太平天国是推行神权政治，大概是没有错。因为洪秀全是相信唯一真神上帝，认为它是造化天地万物的主宰，有赐给他作为君王的权力。但反观清王朝以至历朝的封建皇帝，都自称是奉天承运的天子，这种君权神授的论调不也是在推行神权政治吗？何以对此视而不见呢？

至于说假如太平天国统一了中国，那么中国历史将倒退到黑暗时期。认同这种说法要有个前提，即当时清王朝的统治是一个近代民主文明的社会，这样太平天国统一中国才会"**将倒退**"到黑暗时期。按照我的理解，"黑暗时期"的历史定位，是中世纪神权政治和封建专制统治下的社会，清王朝封建专制统治下的中国，正是经历着黑暗时期，太平天国如代替清王朝，最坏的情况下也只能是"以暴易暴"，延续黑暗时期而已，何得谓之"**倒退**"，难道清王朝统治下真是个近代民主文明社会？不知史学家的看法怎样？

太平天国与曾国藩确是不可调和的对立面，所以说否定太平天国必然为曾国藩翻案，为曾国藩翻案必然否定太平天国，总体上这样说也可以，但有的问题是不能非此即彼的。如《太平杂说》一书中说："洪秀全造反获得局部成功，是以中国社会大动乱、大破坏、大倒退为代价的，是以数百万计军民的生命、鲜血为代价的，是以中国丧失近代的最后机遇而长期沦为帝国主义刀俎下的鱼肉为代价的。"这样说来，洪秀全造反给全国带来那么多的灾难，大破坏、杀人，当然应

---

① 《德国农民战争》，《马克思恩格斯全集》第七卷，第414页。
② 史式：《让太平天国恢复本来面目》，转引自《开放时代》2001年1月号，第34页。

该否定，那么就必然为曾国藩翻案了。过去我们讲曾国藩是"刽子手"，现在如写《太平杂说》那位作者，写"逍遥天京"一段，专讲太平军在南京杀人，曾国藩的湘军不见了。亦有人拿曾氏的《爱民歌》为他面上贴金，把他带领的军队打扮成爱民如子的仁义之师。这样肯定一方就要否定另一方，是符合历史的本来面目吗？

在太平军造反的整个过程中，造成大破坏和残杀大量军民生命的真相如何，我认为谭嗣同的记述时间上比较接近。他在湘军收复"天京"后约30年，曾到金陵（即今南京，太平军称为"天京"）对所见闻说："顷来金陵，见满地荒寒气象。本地人言：'发匪（指太平军，按清方称谓）据城时，并未焚杀，百姓安堵如故。终以为彼叛匪也，故日盼官军之至，不料湘军一破城，**见人即杀，见屋即烧**，子女玉帛，扫数悉入于湘军，而金陵遂永穷矣。'至今父老言之，犹深愤恨。"①

谭嗣同另处又说："奈何湘军奈戮民为义耶？虽洪、杨所至，颇**纵杀**，然于既据之城邑，亦未尝尽戮之也。乃一经湘军之所谓克复，借搜缉捕匪为名，无良莠皆膏之于锋刃，乘势**淫掳焚掠，无所不至**，卷东南数省之精髓，悉数入于湘军，或至逾三四十年无能恢复其元气，若金陵其尤凋惨者也。"②

上面两段记载，第一段谭嗣同自述到金陵的耳闻目睹，湘军收复后已过了30年，仍是见到"满地荒寒气象"。所以造成金陵"永穷"的原因，据曾经劫难的父老坦言：太平军据城时"并未焚杀，百姓安堵如故"。而湘军一破城，却"见人即杀，见屋即烧"。"子女玉帛"为湘军劫掠一空，30年仍难复元气，究竟是谁之过呢？

第二段记述，谭嗣同亦讲到太平军杀人亦"颇纵杀"，大概亦杀人不少，不过在占据的城邑内亦"未尝尽戮"，并没有杀光。而湘军则"无良莠"，无论好人坏人皆"膏之于锋刃"，即一律杀光，"淫掳焚掠"，将东南数省财富，掠夺殆尽。有比较才有鉴别，"颇纵杀"而"未尝尽戮"的太平军，与"见人即杀""无良莠皆膏之于锋刃"的湘军，在杀人狂热中谁能获胜呢？对此能够否定洪秀全的太平军，而必然为曾国藩统率的湘军翻案吗？怎能以东南数省的大破坏和数以万计军民生命的损失，都归咎于洪秀全的造反呢？

至于说洪秀全造反使得"中国丧失近代的最后机遇而长期沦为帝国主义刀俎下的鱼肉"，这种说法更是不知所云。如众所周知，清廷的腐败和积弱，致使帝国主义列强不断侵略，而清廷卖国政府却"宁赠友邦，不给家奴"，对外签订一系列丧权辱国的条约，才使到中国人民长期沦为帝国主义刀俎下的鱼肉，这怎能

---

① 《送欧阳瓣姜师书》，《谭嗣同全集》，第326页。
② 《仁学》卷下，《谭嗣同全集》，第62页。

归罪于洪秀全的造反。说实在话,洪秀全造反取得局部成功,无论对他的人品和内政说尽多少坏话,但太平天国当政者对外不同于清朝卖国政府,却是事实。如1854年5月间,美国公使麦莲到天京访问后,回来报告说太平天国"欲与外国通商"。① 但又认为:"毫无疑问,(他们)不会承认清朝政府与英、法、美等国签订的条约。"② 这就表明,太平天国推行的是平等的外交政策,不承认清朝签订的卖国条约,这正是为了保护人民的利益,怎么会使人民沦为帝国主义刀俎下的鱼肉呢?这里把清廷的罪行套在太平天国头上,似是对历史的无知,但这位作者心存偏见,认为洪秀全造反罪该万死,故敢于信口雌黄,哗众取宠,可见偏见比无知走得更远。可是这位作者提出似乎是很"新潮"的观点,被誉为"是一篇拨乱反正的文章"。以我看来,这种对历史无知的偏见,对太平天国史的研究,只能是以乱添乱罢了!

四

最后谈一点近来又被称为"新潮"的观点,本来可以写成专文讨论,因现在看到的论证材料不多,所以先就一般性问题谈点意见。这里把恩格斯《德国农民战争》一书中的几段话引述如下:

> 一般针对封建制度发出的一切攻击必然首先就是对教会的攻击,而一切革命的社会政治理论大体上必然同时就是神学异端。……
>
> 反封建的革命反对派活跃于整个中世纪。革命反对派随时代条件之不同,或者是以神秘主义的形式出现,或者是以公开的异教的形式出现,或者是以武装起义的形式出现。说到神权主义,那末大家知道,16世纪的宗教改革和它就有多么密切的关系;闵采尔也从神秘主义中吸取了许多东西。
>
> 另一种异教则有完全不同的性质,这种异教乃是农民和平民的要求之直接表现。并且几乎总是和起义结合着的。……它要求在教区成员间恢复原始基督教的平等关系。……它从'上帝儿女的平等'推论到市民社会的平等,甚至已经多少推论到财产的平等。……它要求取消徭役,地租,捐税,特权,它要求至少清除那些最不堪忍受的财富差别——这些要求,都是带着或多或少的明确性提出来的,而且是作为原始基督教义的必然结论提出来的。……
>
> 闵采尔的革命小册子出现以后,路德公开出来做告发闵采尔的告密人了。在他印出来的《为反对叛逆的妖精致萨克森诸侯书》中他称闵采尔为

---

① 《天京见闻录》,《太平天国典制通考》中册,第824页。
② 《美使麦莲致国务卿马赛函及其天京芜湖之行》,《太平天国史译丛》第二辑,第50页。

撒旦魔王的工具，……其理由是他们不以宣说邪恶教义为满足，他们还鼓吹暴动并以暴力反对官厅。①……

以上论述，以恩格斯看来，反封建的农民革命反对派必然同时就是"神学异端"。如路德攻击闵采尔是"叛逆的妖精"，"为撒旦魔王的工具"，不但"宣说邪恶教义"，"还鼓吹暴动以暴力反抗官厅"。当然这是从正统教会的立场来立论的；而恩格斯则称之为"反封建的革命反对派"，称作革命还是异端，其实都是反封建的农民战争，不过立场不同可以有不同称谓。从宗教思想来说，洪秀全创立的拜上帝教也被近代西方基督教视为神学异端，如当时有的外国传教士叫嚣说："天主教教皇如有权治他，早就把他烧死了。"② 可见把拜上帝教视为异端。现在国内某些人加入这场骂阵，无非是西方教会的应声虫而已。这些自夸是什么"新潮"观点，不过是老掉牙的陈年旧货罢了。

（原载《学术研究》2001年第11期，有删节，此处恢复原稿全文刊印）

---

① 《德国农民战争》，《马克思恩格斯全集》第七卷，第401、403、417页。
② 《太平天国》第六册，第950页。

宗教与社会主义社会相适应问题思考

宗教与社会主义社会在思想意识上存在着基本矛盾。因为一切信奉宗教的人都是有神论者，各宗教都有它的最高神；而社会主义国家的执政党在指导思想上坚持辩证唯物主义与历史唯物主义，与一切唯心论相区别。因此社会主义国家政权如何对待宗教，宗教又如何适应这种新型的社会，确是值得思考的问题。

江泽民在2001年全国宗教工作会议的讲话中指出：积极引导宗教与社会主义社会相适应，不是要求宗教界人士和信教群众放弃宗教信仰，而是要求他们热爱祖国，拥护社会主义制度，拥护共产党的领导，遵守国家的法律、法规和方针政策；要求他们从事的宗教活动要服从和服务于国家的最高利益和民族的整体利益；支持他们努力对宗教教义做出符合社会进步要求的阐释；支持他们与各族人民一道反对一切利用宗教进行危害社会主义祖国和人民利益的非法活动，为民族团结、社会发展和祖国统一多做贡献。引导宗教与社会主义社会相适应是一个长期过程，需要党和政府积极引导，也需要宗教界自身不断努力。江泽民这段带有指导性原则的讲话，应成为我们统战和宗教部门工作的指针。

第一，对党的宗教政策要扩大宣传面，提高全社会对宗教信仰自由政策的理解，从而确保政策的全面正确贯彻执行。所以说要扩大宣传面，是因为我们的宗教政策不但要宗教界理解，同时党员、干部以至社会上广大群众也要有所认识。我们从20世纪50年代以来，都认同"宗教是麻醉人民的鸦片"这句话，这种思维定式使对党的宗教信仰自由政策有所质疑，因而一些地方发生歧视和排斥信教群众的现象，甚至侵犯宗教界某些合法权益，伤害信教群众的宗教感情，引起社会上一些矛盾和纠纷，使信教群众对党的宗教政策产生怀疑和不信任，从而对正确贯彻党的宗教政策产生阻力。另外，有的干部群众由于没有正确理解党的宗教信仰自由政策，分不清合法宗教活动与各种封建迷信活动的差别，以至有些城乡基层的地方，使封建迷信活动得以死灰复燃。对宗教界和信教群众，怎样使他们正确理解我们党和社会主义国家的宗教信仰自由政策，还需我们做积极引导和正确解释，以便排除各种干扰和阻力。

第二，要对宗教的性质和功能做具体分析。应该承认，所有宗教都是有神论，这是无可怀疑的；但它的社会功能却带有两重性。从负面来说，宗教会把人们导向迷信。如说可以成仙、成佛、死后灵魂升天堂等，这类宗教界的最终祈求，当然是反科学的无法实现的幻想。至于求神祈福，只能是一种心理安慰，本质上还是一种迷信，最终会给人们带来精神麻醉的作用，这种精神状态与社会主义社会是较难适应的。但是宗教对人们的终极关怀，有它积极的一面。因为从社会伦理的角度看，宗教的本义还是导人向善的，如宗教教义多是提倡慈悲、平等、博爱，对一些关心人们幸福和社会和谐的宗教活动，可以消除人们由于心理不平衡产生的矛盾，这对于维护社会安定团结的局面，还是有帮助的。

我们建设中国特色的社会主义，以江泽民同志提出的"三个代表"重要思想作为指导思想。对信仰各种各样宗教的人士来说，在意识形态方面，与共产党人的世界观表现为有神论与无神论的对立，这是难以调和的；但是在认同"三个代表"重要思想，在发展生产、繁荣经济、丰富人民的物质生活和精神文化、建设一个统一富强的社会主义现代化国家这个宏伟的奋斗目标上，都可以达成一致。正因为有这个共同点，宗教对社会主义有它适应的一面，我们才可以把宗教徒作为统战团结的对象。

我们把宗教徒作为统战对象，认同开展正常的宗教活动，但要与神汉、巫婆搞封建迷信和违法活动区别开来。但是，两者之间有没有灰色地带？如佛教、道教的做法事和斋醮活动，为去世的先人祈福或是超度亡魂之类所进行的宗教仪式，本质上还是封建迷信。对这类宗教活动，成为一种社会习俗为群众参与，在政策上也没有禁止。但这种由封建时代遗留下来的习俗能否与社会主义社会相适应？我们如何以现代文明方式扬弃这种近似迷信的习俗，同时又不妨碍人们的宗教自由？似乎还有待于思考。但是，作为党员、干部，无论是从事统战或其他工作，对此必须有清楚认识。即使合法宗教进行近似迷信的活动，虽然政策上容许，但思想上不能认同，更不要把自己也变成"善男信女"。

第三，正确执行党对宗教的统战政策，使其有利于国家的统一和民族的团结。当前国际上一些反华势力，借口所谓宗教问题攻击我国社会主义国家没有宗教信仰自由。如这些年来流亡国外的达赖喇嘛与国际反华势力相勾结，以争取宗教信仰自由为名，借口要求西藏独立来分裂我们的社会主义祖国。根据这种情况，我们对藏族地区的宗教政策，一方面要尊重藏族的传统习俗，如班禅喇嘛的世袭还是沿用清朝以来的灵童转世制度，并且在操作过程中派出监护人员。这既表明民族地区的宗教信仰自由，包括传统的教义教规，都得到国家的认同和保护，不接受外来干涉。另一方面，对西藏原来政教合一宗教领袖兼政治统治者的制度也要进行改革，使现行宗教能与社会主义社会相适应。至于达赖出走，并非是西藏没有信教自由所至，而是他想恢复过去统治农奴的制度，想分裂搞"藏独"。我们宣传宗教政策时必须把界限说清楚，宗教信仰自由并不能破坏国家的统一与民族的团结，这是我们对宗教统战政策的立足点。国外反华势力和想搞分裂祖国的民族败类想借口宗教问题搞挑拨离间，只能落得失败的下场。

为国际反华势力所支持和利用，借以攻击我们的宗教信仰自由政策的，还有李洪志的法轮功邪教。由于我们国内取缔了法轮功，境外的法轮功分子就造谣惑众，说社会主义国家没有宗教信仰自由，迫害他们国内的信徒群众。其实国内最初也没有取缔法轮功，是李洪志一伙干尽害人害己的坏事，是自甘堕落成为邪教的。同时取缔邪教也不是社会主义国家独有的措施，世界上的文明国家早有这种先例。对那些借口取缔法轮功攻击我们宗教政策的谎言，完全可以有理有据地加以驳斥。但是，作为法轮功的一般徒众，由于受李洪志的迷惑和精神控制而成为痴迷者，对这些人如未犯非法罪行，都可以进行转化教育。他们反戈一击，对揭露批判李洪志一伙的罪行，会起到更大的作用。这可以说我们对邪教中人，也可用宗教统战政策的某些做法。

（原载《岭南学刊》2003年第6期）

从宗教社会功能的演变看社会主义社会如何发挥宗教的积极性

广东省委统战部在《2003年全省统一战线理论研究课题计划》的"一般研究课题"中，列有"如何发挥宗教中的积极因素为社会主义服务"的选题。我们无神论者的党员群众，一般认为有神论的宗教容易将人们导向迷信，对建设社会主义精神文明，难以起到大的积极作用。但叶小文在《共产党为什么要保障宗教信仰自由》一文中，转引延安时代的毛泽东曾讲过"宗教也是文化"。叶文就此发挥说："讲宗教也是文化，意味着处理宗教问题不能简单化，不能把宗教当作一种异己的意识形态，而是承认宗教里面包含积极的、有意义的东西，可以加以发掘和整理使其在现实中发挥积极作用。"对这个问题我认为值得研究和讨论。

一

宗教既然是一种文化，在宗教里面包含哪些积极的有意义的东西，这关系到宗教的社会功能问题。按照历史唯物主义的观点，作为一种意识形态，宗教的社会功能和历史作用，最主要的是看其对社会历史的发展是起阻碍还是促进作用。如果是前者，它主要表现为消极的作用；如果在特定的历史条件下，宗教也能作为一种历史发展的推动因素，那它就具有一定的积极意义。因此要发掘宗教中包含的积极因素，就要把宗教同一定的社会历史条件联系起来，在不同时期看宗教对各社会群体中所能起到消极还是积极的作用。

人类历史上最早出现的宗教，宗教学上通常称之为原始宗教，也有称为自发宗教或自然宗教。恩格斯在《布鲁诺·鲍威尔和早期基督教》一文中，把原始社会的宗教称为"自发的宗教"，并认为"自发宗教"在往后的发展过程中向"人为宗教"转变。西方宗教学者也多把原始的宗教称为"原始宗教"或"自然宗教"，而把阶级、国家出现后的宗教称为"神学宗教"或"国家宗教"。这不同阶段宗教的性质及其社会功能，正是由不同社会历史条件所决定的。

众所周知，原始社会还没有分化出对立的阶级，原始宗教由社会群体自发产生，多表现为对大自然的崇拜，所以称之为"自发宗教"或"自然宗教"。到氏族社会后期，随着社会生产力的不断发展，私有制、阶级和社会分工相继出现，原始宗教也就逐渐为以私有制和阶级社会为依托的"人为宗教"所代替。阶级社会的宗教，不像原始宗教那样在全体氏族间自发形成，而是借助于有意识的人为力量而发展起来的,正如恩格斯所说:"多少是人工造成的。"① 所以称之为"人为宗教"。对此我们要正确评价宗教所代表的阶级利益以及这种阶级利益是否反映社会发展规律来考察。同时敌对阶级亦可以利用同一宗教为自己的阶级利益服务,宗教的变化和发展受阶级斗争的制约,因而宗教的社会功能是消极还是积极在分化和组合中表现出矛盾的两重性。

下面就中国古代宗教的形成和发展探讨其社会功能的积极和消极作用。

我们通常总是说,宗教是有神论,各种宗教总有它崇拜的神灵,否则将不成其为宗教。但人类最初建立的原始宗教,崇拜对象不是被神化的教主,而是某种自然力或自然现象人格化,把它作为一种超自然的存在而进行崇拜,称之为自然神。

自有人类以来,为着自身的生存必须进行各种活动,但各种生活资料,多来源于自然界。如农耕生产是古人比较稳定的生活来源,由于当时生产力水平极端低下,农业生产在很大程度上是靠天吃饭,正常年成靠阳光和雨露,是风调雨顺还是遭遇水旱灾害,人们对此无能为力,于是幻想到各种自然力或自然现象后,有神灵的主宰和支配,于是日月星辰、风雷水火,以至山川河岳,都有可供崇拜的自然神。在我国古代文献中,就多有祭神的记载。如《礼记·祭法》说:"埋少牢于泰昭,祭时也;相近于坎坛,祭寒暑也;王宫,祭日也;夜明,祭月也;幽宗,祭星也。"《周礼·大宗伯》云:"以祭祀日月星辰"。又说:"以血祭祭社稷"。还有对风神、雨神、雷神的崇拜。

这种崇拜自然的现象,形成"万物有灵"的观念,并且延续到后世,最高封建统治者着眼于祭祀天地日月星辰,如北京还留着天坛、地坛、日坛、月坛等遗迹。民间也讲天官赐福,但也推广到一棵树、一块石头,只要有人说有点灵验,就会有村中的信徒去参拜。这里没有宗教的名称,但对社会有广泛影响,也有称之为多神教或拜物教,它是崇拜自然的原始宗教的遗存。

原始人除认为自然现象背后有神灵支配外,还认为死后还有离开人肉体的鬼魂,它是会变化的,还能给人祸福,因此鬼魂也成为原始人群的崇拜对象。但在鬼魂中,人们觉得与自己有血缘关系的祖先,特别是那些生前对本氏族、本部落有重大功绩的部族首领的亡灵,看成本部族的守护神,这就形成原始宗教的祖先崇拜。

原始人对自然崇拜产生的万物有灵观点,给后世带来愚昧、落后和迷信鬼神的消极影响。但对日月星辰的崇拜,亦使人注意观察各种自然现象的变化和运行规律,这是我国古代天文历法所以较早取得一定成绩的原因,这对农业生产的发展会起到相当的积极作用。

---

① 《马克思恩格斯全集》第二十一卷,人民出版社 1965 年版,第 328 页。

至于祖先崇拜容易导引人们向后看,所谓奉天法祖,对后来封建社会的发展起到消极阻碍作用。但对原始社会末期来说,它促进了父系氏族的形成和巩固,是血缘观念的维系者。恩格斯说:"血缘亲属关系是联盟的真实基础。"① 我国古代从黄帝到尧、舜、禹的部落联盟,就是以血缘亲属为基础的大联合,并在此基础上逐步融合其他部落而形成民族的雏形。直到现在汉民族还自称炎黄子孙,在抗日战争时祭祀黄帝陵,对增加中华民族凝聚力,同心抗敌御侮,仍然起到积极的作用。

从自然崇拜到祖先崇拜,这是自发宗教到人为宗教的过渡,这是与原始社会过渡到阶级分化的文明社会出现相适应的。我国古代传说中的尧、舜、禹都是氏族社会的领袖,氏族社会的末期已发展到部族大联盟阶段。而大联盟首领的任职和继承是由各部族推选决定的,如尧传舜、舜传禹在古史中称之为"禅让",后来儒家称之为传贤制度,可是到了禹却传子不传贤,他儿子启建立了夏王朝,禅让被世袭制所代替,原始社会的民主制度受到破坏,由专制帝王统治的国家出现了。

二

由原始社会向阶级社会的转型,自发的原始宗教也跟着向人为的国家宗教转化。在原始宗教,全体公社成员具有与神灵接近的平等权利,而神灵对人也普遍给予福佑,没有不同等级之分。由于自然崇拜是"万物有灵",有多少自然物体或自然现象,就有多少自然神;同样因为各氏族都需要自己祖先的亡灵来护佑自己,所以有多少氏族、部落,就有多少氏族神。在原始社会,无论自然神还是各氏族的祖先神,都是不相统属的,众神之间地位平等,没有高低贵贱之分。

但随着社会的发展,阶级的出现,特别是专制君主制国家的形成,那些成为帝王、国君的氏族的祖先神,也随着其后代现实政治地位的提升,逐渐凌驾于众多的氏族神之上,成为所隶属的各氏族、家族共同崇拜的最高神,如契作为殷商王族的祖先神,就成为统率所属各部族的先祖作为超部族的信仰对象。

但是作为人为的宗教,最高的统治者专制帝王除提高本族的祖先神作为各族的崇拜对象外,还要塑造一个能统率自然界和人类社会的统一的至上神。正如恩格斯所说:"没有统一的君主就决不会出现统一的神。""神的统一性不过是统一的东方专制君主的反映。"②

从现存资料看,殷商时期的甲骨文中已有"上帝"一词,上帝在殷代宗教

---

① 《家庭、私有制和国家的起源》,人民出版社1972年版,第92页。
② 《马克思恩格斯全集》第二十七卷,人民出版社1972年版,第65、66页。

中已具有天上最高神的权威，与殷王族的祖先神相比，是两个层次的神灵观念，殷王族的祖先神只是各族共同信仰的最高神，而上帝却是统率天上乃至人间包括自然神在内的至上统一神。甲骨文中屡有"宾于帝"的记载，说到殷王祖先下乙、大甲的亡灵和上帝共处一起；到周代也说到"文王陟降，在帝左右"，这就是说王族的祖先享有仅次于上帝的崇高地位。

如上所述，最初各氏族对祖先神的崇拜，都是本氏族先人的亡灵，原是实有其人，子孙对其创业的功绩，作为神灵来崇拜是出于自发的追思，仍是属于自发宗教，而在天上作为统一最高神的上帝，却完全是地上帝王虚构出来的，天国的至上神，无非是现实世界最高统治者帝王的幻影，而自发的宗教也转变成人为的宗教。

殷商时的上帝因具备自然与社会的双重属性，它既是整个自然现象的支配者，又有对社会人生命运的决定权，而地上帝王也是由天帝授予统治国家的权力，或者就说成是天帝的儿子，无非是想借人为宗教上帝的神权为自身的政权作护法，而人为宗教也就走上政教合一的道路。

殷商时代的上帝，由于是居于天上的最高神，所以"帝命"也和"天命"联系起来。殷代末年纣王的统治已出现严重的危机，但他还宣称"我生不有命在天？"① 他认为统治权由上天所授命，人家奈何不得。但事实上宗教神权的幻影在政治上是无法抵御人间的武力，殷纣王因战争失败而亡国，但胜利的一方并不能因此就反对或无视天命，只是说由于纣王失德而天命转归周文王。比如说："丕显文王，受天有（佑）大命。"② 又说："皇天上帝，改厥元子，兹大国殷之命。"③ 这里是说，上帝改派他的长子，接收大国殷的统治。周王以上帝的儿子自居，认为周代替殷是上帝的旨意，是上天所授命。这里将改朝换代说成争夺天命授权的斗争。

在阶级社会中，统治者总会利用人为宗教为自身的利益服务。如在中国长期的封建社会中，君权神授、天命所归就成为称王称帝者的政治护身符，人为宗教的社会功能对王权的统治起到积极的维护作用。但对被统治的人民群众来说，宗教却教人安于命运，这种精神慰藉正如列宁所指出：它"教导他们在人间要顺从和忍耐，劝他们把希望寄托在天国的恩赐上"。但这里，"幻想的"幸福，并不能解决现实的苦难，只能给人一种精神麻醉的消极作用。我们明白这一点，对马克思所以说"宗教是人民的鸦片"就比较好理解了。

但是宗教也是一把双刃剑，统治者可以用来麻醉人民，被压迫的人民也可以利用宗教的某些教义来反对统治者。如恩格斯在《德国农民战争》中谈到闵采

---

① 《尚书·商书·西伯勘黎》。
② 《大盂鼎》。
③ 《尚书·商书·召诰》。

尔的异教思想，说这种"异教乃是农民和平民的要求之直接表现，并且几乎总是和起义结合着的"。"它要求在教区成员间恢复原始基督教的平等关系。""它从'上帝儿女的平等'甚至已经多少推论到财产的平等。""这些要求，都是带着或多或少的明确性提出来的，而且是作为原始基督教义的必然结论提出来的。"① 闵采尔的政治纲领，"要求立即在地上建立天国，建立早经预言的千载太平之国。"他"所了解的天国不是别的，只不过是没有阶级差别，没有私有财产，没有高高在上和社会成员作对的国家政权的一种社会而已。所有当时政权，只要是不依附和不加入革命的，都应推翻，一切工作一切财产都要共同分配，最完全的平等必须实行。"②

恩格斯所讲到当时的基督教，在德国是为封建诸侯服务的，所谓"上帝儿女的平等"只是存在于"幻想的"幸福的天国，闵采尔的异教就是要把天国的平等在人间实现。从正统基督教的观点看来，这是"神学异端"，是"宣传邪恶教义"，"还鼓吹暴动并以暴力反抗官厅"③。恩格斯则称之为"反封建的革命反对派"。这就表明作为基督教的异教，社会功能已向人民群众倾斜，对反封建的农民革命起到积极的促进作用。

中国古代的农民起义，亦多利用宗教来做组织发动工作。如东汉末年的黄巾起义，所依托的是太平道教。起义领袖张角自称"天公将军"，张宝称"地公将军"，张梁称"人公将军"，表明农民要求公平。起义口号是"苍天已死，黄天当立"。④ 苍天是指汉王朝，原是上天所授命；黄天是起义农民，他们要推翻汉王朝，在天命上也要取而代之。这里表明，太平道的社会功能为起义农民在天命论的争夺中起到积极作用。

但是由先秦道家和神仙家思想综合形成的道教，很快就出现演变和分化。如与太平道同时形成的五斗米道，张鲁在汉末的社会大动乱中，这个民间的宗教团体，在汉中却组成一个政教合一地方割据政权，受到人民的欢迎。后张鲁投降曹操，但五斗米道在巴蜀地区仍流传和发展。西晋惠帝时，青城山道士范长生辅助李特、李雄领导的流民起义，于305年建立了史称成汉的地方割据政权，实行与民休息的政策，并且坚持了47年之久，道教社会功能的积极作用向农民政权倾斜。

五斗米道到东晋时期又称为天师道，一方面开始向门阀贵族上层渗透和发展，另一方面仍在下层民间传播。如孙思率领道徒起义，却杀掉同样笃信天师道教的世家大族的王凝之。这并非教派纠纷，而是一场政治斗争。南北朝至宋明时

---

① 《马克思恩格斯全集》第七卷，人民出版社1959年版，第403页。
② 《马克思恩格斯全集》第七卷，人民出版社1959年版，第414页。
③ 《马克思恩格斯全集》第七卷，人民出版社1959年版，第417页。
④ 《后汉书·皇甫嵩列传》。

期，有的道徒直接参与宫廷政治，成为统治集团中的一员；亦有道徒仍在民间秘密活动，伺机组织发动农民起义。道徒作为宗教的社会功能的积极实践者，出现严重的分化。

佛教是外来宗教，传入中国后为求得自身的生存和发展，就需要得到统治阶级的支持，正如东晋名僧道安所说："不依国主，则法事难立。"但佛教后来亦出现分化，如喇嘛教在元朝成为支配种族的宗教以后，对汉族的民间佛教弥勒教与白莲教进行迫害。为了对抗喇嘛教的政治压迫，两个教派结合成弥勒白莲教，以弥勒佛的再世对抗喇嘛教的信仰，在元末农民起义中起到重要的组织发动作用。到明清两代，白莲教有时变换名称，在民间时起时伏，与农民起义仍有相当联系。

天主教和基督教也是外来宗教，传入中国比较晚，在欧洲进入资本主义社会之后，对外殖民扩张成为资本主义进一步发展的必由之路，而外派的传教士往往成为欧洲殖民主义者对外侵略扩张的宣传工具。对牧师的职能正如列宁所指出："牧师安慰被压迫者，给他们描绘一幅在保存阶级统治的条件下减少痛苦和牺牲的远景"，"从而使他们忍受这种统治"。① 在中国宣传基督教的《劝世良言》中，梁发就宣扬信奉上帝，"死后有天堂永福可享"。但劝人生前"遇了艰难"要"忍耐顺受"。这种说教对当时不满现状的洪秀全表示不能接受，他针锋相对地说："过于忍耐或谦卑"，是"殊不适宜用于今时"。② 他像闵采尔一样，吸取原始基督教的平等教义，在中国近代史上发动一次大规模的农民起义。而洪秀全创立的拜上帝教，也被近代西方基督教视为神学异端，可见，作为实践宗教社会功能的教徒仍然出现分化。

三

以上谈到阶级社会中宗教的社会功能，由于有统治与被统治阶级的对立，各自利用宗教为其自身的利益服务，由是宗教社会功能的积极作用出现分流，并被利用成为阶级斗争的工具。至于进入社会主义社会，阶级斗争由趋缓终成过去，公有制终会代替私有制成为经济的主体，人民群众成为国家的主人。特别是中国在建设社会主义的过程中，宗教的社会功能起到什么样的积极作用？我们在宗教政策上如何引导和发挥其积极作用？这都是需要进行研究和探讨的问题。

我国社会主义社会的建立有个特点，它不是在发达资本主义的基础上发展得来，而是在落后的半封建半殖民地社会中脱颖而出。由于转型过快，前期准备不

---

① 《列宁选集》第二卷（下），人民出版社1972年版，第638页。
② 《太平天国》第六册，第641页。

足，以致留下不少后遗症，宗教问题就是显著的例子。

前面说到阶级社会中，统治阶级与被统治阶级对宗教都可以利用，但主导权还是属于统治者。如佛教、道教、伊斯兰教是在长期的封建社会中发展起来的，这些宗教的主导权多是掌握在地主阶级、封建领主、反动军阀以及地方的官僚、豪绅的手中。特别在少数民族聚居的落后地区，西藏更是和封建农奴制相结合，上层僧侣就是农奴主，下层僧众和愚昧的信徒就是农奴，受到人身上最残酷的刑罚和剥削压迫，宗教的社会功能怎能发挥其积极作用呢？又如新中国成立前在伊斯兰教区，许多教徒也常常要为教主当差和无偿服役，此外还要出钱粮、柴火、草料等。根据有关调查资料，有的大城市伊斯兰教徒的宗教经济负担占全年总收入的6.49%，市郊约占12.43%，有些县市和农村则分别占到19.8%、30%或33%不等，可见宗教剥削相当严重，当然会影响教徒们贡献社会的积极性。

针对上述情况，新中国成立后在西藏实行政教分离的宗教改革并结合民主改革，废除农奴制度，使下层僧侣和广大信教群众政治上和经济上都获得解放。在伊斯兰教区，经过宗教改革后，原来教徒们的经济负担也大都被废除，从而增强他们建设社会主义社会的信心和积极性。

汉族地区的佛教寺院，虽没有蒙、藏地区喇嘛教那样的政治势力，有的大寺也占有相当数量的山林土地作为庙产，不但对寺内的下层僧人实行剥削和压迫，并且对农民佃户也存在剥削现象。所以在土地改革中，"反封建就反倒了和尚，受打击的是主持、长老之类，这少数打倒了，鲁智深解放了"。这些宗教组织的特权和剥削制度废除后，各寺院庙观就组织教徒进行生产劳动，从事农、林、手工业及其他社会服务事业，如佛教界出现一种称为"农禅并重"的新规范，教徒们积极参加生产劳动和其他社会主义建设事业。如九华山僧人从事茶业，天台山国清寺僧人育树造林，并把它看成"全体人民的财富"，保护山林"就是最大的善事"，这里对做善事的理解，超越一般宗教对人们精神上的终极关怀，而是把直接为国家人民创造物质财富作为最大的善事。这里就显示出宗教对社会主义建设事业也能发挥积极的作用。

佛教徒对社会主义建设事业的积极贡献，当然也会得到人民和政府的肯定。如福建省宁德县金贝寺的僧人，就植树造林12万多株；霞浦县香阁寺的佛徒，1983年就造林250多亩，该寺被评为县林业先进单位；拓荣县福泉寺僧人，逐年造林1000多亩，寺庙周围变成绿色长城，1983年被评为地区林业先进单位。1984年福建省佛教协会为此召开第三次寺庙生产经验交流会，有来自全省50个寺庙的55名代表，他们都是寺庙的生产能手和先进工作者，这次经验交流，就是总结佛教徒们如何为建设社会主义事业发挥更大的积极作用。

宗教徒除在山区对植树造林保护生态环境等方面做出积极贡献外，由于我们古代很多有价值的文物，如石刻、雕塑、壁画、经书以至各种艺术品，多是保存在寺庙宫观之中，这就需要所在寺观的宗教徒尽保护之责，我们的宗教政策就是要调动他们的积极性，使其能为保护社会主义国家的文化遗产做贡献；同时，管理好这些名山古刹，还可以开拓出有吸引力的旅游资源。教徒们如能保护好这些宗教圣地，让海内外游客领受中国深厚的文化遗产，在世界上得以提高我们这个古国的形象，宗教界能有这种作为，应该也算是对国家和人民做出积极的贡献。

由于宗教总是和神学联系在一起，颠倒了人们的世界观，与共产党人建设社会主义现代化的指导思想，即与唯物主义思想在意识形态上相对立，有的人就认为矛盾难以调和。其实个人信仰宗教只是寻求精神上的安慰，与现实社会的取向无关，周恩来早就说过："现在我们只把宗教信仰肯定为人民的思想信仰问题，而不涉及政治问题。不管是无神论者，还是有神论者，不管是唯物论者，还是唯心论者，大家一样地能够拥护社会主义制度。"他还举例说："我曾遇到过这样的医生，技术是第一流的，是为社会主义服务的，但脑子里有上帝，这并不妨碍他为社会主义社会服务。"因而他认为"不信仰宗教的人应当尊重信仰宗教的人，信仰宗教的人也应当尊重不信仰宗教的人。不信仰宗教的人和信仰宗教的人都可以合作"。"他们思想上还有宗教信仰，这并不妨碍我们整个人民民主统一战线的扩大和团结，并不妨碍我们祖国的社会主义建设。"①

周恩来认为在社会主义历史条件下，无论信仰宗教和不信仰宗教的人都是人民的一分子，都可以归属到人民民主统一战线之中，不过宗教问题在国内还好解决，牵涉到国际上就比较复杂了。如新中国成立前中国的基督教和天主教会多掌握在外国传教士手中，这些传教士利用教会为帝国主义侵华的战略利益服务，抗日战争胜利后，国内外反动派在我国挑起内战时，就以共产党是无神论为借口，由基督教、天主教散布"共产党消灭宗教"的谬论，甚至制造解放区内基督教徒被"活埋""钉十字架"的谣言，因为违背事实，这些阴谋当然不能得逞。但国外某些反动势力还不死心，1949 年新中国成立后，还利用一些教会进行渗透活动，派遣人员到我国秘密传教与联系，接济经费，收集情报，散布反华言论，挑拨教徒与政府之间，与人民群众之间，以至教徒相互之间的团结，企图对社会造成混乱。

但是中国人民从来就有爱国主义的传统，即使在宗教徒中亦不乏爱国人士。如基督教吴耀宗于 1949 年 9 月在上海《大公报》发表题为《基督教的改造》一文，指出"宗教信仰和宗教思想究竟逃不出社会制度和社会环境的影响"，认为新中国成立之后，基督教的改革应该"从资本主义、帝国主义的系统中挣扎出来"，"实行早已提出过的自立、自养、自传的原则"，"反对帝国主义挑动新战

---

① 《周恩来选集》下卷，人民出版社 1984 年版，第 267、332－333、270、401 页。另文中有些数据和事例引自赖永海编著的《宗教学概论》，不另注明。

争的阴谋，反对一切剥削压迫民众的旧力量，在新民主主义的旗帜下，共同努力，建设新中国"。1950年7月，吴耀宗又同赵紫宸等40位爱国人士一起，联名发出题为《中国基督教在新中国建设中努力的途径》的革新宣言，号召全国基督教徒割断与帝国主义的联系，实行"三自"方针，以达到革新中国基督教的目的。经过号召和组织发动，1954年7月成立了"中国基督教三自爱国运动委员会"。到1957年8月又成立"中国天主教爱国会"。此前，中国佛教协会和中国伊斯兰教协会已于1953年成立。1957年又成立中国道教协会。至此五大宗教都在新中国成立了爱国宗教团体，在党的领导下的爱国统一战线中，为社会主义社会的安定团结和增强中华民族向心力、凝聚力，发挥积极的导向作用。

  至于宗教教义本身，能否从中找到积极因素为社会主义社会服务呢？前面引述过马克思的名言，"宗教是人民的鸦片"，那么这种精神鸦片能否化腐朽为神奇，使我们的身心受益呢？如基督教的"原罪"说把人说成是生来有罪的，只有向神忏悔，信奉上帝，才能上天堂。在阶级社会中人世间的苦难，是由统治者压迫剥削造成的，并非人生来就要受罪。所以原罪说是一种精神鸦片，使人们忘却统治者的罪恶，反而自责起来，所以它对整个社会人生应该是起到负面作用。在社会主义社会里，不存在统治者的剥削压迫问题，但换一个角度，人是否会做错事，甚至做伤害别人的事，这不是宗教中说的原罪，而是现实的犯罪，即使别人不知道，但当事者有无自我反省，或是自身有无负罪感？以宗教原罪的精神"日三省吾身"，防微杜渐，对社会主义社会的人生，仍有积极的启示作用。

  宗教教义多有慈悲、平等一类虚词。我所以说虚词，因为在上帝面前人人平等，人人可以成仙成佛等话语，对阶级社会中苦难的人生，即使不是精神鸦片，也只能是虚幻的花朵。过去有的军阀也要学佛，被人讽刺说是猫哭老鼠的假慈悲。但现在我们社会主义社会中经过改革的宗教，如提出"爱国宗教，荣神益人"等口号，把"诸恶莫作""多做善事"，原来作为宗教信条，到此落实到行动上，如举办社会福利事业等一些为世人造福的活动。据《光明日报》2003年8月8日报道：福建省佛教协会、省伊斯兰教协会、省天主教爱国会等7家爱国宗教团体向福建全省宗教界联合发出了捐款助学倡议书，募得款136.4万元，以帮助该省一批当年新被高校录取的少数民族贫困学生能在新学期顺利入学。这些"荣神益人"的事例，对我国的扶贫助学事业起到积极的作用。

  宗教标榜对人的终极关怀，当然进入天堂不过是太虚幻境，但宗教的气氛确也使得有的人得到精神安慰。如有位年迈多病的孤独老人说："做礼拜使我感到温暖，消除了孤独感。"另有位遭遇家庭不幸的女青年也说："进教堂后听到教堂的琴声和赞美诗，心里感到温暖和愉快。"在现实社会中，人生常有不如意事。有些人感到精神压力太大，忍不住自杀了。我见报载法律界讲人权的人认为自杀也有罪，其实这也非新说，如"文化大革命"时受迫害自杀，当时也被说成是自绝于人民。当然只是谴责并不解决问题，有人主张要进行心理辅导，但感受一下宗教氛围能否起到心理治疗作用呢？现在有的人心理承受力很脆弱，而宗教的作用是否只能作点精神安慰？从释云峰的一席话中，也可以为我们提供一点启示。

云峰大师是当代爱国爱教的著名高僧，他原是广东省、广州市佛教协会会长、六榕寺主持，2003年3月在广州圆寂，世寿83岁。深受他教益的林岩夫在报上发表《云峰大师的关爱》，文中转述他谈到佛教与当今社会时说："我不赞成两种极端，即对宗教的狂热或敌视，两者均非中道。"他认为"青年人还是应把主要精力投入到科学与艺术的研究中去。佛学，作为知识与修养，应该说对提高人的思想境界与净化社会环境都有着不可替代的作用。要倡导人间佛法：弘扬求真、坚毅、精进、宽容的精神，我想人们是可以有所作为的。"云峰大师对人间佛法的定位，如能落到实处，将会有助于提高人们的思想境界，对社会主义精神文明建设亦当会起到一定的积极作用。

如何发挥宗教中的积极因素为社会主义服务，在理论上探讨是个复杂的问题，要加强调查研究，还要经过实践的验证，才能得出比较符合科学的结论。而正确执行党对宗教的爱国统一战线政策，更是发挥宗教中积极因素的基本保证。

（原载《广州社会主义学院学报》2003年第3期）

对邪教痴迷者教育疏导问题的探索

世界上的邪教，起初多是以宗教的面目出现，借口对人们的终极关怀，以掩盖他们的歪理邪说。法轮功邪教亦不例外，李洪志宣扬所谓的"消业""上层次"到"学法""弘法""护法"以至"圆满"等一套，表面看来似是宗教特别像佛教的术语，但内涵却完全不同，所谓圆满、升天是把信徒带上自焚以至杀人，即从毁灭自身到残害家庭危害社会的犯罪道路上去。可是到现在仍有些法轮功痴迷者，受到李洪志一伙的精神控制，没有清醒过来。对此如何进行教育疏导，似还有待于探索。

一

中国政府根据中国宪法、刑法以及全国人大常委会通过的《关于取缔邪教组织、防范和惩治邪教活动的决定》于1999年取缔和处理了"法轮功"，维护了广大人民的人权，得到了全国人民的坚决拥护。可是2002年7月24日，美国国会众议院不顾中国多次严正交涉，通过了由极少数反华议员提出的决议案，要求中方停止对"法轮功"的所谓"迫害"。此决议案无视事实，公然纵容邪教"法轮功"，对中国政府恶意诬蔑。我外交部发言人、全国人大外委会、全国政协外委会负责人均于25日发表谈话，对此表示强烈谴责和坚决反对。

我外交部发言人严正指出：事实已经表明，"法轮功"是一个反人类、反社会、反科学的邪教组织，残害生命，罪恶累累。中国政府依法取缔"法轮功"，对极少数犯罪分子绳之以法，对大多数"法轮功"练习者进行教育，这就是奉行区别对待的政策。对前者依法惩处我认为比较好办，对后者由于情况复杂，对不同对象的教育疏导工作如何进行，才能取得较满意的效果，看来还有一定难度。

我所以这样说，因为我碰到比较难办的事例。2001年我在三水的劳教所和一位宗教界人士曾与一个"法轮功"痴迷者个别谈话。据所里介绍，这位女士是北京大学本科生、武汉大学研究生毕业，在深圳一家公司工作，可以算得上是个高学历的精英分子。但该所收容的"法轮功"痴迷者90%以上的人已经转化，唯有几个文化程度高的人反而顽固不化，所以分头与他们单独对话。下面是我们谈话的情况。

我们那位宗教界人士先谈宗教政策并指出"法轮功"邪教所犯下的罪行，

希望她认清形势，不要受李洪志的欺骗。她当时态度很沉着，对李洪志和"法轮功"是否邪教问题没有表态，只是说她不赞成这些犯罪活动，自己只是修习"法轮大法"，并没有对社会和他人造成伤害，所以也没有转化的问题。

由于她只承认修习"法轮大法"，我就问她：据说"法轮功"属于佛教一支，不知属于哪个宗派，是天台、华严、禅宗或别的，还问她看过哪些佛经。她根本不知道佛教有哪些宗派，也未读过别的佛经，只知道修习法轮大法。我再问她法轮大法是谁传授的，她避开不谈李洪志，只说是佛祖传下来的。我再问她既然"法轮功"不属于佛教，何以又说法轮大法由佛祖传下来？她此时又改口说：法轮大法是宇宙大法，与宇宙同时存在，那就显得更加玄妙了。

到此我只好转换话题，问她将法轮大法提得这样高，是否修习后可以圆满升天？我想把她的回答引向李洪志，但她还是避开了，却说修习法轮大法可以提高个人的思想境界和精神境界。问她有何体会和感受，她说要达到最高精神境界要有个过程，现还未达到，不让练有点可惜。她说组织上已脱离"法轮功"，但思想上还是认为修习法轮大法并没有错。

过后听说另一个谈话对象原来是个法官，说修习"法轮功"前头脑纷乱，精神不振；修习后变得心清目明，看案卷材料分析能力也大为加强。所以修习"法轮功"对她只有好处，没有坏处。这次谈话未能将她说服。

二

上面的事例使我想起一个问题，就是怎样给邪教定性。我国人大外委会负责人在驳斥美国国会众议院的谈话中说："法轮功"究竟是一个什么样的组织已由其诸多的犯罪事实所确定。它的头目李洪志以"强身健体"为诱饵，欺骗一些人加入"法轮功"，然后用"世界末日""升天圆满"邪说对练习者实行精神控制，并且规定生病不许看病吃药，造成1700多人因练习"法轮功"而死亡。种种事实表明，"法轮功"是一个地地道道的邪教组织。对这样一个危害社会、残害生命的邪教组织，任何一个负责任的政府都绝不能视而不见、任其胡为。

依此看来，我们将"法轮功"定性为邪教，主要是它危害社会、残害生命的违法犯罪事实，这是无法否认的。但是也有参加"法轮功"的人，是抱着"强身健体"的愿望而来，自认为没有干危害社会和生命的坏事。如上举事例：一个说修习法轮大法可以提高精神境界，另一个说可以振奋精神。因此表示已脱离"法轮功"组织，思想上仍不愿意被转化。

另外还有个事例，据《光明日报》2002年7月22日报道，57岁的陈斌是原陕西省轻工联社办公室主任，中共党员、大学文化，曾担任西安交通大学"法轮功"练功点辅导员。经过党和政府的大力帮教，2001年陈斌与"法轮功"组织彻底决裂。

陈斌醒悟后有一段自白。他说以前痴迷于"法轮功"另一个重要原因是,感觉练习"法轮功"后身体状况的确出现了一些好转。因此,对李洪志的神通深信不疑。

1996年6月,患有高血压的陈斌抱着祛病强身的目的开始练习"法轮功"。陈斌说:"当时我整天诵读《转法轮》,定时打坐练功,业余时间基本都放在练功学法上,一天起码要4个多小时。一段时间下来,身体的确好多了。"陈斌80多岁的母亲患有糖尿病,在他的影响下也练起了"法轮功",而且非常痴迷,坚信"师父"能治她的病,也说练功后身体感觉好了,拒绝打针吃药。

从陈斌被转化后的自述,他是抱着祛病强身的目的开始练习"法轮功",经过练功学法一段时间下来,身体的确感觉好多了。看来就像人大外委会负责人说的,李洪志以"强身健体"为诱饵。但问题是这种"诱饵"是有一定的药用价值还是包着糖衣的毒品,还是需要分析。如果有人练功学法后,只尝到糖衣的药效,即初步感到对精神和身体健康有帮助;而对包裹着的苦果,即因此而受到李洪志的精神控制最终成为受害者,对此却并无体会。这就使得只经历前一阶段加入"法轮功"练功学法的人,不容易接受"法轮功"是邪教的定案,对这一类痴迷者如何进行教育和疏导,就成为转化工作中的难点。

三

上面谈到,我们在三水劳教所对两个女痴迷者做说服教育工作,结果没有促使她俩的转化,原因可能还处在吞食"诱饵"阶段,认为修炼"法轮功"对自己身心有好处,自然不会想到要转化了。不过陈斌初时修炼"法轮功"也认为对身体有好处,何以后来又能摆脱李洪志的精神控制并且反戈一击呢?

世界上所有的邪教头子,为要精神控制其大量信徒,总是把自己打扮成"神"的形象而且有无边的法力。如李洪志曾说他有无数的"法身","法轮功"练习者想什么、做什么,"法身"都知道。他还警告说,如果学员不再练习"法轮功",祛掉的病就全部给推回来,如果做"破坏大法"的事,罪大如天,就会"形神全灭"。陈斌说,以前他之所以难以跳出"法轮功"的圈套,主要是因为李洪志在他心中是"神",信则能"圆满",不信则"形神全灭",这就给套上了精神枷锁。

陈斌的转化过程,是从逐步破坏李洪志作为"神"的形象开始。他进劳教所后先看别人的揭批材料,还从自己的经历中,如通过卖法轮像章和"法轮功"练功磁带的事例中,逐步看清李洪志不是"神"及他聚敛钱财的真面目,并揭穿他宣扬"义务奉献,弘扬大法",不要弟子一分钱的虚伪性。

陈斌既淡出李洪志是"神"的形象，对他的法力也就不大相信。据称在2001年4月底，他在劳教所与西安交大硕士生刘殿勋同时生口疮，陈斌对李洪志已不大信任，就积极服药，几天后就好了。刘殿勋坚信"师父"有神通，拒绝就医，后来病情严重发展，在帮教人员劝说下，经过服药才痊愈。

通过这件事，陈斌更加坚定与李洪志决裂的决心。他说，"我用李洪志自己说的'神'的标准来对照他的所作所为，有理有据地得出了李洪志不是'神'的结论。你看，李洪志说'破坏大法'的人会'形神全灭'，那么多的转化者，都工作生活得很好。按照李洪志的说法，对'大法'的破坏是罪大如天，我活得也很好，李洪志能把我怎么样？"陈斌这番话表明他已完全摆脱李洪志的精神控制，不但在组织上更重要在思想上与"法轮功"彻底决裂，而且敢于向李洪志的"神通"挑战了。

陈斌在转化的过程中，还进一步思考为什么练习"法轮功"后身体会有点好转的原因，原来他相信李洪志的"神通"，他母亲也坚信这个"师父"能治她的病。转化后陈斌认真学习了包括气功科学在内的一系列书籍，真正明白了自己身体"好了"的原因。陈斌强调，良好的生活习惯和平和的心态有助于身体健康状况的好转，自己有这方面的亲身体会。但定时有规律的动作锻炼，也有助于身体健康，这不是李洪志的神通，而是自己锻炼的结果，陈斌打了一个比方，就像做广播体操，伸伸胳膊伸伸腿，坚持锻炼就会使身体明显受益。有些"法轮功"练习者得的是常见慢性疾病，相信"师父"李洪志能为"真修弟子"清理身体，这种心理暗示作用也一定程度使他们产生一种"无病感觉"的错觉。

（原载《学者沙龙》2003年第2期）

也谈敬畏与否之争

2006年《科学与无神论》第二期,发表张明星《敬畏与否之争》一文,文中谈到近一时期,笃信"敬畏大自然"的一派人士和认为"无须敬畏大自然"的一派人士互相争执,言辞很激烈,都有意无意地指责对方是"伪科学"而自己代表真正的科学,叫人一时不知如何是好。该文作者建议:两派论争前是不是先弄清概念更有意义一些?

该文作者将敬畏与否两派的观点概括为:前者是"热爱自然派";后者是"以人为本派"。我认为两派既然势不两立,那么主张热爱自然的就不是以人为本;主张以人为本就不会热爱自然,从形式逻辑上看,双方观点是绝对对立而不可调和的,是否真的如此,我认为从辩证的观点看,对双方调解似乎还有讨论的空间。

我们先讨论"敬畏"一词。这是人类思想感情的一种表现,一般说来,是下级、晚辈、弱势群体对领导、长辈、掌握权势的人表示敬畏,否则得罪对方会受到谴告或惩罚。

这种情况,通常只是发生在社会上的人际关系方面;至于推广到人与自然的关系,那就有董仲舒提出的天人感应谴告说。董氏将自然界称为"天",并说"天者百神之大君",是拟人化的最高神,有支配人类社会的最高权力,因此他主张要"畏天之威"。认为"凡灾害之本,尽生于国家之失,国家之失乃始萌芽,而天出灾害以谴告之,谴告之而不知变,乃是怪异以惊骇之;惊骇之尚不知畏恐,其殃咎乃至。"① 董氏将自然界的天,说成是有意志对人类活动能做出感应的最高神,人们必须"畏天之威",如国家治理失误就要受到自然灾害的警告和惩罚。这种天人感应的观点是唯心主义有神论的虚构,当然是非科学的。

那么联系现在主张"敬畏大自然"的一派,是否和董仲舒的观点一样?假如一样那就是非科学。虽然我对"敬畏"派的思想内涵不是太清楚,但现代学人相信董仲舒的天人感应论,应是可能性不大。据我从报刊或听有些人议论,并不认为天有意志,就能谴告或惩罚人类;而是主张要尊重自然界的发展规律。大自然虽然没有意志,但对人为的破坏也会做出反应,如污染环境,破坏生态平衡,就会出现自然灾害,这不是天人感应,而是需要环保科学来解决问题。

这里有个问题值得讨论:人类开发自然资源,会不会造成"大自然对人类的

---

① 《春秋繁露·必仁且知》。

惩罚"？张明星在文章中坚决反对。他说："其实自然灾害是不以人的意志为转移的。6500万年前一颗小行星把地球撞了呢？那时候人这个物种还没有在地球上出现！大自然是在惩罚谁？难道恐龙们能理解这些人类都难以理解的启示吗？"

张明星这段话，说的也对也不对。说它对，所举小行星撞地球的例子，确是不以人的意志为转移。不要说在有人类以前，即使发生在现在或今后，也与人无关。但是"人类开发自然资源"，表明人类对地球的作业起到作用，如出现自然灾害，就不能说与人的意志无关了。

因此我们是否可以说，出现自然灾害有两种情况：一种如上举例子，小行星撞地球，并非人的意志所能为力；但另一种是由于人们意志的失误，违反农业生产的规律，造成粮食灾荒，这是有自然原因，也有人为失误，就是我们常说的天灾人祸。这种情况，我们国家在1958年"大跃进"后，出现"三年自然灾荒"的困难时期，就是典型的例子。

当时人们对这场"大饥荒"，有说是三分天灾，七分人祸；也有说七分天灾，三分人祸。虽然轻重比例看法不同，但没有人否认有人为的错误。我认为"大跃进"的错误，是过分夸大人们主观意志的作用。"大跃进"时讲意气风发，一天等于二十年，这样说大话虚张声势还不要紧，但具体落实到农业生产上，却提出"人有多大胆，地有多高产"的豪言壮语，每亩水稻产量各地竞相放卫星，都说亩产数万斤，当时连有的高级领导也相信，声称我们的粮食吃不完，为要配合向共产主义进军，农村人民公社的大饭堂，实行吃饭不要钱，不但社内人免费，连过路的人也可以吃。当时还流行两句口号："放开肚皮吃饭，鼓足干劲生产。"为要放开肚皮，吃饭也要放卫星，看谁吃得多，为什么这样做，就是怕亩产数万斤的粮食吃不完。由于亩产数字是虚的，放开肚皮吃却是实的，其结果如众所周知，出现后来三年的粮荒，在自然灾害中加上了"人祸"的作用。

只凭主观意志办事，同样在生产上也会失误。如"大跃进"时想要农业增产，对深耕密植的耕作方式大大加码，如写有这样的对联："今日深翻三尺土，明年增产万斤粮。"本来传统农业讲深耕是有限度的，现在要深翻三尺，把底下的生土翻上来，肥沃的表土埋下去，结果是破坏地力。1958年我和同学下乡参加公社化运动，亲自参加过在田里挖三尺深沟，眼见翻上来的是生黄土，干到三更半夜，大家都筋疲力尽，干劲确是鼓足了，不但是无效劳力，反而对农业增产有害。还有密植，水稻插秧行距密一些，对增产是有点作用的，但"大跃进"期间却过头了，如搞什么蚂蚁出洞，插秧密植得风都吹不进去，太阳光照不入，结果是烂秧，即使长成也不能扬花结子，终归是颗粒无收，加重了自然灾害。

所以造成上述的失误，就是由于不尊重自然界万物的规律，同样破坏自然生态平衡，也会带来灾难性的后果。如我们开发自然，曾经用毁林垦荒的作业增加耕地，但做过头了，却造成水土流失，导致干旱或暴雨成灾。还有围湖造田，耕地是增加了，但影响江水宣泄，遇大水时加重水患。造成这些水旱天灾，固然有自然界本身的原因，但人类开发自然不当，不能说没有影响。从古以来，我们往往将天灾人祸联系在一起，不是没有道理的，近来我国有的地方，提出要退田还林，退田还湖，就是认识到人为的失误会受到大自然的惩罚，从而采取积极的补救办法。

张明星在文章中对"敬畏"派提出质疑，文中插图引牧民说："以敬畏环境之名，不许我们开垦草原，我们生计怎么办？"这样提问题可能有点误解，敬畏环境并非不许开垦草原，但要求保持生态平衡，如果过度开发，造成毁灭性的破坏，草原生态就得不到持续发展，可能对牧民的生计更不利。张明星只看到有的自然灾害不以人的意志为转移，却不承认有的人祸在天灾中会起到重要作用，这是以偏概全的片面观点，是不符合实际的。

因此归结到敬畏与否之争，确是有一个如何理解双方观点的问题。对"敬畏"派如理解为董仲舒式的"畏天之威"，因而反对或不敢开发自然，这种观点当然是非科学的。但如将"敬畏"理解为尊重自然发展规律，开发自然要有限度，不能破坏自然生态平衡。这是支持可持续发展的观点，是符合科学发展观的。

至于对主张"无须敬畏"的"以人为本"派，也要看如何理解。如果对董仲舒的"天"，表示无须敬畏，以人为本就是依靠人力可以开发自然，这可以说是符合无神论的科学观。如果无需敬畏指的是无视自然发展规律，认为人的主观意志可以驾驭征服自然，就像"大跃进"时过于强调人的主观能动性，却转变为人的主观任意性，这就走向科学发展观的反面了。

最后我对敬畏与否之争，认为对两派要做全面理解，具体分析，不能简单说谁是真科学，谁是伪科学，要尊重现实中的辩证法。

（原载《科学与无神论》2006年第5期）

无"4"要"8"是传统心理吗？

——关于数字迷信问题的思考

广州《羊城晚报》2004年2月10日有一篇报道，正标题：广州新车牌尾数没了"4"。副标题：此种号牌已从选号库中删除，此举将陆续在全省各地推行。

报道文中说：按照国家公安部、广东省公安厅交警局规定，从2003年11月全省各地车管所发放机动车号牌不再实行有偿选号，变为电脑随机选号，购车者在办理号牌手续时，由电脑随机选出两个车牌号码，车主必须当场选择两者当中的一个。在具体操作中，如电脑一下跳出两个尾数是"4"的号码，车主所选车牌号码的尾数就会不可避免地出现"4"（广东话谐音为"死"），此时要想更换已是不可能的事了。

深圳市交警局车管处负责人介绍，此举酝酿已久，其目的是为了顺应广大市民无"4"要"8"的传统心理，同时也是使一些车主避免上当花冤枉钱。

他这里说冤枉钱，报道中有段解释：有些车主在新车入户时偏信部分车行或非法中介的谎言，出钱上牌，致使最后上当受骗。这是由于他们的迷信心理，想出钱买吉祥号码，上当受骗可以说是咎由自取，可是该负责人说无"4"要"8"是传统心理，那就不对了。

不要说全国，就以广东来说，过去也从来没有无"4"要"8"的传统心理，把"4"谐音为"死"，"8"谐音为"发"，那是近年来港粤有的商人梦想发财捏造出来的，而过去的商店，都贴同样的对联："生意兴隆通四海，财源茂盛达三江。"这里从没有哪个商人说对联有个"四"字就不好。又如"四海升平""四海之内皆兄弟也""四海翻腾云水怒，五洲震荡风雷激"，这些成语或诗词中的警句，虽有个"四"字，但从没有人和"死"连在一起。

远的不说，就现在乡镇中的人家，也有贴春联的，前几年我在东莞常平镇看到多家的门联，都是写："门迎春夏秋冬福，户纳东西南北财。"门上横批有些写"四季平安"，也有写"四方吉庆"。春夏秋冬是四季，东西南北是四方，平安吉庆，迎福纳财，有什么不好，何曾怕有个"四"字呢？

至于现在某些人热爱的"8"字，并非都是吉祥话语，"七上八下""乱七八糟"，这些虽有"八"字，但人们对此不会感兴趣的。至于说"8"谐音是"发"，并不等于就是发财，亦可以说发神经。我看整天想发财的人想得太多，可能真的会发神经变成神经病了。

广州有的人怕见"4"字，我见过一间酒家，电梯上没有4楼，而是用3A

来代替，大概又是怕"死"吧！不知以后街道门牌会不会取消 4 号？对于电话号码，过去广州 7 位数时，我们中山大学的总机号是 4446300，从迷信数字的人看来，开头就是死、死、死很不吉利，我曾开玩笑说，那是置之死地而后生，物极必反，符合辩证法吧！后来广州电话升 8 位数，全市统一开头用"8"和"3"（谐音生）字，算是吉祥数字，不过后面仍然有"4"字，现在机动车上牌没有"4"，电话号码是否也要跟着办吧？那就要看我们有关部门的智慧了。

但是要实现无"4"要"8"，也会使人感到尴尬，因为十进制的 10 个数字，中间是不能没有"4"，如买多少件东西要多少钱，碰到 4 字怎么办？现在广州有的商品定价：1999 元、1888 元，9 就是"久"，8 是"发"，但是原定价钱 4400 元怎么办呢？最多改成 4399 元，但第一个大数字是改不了的，尾数差一二元是可以改的，大数百、千、万能改吗？特别是时间上的数字，如今年是 2004 年，难道就是"死"年，这个"4"能找什么字来代替，不是使人尴尬吗？

深圳、广州上新车牌的人，对数字是否都这样迷信，我是有点质疑的。按常理说，有钱购车的人，多是老板、经理及所谓金领、白领以至"高知"等人，科学知识、文化素质应该是比较高的，在我国当属于精英群体，为什么会有那些人热衷于低级的数字迷信呢？亦有人说，数字迷信是从西方传来的，"13"在西方就是不祥数字，去"4"要"8"大概是结合港粤本地方言而形成的数字迷信。或者有人认为是与西方文明接轨，但我觉得，洋迷信在西方同样也代表不了"文明"，因此也谈不上什么"接轨"。

数字迷信本质上是有神论，无论是视为吉祥还是不祥数字都会成为主宰人们命运之神。它虽不像宗教教主那样是个人格神，但对人们的心理却有着深远的影响，否则何以车牌中有个"4"字，心中的阴影就会挥之不去呢？我们的精英并不缺乏科学常识，何以这样心神不定，大概是缺乏对人生的自信吧！

数字是个量词，本身并无灾祥、吉凶的意义，什么"生""发""死"等方言谐音，全是牵强附会，说得不好听恐怕有点精神障碍要找心理医生治疗，但流风所及成为一种社会病那就不是小事了。现在广州新车牌已没有了"4"，并且陆续在全省各地推行，那么别的省市是否也会有样学样呢？这本来是民间迷信，如今却得到政府行为的认同，本来国家公安部和广东公安厅规定，机动车号牌不再实行有偿选号，变为电脑随机选号，带有破除这种数字迷信的用意，可是上有政策而下有对策，来个新车牌没了"4"的新措施，就把上级的政策消解于无形了。

我国在 20 世纪 50 年代时，是比较重视对群众进行唯物主义无神论思想的宣传教育，近来却慢慢放松了。正如李申在《光明日报》发表的随感录："宣传无神论要锲而不舍"。文中谈到在一个时期里，有的地方却出现了"有神论有人讲，无神论无人讲"的现象。有的人把宣传科学无神论与贯彻党的宗教政策对立起来，认为贯彻宗教信仰自由政策就不能讲科学无神论，讲科学无神论就会妨碍宗教信仰自由政策的贯彻。还有的人认为，无神论不属于马克思主义，可以不必宣传。由于这些错误的认识，一些人是非不辨，把幻想出来的东西当作最新的科学，如算命术成了"预测学"，风水术成了"环境科学"，等等。那么现在附会的灾祥数字，是否可以成为"未来学"的新科学呢？

广州新车牌尾数没了"4"，在社会上引起不同反应。据记者采访，有相当一部分等待上牌的车主和市民对记者表示，此举体现了对现实民意的尊重。然而，也有受访市民认为，将"4"和"死"联系起来，本身就是一种没有科学根据的说法，此举有鼓励迷信取向之嫌。这里反映出的不同民意说明什么，很值得我们思考。

(原载《探索求真》2004 年第 3 期)

高考期间"大仙""圣人"备受青睐

经过几天的搏斗,可以说牵动千百万人心一年一度的高考,总算告一段落。要说搏斗,不单是考生本人,他们的父母、亲人,学校的任课老师、有关领导也跟着忙。有篇报道说,又是一年一度高考时,从近些年人们对高考的关怀度来看,高考更像是一场全社会总动员,不仅是教育部门工作紧张,交通管理、气象监测、餐饮服务、新闻媒体等单位也都行动起来。

不过这里说的似乎还不完备,因为高考前几天,我意想不到的地方却因高考而忙乱起来。据广州《新快报》《羊城晚报》报道:离高考仅有6天,记者周末在广州黄大仙、三元宫、六榕寺等道观、寺庙看到,不少考生"临时抱佛脚",纷纷前来求神拜佛,希望能考上理想的大学。下面看相关报道。

拜神者中不少学生家长。周末,黄大仙祠里香烟缭绕,大殿前跪拜了不少信众,其中不乏学生一族。祠内工作人员告诉记者,每年高考前后,都会有考生和家长前来烧香。希望能得到神灵保佑,而其中又以"孔圣堂"最受欢迎。"孔子是教育家,很多人认为他会保佑读书人,所以家长们都希望孔子能保佑孩子考出好成绩。"

应届考生小张在妈妈的陪同下一早就来到祠里,他们买了一张"黄大仙师"符来到"孔圣堂"上香。只见小张跪在殿前,手里拿着一大把香和"黄大仙"符,双手高举到额头。他的妈妈也是一边磕头一边不停地念叨:"求圣人保佑,保佑他考上大学!"记者了解到,小张的成绩处于中游水平,而且起伏较大,所以张妈妈希望神灵可以保佑小张高考有出色的发挥,"我们只要诚心就能考高分!"

高考专用"护身符"走俏。除了拜神,考生中间还流行买"护身符"护身,而许多寺庙和道观甚至也相应推出高考专用"护身符"。

在黄大仙祠,"聪明袋""文昌塔"非常走俏。意寓"学业进步,步步高升"的文昌塔是一个造型精致绕着金色线条的绿色小塔,虽然每个要78元,但仍被不少家长抢着"请"回家;绣有"学业进步"的"聪明袋",据说能使学生超水平发挥,也被一些考生争相挂在手机或书包上……

三元宫里,10元的"天师聪明符"、15元的"天师聪明平安笔"等为高考特意推出的物品应有尽有,有不少学生购买准备高考时用。记者看到,这种笔看上去只是普通的金色圆珠笔,上面刻了些古怪的符咒。但售货员说,笔是开过"光"的,用它考试一定带来好运……

我看过上面这些报道，心情不免有点沉重，因为这些参与迷信活动的不是过去那些无知识的老太婆，在神前跪拜的却有两代人，应届考生可以说是年轻精英的一代，是国家建设人才的未来希望所在。至于他们的父母，则多是40岁左右的中年人，是社会的主要劳动力。按理说这两代人一般应具有中等学历的文化水平，接受过唯物主义无神论的思想教育，和具备自然科学的基本知识，那么何以在高考问题上，会陷入迷信的怪圈呢？

　　所以出现上述情况，我认为问题比较复杂，求神拜仙，想求得神灵的保佑，这本来是我们民间社会的传统习俗，但在新中国成立之初这几年，由于革命的胜利，人民得以翻身解放，靠的是人力而非神力，并把信神作为封建迷信，加上取缔反动会道门等活动，一时信神的风气，确实淡化了不少。当时各级学校，都用各种方式进行唯物主义无神论的思想教育，宗教也多被说成是麻醉人民的鸦片，当时虽也有宗教信仰自由政策，但到寺庙中求神拜佛与封建迷信也难以区别，在这种气氛下，入寺庙求神拜佛的人就少了。

　　"文革"后重新落实宗教政策，一些原来寺庙被征用的由于落实宗教政策被归还产权，有的寺庙得到善男信女的捐献，得以重修庙宇，再塑金身，香火也就兴旺起来。如广州华林、光孝、六榕等有名的佛寺，三元宫、黄大仙庙则是香火十分兴旺的道观，特别是春节等节日期间更是热闹，但我没想到高考前有那么多的应届考生和家长会去拜求，更没有想到黄大仙庙中有个孔圣堂。黄大仙原是道观，加上孔圣堂，成为儒道互补。我很佩服设计者的聪明，因为过去读书开蒙都拜孔子，但这里不是拜师，孔子已经成为可以保佑考生取得好成绩的神灵。上面报道的小张母子，高举着黄大仙符来拜孔圣人，那确实有点儒道互补的意味了。

　　不过这里出现的迷信活动，我对宗教事务部门也有点质疑。我们的宗教政策固然容许信教自由，但并不提倡迷信活动。如在寺庙中求神拜佛上炷香似还可以，但公开贩卖迷信品就有点过线了。从上述报道中，如贩卖那些"聪明袋""文昌塔""聪明平安笔"之类，还可勉强说是带有祝愿好运的纪念品，至于推出高考专用的"护身符"，就很难说不是道地的迷信品了。在高考期间出现的迷信活动，那些考生的家长无疑是点愚昧，但一个巴掌拍不响，某些寺庙的推波助澜似也不能辞其咎，能说这是为世人所做的功德吗？

　　那些考生家长所以参与迷信活动，出发点是好心好意关心孩子，但好心却没有好报。如报载曾经有一位家长，为了让孩子可以取得好成绩，就去某寺庙求了"灵水"让孩子喝下去，结果孩子拉肚子。其实对一些迷信习俗的关爱，孩子并不愿意接受。如报载有位姓陈的女家长，在高考期间，每次女儿考完后，必在考场外喂女儿6颗荔枝。但女儿小赵并不领情，她悄悄说，考完试最想的是白开水，妈妈却每次要她吃荔枝，而且还非得吃6颗，取"顺"的谐音，让她觉得特别累。

另一个例子。考生小曹说,高考之前,妈妈特意给她买了两件红衬衣,让她穿着新衣服考试,说是吉利。她不喜欢红颜色,为了不扫妈妈的兴,小曹想了一招:在书包里放一件自己喜欢的旧T恤,每次出门时穿上新衣服,到了考点就换回旧衣服,考完试再换穿新衬衣回去。有记者问:"你说穿一件新衣服,考试就能多得几分?"小曹说:"我理解我妈的心情,但她这么弄,哪是让我安心考试啊?简直就是折腾我。"

上面都是记者写的例子,这些母亲,无论是买"灵水"给孩子喝,每考一门要吃6颗荔枝,或是出门赴考要穿上红衬衣,这些我们看来是近似迷信的活动,而母亲们却认为是对儿女表爱心。其实儿女们对母亲给予的祝福,只好说,妈妈,您的爱太沉重!接受这种爱心看来还是有点无奈。

近年来出现高考期间求神赐福的场面,有教育专家对于考生们"临时抱佛脚",认为"这种行为就是侥幸在作怪!"我则认为在这两代人中,有的是缺乏人生自信心的表现。我们的古人还懂得说"国将兴,听于民;将亡,听于神。"[①]高考比国家兴亡当然是小事,但如果"听于神",无论挂上"护身符"还是用上"聪明笔",我相信也不会因此带来好成绩。但出现这种社会风气,甚至比20世纪50年代还要退步,我认为,虽然原因比较复杂,但这与近年来淡化对唯物主义无神论思想的宣传教育,是不无关系的。

(原载《观察与思考》2004年第5期)

---

① 《左传·庄公三十三年》。